La beauté
d'une ville

Controverses
esthétiques
et transition
écologique
à Paris

Pavillon
de l'Arsenal
—
Wildproject
Éditions

BEA

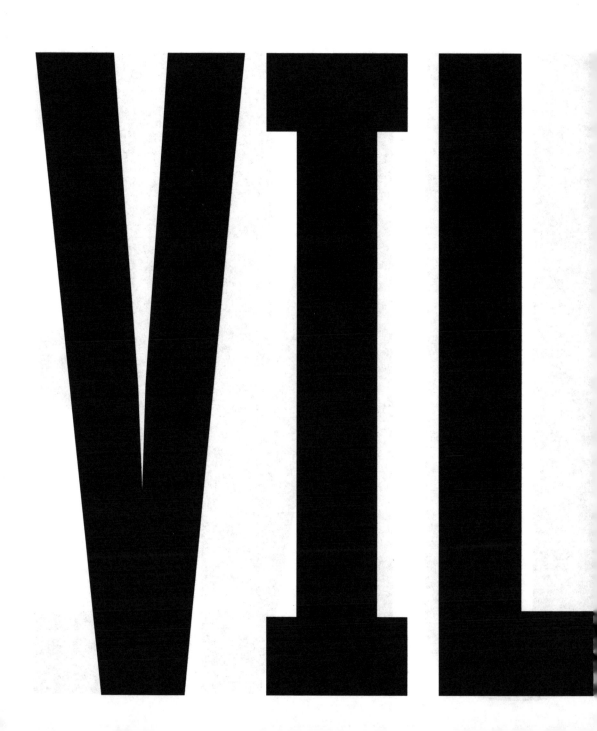

Anne Hidalgo
Maire de Paris

Les débats sur l'esthétique parisienne sont un élément à part entière de notre histoire : la tour Eiffel, le Centre Pompidou, la fontaine Stravinsky, les colonnes de Buren, la pyramide du Louvre, la Cité des sciences et de l'industrie, et tant d'autres, sont là pour nous le rappeler. La beauté d'aujourd'hui est aussi souvent l'audace d'hier.

Paris est reconnue et célébrée dans le monde pour l'alliance entre l'unité de la vision haussmannienne, ses axes, ses îlots, ses matériaux, et la diversité d'événements architecturaux et urbanistiques qui ont marqué son histoire et son patrimoine vernaculaire, populaire. Le charme de Paris résulte de cet alliage fait d'inspirations successives qui ont façonné l'image de la ville.

Au fond, la beauté parisienne est un mariage unique entre conservation patrimoniale et modernité, entre tradition et audace. Les textes écrits à l'occasion de cet ouvrage en témoignent.

Les enjeux climatiques ont pour leur part modelé l'esthétique de notre ville à différentes époques : dès 1830, le préfet Rambuteau appelait à aérer Paris pour « donner aux Parisiens de l'eau, de l'air et de l'ombre ». Cela ne date donc pas d'hier. L'utilisation des matériaux s'est toujours inscrite dans un souci d'approvisionnement local et de sobriété énergétique. Aujourd'hui, alors que les enjeux climatiques appellent des transformations plus importantes, nous abordons une nouvelle époque de l'histoire de Paris. La volonté de remettre de la nature en ville, la place donnée aux piétons et aux cyclistes, le retour des matériaux écologiques et locaux transforment non seulement notre paysage urbain mais aussi l'imaginaire qui lui est lié.

Ces évolutions sont autant d'opportunités de rendre Paris encore plus belle : à l'image des berges de Seine rendues aux piétons, de l'écoquartier Clichy-Batignolles, des réalisations de l'appel à projets « Réinventer Paris », l'écologie se conjugue harmonieusement avec le patrimoine parisien.

Une nouvelle esthétique parisienne reflétant des objectifs climatiques ambitieux peut et doit émerger. Elle doit aussi refléter les évolutions sociales et géographiques en dépassant les frontières d'antan pour s'étendre au Grand Paris.

C'est le débat essentiel auquel contribuent cet ouvrage et cette exposition, qui sera visitée, j'en suis sûre, par de nombreuses Parisiennes et de nombreux Parisiens, qui pourront perpétuer la tradition des controverses esthétiques parisiennes !

Patrick Bloche
Président du Pavillon de l'Arsenal
Adjoint à la Maire de Paris
chargé de l'Éducation,
de la Petite Enfance, des Familles,
des Nouveaux Apprentissages
et du Conseil de Paris

Depuis sa création, en 1988, le Pavillon de l'Arsenal est le lieu où sont exposés et débattus tous les grands enjeux de l'urbanisme et de l'architecture de Paris, de sa métropole et d'au-delà. Informer, expliquer, donner à réfléchir : il confie à chacune et à chacun les outils pour comprendre le phénomène urbain dans toutes ses dimensions, et elles sont nombreuses. L'esthétique en fait incontestablement partie. Rien donc de plus logique que le Pavillon de l'Arsenal soit le creuset de cette réflexion.

Aucune production humaine n'échappe en effet au jugement esthétique. La ville est donc jugée aussi sous cet angle-là. La beauté participe au rayonnement de la ville, comme un des attributs de son aura. Nous savons, sans jamais l'avoir vue, que Babylone fut belle, et les ruines de Rome nous en restituent aujourd'hui encore l'esthétique antique.

Paris est belle, c'est entendu. Ce serait même la plus belle ville du monde. Le penser, est-ce le signe d'un patriotisme urbain un peu excessif ? Il y a quelque chose dans l'âme de Paris qui incite à penser le contraire. Mais ce qui fait aussi le charme de cette ville, c'est qu'elle est justement le territoire de nombre de controverses sur l'esthétique urbaine. Il y a une vraie passion parisienne en ce domaine, qui a traversé les siècles et dont on pourra mesurer la subtilité au fil des contributions que le Pavillon de l'Arsenal a eu la bonne idée, avec les éditions Wildproject, de réunir dans ce recueil.

Ces écrits sont autant de témoignages de la richesse des réflexions autour de l'esthétique urbaine, qu'il s'agisse de la ville d'hier ou, plus encore, de celle de demain. Cet ouvrage est une invitation faite à chacune et chacun de s'emparer du sujet et de devenir un acteur du débat, d'en saisir toutes les nuances et de participer ainsi à cette controverse qui ne s'éteindra jamais. C'est le meilleur signe d'une ville qui vit.

Emmanuel Grégoire
Premier adjoint à la Maire de Paris,
en charge de l'Urbanisme, de l'Architecture,
du Grand Paris, des Relations avec les
arrondissements et de la Transformation
des politiques publiques

« Il y a deux choses dans un édifice :
son usage et sa beauté. Son usage appartient
au propriétaire, sa beauté à tout le monde,
à vous, à moi, à nous tous. Donc, le détruire,
c'est dépasser son droit. »
Victor Hugo, « Guerre aux démolisseurs », 1832

Comment penser et créer une nouvelle esthétique parisienne ?

Faire concert sur la beauté de la ville est un art tout parisien qui déclenche des passions rugueuses. Certains l'aiment pour ce qu'elle a été, d'autres pour ce qu'elle est, d'autres pour ce qu'ils aimeraient qu'elle soit. Nul n'est indifférent. Paris a la chance d'être l'une de ces villes du monde dont le simple nom éveille chez chacun un émerveillement, un enchantement, des souvenirs ou des désirs, une ode à l'histoire et au patrimoine... La réalité vécue est davantage celle d'un choc esthétique, une dissonance cognitive des ressentis entre la « ville-musée » et la « ville-monde », entre celle des cartes postales et celle de la vie réelle, la ville des touristes et celle des Parisiens et de ses usagers quotidiens. Les Japonais ont même un terme pour définir ce phénomène : le *Pari shōkōgun*, cette angoisse du touriste qui découvre que Paris n'est pas ou, en tout cas, pas uniquement, l'incarnation de son image stéréotypée, notamment véhiculée par le cinéma et la littérature romantique.

« Paris, la plus belle ville du monde » ? Certains ne semblent aujourd'hui plus tout à fait d'accord avec ce constat, si tant est qu'ils l'aient été à un moment dans l'histoire. Adversaires politiques, journalistes, professeurs d'histoire de l'art, nombreux sont ceux à nous en faire le reproche : « Paris s'enlaidit avec une constance effrayante[1] », « les rues de la capitale vont encore enlaidir : la municipalité parisienne prévoit d'installer dans toute la ville des containers de collecte de proximité de 2 mètres cubes[2] », « le Paris d'Hidalgo : l'enlaidissement, la déstructuration, le chaos[3] ». Si la véhémence des critiques peut prêter à sourire, par l'exagération qui y transparaît, il ne faut pas nier que les Parisiennes et les Parisiens s'interrogent sur un espace public en pleine mutation, où les usages évoluent sans cesse. Plus que de la laideur, ils se plaignent notamment de l'encombrement. Exemple de crispation, la problématique des trottinettes l'a bien montré : elles ont concentré les critiques pendant plusieurs semaines, et la régulation de leur intrusion dans l'espace public a permis un apaisement. La question de la beauté est une question complexe, instinctive, personnelle. Pourtant, Emmanuel Kant l'a écrit : « le beau est ce qui est représenté sans concepts comme l'objet d'une satisfaction universelle[4] ». Ainsi, le beau n'est pas beau en soi, il est beau car considéré comme tel par « une majorité ». Une majorité de personnes trouvent que la tour Eiffel et l'architecture haussmannienne sont belles car, visiblement, en matière de beauté, le passé, l'ancien, l'historique sont toujours plus beaux que l'époque actuelle. La vision du « c'était mieux avant » irrigue la pensée contemporaine. C'est aussi une pensée décliniste qui se mue en pensée conservatrice. De notre côté, si nous souhaitons également préserver et prolonger cette esthétique, nous refusons tout conservatisme qui nous mènerait à faire de Paris une ville-musée, plongée dans le formol. Ces deux orientations ne sont pas contradictoires et doivent pouvoir se compléter pour participer à l'évolution de l'urbanisme, de l'architecture et du paysage urbain parisien.

Ainsi, logiquement, dès mon arrivée au poste de premier adjoint en charge de l'Urbanisme et de l'Architecture, j'ai souhaité lancer une démarche sur la signature esthétique de Paris, unique au monde, tant du point de vue architectural que de son organisation spatiale. C'est cette démarche que je veux expliciter dans cet article, car elle a ouvert une controverse, et que celle-ci est riche !

Paris et la beauté : une histoire d'amour romanesque mais compliquée

Les controverses esthétiques parisiennes sont désormais un élément singulier de notre culture : à plusieurs titres, le cas de la tour Eiffel est particulièrement intéressant. Alors que les travaux démarrent à peine, en 1887, de nombreux artistes et intellectuels lancent dans le quotidien *Le Temps* un appel[5] à Adolphe Alphand, directeur général des travaux de la Ville de Paris et notamment de l'Exposition universelle, reconnu comme le « père » des espaces verts à Paris. Ils dénoncent « l'érection, en plein cœur de notre capitale, de l'inutile et monstrueuse tour Eiffel » et « l'ombre odieuse de l'odieuse colonne de tôle boulonnée » sur Paris. Parmi les critiques les plus connues, mentionnons celle de Guy de Maupassant, qui qualifiait la tour de « cauchemar inévitable et torturant » tout en expliquant à un journaliste qu'il déjeunait à son restaurant car c'était le seul endroit d'où il ne la voyait pas. Alors pourquoi la véhémence a-t-elle toujours été une caractéristique des débats sur l'esthétique parisienne ?

Hormis la perception de laideur ou de beauté quant au projet affirmée par les habitants de l'époque, la tour Eiffel précipitait la France dans un monde inconnu : la hauteur, le fer, le design si particulier inquiétaient une société qui refusait d'avoir la nouveauté comme symbole. Édifice le plus haut du monde à l'époque, la tour connut pourtant un succès populaire immédiat, qui ne s'est pas démenti depuis. Symbole de Paris à travers le monde, son scintillement est guetté par les badauds. Ainsi, les débats sur l'esthétique s'entremêlent toujours avec des débats sur le regard que la société projette sur elle-même, les usages et les transformations en cours. On comprend mieux pourquoi tout le monde s'énerve autant.

Comme nous ne répondrons évidemment que par l'affirmative à la question posée précédemment (oui, Paris a été belle et elle l'est encore !), il s'agit davantage ici de poser les premières bases de notre sujet : l'esthétique parisienne existe-t-elle et, si tel est le cas, comment s'est-elle construite ?

Paris est à l'image de ses habitants. Saisissante de contrastes, entre tradition et modernité, entre rectitude et foisonnement. Si l'esthétique définit étymologiquement la science du sensible, son application a depuis très longtemps été normée dans le monde entier. Dans l'ancienne Assyrie, le roi Sennachérib faisait ainsi indiquer sur une stèle à Ninive : « Quiconque se permettra de troubler la ligne, quiconque voudra faire de la fantaisie sera immédiatement pendu sur le faîte de sa maison. » En France, dès 1508, le parlement de Paris prend des arrêtés pour définir les alignements de rue. En 1607, Sully, nommé « Grand Voyer » par Henri IV, stipule dans un édit qu'« aucun édifice, pans de mur... enseignes establies, cages de menuiserie, chassis à verre et autres avances sur la voirie sans le congé et alignement de nostre dit grand voyer » ne pourra être apposé. S'ensuivra l'instauration du permis de construire obligatoire à Paris.

Cet ouvrage retrace de nombreux enjeux historiques de l'esthétique urbaine parisienne. Les rois de France ont fait de Paris leur capitale et lui ont donné sa forme concentrique, agrandie au fil de la croissance urbaine et de l'histoire de ses enceintes et barrières. Bien entendu, la transformation majeure de l'esthétique parisienne, celle que nous connaissons toutes et tous aujourd'hui, est celle engagée par le préfet de la Seine, le baron Haussmann. Inspiré par ce qu'il connaît de la ville moderne de Londres, Napoléon III le mandate pour assainir, élargir les rues et améliorer rapidement les conditions de vie dans la capitale. Avant lui, les préfets Rambuteau et Chabrol, pour ne citer que les plus célèbres, avaient résumé les grands programmes de travaux : il fallait aérer Paris pour « donner aux Parisiens de l'eau, de l'air et de l'ombre[6] ». C'est aussi l'époque de l'émergence de la végétation en ville, avec l'aménagement par Alphand, ingénieur en chef des Promenades et des Plantations, des bois de Vincennes et de Boulogne, ainsi que des grands parcs parisiens. La voie de 13 mètres de large créée par Rambuteau avait déjà étonné les Parisiennes et les Parisiens. Avec Haussmann, on change d'échelle, puisque sont réalisées des percées larges de 20 mètres, voire de 30 mètres. Ce réseau d'artères constitue, aujourd'hui encore, l'ossature du tissu urbain parisien. Il décide ensuite de transformer le centre de Paris en y créant des boulevards gigantesques : la construction de l'axe nord-sud, du boulevard de Sébastopol au boulevard Saint-Michel. La force du projet d'Haussmann et d'Alphand a été de mettre au point une grammaire urbaine cohérente, pouvant être déclinée à toutes les échelles : immeubles, trottoirs, avenues, arbres d'alignement, mobilier... C'est ici la naissance du design urbain conçu comme approche transversale et globale du paysage de la ville. Une ambition avec laquelle nous voulons renouer.

Cependant, Paris ne peut pas être réduite à Haussmann, car son architecture n'a évidemment pas imprégné tous ses quartiers de la même manière. L'architecture faubourienne est aussi essentielle. Paris est une ville multiple. Géographiquement d'abord, entre la rive droite et la rive gauche, mais surtout sociologiquement, entre l'ouest et l'est de la ville et, plus finement, entre le sud-ouest et le nord-est. Cette fracture représente en outre une forme de rupture esthétique. Cela étant, la division est-ouest entre quartiers chics et quartiers ouvriers n'est pas une spécificité parisienne : d'autres grandes villes au passé industriel, comme Londres ou Berlin, ont également été marquées par cette géographie sociale.

L'esthétique historique faubourienne et haussmannienne est notre héritage. Elle est un enjeu crucial pour notre mémoire, pour le rayonnement de Paris et, plus encore, pour la qualité de vie des Parisiennes et des Parisiens. Ils sont, en effet, très attachés à leur patrimoine ainsi qu'aux grands axes qui le constituent : l'architecture, les matériaux comme la pierre ou le verre, les couleurs, les lignes régulières. D'ailleurs, derrière la certitude d'un urbanisme parisien se cachent en réalité différentes inspirations historiques chaotiques, sédimentation d'ambitions nouvelles et inspirantes.

Foisonnement et anarchie du mobilier urbain parisien

À la problématique de l'esthétique architecturale s'ajoute donc celle de l'espace public et des usages, actuellement en pleine évolution, ainsi que la nécessité de l'accompagner, notamment par de nouveaux mobiliers urbains. En effet, le foisonnement d'éléments non pensés de manière complémentaire et conjointe encombre parfois l'espace public et ne concourt pas à sa beauté. L'importance du design prend alors toute sa place en articulant l'esthétique, la sobriété de la conception et les usages.

Comme pour l'esthétique des bâtiments, les Parisiennes et les Parisiens sont attachés aux mobiliers de leur ville : colonnes Morris, bancs Alphand, fontaines Wallace, entrées de métro d'Hector Guimard. Il n'est pas question d'y renoncer. Pourtant, une réflexion est absolument nécessaire. Alors que la ville se métamorphose, accélérant le rééquilibrage de l'espace public au profit des mobilités actives et la transition du minéral vers le végétal, les Parisiennes et les Parisiens inventent et découvrent d'autres façons d'y vivre. Dans le sillage de ces transformations, des questions apparaissent. Comment faire de l'espace public un véritable lieu de rencontre et de vie adapté aux enjeux du changement climatique ? Comment accompagner sa réinvention par les pratiques des habitants et encourager ces nouveaux usages urbains ? Comment faire de la ville un espace accueillant pour toutes et tous ?

Les mobiliers urbains de demain pourraient être multifonctionnels afin de rationaliser l'utilisation de l'espace et offrir aux Parisiennes et aux Parisiens de nouveaux services publics. Nous pensons à des mobiliers qui accompagneraient la végétalisation et le rafraîchissement de l'espace public (ombres, fontaines, pieds d'arbre, brumisateurs), afin de multiplier les îlots de fraîcheur. Les places de stationnement et tous les espaces rendus par la diminution de l'usage de la voiture constituent d'autres opportunités, à l'image des terrasses apparues avec le déconfinement.

Nous devons également apporter un soin particulier à l'éclairage public, qui sécurise tout en embellissant. La gradation de l'éclairage en fonction des espaces, les choix appropriés de spectre et de densité lumineuse, la modulation horaire et la détection de présence peuvent participer à restaurer la biodiversité et à lutter contre la pollution lumineuse.

Le désencombrement est un enjeu crucial pour favoriser la circulation des piétons et des personnes en situation de handicap. Alors que nous menons depuis 2001, et de façon accélérée depuis 2014, avec Anne Hidalgo, une politique de réduction de l'autosolisme en ville, il est essentiel de désencombrer notre espace public du mobilier routier. Prenons l'exemple des panneaux de signalisation : à l'heure de l'ultradéveloppement du GPS, est-il nécessaire d'avoir boulevard du Montparnasse un panneau qui indique comment aller place de la République en voiture ? Ne serait-il pas plus utile de développer une signalétique adaptée aux besoins des cyclistes et des piétons ?

Avec la baisse de la vitesse dans la ville à 30 km/h, nous pourrons à terme supprimer les obstacles qui séparent les usages et obligent à des détours, et soigner le traitement du sol, élément fondateur de tout aménagement qui doit être continu et aplani.

La pratique du vélo, en forte augmentation, appelle aussi à imaginer des mobiliers urbains adaptés : pistes cyclables, arceaux de stationnement, dispositifs pour regonfler les pneus, etc. De même, la transition écologique nécessite de nouveaux mobiliers, ce qu'a illustré la polémique générée par l'installation des Trilib', alors que de nombreux Parisiennes et Parisiens n'ont pas de poubelles de tri dans leur cour d'immeuble (15 % n'ont pas de bac jaune pour les emballages et 30 % n'ont pas de bac blanc pour le verre). Les « rues aux enfants » participent également d'une nouvelle fonctionnalité : les citoyens veulent pouvoir utiliser l'espace public pour y jouer, s'y retrouver, y déjeuner.

Végétalisation et mobilités douces : quel paysage urbain pour demain ?

Les systèmes urbains dans le monde vivent un changement de paradigme, une transformation radicale qui comprend notamment deux piliers fondamentaux, nous obligeant à repenser totalement le paysage : la végétalisation massive et le développement des mobilités douces. Finies les *skylines* de béton et de verre, finie la pierre seule, bienvenue aux matériaux biosourcés et géosourcés de couleur et à l'esthétique des façades végétalisées. Loin d'impacter le seul mobilier urbain, cette évolution bouleverse tout notre imaginaire lié à la ville.

Il faut donc repenser la place de la nature au sein de l'espace public à Paris. Mais à quoi doit ressembler cette nouvelle nature ? Quelles seront les essences ? Comment cette végétalisation s'intégrera-t-elle à notre milieu urbain ? À quoi ressemblera-t-elle en hiver ? La question de l'entretien de cette nature en ville est évidemment centrale. Loin de la vision hygiéniste d'Haussmann, remettre de la nature en ville, c'est aussi accepter collectivement qu'elle reprenne ses droits sur l'espace public. Nous devons développer une vraie expertise de botanique urbaine, pour offrir une diversité des milieux naturels et permettre aux arbres de se développer et de s'épanouir en pleine terre. Nous devons aussi réfléchir aux zones où ne pas planter, car la beauté de Paris réside en partie dans sa minéralité et ses matériaux : sa pierre blanche, ses pavés, son bitume, ses toits en zinc – « amoureux de Paname, du béton et du macadam », comme le chantait Renaud.

Objets étonnants d'un débat passionné sous la précédente mandature, les pieds d'arbre ont en quelque sorte cristallisé les peurs d'un effacement du patrimoine urbain parisien. Paris en compte 100 000, et les enjeux sont nombreux : protection de l'arbre vis-à-vis du piétinement et des jets de nettoyage, bon développement des jeunes arbres et plantation généreuse et pérenne de leur pied, désimperméabilisation pour créer des îlots de fraîcheur. La problématique est même bien plus étendue : ce que nous souhaitons, c'est passer d'une logique d'espaces verts à une logique de milieux naturels vivants, déclinés selon les saisons, qui accueillent une biodiversité élargie.

Plus encore que l'espace public, le changement climatique transformera aussi les bâtiments : la stratégie zéro carbone va redessiner l'esthétique des villes, notamment par l'emploi de nouveaux matériaux, qui imposeront de nouvelles couleurs. Nous voulons être partie prenante de cette réflexion, puis piloter sa mise en place, pour que l'objectif esthétique, qui concourt à un espace public de qualité, soit intégré à chaque étape de la construction.

Nous avons donc l'obligation d'inventer pour répondre à la variété des sujets qui nous sont posés : l'importance énorme des flux qui parcourent la ville, leur diversité mais aussi, bien sûr, l'urgence climatique et la pollution. À Paris, comme dans la métropole, nous avons testé, essayé, parfois tâtonné, toujours en cherchant à associer les habitants et les usagers.

C'est pour toutes ces raisons que nous avons lancé un grand débat sur l'esthétique parisienne. Nous souhaitons repenser la manière de concevoir l'espace public, en y apportant une nouvelle cohérence, tout en veillant à préserver méticuleusement l'héritage patrimonial historique. Cet ouvrage est une contribution essentielle au débat, je rêve qu'il puisse nourrir utilement des échanges exigeants et respectueux. Si le débat public s'est toujours emparé des grands monuments et des grandes œuvres architecturales, c'est la première fois que les Parisiennes et les Parisiens seront interrogés globalement sur l'esthétique et le paysage de leur ville. La dynamique que nous enclenchons est démocratique et participative. En ce sens, c'est aussi une révolution !

À nos yeux, le caractère unique de la beauté parisienne est à la croisée entre préservation de l'ancien et modernité, entre conservation patrimoniale et innovation. Cette habile conjugaison s'exprimera dans l'urbanisme parisien, empli d'harmonie et d'audace architecturale, de prouesses esthétiques et techniques. Elle est sans doute la plus belle preuve de la beauté pluriséculaire de Paris.

« Qui regarde au fond de Paris a le vertige. Rien de plus fantasque, rien de plus tragique, rien de plus superbe. »
Victor Hugo, *Choses vues*, 1867

1. Rachida Dati, Conseil de Paris, octobre 2020.
2. Christine Clerc, « Les mille et une poubelles géantes d'Anne Hidalgo à Paris », *Le Figaro*, 19 août 2020.
3. Alexandre Gady, « Le Paris d'Hidalgo : l'enlaidissement, la déstructuration, le chaos », *Le Figaro*, 29 septembre 2020.
4. Emmanuel Kant, *Critique de la faculté de juger*, 1790.
5. Signé de grands noms de l'époque : Alexandre Dumas fils, Guy de Maupassant, Émile Zola, Charles Gounod, Leconte de Lisle, Charles Garnier, Sully Prudhomme, pour ne citer qu'eux.
6. Claude-Philibert Barthelot de Rambuteau, 1830.

Une grande partie de ce texte a été précédemment publiée sur le site de la Fondation Jean Jaurès, que je remercie.

Héritages

26	**Une nouvelle esthétique sur la Seine**	
	Isabelle Backouche	
38	**L'art urbain du maraîchage**	
	Jean-Michel Roy	
52	**Le piéton au cœur des embellissements**	
	Nicolas Lemas	
66	**Les batailles de Paris**	
	Antoine Picon	
78	**Permanence de l'embellissement**	
	Pierre Caye	
86	**Esthétiques de l'Occupation**	
	Jean-Louis Cohen	
98	**L'esthétique de la règle**	
	Philippe Simon	
112	**Le grand Lego parisien**	
	Michaël Darin	
122	**L'affichage comme expérience perceptive de la ville**	
	Géraldine Texier-Rideau	
136	**Une force horizontale**	
	Alexandre Gady	
146	**L'héritage des jardiniers**	
	Simon Texier	
158	**Pour un paysagisme social**	
	Bernadette Blanchon	
168	**Meubler Paris**	
	Denyse Rodríguez Tomé	
178	**Décors et terrains de jeu**	
	Joachim Lepastier	
190	**Paris d'après Réda**	
	Sébastien Marot	
206	**Conflits de stationnement**	
	Jeanne Brun et Laurent Le Bon	

Émergences

228	**La ville en partance**	
	Jean-Christophe Bailly	
236	**Une beauté composite de Paris**	
	Paul Chemetov	
242	**« Embellir la rue, c'est tout un projet ! »**	
	A. de Biase, C. Marelli, O. Zaza	
254	**Leurs territoires**	
	Nicolas Gilsoul	
264	**Agriculture et hip-hop**	
	Antoine Lagneau	
272	**Des couleurs sur les murs ?**	
	Julie Vaslin	
282	**Le temps des possibles**	
	Nicola Delon	
290	**Chiffonnier du futur**	
	Gwenola Wagon	
296	**Sol et contrat social**	
	Nicolas Memain	
302	**Un inventaire dessiné du mobilier urbain**	
	Patricia Pelloux	
310	**Éloge de la matière**	
	Bertrand Lemoine	
318	**Architecture liquide**	
	Richard Scoffier	
326	**Paris d'ailleurs**	
	Mariabruna Fabrizi	
334	**Les formes du mouvement**	
	Mathieu Mercuriali	
344	**Dans le contre-jour de nos applis**	
	Soline Nivet	
352	**Rythmes urbains**	
	Luc Gwiazdzinski	
362	**Glissement de terrain**	
	Guillaume Meigneux	
372	**Change plus vite que le cœur**	
	Sandrine Marc, Fannie Escoulen	

Prospectives

390	**Printemps 2049**
	Agnès Sinaï
398	**Et si la ville était une femme ?**
	Laure Gayet et Kelly Ung
408	**Le sentiment écologique à Paris**
	Nathalie Blanc
420	**Le retour des rivières**
	Yann Fradin
432	**Des villes vivantes**
	Philippe Clergeau
442	**Vers des esthétiques situées**
	Julie Beauté
450	**Le trottoir**
	Isabelle Baraud-Serfaty
460	**Mobilier urbain et design de l'ordinaire**
	Agnès Levitte
468	**L'esthétique du tourisme**
	Maria Gravari-Barbas
478	**Les lois esthétiques de l'hospitalité**
	Chantal Deckmyn
488	**Architecture de l'air et de la terre**
	Emma Lavigne
504	**Tout ce qui bouge et se passe**
	Dominique Rouillard
514	**Esthétique du flux, esthétique du stock**
	Paul Landauer
522	**Pour une monumentalité écologique**
	Mathias Rollot
534	**Post-combustion**
	Raphaël Ménard
546	**Beauté de la nécessité**
	Éric Lapierre
556	**Régénérer Paris**
	Chris Younès
566	**Biographies des auteurs**

Héritages

26 Une nouvelle esthétique sur la Seine : le prix à payer

38 L'art urbain du maraîchage

52 Le piéton au cœur des embellissements

66 Les batailles de Paris : retour sur quelques débats-clés

78 Permanence de l'embellissement

86 Esthétiques de l'Occupation : Paris 1940-1944

98 L'esthétique de la règle, entre harmonie et invention

112 Le grand Lego parisien : l'art et la manière d'assembler les bâtiments

122 L'affichage comme expérience perceptive de la ville

136 Une force horizontale

146 L'héritage des jardiniers : vitalité d'une tradition paysagère

158 Pour un paysagisme social : les grands ensembles entre Paris et Grand Paris

168 Meubler Paris

178 Décors et terrains de jeu : Paris au cinéma

190 Paris d'après Réda

206 Conflits de stationnement

Une nouvelle esthétique sur la Seine

Isabelle Backouche

Le prix à payer

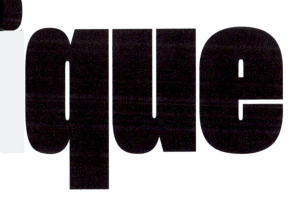

En mars 1788, l'administration royale écrit au bureau de la Ville de Paris pour se plaindre du spectacle dégradant provoqué par les bateaux à lessive au pied du Louvre :

L'établissement de bateaux de blanchisseurs dans l'intérieur de Paris forme un spectacle plus choquant encore par l'étalage de linge de toute espèce mis sur les bords de la rivière, sous les fenêtres du Louvre et des Tuileries. Ces bateaux pourraient être sans inconvénient disposés au-dessus et au-dessous de Paris et la navigation en deviendra plus facile […]. On verra s'il est possible d'exiger des propriétaires à qui l'on continuera la permission de rester dans l'intérieur de la ville qu'ils fassent en conséquence peindre en rouge et en bleu leur bateau, pour que cet ensemble soit plus agréable à la vue que celui qu'ils forment dans l'état où on les laisse[1].

Le Louvre, le Pont-Neuf et le collège des Quatre-Nations vus du pont Royal,
peinture de Nicolas Jean-Baptiste Raguenet, 1755.
© Paris Musées / Musée Carnavalet - Histoire de Paris

Et l'année suivante, les plaintes sont réitérées :

> En passant hier, Monsieur, sur le quai du Louvre, j'ai vu avec surprise que l'on y déposait des bois à brûler et que des ouvriers étaient occupés à en former des piles. Vous savez que les places qu'occupent les marchands, tant sur ce quai que sur ceux des Théatins et des Quatre-Nations, doivent être incessamment évacuées pour que l'on puisse faire les réparations nécessaires et y établir des trottoirs. Il est intéressant de profiter de la belle saison pour continuer ceux commencés au pont Royal ; on ne peut souffrir plus longtemps qu'il y ait le long des galeries des Thuilleries et du Louvre des charrettes, des haquets et des piles de bois qui contrastent avec la beauté de cet édifice, et embarrassent en tous tems la voye publique[2].

Le constat est sans appel : à la veille de la Révolution française, de nouvelles valeurs s'affirment pour organiser la vie fluviale, et surtout sa compatibilité avec les monuments qui bordent la Seine. Dorénavant, il semble inconcevable de faire cohabiter des activités indispensables à la vie urbaine et des palais tels que le Louvre, qu'on souhaite admirer, dégagés et isolés. Le spectacle est choquant, alors qu'il perdure depuis plusieurs siècles sous les fenêtres du Louvre, et la solution proposée – peindre les bateaux en rouge et bleu – montre qu'en plus de remédier à l'encombrement et à l'entassement, il s'agit aussi de ménager ce que l'œil voit. Cette association entre condamnation des usages économiques et exigence d'élégance visuelle caractérise une nouvelle sensibilité qui aboutira à promouvoir une révolution esthétique de la capitale, dont les critères sont multiples. En effet, charrettes et piles de bois nuisent à la « beauté » de l'édifice ; elles doivent disparaître pour laisser place à des trottoirs et ne plus embarrasser la voie publique. Au grouillement humain, on préfère désormais le vide, garant d'une forme de sérénité pour apprécier l'architecture des bords de Seine. Imaginons le quai Le Pelletier qui domine la place de Grève, et son animation en 1788 :

> Plusieurs particuliers et particulières étalant sur le trottoir et parapet dudit quay, les uns du charbon et les autres des quinquailleries, ce qui cause des querelles et batteries journalières, en ce que lesdits particuliers embarrassent également la voye publique tant au dehors dudit trottoir, et que sur iceluy, par les personnes qui s'y amassent, les uns pour vendre, d'autres pour acheter, et d'autres dans l'esprit de curiosité [...]. Il se lève souvent des querelles occasionnées par les achats clandestins, et encore que par les amas de peuple qui causent lesdites querelles, il s'y mesle souvent des filoux et gens mal intentionnez qui volent les passants[3].

---

1 Lettre à Éthis de Corny concernant le dégagement des bords de la rivière et la réparation des murs de quais, 10 mars 1788, Archives nationales (désormais AN), O¹ 499, fol. 177.

2 Lettre de Laurent de Villedeuil au prévôt des marchands, enregistrée au greffe le 5 mars 1789, AN, H 1960.

3 Sentence de police, 17 août 1729, AN, ADI 25 B.

Vue intérieure de Paris. Le port au blé depuis l'extrémité de l'ancien marché aux veaux jusqu'au pont Notre-Dame, dessin du Chevalier de Lespinasse, 1782.
© Paris Musées / Musée Carnavalet - Histoire de Paris

Vue intérieure de Paris. Le port Saint-Paul, près du quai des Ormes vis-à-vis le bureau des coches d'eau, dessin du Chevalier de Lespinasse, 1782.
© Paris Musées / Musée Carnavalet - Histoire de Paris

Les critères d'une nouvelle esthétique urbaine

La rupture est déterminante pour comprendre le cheminement que prendront, d'une part, les exigences de rationalisation des activités urbaines et, d'autre part, celles de mise en valeur des prouesses architecturales, le tout au nom d'une nouvelle esthétique urbaine. Ainsi, au milieu du XVIIIe siècle, le divorce est consommé entre vie citadine et beauté urbaine, en raison de la conjonction de ces attentes. La solution alors imaginée est celle du fonctionnalisme, qui spécialisera les espaces urbains. Certains seront dédiés à la vie économique jugée triviale, et rejetés en dehors des limites de la ville, comme le suggère Éthis de Corny en 1788 ; d'autres accueilleront des monuments qui ne vivront plus que de l'usage qu'en font ceux qui sont légitimes à les occuper.

La revendication d'une nouvelle esthétique urbaine a des conséquences sociales indéniables. En effet, derrière cette distinction se profile également une ségrégation sociale de l'espace urbain : au lieu de cohabiter, les Parisiens seront cantonnés dans des quartiers distincts en fonction de leur profession et de leur rang social. À la ségrégation verticale, caractéristique de la ville d'Ancien Régime, se substitue une ségrégation horizontale, qui a consolidé le contraste entre l'ouest et l'est de la capitale. Quant à la Seine, elle est désertée par toute la société parisienne qui n'a plus le droit de la fréquenter, au prétexte que les activités qu'elle y déploie encombrent et nuisent à la fluidification des circulations, fluviales et urbaines, et détériorent le paysage. Les résistances seront fortes, comme celles des tripiers du Châtelet qui refuseront de s'installer sur l'île des Cygnes, si bien que le roi accordera en 1760 le privilège de cuisson à de nouveaux tripiers plus dociles, qui accepteront de quitter le cœur de la capitale. De même, les teinturiers de la rue de la Pelleterie, au nord de l'île de la Cité, écrivent au roi pour ne pas être expulsés de leur lieu de travail et de vie :

> Depuis des siècles, cette partie de la rue de la Pelleterie est habitée par les teinturiers, en soye, étoffes, et chapeaux. Ce local est peut-être le seul qui convienne à ce genre de commerce. De vastes ateliers qui doivent être dans des lieux non voutés, la proximité de la rivière, la nécessité d'avoir des batteaux pour le lavage des soies et des étoffes, l'exposition du nord, ont sans doute été les motifs qui ont attiré les teinturiers dans cette partie de la ville. Une ancienne tradition fait remonter leurs établissements jusqu'à Hugues Capet, et ils ont toujours joui du privilège d'avoir sur la rivière des batteaux exempts de tous droits envers la ville. Sa Majesté ne voudra pas que lorsque de superbes quais remplaceront nos ateliers qui nous ont vus naître ou qui nous nourrissent depuis si longtems, nous et nos enfans ayons des larmes à répandre, et ces monuments de la grandeur et de la magnificence de notre monarque ne seront point l'époque de la ruine de dix familles[4].

---

4 *Mémoire des teinturiers de la rue de la Pelleterie à Monsieur de Calonne*, septembre 1786, AN, H 2167.

Cette volonté de transformation est une véritable révolution de l'écosystème qui s'était construit entre le fleuve et la ville. En effet, acheminant près de deux tiers des approvisionnements et fournissant plus de la moitié de l'eau consommée, la Seine s'était imposée comme un espace majeur dans la ville moderne. Elle concentrait une grande variété de pratiques économiques qui faisaient vivre la ville : le marchand y distribuait les produits venus de la campagne dans son bateau à port, le Parisien y achetait ses consommations essentielles, le roi et le prévôt des marchands y levaient des droits indispensables à leurs finances. Tous les Parisiens, et les pouvoirs qui les encadraient, étaient dépendants des richesses que le fleuve prodiguait, et cette évidence lui donnait une place privilégiée dans leur univers mental[5].

L'attachement des hommes à cet espace urbain s'expliquait aussi par le caractère exclusif des pratiques qu'il suscitait, singularisation qui consolidait encore la personnalité du fleuve. Pour des raisons techniques, le meunier, le pêcheur comme le teinturier ne pouvaient envisager de quitter les berges de la Seine, espace identitaire de leur activité professionnelle. L'autre force du fleuve – voie de circulation très appréciée des Parisiens – était de peser aussi lourd dans la formation de l'identité urbaine que dans l'ouverture de la ville sur son environnement. On empruntait des coches d'eau pour quitter Paris, vers l'amont comme vers l'aval, et la surface de l'eau grouillait de la circulation des bachots qui permettaient de passer d'une rive à l'autre, compte tenu du peu de ponts dans la capitale.

Cette densité de la vie urbaine sur le fleuve est progressivement mise en question à partir du milieu du XVIIIe siècle. En effet, les sollicitations dont la Seine est l'enjeu s'accroissent, aboutissant à la multiplication des conflits dès le milieu du siècle. L'exaspération des relations entre les usagers s'accentue, révélant les limites des bienfaits qu'apporte le fleuve, dans un contexte technique qui évolue peu, et face à des besoins en constante progression en raison de l'accroissement de la population.

Des choix s'opèrent alors au profit d'une hiérarchisation des usages, et selon des critères qui dessinent une nouvelle manière d'aménager la capitale. Alors que jusque-là, les pratiques urbaines se nichaient là où elles trouvaient des opportunités (espace disponible, forte fréquentation, location de places, atout technique), et cohabitaient sous l'œil vigilant du bureau de la Ville, désormais, on projette d'aménager l'espace en attribuant par avance une place à chacun.

Mais, en plus de cette élimination du bouillonnement qui implique les Parisiens sur le fleuve, le tournant se concrétise dans un grand plan d'aménagement de la Seine en 1769. Alors que le mot « urbanisme » n'existe pas encore, le projet témoigne de l'émergence d'une nouvelle façon de concevoir la ville, en associant étroitement des critères de régulation de la vie fluviale et la volonté d'embellissement, l'esthétique de la ville devant alors se trouver renforcée par cette conjonction entre mise en ordre des activités fluviales et amélioration de l'aspect des rives et des quais de la Seine.

---

5 On peut se faire une idée de cette formidable vie fluviale en écoutant le parcours sonore « Gens de la Seine au XVIIIe siècle » sur https://passe-ici.fr

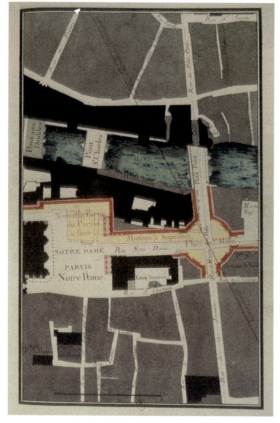
L'extension du parvis Notre-Dame et le pont aux Doubles dégagé.

La nouvelle place de l'Hôtel-de-Ville.

Un projet au service de la navigation et de la circulation

Le plan d'aménagement de la Seine, conçu entre 1758 et 1769, fait du fleuve un espace pionnier en matière d'urbanisme. Il est l'épine dorsale d'un projet à l'échelle de la capitale, dont les opérations touchent la majorité des quartiers parisiens, et, de ce point de vue, il inaugure une nouvelle séquence dans la manière de façonner la ville, qui s'épanouira sous l'égide du baron Haussmann. Ce plan est contemporain du souhait de voir disparaître l'animation fluviale. Cette parfaite synchronie entre organisation des usages et remaniements de l'espace explique la force du mouvement qui s'amorce sur les bords de Seine, une dynamique qui promeut un nouveau rôle pour l'aménagement urbain : contenir et circonscrire les activités pour permettre d'admirer l'architecture riveraine.

Sanctionné par les lettres patentes du 22 avril 1769, ce projet est le fruit de la volonté et de la persévérance de deux hommes : le prévôt des marchands Jean-Baptiste Élie Camus de Pontcarré de Viarmes et le maître général des bâtiments de la ville Pierre-Louis Moreau-Desproux. Dès 1758, le prévôt des marchands fait dresser un état de la dépense « pour la formation des nouveaux quais et remparts de Paris, ainsi que pour la suppression des maisons bâties sur les ponts de Paris et l'ouverture de quais le long de la rivière[6] ». Il s'agit de faire en sorte que

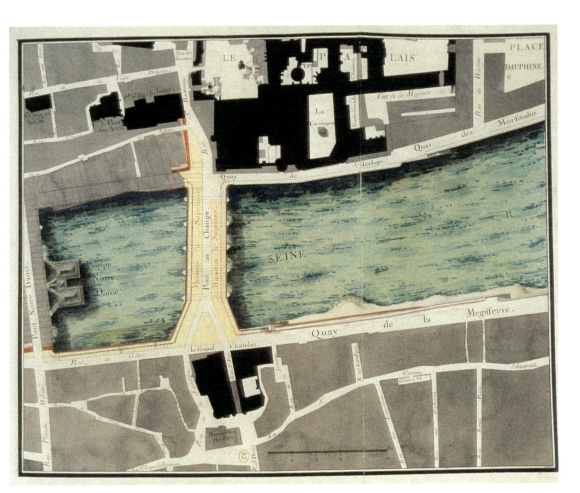

Le pont au Change dégagé.

Extraits du *Plan général du cours de la rivière de Seine et ses abords dans Paris*, Pierre-Louis Moreau-Desproux, architecte, 1769.
© BnF

[…] les ports de Paris soient moins embarrassés et que les marchands y soient à leur aise pour leur commerce parce qu'il arrive très souvent que les marchands de bois font des pertes considérables faute d'avoir des endroits pour mettre leurs trains en sûreté et que les bateliers perdent leurs bateaux faute de gare[7].

L'action du prévôt des marchands témoigne du pragmatisme de ce projet. On commence par chiffrer les différentes étapes nécessaires à sa réalisation (indemnités, travaux, construction de ponts, rénovation des pompes, achèvement de la place royale, amélioration des ports) avant de dessiner le plan qui servira de base aux lettres patentes du roi. Cette chronologie dans la mise en œuvre du projet est originale à l'époque, et elle conforte l'idée d'un nouvel « urbanisme » en prise avec la réalité économique de l'espace concerné. En effet, toutes les opérations prévues en 1758 sont

6 AN, Q11109. Le document n'est pas daté, mais certains éléments permettent de préciser sa date. L'estimation des dépenses qu'il reste à faire pour la place Louis-XV donne la date du 16 août 1758. D'autre part, l'estimation des sommes à rembourser aux propriétaires des maisons qui seront détruites utilise les rôles du vingtième de l'année 1757, ce qui confirme la date de 1758.

7 *Ibid.*

reprises et détaillées dans le plan dessiné par Moreau-Desproux. Mais l'action de Pontcarré de Viarmes entre 1758 et 1763, en amont de la réalisation du dessin de Moreau-Desproux, transforme la portée de ce dernier. Il est la simple expression graphique d'opérations conçues par celui qui régule les usages sur le fleuve, et non une œuvre de conception originale due à un architecte.

Le 12 mars 1769, le roi signe le plan que lui proposent Pierre-Louis Moreau-Desproux et le prévôt des marchands d'alors, Armand-Jérôme Bignon. De dimension assez importante, cet original a disparu, et le plan nous est connu grâce à une réduction en livre portatif qui fut exécuté sur les ordres du prévôt des marchands entre 1770 et 1780. Dans son introduction, Moreau-Desproux isole deux thèmes essentiels, à savoir les motifs qui nécessitent l'aménagement du fleuve et l'importance d'un projet général :

> Les maisons qui existent encore sur plusieurs ponts, celles qui se trouvent le pied dans l'eau bordant la rivière en plusieurs endroits, causent des inconvénients considérables en interceptant la circulation de l'air, embarrassent la navigation et dérobent aux yeux la vue du plus beau spectacle que la capitale puisse offrir. Ces inconvéniens ont souvent excité le désir de les voir supprimer ; d'autres rectifications, des percements de nouvelles rues, la construction de nouveaux ponts, n'ont pas moins occupé l'administration de la ville. Divers projets ont été formés dans la vue de parvenir à remplir la plus grande partie de cet objet ; on a vu des entreprises commencées, abandonnées ensuite ou interrompues ; de grandes dépenses sont devenues inutiles parce que ces projets conçus séparément les uns des autres ne pouvoient se correspondre ; ces considérations ont mis le Bureau de la ville dans le cas de désirer qu'il fût formé un projet général des Embellissements dont les différens quartiers de la ville recevroient le plus d'avantages[8].

Sensibles à la situation critique que connaît l'espace fluvial, les auteurs restent attachés à une conception esthétique et ostentatoire de l'embellissement urbain. Forte de son poids économique et de ses spécificités dans l'espace urbain, la Seine s'impose comme un espace global dont il faut améliorer les performances et valoriser les potentialités esthétiques, grâce à des aménagements urbains. Vingt-neuf opérations sont programmées, dont deux ne concernent pas le fleuve puisqu'elles intéressent Saint-Eustache et la place du Palais-Royal. Elles englobent toute la traversée du fleuve dans la ville, depuis l'île Louviers jusqu'à la barrière des Invalides.

Il s'agit d'abord d'améliorer les conditions de navigation et l'activité portuaire et commerciale (élargissement de quais, agrandissement des ports grâce à la destruction de maisons au bord de la Seine, rehaussement du sol du port de Grève pour lutter contre les inondations). Par ailleurs, la destruction des maisons sur les ponts permet d'ouvrir la ville sur le fleuve pour procurer des avantages aussi bien esthétiques que de santé publique. Le pont Marie, le pont No-

---

8 BnF, Cabinet des Estampes, Ve36, p. 3.

Vue perspective de la place Louis-XV, prise du côté des Champs-Élysées, dessin du Chevalier de Lespinasse, 1781.
© Paris Musées / Musée Carnavalet - Histoire de Paris

tre-Dame, le pont au Change et le pont Saint-Michel sont dégagés, ainsi que la salle de l'Hôtel-Dieu installée sur le pont aux Doubles qui conduit sur la rive gauche[9]. La plupart des opérations convergent vers un même but : assurer une circulation continue le long du fleuve grâce à la construction de quais et de ponts. Ainsi, le quai Conti est rectifié dans l'alignement de l'hôtel des Monnaies en cours de construction, et dégagé des deux pavillons qui bordent la place du collège des Quatre-Nations. On est prêt à tous les sacrifices au nom de la circulation. La création de nouveaux quais fait disparaître toutes les maisons qui bordaient le fleuve et interceptaient la circulation, comme dans les rues de la Pelleterie et de la Huchette, qui sont remplacées par des quais. Hormis la reconstruction des ponts en bois, aucun nouveau pont n'est prévu à cette date, et même le projet de pont entre la nouvelle place Louis-XV (actuelle place de la Concorde) et le faubourg Saint-Germain est écarté.

Un dernier type d'opérations a trait à l'inscription du pouvoir dans le paysage urbain. La place Louis-XV, aménagée à partir de 1757, est complétée par un hôtel, symétrique à l'hôtel du Garde-Meuble, qui accueillera la première compagnie de mousquetaires de la garde du roi (actuel hôtel Crillon). L'Hôtel de Ville est tourné vers la Seine et la place de Grève agrandie par la démolition de maisons. Le site même de la dernière place royale parisienne témoigne des hardiesses esthétiques de l'époque : installée en bordure du territoire parisien pour ne pas nuire aux intérêts des habitants, elle est largement ouverte sur les Tuileries et la Seine, prouvant que la volonté de célébrer le monarque s'épanouit sur le fleuve. Mais les critiques à l'égard de la place conçue par Ange-Jacques Gabriel fusent : on lui reproche d'être trop disparate et de ne « faire d'effet qu'à vol d'oiseau[10] ».

9 L'Hôtel-Dieu sera transféré au nord de l'île de la Cité lors des remaniements haussmanniens.

10 Charles-François de Lubersac de Livron, *Discours sur les monumens publics de tous les âges et de tous les peuples connus*, Paris : Imprimerie royale, 1775, p. 152.

L'ampleur de ce projet et la forte cohésion entre ses différentes opérations, toutes guidées par les mêmes impératifs, le consacrent comme le premier plan d'aménagement à l'échelle de la capitale obéissant à un programme qui dépasse le simple embellissement. Mais cette transformation du paysage urbain a des conséquences humaines. Le nombre de maisons vouées à la destruction (523) atteste de cette remise en cause des liens profonds entre les Parisiens et leur fleuve. Et elle n'échappe pas aux contemporains, puisqu'on peut lire dans un commentaire des articles qui concernent la destruction des maisons sur les ponts :

> Mais observer que les maisons dont cet article ordonne la démolition ainsi que toutes les autres maisons tant sur les ponts que dans différents autres endroits de la ville logent des marchands, ouvriers et gens de toute espèce ; que deviendront tous ces particuliers et toutes les marchandises de leur commerce ? Il est certain que le surplus de Paris étant bâti, ils ne pourront trouver où se loger ni où pouvoir continuer leur commerce[11].

Alors qu'en 1785, on entame la destruction des maisons sur le pont Notre-Dame, l'avocat au parlement et homme de lettres Jean-Baptiste Élie de Beaumont propose un projet d'embellissement de Paris, dont les préconisations, jugées audacieuses à l'époque, verront le jour en 1967 avec l'inauguration de la voie Georges-Pompidou sur la rive droite :

> Ces nouveaux quais sont nécessaires à la décoration et même à la salubrité de Paris, en facilitant par de larges communications le renouvellement de l'air […]. Ainsi, les deux bords de la rivière ont de magnifiques quais qui établissent une double communication d'une extrémité de la ville à l'autre, dans toute sa largeur, et qui unissent ensemble par deux beaux ponts toutes les parties de cette grande ville. Il n'y aurait pas une seule capitale en Europe qui eût des communications aussi nobles, aussi belles, aussi saines en même temps que le seraient celles-là[12].

C'est encore au nom de l'utilité publique, de la salubrité et de l'embellissement de la capitale qu'un édit du roi lance une grande partie des opérations en 1786[13]. La nouvelle esthétique se doit d'allier tous ces impératifs, et elle ne se conçoit plus sur des points isolés. Le projet de 1769 est le premier plan d'une telle envergure dans la capitale. Il sera aussi le premier entièrement mené à bien, malgré le contexte financier impécunieux des dernières années de l'Ancien Régime et les fortes résistances des Parisiens,

---

11 Commentaire des lettres patentes d'avril 1769, s. d., AN, Q1109.

12 Jean-Baptiste Élie de Beaumont, *Lettre sur l'embellissement et l'amélioration de Paris, sur les moyens de procurer en même temps sa salubrité sans qu'il en coûte rien*, 11 novembre 1785. Publiée dans Julien Hayem (dir.), *Mémoires et documents pour servir à l'histoire du commerce et de l'industrie en France*, Paris : Hachette et Cie, 1921, 6e série, p. 1-52.

qui expliquent la lenteur des réalisations qui s'échelonneront jusqu'au milieu du XIXe siècle. Cette dilution dans le temps remet en cause l'image d'un XIXe siècle qui aurait fait table rase d'une forme urbaine immuable, et oblige à recaler la chronologie d'apparition d'une esthétique urbaine en prise avec les impératifs de l'activité urbaine. Dès le milieu du XVIIIe siècle, la rupture est consommée avec l'embellissement ou le simple alignement, et la Seine est porteuse de cette cohérence programmée de la refonte de la ville. Le baron Haussmann est bien l'héritier des idées foisonnantes du siècle précédent.

On peut ainsi considérer la Seine comme un espace urbain pilote sur lequel est tentée une synthèse entre plusieurs attentes du pouvoir urbain au XVIIIe siècle : améliorer le rendement de l'arrivée des denrées grâce à la priorité accordée à la navigation, rendre l'air et l'eau plus salubres, faciliter la traversée du fleuve grâce au dégagement des ponts qui supportent des maisons, permettre de mieux circuler sur les bords de la Seine, et, enfin, goûter la perspective dégagée sur la Seine, manière de faire entrer le paysage fluvial en symbiose avec la ville. Mais, on l'aura compris, le prix à payer pour rendre effectifs tous ces objectifs fut la disparition des Parisiens des bords de Seine[14]. C'est bien à partir du XVIIIe siècle que s'affirme un fonctionnalisme qui va enfermer les esprits pendant plus de deux siècles, un moule contraignant qui empêche de penser la ville comme le produit de l'activité de ses habitants. Cette prédictibilité revendiquée mais illusoire des usages a progressivement désincarné l'espace urbain, qui peine aujourd'hui à retrouver vie malgré une politique urbaine qui tente de favoriser les réappropriations par les habitants.

Alors, aujourd'hui, au moment où cette coupure entre la capitale et son fleuve est fortement remise en cause, comment réinvestir la Seine sans prendre le risque de l'artificialiser ? Comment lui restituer un poids urbain qui s'est délité et ne pas se contenter de la plus belle promenade monumentale parisienne ?

Isabelle Backouche
Directrice d'études, EHESS-CRH

---

13 Édit du roi qui ordonne la démolition des maisons construites sur les ponts de la ville de Paris, sur les quais et rues de Gesvres, de la Pelleterie, et autres adjacentes des deux côtés de la rivière, conformément au projet arrêté en 1769, septembre 1786, AN, H 2159.

14 Isabelle Backouche, *La Trace du fleuve : la Seine et Paris (1750-1850)* [2000], Paris : Éditions de l'EHESS, 2016.

L'art urbain du maraîchage

Jean-Michel Roy

En 1840, dans le *Traité élémentaire de l'agriculture du département de la Seine*, Édouard Lecouteux s'extasie devant les champs de légumes qui s'étendent à Paris et dans ses alentours : « Rien de plus beau, rien qui atteste autant le pouvoir de l'homme sur la nature, lorsqu'il sait marcher avec elle[1] ». « Rien de plus beau » : Lecouteux pose ainsi les bases de son étude historique sur les relations du maraîcher avec son terroir et la nature. Il s'agit ici d'une étude d'esthétique relationnelle ou fonctionnelle entre le maraîcher, les plantes, le substrat urbain parisien et les consommateurs. L'ensemble de ces relations donne naissance, au XIXe siècle, à une pratique artistique, celle du maraîchage urbain, unique en France et dans le monde.

Jusqu'au milieu du XXe siècle, le maraîchage et ses produits sont présents partout dans la ville. Aujourd'hui, au moment où Paris cherche à relocaliser sa production alimentaire, l'histoire de l'agriculture urbaine permet de s'apercevoir que la forme même de la ville, à travers son parcellaire, est liée à la pratique du maraîchage. Sans les maraîchers, Paris ne serait pas la ville que nous connaissons aujourd'hui ; la petite couronne non plus ! Sans eux, les techniques de jardinage ne se seraient pas raffinées au point de devenir une science ou un art. La redécouverte outre-Atlantique de cet art, notamment par Eliot Coleman, a d'ailleurs permis d'inventer de nouveaux métiers en maraîchage biologique. Sans les maraîchers parisiens, enfin, les légumes n'auraient jamais atteint un tel degré de sophistication, leur permettant d'être exportés dans toute l'Europe et d'avoir le statut de produits de luxe.

Nous pouvons donc nous enthousiasmer avec Édouard Lecouteux lorsqu'il écrit, à propos de l'agriculture parisienne : « Que Paris s'enorgueillisse de sa splendeur[2] ». Nous pouvons découvrir les splendeurs que nous réservent les maraîchers parisiens. Grâce à un infatigable labeur, ils ont poussé leur art et leur talent à un tel degré de précision et de méthode qu'ils ont décuplé le produit de la terre, transformant leurs marais en corne d'abondance – les contemporains ont justement été fascinés par les quantités produites dans ces « fabriques à légumes ». Les maraîchers parisiens ont inventé la culture perpétuelle, prolongeant sans cesse le cycle de la nature, se jouant presque du climat et des saisons. Entre leurs mains, le fumier fécond se transformait avec générosité en légumes et en or. La beauté réside dans le lien unique et organique que ces hommes laborieux ont tissé avec la terre et la nature.

Cultures maraîchères rue Herr, Paris 15e, vers 1900.
© Union photographique française / Musée Carnavalet - Histoire de Paris / Roger-Viollet

---

1 Édouard Lecouteux, *Traité élémentaire de l'agriculture du département de la Seine*, Paris : Librairie Bouchard-Huzard, 1840, p. 3.

2 *Ibid.*, p. 200.

Maraîcher : un métier urbain

Avant d'entrer dans le vif du sujet, il nous faut brosser à grands traits l'histoire de ce métier. Les maraîchers ou jardiniers parisiens sont les successeurs des « courtilliers ». Au Moyen Âge, ces derniers cultivaient, dans la ville, des parcelles situées dans des jardins clos qui se nommaient des « courtilles », « courtils » ou « cultures ». Le dernier maraîcher de Saint-Denis, René Kersanté, et d'autres de ses collègues utilisaient encore au XXᵉ siècle le mot « courtil » pour désigner leur exploitation, qu'ils appelaient également « jardin » ou « marais ». Le courtillier se livrait à une polyculture agricole intra-urbaine. Les jardiniers qui cultivent les premiers marais asséchés par le chapitre de Sainte-Opportune, aux XIIᵉ et XIIIᵉ siècles, exercent la même activité que les courtilliers puis, au fil des siècles, se consacrent plus spécifiquement aux légumes. Au XIIIᵉ siècle, 60 hectares de marais sont ainsi cultivés au nord et à l'est des portes Saint-Denis et Saint-Martin. Dans *Le Livre des métiers*, Étienne Boileau détaille les produits des courtillages qui arrivent dans la capitale aux XIIIᵉ et XIVᵉ siècles : « Courtillage, c'est à savoir toute manière de porées, pois noviauz, fèves novelles en cosse vert, qui vienent à Paris[3] ».

Les courtilles qui sont situées aux alentours des premiers marais sont annexées par les jardiniers dans les siècles suivants, ce qui provoque la disparition progressive des courtilles et des courtilliers. Un mode d'exploitation et une esthétique particulière sont supplantés par d'autres.

Leur effectif s'accroissant, les jardiniers structurent leur métier. Ils créent des confréries de jardiniers dans les églises et honorent leur saint, Fiacre, le 30 août. Ils organisent également une jurande au XVIᵉ siècle, c'est-à-dire un corps de métier constitué par le serment mutuel que se prêtent

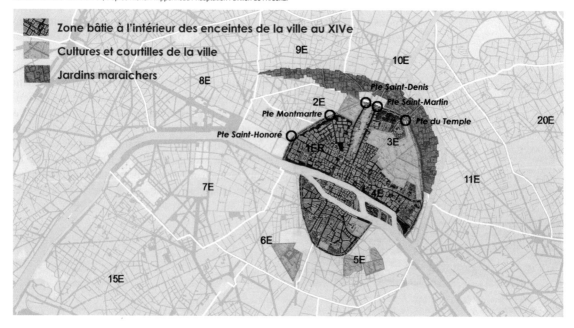

Cultures, courtilles et marais à Paris, à la fin du XIVᵉ siècle.
© Conception Unité Patrimoine et Arts visuels de La Courneuve /
Réalisation Marie-Laure Simon, d'après Michel Phlipponneau / Adaptation Pavillon de l'Arsenal

3 Étienne Boileau, *Les Métiers et corporations de la ville de Paris : XIIIᵉ siècle. Le Livre des métiers* [v. 1268], éd. René de Lespinasse et François Bonnardot, Paris : Imprimerie nationale, 1879, p. 227.

les membres – ils jurent, d'où le nom de « jurande ». La jurande se transforme en corporation à la fin du XVIᵉ siècle, ce qui indique bien l'appartenance du métier à la ville : les jardiniers sont considérés comme des artisans urbains. L'acquittement des droits de maîtrise leur permet de vendre quotidiennement à la halle aux poirées, depuis la porte de la halle au blé jusqu'à la rue Saint-Honoré et dans les rues adjacentes. Chacun dispose d'une place fixe numérotée, qui se transmet de génération en génération. C'est un beau spectacle que ce marché quotidien, même s'il est plus souvent mentionné pour sa source d'embarras. Les jardiniers des faubourgs et de banlieue font en effet concurrence à ceux du centre ; en 1658, ils sont autorisés à fréquenter deux fois par semaine le marché, mais sans place fixe, privilège des maîtres. Le métier urbain de maraîcher, très particulier, évolue au cours des siècles.

L'évolution du métier et des productions

Dès le XIIIᵉ siècle, les terres dites « en marais » sont des terres cultivées en légumes. C'est un mode d'occupation du sol et de culture. Les courtilliers adaptent leurs techniques et leurs plantes à ces nouveaux espaces. Les salades, poirées, poirées à cardes, pois et fèves nouvelles, cultivés dans les courtilles, selon *Le Livre des métiers*, se retrouvent cultivés dans les marais. Et curieusement, au fil du temps, la fève prend le nom de « fève de marais », comme si les marais prenaient le pas sur les courtilles. C'est ce qui se passe d'ailleurs : les courtilles disparaissent, annexées par les marais.

Les statuts des jardiniers précisent, en 1599, la nature des productions qu'ils apportent sur le marché : « melons, concombres, artichauts, herbages, & autres choses [...] arbres & fleurs[4] ». Jusqu'en 1600, les jardiniers, comme les courtilliers, sont des généralistes de la culture des plantes. Ils cultivent les céréales, les arbres, les arbrisseaux, les fleurs en pots et coupées, les champignons, la vigne, le raisin de table et à verjus, et, pour certains, plus de 30 plantes et légumes. Les herbes potagères et à salade occupent une place importante dans les productions, bien que la buglose, le pourpier, la baume et l'estragon disparaissent peu à peu. La laitue, la chicorée, la poirée et l'oseille se maintiennent, et la culture de l'épinard et du cerfeuil progresse au XVIIIᵉ siècle. Certaines plantes disparaissent complètement, comme le plantain corne de cerf, la perce-pierre, la raiponce, etc.

Concurrencés à partir du XVIIᵉ siècle par des jardiniers et vignerons des campagnes environnantes, les jardiniers parisiens se spécialisent peu à peu dans les plantes annuelles et abandonnent les plantes vivaces, qui occupent leurs terrains trop longtemps, ainsi que les arbres et les pépinières. L'effectif des plantes cultivées ne cesse de décroître pour atteindre une dizaine de plantes à la fin du XVIIIᵉ siècle, chez 80 % des jardiniers parisiens. Ceux-ci cultivent assez peu les légumes racines, dont la production est forte sur les terres de banlieue, de la plaine des Vertus à Meaux ou à Croissy. Ils sélectionnent des variétés à cycle court, ce qui leur permet d'accélérer la rotation des cultures. Le radis en est le meilleur exemple, même si nous n'en sommes pas encore au radis de 18 jours ! Et puis les légumes nouveaux – choux, carottes et oignons nouveaux – font leur apparition dans la seconde moitié du XVIIIᵉ siècle. Leur culture

---

4 *Statuts, ordonnances et règlemens, arrests du Conseil d'État, lettres patentes, et arrests de la cour de Parlement d'enregistrement, et sentences de police en forme de règlement pour la communauté des maîtres jardiniers de Paris* [1599, 1697], Paris : imprimerie de Grangé, 1765, p. 14-15.

se développe énormément aux XIXe et XXe siècles. La diminution du nombre de plantes s'accentue au XXe siècle, notamment dans les années 1980-2000 où les jardiniers ne cultivent plus que des salades, des radis et des plantes aromatiques.

Jusqu'à l'apparition des motoculteurs dans les années 1950, tout le travail de la terre se réalise à bras, à la bêche et à la binette. Durant des siècles, l'arrosage se fait à l'arrosoir, jusqu'à ce qu'au début du XXe siècle, la lance d'arrosage ne le supplante. Le portage, quant à lui, s'effectue à dos d'homme, dans des hottes qui se nomment « hottriaux ». Elles servent à transporter le fumier et les récoltes, et les hommes les utilisent aussi pour apporter les légumes aux Halles. Ce n'est qu'au début du XIXe siècle que les jardiniers se dotent de chevaux et s'équipent de charrettes. Les chevaux actionnent des manèges pour monter l'eau des puits, mais ils ne sont cependant jamais utilisés pour labourer ; l'organisation de l'exploitation ne s'y prête pas. Enfin, chaque exploitation est divisée en carrés ou en planches, plus ou moins grands. Les planches sont séparées par des sentiers peu larges. Les mieux exposées et les plus protégées des vents accueillent les plantes les plus fragiles. Chaque jardinier constitue une provision de fumier de cheval qui lui sert à dresser des couches. En fermentant, les couches produisent de la chaleur et chauffent le terreau qui a été disposé dessus à 30 °C. Les melons, les concombres, etc., semés en mars peuvent ainsi germer et pousser plus hâtivement.

Ce système est porté plus loin à la fin du XVIIe siècle, quand les jardiniers placent des cloches en verre sur les couches. Ces cloches sont de vraies serres individuelles. Ce sont principalement les melons et les concombres qui y sont cultivés, mais aussi les salades et tous les légumes primeurs. Ces légumes se vendent cher et permettent aux jardiniers d'amortir l'énorme investissement de l'achat des cloches. Ils veulent hâter la nature pour être les premiers sur le marché, avec des petits pois primeurs à la fin du carême, des carottes ou des navets nouveaux en avril-mai. S'ils veulent produire des cucurbitacées durant l'été, ils doivent absolument semer les graines sous abri et à la chaleur dès le mois de mars. Les cloches prennent même la dénomination de « cloches à melon ». Grâce à leurs techniques, les jardiniers produisent des salades presque toute l'année, sauf l'été. À partir des années 1780, ils utilisent de vieilles fenêtres pour couvrir leurs couches, et mettent au point des panneaux vitrés qu'ils nomment « châssis ». Cette invention a pour but de remplacer à terme les cloches, mais surtout, elle permet d'augmenter considérablement les surfaces cultivées sous verre. On passe ainsi de moins de 10 % de culture sous verre à plus de 20 ou 30 %. Les châssis ne remplacent pas les cloches et les deux équipements sont complémentaires. Des variétés spécifiques sont sélectionnées pour pousser sous les châssis. C'est sans doute à partir de cette invention et du début du XIXe siècle que le métier se tourne vers les cultures de primeurs, qui deviennent par la suite le socle de l'activité. Toutes les exploitations ont un design qui allie fonctionnalité, rendement et beauté.

La Révolution et les guerres napoléoniennes ont freiné les transformations, mais le mouvement était lancé. En 1809, le préfet de police considère que les primeurs occupent la première place dans l'éventail des légumes produits : « Les maraîchers de Paris ne cultivent point ou cultivent peu le fruit et les gros légumes. Les primeurs, les salades, les plantes potagères bulbeuses, la carotte, le chou-fleur, les melons, le céleri, les cardons, les champignons sont les principaux objets de leur culture[5] ».

Les jardiniers sont de plus en plus appelés « maraîchers-primeuristes » pour être distingués des autres jardiniers. Cette tendance lourde du métier les met en concurrence avec d'autres régions plus favorisées par le climat,

---

5   État du produit des récoltes de l'an 1809 des communes de l'arrondissement de Saint-Denis, Archives nationales, F[20] 255[B].

celle d'Anjou et la Bretagne. Avec l'ouverture des lignes de chemin de fer, à partir du milieu du XIXe siècle, toutes les régions françaises sont mises en compétition et tendent à se spécialiser pour alimenter le marché parisien. La concurrence s'intensifie à l'intérieur de la région parisienne; elle influe sur tous les acteurs qui rationalisent leurs productions. Chacun trouve son créneau. Ne pouvant concurrencer les productions du Midi pour les primeurs, les maraîchers parisiens arrêtent de vouloir être les premiers sur le marché. La qualité et la fraîcheur des produits, tels sont les maîtres-mots de la culture maraîchère parisienne, qui vit un âge d'or aux XIXe et XXe siècles, jusqu'à la Seconde Guerre mondiale. En 1895, par exemple, 285 000 tonnes de légumes sont produites par les maraîchers, dont la moitié en salades diverses, 57 000 tonnes de légumes racines, 42 000 de choux, 26 000 de melons et 14 000 de tomates. On le voit, la production de salades caractérise effectivement la production du maraîcher ! En 1904, 100 millions de laitues sortent des exploitations parisiennes, dont 20 millions de romaines. Produire en toutes saisons des salades et les apporter quotidiennement au marché est sans doute l'identité du métier au cours des siècles, encore aujourd'hui. L'extension constante de la ville conduit de nombreux maraîchers à s'installer parfois en dehors de ses limites.

Le déplacement fait partie de l'ADN du métier de maraîcher

Avec l'essor de la demande en légumes, liée à la croissance démographique de Paris, les marais s'étendent vers la périphérie. Dans le même temps, le premier berceau de l'activité maraîchère se couvre de voies, de chemins, de rues et, peu à peu, de maisons. Au XVIe siècle, ce sont plus de 60 hectares de marais qui disparaissent sous les constructions et sont perdus pour la culture, et ce, malgré les interdictions royales de 1548 de construire dans les faubourgs. Si le berceau de l'activité se situe au nord de l'enceinte de Charles V, au nord des portes Saint-Denis, Saint-Martin et du Temple, la poussée des marais se répand partout autour de la capitale. À partir du début du XVIIe siècle, de nouveaux marais sont aménagés aux faubourgs du Temple,

Implantation des maraîchers parisiens de 1859 à 1959.
© Conception Jean-Michel Roy / Recherches et saisies statistiques François Fournet / Réalisation Marie-Laure Simon / Adaptation Pavillon de l'Arsenal

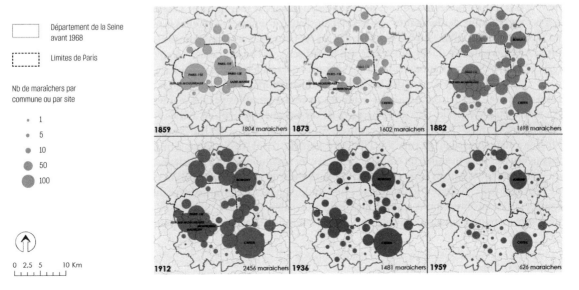

L'exploitation de René Kersanté à Saint-Denis, vue depuis sa fenêtre, 1967.
© Fonds René Kersanté

Saint-Victor, Saint-Honoré et à la Ville l'Évêque, et croissent ensuite. Quasiment chaque faubourg a ses marais et ses jardiniers, même si le cœur reste la rive droite, le nord et l'est de Paris. Le faubourg Saint-Antoine, sans doute le plus important de la capitale, profite énormément de ce mouvement et compte plusieurs centaines de jardiniers. À la fin du XVIIIe siècle, les jardiniers habitent Paris, exploitent un jardin dans la ville, et en possèdent également un à l'extérieur de ses limites, où ils cultivent des légumes de moindre valeur. En 1785, l'accélération de la disparition des marais de Paris entraîne une modification de la loi sur les limites de la ville. En effet, le roi ne veut pas voir diminuer « la culture des légumes, herbages et menus fruits nécessaires à la nourriture des habitants[6] ». Il permet ainsi aux jardiniers de s'établir entre les faubourgs et les villages, d'y construire des murs et des maisons, sans contrevenir aux lettres patentes du 28 juillet 1766 qui interdisent ces constructions. Métier de la ville, le jardinier peut prendre la clé des champs et s'installer dans le périurbain.

Un double processus de grignotage s'est mis en place : celui des marais par l'urbanisation, et celui des terres labourables par les marais. Au milieu du XVIIe siècle, plus de 75 hectares de terres sont convertis en marais et cultivés en légumes. Ce processus migratoire périphérique, entamé dès le début de l'histoire du maraîchage, fait partie de l'identité, voire de l'ADN de l'activité. Ainsi, lorsqu'un jardinier s'installe à un emplacement et se met à cultiver la terre, il sait déjà qu'il sera, quelques années plus tard, sollicité pour vendre la parcelle. Les jardiniers ne subissent pas en vain ces déplacements, surtout lorsqu'ils sont propriétaires du foncier ; ils en profitent pour réaliser une belle plus-value et acheter plus grand, plus loin, ou pour se retirer de la culture. Lors de leur réinstallation, ils anticipent

6 Extrait des registres du Conseil d'État du Roy, 9 août 1785, Archives nationales, Q^1 1104.

et estiment le temps que la ville mettra à les rattraper. À chaque nouvelle extension de la ville, une partie des jardiniers s'installe à l'extérieur des limites pour ne pas payer de droits d'octroi et ne pas subir la réglementation de la ville. En 1859, sur plus de 1 800 jardiniers, 500 habitent Paris intra-muros, 500 autres habitent les communes annexées qui forment les nouveaux arrondissements du 12e au 20e, et 800 habitent les villages alentour. À partir de cette date, le mouvement de départ de Paris s'accélère. Le 12e arrondissement, plus précisément le faubourg Saint-Antoine, connaît une vraie hémorragie, et l'effectif des jardiniers est divisé par 5, passant de 243 à 43 entre 1859 et 1873. Le phénomène est le même dans le 11e et également dans le 15e. Les jardiniers disparaissent quasiment des 17e, 18e et 19e arrondissements. Les 13e et 14e, plus ruraux, connaissent à l'inverse une hausse des effectifs. Les maraîchers de Paris sont devenus davantage les maraîchers du département de la Seine. De 1859 aux années 1960, plus de 70 communes du département de la Seine, composant la banlieue et l'actuel Grand Paris, connaissent l'arrivée et l'implantation, parfois durable, de maraîchers. En 1912, il y en a plus de 2 000 répartis en banlieue, alors qu'on en compte moins de 300 à Paris. Il n'en reste plus que 1 à Paris en 1959.

Dans les communes non annexées mais en périphérie proche (Charenton-le-Pont, Ivry, Vanves, Vaugirard, etc.), les départs sont également massifs. Sur les 195 jardiniers de Saint-Mandé en 1859, il n'en reste que 29 en 1873. Ils partent pour Bobigny, Stains ou Créteil dans les années 1860-1870. Ceux d'Ivry et de Vanves partent pour Montrouge, Issy ou Créteil.

Un établissement de jardinier peut rester plus d'un siècle au même endroit, comme celui occupé par la famille Kersanté à Saint-Denis, ou bien il peut changer d'endroit au bout de 10 ou 15 ans, comme c'est le cas dans un tissu urbain plus dense.

Dans les années 1950, l'effectif des jardiniers du département de la Seine n'est plus que de 700, et il a bien fondu par rapport aux 2 500 jardiniers de 1912. Ils sont désormais installés dans les communes de l'actuelle Seine-Saint-Denis et dans le Val-de-Marne, à Bobigny et à Créteil principalement. Menacés d'expropriation, certains cherchent des terrains dans les départements limitrophes. En 1959, il y en a 1 dans les Yvelines actuelles, 19 en Essonne et 17 dans le Val-d'Oise. Ils se sont établis à Sarcelles, Groslay, Deuil-la-Barre, Arnouville, Saint-Michel-sur-Orge, Orsay, Draveil, Ballainvilliers, Courtry et Chelles. D'autres sautent le pas et se répandent dans la France entière. Nous connaissons quelques exemples d'installations à Saumur, Gien, Orléans, etc.

Les maraîchers en Île-de-France en 1958-1959 (selon le nouveau découpage départemental de 1968).

Départements	Effectifs	Pourcentage
75	1	0,14
77	16	2,30
78	1	0,14
91	19	2,74
92	97	13,99
93	295	42,56
94	247	35,64
95	17	2,45
Total	**693**	**100**

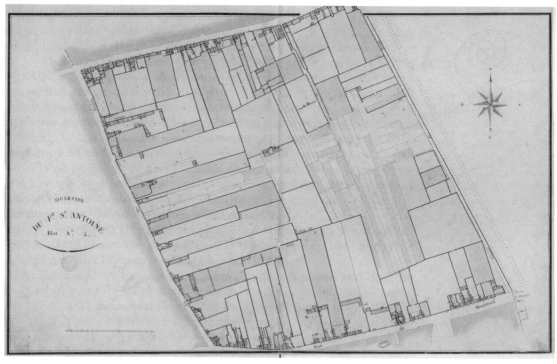

Quartier du Faubourg Saint-Antoine, 31e quartier, îlot n° 5. Cadastre de Paris par îlot, dit Atlas Vasserot et Bellanger, 1810-1850.
© Archives de Paris, F31/88/42

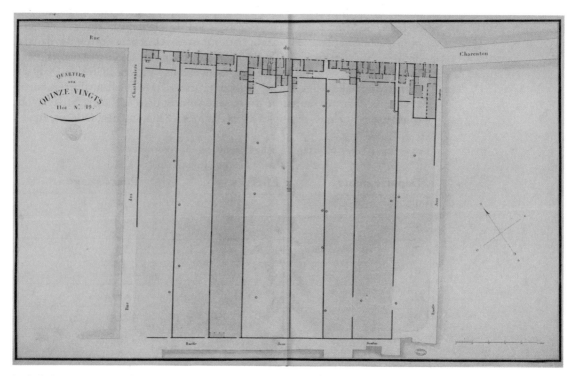

Quartier des Quinze-Vingts, 32e quartier, îlot n° 19. Cadastre de Paris par îlot, dit Atlas Vasserot et Bellanger, 1810-1850.
© Archives de Paris, F31/88/24

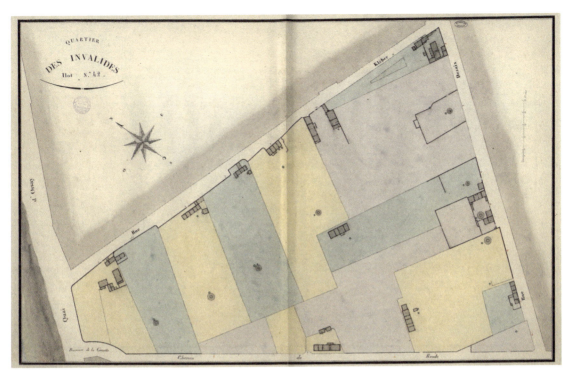

Quartier des Invalides, 39ᵉ quartier, îlot n° 42. Cadastre de Paris par îlot, dit Atlas Vasserot et Bellanger, 1810-1850.
© Archives de Paris, F31/91/42

Installation et fabrique de tissu urbain. Maraîcher : le chaînon entre le rural et l'urbain

Quelle que soit l'époque de son installation, un jardinier qui crée son exploitation trouve rarement le terrain qui lui convient d'un seul tenant. Il doit souvent mener une politique d'acquisition sur plusieurs années. Le foncier rural autour de Paris est découpé en parcelles de taille assez réduite, sous forme de champs ouverts, le plus souvent sans haie. L'arpent est de 3 419 m². Les parcelles d'un demi-arpent ou d'un quartier, soit un quart d'arpent, sont fréquentes sur le marché foncier. Cultivées en céréales et labourées à la charrue, elles ont une forme de longue lanière qui permet au cheval de tourner en bout de parcelle. Cette forme a pour avantage de limiter la surface des « forrières » au bout du champ, là où le cheval piétine la terre pour faire demi-tour. On voit très bien ces lanières sur le plan du faubourg Saint-Antoine, à l'est, entre la rue de Montreuil et la rue de Charonne.

Au XVIIᵉ siècle, une exploitation moyenne ou modale est d'environ 1 arpent ; elle est souvent constituée, à l'origine, de deux ou trois parcelles. L'installation d'un jardinier est donc une opération de remembrement parcellaire. La forme générale du marais est habituellement un rectangle, moins aplati qu'une parcelle classique. Aux XVIIIᵉ et XIXᵉ siècles, l'exploitation passe fréquemment à 2 arpents. Cela nécessite encore plus d'investissement et augmente le nombre de parcelles nécessaires. Au début du XXᵉ siècle, on passe à 3 arpents, c'est-à-dire 1 hectare. Le jardinier est donc un opérateur foncier particulièrement actif qui achète des terres, en vend et en échange ; il peut même parfois spéculer et devenir marchand de terrains.

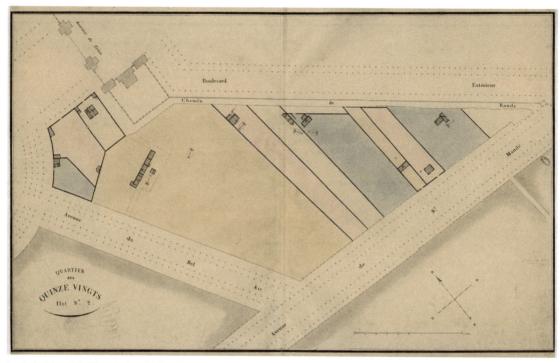

Quartier des Quinze-Vingts, 32e quartier, îlot n° 2. Cadastre de Paris par îlot, dit Atlas Vasserot et Bellanger, 1810-1850.
© Archives de Paris, F31/88/02

Le foncier de la ville et de ses environs est entre les mains des établissements religieux, de la grande bourgeoisie parisienne ou de l'aristocratie. Les parcelles de plusieurs hectares font partie des gros portefeuilles fonciers, et restent souvent dans les congrégations ou dans les grandes familles, sans passer par le marché. Les petites parcelles sont mises sur le marché et sont achetées par les petits propriétaires ou les cultivateurs. Au XVIIIe siècle, de nombreuses congrégations religieuses vendent des terres pour financer les travaux de leurs bâtiments, comme l'abbaye de Saint-Martin ou celle de Saint-Antoine. Après la Révolution, la vente des biens nationaux met sur le marché de nombreuses terres qui sont loties, le clos des Chartreux sur 26 hectares, ou encore le clos Saint-Lazare sur 28 hectares.

Les jardiniers achètent des parcelles importantes, et certains créent des lotissements : c'est une autre caractéristique de la profession. Le jardinier enrichi achète plus de terres qu'il ne lui en faut, 1 ou 2 hectares, et crée plusieurs exploitations. Il lui arrive parfois d'ouvrir des chemins ou des impasses pour desservir ses marais. Des colonies entières s'installent ainsi dans certains secteurs et couvrent des dizaines d'hectares. C'est le cas, au XIXe siècle, dans les 11e, 12e et 15e arrondissements, mais encore à Bobigny, Créteil, Stains, etc.

La forme urbaine constituée est alors assez étonnante, avec une esthétique particulière. Toutes les maisons sont établies en bordure de voie et habituellement à l'angle de la parcelle. Les maisons n'ont souvent aucune ouverture sur la rue, et toutes les fenêtres sont orientées vers le jardin : le regard se porte ainsi sur les cultures, objet de toutes les attentions. Un perron surélevé, qui permet l'accès aux demeures, offre de surcroît un lieu pour surveiller le marais. Les murs, construits sans discontinuité le long de la voie, sont bâtis, parfois en trois fois, avec des matériaux composites. Les bâtiments ou hangars y sont adossés. Les murs sont souvent élevés à frais commun avec le voisin ; en son absence, des haies et des brise-vent, constitués de piquets et de paillassons, servent autant à délimiter l'exploitation qu'à la protéger du froid et des maraudeurs. À partir des années 1880, des citernes à eau en tôle, montées sur pilastres ou en partie sur les hangars, augmenteront encore la continuité des signes de l'activité maraîchère. La vue des lotissements du faubourg Saint-Antoine, ainsi que les plans de la rue de Charenton (quartier Quinze-Vingts) et de la rue Kléber (quartier des Invalides) nous le montrent très bien.

L'exploitation en marais est une étape dans le processus de mise en valeur des terres et d'occupation du sol, qui marque un jalon entre le champ et la parcelle constructible. Un exemple très urbain nous est fourni par la rue Kléber, dans le quartier des Invalides, où les terrains maraîchers sont urbanisés à partir des années 1850.

L'étape maraîchère a concerné une part très importante de l'espace urbain parisien, notamment au nord et à l'est, et a façonné le Paris que nous connaissons, ainsi que des parties notables de nombreuses villes, comme Bobigny, Issy, Saint-Mandé, Créteil. Seules résistent à cette poussée les terres des coteaux viticoles, très certainement parce qu'elles sont de taille fort réduite et peu favorables au mode de culture employé.

Pour une économie circulaire intra-urbaine

Le jardinier parisien est un pur produit de la ville ! Il est également producteur de tissu urbain, et se nourrit de la ville pour la nourrir. Pour produire ses légumes, il utilise le fumier de la cavalerie parisienne et constitue des couches, qui font partie de l'âme du métier. Comme le jardinier est habitué à changer très souvent de lieu de production, il fabrique son sol et l'emporte avec lui lorsqu'il part. Les couches de fumier sont utilisées à deux fins : leur fermentation produit de la chaleur qui sert à forcer les cultures et à obtenir des primeurs durant les saisons froides ; et à la fin du cycle, le fumier se transforme en terreau. Le fumier de cheval est la matière première du jardinier, et celui-ci consacre beaucoup de temps, d'argent et d'énergie à faire des réserves et à élever des fumières. Ces tas géants de fumier ne doivent pas prendre feu sous l'action de la fermentation. C'est tout un art de monter proprement et habilement sa fumière. Le résultat final, par sa hauteur et son équilibre, témoigne du talent du patron et de ses commis. Les jardiniers rivalisent en la matière et essaient d'avoir un tas plus haut que ceux des voisins, sorte de démonstration sociale, économique et technique. Tous les jours, en rentrant des Halles, et même à plusieurs reprises dans la journée, le commis ou le patron rapporte du fumier. Jusqu'au début du XIXᵉ siècle, le jardinier vient avec sa hotte le chercher. Ensuite, il utilise une charrette pour se rendre aux Halles et transporter le fumier.

Le début du XIXᵉ siècle est un tournant pour l'activité, du fait de l'essor de la consommation des légumes : la population s'accroît et la demande explose. Pour y répondre, l'effectif des jardiniers double, la production également, et le métier se transforme. La charrette permet de transporter plus de légumes et de fumier. Le cheval tracte la charrette, et lorsqu'il rentre, il entraîne un manège qui actionne un mécanisme de montée d'eau. Les manèges figurent sur les plans cadastraux de Paris dressés dans les années 1820-1830. On en trouve plusieurs à l'angle de l'avenue de Saint-Mandé et du chemin de Ronde. Ces mécanismes décuplent la quantité d'eau disponible. Un maraîcher utilise 1 m³ de fumier et 1 m³ d'eau par m² de terrain ! L'été, il faut 200 m³ d'eau au quotidien pour arroser un marais. Ces quantités sont astronomiques.

Le « circuit intelligent » que les maraîchers entretiennent, selon l'expression de Maxime Du Camp[7], ne s'arrête pas à cette économie circulaire. Ils utilisent les matériaux de démolition de la ville pour construire leurs établissements, maisons, hangars et murs. Les grands travaux que réalisent Percier et Fontaine pour le compte de Napoléon Ier, ceux du préfet Rambuteau pour Louis-Philippe Ier, ou encore ceux du baron Haussmann pour Napoléon III, fournissent ainsi des quantités immenses de matériaux que l'on retrouve dans les constructions maraîchères. Certains baux précisent d'ailleurs que les murs du marais seront réalisés en matériaux de démolition de Paris, et l'observation de vestiges à Stains, Saint-Denis, Bobigny ou La Courneuve le corrobore. Cela confère une esthétique très particulière à ces bâtiments et à ces murs, qui sont pour certains encore visibles aujourd'hui.

Dans un autre registre, les propriétaires des terres ou des marais prêtent aussi des capitaux à leurs locataires pour aménager les exploitations ou acheter du matériel. Certains sont d'anciens jardiniers retirés des affaires qui jouissent paisiblement de leurs rentes foncières, mais d'autres font simplement confiance à ces infatigables travailleurs qui arrivent à produire de l'or avec leurs tas de fumier.

La « fabrique à légumes »

Le XIXe siècle et le début du XXe sont l'âge d'or de ce métier. Les maraîchers inventent un système technique très performant basé sur la consommation importante de fumier, d'eau, de travail, de connaissance et de capital, qui leur permet de décupler le produit de la terre. Ainsi, chaque m^2 d'un marais peut produire 25 kg de légumes en consommant 1 m^3 de fumier et 1 m^3 d'eau. Le rendement de 250 tonnes à l'hectare est gigantesque. Cette activité est alors qualifiée par certains de « fabrique à légumes ». Ce système est unique à l'échelle nationale et n'est nulle part égalé. Isidore Ponce parle également de « culture industrielle[8] », en raison des rendements, du matériel et du capital. Les photographies, comme celle de René Kersanté, montrent une grande régularité et une organisation rationnelle de l'espace. Les techniques utilisées et les savoir-faire font de cette activité, selon les uns ou les autres, un art ou une science. Les légumes ne sont pas simplement plantés ; ils sont associés, intercalés, contre-plantés, dérobés, etc. Georges Bellair rapporte : « on sait que le principal talent des maraîchers consiste à faire produire au sol des récoltes ininterrompues, et, ceci par des plantations ou des semis tantôt simultanés, tantôt successifs, tantôt intercalés, selon les circonstances[9] ».

Les savoir-faire sont transmis de génération en génération, mais évoluent aussi sans cesse. Les maraîchers sélectionnent parmi leurs légumes ceux qui sont destinés à faire de la graine. Ils font la course à la précocité, mais aussi à l'occupation du sol la plus réduite. Certaines variétés de laitues ou de melons sont sélectionnées pour vivre uniquement sous cloches durant leurs premières semaines. Le travail est incessant, et la terre n'est jamais au repos. Là où le sol ne porte pas de culture, on voit l'ouvrier au travail. Le maraîcher a une peur viscérale du « trou » et veut

---

7   Maxime Du Camp, *Paris, ses organes, ses fonctions et sa vie dans la seconde moitié du XIXe siècle* [1869] (5e édition), Paris : Librairie Hachette et Cie, 1875, t. II, p. 130-131.

8   Isidore Ponce, *La Culture maraîchère pratique des environs de Paris*, Paris : Librairie agricole de la maison rustique, 1869, p. 316.

9   Georges Bellair, « Culture maraîchère : rapport sur le prix Bertin de 1900 », *Bulletin de la société d'agriculture de Seine-et-Oise*, 1901, p. 154-157.

l'éviter absolument : le sol doit toujours porter une culture ! Les maraîchers inventent ainsi la culture perpétuelle : c'est toute la beauté de leur métier.

Cette abondante production a pour vitrine les Halles de Paris, ainsi que les nombreuses expositions horticoles. Les maraîchers ne produisent pas uniquement en quantités importantes ; ils produisent également du beau, du frais et du bon. Toutes les capitales européennes achètent les produits hors pair des maraîchers parisiens, qui s'arrachent parfois à prix d'or. Dans les années 1920, le président du syndicat des maraîchers explique que 5 000 tonnes sont exportées annuellement en Europe :

> [...] c'est surtout à partir de 1890 que la clientèle étrangère a commencé à prendre goût à nos primeurs et en particulier, aux laitues, romaines, barbes de capucin, pointes d'asperges, chicorées, scaroles, céleris, carottes, navets, melons, concombres, etc. Ces articles étaient alors et sont, en partie restés des produits de grand luxe à l'époque où ils sont produits par l'horticulture maraîchère parisienne pendant l'hiver[10].

La France produisait des légumes de luxe !

Que conclure de ce tableau brossé à grands traits de ce que Charles Baltet appelle la « maraîcherie parisienne[11] » ? L'empreinte des maraîchers se trouve presque partout dans la capitale et dans la petite couronne. Ces infatigables travailleurs ont façonné la ville en préparant le terrain, ont créé des paysages urbains uniques, et ont nourri les Parisiens et les Européens. Ils ont recyclé le fumier des chevaux en le transformant en terreau horticole, dont les jardiniers amateurs et les services des parcs et jardins de la ville étaient friands. Ils ont créé des techniques, inventé un art ou une science qui leur a permis de mettre en place des systèmes de culture perpétuelle.

Jean-Michel Roy
Docteur en histoire,
ethnographe, consultant

---

10 L. E. M. Moulinot, « La production maraîchère des primeurs », *L'Agriculture nouvelle*, 24 mai 1924, n° 1419, p. 293-294.

11 Charles Baltet, *L'Horticulture dans les cinq parties du monde*, Paris : Société nationale d'horticulture, 1895, p. 440 : « Sous le nom de culture parisienne, on entend la maraîcherie de la Seine, d'une partie de Seine-et-Marne et de Seine-et-Oise, qui alimente la capitale de légumes élevés à l'air libre ou sous verre. »

Le piéton au cœur

Nicolas Lemas

des embellissements

> L'art de bâtir, d'orner et d'agrandir les villes existe, ne le dissimulons pas à nos lecteurs anxieux, depuis qu'existent des villes.
>
> Lucien Dubech et Pierre d'Espezel[1]

Bien avant que n'existent un « urbanisme » et une quelconque *science* des villes, on s'était préoccupé de les aménager. Cela relevait d'une forme d'*art* – au double sens du terme, que résument Dubech et d'Espezel – longtemps appelé « embellissement des villes ». Si l'expression remonte à la fin du Moyen Âge, ce n'est cependant qu'à l'époque des Lumières qu'elle se mit à désigner une forme spécifique d'intervention sur le paysage urbain. Pendant près de deux siècles, la question urbaine se confondit assez largement avec la question des embellissements, et plus particulièrement ceux de Paris, largement discutés dans l'espace public. Des milliers d'ouvrages, articles, essais, brochures, libelles et pamphlets structurèrent un véritable genre « littéraire », qui avait droit à sa rubrique dans les journaux et aux moqueries du boulevard.

On peut même penser que cette question a permis l'émergence puis l'épanouissement du débat public en France. L'entrée des embellissements dans la discussion publique remonte en effet à 1748, quand les autorités ouvrirent un concours de projets pour une nouvelle place royale dans Paris (la future place de la Concorde). « On vit [alors] naître des pensées d'embellissement pour cette capitale[2] », écrit l'architecte Pierre Patte qui leur consacra une monographie. Des centaines de projets furent soumis aux autorités ou publiés dans la presse, suscitant des débats passionnés. Beaucoup se saisirent de l'occasion pour plaider la cause d'un Louvre tombant en ruines depuis que la Cour avait déserté la Ville, et pour critiquer le pouvoir. À partir de là, chaque projet de grand chantier, ou au contraire son abandon, engendra des discussions animées, sinon passionnées. Jusqu'en 1881 au moins, alors que la censure régnait la plupart du temps, parler de monument public et de place royale devenait une manière de parler de politique, sur un sujet apparemment neutre – l'architecture –, qui intéresse tout un chacun en tant que citoyen ou simple habitant. Dès la fin de l'Ancien Régime, exaspéré tant par la « fureur de bâtir » de l'État et des élites dénoncée par le publiciste Mercier[3], que par la manie de ses contemporains de publier ses propositions, un contributeur anonyme du *Journal de Paris* – quotidien qui avait ouvert largement ses pages à ces débats – s'exclamait d'ailleurs : « Laissez l'architecture dormir un peu[4] ».

Une des raisons est que, pour proposer d'embellir Paris, nulle compétence particulière n'est requise. Plus encore, la compétence technique est même régulièrement rejetée comme faisant obstacle au discernement, en enfermant dans des préjugés corporatifs. Et si certains auteurs sont architectes, parfois ingénieurs, on trouve aussi des commissaires à la guerre, des magistrats, des médecins, des ouvriers

---

1 Lucien Dubech et Pierre d'Espezel, « Paris ancien – Paris nouveau », *Les Cahiers de la République des lettres, des sciences et des arts*, 1929, n° 12, p. 75. Le numéro, intitulé *Vers un Paris nouveau ?*, consacre une grande enquête aux embellissements de Paris vus par différentes personnalités, dont Adolf Loos et Francis Jourdain. Je tiens à remercier Baptiste Lanaspeze pour ses précieux conseils et Gayané Zavatto pour sa relecture minutieuse ; les insuffisances de cet article restent miennes.

2 Pierre Patte, *Monumens érigés en France à la gloire de Louis XV*, Paris : Desaint & Saillant, 1765, p. 120.

3 Louis-Sébastien Mercier, *Tableau de Paris*, Amsterdam : s. n., 1782-1788, t. I-XII.

4 « Lettre d'un négociant d'Amsterdam, aux auteurs du Journal », *Journal de Paris*, 26 juin 1777, n° 177, p. 2. L'auteur dénonce la frénésie de construction de palais et autres bâtiments de l'élite de la période – qui redessine d'ailleurs le visage parisien –, et suggère de s'occuper plutôt des miséreux.

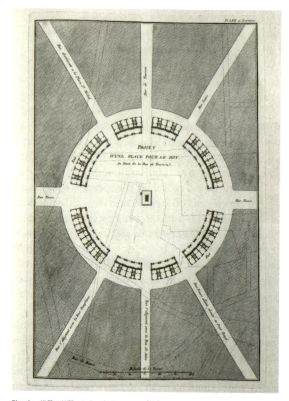 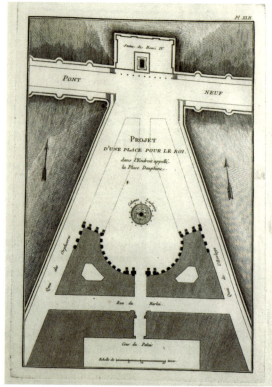

Planches XLII et LVII extraites de *Monumens érigés en France à la gloire de Louis XV*, Pierre Patte, architecte, 1765.
© BnF

même[5]... La plupart souhaitent effacer leur éventuel statut social, allant jusqu'à l'anonymat (au XVIIIe siècle), pour ne garder que la qualité de citoyen, bien entendu « désintéressé », ou d'usager de la ville – citadin, promeneur, curieux ou visiteur : « En République, tout citoyen est obligé, lorsqu'il croit ses idées utiles à son pays, de les mettre au jour, de les proposer à ses compatriotes si elles peuvent concourir à leur bien-être[6]. » Cette littérature, comme les programmes des autorités, est très disparate, si bien que le terme « embellissements » semble recouvrir des partis pris sans grand rapport. Mais alors, qu'entendait-on lorsqu'on parlait des « embellissements de Paris » ? Le terme n'aurait-il d'autre sens que de désigner maladroitement des projets éditaires d'une ampleur nouvelle, par rapport à la traditionnelle police des villes assurée depuis le Moyen Âge[7] ? Derrière les emplois divergents de cette notion, plusieurs constantes se dégagent pourtant, qui donnent aux descriptions – souvent vagues par ailleurs – un air de famille. La suite de cette

---

6 Théodore Vincens, *Mémoire sur les moyens d'assainir et d'embellir les quartiers de la rive gauche de Paris et d'y attirer la population*, s. l. : s. n., s. d. [1848 ?], p. 1. Voir aussi Maille Dussaussoy, *Le Citoyen désintéressé ou Diverses idées patriotiques concernant quelques établissemens et embellissemens utiles à la ville de Paris*, Paris : Gueffier, 1767-1768, 2 vol.

5 Joseph Desbrières – qui dut souvent déménager à la cloche de bois – est un des rares auteurs à exciper de sa condition modeste. Joseph Desbrières, *Paris nouveau : le boulevard du Prince-Eugène*, Paris : Imprimerie de L. Tinterlin et Cie, 1862.

7 La police, au sens de l'Ancien Régime, doit « conduire l'homme à la plus parfaite félicité dont il puisse jouir en cette vie », selon l'auteur du traité fondateur de la question, Nicolas Delamare, préface du *Traité de la police*, Paris : Jean & Pierre Cot, 1705, t.I. La police désigne une gestion urbaine qui englobe la sécurité, bien sûr, la santé publique, les mœurs, le commerce, mais aussi les bâtiments. Dans le tome IV, le continuateur Anne-Louis Le Clerc du Brillet fait de la voirie – qui englobe tout ce qui a rapport aux bâtiments et édifices publics, et non à la seule rue – son objet le plus important. La question des embellissements (chap. 10) en forme une rubrique essentielle (bâtiments publics, fontaines...). Voir Robert Carvais, « L'ancien droit de l'urbanisme et ses composantes constructive et architecturale, socle d'un nouvel "*ars*" urbain aux XVIIe et XVIIIe siècles : jalons pour une histoire totale du droit de l'urbanisme », *Revue d'histoire des sciences humaines*, 2005/1, n° 12, p. 17-54.

présentation propose d'examiner quelques-uns de ces traits communs : d'abord, l'ancrage des projets dans une même culture architecturale, propre aux XVIIIᵉ et XIXᵉ siècles parisiens ; ensuite, la volonté de révéler, dans Paris, l'œuvre que forme la ville en tant que telle, ressortissant de l'art de la composition et des jardins qui constitue son identité propre. Seul le régime de marche se révèlera alors à même de fixer la méthode et le contenu des embellissements. Je reviendrai, enfin, sur la supposée rupture qu'aurait représentée Haussmann, dont on verra qu'il incarne, au contraire, l'apothéose d'une conception née au XVIIIᵉ siècle, qui a perduré pendant près de 200 ans et que le début du XXIᵉ siècle voit ressurgir.

Embellir une ville, inventer une échelle entre le bâtiment et l'agglomération

Quand l'embellissement devint un mot d'ordre pour Paris vers 1750, le terme désignait alors, selon les dictionnaires, ce qui rend « une chose plus agréable et plus belle par les nouvelles formes et accessoires qu'on y ajoute[8] ». Il est soit la chose elle-même, soit l'action de rendre beau. En architecture, selon Quatremère de Quincy, l'embellissement est synonyme de décoration ou d'ornement. Il désigne la totalité d'un édifice aussi bien qu'une partie. La décoration ne relève cependant pas du superflu ou de l'ostentatoire ; il s'agit d'un « ordre nécessaire », dont « l'absence produiroit pour l'œil et pour l'esprit, soit un manque de sens, soit un contre-sens ; [mais] [...] dont la présence est propre à expliquer au spectateur l'objet auquel on l'applique ; celle qui renforce les impressions que cet objet doit produire[9] ».

Appliqué à la ville, le terme d'« embellissement » retient l'idée de décoration nécessaire : la ville peut bien, en effet, « être considérée comme le plus grand de tous les ouvrages de l'art de bâtir[10] », comme le dit encore Quatremère de Quincy, mais le changement d'échelle entraîne une triple inflexion.

Premièrement, parce qu'à l'inverse d'un bâtiment quelconque, la ville est toujours le fruit d'une histoire, et par là du hasard. Au bâtiment, on peut attribuer en principe un auteur, et y voir la matérialisation d'une volonté et d'un projet : on peut y lire une rationalité. Il n'en va pas de même avec la ville, sauf à basculer dans la littérature utopique et ses fantasmes de princes bâtisseurs, qui font sortir de leurs *fiat* autoritaires une ville tout entière transparente et intelligible. Au-delà de son absence de portée pratique, sinon comme idéal régulateur, l'utopie propose une ville déjà parfaite : elle n'a pas besoin d'être embellie. Inversement, l'histoire de la ville, même incohérente, est précisément ce qui en fait la beauté *sui generis*. L'abbé Laugier résumait ainsi, en 1753, une pensée devenue un poncif jusqu'à Eugène Hénard – le dernier grand théoricien de l'embellissement de Paris vers 1900, mais aussi l'un des tout premiers urbanistes français : dans les villes « dont les rues sont dans un alignement parfait, [...] le dessin en a été fait par des gens de peu d'esprit, il y règne une fade exactitude et une froide uniformité qui fait regretter le désordre de nos villes [non reconstruites][11] ». L'histoire est ce qui définit la « physionomie » d'une ville, un terme récurrent qu'il faut entendre de manière plus littérale que métaphorique pour les auteurs.

---

8 *Dictionnaire universel françois et latin vulgairement appelé Dictionnaire de Trévoux* [1704] (éd. corrigée et augmentée), Paris : Compagnie des libraires associés, 1771, 8 vol.

9 Antoine Chrysostome Quatremère de Quincy, *Dictionnaire historique d'architecture*, Paris : Librairie d'Adrien Le Clère et Cⁱᵉ, 1832, t. I, p. 501. Les théories de Quatremère de Quincy sur l'architecture comme un art distinct de (et même opposé à) la science des ingénieurs sont l'aboutissement des réflexions du XVIIIᵉ siècle et sont aussi représentatives d'une bonne partie du XIXᵉ.

10 *Ibid.*, t. II, p. 674.

11 Marc-Antoine Laugier, *Essai sur l'architecture*, Paris : Duchesne, 1753, p. 261.

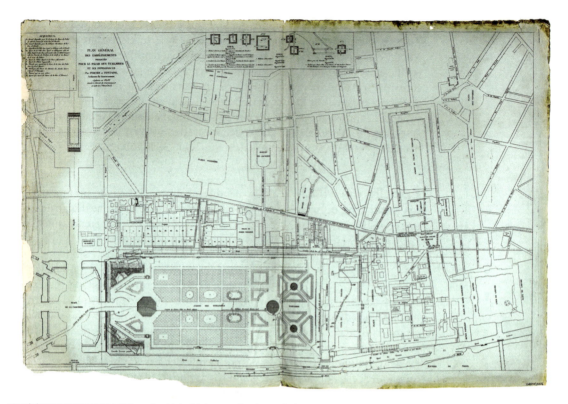

Plan général des embellissements projetés pour le palais des Tuileries et ses dépendances, Charles Percier et Pierre Fontaine, architectes, 1801.
© BnF

Deuxièmement, la ville est un objet trop complexe pour être décoré par de simples ajouts : « Il n'en est pas d'une ville comme d'un monument, qu'on peut embellir par beaucoup d'ornemens[12] ». Les rues constituent l'exemple le plus important de cette réflexion. L'objet urbain se décompose en trois (au XVIIIe siècle) ou quatre (au XIXe siècle) éléments, chacun essentiel pour les embellissements : les entrées de la ville, ses monuments, ses rues, et ses espaces libres (dont ses parcs et jardins) ; mais ce sont les rues qui assurent la correspondance de l'ensemble. En effet, il ne suffit pas d'avoir beaucoup de monuments si l'on ne peut en jouir parce qu'ils sont mal distribués.

Tous les auteurs plaident donc en faveur du percement de quelques grandes avenues rectilignes, ou d'une application plus systématique de l'alignement. Certains projets d'embellissement ne se résument même quasiment qu'à cela. En 1854, l'architecte Marcellin Varcollier adressa ainsi à l'Empereur un projet qui circula largement dans les milieux artistiques et littéraires, celui d'une avenue monumentale – sorte de rue de Rivoli (qu'elle englobe) infinie – de 12 km, surchargée de statues et bâtiments publics, qui traverserait Paris de part en part en reliant Vincennes à Saint-Cloud, avec les Champs-Élysées comme pivot[13].

Tous les auteurs s'accordent en effet sur la supériorité des rues rectilignes, tant en termes de circulation et d'hygiène que d'esthétique, par rapport aux rues étroites, tortueuses, obscures et malsaines. La rectilinéarité dégage de grandes perspectives, en outre multipliées, sur des monuments-cibles

---

12 Nicolas Goulet, *Observations sur les embellissemens de Paris et sur les monumens qui s'y construisent*, Paris : Leblanc, 1808, p. 6.

13 Adressé à l'Empereur en 1854, ce projet est résumé dans la *Gazette municipale* du 10 juin 1856, sous la plume de Valat, p. 1711-1713.

ainsi mis en valeur ; inversement, l'absence de ce type de monuments blesse le regard et exige qu'on y remédie. La rectilinéarité n'est pas non plus exclusive. Sa supériorité ne vaut que sous un certain angle, celui de la vue en plan, mais non du point de vue de l'élévation de la rue, où elle apparaît au contraire monotone ou oppressive, et surtout indistincte : à une distance de 200 ou 300 mètres, les détails se brouillent, et ne sont plus perçues que les « silhouettes élevées[14] ». Sous ce dernier angle, il faut donc, à l'inverse, une forte variété, et peut-être même une inégalité de la ligne des toits. Haussmann le comprit d'ailleurs fort bien, lui qui compensa l'uniformité illimitée de « l'avenue haussmannienne » par une débauche végétale et décorative de détails (pilastres, mascarons, etc.) sur les immeubles, appréciée par les penseurs ultérieurs.

Enfin, la beauté d'une ville ne saurait être reléguée au rang d'accessoire, même nécessaire : elle est la matrice à partir de laquelle d'autres objectifs, comme la santé publique et l'hygiène, ou encore la circulation, peuvent être accomplis. De plus, elle n'est pas un thème secondaire que l'on peut sacrifier à de plus utiles travaux. Ainsi, le dégagement des abords d'un édifice public n'est-il pas seulement esthétiquement indispensable ; il permet à celui-ci de remplir sa fonction (par exemple, si c'est une fontaine), et à l'air de circuler, assurant ainsi l'hygiène publique. Comme le disait l'architecte et pédagogue Jacques-François Blondel, « tout doit marcher ensemble […] lorsqu'il s'agit de l'embellissement d'une ville[15] ».

Continuer d'écrire une belle histoire

Cela posé, comment embellir concrètement Paris ? Car nos auteurs n'ont qu'un cri : malgré ses multiples édifices remarquables, « Paris […] n'est rien moins qu'une belle ville[16] ». Ce scandale est d'autant plus terrible que des villes de province sont devenues des modèles de villes embellies, tel le Bordeaux de l'intendant de Tourny au XVIIIe siècle, ou le Lyon de Vaïsse au XIXe. À cela s'ajoute le fait que Paris est « le foyer intellectuel du monde », comme le dit le publiciste Jacques Dubreuil, et qu'il est hors de question de le laisser se banaliser dans un urbanisme passe-partout ou à la mode qui le transforme en un « grand bazar anglo-américain[17] ».

On a souvent reproché aux « faiseurs de projets » de bâtir des villes de papier, et de ne tenir la discussion sur les embellissements que comme une aimable récréation. Et à certaines périodes, cela a pu être le cas. dans les années 1770-1780 ou sous Haussmann, une partie de la littérature ou des essais parus dans la presse semble relever du simple loisir ou de l'échappée belle dans l'imaginaire, en regard de la mise en œuvre de grands programmes d'édilité qui accomplissent autant les souhaits qu'ils sont critiqués pour leurs insuffisances[18]. Le poète et critique d'art Gustave Kahn parlait joliment de ce « genre d'hypothèses et de rêveries » suscitées par les travaux d'Haussmann comme d'une « symphonie de Paris[19] »…

---

14 Eugène Hénard, « Exposition de 1900 : la perspective des Invalides et les Champs-Élysées », *Le Génie civil*, 1er février 1896, n° 712, p. 212-215.

15 Jacques-François Blondel, *Cours d'architecture ou Traité de la décoration, distribution & construction des bâtiments* (continué par Pierre Patte), Paris : Desaint, 1771-1777, t. I-VI ; pour la citation, t. IV, p. 410.

16 Marc-Antoine Laugier, *Essai sur l'architecture, op. cit.*, p. 243.

17 Jacques Dubreuil, rubrique « Architecture », *Le Mois artistique : revue critique du vrai et du beau dans les arts*, octobre 1866, p. 119-131 ; p. 119 et 121 pour les citations.

18 Ainsi, en 1769, le gouvernement édicte des lettres patentes portant un programme général des embellissements de Paris. Charles De Wailly réalisa un plan général des travaux en 1785. Une partie des aspirations urbanistiques des hommes des Lumières furent satisfaites dans les années qui suivirent, notamment en ce qui concerne la suppression des maisons sur les ponts ; mais le projet général ne fut jamais vraiment réalisé.

19 Gustave Kahn, *L'Esthétique de la rue*, Paris : E. Fasquelle, 1901, p. 195.

Dans l'ensemble, toutefois, c'est manquer une dimension essentielle, rappelée par les auteurs : Paris n'est pas seulement un ensemble de monuments et de perspectives pittoresques, ni une fête, ni même un art de vivre tôt chanté, ou encore un type littéraire ; Paris est un imaginaire, qu'il faut révéler à lui-même. En tant que tel, il est une ville autant de pierre que de papier, et les embellissements, fussent-ils de papier seulement, contribuent à l'embellissement réel en travaillant l'imaginaire. En projetant un Paris rêvé sur le Paris réel, les embellissements façonnent aussi l'image qui guide l'action des décideurs et établissent une sorte d'idéal régulateur : la préservation et l'épanouissement de cette *ambiance* singulière que l'on a rapidement appelée « la vie parisienne ». Dans l'influente *Gazette municipale*, Stéphane Gachet résume la sensibilité du siècle qui précède en une formule : Paris est un « poème de pierre ». En conséquence, « [i]l ne faut pas sentir moins que tout cela pour être simplement convenable en parlant des embellissements de Paris. S'il est vrai que l'histoire d'une nation soit écrite sur ses monuments, quelle épopée que les embellissements de Paris[20] ! »

Pour être déclinés à l'infini, vers et strophes se réduisent à quelques éléments-clés. Géographiques, d'abord. Le Paris imaginaire est compris, en gros, dans le périmètre des Grands Boulevards ; c'est le Paris louis-quatorzien. L'annexion de 1860 ne changera pas cette perspective, sinon qu'elle y ajoutera des excroissances sous forme de réserves d'air et de verdure – parcs, jardins et bois (le bois de Boulogne en premier lieu, et le parc des Buttes-Chaumont) –, entre lesquelles rien ou pas grand-chose du point de vue de la pensée embellisseuse. L'urbanisme commencera, dans la capitale, par cette rupture avec le Paris d'Ancien Régime, pour penser la ville par ses limites et selon l'angle de son extension. Ce Paris est celui de la Seine, le long, autour et à partir de laquelle se répartissent les principaux édifices et complexes monumentaux qu'il convient de préserver, rectifier ou compléter : le Louvre, bien sûr, les quais de Seine, les Tuileries et les îles, dont la perspective pont Neuf-statue d'Henri-IV apparaît souvent comme « le plus beau coup d'œil de l'univers »... Le fleuve sert, dans la plupart des textes, de fil directeur à la mise en cohérence des embellissements particuliers, pour aboutir à un embellissement total. Lorsque l'Académie française soumit, à l'occasion de son concours annuel, la question des embellissements de Paris (1808), la totalité des essais (poétiques) envoyés suivirent ainsi rigoureusement le cours de la Seine. La seule exception – qui n'en est pas vraiment une – sont les Champs-Élysées, qui, depuis le Grand Siècle, prolongent le complexe Louvre-Tuileries, et dont le caractère à la fois ouvert – pratiquement champêtre pendant une bonne partie de la période – et monumental mobilise l'attention des auteurs. De manière ironique, c'est encore assez largement le cœur du Paris touristique d'aujourd'hui.

Des éléments-clés historiques, ensuite. Paris embelli convoque l'imaginaire de la grandeur des pouvoirs – royal, impérial et révolutionnaire, dans tous les cas nationaux – qui l'ont investi et qu'il faut prolonger, ou à l'aune desquels juger le présent. La définition de cette identité nationale a certes pu s'enrichir selon les époques ; elle a peu varié sur le fond. Le XVIIIe siècle convoque, comme modèles à reproduire et imiter, les places royales – la

Le Louvre, dans Auguste Roussel (poète), *Les Embellissements de Paris : le Petit Trianon, poème descriptif*, 1868.
© BnF

---

20 Stéphane Gachet, « L'Île de la Cité », *Gazette municipale. Revue municipale*, 1er mars 1857, p. 1911-1912.

place Royale (actuelle place des Vosges) devenant le premier embellissement donné à Paris par Henri IV – et « l'architecture française », entendons « louis-quatorzienne », expression du génie national dont la façade orientale du Louvre, due à Perrault, est vite devenue le parangon.

Le XIXe siècle s'inscrit dans la continuité, mais, moins exclusif, il n'oublie pas le gothique que peu d'auteurs des Lumières valorisent, et les traces encore plus anciennes du passé. Les auteurs du XIXe recourent fréquemment à la métaphore géologique des couches léguées par les siècles ou les règnes successifs, depuis les Romains jusqu'à nos jours. Il n'est d'ailleurs pas surprenant que, dans ce siècle avide d'histoire, les différents auteurs de projets aient fréquemment incorporé une histoire (des monuments et de la vie) parisienne dans leurs travaux, souvent en distribuant bons et mauvais points[21].

Créer un paysage urbain néoclassique

Embellir Paris revient alors, comme le dit Dubreuil, à « conserver les trésors du passé en créant l'œuvre du présent[22] » et en poursuivant l'œuvre laissée inachevée par l'« urbanisme » royal. Il s'agit ainsi d'ériger des monuments d'un « bon goût d'architecture » – ce par quoi il faut entendre une architecture « néoclassique » au sens large ; de « nettoyer l'espace », c'est-à-dire de terminer ou dégager les monuments qui existent et qui sont souvent cachés par une densité excessive (sans avoir un respect excessif, en revanche, pour ceux qui défigurent Paris[23]) ; de rectifier l'alignement des rues et des quais, sans sacrifier le « piquant » des points de vue surprenants, des perspectives multiples ou emboîtées introduisant des correspondances entre les édifices remarquables ; de varier les masses et les couleurs grâce à la généralisation de la nature dans la ville car, comme le dit Adalbert de Beaumont, « rien ne s'harmonise mieux avec l'architecture que la végétation[24] » ; d'ouvrir des espaces libres (places ou jardins) dans le tissu urbain dense.

Cette pensée définit ce que l'on peut appeler une « esthétique urbaine néoclassique ». J'entends ce terme au sens que lui donne Christophe Loir, pour qualifier l'unité culturelle et visuelle du patrimoine architectural et urbain qui se développe en Europe aux tournants des XVIIIe et XIXe siècles. Ce terme s'applique au-delà même des intentions des auteurs qui prétendent revenir à l'esthétique antique et classique, et qui inaugurent une démarche historiciste de l'architecture dont les multiples néo- (renaissance, gothique, etc.) de ce qu'il convient d'appeler « l'éclectisme » du XIXe siècle sont les traductions décoratives concrètes[25]. Embellir, au fond, c'est prolonger et étendre en intégrant habilement le passé plus

---

21 Le procédé n'est pas inconnu au XVIIIe siècle. En témoigne l'étonnante série d'essais de Cochin, qui publiait, dans le *Mercure de France*, les mémoires archéologiques fictifs d'une société de savants du XXVe siècle, relevant ainsi les monuments qui ont su rester pour mieux dire à ses contemporains de les répéter. Voir Fabrice Moulin, *Embellir, bâtir, demeurer : l'architecture dans la littérature des Lumières*, Paris : Classiques Garnier, 2017, p. 149.

22 Jacques Dubreuil, rubrique « Architecture », *Le Mois artistique*, op. cit., p. 120.

23 L'expression est de Bachaumont (*Papiers Bachaumont*, bibliothèque de l'Arsenal, Ms-4041, fol. 4). Pour nombre d'auteurs entre 1750 et 1850, « il n'y a rien à bâtir ; il ne s'agit que d'ôter », comme l'écrit le marquis de Villette aux auteurs du *Journal de Paris*, 27 février 1786, p. 235. Hippolyte Meynadier est l'un des derniers auteurs à l'affirmer aussi clairement : « pour que Paris soit resplendissant, il ne faut qu'abattre. Pour ne pas rester dans les fictions, ajoutons vite : et rebâtir un peu ; cela complètera la justesse de l'aphorisme » (Hippolyte Meynadier, *Paris sous le point de vue pittoresque et monumental ou Éléments d'un plan général d'ensemble de ses travaux d'art et d'utilité publique*, Paris : Dauvin et Fontaine, 1843, p. 5). Après Haussmann, il s'agira plutôt de préserver ou d'accroître les espaces libres ouverts par l'action du préfet.

24 Adalbert de Beaumont, « Les embellissements de Paris considérés au point de vue de l'art », *Revue de Paris*, février 1852, p. 122.

25 Voir Christophe Loir, *Bruxelles néoclassique : mutations de l'espace urbain 1775-1840* [2009] (2e éd. augmentée), Bruxelles : CFC, 2017, p. 4.

ancien, à savoir l'œuvre constructive ponctuelle des années 1750-1850. De fait, quiconque déambule parmi les constructions parisiennes du XVIIIe siècle ou dans le Paris des années 1850-1914 leur trouvera un indéniable air de famille, et « relèvera peu de différences, si ce n'est un certain éclectisme dans la décoration du XIXe siècle[26] ».

L'abbé Laugier fut justement l'un des plus virulents défenseurs de l'architecture néoclassique qui s'imposa après 1750. C'est aussi lui qui, en 1753, fixa définitivement les principes de l'embellissement, dans une métaphore qui sous-tendra quasiment tous les projets jusqu'à Hénard. Comparant l'agencement d'un parc à celui d'une ville, il affirme :

> [...] il faut [...] qu'ici on apperçoive une étoile, là une patte d'oie ; de ce côté des routes en épi ; de l'autre, des routes en éventail ; plus loin des parallèles ; par-tout des carrefours de dessin et de figure différente. Plus il y aura de choix, d'abondance, de contraste, de désordre même dans cette composition, plus le parc aura de beautés piquantes [...]. Le pittoresque peut se rencontrer dans la broderie d'un parterre, comme dans la composition d'un tableau[27].

L'embellissement procède *in fine* par la composition d'un « paysage » urbain, au sens pictural de ce terme. Avec le XIXe siècle, on pourrait même parler de paysage « photographique », au sens de « photogénique », un adjectif qui ne caractérisait pas alors une qualité propre à l'objet photographié, mais celle de la lumière, c'est-à-dire l'exposition. Au demeurant, c'est l'objet architectural urbain, dans ses dispositifs optiques propres (grilles, colonnades), souvent photographié, qui a permis au photogénique de se définir. Si bien qu'au regard des multiples « dessins photogénés » qui illustrent les descriptions des embellissements de Paris sous le Second Empire, il est permis de se demander si le « photogénique » n'est pas le nom recherché par Baudelaire pour désigner ce « genre [qu'il] appellerai[t] volontiers le paysage des grandes villes, c'est-à-dire la collection des grandeurs et des beautés qui résultent d'une puissante agglomération d'hommes et de monuments, le charme profond et compliqué d'une capitale âgée et vieillie dans les gloires et les tribulations de la vie[28] ».

Ce paysage ne peut cependant pas être une construction arbitraire. Il est tributaire du chemin laissé par le passé parisien, lequel n'est pas seulement un guide, mais un héritage vivant qu'il convient de continuer. Ce paysage ne saurait donc

Colonne de la Grande Armée, place Vendôme et rue Castiglione, dans *Paris dans sa splendeur sous Napoléon III : monuments, vues, scènes historiques, descriptions et histoire*. Texte par MM. Audiganne, Bailly, Cassiran, etc. ; dessins et lithographies par Philippe Benoist, pour le plus grand nombre et avec l'aide de la photographie, 1862. © BnF

---

26 Jean-Marc Dudot et al., *Le Devoir d'embellir : essai sur la politique d'embellissement à la fin de l'Ancien Régime*, rapport de recherche CORDA, Nancy : CEMPA, 1978, p. 3.

27 Marc-Antoine Laugier, *Essai sur l'architecture*, op. cit., p. 259-260.

28 Charles Baudelaire, « Salon de 1859 ». Dans *Œuvres complètes de Charles Baudelaire : curiosités esthétiques*, Paris : Michel Lévy frères, 1868, vol. 2, p. 335. Voir aussi Louis Figuier, *La Photographie au salon de 1859*, Paris : L. Hachette et Cie, 1860 ; et, de manière très critique, Eugène Fromentin, *Les Maîtres d'autrefois*. Dans *Œuvres complètes*, Paris : Gallimard, Coll. Bibliothèque de la Pléiade, 1984, p. 717. Sur la photographie, voir Philippe Ortel, « Poetry of the Picturesque and the Photogenic Quality in the 19th Century », *Journal of European Studies*, 2000, vol. 30, n° 117.

résulter que de touches successives et de rectifications, comme le dit le premier auteur à nous avoir laissé un traité des embellissements de Paris, Pierre-Alexis Delamair[29]. C'est sans doute Hénard qui exprime cette idée le plus clairement pour nous. Écrivant alors que se développe ce que l'on a pu qualifier de « bergsonisme urbain », c'est-à-dire une conception évolutionniste de l'organisme urbain, Hénard envisage Paris comme une sorte de « milieu », aux sens biologique et écologique du terme, dans lequel l'élan vital des populations a pu s'épanouir :

> L'ambiance où nous vivons réagit sur chacun de nous à notre insu. [...] L'impression produite par l'aspect des rues et des monuments d'une ville sur l'esprit et le caractère des habitants est loin d'être négligeable. [...] L'esprit parisien [...] aurait peut-être pris une autre tournure, si la vie gaie lumineuse et charmante qui se déroule sur les Grands Boulevards n'avait pas créé l'atmosphère nécessaire à cette fine culture[30].

L'embellissement n'entend donc pas imposer sa propre rationalité à l'espace. Décrocher l'immeuble de la rue, à la Le Corbusier, est un geste inconcevable pour la pensée embellisseuse : la rue étant ce qui a fait Paris, la déstructurer serait anti-parisien et même anti-urbain, ou du simple domaine des fantaisies fin-de-siècle de Robida[31]. L'embellissement ne saurait être à proprement parler un programme urbain fonctionnel ou fonctionnaliste, encore moins un système, contrairement à l'urbanisme. Ce dernier suppose la machine comme dispositif et la reproductibilité sérielle des éléments, là où les penseurs de l'embellissement appliquent à Paris la découverte du XVIIIe siècle en matière d'archéologie de l'architecture : aucun des monuments de l'Antiquité n'a été construit strictement selon les règles de la bonne architecture. Il en est de même des villes, et une conséquence identique s'ensuit : l'œuvre architecturale ou urbaine est toujours singulière – la singularité devenant une norme –, toujours soumise à ce que Jacques-François Blondel appelait le « rachat », et Gustave Kahn, un siècle plus tard, le souci de l'« endroit harmonique[32] ». La variété, dans le respect certes de l'ordre, est constitutive même de ce qui fait un bâtiment – ou une ville – en lui conférant son identité visuelle et, par là, sa beauté[33].

Une ville pour et par le piéton

Embellir Paris, c'est donc se convertir à une culture du regard avide et impérieux : il faut voir et faire voir pour prendre possession de l'espace et le modifier. Cela implique le déplacement physique : l'œil appartient en effet à un corps concret, dont le déplacement dans Paris lui permet d'assouvir cette « pulsion scopique » dévorante. C'est d'autant plus vrai quand un auteur entend proposer ce que Pierre Patte appelle un « embellissement total » de la ville, et non d'un quartier ou d'une seule rive. Ainsi, Patte donne à voir son livre, mimant sur papier un Paris embelli, comme une « galerie

---

29 Pierre-Alexis Delamair, *La Pure vérité*, 1738, bibliothèque de l'Arsenal, Ms-3054, p. 11.

30 Eugène Hénard, *Études sur les transformations de Paris*, Paris : Librairies-imprimeries réunies, 1903-1909, 8 fasc. ; pour les citations, fasc. 2, p. 52-53.

31 Albert Robida, *Le Vingtième Siècle : la vie électrique*, Paris : Librairie illustrée, 1892.

32 Gustave Kahn, *L'Esthétique de la rue, op. cit.*, p. 293.

33 Voir en particulier, sur la reproductibilité, Jean-Pierre Épron, *L'Architecture et la règle : essai d'une théorie des doctrines architecturales*, Liège : Mardaga, 1981, p. 176 et suiv. La théorie du rachat de Blondel est explicitée p. 210 de cet ouvrage.

[...] dans laquelle on se promène agréablement[34] ». Cela détermine une méthode et la logique même de la composition, parfois déroutante à nos yeux, à l'image de la planche 39 de son ouvrage, sorte de kaléidoscope du Paris embelli qui superpose une vingtaine des projets proposés – dont un est hors-lieu – sur un plan de la ville.

La comparaison avec l'urbanisme est éclairante à cet égard. Ce dernier suppose le plan orthogonal, qui se présente à la fois comme mimétique de la rue et comme indépendant du regard de tout observateur. Dans la pratique, la carte se substitue à la ville, et pour aménager cette dernière, il n'y a qu'à se rapporter au plan. En revanche, aucun auteur de projets d'embellissement n'en propose de plan général, bien que cela soit très souvent réclamé. Ce n'est pas faute de compétences cartographiques ou en dessin ; les auteurs n'hésitent pas, s'ils en ont les moyens techniques ou financiers, à illustrer leurs propos de croquis et dessins parfois très savants. La solution aurait peut-être été le plan à vol d'oiseau, dispositif traditionnel depuis la Renaissance pour montrer le portrait d'une ville et de ses évolutions, et qui est devenu, sans ordinateur, impossible depuis le milieu du XVIIIe siècle. La seule tentative, perdue dans l'incendie des Tuileries mais reconstituée en 1889, a été menée sous la Révolution française par une Commission des artistes, dont on estime qu'elle anticipait les plans de Napoléon III et Haussmann ; la carte représentait des

« Partie du plan général de Paris, où l'on a tracé les différents emplacemens qui ont été choisis pour placer la statue équestre du roi », planche XXXIX extraite de *Monumens érigés en France à la gloire de Louis XV*, Pierre Patte, architecte, 1765.
© BnF

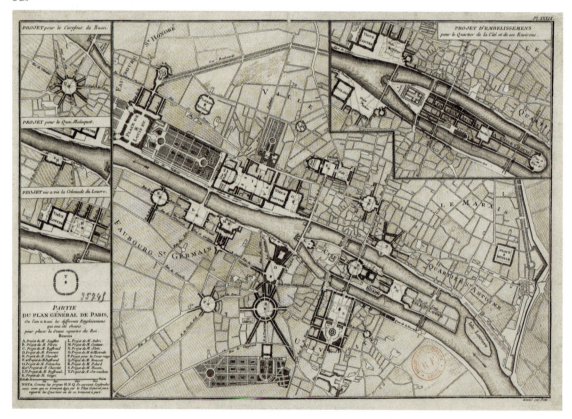

34 L'expression est du préfacier (sans doute Étienne La Font de Saint-Yenne) d'une nouvelle édition du livre de Jean-Aimar Piganiol de La Force, *Description historique de la ville de Paris et de ses environs* [1742], Paris : Libraires associés, 1765, t. I, p. XXIJ. Le livre est par ailleurs illustré par Patte.

travaux de voirie, et non pas « les embellissements » dans toutes leurs dimensions.

La carte ne convenant pas ou étant impossible, il faut donc bien marcher. De nombreux textes sont d'ailleurs structurés sur le principe de la promenade. On s'y attend naturellement dans le cadre d'un guide, genre qui émerge parallèlement à la littérature des embellissements. Mais le recours à ce procédé est si fréquent qu'on ne sait plus très bien, dans nombre d'ouvrages, si l'on feuillette un guide – surtout que ceux-ci consacrent bien souvent une partie à décrire les embellissements successifs de la ville – ou bien un livre de projets, et, plus encore, si les embellissements parcourus sont de papier ou réels. Le livre et les embellissements se confondent, comme dans *Paris et les Parisiens au XIXᵉ siècle* : le lecteur est aimablement prié de passer dans le livre « à vol d'oiseau », en entrant dans Paris par les Champs-Élysées, avant de musarder au bois de Boulogne, aux Tuileries ou encore dans le nouveau Paris en gestation – pourtant décrit par Théophile Gautier comme un présent accompli –, et même dans le Paris de 2855[35] !

Marcher n'est cependant pas seulement une méthode pour embellir la capitale. Car si seul le piéton peut réellement jouir de Paris, embellir Paris revient, en retour, à aménager Paris par et pour lui. C'est d'ailleurs avec beaucoup de prévenance que les auteurs se préoccupent de son confort. Ce ne sont qu'arcades, portiques, trottoirs, angles de carrefours arrondis pour freiner la vitesse de circulation, et autres « gestions différenciées des mobilités » comme on dit au XXIᵉ siècle (parfois originales : Hénard propose de diviser les trottoirs entre marche rapide et marche plus lente[36]). Il s'agit d'éviter les traditionnels embarras de Paris du temps d'avant les trottoirs[37] et le tout-à-l'égout, où un pot de chambre pouvait vous tomber dessus à chaque coin de rue quand vous ne vous faisiez pas renverser par une voiture[38].

L'état physique et mental du marcheur n'est pas non plus négligé, car celui-ci doit être à la fois satisfait et reposé. Un excès de stimulations conduirait à ces maux qui frappent l'habitant de la grande ville : la neurasthénie et le *spleen*, ou au contraire la frénésie. Familière au XIXᵉ siècle[39], cette thématique qui est sous-jacente à l'organisation des séquences de la ville embellie a été, à ma connaissance, posée pour la première fois par un certain Maille Dussaussoy, auteur d'un ouvrage remarqué sur les embellissements de Paris dans les années 1760. Reprenant son projet d'achèvement des Tuileries, Dussaussoy joue les guides pour nous faire parcourir le centre de Paris embelli par ses soins. Sur trois quarts de lieue, il a entassé plus d'une trentaine d'édifices publics, à quoi il faut ajouter de multiples hôtels particuliers et des infrastructures remarquables comme les quais[40], une accumulation qu'il pressent évidemment excessive et trop fatigante. Le texte prescrit donc un certain nombre de haltes et de stations, de points de vue et de belvédères, qui sont constitutifs de la scénographie elle-même : ici, le promeneur peut reposer ses jambes ; là, son regard, en le laissant se perdre dans le flou des lointains ; là encore, profiter de tous les détails d'architecture réalisés à son intention. L'embellissement se vit avant tout dans le rythme même du corps.

---

35 Alexandre Dumas, Théophile Gautier, Arsène Houssaye, Paul de Musset, Louis Énault et du Fayl, *Paris et les Parisiens au XIXᵉ siècle : mœurs, arts et monuments*, Paris : Morizot, 1856.

36 Eugène Hénard, *Études sur les transformations de Paris*, op. cit., fasc. 2. Reproduit dans id., *Études sur l'architecture et les transformations de Paris* [1903-1909], éd. Jean-Louis Cohen, Paris : Éditions de la Villette, 2012, p. 79 et suiv.

37 La généralisation de ceux-ci est très tardive à Paris, et remonte au plus tôt au règne de Louis-Philippe. Les tout premiers (du début du XVIIᵉ siècle), toujours visibles, sont ceux du pont Neuf.

38 Les auteurs sont friands de saynètes de ce genre. Voir, par exemple, Pierre Patte, *Mémoires sur les objets les plus importans de l'architecture*, Paris : Rozet, 1769, p. 6.

39 Qu'on me permette de renvoyer à Nicolas Lemas, « La ville comme pathologie : quand l'air de la ville rend malade », *Historiens & Géographes*, 2013, n° 422, p. 97-104.

40 Maille Dussaussoy, *Le Citoyen désintéressé*, op. cit., vol. 2, p. 172-174.

Et Haussmann dans tout ça ?

En insistant sur les continuités d'une tradition qui dura un siècle et demi, j'ai laissé de côté un personnage central, à qui l'on attribue souvent une rupture décisive dans l'histoire de Paris. Il faudrait d'ailleurs plutôt parler de trois personnages en un puisqu'Haussmann – c'est en effet de lui qu'il s'agit – attribuait dans ses *Mémoires* tout le mérite de son œuvre à son maître, Napoléon III[41], tout en taisant le nom d'Alphand, son « ingénieur en chef des embellissements de Paris[42] » à la tête du service des promenades et plantations, à qui pourtant les décennies suivantes ont accolé son nom[43].

Projet de prolongement de la rue de Rennes avec un pont en X sur la Seine dans *Études sur les transformations de Paris*, Eugène Hénard, architecte, 1903-1905.
© BnF

L'œuvre d'Haussmann échappe aux catégorisations simplistes, mais bien que l'intéressé lui-même s'en défende, elle représente l'aboutissement des projets d'embellissements de Paris. Car si Haussmann, contrairement à Napoléon III avant sa nomination, évite soigneusement un terme qui n'apparaît dans ses *Mémoires* que de manière exceptionnelle, il se vante avec son (im)modestie coutumière d'avoir non seulement accompli mais encore « dépassé [l]es vœux » de Voltaire – dont les pamphlets *Des embellissements de Paris* et *Des embellissements de Cachemire* étaient encore abondamment lus et pris comme références 100 ans plus tard[44] –, ce que nombre de contemporains reconnaissent, bouclant la boucle d'une tradition désormais réalisée : « Pour que Paris devînt une merveille, Voltaire ne demandait qu'un homme et qu'un bon conseil de Ville. L'homme a pris le temps de naître, mais il est venu. Il s'appelle le baron Haussmann. [...] Et le grand projet, le grand rêve de Voltaire se réalise comme par enchantement[45]. »

Après Haussmann et Alphand, la tradition des embellissements perdit logiquement de son importance dans l'espace public, embellir consistant principalement à achever l'œuvre laissée incomplète par Haussmann, en évitant les excès auxquels elle put donner lieu, comme « l'alignement à outrance » dénoncé unanimement vers 1900. Le premier texte d'Eugène Hénard sur la question, en 1902, consiste précisément en une proposition pour créer la branche est-ouest de la « grande croisée » rêvée par Haussmann mais ni réalisée ni pleinement pensée. Quand la tradition des embellissements ressurgit vers

Embellissements de Paris. La rivière du Jardin des Plantes dans *Le Monde illustré*, 6 août 1864.
© BnF

---

41 Par exemple, dès l'ouverture du deuxième tome : « Je regrette encore plus qu'il [Jules Simon] n'ait pas fait remonter la meilleure part de son admiration à celui qui la méritait : au Souverain, mon Maître. Ce "rêveur" ne fut pas seulement l'auteur des plans que j'ai réalisés ; il resta l'appui fidèle de l'agent d'exécution que son choix était allé chercher », et qui n'est resté que le "metteur en œuvre" ». Georges Eugène Haussmann, *Mémoires du baron Haussmann*, Paris : Victor-Havard, 1890, t. II, p. xiii et 59.

42 Ainsi qu'il est présenté dans la notice nécrologique du *Journal de la Marne*, supplément illustré du 20 décembre 1891.

43 Jean-Claude-Nicolas Forestier parle ainsi des « efforts admirables d'Haussmann et d'Alphand » dans *Grandes villes et systèmes de parcs*, Paris : Hachette et Cie, 1906, p. 5.

44 Georges Eugène Haussmann, *Mémoires du baron Haussmann*, op. cit., p. 531 et 533. Voltaire définissait les embellissements de Paris nécessaires ainsi : « Il s'agit bien d'une place ; Paris serait encore très incommode quand cette place serait faite. Il faut des Marchés publics, des Fontaines qui donnent en effet de l'eau, des carrefours réguliers, des salles de spectacle. Il faut élargir les rues étroites et infectes, découvrir les monuments qu'on ne voit point et en élever qu'on puisse voir. » (Voltaire, « Des embellissements de Paris » [1749]. Dans *id.*, *Mélanges de littérature*, s. l. : s. n., 1768, p. 66).

45 Timothée Trimm, « Les embellissements de Paris », *Le Petit Journal*, 22 juillet 1865, n° 903, p. 1.

Exemple de boulevards à redans, dans *Études sur les transformations de Paris*, Eugène Hénard, architecte, 1903-1905.

le début du nouveau siècle – relancée pour partie par le déclassement des fortifications, laissant à disposition une superficie considérable aux portes de Paris ; pour partie par les exigences d'une économie moderne toujours plus automobile et marquée par la vitesse ; pour partie, enfin, par la crise urbaine, du logement en particulier –, c'est telle que marquée par l'empreinte qu'Haussmann a laissée sur elle. Le principal contexte dans lequel Haussmann utilisait le terme d'« embellissement » avait ouvert une nouvelle perspective : l'embellissement des promenades et plantations. Dans les *Mémoires*, ce terme désigne plus spécifiquement les aménagements des parcs et, surtout, des bois de Vincennes et de Boulogne, qui deviennent le « lieu » propre des embellissements[46].

À la Belle Époque, la question des embellissements se structure logiquement autour de la question des « espaces libres » et de la nature dans la ville, devenus éléments essentiels tant de la beauté que de l'hygiène publique et sociale. Jean-Claude-Nicolas Forestier, proche des milieux réformateurs et chargé des promenades de Paris, propose ainsi un système de parcs pour « poursuivre plus avant son [Paris] système d'embellissement », initié par Haussmann et Alphand. Le développement de la ville exige le « développement parallèle de ses espaces libres, de ses parcs et de ses promenades », pour qu'elle devienne la « cité parfaite » qu'ils avaient souhaitée[47].

L'apothéose de cette conception est représentée par le boulevard à redans théorisé par Hénard – lui-même lié à Alphand par son père qui en fut un collaborateur –, dont il croit trouver l'esquisse rue de Châteaudun et en bordure du bois de Boulogne. Régi par le principe de « l'alignement discontinu » – le terme s'appliquant aux façades et non à la chaussée utile –, le boulevard à redans dispose, vu du ciel, les immeubles en chevrons : un bloc en saillie est suivi d'un bloc en retrait, ce qui forme entre chaque saillant un espace de cour ou de jardin dont la seule contrainte serait d'être, quelle qu'en soit l'utilisation (café, magasin, cour privée fermée par une grille, jardin public). Dans une version plus ambitieuse, le redans dessine de véritables losanges, dont le cœur doit être une place publique, ornée d'un édifice, largement arborée, donnant à la ville les charmes de la campagne. La vue saisirait ainsi dans la rue une multitude de plans, sans ligne de fuite noyant les perspectives dans le lointain. Ce procédé permet, comme les planches d'Hénard le suggèrent, de varier le style architectural des façades selon chaque massif et donc chaque plan, sans perturber la cohérence de la rue.

Avec le redans d'Hénard, le concept d'embellissement incorpore ce qui, pour l'abbé Laugier et le XVIIIe siècle, n'était qu'une métaphore. On se souvient que l'abbé Laugier rêvait d'organiser Paris selon les principes de l'art des jardins et des forêts. Après Haussmann et Alphand, l'embellissement moderne de Paris, ce n'est plus seulement cultiver une ville comme un jardin ou un parc : c'est en faire un jardin urbain.

Nicolas Lemas
Historien

---

46 Georges Eugène Haussmann, *Mémoires du baron Haussmann*, op. cit., p. 173.

47 J.-C.-N. Forestier, *Grandes Villes et systèmes de parcs*, op. cit., p. 5. Je me permets de renvoyer sur tous ces points à Nicolas Lemas, *Eugène Hénard et le futur urbain : quelle politique pour l'utopie ?*, Paris : L'Harmattan, 2008.

Les batailles de Paris

Antoine Picon

Retour sur quelques débats-clés

Parmi les grandes métropoles mondialisées, Paris est l'une de celles auxquelles on associe le plus volontiers l'idée de beauté. Les journaux étrangers soulignent l'attachement de ses habitants aux questions d'esthétique urbaine, ainsi que l'intensité peu commune des prises de position et des échanges sur ces sujets. Paris a changé plusieurs fois de visage; aussi ne faut-il pas s'étonner que les débats autour de la beauté de la ville aient porté sur des thèmes différents d'une période à l'autre. Les échelles ont aussi considérablement varié : parfois, c'est la structure urbaine tout entière qui s'est trouvée sur la sellette; à d'autres moments, un édifice singulier – pensons à la tour Eiffel ou au Centre Pompidou – est venu cristalliser des oppositions irréductibles.

Cet ensemble de variations s'organise toutefois autour de quelques tensions récurrentes. En premier lieu, comment arbitrer le conflit entre la recherche d'une régularité harmonieuse et la sauvegarde du pittoresque des objets bâtis et des ambiances urbaines, sans lequel la ville risquerait de se révéler ennuyeuse ? À Paris – ville longtemps marquée par le hérissement des tours et des clochers gothiques, avant que ne s'imposent les lignes horizontales des grandes compositions classiques puis des percées haussmanniennes –, la question de la verticalité prend un tour très particulier, presque passionnel.

À partir du XVIIIe siècle émerge, en outre, la question de la place de la nature dans la ville. Haussmann et son bras droit, Alphand, lui apportent une réponse consistant à intégrer les éléments naturels – des plantations d'alignement aux squares et aux parcs – au sein d'un véritable réseau faisant écho à l'équipement technique de la ville[1]. Mais la relation de Paris à la nature ressurgit aujourd'hui et fait débat.

Enfin, les limites à donner à la ville puis la question de sa relation à la banlieue constituent un autre problème récurrent[2]. Faut-il considérer Paris comme un chef-d'œuvre d'urbanisme limité voire achevé, ainsi que le suggère René Mestais, chef des services techniques de topographie et d'urbanisme de la Ville, en 1943[3], ou doit-on au contraire rapporter son aménagement à une échelle résolument régionale ?

En retrait de ces questions, mais presque toujours en lien avec elles, l'esthétique parisienne s'est forgée au fil d'innombrables interventions, petites ou grandes, témoignant d'une culture de projet en constante évolution. Les lois et règlements d'urbanisme ont infléchi cette esthétique à plusieurs reprises. Songeons aux effets du règlement de 1902, inspiré par l'architecte et urbaniste Louis Bonnier, qui a permis de donner plus de fantaisie aux toits parisiens, en rupture avec les principes beaucoup plus contraignants de l'haussmannisation. La trajectoire de l'esthétique parisienne doit enfin quelque chose à une série de débats et de controverses animés, qui ont marqué des points d'inflexion voire des tournants dans sa conception, et auxquels cet article est consacré.

Sans prétendre épuiser le sujet, j'évoquerai ici les débats des Lumières, puis les controverses suscitées par les transformations de Paris au XIXe siècle, avant d'aborder les polémiques dont s'est accompagnée la modernisation

---

1 Michel Audouy, Jean-Pierre Le Dantec, Yann Nussaume et Chiara Santini (dir.), *Le Grand Pari(s) d'Alphand : création et transmission d'un paysage urbain*, Paris : Éditions de la Villette, 2018.

2 Voir par exemple Emmanuel Bellanger, Mathieu Flonneau et Annie Fourcaut (dir.), *Paris/Banlieues : conflits et solidarités*, Paris : Créaphis, 2007.

3 « Paris, grand salon d'Europe, requiert des soins, des sacrifices et des égards particuliers et il doit être défini d'une manière élégante et précise, afin que les étrangers, abordant l'Île-de-France, puissent dire : Voici Paris, sans le confondre avec Levallois, Aubervilliers, Pantin, Vitry ou Malakoff. Ce sera le rôle dévolu au Boulevard périphérique de sertir de ses belles lignes de peupliers, d'ormes et de platanes, le territoire parisien. » René Mestais, *Projet d'aménagement de la ville de Paris : la voirie parisienne* [rapport de l'inspecteur général, chef des services techniques de topographie et d'urbanisme], dactyl., 1943.

de Paris au XXᵉ siècle. Je terminerai par quelques rapides considérations sur les débats qu'occasionnent aujourd'hui les projets visant, dans la perspective du changement climatique, à repenser la place de la nature à Paris, à la suite de quoi sera traitée, tout aussi brièvement, la question du Grand Paris. Il s'agit ainsi, à travers cet article, de mieux cerner quelques-uns des enjeux essentiels autour desquels se sont organisés et continuent à se structurer les débats concernant la beauté de la capitale.

Embellir la capitale au XVIIIᵉ siècle

C'est au XVIIIᵉ siècle qu'émerge un discours sur l'esthétique urbaine. La beauté des villes faisait auparavant l'objet de simples notations. Cela n'empêchait pas les autorités politiques et administratives de prendre des mesures témoignant d'une certaine sensibilité aux questions esthétiques : dans le cas parisien, Henri IV avait innové en créant des places régulières, la place Dauphine et la place Royale ; Louis XIII et Louis XIV s'étaient également préoccupés d'embellir la ville[4]. Il faut toutefois attendre les Lumières pour que l'embellissement devienne un sujet de débat, en liaison avec la montée en puissance de l'opinion publique, qui s'impose progressivement comme une force avec laquelle il faut compter[5].

Sous l'Ancien Régime, la notion d'embellissement renvoie à la dimension de l'utile au moins autant qu'à celle du beau[6]. À l'intersection de ces deux préoccupations, il est frappant de constater la dureté de certains jugements portés sur la capitale du royaume, qui compte pourtant parmi les villes les plus célèbres d'Europe. Dans le court texte qu'il consacre aux embellissements souhaitables de Paris en 1749, Voltaire déplore la vétusté des quartiers centraux, la rareté des places publiques, l'inachèvement du Louvre et le caractère peu commode des théâtres[7]. Deux ans plus tard, dans son *Essai sur la peinture, la sculpture, et l'architecture*, l'écrivain et critique d'art Louis Petit de Bachaumont se fait tout aussi incisif en regrettant que, du Louvre aux Champs-Élysées, « on forme de vastes projets, on commence, on va jusqu'à un certain point, & l'on n'achève rien[8] ». Son ton se durcit par la suite en se colorant de préoccupations hygiénistes. L'architecte Pierre Patte a lui aussi en tête Paris lorsqu'il déplore l'étroitesse et la saleté de rues où coulent de toutes parts les immondices, avant de réclamer une refonte complète des principes d'organisation des villes dans

Plan des rues projetées par la commission dite « des artistes », en exécution de la loi du 4 avril 1793, dans *Les Travaux de Paris, 1789-1889*, atlas dressé sous l'administration d'Eugène Poubelle, préfet de la Seine, et sous la direction d'Adolphe Alphand, ingénieur, 1889. © BnF

---

4 Sur le caractère pionnier des conceptions urbanistiques d'Henri IV, voir Hilary Ballon, *The Paris of Henri IV: Architecture and Urbanism*, Cambridge (Massachusetts)-Londres : MIT Press/New York: Architectural History Foundation, 1991.

5 Voir Jürgen Habermas, *L'Espace public : archéologie de la publicité comme dimension constitutive de la société bourgeoise* [*Strukturwandel der Öffentlichkeit*, 1962], trad. Marc Buhot de Launay, Paris : Payot, 1978. Concernant la traduction de cette opinion publique dans les domaines de l'architecture et de l'urbanisme, on pourra consulter Richard Wittman, *Architecture, Print Culture and the Public Sphere in Eighteenth-Century France*, New York-Londres : Routledge, 2007.

6 Voir sur cette notion Jean-Louis Harouel, *L'Embellissement des villes : l'urbanisme français au XVIIIᵉ siècle*, Paris : Picard, 1993 ; Sophie Descat et Michel Le Moël (dir.), *L'Urbanisme parisien au siècle des Lumières* [cat. expo., mairies des 5ᵉ et 8ᵉ arrondissements de Paris, juillet-novembre 1996], Paris : Action artistique de la Ville de Paris, 1997.

7 Voltaire, « Des embellissements de Paris » [1749]. Dans *Œuvres complètes de Voltaire*, Paris : Garnier, 1879, t. XXIII, p. 297-304.

8 Louis Petit de Bachaumont, *Essai sur la peinture, la sculpture, et l'architecture*, s. l. : s. n., 1751, p. 59-60. Voir à ce propos Robert S. Tate Jr., « Voltaire, Bachaumont, and Urban Renewal for Paris », *Romance Notes*, automne 1969, vol. 11, n° 1, p. 89-94.

La Place Dauphine, construite dans la Ville de Paris durant le règne de Henri le Grand, 4ᵉ du nom, roy de France et de Navarre, Claude de Châtillon, graveur, 1640.
© Paris Musées / Musée Carnavalet

ses *Mémoires sur les objets les plus importans de l'architecture* de 1769[9]. Avec son *Tableau de Paris* paru entre 1781 et 1788, Louis-Sébastien Mercier grossit encore le trait, en ajoutant l'air vicié par les exhalaisons des cimetières et les vapeurs de charbon à la longue liste des maux dont souffre la capitale[10]. Le ton polémique de ces écrits ainsi que les remèdes qu'ils proposent témoignent d'un véritable tournant : la ville, sa salubrité, son fonctionnement, mais aussi son esthétique, deviennent sujets de débats. D'un auteur à l'autre reviennent un certain nombre d'idées, comme la nécessité d'aérer un bâti beaucoup trop dense, de dégager et d'achever des monuments comme le Louvre, de rompre enfin avec les projets au coup par coup. Un idéal de planification concertée se fait jour. Pierre Patte en donne l'une des traductions visuelles les plus saisissantes dans ses *Monumens érigés en France à la gloire de Louis XV* de 1765, lorsqu'il imagine de surimposer au plan du Paris existant l'ensemble des propositions de place royale avancées par les architectes Boffrand, Servandoni, Gabriel ou encore Soufflot[11].

Le débat initié de la sorte rencontre toutefois assez vite ses limites. Tout d'abord, parce que les autorités, à commencer par le pouvoir monarchique, sont au fond assez d'accord sur le diagnostic. L'absence d'outils juridiques et de moyens financiers explique, dans de nombreux cas, la timidité des aménagements que regrettent Voltaire, Bachaumont, Patte ou Mercier[12]. Ensuite, l'accord qui règne sur un certain nombre de grands principes, comme la nécessité « d'un plan total convenablement raisonné[13] », laisse subsister d'importantes ambiguïtés. Ce plan doit être régulier et doit dégager des perspectives sur les principaux monuments, tout en évitant la monotonie. La grille se voit assez généralement rejetée, mais suivant quels principes négocier la relation entre régularité d'ensemble et variété des points de vue ?

Dans son *Essai sur l'architecture* de 1753, le théoricien Marc-Antoine Laugier suggère de s'inspirer de la nature, ou plutôt de cette nature corrigée par les hommes qui entoure les grands jardins royaux et aristocratiques :

> Il faut regarder une ville comme une forêt. Les rues de celle-là sont les routes de celles-ci ; & doivent être percées de même. Ce qui fait l'essentielle beauté d'un parc, c'est la multitude des routes, leur largeur, leur alignement ; mais cela ne suffit pas. il faut qu'un Le Nôtre en dessine le plan, qu'il y mette du goût & de la pensée, qu'on y trouve tout-à-la fois de l'ordre & de la bizarrerie, de la symmetrie & de la variété[14].

Ce passage a fait couler beaucoup d'encre, l'historien de l'architecture Manfredo Tafuri le rapportant par exemple à la naissance d'un nouvel

---

9 Pierre Patte, *Mémoires sur les objets les plus importans de l'architecture*, Paris : Rozet, 1769, p. 5 en particulier.

10 Louis-Sébastien Mercier, *Tableau de Paris* [1781] (éd. corrigée et augmentée), Amsterdam : s. n., 1782, t. I, p. 143 notamment.

11 Pierre Patte, *Monumens érigés en France à la gloire de Louis XV*, Paris : Desaint & Saillant, 1765. J'ai commenté plus en détail ce document dans Antoine Picon, *Architectes et ingénieurs au siècle des Lumières*, Marseille : Parenthèses, 1988.

12 Voir Youri Carbonnier, « La monarchie et l'urbanisme parisien au siècle des Lumières : grands projets et faiblesse du pouvoir », *Histoire urbaine*, 2009/1, n° 24, p. 33-46.

13 Pierre Patte, *Mémoires sur les objets les plus importans de l'architecture*, op. cit., p. 5.

14 Marc-Antoine Laugier, *Essai sur l'architecture*, Paris : Duchesne, 1753, p. 259-260.

ordre capitaliste et bourgeois, qui rapproche la fabrique des villes de l'ordre naturel, tout comme la « main invisible » du marché fait songer aux grands équilibres de la nature. Cela dit, la traduction concrète du projet de Laugier demeure nimbée de flou[15]. L'apologie de la bizarrerie et l'accent mis sur les effets de contraste peuvent également être rapprochés de la montée en puissance de ces nouvelles catégories esthétiques que constituent le sublime et le pittoresque, catégories dont l'art des jardins porte précisément l'empreinte[16].

La nécessité de repenser le statut des monuments en relation directe avec la structure urbaine, au lieu de n'y voir qu'un témoignage singulier du passé, constitue un autre point d'accord dont la mise en pratique peine à se concrétiser. La question de l'héritage gothique vient ajouter à l'incertitude : Voltaire ou Mercier témoignent de fort peu de sympathie à son égard ; mais n'y a-t-il pas quelque chose de gothique dans l'élancement de la colonnade du Louvre, pourtant considérée comme l'un des chefs-d'œuvre du siècle de Louis XIV ? Reconnaissant aux édifices du Moyen Âge des qualités structurelles, Soufflot proposera – sans que personne n'y trouve à redire – de réconcilier légèreté gothique et élégance grecque, avec sa nouvelle église conçue pour l'abbaye Sainte-Geneviève et rebaptisée Panthéon sous la Révolution[17].

À la fin de l'Ancien Régime, Paris demeure encore profondément marqué par son héritage médiéval, ainsi que par les créations urbaines ponctuelles d'Henri IV, Louis XIII et Louis XIV. Certes, la place Louis-XV, notre actuelle place de la Concorde, témoigne d'un désir nouveau de lisibilité urbaine, tandis que les arrêtés d'alignement se multiplient et que l'on commence à minéraliser le parcours de la Seine en construisant des quais – ce qui constitue l'amorce d'un tournant dans le rapport de la ville à son fleuve[18] – ; mais les transformations de grande ampleur sont sans cesse repoussées. Le peu d'effet du plan de la Commission des artistes sous la Révolution s'inscrit dans le droit fil de cette pesanteur de l'existant.

Entre l'admiration pour le dynamisme de la capitale et de ses habitants, et l'exaspération suscitée par son incapacité à se transformer vraiment, le regard sur la ville a changé. La beauté de Paris ne constitue plus l'une de ces évidences que l'usage tient à la lisière du discours. On en parle ; elle fait débat ; elle donne surtout naissance à des projets. Même imprécis, ceux-ci n'en contribuent pas moins à dessiner la possibilité d'un nouveau Paris aux rues élargies, reliant des places publiques et des monuments.

Nouveau Paris, vieux Paris

Ce nouveau Paris ne deviendra réalité que sous le Second Empire, avec les transformations d'Haussmann. Tout a été dit, ou presque, sur l'haussmannisation, mélange de plans de grande ampleur et de bricolage, aménagement à la fois brutal et accordant une place importante à la négociation avec le bâti existant[19]. De nombreuses zones d'ombre n'en subsistent pas moins, concernant par exemple

---

15 Manfredo Tafuri, *Projet et utopie : de l'avant-garde à la métropole* [*Progetto e utopia : architettura e sviluppo capitalistico*, 1973], trad. Françoise Brun, adapt. Ligia Ravé-Emy, Paris : Dunod, 1979.

16 Sophie Descat, « L'embellissement urbain au XVIIIe siècle : éléments du beau, éléments du sublime ». Dans *Les Arts des Lumières : essais sur l'architecture et la peinture en Europe au XVIIIe siècle*, Groupe Histoire Architecture Mentalités Urbaines (GHAMU), mars 2019, https://www.ghamu.org

17 Michael Petzet, *Soufflots Sainte-Geneviève und der französische Kirchenbau des 18. Jahrhunderts*, Berlin : W. de Gruyter, 1961.

18 Isabelle Backouche, *La Trace du fleuve : la Seine et Paris (1750-1850)*, Paris : Éditions de l'EHESS, 2000.

19 Voir, par exemple, Jeanne Gaillard, *Paris, la ville (1852-1870)*, Lille-Paris : Honoré Champion, 1976 ; Jean des Cars et Pierre Pinon, *Paris-Haussmann : « Le Pari d'Haussmann »* [cat. expo., Pavillon de l'Arsenal, septembre 1991-janvier 1992], Paris : Pavillon de l'Arsenal/Picard, 1991 ; David Harvey, *Paris : Capital of Modernity*, New York-Londres : Routledge, 2003 ; ou encore, sur les aspects hygiénistes de l'haussmannisation, Fabienne Chevallier, *Le Paris moderne : histoire des politiques d'hygiène (1855-1898)*, Presses universitaires de Rennes, 2010.

Boulevard Haussmann, photographies de Charles Marville, 1877.
© Charles Marville / BHVP

l'ampleur de la dette du Second Empire à l'égard des conceptions des Lumières. Une chose est sûre : un nouveau paysage urbain émerge en quelques décennies, un paysage aux lignes horizontales, strié de larges voies rectilignes le long desquelles se dressent des immeubles aux corniches filantes. La régularité qu'appelaient de leurs vœux les réformateurs du XVIIIe siècle semble avoir triomphé au prix de la monotonie de certaines séquences. « Plus de caprice ; plus de carrefour méandre », déplorera Victor Hugo, dans un poème de son recueil posthume *Les Années funestes*, avant d'ironiser sur les grandes percées haussmanniennes : « Que c'est beau ! de Pantin on voit jusqu'à Grenelle ! / Ce vieux Paris n'est plus qu'une rue éternelle / Qui s'étire, élégante et belle comme l'I / En disant : Rivoli ! Rivoli ! Rivoli[20] ! »

Hugo incarne ici l'un des principaux motifs de critique à l'égard des travaux d'Haussmann : la destruction de nombreuses séquences urbaines et de monuments du vieux Paris, ce Paris profondément marqué par son héritage médiéval, qui avait survécu pour l'essentiel jusque dans la première moitié du XIXe siècle. Avec le romantisme, en rupture avec le dédain de Voltaire pour le gothique, une valeur nouvelle s'attache à l'héritage des siècles passés, au pittoresque des rues anciennes et des monuments antérieurs à la période classique. Publiés à partir de 1820 sous la direction du baron Taylor, les *Voyages pittoresques et romantiques dans l'ancienne France* en témoignent.

Dans leur lignée s'inscrivent des ouvrages comme les *Souvenirs du vieux Paris* de Lancelot-Théodore Turpin de Crissé, parus en 1833. Au sein de cette mouvance, Victor Hugo occupe une place centrale, avec sa série d'articles dans lesquels il déclare la guerre aux démolisseurs dès la Restauration, mais surtout avec son grand roman épique publié en 1831, *Notre-Dame de Paris*. Hugo y fait revivre la grande ville de la fin du Moyen Âge, dont la richesse bigarrée produit un cruel contraste avec la capitale qu'Haussmann et ses ingénieurs font sortir de terre, à laquelle on reproche volontiers son caractère rationnel et aseptisé[21].

Aux tracés mécaniques et froids de ce nouveau Paris sont censés s'opposer les méandres organiques, c'est-à-dire authentiquement vivants, de la ville ancienne, dont des quartiers entiers sont en train de disparaître. Mais, comme le notait Françoise Choay, la critique des démolitions peine à se transformer en propositions urbanistiques concrètes, au-delà du souci de conservation qui se heurte à la vétusté d'un centre dont le délabrement inquiétait depuis longtemps[22]. En réalité, l'haussmannisation essaie, autant que faire se peut, de composer avec la ville existante, passées les démolitions massives de l'hypercentre, de l'île de la Cité, du quartier des Arcis ou encore d'une bonne partie de l'ancien Quartier latin. De l'idéal organique popularisé par les écrivains romantiques, elle retient le rejet de toute grille régulière, même si Hugo reproche à la capitale du Second Empire, qu'il tente de façonner à son image, de ressembler à « un

---

20 Victor Hugo, *Les Années funestes 1852–1870 : dernière gerbe* [1898]. Dans *Œuvres complètes de Victor Hugo : poésie*, Paris : Ollendorff (Albin Michel), 1941, t. XIV, vol. 39, p. 136-137.
21 Voir Nicole Savy, *Le Paris de Hugo*, Paris : Alexandrines, 2016.
22 Françoise Choay, *L'Urbanisme, utopies et réalités : une anthologie* [1965], Paris : Seuil, 1979, p. 21.

damier enfermé dans sa boîte[23] ». Avec ses carrefours en étoile dont les rayons finissent par se croiser, générant des lignes brisées qui peuvent faire songer à des courbes, le nouveau Paris tente de réconcilier caractère organique et efficacité circulatoire. Il se préoccupe de conserver de nombreux monuments en les dégageant, de manière souvent discutable, de la gangue des constructions dont ils étaient restés longtemps inséparables. Le XIXe siècle inaugure du même coup le mariage toujours tendu et instable entre rationalisation et patrimonialisation, mariage qu'on retrouvera au plus fort de la modernisation de Paris, sous les Trente Glorieuses, lorsque l'ouverture de la capitale à la circulation automobile s'accompagnera de la création des premiers secteurs sauvegardés comme le Marais[24].

D'un point de vue esthétique, le nouveau Paris de Napoléon III et d'Haussmann s'avère beaucoup plus complexe, voire contradictoire, que ce qu'en disent ses détracteurs prompts à lui reprocher sa sécheresse. Au cœur de la ville, il négocie avec le bâti ancien, produisant des décalages et plaquages souvent subtils, ce qui ne l'empêche pas d'apparaître singulièrement cohérent. Sa sobriété d'ensemble va de pair avec une abondance ornementale qui magnifie l'immeuble d'habitation dont le gabarit a

Portique d'une chapelle rue Saint-Pierre-aux-Bœufs, dans Souvenirs du vieux Paris, Lancelot-Théodore Turpin de Crissé, dessinateur-lithographe, 1833.
© Paris Musées / Musée Carnavalet

augmenté. Avec ses façades de pierre de taille, l'immeuble témoigne d'une ambition de faire de la ville une sorte d'œuvre d'art totale[25]. La ville, plus encore que ses monuments, apparaît comme le chef-d'œuvre ultime auquel tout doit se rapporter. Longtemps marginale dans la pensée urbaine, la nature – une nature traitée comme une couche supplémentaire d'équipement technique, au-dessus des réseaux d'eau et d'assainissement et de la voirie – se voit convoquée afin d'orner la grande ville et de contribuer surtout à son caractère civilisateur[26]. Le mobilier urbain n'est pas oublié : dessiné avec soin – ce qui constitue une nouveauté –, il concourt également à cette impression de cohérence conquise de haute lutte sur la diversité toujours subsistante de la capitale.

Avec sa géométrie lisible par le promeneur comme s'il avait un plan en main, le Paris haussmannien fera rapidement figure de modèle, un modèle indissociablement politique, technique et esthétique, celui d'une ville conçue pour la bourgeoisie, d'un grand organisme urbain quadrillé par les réseaux, aux lignes pacifiées, et qui fourmille en même temps de détails soigneusement dessinés. Si Paris a pu être qualifié de « capitale du XIXe siècle » par le philosophe Walter Benjamin, ce n'est pas seulement en raison de sa taille, de sa modernité sociotechnique et de son rayonnement[27]. Capitale d'un empire autrement plus vaste que le territoire français et ses colonies, univers d'une inépuisable diversité qu'arpentent aussi bien les personnages de Dickens que le héros de Conan Doyle, Londres a de bonnes raisons de lui disputer ce

---

23 Victor Hugo, *Les Années funestes 1852-1870 : dernière gerbe* [1898]. Dans *Œuvres complètes de Victor Hugo : poésie, op. cit.*, p. 137.

24 Isabelle Backouche, *Paris transformé. Le Marais 1900-1980 : de l'îlot insalubre au secteur sauvegardé*, Grâne : Créaphis, 2016.

25 François Loyer, *Paris XIXe siècle : l'immeuble et la rue*, Paris : Hazan, 1987.

26 Michel Audouy, Jean-Pierre Le Dantec, Yann Nussaume et Chiara Santini (dir.), *Le Grand Pari(s) d'Alphand : création et transmission d'un paysage urbain, op. cit.* ; Antoine Picon, « Nature et ingénierie : le parc des Buttes-Chaumont », *Romantisme*, 2010/4, n° 150, p. 35-49.

27 Walter Benjamin, *Paris, capitale du XIXe siècle* [1939], Paris : Allia, 2003.

Panthéon charivarique : Victor Hugo, Benjamin Roubaud, dessinateur-lithographe, 1841.
© Paris Musées / Maisons de Victor Hugo Paris-Guernesey

titre. Mais contrairement à Londres, Paris offre un exemple susceptible d'être transposé à d'autres situations, des Balkans à l'Amérique du Sud. Sa beauté reconnue par les étrangers, qui sont nombreux à la visiter, suggère qu'un équilibre pourrait être trouvé au sein d'un monde industriel dont la croissance s'accélère d'année en année.

Cette beauté a toutefois ses revers. Tout à leur désir de composer ou plutôt recomposer la ville, Haussmann et ses successeurs négligent son environnement immédiat, cette banlieue dont le développement s'accentue à la charnière des XIXe et XXe siècles. Il est vrai que les fortifications construites sous la monarchie de Juillet contribuent à isoler Paris de cet environnement[28]. Par-dessus tout, le modèle haussmannien apparaît assez vite comme un héritage aussi précieux qu'encombrant. Comment dépasser Haussmann ? Peut-on même envisager un tel dépassement ? La question ne cessera de se poser, en dépit de tentatives répétées de rupture. À chacune de ces tentatives, les critiques invoqueront la beauté de Paris, une beauté menacée selon eux par les innovations proposées.

D'autres Paris

L'esthétique d'une ville n'est pas seulement affaire de périodes et de styles dominants ; elle se nourrit aussi de manifestations temporaires, mais dont le souvenir laisse des traces, d'occasions ratées, d'alternatives tout juste esquissées ou partiellement réalisées. Si les transformations de Paris au XIXe siècle semblent relever d'un processus relativement linéaire conduisant des initiatives pionnières du préfet Rambuteau aux percées haussmanniennes – une évolution marquée par la recherche de la mesure et par une certaine sagesse des formes et des ambiances urbaines –, une série d'autres propositions vont dans le sens d'une ville à la monumentalité beaucoup plus débridée, avec des accents parfois fantastiques, voire oniriques. La verticalité, un hérissement des formes qui n'est pas sans rappeler le gothique caractérisent certaines de ces propositions, comme si le fantôme du vieux Paris cherchait à se réincarner au sein de la ville en réseau qui lui a succédé.

Au cours de la première moitié du XIXe siècle, tandis que commençait à se dessiner la perspective d'une transformation globale de la capitale, les penseurs utopistes avaient imaginé un nouveau Paris assez différent de celui qui naîtra au cours du Second Empire, même s'il l'annonçait par certains aspects. Dans un texte publié en 1832 dans *Paris ou le Livre des cent-et-un* – une entreprise destinée à soutenir l'un des principaux éditeurs de la génération romantique –, l'avocat et littérateur saint-simonien Charles Duveyrier évoquait par exemple une ville aux tracés sinueux, animée par des monuments fantastiques comme un « temple-femme », sanctuaire en forme de figure féminine colossale, destiné à rem-

---

28 Jean-Louis Cohen et André Lortie, *Des fortifs au périf : Paris, les seuils de la ville* [cat. expo., Pavillon de l'Arsenal, janvier-mai 1992], Paris : Pavillon de l'Arsenal/Picard, 1992.

placer Notre-Dame[29]. Des désirs de monuments hors du commun continuent à hanter par la suite l'imaginaire parisien. Songeons aux projets d'Hector Horeau, avec leurs verrières gigantesques et leur statuaire aux dimensions dignes de l'ancienne Égypte[30]. Une ville alternative s'esquisse de projet en projet ; elle s'incarne de manière temporaire à l'occasion des Expositions universelles dont les palais et pavillons s'émancipent de plus en plus nettement, au cours de la seconde moitié du siècle, des codes qui régissent les constructions ordinaires de la capitale. L'Exposition de 1900 marque, de ce point de vue, une sorte de paroxysme de ces Paris tantôt rêvés tantôt fugitivement entrevus, peuplés d'édifices étranges et somptueux, qui constituent une sorte d'envers ou de refoulé de la ville réelle.

Ces villes alternatives ont en commun d'associer étroitement technologies de pointe et monumentalité sans entrave. Peut-être convient-il de replacer la tour Eiffel et la polémique qu'elle suscite lors de sa construction dans un tel contexte. La virulence de la protestation des artistes publiée en février 1887 dans le journal *Le Temps*, qui fustige cette tour « vertigineusement ridicule, dominant Paris, ainsi qu'une gigantesque et noire cheminée d'usine », avant de la qualifier de « rêve stupéfiant », s'explique peut-être par cet enracinement de l'entreprise d'Eiffel au sein d'une généalogie de projets alternatifs, auxquels ses dimensions colossales semblent prêter tout à coup crédibilité[31].

Boulevard à deux niveaux de circulation, Louis Bonnier, architecte, 1913.
© Fonds Louis Bonnier. SIAF / Cité de l'architecture et du patrimoine / Archives d'architecture contemporaine

La tour Eiffel, qui aurait dû être démontée au terme de l'Exposition de 1889, continue à se dresser au-dessus des monuments parisiens, témoignant de la persistance de ces capitales parallèles qui donnent à la ville réelle un relief inattendu. Le règlement de 1902 qui augmente le gabarit des immeubles et tente surtout d'en libérer les formes, en autorisant plus de mouvement et de fantaisie dans les façades et les combles, peut apparaître rétrospectivement comme une autre manifestation de cette recherche d'une esthétique différente, à la fois plus technologique et plus libre, dans laquelle le plan en deux dimensions, encore dominant dans l'haussmannisation, céderait la place à un urbanisme véritablement tridimensionnel. De manière révélatrice, la mise en application de ce règlement s'accompagne d'une nouvelle salve polémique concernant l'enlaidissement de Paris, auquel il conduirait irrémédiablement. Auteur d'un ouvrage sur la beauté de Paris et la loi, le juriste Charles Lortsch évoque ainsi « le submergement de Paris [...] sous les laideurs[32] ». Aux côtés de la perspective d'un boulevard à deux niveaux de circulation dans Paris, dessinée par Louis Bonnier, la fameuse coupe sur la rue du futur qui accompagne les développements d'Eugène Hénard sur les villes de l'avenir constitue l'une des illustrations les plus saisissantes du désir d'animer Paris,

---

29 Charles Duveyrier, « La Ville nouvelle ou le Paris des saint-simoniens ». Dans *Paris ou le Livre des cent-et-un*, Paris : Ladvocat, 1832, t. VIII, p. 251-275. J'ai analysé ce texte en détail dans Antoine Picon, *Les Saint-simoniens : raison, imaginaire et utopie*, Paris : Belin, 2002. Voir également Nicholas Papayanis, *Planning Paris Before Haussmann*, Baltimore-Londres : The Johns Hopkins University Press, 2004.

30 Françoise Boudon et François Loyer (dir.), *Hector Horeau 1801-1872* [cat. expo., musée des Arts décoratifs de Paris, 27 avril-10 juillet 1979], Paris : Centre d'études et de recherches architecturales, 1979.

31 Charles Garnier, Charles Gounod, Ernest Meissonier, Victorien Sardou et al., « Les artistes contre la tour Eiffel », *Le Temps*, 14 février 1887. Voir, par exemple, à propos de cette polémique, Caroline Mathieu (dir.), *Gustave Eiffel : le magicien du fer* [cat. expo., Hôtel de Ville de Paris, 7 mai-29 août 2009], Paris : Skira-Flammarion, 2009.

32 Charles Lortsch, *La Beauté de Paris et la loi*, Paris : Recueil Sirey, 1913, p. 14. Deux ans auparavant, un autre juriste, Charles Magny, également critique, quoique de manière plus modérée, à l'égard du règlement de 1902, avait fait paraître *La Beauté de Paris : conservation des aspects esthétiques*, Paris : Bernard Tignol, 1911.

auquel renvoie ce règlement contesté[33]. Le sol artificiel, les verrières, les tours et les aéroplanes d'Hénard font songer aux descriptions des romanciers d'anticipation français de l'époque, si ce n'est que ces derniers, à l'instar de Gustave Lerouge, commencent à lorgner vers New York ou Chicago lorsqu'ils cherchent à rendre plausibles les machines et les édifices merveilleux qu'ils évoquent dans leurs écrits[34].

Les « batailles de Paris » au XXe siècle

En 1991, 3 ans après la mort de l'historien et critique d'art André Fermigier, les chroniques qu'il avait tenues dans *Le Nouvel Observateur* puis dans *Le Monde* à propos des transformations de la capitale, du réaménagement des Halles à celui du Louvre, sont réunies dans un volume intitulé *La Bataille de Paris*[35]. Au cours du XXe siècle, au fil de propositions plus ou moins brutales et de réalisations de qualité très variable, Paris aura connu beaucoup d'autres batailles opposant les partisans d'une ville modernisée et les défenseurs d'une identité et d'un patrimoine selon eux menacés. Elles prennent un tour plus âpre au cours des Trente Glorieuses, lorsque s'engage un processus de modernisation accéléré d'une ville restée pour l'essentiel ce qu'elle était à la veille de la Première Guerre mondiale. En 1972, dans un autre ouvrage au titre guerrier, *La Conquête de Paris*, Marcel Cornu avait fait le procès de la mainmise des puissances d'argent sur la capitale et de la destruction de son patrimoine, qui caractérisait à ses yeux l'urbanisme gaullo-pompidolien[36]. Pendant qu'il écrivait, les premiers pavillons des Halles avaient été démolis, tandis que se déclenchait une polémique sur l'avenir du quartier qui s'est prolongée jusqu'à aujourd'hui[37]. La liste des mises en accusation et des conflits est longue. Elle comprend aussi bien de grandes opérations intra-muros comme le Front de Seine et Maine-Montparnasse, que de nouveaux quartiers extérieurs à la ville historique comme La Défense, dont les tours visibles depuis la perspective historique des Champs-Élysées font scandale à l'été 1972 et justifient l'interdiction des constructions de très grande hauteur à Paris, promulguée par Valéry Giscard d'Estaing à sa prise de fonction – interdiction sur laquelle on peine à revenir aujourd'hui, ainsi qu'en témoignent les débats sur la tour Triangle. Cette liste concerne à la fois des infrastructures comme les voies sur berge et des bâtiments phares, du Centre Pompidou – qui se voit reprocher en particulier son caractère industriel et la vulgarité de ses couleurs, comme la tour Eiffel avant lui – à la pyramide du Louvre – qu'on accuse de défigurer Paris.

À chaque fois, ou presque, c'est de la physionomie de la ville léguée par Haussmann et ses successeurs immédiats dont il s'agit au fond. Comme

Les pavillons détruits à l'emplacement des anciennes halles, le 4 septembre 1971.
© AGIP / Bridgeman Images

---

33 Eugène Hénard, « Les villes de l'avenir (The Cities of the Future) ». Dans *Town Planning Conference, London, 10-15 October 1910: transactions*, Londres : The Royal Institute of British Architects, 1911, p. 345-367. Sur les conceptions urbanistiques de Hénard, voir Jean-Louis Cohen, « Hénard, visions d'avenir et regard historique », introduction à Eugène Hénard, *Études sur l'architecture et les transformations de Paris & autres écrits sur l'architecture et l'urbanisme [1903-1909]*, éd. Jean-Louis Cohen, Paris : Éditions de la Villette, 2012, p. 7-46.

34 Sur la montée en puissance de l'imaginaire nord-américain, voir Jean-Louis Cohen, *Scènes de la vie future : l'architecture européenne et la tentation de l'Amérique, 1893-1960*, Paris : Flammarion/Montréal : Centre canadien d'architecture, 1995.

35 André Fermigier, *La Bataille de Paris. Des Halles à la Pyramide : chroniques d'urbanisme*, Paris : Gallimard, 1991.

36 Marcel Cornu, *La Conquête de Paris*, Paris : Mercure de France, 1972.

37 Françoise Fromonot, *La Comédie des Halles : intrigue et mise en scène*, Paris : La Fabrique, 2019.

le note Cornu, « en vérité, ce n'est pas Paris seulement qui demeure haussmannisé. […] Nous aussi, les Parisiens, en nos penchants et nos inclinaisons esthétiques, nous restons sous l'ascendant de l'haussmannisme. Il nous a conditionnés. Nous en sommes imprégnés. Le Paris remodelé sous le Second Empire a été notre école primaire d'urbanisme[38] ». C'est cette adhésion implicite qu'avait tenté de rompre Le Corbusier avec son plan Voisin de 1925 et la série de ses projets pour Paris, qui tous déclinent une intuition fondamentale : restructurer radicalement le centre de la ville au moyen d'immeubles en contact direct avec des jardins, en même temps qu'en dialogue avec le paysage des collines environnantes[39]. Haussmann demeure toutefois présent, puisqu'il s'agit d'égaler le caractère refondateur de son œuvre[40]. Destinés à choquer au moins autant qu'à susciter la réflexion et s'assurer des commandes, ces projets remplissent à coup sûr le premier de ces objectifs. Après avoir laissé pantois les contemporains, le plan Voisin demeure jusqu'à aujourd'hui un emblème facilitant le rassemblement de tous les critiques de la modernisation des villes, de Paris en particulier.

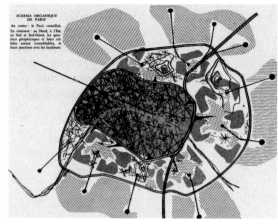

« Schéma organique de Paris », dans *Problèmes de Paris. Contribution aux travaux du conseil municipal : esquisse d'un plan directeur et d'un programme d'action*, Bernard Lafay, 1954.

Il est toutefois frappant de constater l'écart qui s'accuse au cours des Trente Glorieuses, entre les propositions d'avant-guerre de Le Corbusier, qui privilégiaient assez systématiquement la rénovation du centre, et celles d'architectes comme Bernard Lafay ou Henri Bernard, qui respectent surtout les quartiers les plus anciens de la capitale – qualifiés de « Paris cristallisé » par Lafay –, dont le Marais et le faubourg Saint-Germain, pour concentrer l'essentiel des destructions qu'ils envisagent dans les arrondissements périphériques[41]. De fait, si l'on excepte le réaménagement des Halles, la modernisation parisienne entreprise à partir des Trente Glorieuses concernera surtout les arrondissements à deux chiffres. Révélé par les travaux de l'historien François Loyer pour l'Atelier parisien d'urbanisme et par les travaux cartographiques qui le prolongent, ce renouvellement profond du bâti ordinaire fait pourtant couler beaucoup moins d'encre que des opérations plus ponctuelles comme le Centre Pompidou ou la pyramide du Louvre, même si ses conséquences sociales, analysées très tôt par des chercheurs comme Henri Coing, sont incomparablement plus durables[42]. Avec ce renouvellement s'amorce en effet un processus de gentrification généralisée, dont on achève aujourd'hui de mesurer les effets. C'est le « droit à la ville » cher à Henri Lefebvre qui se trouve en réalité ébranlé, même si la modernisation des arrondissements périphériques permettra au Paris intra-muros de conserver une population plus importante que le centre de Londres.

En même temps que Paris voit s'accentuer l'écart social avec ses banlieues, il se peuple de constructions dont l'esthétique rappelle les grands ensembles ou, un peu plus tard, le brutalisme mégastructurel du début des villes nouvelles. Mais ces aménagements dont on déplore généralement l'esthétique sont encore une fois rendus acceptables, pour les défenseurs du patrimoine, par leur éloignement de l'hypercentre historique et des beaux quartiers parisiens.

38 Marcel Cornu, *La Conquête de Paris*, op. cit., p. 34

39 Sur la dimension paysagère du plan Voisin, voir Jean-Louis Cohen, « Paris: A Mythical and Political Landscape ». Dans Jean-Louis Cohen (dir.), *Le Corbusier: An Atlas of Modern Landscapes* [cat. expo., MoMA, 15 juin-23 septembre 2013], New York : The Museum of Modern Art, 2013, p. 250-255.

40 Barry Bergdoll, « Paris: Le Corbusier and the Nineteenth-Century City ». Dans *ibid.*, p. 246-249.

41 Bernard Lafay, « Schéma organique de Paris ». Dans *Problèmes de Paris. Contribution aux travaux du Conseil municipal : esquisse d'un plan directeur et d'un programme d'action*, 1954 ; Henri Bernard, *Paris majuscule*, 1967. Voir, sur ces projets, Antoine Picon et Jean-Paul Robert, *Le Dessus des cartes : un atlas parisien* [cat. expo., Pavillon de l'Arsenal, juin-octobre 1999], Paris : Pavillon de l'Arsenal/Picard, 1999.

Certes, des luttes locales opposent partisans et adversaires des rénovations, mais elles peinent à obtenir une audience nationale. Incapable de s'émanciper de la tutelle symbolique d'Haussmann, la modernisation de Paris se déroule en définitive dans un curieux mélange d'accélérations et de coups d'arrêt, de grandes opérations abandonnées à mi-chemin et de transformations plus ponctuelles, mais aussi beaucoup plus nombreuses, qui ont continué jusqu'à aujourd'hui.

Verdissement de Paris et beauté du Grand Paris

Tout au long de l'histoire que nous venons d'évoquer à grands traits, les débats esthétiques se sont révélés indissociables des grandes orientations urbaines qui se dessinaient. Comment ne pas penser du même coup que la place accordée à la nature puisse conduire à approcher différemment la question de la beauté de Paris, en dépassant peut-être, qui sait, l'héritage d'Haussmann ? Encore faut-il parvenir à se dégager de la séduction d'images faciles. Les balcons et les terrasses plantées d'arbres, les toits verts et la multiplication des potagers urbains sur les rendus architecturaux et urbanistiques ne constituent pas forcément des réponses réalistes, pas plus que la multiplication de forêts urbaines souvent discutables. La nature en ville n'est jamais loin de l'infrastructure qui lui permet de survivre ; elle réclame un personnel qualifié et des soins constants. Peut-être conviendrait-il de repartir justement de cette parenté avec l'infrastructure, qui prend aujourd'hui un tour radicalement différent de l'assimilation des plantations à un réseau qui avait guidé Alphand et ses collaborateurs. Les corridors de biodiversité suggèrent par exemple de nouvelles pistes, sans que cela entraîne de négliger le riche patrimoine des parcs et jardins existants, de couvrir d'arbres des places historiques qui n'avaient pas été conçues pour cela, ou de multiplier les aménagements hâtifs prétendument participatifs[43]. Quoi qu'il en soit, à l'instar du projet de plantation de la Concorde qui a suscité de vives réactions, la redéfinition de la place de la nature dans Paris constitue, assurément, un enjeu esthétique majeur.

Si elle possède un caractère beaucoup moins polémique, la perspective du Grand Paris devrait également conduire à renouveler l'esthétique parisienne, ne serait-ce qu'à cause du changement d'échelle qu'elle induit. L'aménagement de grands axes au sortir de Paris ou la réalisation de « signaux » à l'échelle métropolitaine – tour de grande hauteur à La Défense ou flèche reconstruite de la basilique Saint-Denis – ne répondent pas vraiment à la question. Les nouvelles gares du Grand Paris Express et les quartiers composés avec soin qu'on cherche à leur adjoindre ne suffiront pas plus. Une poétique du Grand Paris, de sa diversité et de ses dissonances, devient de plus en plus nécessaire. Elle est sans doute en train de naître, sans qu'on y prête toujours attention. Il reste à savoir quel rôle donner à la ville intra-muros au sein du nouveau concert qui se prépare.

Antoine Picon
Directeur de recherche à l'École des Ponts Paris Tech, professeur à la Harvard Graduate School of Design

---

42 François Loyer, *Paris XIXe siècle : l'immeuble et l'espace urbain*, Paris : Atelier parisien d'urbanisme, 1981 ; Henri Coing, *Rénovation urbaine et changement social : l'îlot n° 4 (Paris 13e)*, Paris : Les Éditions ouvrières, 1966.

43 Philippe Clergeau (dir.), *Urbanisme et biodiversité : vers un paysage vivant structurant le projet urbain*, Rennes : Apogée, 2020.

Permanence de l'embellis

Pierre Caye

On ne peut qu'être frappé du grand retour de l'embellissement et de l'ornement dans le discours architectural et urbanistique contemporain[1], thèmes qui appartiennent originairement au monde de l'architecture humaniste et classique. Cela ne signifie évidemment pas un retour à ce type d'architecture bien caractéristique, ni même à sa façon de concevoir le projet. La référence aux catégories de l'esthétique architecturale classique n'est cependant ni anodine ni gratuite ; elle est le symptôme d'une convergence des situations et des questions sur lesquelles il importe de s'arrêter.

Les cinq caractères de l'embellissement urbain

L'embellissement s'inscrit au cœur du fonctionnement économique de l'Ancien Régime. Cette économie poursuit un développement sans croissance. Des grandes pestes de la fin du Moyen Âge jusqu'à la mort de Louis XIV (1715), l'Europe a connu une stagnation économique, secouée de crises intermittentes, parfois violentes, qui ne l'a pas empêchée de s'équiper, de bâtir, d'instituer – politique que le XVIIIe siècle systématisa grâce au frémissement de sa croissance, néanmoins infime au regard de nos critères. Il s'agit à chaque fois de transformer une pauvreté matérielle en richesse symbolique, statutaire, artistique. C'est la signification profonde de ce que l'on appelle, dans l'histoire européenne, la « Renaissance », qui se prolongea bien au-delà des XVe et XVIe siècles. De cette transformation, la ville est assurément l'opérateur privilégié : elle est le lieu qui concentre le produit de l'impôt et de la rente foncière pour engager une économie fondée sur l'artisanat et la construction, ainsi que sur leurs savoir-faire de plus en plus raffinés[2]. L'embellissement n'est rien d'autre que l'expression de ce type de transformation, qui vise à modifier le réel à moindres frais, en tenant compte des innombrables contraintes, financières et juridiques, qui brident l'action. L'embellissement n'a rien de démiurgique : il intervient sur l'existant, à la marge, par petites touches. Il consiste moins à transformer le réel qu'à en reprendre les contours et à les redessiner, au point que la technique relève au premier chef du *disegno*. On parle, pour qualifier l'urbanisme d'Ancien Régime, d'« urbanisme frôleur[3] » qui, à quelques exceptions près, s'épargne les grands travaux et préfère s'appuyer, pour faire œuvre, sur la convergence des innombrables initiatives, privées aussi bien que publiques, qu'organise sa réglementation. Percier et Fontaine, les architectes de l'Empire napoléonien, dans une période plus tardive et ambitieuse pourtant, verront qualifier certaines de leurs interventions de « rapetassement[4] ». En un sens, la ville européenne contemporaine se prête encore mieux à l'embellissement : plus équipée, plus dense, plus patrimonialisée, elle appelle naturellement la restauration et la réhabilitation, par la place qu'elle

---

1. Antoine Picon, *L'Ornement architectural : entre subjectivité et politique*, Lausanne : Presses polytechniques et universitaires romandes, 2017.
2. Gabriel Martinez-Gros, *Brève histoire des Empires : comment ils surgissent, comment ils s'effondrent*, Paris : Seuil, 2014.
3. Emmanuel Le Roy Ladurie (dir.), *Histoire de la France urbaine. La ville classique : de la Renaissance aux Révolutions*, Paris : Seuil, 1981, t. III, p. 439.
4. Pétrus Borel, *L'Obélisque de Louqsor*, Paris : Les Marchands de nouveautés, 1836, p. 5.

accorde à l'existant ; elle doit, elle aussi, faire face à de fortes contraintes financières qu'entraîne son endettement, tout en organisant la collaboration d'un nombre grandissant d'acteurs destinés à partager les mêmes valeurs et critères dans leurs interventions – ce qui correspond précisément aux fonctions de l'embellissement considéré comme une modalité spécifique de l'aménagement.

Le rapetassement chez Percier et Fontaine : installation de la grille devant la colonnade du Louvre, *Journal (Tome II)*, Charles Percier et Pierre Fontaine, architectes, 13 mars 1826.

L'embellissement surgit en même temps que la ville se fonctionnalise. Il est étroitement lié au devenir-machine de celle-ci : hier, il accompagnait les tracés régulateurs et les zonages censés favoriser la circulation et l'hygiène ; aujourd'hui, le thème de l'embellissement revient alors que se développe l'application de l'intelligence artificielle à la gestion urbaine, sous le terme de « *smart city* ». Ainsi, l'embellissement est toujours lié à une modernité, qui n'est elle-même moderne que par son intelligence des fonctions et des besoins que celles-ci remplissent : il est donc bien la beauté de la fonction. L'expression est cependant trompeuse, car elle n'a rien de fonctionnaliste. Dans l'embellissement, ce n'est pas la fonction qui fait la forme, et l'ornement ne vise pas nécessairement à magnifier la structure et la logique de son fonctionnement. Le rapport se renverse, car les beautés propres à l'embellissement prétendent elles-mêmes contribuer à la fonction. Ce qui est beau en soi fonctionne mieux, parce que la beauté favorise à la fois l'appropriation de la fonction par la société et la dignification de l'être humain à travers l'accomplissement de ses tâches. Dans la triade vitruvienne *Firmitas, Utilitas, Venustas*, aucun des termes ne domine l'autre, mais tous s'entretiennent et se confortent. La triade souligne l'étroite imbrication de l'esthétique, du pratique et de la durée dans un rapport entièrement bijectif, où la beauté n'est pas seulement l'effet de la fonction, mais contribue à son efficacité et à sa durabilité même. Il n'y a pas un si grand saut entre Palladio qui fait de son ordonnance de prédilection, l'ionique eustyle, l'expression du plus parfait équilibre entre solidité, utilité et beauté, et William J. Hopkins (professeur de physique au Drexel Institute of Art, Science and Industry à Philadelphie) qui, dans son ouvrage sur les lignes téléphoniques[5], en pleine révolution industrielle, souligne combien la beauté du nouveau paysage américain, déployant la résille de son réseau téléphonique, participe à l'élan technologique du pays[6]. C'est comme si la fonction se dédoublait en une fonction première, simple et purement utilitaire, et une fonction seconde, à la fois embellie et embellissante, qui magnifie la première pour l'arracher à son déterminisme et à son machinisme. Dans la situation contemporaine où, sous l'effet de l'intelligence artificielle, les fonctions se virtualisent et s'invisibilisent, il importe plus encore de procéder à leur dédoublement qui non seulement les ennoblit, mais qui, plus essentiellement, les rend visibles et donc plus humaines et moins mystifiantes. Cette opération de dédoublement de la fonction est très ancienne et fait partie des opérations fondamentales de la morale antique. Dans le *De officiis*[7], Cicéron distingue ainsi l'*utile* de l'*honestum*, soit ce qui est proprement utile de ce qui est digne et contribue à l'ennoblissement de l'être humain. Le premier théoricien de l'architecture à parler proprement d'embellissement, bien avant Voltaire, fut Leon Battista

---

5 William J. Hopkins, *Telephone Lines and Their Properties*, New York : Longmans, Green and Co., 1893.

6 Voir sur ce point Carlotta Darò, *Paysages de lignes. Les infrastructures de la télécommunication, architecture, territoire*, HDR, université Paris-Est, 2020, p. 71.

7 C'est-à-dire *Des fonctions*, mieux encore que *Des devoirs*, comme on le traduit habituellement. Dans le fameux traité d'agronomie de Caton le Censeur (234 av. J.-C. – 149 av. J.-C.), le *De agricultura*, bien antérieur au *De officiis* de Cicéron, les *officia* correspondent aux tâches concrètes et matérielles de l'agriculteur.

Alberti[8] dans son traité de *L'Art d'édifier* : il utilise à cette fin le verbe *honestare*, qui signifie à la fois embellir et ennoblir, et conjoint ainsi très étroitement la beauté et la dignité – la beauté de la dignité, la dignité de la beauté. L'utilitarisme antique dont fait preuve le *De officiis* pressent ce que les utilitarismes postérieurs négligeront dans leur aveuglement : que nos choix, même et surtout les plus égoïstes, témoignent le plus souvent de notre ignorance de ce que sont vraiment notre utilité et notre intérêt. Seule la beauté de l'action et de ses conditions permet de juger de la validité de leur utilité. L'embellissement se met alors au service de ce que j'ose appeler un utilitarisme ou un fonctionnalisme critique.

On a longtemps embelli en traçant des percées, en élargissant des rues, en aménageant des promenades, en ouvrant des jardins au public. Il importait ici de multiplier les perspectives comme autant d'incitations au parcours et à la promenade, de façon qu'un lieu en appelle un autre. Embellir, aujourd'hui comme hier, consiste ainsi à dilater l'espace. Dilater l'espace ne signifie pas l'étendre sans mesure, ni dissoudre la ville dans d'infinies banlieues pavillonnaires, au prix d'une artificialisation et d'un gaspillage déraisonnables des sols. Tout au contraire, il s'agit de créer, dans la densité même du tissu urbain, de l'espacement et du rythme, qui viennent enrichir les parcours et procurer de ce fait l'impression que, pour une même surface donnée, l'espace est plus vaste, plus libre et plus généreux. Paris est l'une des villes les plus denses de l'OCDE, précisément parce qu'elle n'a cessé de s'embellir, et par là même de rendre soutenable la densité. Dilater la ville revient ainsi à susciter un sentiment d'aisance, de liberté et de grandeur, tout en consommant un minimum d'espace et en surmontant maintes contraintes ; ou encore, à ménager des lieux susceptibles d'espacer le plein des interactions physiques et sociales qui tramant la vie urbaine, pour que la vie singulière de chacun puisse trouver son rythme et sa respiration propres. Dilater l'espace permet de desserrer l'étreinte de la machine fonctionnelle dont la ville est certes l'instrument, mais aussi, une fois embellie, le remède. À ce titre, la dilatation est la condition même de l'embellissement, l'expression en tout cas de sa réussite, l'opérateur privilégié de ce fonctionnalisme critique que nous venons d'évoquer : elle offre la possibilité de détendre la machine et d'en modérer le fonctionnement, sans pour autant en suspendre la marche.

À travers l'aménagement des places, le tracé des rues, l'ouverture des jardins, le développement des « jeux publics » et des théâtres, l'embellissement finit par créer un espace public. C'est aussi ce qui résulte de la dilatation : passer des espaces clos de la vie privée aux espaces ouverts de la vie publique. L'embellissement, au siècle des Lumières, revêt une dimension politique forte au service de la définition de la citoyenneté. La ville devient la chose publique : au sens propre, la « république ». Cette dimension est particulièrement présente chez Voltaire, l'auteur des *Embellissements de Paris* (1749). L'œuvre de Voltaire, et tout particulièrement la place considérable qu'elle accorde à l'architecture et à l'urbanisme, ne sont pas sans ambiguïté du point de vue politique, une ambiguïté propre à toute opération d'embellissement urbain. Il existe sans aucun doute un Voltaire conservateur, qui fait de l'embellissement un instrument de pouvoir et de communication politique, ce dont témoigne *Le Siècle de Louis XIV* (1751). Ici, l'embellissement de la ville consiste d'abord à instituer symboliquement l'autorité, et à la traduire dans la pierre, afin « de dégager de la ville confuse les signes de l'ordre et de l'harmonie qu'assure le pouvoir et sur lesquels repose la société[9] ». Le pouvoir se sert des opérations d'embellissement

---

8 Leon Battista Alberti, *L'architettura* [*De re aedificatoria*, 1485], VII, 1 et VII, 13, éd. Giovanni Orlandi et Paolo Portoghesi, Milan : Il Polifilo, 1966, p. 533, p. 629 ; trad. fr. *L'Art d'édifier*, éd. Pierre Caye et Françoise Choay, Paris : Seuil, 2004, p. 319, p. 359.

9 Sylvain Menant, « L'embellissement des villes selon Voltaire », *Revue Voltaire*, Presses universitaires Paris-Sorbonne, 2012, n° 12, p. 215.

pour focaliser le regard sur les lieux où il s'exerce et se montre, manifestant ainsi sa maîtrise sur l'espace et les choses, sur le bâti et le paysage et, par conséquent, sur la population. Les *Embellissements de Paris* donnent cependant une tout autre interprétation de la dimension politique de l'aménagement urbain. C'est aux citadins eux-mêmes, comme les y encourage Voltaire – et c'est même ici l'essentiel de son message – de prendre en main l'embellissement de leur ville, qui relève au premier chef de leur responsabilité. L'embellissement, loin de servir la cause de tel ou tel pouvoir, concourt alors à la liberté et la citoyenneté. Il est l'expression de la vie urbaine et de son allant, mais aussi l'instrument de son attractivité. Le court texte de Voltaire annonce prophétiquement l'affirmation d'une vie qui vaut plus que le pouvoir, la substitution de la ville au roi, à partir du moment – et la précision est d'importance – où celle-ci s'institue dans la beauté et dans la dignité de son cadre de vie. Nous retrouvons à nouveau la leçon cicéronienne du *De officiis*.

Il est enfin un dernier point qui caractérise l'embellissement. Celui-ci se dit, en anglais, « *beautification* », à savoir la fabrique du beau. Le beau se fabrique au même titre que les objets qu'il embellit. Davantage, l'objet ici n'est réellement produit qu'autant que sa beauté est fabriquée. L'idée est déroutante : pour le philosophe, le spécialiste d'esthétique, la beauté ne se fabrique pas ; elle surgit du travail de la matière par le symbolique dont elle exprime la réussite ; elle est, en tant que telle, à chaque fois différente et, par conséquent, imprédictible. Or, ce type de beauté reste inaccessible par l'embellissement, où la beauté se révèle une pure affaire de techniques et de recettes, de calculs et de procédure, de standards et de *patterns*, au risque de devenir indifférente à la perception esthétique et de se fondre dans le paysage. Le caractère fabriqué et normé de l'embellissement explique la facilité avec laquelle celui-ci s'est mis au service du système productif, sous la forme des arts décoratifs ou du design, jusqu'à devenir partie prenante de la production. L'usage pratique se substitue alors à l'expérience proprement esthétique. On comprend mieux le succès considérable, du XVe jusqu'au début du XXe siècle, du *De architectura* de Vitruve, qui sut proposer une palette cohérente et complète d'outils à la fois de conception et de réalisation, capables de fabriquer du beau dans toutes les circonstances, bien au-delà du seul art d'édifier. Le vitruvianisme n'est pas simplement un style artistique *all'antica* aisément reconnaissable, mais plus fondamentalement un paradigme : un paradigme de la beauté, celle qui se fabrique, mais aussi un paradigme de la production, celle qui produit de la beauté et de la dignité, et qui ne produit des objets que pour rendre celles-là manifestes et disponibles. Le système productif s'en trouve radicalement changé. L'embellissement n'est plus simplement une critique de la fonction ; il devient aussi une critique de la production.

Le système productif contemporain use plus que jamais de *beautification* pour se diffuser et se légitimer. Toutefois, l'on est en droit de se demander s'il existe un nouveau paradigme susceptible de renouveler les principes de la fabrication de la beauté, c'est-à-dire un art non seulement capable de fabriquer de la beauté, mais mieux encore, de contribuer, au moyen de cette singulière création, à la transformation du système productif. Le vitruvianisme est certes usé et a entièrement perdu le pouvoir d'action et de transformation qu'il exerçait auparavant ; mais ce qui tend à le remplacer en matière d'embellissement peine à assumer son rôle, en particulier son rôle critique. La *beautification* fabrique de la beauté au service de la diffusion des produits et de leur consommation, et non pas des objets au service de la beauté et de la dignité qu'elle procure à nos usages. Nous sommes dans un entre-deux qui explique les difficultés que rencontre l'embellissement à s'imposer à nouveau comme une catégorie artistique opératoire.

La place de l'ornement

Entrée Tolentini de l'université d'architecture IUAV, Venise (Italie), Carlo Scarpa, architecte, réalisée après sa mort par Sergio Los, architecte, 1985.
© Jean-Pierre Dalbéra, 2016

Détail de l'entrée Tolentini.
© Richard Bryant / Arcaid Images / Alamy Banque d'images

L'ornement est l'instrument privilégié de l'embellissement, en tant qu'il correspond étroitement aux cinq caractères fondamentaux que nous venons de passer en revue pour définir celui-ci. L'ornement exprime d'abord, mieux que tout autre mode de procéder, le caractère frôleur et non démiurgique de l'art, capable de transformer le réel par des moyens minimalistes. Il met en exergue les détails dont la multiplication judicieuse finit par faire un tout. Au moyen de l'ornement, il s'agit non pas de détruire, mais de lier, pour faire de l'existant une sphère – ce que Pierre Patte appelle « l'embellissement total[10] ». La grâce, sinon la gratuité de l'ornement marque aussi le renversement du fonctionnalisme, où la beauté contribue à la fonction autant que la fonction à la beauté. L'ornement sert encore à arrêter le regard, à souligner les perspectives frontales, à jalonner la promenade architecturale et, ce faisant, espacer la ville et à en dilater la perception. L'ornement propose, en outre, une beauté accessible à tous, sans prérequis culturels ou sociaux, et qui se présente sous des formes propices à sa diffusion. Car l'ornement est un paradigme universel de l'art, sans doute le plus universel dans l'histoire générale de l'art. De tout temps, aujourd'hui comme aux origines, dans tous les peuples, en Orient comme en Occident, il y eut et il y a encore de l'ornement. Si nous assistons bien à son retour, c'est qu'il est, pour toutes ces raisons, un art conforme à notre temps, celui de la mondialisation. Davantage, il est présent dans tous les arts, en musique comme en architecture, dans les arts décoratifs mais aussi dans les arts religieux et sacrés. Il n'est en réalité aucune activité artistique qui n'en soit exempte. Quelles que soient les différences évidentes entre les diverses conceptions et modèles ornementaux propres à chaque situation fonctionnelle, artistique, historique ou géographique, les invariants qui en relient et en rapprochent les différentes manifestations retiennent nécessairement l'attention. C'est que l'ornement revêt aussi – c'est là la source de son universalité – une forte dimension anthropologique, accompagnant les processus d'hominisation, et contribuant à la confection de notre enveloppe protectrice face à l'extériorité.

---

10 Pierre Patte, *Monumens érigés en France à la gloire de Louis XV*, Paris : Desaint & Saillant, 1765, p. 221. Voir aussi sur ce point ce qu'écrit Alberti : « Le prix que nos ancêtres, hommes de grande sagesse, avaient cru devoir lui accorder se mesure au soin incroyable qu'ils dépensaient pour que toutes les institutions, et en particulier juridiques, militaires et religieuses, ainsi que l'ensemble de la chose publique fussent parfaitement ornées : ils semblaient avoir voulu ainsi laisser entendre que, privées de l'apparat et de la pompe des ornements, ces institutions sans lesquelles la vie des hommes ne pourrait pratiquement pas exister, seraient réduites à des activités fades et insipides. » (Leon Battista Alberti, *L'architettura*, VI, 2, *op. cit.*, p. 445 ; trad. fr. *L'Art d'édifier*, *op. cit.*, p. 277-278.)

Cité de refuge de l'Armée du salut, Le Corbusier, architecte, 1929.
© FLC / ADAGP, 2021

Enfin, l'ornement est l'art par excellence des procédés et des *patterns* à partir desquels se fabrique la beauté. Toute fabrique de la beauté, toute beauté comme fabrique (et non comme création et surgissement) en passe nécessairement par l'ornement. On évoque un retour de l'ornement qui, depuis une ou deux générations, s'affirme sous les formes les plus diverses ; mais ne nous a-t-il jamais quittés ? Son universalité le lui aurait interdit. Le mouvement moderne a orné, aussi bien que les autres moments de l'histoire de l'art. Qui pourrait nier la présence de l'ornement à Ronchamp, à La Tourette, à Chandigarh et dans bien d'autres réalisations de Le Corbusier ? Comment minimiser sa présence dans une école comme le Bauhaus, qui a influencé les arts décoratifs autant que l'architecture ? Le mouvement moderne s'est contenté de rappeler, avec une rigueur certes incomparable, la vieille querelle, déjà présente dans *L'Art d'édifier* d'Alberti, qui a traversé toute l'histoire de l'architecture classique et de sa doctrine entre, d'une part, l'ornement soigneusement intégré à la structure et mieux encore au projet, pour servir l'harmonie linéaire de l'édifice, et, d'autre part, l'ornement plaqué et appliqué comme un simple fard, sans la moindre règle pour en tempérer l'économie proliférante[11]. Si l'ornement architectural contemporain a perdu sa dimension institutionnelle et politique, comme le lui reproche à juste titre Antoine Picon, c'est, à mon sens, parce que le lien entre l'ornement comme art du détail et l'embellissement comme art du tout s'est distendu, que la fonction lieuse de l'ornement a fini par se défaire, et que celui-ci vise désormais le plus souvent à capter et à dissoudre le sujet dans l'édifice, plutôt qu'à lui permettre de mieux habiter la ville et le monde.

11 *Ibid.*, VI, 2, p. 449 ; trad. fr., p. 279.

Embellissement et développement durable

Il est, dans la triade vitruvienne, un tiers terme qu'il importe de rappeler. J'ai évoqué les rapports dialectiques que noue l'embellissement entre la beauté et la fonction. Il faut y ajouter la solidité, elle-même garante de la durée. L'embellissement a non seulement rapport à l'espace et à sa dilatation, mais aussi au temps et à sa construction.

Dans *L'Art d'édifier*, Alberti distingue deux types de beauté : celle qui repose sur l'usage des matériaux précieux, et celle qui dépend de l'élégance et du raffinement des formes[12]. La distinction est triviale, la conséquence qu'en tire Alberti beaucoup moins. La première beauté suscite la convoitise et, par conséquent, le pillage et la destruction inexorable des édifices qui s'en pare ; la seconde provoque, au contraire, l'admiration, et incite les pillards au respect, au point d'assurer longue vie à l'œuvre d'art. De même, il existe sans doute aujourd'hui deux types d'art urbain. Il y a celui qui vise à renforcer la dimension machinique de la ville, en participant à la vie du marché, aux lois du marketing, à la dépense et à la consommation dans une logique de destruction créatrice ; mais il existe aussi un art d'embellir qui s'efforce, au contraire, de débrayer la machine en créant de la différence et de l'espacement dans l'indifférenciation des flux, des réseaux et des champs d'immanence de notre système productif. Embellir consiste ainsi à introduire de l'altérité dans les grands processus d'uniformisation de la technique contemporaine, ou encore à enrichir notre sens de l'espace et du temps pour mieux nous protéger de la mobilisation totale. C'est à ce titre que l'embellissement devient un instrument indispensable de développement durable.

L'embellissement n'est pas un privilège urbain. Le réserver à la ville seule ne peut qu'accentuer la fracture territoriale. Il est un universel et concerne, à ce titre, l'ensemble de nos habitats et de nos espaces de vie, non seulement la ville, mais aussi la campagne, appelée à former, selon l'expression des vieux Toscans, un *bel paese*. S'il est vrai que la restauration des paysages est un préalable indispensable à la conversion vers une agriculture plus saine et plus durable, de même l'embellissement urbain doit contribuer à la transformation du système productif.

Pierre Caye
Philosophe, directeur de recherche au CNRS

---

12 *Ibid.*, VII, 17, p. 663 ; trad. fr., p. 372.

Paris 1940-1944

Esthétiques de l'Occupation

Jean-Louis Cohen

Dans leur vacuité subite, les rues du Paris de mars 2020 offraient un spectacle qui ne manquait pas d'évoquer les scènes du film de René Clair, *Paris qui dort*. Surtout, il était permis d'y retrouver le souvenir refoulé des premières semaines de l'été 1940, lorsque, désertées par les habitants partis sur les routes de l'exode, les rues de Paris attendaient l'arrivée des blindés allemands. En quelques jours, un nouveau mobilier urbain était alors apparu : jalonnant les voies, des panneaux indicateurs guidaient les troupes perplexes vers les bâtiments réquisitionnés par les forces d'occupation[1]. Drapeaux à croix gammées, guérites de sentinelles et chevaux de frise se multiplièrent, et les murs se couvrirent d'affiches tour à tour enjôleuses, dénonciatrices ou menaçantes[2].

Une ville occupée et suradministrée

Qu'a-t-on retenu du paysage parisien des années sombres ? Précisément son obscurité, avec le black-out nocturne plongeant la Ville Lumière dans d'épaisses ténèbres. La journée, les scènes directement liées à la guerre étaient celles des rues où de rares automobiles à gazogène et des troupeaux de bicyclettes s'aventuraient. Pendant ce temps, des files d'attente s'étiraient autour des magasins – autre anticipation des temps du confinement –, et des détachements de soldats paradaient ou bien se rendaient vers les *Soldatenkinos* réquisitionnés, les cabarets et autres lieux de récréation[3]. Au terme de sa visite éclair d'un Paris vidé, à l'aube du 21 juin 1940, Hitler avait confié à son architecte fétiche Albert Speer, qui l'avait accompagné : « N'est-ce pas que Paris était beau ? Mais Berlin doit devenir beaucoup plus beau ! Je me suis souvent demandé, dans le passé, s'il ne fallait pas détruire Paris. » Et il ajoutait : « Lorsque nous aurons terminé Berlin, Paris ne sera plus que son ombre. Alors pourquoi le détruire[4] ? » Épargné par les bombes, Paris sera investi par les états-majors et les officines des forces d'occupation, et deviendra un lieu de récréation pour les militaires en permission de détente.

Publiées dans les pages de la revue de propagande *Signal*, les photographies en couleur d'André Zucca ont donné des images bénignes et presque joyeuses de la foule se pressant dans les rues durant l'été, entre 1941 et 1944[5]. Au lendemain de la Libération, une fois les restes des barricades déblayés et les privations oubliées, les seules marques de la guerre restent les destructions causées par les bombes alliées, notamment lors du raid du 3 mars 1942 sur les usines Renault, ainsi que les plaques commémoratives rendant hommage aux morts de l'insurrection d'août 1944.

La Rue de Rivoli sous la croix gammée, vers le Louvre, photographie André Zucca, 1941.
© André Zucca / BHVP / Roger-Viollet

---

1 Cécile Desprairies, *Ville Lumière, années noires : les lieux du Paris de la Collaboration*, Paris : Denoël, 2008.
2 Gilles Perrault, *Paris sous l'Occupation*, Paris : Belfond, 1987.
3 Jean Éparvier, *À Paris sous la botte des nazis*, Paris : Raymond Schall, 1944.
4 Adolf Hitler, cité dans Albert Speer, *Au cœur du Troisième Reich*, trad. Michel Brottier, Paris : Fayard, 1971, p. 246-247. Sur cette visite, voir Cédric Gruat, *Hitler à Paris : juin 1940*, Paris : Tirésias, 2010.
5 Jean Baronnet, *Les Parisiens sous l'Occupation : photographies en couleurs d'André Zucca*, Paris : Gallimard/Paris bibliothèques, 2008. Voir l'analyse qu'en fait Daniel Grojnowski, « André Zucca : la photographie en procès », *Critique*, 2009/4, n° 743, p. 323-335.

Pendant les longs mois qui se sont égrenés à partir de juin 1940, alors que les Parisiens faisaient face aux pénuries ou se terraient, et que la police et la Gestapo traquaient les Juifs et les résistants, les services de l'État français se sont préoccupés attentivement de la capitale. Jamais auparavant Paris n'aura fait l'objet d'une si grande attention de la part des administrations ministérielles, dont le champ était d'autant plus libre que la municipalité élue avait été suspendue dès novembre 1940. L'intervention des Allemands sur l'urbanisme parisien restant minimale, voire inexistante, champ libre fut laissé aux préfets, au ministère de l'Intérieur et à la Délégation générale à l'équipement national créée en 1941[6]. Les comités se multiplièrent pour discuter un urbanisme parisien devenu une véritable affaire d'État, éclairant une administration dirigée par des juristes et des ingénieurs. Parallèlement, l'édition et la presse couvrirent largement l'actualité des débats parisiens, parfois plus animés que pourrait le laisser penser l'image convenue d'une France anesthésiée par l'Occupation.

Rue de Belleville, photographie André Zucca, 1944.
© André Zucca / BHVP / Roger-Viollet

À première vue, l'esthétique de Paris n'était pas l'enjeu de ces débats. Elle est pourtant implicitement présente dans les réflexions et les décisions portant sur l'aménagement régional, sur les espaces verts et le paysage, et sur la rénovation urbaine. Dans les salons dorés des ministères et sur les pages des journaux, des dizaines d'experts dessinent les traits de plusieurs Paris possibles – du plus compact au plus étendu, du plus moderne au plus traditionaliste dans sa forme bâtie –, le tout sur fond de politiques brutales d'exclusion et de répression.

L'inacceptable moderne

Le premier Paris ainsi tracé est la ville purgée des excès modernes qu'appellent de leurs vœux publicistes et intellectuels traditionalistes. En introduction au recueil *Destinée de Paris*, qu'il publie en 1943, l'écrivain Bernard Champigneulle s'insurge :

> [...] qui n'a éprouvé un haut-le-cœur en voyant paraître au milieu de façades magnifiques - ou simplement honnêtes - ces maisons bourgeoises ventrues et tarabiscotées, ces prétentieux « *bow-windows* » ou ces énormes baraques de ciment qui seraient mieux à leur place à Chicago. Il suffit parfois de la seule dissonance d'une construction neuve pour faire disparaître l'harmonie et le charme de tout un vieux quartier[7].

---

6 Sur les préfets successifs, voir Pierre Aubert, « Paris et la Seine-et-Oise sous l'occupation allemande », *Administration*, juillet 1989, n° 144.

7 Bernard Champigneulle, « Destinée de Paris ». Dans *id. et al.*, *Destinée de Paris*, Paris : Éditions du Chêne, 1943, p. 8. Sur ce livre et celui de Le Corbusier qui l'a précédé, voir Simon Texier, *Paris contemporain : de Haussmann à nos jours, une capitale à l'ère des métropoles*, Paris : Parigramme, 2005, p. 116-117.

Le bâtiment qui attire toutes les critiques est celui de la nouvelle faculté de médecine, rue des Saints-Pères, conçue par Louis Madeline, Jean Walter et Paul Andrieu. Dans sa contribution au recueil mentionné plus haut, intitulée « Illustration et défense du paysage parisien », Pierre d'Espezel, conservateur au cabinet des médailles de la Bibliothèque nationale et auteur prolixe, voit quant à lui dans le palais de Chaillot « le type même de ce qu'il ne faut pas faire[8] ». Dans l'hebdomadaire *Beaux-arts*, dont il tient la chronique architecturale, il ne se prive pas de publier les images de l'inacceptable, comme celle de la fontaine de Grenelle « écrasée par un "building" en construction[9] ».

Ces auteurs spécialisés dans la chronique des déprédations modernes ne sont pas isolés. Les propos que tenait le docteur Alexis Carrel – devenu régent de la Fondation française pour l'étude des problèmes humains – dans son best-seller de 1936, *L'Homme, cet inconnu*, sont ainsi régulièrement rappelés :

> Le sens de la beauté ne se développe pas de façon spontanée. Il n'existe dans notre conscience qu'à l'état potentiel. À certaines époques, dans certaines circonstances, il reste virtuel. Il peut même disparaître chez les peuples qui autrefois le possédaient à un haut degré. C'est ainsi que la France détruit ses beautés naturelles et méprise les souvenirs de son passé. Les descendants des hommes qui ont conçu et exécuté le monastère du Mont-Saint-Michel ne comprennent plus sa splendeur. Ils acceptent avec joie l'indescriptible laideur des maisons modernes de la Bretagne et de la Normandie, et surtout des environs de Paris. De même que le Mont-Saint-Michel, Paris lui-même et la plupart des villes et villages de France ont été déshonorés par un hideux commercialisme. Comme le sens moral, le sens de la beauté, pendant le cours d'une civilisation, se développe, atteint son apogée, et s'évanouit[10].

La Nouvelle Faculté de médecine, rue des Saints-Pères, Louis Madeline et Jean Walter, architectes, photographie Roger Henrard, 1951.
© Paris Musées, musée Carnavalet, Dist. RMN-Grand Palais / image Ville de Paris

8 Pierre d'Espezel, « Illustration et défense du paysage parisien ». Dans Bernard Champigneulle *et al.*, *Destinée de Paris*, op. cit.
9 Pierre d'Espezel, « La fontaine de Grenelle écrasée par un "building" en construction. Ne fera-t-on rien ? », *Beaux-arts*, 10 octobre 1941, p. 6. Cette image est reproduite à nouveau dans *Beaux-arts*, 20 juillet 1943, p. 7.
10 Alexis Carrel, *L'Homme, cet inconnu*, Paris : Plon, 1936, p. 155-156.

Paris comme paysage

Dans sa critique de la « banale platitude » de l'architecture récente, d'Espezel s'appuie sur une analyse des reliefs du site parisien pour énoncer quelques « préceptes », dont le premier est de « suivre ou retrouver la Nature, qui créa les lignes du paysage ; utiliser les dispositions naturelles du sol comme un élément de variété, d'agrément[11] ». Il est remarquable, à ce propos, de voir le terme de « paysage » apparaître dans le discours des historiens de l'art et des critiques. Le réactionnaire Léandre Vaillat republie ainsi, en 1941, ses *Paysages de Paris* – dont la première édition remonte à 1919 – qu'il parcourt dans leur enchaînement :

> [...] les paysages de Paris se pénètrent les uns les autres ; s'ils forment des images distinctes à chacune desquelles on peut donner une légende, cependant ils se succèdent à la manière de ces vieux plans reliefs. [...] La place de la Concorde fait suite aux Tuileries de même que ce jardin fait suite au Louvre, ainsi que plus loin les Champs-Élysées et l'Arc de l'Étoile se mêlent sans confusion à la Concorde[12].

Les auteurs allemands qui visitent Paris pendant la guerre vantent souvent ce spectacle dans leurs descriptions. Ainsi Gert Buchheit voit-il, « à [sa] surprise, des immeubles groupés s'orienter tout entiers selon des lignes de force, comme sous l'impact d'une aiguille aimantée invisible, jusqu'à ce que se rencontre au centre cette discipline architecturale qui engendre l'atmosphère merveilleuse et unique du paysage urbain de Paris[13] ».

Mieux encore, pour présenter la démarche de son administration, l'urbaniste Jean Royer, haut responsable du Commissariat technique à la reconstruction immobilière, avance en 1943 la notion, nouvelle en France, de « paysage urbain », qu'il préconise d'étudier de préférence en maquette. À l'appui de son propos, il vante longuement la législation allemande qui interdit d'« enlaidir un paysage », donnant en exemple l'« harmonie exceptionnelle » qui règne dans les quartiers anciens de Francfort ou de Cologne[14]. Mais il ne va pas jusqu'à célébrer l'*Entwelschung*, cette politique d'effacement des signes « français » mise en œuvre dans les rues de Strasbourg et Colmar. L'exemple allemand est aussi mentionné à l'occasion de l'exposition « *Die schöne Stadt* » à Düsseldorf, qui montre, aux yeux des rédacteurs du *Moniteur des travaux publics et du bâtiment*, « par de nombreux exemples, à suivre ou à éviter, comment les éléments constructifs hétérogènes pourraient être éliminés de la perspective des rues [...] [et] comment, par le choix des couleurs, la construction pourrait être adaptée à un système d'urbanisme conforme au caractère de la région[15] ». Dans ce même champ sémantique, c'est aussi pendant l'Occupation qu'Urbain Cassan rédige le livre *Hommes, maisons, paysages*, qu'il publie en 1946[16].

Le souci du paysage est associé à la recherche d'un deuxième Paris idéal, celui de la conservation des édifices et des traces historiques.

---

11 Pierre d'Espezel, « Illustration et défense du paysage parisien ». Dans Bernard Champigneulle et al., *Destinée de Paris*, op. cit., p. 134.

12 Léandre Vaillat, *Paysages de Paris*, Paris : Stock, 1941, p. 89-90.

13 Gert Buchheit, « Erlebnis einer Hauptstadt ». Cité dans Wolfgang Geiger, *L'Image de la France dans l'Allemagne nazie : 1933-1945*, Presses universitaires de Rennes, 1999, p. 370.

14 Jean Royer, « L'urbanisme et la reconstruction », *Annales de l'Institut technique du bâtiment et des travaux publics*, 20 avril 1943, n° 74, p. 16.

15 « L'urbanisme et les expositions en Allemagne », *Le Moniteur des travaux publics et du bâtiment*, 23 janvier 1941, p. 5.

16 Urbain Cassan, *Hommes, maisons, paysages : essai sur l'environnement humain*, Paris : Plon, 1946.

La Place Dauphine, photographie Marcel Bovis, dans Bernard Champigneulle, Destinée de Paris, Les Éditions du Chêne, 1943.

La volonté, exprimée par d'Espezel et Royer, de lutter contre l'enlaidissement se conjugue avec les critiques formulées par Georges Pillement dans *Destruction de Paris*. Ce dernier condamne les démolitions abusives engagées au nom d'une sorte d'haussmannisation tardive, « aussi destructive qu'un plan à la Le Corbusier ». Il rencontre le grand organisateur de ces démolitions en la personne de René Mestais, chef des services techniques de topographie et d'urbanisme de la préfecture, qui est, selon lui, « persuadé que toute maison qui a plus de cent ans sue les bactéries par tous ses pores, qu'on y meurt de la tuberculose en raison directe de l'âge d'une maison[17] ». Dans le recueil de Champigneulle, Pillement déplore « la disparition de l'atmosphère qui faisait le charme de Paris et qui subsistait encore dans certains de ses quartiers et nous permettait d'évoquer les épisodes les plus glorieux et les plus sombres, les plus tragiques et les plus heureux de notre histoire[18] ». D'Espezel se joint à lui dans le registre de la dénonciation :

> Quand le malfaiteur public qui a remplacé les arbres de l'île Séguin par des usines ; quand le malfaiteur qui a fait détruire la façade et les espaces libres de Saint-Lazare, seront tirés de l'ombre et nommément désignés. […] Quand ils sauront que leurs actes peuvent leur valoir la prison, ou pire, et en tout cas, une solide confiscation, soyez sûrs qu'ils seront plus attentifs qu'aujourd'hui […] Nommer et punir architectes, fonctionnaires ou propriétaires coupables. […]. Sinon, rien ne se fera d'utile ni de grand[19].

---

17 Georges Pillement, *Destruction de Paris*, Paris : Grasset, 1941, p. 16.
18 Georges Pillement, « Démolitions présentes et futures ». Dans Bernard Champigneulle et al., *Destinée de Paris*, op. cit., p. 92.
19 Pierre d'Espezel, « Un acte d'accusation », *Beaux-arts*, 11 novembre 1941, p. 3.

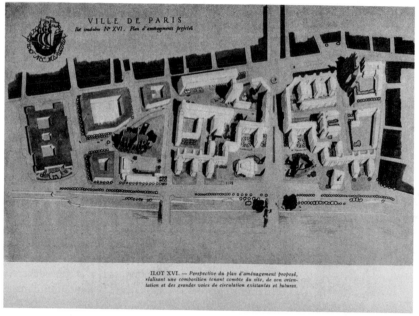

Projet d'aménagement de l'îlot insalubre n° 16, André Hilt et Henri Bodecher, architectes, 1940, dans *L'Architecture française*, n° 2, 1940.

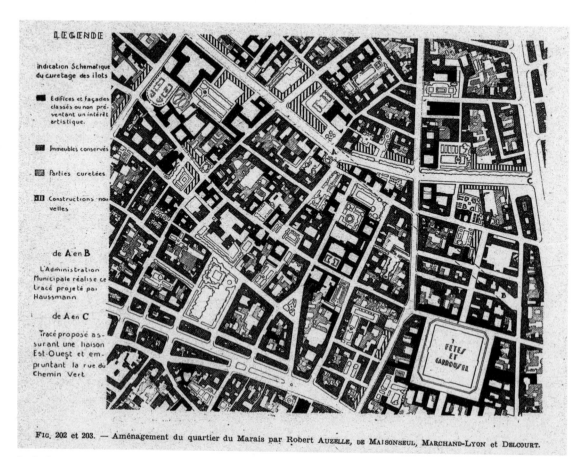

Plan d'aménagement du Marais, Robert Auzelle, Jean de Maisonseul et al., vers 1940, dans Gaston Bardet, *Pierre sur pierre*, Éditions L.C.B., 1946.

Assainissement et conservation

Cette volonté d'une sauvegarde partielle des tissus existants est partagée en haut lieu par Charles Magny, préfet de la Seine de novembre 1940 à septembre 1942, et fort féru d'urbanisme. Il se montre « soucieux d'éviter tout ce qui peut compromettre le bon aspect de la capitale et de sa banlieue et désireux d'en poursuivre le développement harmonieux conformément aux règles de l'urbanisme[20] ». Il crée à cette fin, en 1941, un comité consultatif présidé par Albert Tournaire, flanqué d'Henri Prost – figure tutélaire présente dans toutes les instances de l'époque – et de l'ingénieur Louis Suquet. Alors qu'il n'était que simple rédacteur dans l'administration qu'il dirigea plus tard, Magny s'était fait connaître avec une thèse de doctorat en droit sur la sauvegarde des « aspects esthétiques » de Paris. Critique du règlement de 1902 et de beaucoup d'interventions abusives, il examinait en 1911 les moyens juridiques de conserver ces « aspects », assurant que « c'est la physionomie particulière de la ville qui est en jeu, il s'agit de son aspect esthétique, de la beauté de ses perspectives[21] ».

Dans une conversation avec les architectes, Magny considère en 1941 qu'« il nous faut conserver, dans toute la mesure possible, les vestiges du passé le plus ancien qui sont au centre, en recréant autour d'eux le cadre, l'atmosphère qui leur conviennent, tout en leur apportant l'assainissement et l'air[22] ». À l'arrière-plan de cette déclaration se profilent les polémiques à propos de l'aménagement de l'îlot insalubre n° 16, qui agitent fort le monde intellectuel et le milieu des architectes en 1941.

Un premier projet d'aménagement avait été conçu en 1940 par André Hilt et Henri Bodecher, qui envisageait la reconstruction complète de l'îlot. D'une effrayante absence de sensibilité, il ne conservait que les églises Saint-Gervais et Saint-Paul, et l'hôtel de Sens. *L'Architecture française* – dont André Hilt et Henri Bodecher furent respectivement, un temps, rédacteur en chef et secrétaire général – le publie sans frémir[23]. L'administration ne tarde pas à élaborer en 1941 un deuxième projet, dans lequel plusieurs hôtels particuliers sont sauvegardés, et qui prévoit l'aménagement d'un stade, mais aussi d'un grand jardin pour aérer le bord de Seine. Événement rarissime sinon unique sous l'Occupation, ce projet amène le publiciste et historien Marcel Raval à faire signer par plusieurs dizaines de personnalités des sciences, des arts et des lettres une « requête à Monsieur le Maréchal Pétain ». Elle recueille le soutien de Paul Valéry, André Siegfried, Georges-Henri Rivière, Henri Mondor, Lucien Febvre, Gaston Gallimard, Robert Denoël, Colette, Paul Morand, Jean Cocteau, Jean Giraudoux, Charles de Noailles, entre autres, et, parmi les architectes, d'Auguste Perret, Paul Tournon, Georges Gromort et Jacques Debat-Ponsan[24].

Par la suite, un projet plus respectueux des édifices historiques est élaboré par Albert Laprade, Robert Danis et Michel Roux-Spitz, qui sera mis en œuvre au fil du temps. Ce projet plus subtil donne un visage concret à la notion de « quartier-musée », que l'architecte des Monuments historiques Jean-Charles Moreux formule dans un article en 1941. Imaginant

---

20 « L'embellissement de Paris et de sa banlieue », *Le Moniteur des travaux publics et du bâtiment*, 28 février 1941, p. 2.

21 Charles Magny, *Des moyens juridiques de sauvegarder les aspects esthétiques de la ville de Paris*, Paris : Bernard Tignol, 1911, p. 1.

22 « "L'architecture française" et les urbanistes parisiens reçoivent M. Charles Magny, préfet de la Seine », *L'Architecture française*, juin 1941, n° 8, p. 6.

23 « Projet d'aménagement de l'îlot insalubre n° 16 », *L'Architecture française*, décembre 1940, n° 2, p. 5-21.

24 Isabelle Backouche, « Rénover un quartier parisien sous Vichy : "Un Paris expérimental plus qu'une rêverie sur Paris" », *Genèses*, 2008/4, n° 73, p. 135-137.

une reconstruction théorique, Moreux préconise de « sauver non seulement des monuments moins importants, mais aussi des quartiers tout entiers, quartiers d'où émane un charme artistique, historique et poétique ». Ceux-ci, affirme-t-il, « [a]vant que d'être mis en valeur, avant que de devenir les "quartiers-musées" qui seront l'intérêt et l'attrait par excellence de la ville, [...] seront assainis ». Il convient pour cela que « [la] ville ait été débarrassée, en son centre, des services d'approvisionnement et que des satellites urbains aient été prévus pour contenir et bien loger l'excès de sa population[25] ». Cet article est pris au sérieux par l'ingénieur Maurice Baudot, directeur des services d'architecture et d'urbanisme de la préfecture de la Seine, et par Guy Périer de Féral, secrétaire général de cette même préfecture, qui convoquent Moreux pour en parler[26]. Il trouve par ailleurs un écho, en 1943, dans la proposition de Marcel Raval de créer un « musée de la Demeure française » dans le Marais[27].

La principale modalité de cet « assainissement » est celle que détaille, dans *Destinée de Paris*, Robert Auzelle, architecte et urbaniste à l'œuvre depuis 1939 dans le Marais, où il a élaboré un plan dont le tact est vanté par Pillement[28]. Évoquant « l'exemple magnifique » de Cologne et d'autres expériences européennes, Auzelle s'attache à présenter la méthode du « curetage », qu'il propose d'appliquer non pas à l'échelle de l'immeuble ou de la parcelle, mais à celle de l'îlot. Tendant à « assainir » les espaces intérieurs de celui-ci, il préconise, dans une visée paysagère, de ne conserver que « les immeubles présentant un intérêt archéologique et historique ; les immeubles présentant un intérêt architectural certain ; les immeubles formant un ensemble et contribuant à la mise en valeur d'un site assimilable à un site naturel ; enfin tous les immeubles sains pouvant être facilement aménagés[29] ». Cette démarche insistant sur ce qu'il s'agit de conserver est le négatif de celle, centrée sur les destructions, qu'énonce d'Espezel, lorsqu'il affirme que « pour conserver certaines architectures importantes, il faut tailler, débrider, ne serait-ce que pour les retrouver[30] ».

Il ne s'agit pas seulement d'épurer le paysage parisien des constructions dites « parasitaires » des intérieurs d'îlot, ou des verrues et de la publicité qui l'enlaidissent, ni simplement de le verdir ; il s'agit aussi de le purger des populations indésirables et, le cas échéant, de leurs habitations. Engagée avec le premier statut des Juifs promulgué dès le 3 octobre 1940, leur persécution passera par la spoliation des propriétaires et l'expulsion des locataires, qui sont bien souvent le prélude à leur déportation. Quant aux membres des classes populaires entassées dans les 17 îlots insalubres désignés en 1921 et aux 50 000 habitants de la zone des fortifications disparues, ils sont directement affectés par une loi strictement contemporaine, celle du 11 octobre 1940, sur l'expropriation des immeubles insalubres et de la zone, censée permettre des démolitions rapides.

---

25 Jean-Charles Moreux, « Quelques considérations sur l'aménagement des villes », *L'Illustration*, 24 mai 1941, n° 5124, p. 5-6.

26 Isabelle Backouche, *Paris transformé. Le Marais 1900-1980 : de l'îlot insalubre au secteur sauvegardé*, Grâne : Créaphis, 2016, p. 93.

27 Marcel Raval, « À propos de l'hôtel Salé. Un quartier mémorial : le Marais », *Beaux-arts*, 20 décembre 1943, p. 3.

28 Georges Pillement, *Destruction de Paris, op. cit.*, p. 293-311.

29 Robert Auzelle, « La rénovation des îlots insalubres ». Dans Bernard Champigneulle et al., *Destinée de Paris, op. cit.*, p. 118.

30 Pierre d'Espezel, « En parlant un peu de Paris », *Beaux-arts*, 18 août 1941, p. 8.

Usines ou verdure ?

Cette mesure doit être rapprochée des réflexions engagées sur la décentralisation industrielle, dont le corollaire serait le départ de milliers d'ouvriers – et qui aboutirait à terme à la disparition des usines du tissu parisien. Comme le rappelle l'ingénieur Maurice Baudot en 1943, René Bouffet, successeur de Charles Magny et proche de Pierre Laval, avait considéré dès 1930, alors qu'il étudiait la question des lotissements défectueux, qu'il était temps de se préoccuper « d'une large déconcentration démographique, d'une répartition plus harmonieuse de nos groupes urbains[31] ». Cette stratégie trouve un chaud partisan en Le Corbusier, qui l'avait déjà préconisée dans ses échanges avec Paul Vaillant-Couturier sous le Front populaire[32]. Dans *Destin de Paris*, qu'il rédige à la fin 1940, Le Corbusier écrit :

> Les grandes villes ont pour des raisons égoïstes et périlleuses pour la sécurité du pays, attiré à elles l'industrie. Une refonte générale est à faire, une décentralisation est à opérer – une transplantation – qui, amputant Paris d'une part de sa grande industrie, l'amputera également d'une part de sa population[33].

Le troisième Paris idéal se dessine ici, qui est un Paris désindustrialisé, tendant vers le vert. Vichy prépare une véritable rupture avec le paysage minéral légué par le XIXe siècle. Le comité constitué par Magny met ainsi l'accent sur l'intérêt à développer « les espaces libres ainsi que les parcs et jardins verdoyants au centre de Paris[34] ». Méfiant envers « les fonctionnaires de la Ville », Pillement s'y oppose fermement :

> [...] une rue est une rue, ce n'est pas un parc ; les jardins doivent en principe se trouver à l'intérieur des îlots, ils doivent apparaître avec discrétion, ils ne doivent pas envahir les bords du fleuve, encadrer des stades au centre même de la cité, créer de grands espaces vides qu'il nous faudra l'hiver traverser dans le vent et la pluie et l'été sous un lourd soleil[35].

La stratégie de l'assainissement formulée sous la IIIe République est renforcée par la politique active de Vichy en matière d'équipements sportifs, sans doute la seule qui débouche concrètement sur des réalisations bâties[36]. Les années de l'Occupation voient l'aboutissement d'une série de réflexions engagées au début du siècle. Une des stratégies envisagées est la création de jardins et de terrains de jeux remplaçant les édifices insalubres, qui s'inscrit de toute évidence dans l'entreprise de l'État français pour promouvoir l'éducation physique, autant à

---

31 Maurice Baudot, « Les doctrines de l'urbanisme appliquées à Paris et dans le département de la Seine », *Les Cahiers du Musée social*, 1943, n° 1, p. 30. Il fait référence à René Bouffet, *Un problème d'urbanisme : l'aménagement des lotissements défectueux*, préface de Pierre Laval, Paris : Pierre Roger, 1930.

32 Le Corbusier, Lettre à Paul Vaillant-Couturier, 18 juin 1936, archives FLC R3-6-1.

33 Le Corbusier, *Destin de Paris*, Clermont-Ferrand : Fernand Sorlot, 1941, p. 32.

34 « L'embellissement de Paris et de sa banlieue », *Le Moniteur des travaux publics et du bâtiment*, 28 février 1941.

35 Georges Pillement, « Démolitions passées et futures ». Dans Bernard Champigneulle et al., *Destinée de Paris*, op. cit., p. 95.

36 Voir Jean-Louis Gay-Lescot, *Sport et éducation sous Vichy, 1940-1944*, Presses universitaires de Lyon, 1991, et Joan Tumblety, *Remaking the Male Body: Masculinity and the Uses of Physical Culture in Interwar and Vichy France*, Oxford University Press, 2012.

des fins eugéniques qu'en vue, implicitement, de la préparation militaire de la jeunesse. Un programme articulé de construction de centres scolaires d'éducation physique est élaboré, portant donc sur des terrains situés dans les îlots insalubres et surtout sur la zone des fortifications, dont l'expropriation est engagée[37]. Parmi les centres mis à l'étude et partiellement réalisés, en dépit de la limitation stricte des travaux civils imposée par l'occupant, figurent ceux de Raymond Gravereaux et Raymond Lopez, porte d'Auteuil ; de Joachim Richard, porte de Clignancourt ; de Gérard Beau de Loménie et Michel de Larminat, porte de la Muette ; d'André Granet, boulevard Soult ; de Guy Sabrou, porte d'Orléans ; et de Charles Nicod et Paul Lebret, boulevard Bessières. Comme l'indique le projet de plan d'aménagement élaboré en 1943 par René Mestais, l'anneau sportif tracé autour de Paris est le site dans lequel s'inscrit une nouvelle rocade esquissée dans le plan régional : un boulevard dit « périphérique », que des carrefours à niveaux raccordent aux voies radiales existantes[38].

En dépit du caractère autoritaire et technocratique du régime de Vichy – qu'il serait erroné d'assimiler à un fascisme à la française, ainsi que nombre d'historiens l'ont démontré –, il n'y a donc nulle unanimité au sein de l'administration et parmi les experts pour imaginer un nouveau Paris. Les tendances passéistes et la pression pour la conservation des ambiances historiques, que l'on pourrait *a priori* juger dans la ligne des orientations nostalgiques de la culture pétainiste, ne cessent d'être contredites par les programmes de modernisation de Baudot et Mestais qui tendent à promouvoir un Paris accessible aux automobiles.

Dans une belle symétrie avec juin 1940, les rues du Paris sont désertées en août 1944 et, cette fois, jalonnées de barricades entre lesquelles les blindés allemands sont pris au piège, pendant que ceux de Leclerc approchent. Un paysage à première vue invisible se forme, pendant ces longues journées, sous la place Denfert-Rochereau : celui de l'état-major d'Henri Rol-Tanguy, déployé dans le labyrinthe des catacombes. En surface, les traces de la présence allemande s'évanouissent sans tarder, mais l'inertie des programmes élaborés sous Vichy n'est pas épuisée : ils seront, pour la plupart d'entre eux, mis en œuvre au cours des décennies suivantes.

Avant-projet de plan d'aménagement de Paris, René Mestais, 1943, dans Inspection générale des Services techniques de topographie et d'urbanisme, *Projet d'aménagement de la ville de Paris : la voirie parisienne*, 1943. © Apur

---

37 Robert Joffet, « Les espaces verts et les centres scolaires d'éducation physique de la Ville de Paris », *L'Architecture française*, juin 1941, n° 8 p. 7-11.

38 René Mestais, *Projet d'aménagement de la ville de Paris : la voirie parisienne* [rapport de l'inspecteur général, chef des services techniques de topographie et d'urbanisme], dactyl., 1943.

Jean-Louis Cohen
Architecte, professeur d'histoire de l'architecture à l'Institute of Fine Arts de New York University, professeur invité au Collège de France

L'esthétique de la règle
Entre harmonie et invention

Philippe Simon

> Il y a deux choses dans un édifice : son usage et sa beauté. Son usage appartient au propriétaire, sa beauté à tout le monde, à vous, à moi, à nous tous.
> Victor Hugo[1]

> Si l'on veut qu'une ville soit bien bâtie, il ne faut point abandonner aux caprices des particuliers les façades de leurs maisons. Tout ce qui donne sur la rue doit être déterminé et assujetti par l'autorité publique, au dessin qu'on aura réglé pour la rue entière. Il faut non seulement fixer les endroits où il sera permis de bâtir, mais encore la manière dont on sera obligé de bâtir.
> Marc-Antoine Laugier[2]

La règle urbaine

Mettre en place des règles urbaines semble s'imposer dès qu'une agglomération compte un nombre si élevé d'habitants et de constructions que le rapport entre un individu et le représentant du bien commun ne passe plus par une discussion, par un consensus entre intérêt individuel et utilité publique. La règle donne une cohérence ou une unité à un ensemble urbain, s'efforce à ce que chaque bâtiment contribue à la qualité générale ou, pour le moins, n'y porte pas atteinte. Mais aussi, la règle doit empêcher des abus, les opérations dont les conséquences porteraient préjudice à la société – à nous tous –, ou simplement aux occupants de son propre bâtiment ou à ses voisins. Il s'agit de ne pas faire subir à l'autre ce que l'on ne veut pas qu'il nous fasse subir. La politesse des proximités, comme l'explique l'architecte Patrick Céleste. La règle doit également faire en sorte que les futurs occupants d'un bâtiment puissent l'utiliser confortablement, sans préjudice, et que les risques y soient réduits au maximum. Les abus, plus ou moins importants, plus ou moins lourds de conséquences, ne peuvent être ignorés. Ils justifient la règle et le contrôle. Comme la rente immobilière est inhérente à la constitution de la ville, la tentation est grande de construire plus de surface, à moindre coût, sans se soucier des futurs habitants ni des voisins. La règle tempère cette tentation par un ensemble de mesures objectivables, morphologiques, géométriques et quantitatives. Mais comment peut-elle agir sur le beau, sur ce qui relèverait d'un bon ou d'un mauvais goût ? S'il est possible de légiférer sur l'esthétique, alors comment évaluer et juger de son non-respect[3] ?

En effet, la question de la beauté et les enjeux esthétiques sont peu prisés par les juristes et par ceux qui rédigent et ensuite régissent les règles, car ceux-ci sont interprétables et difficiles à estimer dans le cadre de l'évaluation d'un projet architectural ou urbain. Les textes plus anciens portent sur la circulation – ne pas encombrer les voies – et la salubrité – amener de la lumière naturelle. Le terme « urbanisme » apparaît en France dans les années 1910 en remplacement d'« embellissement des villes ». On travaillait donc sur un « corps » existant pour l'améliorer et l'embellir. L'historien Jean-Louis

---

1 Victor Hugo, « Guerre aux démolisseurs », *Revue des deux mondes*, mars 1832.
2 Marc-Antoine Laugier, *Essai sur l'architecture*, Paris : Duchesne, 1753.
3 À ce sujet, voir l'intervention de Jacqueline Morand-Deviller, « Éthique et esthétique » lors du colloque « Vers de nouvelles normes en droit de la responsabilité publique », organisé les 11 et 12 mai 2001 au palais du Luxembourg, https://www.senat.fr/colloques

Harouel rappelle que la notion d'embellissement ne renvoie pas uniquement à une appréciation esthétique, mais que la beauté serait issue du bon fonctionnement de l'organisme urbain[4]. Notion encore d'actualité ?

Le texte du règlement de 1902, considéré comme la règle parisienne la plus « artistique », ne suggère aucune intention esthétique. La loi Cornudet, fondatrice du droit de l'urbanisme français en 1919, emploie encore le terme « embellissement », demandant de mettre en place des « Plans d'Aménagement, d'Embellissement et d'Extension » autour de « servitudes hygiénistes, archéologiques et esthétiques ». Le code de l'urbanisme n'use que fort peu du terme « esthétique », mais la notion est présente, induite dans la rédaction de certains articles, comme l'article R111-27 qui explique qu'un projet peut être refusé « si les constructions, par leur situation, leur architecture, leurs dimensions ou l'aspect extérieur des bâtiments ou ouvrages à édifier ou à modifier, sont de nature à porter atteinte au caractère ou à l'intérêt des lieux avoisinants, aux sites, aux paysages naturels ou urbains ainsi qu'à la conservation des perspectives monumentales ». Le jugement esthétique semble plus simple à décréter quand il s'agit de constater l'ancienneté d'une construction et d'un style, avec une confusion entre la notion de beauté et celle d'ancienneté.

L'article 11 du PLU actuel est symptomatique de la difficulté de juger selon des critères reposant sur l'esthétique. Le texte oscille entre, d'un côté, la prise « en compte des caractéristiques des façades et couvertures des bâtiments voisins », et, de l'autre, le refus du mimétisme et la possibilité d'une expression architecturale contemporaine. L'évaluation de ces critères peut relever d'une subjectivité difficilement conciliable avec la rationalité inhérente à la règle. Est-ce que la valeur exceptionnelle voulue par certains projets leur permettait d'être au-dessus des lois ? Ou la loi était-elle trop restrictive, empêchant l'expression de la créativité ? Où situer la ligne entre ce qui relève des qualités esthétiques d'une architecture et de celle de la ville ?

---

4 Jean-Louis Harouel, « Les fonctions de l'alignement dans l'organisme urbain », *Dix-huitième siècle*, 1977, n° 9, p. 135-149.

5 Cité dans François Laisney et Rémi Koltirine, *Règle et règlement : la question du règlement dans l'évolution de l'urbanisme parisien, 1600-1902*, rapport de recherche, Paris : Ministère de l'Équipement, du Logement, de l'Aménagement du territoire et des Transports/Bureau de la recherche architecturale/Ministère de la Recherche et de la Technologie/ENSA Paris-Belleville, 1988, https://hal.archives-ouvertes.fr/hal-01903202

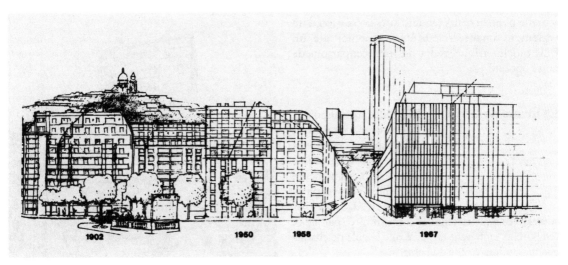

Évolution des règlements d'urbanisme de 1667 à 1967.
© Collection Pavillon de l'Arsenal

La règle, expression de son temps

Immeuble de logements, 19, rue du Docteur-Blanche, Paris 16e, Jean Ginsberg et Georges Massé, architectes, 1950-1953, dans *L'Architecture française*, n° 163-164, 1955.
© Collection Pavillon de l'Arsenal

Les règlements sont le reflet des idéologies et des préoccupations de chaque période, mais toujours avec un certain retard. Chaque nouveau règlement essaie de compenser les erreurs, ou les effets pervers, du précédent. La règle de 1902 reflète une époque de liberté et d'ouverture artistiques, et d'affirmation d'un individualisme. Louis Bonnier parle de « favoriser les tendances au pittoresque qui ont été brimées après un long régime de régularisation obligatoire, de permettre les effets les plus inattendus et les plus mouvementés[5] ». Le plan d'urbanisme directeur (PUD) approuvé en 1967, après plusieurs années de réflexion, se range dans la continuité de la charte d'Athènes, pour une rénovation radicale de la ville, en rejetant l'héritage considéré comme poussiéreux d'Haussmann, et en déstructurant la rue, la silhouette des toits et le parcellaire. Le POS (plan d'occupation des sols) de 1977, même s'il ne veut pas brider l'invention, se réfère clairement à la ville traditionnelle, centrée autour des tissus constitués et des productions de l'époque haussmannienne. Il sera fortement critiqué car, dans sa version initiale, il interprétait Haussmann comme une figure de fabrication d'un décor urbain, une façade se dépliant à l'infini le long d'un espace public très codifié, et également car il ne prenait pas en compte les tissus urbains autres qu'haussmanniens, comme ceux des faubourgs. Des POS de quartier seront créés pour compenser cela. Le passage au PLU (plan local d'urbanisme) voudra entériner l'entrée dans une nouvelle ère, valorisant la différence et la multitude. Les révisions régulières du PLU et celle actuellement en cours tendent vers la création d'un règlement à haute valeur environnementale, un PLU bioclimatique, reflet des préoccupations de notre époque.

La forme de la ville

L'idée ancienne d'une ville en continu, sans aspérité, mène à la notion d'harmonie tellement présente dans l'esprit parisien. Les règles successives recherchent cette continuité spatiale et temporelle, en faisant en sorte que la ville de chaque époque prolonge celle du passé.

L'ancêtre des règlements parisiens, l'édit royal de décembre 1607, interdit les encorbellements et saillies, le principe étant d'éviter que des espaces privés empiètent sur l'espace public, que ce soit en aérien ou dans l'alignement d'une rue. Cela va jusqu'à l'interdiction des marches au pied des immeubles et l'obligation d'une hauteur minimum pour l'implantation des auvents et des enseignes. Cet édit impose aussi une idée d'alignement à respecter, une construction ne devant pas s'avancer plus qu'une autre. L'édit veut également rendre obligatoire le nettoyage des rues et interdire tout étal qui pourrait les encombrer. La rue doit être propre, nette, droite. La beauté viendra de là :

Immeuble de logements, 33, rue Croulebarbe, Paris 13e, Édouard Albert, architecte, 1956-1961.
© Collection Pavillon de l'Arsenal

> La beauté des Villes consiste principalement dans l'Alignement des rues, les Ordonnances tant anciennes que nouvelles le prescrivent, en sorte qu'il n'est pas permis non seulement de bâtir une maison neuve, mais même de rebâtir, reconstruire, relever & réparer les murs d'une maison qui fait face sur une rue ou place, dans une Ville, Bourg & même un Village, sans requérir que les Officiers de Police en marquent la place et l'Alignement[6].

L'idée de la beauté se confond avec la notion d'utilité publique ; la rigueur et la rectitude sont les socles de la société et donc des villes, le Beau et le Bon se mêlant intimement à la suite d'une intériorisation globale des bienfaits de la rectitude[7]. Rares sont les voix discordantes. Marc-Antoine Laugier écrit ainsi : « Il y règne une fade exactitude et une froide uniformité qui fait regretter le désordre de nos villes qui n'ont aucune espèce d'alignement, tout y est rapporté à une figure unique[8]. » Les servitudes d'alignement imposent l'élargissement des rues, avec l'obligation de construire en retrait, pour, à terme, faciliter la circulation. Ce processus induit des rues où se succèdent des immeubles en avancé

---

6 Edme de La Poix de Fréminville, *Dictionnaire ou Traité de la police générale des villes, bourgs, paroisses et seigneuries de la campagne*, Paris : Gissey, 1758, p. 519.

7 Jean-Louis Harouel, « Les fonctions de l'alignement dans l'organisme urbain », art. cité.

8 Marc-Antoine Laugier, *Essai sur l'architecture*, op. cit., p. 261.

ou recul, qui montrent l'incapacité de la ville à se moderniser par l'effet d'un procédé trop lent. Ces anfractuosités peuvent être considérées comme des balafres dans la continuité des rues. L'ordonnance de 1823 autorise l'installation provisoire de constructions légères au rez-de-chaussée pour masquer ces renfoncements[9], et le règlement de 1902 actualisera cette disposition[10], afin de redonner une continuité visuelle à la limite bâtie de l'espace public. Le POS le reconduira en incitant à « éviter de créer ou de laisser à découvert des murs-pignons ».

L'idée de reconstruire les bâtiments en retrait induit un renouvellement de l'architecture pour plus de constructions semblables, contre un assemblage hétéroclite d'époques et de styles différents, toujours dans cette quête de l'harmonie. Paradoxalement, la plupart de ces règles de retrait d'alignement n'ayant pas abouti, il en découle des paysages pittoresques[11], avec des retraits, des recoins, des carambolages formels fort éloignés des objectifs initiaux.

La belle largeur

Les règles sur l'alignement devaient permettre un élargissement des rues. Car, outre leur rectitude, c'est la largeur de la voie qui est plébiscitée. Une belle ville doit avoir des rues larges, droites et aérées. L'ordonnance royale de 1783 et les lettres patentes de 1784 conditionnent la hauteur des bâtiments à la largeur de la rue – plus la voie est large, plus il est possible de construire haut. Les hauteurs de façade seront donc déterminées selon la largeur de la rue, avec une cote qui ne changera presque pas, sauf pour les voies les plus larges, entre 1783 et 1967[12]. L'homogénéité des paysages parisiens tient beaucoup de cette constance, aujourd'hui reprise par les filets de hauteurs du PLU qui bordent la plupart des voies parisiennes. L'obligation d'une hauteur constructible maximale sur rue est paradoxale, car dans l'idée d'homogénéisation, cette hauteur devient un objectif afin que toutes les corniches sablières soient dans une même continuité[13]. Ce n'est plus un plafond à ne pas dépasser, mais le résultat à atteindre. La règle n'est plus perçue comme un guide, mais comme une incitation à construire au maximum.

L'épaisseur de la ville

L'aspect d'une ville ne tient pas uniquement à ce qui paraît sur l'espace public, mais également à sa compacité, et à ce qui enrichit les îlots dans leur profondeur. Initialement, les règles ne concernent pas les parcelles, car celles-là relèvent de la propriété privée. Les lois successives vont distinguer les cours des courettes, les premières éclairant des pièces principales, les secondes apportant un peu d'air et de lumière aux pièces de service comme les cabinets d'aisances. Le premier texte traitant explicitement des règles à appliquer sur la profondeur d'une parcelle est le décret du 27 juillet 1859, qui va permettre l'implantation de courettes dans le corps principal d'un immeuble, sans contraintes de taille, ce qui va favoriser l'épaississement des constructions[14]. Il faut attendre que le règlement de 1902 tente de concilier les apports hygiénistes et

---

9   Article 11, section IV.
10 Article 37, section IV.
11 Henri Bresler, « Le pittoresque investit la ville ». Dans Jacques Lucan (dir.), *Paris des faubourgs* [cat. expo., Pavillon de l'Arsenal, octobre 1996-janvier 1997], Paris : Pavillon de l'Arsenal/Picard, 1996.
12 1967 correspond à la fin officielle de l'application du règlement de 1902. La hauteur maximale est alors poussée à 31 mètres et 37 mètres.
13 François Laisney et Rémi Koltirine, *Règle et règlement : la question du règlement dans l'évolution de l'urbanisme parisien, 1600-1902*, op. cit.
14 Patrick Céleste et Dominique Blanc, *Immeubles et cours*, rapport de recherche, Paris : Ministère de l'Urbanisme et du Logement (Secrétariat à la recherche architecturale)/Versailles : École d'architecture et d'urbanisme de Versailles, 1985, https://hal.archives-ouvertes.fr/hal-01891217

artistiques, pour que les courettes acquièrent des dimensions minimums propices à plus d'air et de lumière. Le PUD de 1967, qui va donner des prospects similaires sur cour et sur rue, introduit une nouveauté avec la préservation d'espaces verts intérieurs et l'obligation de planter et gazonner une portion des cours, jusqu'à 30 %. Un tout petit début de pensée verte. Le POS de 1977, qui retrouvait le goût d'une architecture urbaine plus traditionnelle, décrète qu'au-delà de la fameuse bande constructible de 20 mètres, il n'y a pas d'obligation de construire en mitoyenneté... Frédéric Borel déclare : « Sur la rue, les règles sont précises, peu sujettes à interprétation [...]. Au-delà [...] on s'aperçoit que l'intérieur d'îlot est d'une étonnante liberté[15]. » Mais cette liberté implique parfois une déstructuration du cœur des îlots en oubliant la réciprocité des adossements et le partage des espaces libres. Par ailleurs, la révision du POS en 1994 crée la notion de COS (coefficient d'occupation des sols) « de fait », qui permet de reconstruire une densité équivalente à celle qui existait précédemment sur une parcelle. Le gabarit de nombre de bâtiments construits selon le règlement de 1902 dépassant celui autorisé par le POS de 1977, cela pousse à conserver uniquement la façade et son profil de comble, et à détruire et renouveler tout l'intérieur de la parcelle. Telle la ville Potemkine d'Adolf Loos, la ville se réduit alors à une apparence, une façade, certes ancienne et appréciable, mais la beauté d'une ville n'est-elle pas aussi dans son épaisseur ?

La règle et l'expression de l'architecture

L'obsession récurrente de restriction réglementaire sur l'expression architecturale concerne les saillies et encorbellements, éléments décoratifs privés débordant au-dessus de l'espace public. Ils sont quasi proscrits depuis le texte de 1607 jusqu'en 1902. Cela permet d'obtenir des architectures très similaires – sans beaucoup d'effets de modénatures qui auraient pu les individualiser –, composées d'aplats, de lignes, de bandeaux, de modénatures en bas-reliefs, de baies creusées dans l'épaisseur de la façade. Une réponse délicate, élégante, mais austère, où il n'est pas question de se distinguer de son voisin. Les balcons en avancée sur

Logements, locaux d'activité et bureaux de poste, 113, rue Oberkampf, Paris 11ᵉ, Frédéric Borel, architecte ; Ministère des Postes et Télécommunications et Toit & Joie, maîtres d'ouvrage, 1990-1993.
© Photo Nicolas Borel, ADAGP 2021

Immeuble, 136, rue Amelot, Paris 11ᵉ, photographie Charles Lansiaux, novembre 1920.
© Charles Lansiaux / DHAAP / Roger-Viollet

---

15 Frédéric Borel, entretien avec Françoise Arnold, « La modernité, aujourd'hui, n'est pas un style mais une attitude face à un contexte ». Dans Pavillon de l'Arsenal, Françoise Arnold et Association Périphériques (dir.), *Aventures architecturales à Paris : l'art dans les règles* [cat. expo., Pavillon de l'Arsenal, mai-novembre 2000], Paris : Pavillon de l'Arsenal/Picard, 2000, p. 52.

16 François Loyer, *Paris XIXᵉ siècle : l'immeuble et la rue*, Paris : Hazan, 1987.

Immeuble d'habitation, 25 bis, rue Franklin, Paris 16e, Auguste et Gustave Perret, architectes, 1903-1904.
© Fonds Perret. CNAM / DAF / Cité de l'architecture et du patrimoine / Archives d'architecture du XXe siècle

Immeuble de rapport, 29, avenue Rapp, Paris 7e, Jules Lavirotte, architecte, 1901, dans *La Construction moderne*, 1901-1902.
© BHVP

la rue commencent à être autorisés à partir de l'ordonnance du 24 décembre 1823, mais seulement sur les immeubles disposant d'une façade supérieure à 10 mètres, et à une hauteur de 6 mètres au-dessus de la chaussée. Autre élément d'agrément, le *bow-window* est d'abord toléré en 1882, parce que construit en métal et donc supposé démontable, avant qu'il ne soit, à partir de 1893, accepté non plus rapporté contre la façade mais inséré à celle-ci[16]. Il est alors construit en pierre, souvent décoré, y compris dans l'expression de ses supports et de son accroche avec le ciel. D'abord objet de mode, sa diffusion va donner de l'épaisseur aux façades, avec parfois des effets d'ondulation, loin des rigueurs traditionnelles. Dans le règlement de 1902, les saillies peuvent dépasser du nu de la façade jusqu'à 1,20 mètre, la logique induisant leur dimension et positionnement cherchant à amener des variations décoratives : « Dans la partie supérieure de la façade, le nu à l'alignement doit toujours servir de fond à la décoration et occuper, à chaque étage, un dixième au moins de la surface de la façade de l'étage, déduction faite des baies[17]. » Le règlement donne une grande liberté de création aux architectes et sculpteurs, tout en l'incluant dans un système préservant la sécurité des passants et l'éclairement naturel de la rue et des étages inférieurs. Le pittoresque est recherché, mais selon une logique très rationnelle. Les modes de calcul savant initiés par le règlement de 1902 demandent à construire une hiérarchie entre le plan vertical de la façade et les éléments en débord. La règle de 1967 reviendra à des dimensions plus mesurées, en n'autorisant que 1 mètre de débord maximum, dimension qui perdure dans le PLU actuel.

17 Règlement de 1902, art. 21, section II.

Cette gestion stricte des saillies rejoint la volonté, fort ancienne, de cacher tout dispositif technique lié au fonctionnement des immeubles, dont les cuvettes des eaux usées, les conduits de cheminée[18], et plus tard les machineries liées à la ventilation mécanique contrôlée, et plus récemment les systèmes d'apport en énergie renouvelable. L'élément technique doit être invisible pour les passants.

La forme du toit, la silhouette de la ville

La forme des toits suit l'évolution des techniques constructives, des modes de pensée, mais également des règles[19]. Ainsi, le sens du toit va basculer à la suite de l'ordonnance du 18 août 1667 qui interdit les murs pignons sur rue. Le toit et sa gouttière doivent être parallèles aux voies, non plus perpendiculaires. Au XVIIe siècle, les toits se doivent d'être invisibles depuis la rue, cachés par une corniche épaisse ou par une balustrade. C'est le décret du 27 juillet 1859 qui impose une pente aux toitures, 45° pour les rues étroites, et un gabarit en arc de cercle, dont le rayon est calculé par rapport à l'épaisseur du bâtiment, pour les voies plus larges. À partir de 1884, les

Règlement de voirie sur les hauteurs et saillies dans la Ville de Paris : coupe sur les voies publiques, extrait du « Rapport présenté au nom de la sous-commission technique », Commission de révision du décret de 23 juillet 1884, préfecture du département de la Seine, Ville de Paris, 1899.
© Fonds Louis Bonnier. SIAF / Cité de l'architecture et du patrimoine / Archives d'architecture contemporain

Menu « Le rayon légal » pour le repas du 21 avril 1893 au restaurant Lecomte à Paris, graphisme de Louis Bonnier, architecte.
© Fonds Louis Bonnier. SIAF / Cité de l'architecture et du patrimoine / Archives d'architecture contemporaine

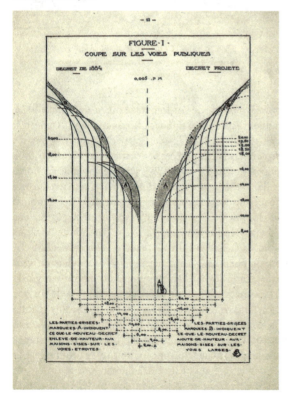

18 Par exemple, l'article 11 de l'ordonnance de 1823 puis l'article 41 du règlement de 1902 légifèrent sur ces points et l'interdiction des conduits de cheminée en façade.

19 François Laisney, « La règle et le toit ». Dans François Leclercq et Philippe Simon (dir.), *De toits en toits : les toits de Paris* [cat. expo., Pavillon de l'Arsenal, septembre 1994-janvier 1995], Paris : Pavillon de l'Arsenal/Hazan, 1994.

combles se glissent dans un arc de cercle d'un rayon lié dorénavant à la largeur de la rue. Le toit s'affirme sur la rue, dans la continuité de la façade. Le décret de 1902 le libère démesurément. Dorénavant, il peut monter selon une tangente à 45° à l'arc de cercle, tendant vers l'infini. Avec ces possibilités, le toit devient attique, gradins, ou terrasses. Il affirme son autonomie. Il peut s'élever très haut selon les configurations des parcelles. Et à l'angle des rues, l'application de l'arc de cercle et de sa tangente infinie devient coupole. En revanche, les lucarnes et les cheminées doivent rester inscrites dans le gabarit-enveloppe et ne peuvent en émerger que sur quelques dizaines de centimètres. Le XXe siècle voit l'abandon des toitures en pente, remplacées par des toits-terrasses. Le gabarit issu du règlement de 1967 propose un gabarit de 1/1, instaurant des attiques en gradin. En 1977, c'est le retour à l'oblique traditionnelle à 45° ou 60°, mais dès 1988, on retrouve l'arc de cercle de 1884, prétendument pour favoriser la création architecturale ! Le PLU actuel combine les gabarits avec des pentes de 2/1 et les arcs de cercle selon la largeur des rues. Parfois, certains immeubles collent au plus près de ces règles, inventant ce que Jacques Lucan a nommé l'« architecture gabaritaire[20] ». L'expression formelle découle directement d'une lecture simple et immédiate du profil imposé par le gabarit. À partir d'une certaine hauteur déterminée par la largeur de la rue, la façade se plisse pour suivre la diagonale imposée par le PLU. Il n'y a plus de corniches, ni de toiture, mais l'expression d'une continuité de la façade qui monte jusqu'au ciel, perdant la répartition tripartite traditionnelle.

Ministère de la Culture et de la Communication, Paris 1er, Francis Soler, architecte ; Ministère de la Culture et de la Communication / OPPIC, maître d'ouvrage, 2004.
© Georges Fessy

20 Jacques Lucan, *Où va la ville aujourd'hui ? Formes urbaines et mixités*, Paris : Éditions de la Villette, 2012.

La quête de l'harmonie et de la cohérence

Par le respect de certaines directives, la règle influence la forme architecturale et, par extension, le paysage urbain dans lequel chaque acte constructif se développe. À Paris, la notion d'harmonie est présente, avec l'idée d'une forme d'unité, de cohérence qui doit traverser les âges. Les règlements avant le PUD de 1967 vont produire une harmonie stricte que le document de 1902 osera débrider un peu. Le POS de 1977 et les études de François Loyer parlent d'une continuité urbaine à retrouver, le PUD l'ayant brisée en de nombreux lieux. Le POS indique que « les permis de construire [...] peuvent être refusés, ou n'être accordés que sous réserve du respect des prescriptions spéciales, si la construction par sa situation, son volume, l'aspect, le rythme ou la coloration de ses façades, est de nature à porter atteinte au caractère ou à l'intérêt des lieux avoisinants ». Notion reprise mais atténuée dans le PLU de 2006 : « Les constructions nouvelles doivent donc être rendues possibles, adaptées aux fonctionnalités contemporaines et suffisamment modernes dans leur expression architecturale pour symboliser le dynamisme de la ville. Mais elles doivent aussi s'insérer harmonieusement dans un paysage urbain qui constitue plus encore que le patrimoine ou l'image de Paris, son essence même[21]. »

L'article 11 du PLU en vigueur continue de présenter l'acception d'un permis en rapport avec une obligation d'intégration dans son contexte, avec la prise « en compte des particularités morphologiques et typologiques des quartiers », où il ne faut pas « porter atteinte au caractère ou à l'intérêt des lieux avoisinants, aux sites, aux paysages naturels ou urbains ». Le même article propose de refuser le pastiche et de promouvoir l'architecture contemporaine, tout en expliquant que les dérogations à la règle générale peuvent être également acceptées : « Les traitements architecturaux contemporains peuvent ne pas traduire le marquage de ces registres (soubassement, façade, couronnement), qui peuvent toutefois être imposés dans certaines configurations. » Mais aujourd'hui, comment parler d'harmonie, d'homogénéité ou de cohérence ? Les réflexions récentes tendent à penser la ville dans sa diversité, à avoir une appréhension fine de chaque contexte. À terme, la règle se déclinera-t-elle à la parcelle, posant à chaque fois la question d'un devenir spécifique éloigné d'une cohérence d'ensemble ?

Seize logements sociaux et deux locaux d'activité, rue Pajol et rue Philippe-de-Girard, Paris 18ᵉ, Armand Nouvet, architecte ; SIEMP, maître d'ouvrage, 2018.
© Clément Guillaume

---

21 Extrait de « Le patrimoine de demain : la création architecturale ». Dans *Plan local d'urbanisme de Paris : rapport de présentation, diagnostic*, Mairie de Paris, 2006, p. 81.

L'ordinaire et l'exception

Cela interroge le rapport entre ce qui va composer l'ordinaire de la ville et ce qui peut constituer des exceptions. Régulièrement, les règlements offrent des exceptions pour certains bâtiments, leur permettant de s'affranchir de quelques contraintes. Depuis les règles fixées sous Louis XVI, l'obligation d'une hauteur maximale ne s'applique pas aux édifices publics[22]. L'article 6 du décret du 22 juillet 1882 autorise des saillies exceptionnelles pour les constructions ayant un caractère monumental. Même le règlement de 1902, au travers de son article 42, continue de prôner cette dérogation, même si, dans le même temps, il libère l'expression architecturale ordinaire de ces carcans. Le PUD continue de proposer des dérogations « pour les édifices publics et les constructions privées de caractère monumental ainsi que pour les besoins d'art, de science ou d'industrie ». L'idée d'exception s'en trouve fortement élargie. C'est la révision du POS en 1992-1994 qui mettra fin à ces exceptions, le PLU actuel n'autorisant des dérogations à la règle générale que pour certains monuments historiques.

En reprenant les notions développées par Bernard Huet dans son article « L'architecture contre la ville », Éric Lapierre considère que « la ville, d'essence commune, [doit] être le lieu de la banalité, [alors que] l'architecture, d'essence individuelle, [cherche] systématiquement une expressivité considérée comme irrémédiablement destructrice de la première[23] ». Il analyse ce double mouvement entre besoin collectif de contraintes et envie individuelle de liberté comme un enrichissement mutuel : « En outre, la règle urbaine garantit à l'architecte l'enrichissement de son projet par son inscription dans la logique d'une histoire et d'une culture spécifique que la ville véhicule à travers son règlement[24]. » Cette question reste présente : faut-il que certains bâtiments se distinguent dans le paysage urbain, ou doit-on rester dans une continuité qui constitue un paysage harmonieux ?

La liberté de conception

Il est fréquent d'entendre des critiques contre le règlement qui entraverait la créativité et augmenterait la difficulté d'atteindre une juste qualité architecturale. Mais heureusement, une bonne équipe avec un bon maître d'ouvrage et un bon maître d'œuvre sera toujours capable d'exprimer une qualité, quelles que soient les contraintes. Un projet moins intéressant, conçu plus légèrement et jouant sur de grossiers clichés architecturaux pourra également exister en s'inscrivant dans le même cadre, la règle ne produisant pas toujours de la qualité. Le PLU parisien, malgré les critiques dont il fait l'objet, permet de produire une architecture qualitative, urbaine, innovante, démonstrative ou modeste, alors que, dans des communes limitrophes, la production architecturale, encadrée par des règles aussi strictes, a vu se développer des pastiches, mauvaises imitations lourdes et sans grâce des constructions du XIXe siècle. Il est donc une culture du projet qui dépasse le règlement, qui sait l'incorporer dans un cadre partagé et qui sait jouer entre convention et liberté créative.

---

22 Article 5 de l'ordonnance royale de 1783.
23 Éric Lapierre, *Identification d'une ville : architectures de Paris* [cat. expo., Pavillon de l'Arsenal, mars-juillet 2002], Paris : Pavillon de l'Arsenal/Picard, 2002, p. 14.

24 Éric Lapierre, « Les architectes et le règlement : je t'aime moi non plus ». Dans Pavillon de l'Arsenal, Françoise Arnold et Association Périphériques (dir.), *Aventures architecturales à Paris : l'art dans les règles*, op. cit., p. 25.

Le consensus esthétique ou la beauté négociée

Selon Adolf Loos, un consensus esthétique primait autrefois : « La vanité nerveuse, la vaine nervosité qui pousse chaque architecte à faire autre chose que le voisin étaient inconnues aux vieux maîtres. [...] [L]es hommes de chaque temps étaient d'accord avec l'architecture de ce temps. Chaque maison neuve plaisait à tout le monde. Aujourd'hui, la plupart des maisons ne plaisent qu'à deux personnes : au propriétaire et à l'architecte[25]. » L'emploi de la règle pour contrôler l'aspect de la ville en est relativisé. Pierre Pinon confirme ce partage d'une même culture entre architectes, au sujet des balcons du premier étage au-dessus de l'entresol et de l'attique en retrait des immeubles haussmanniens : « Il s'agit d'une règle que se fixent volontairement tous les architectes[26]. » Aucun texte n'impose ce qui constitue l'identité de ces architectures. Certes, certains actes notariaux pouvaient donner des prescriptions aux futurs constructeurs en leur imposant des continuités formelles, mais cette idée d'une culture commune, entre propriétaires, architectes, services de la ville et élus, interroge. Comment pourrait-on faire aujourd'hui pour que la règle redevienne un espace de partage ?

Le cadre réglementaire a évolué, développant de nouvelles procédures urbaines, parmi lesquelles les « orientations d'aménagement et de programmation », qui peuvent gérer le rapport entre l'idée globale appliquée sur un quartier, souvent décidée de façon collective et publique, et les interven-

Immeubles de logements, ZAC de Bercy, rue Paul Belmondo, Paris 12e, Ateliers Lion Associés, architecte ; Marc Mimram, ingénieur ; Jean-Pierre Aury, plasticien béton ; Jean-Pierre Buffi, architecte coordonnateur ; SAGI, maître d'ouvrage, 1984-1994.
© Ateliers Lion Associés

25 Adolf Loos, « Architecture », *L'Architecture d'aujourd'hui*, 2 décembre 1930. Cité par Bernard Huet, « L'architecture contre la ville ». Dans Juliette Pommier (éd.), *Huet. De l'architecture à la ville, une anthologie des écrits de Bernard Huet*, Paris : Zeug/ENSA-PB, 2020.

26 Pierre Pinon, « Les procédures et les services ». Dans Jean des Cars et Pierre Pinon, *Paris-Haussmann* [cat. expo. Pavillon de l'Arsenal, septembre 1991-janvier 1992], Paris : Pavillon de l'Arsenal/Picard, 1991, p. 94.

tions ponctuelles. Ces documents n'imposent pas l'obligation de conformité, mais simplement celle d'une compatibilité[27]. Il en va de même avec les cahiers de prescription, tels qu'ils sont pratiqués dans certaines ZAC (zones d'aménagement concerté). Des cahiers des charges spécifiques établissent les règles du jeu avec lesquelles architectes-coordinateurs et architectes-maîtres d'œuvre produisent une logique commune tout en conservant une marge d'inventivité individuelle. Une forme de dialogue, de pédagogie itérative se met en place entre les différents acteurs et enjeux, et ainsi la règle, qui conserve toujours sa force juridique, devient aussi un espace de décisions partagées.

L'idée d'une pensée unitaire sur l'ensemble d'un territoire est de plus en plus contrebalancée par l'obligation de regarder précisément chaque contexte urbain. Cette situation, entre spécifique et collectif, rappelle paradoxalement les origines des règlements, quand ceux-ci, non encore édictés par le roi, relevaient des coutumes locales et évoluaient selon les circonstances[28]. Ne va-t-on retrouver les manières de faire et de penser qui avaient permis de constituer des tissus urbains qualitatifs ? Mais si le particulier l'emporte sur le général, ne risque-t-on pas de perdre une éthique, celle de l'égalité face aux lois ? L'urbanisme de projet, où il est recommandé de tester avant de réglementer, avance. La distinction entre un règlement qui interdit et un règlement qui oblige va aussi se développer. Interdire n'entrave pas la liberté de création. Et même si cela s'avère plus compliqué, la règle devrait pouvoir inciter, expliquer, faire en sorte qu'opérateurs, architectes, services de la ville et élus partagent la même vision de ce que Paris peut devenir.

Philippe Simon
Architecte, professeur, ENSA Paris-Val de Seine

---

27 Direction de l'habitat, de l'urbanisme et des paysages, *Les Orientations d'aménagement et de programmation du plan local d'urbanisme: guide de recommandations juridiques*, Paris : Ministère de la Cohésion des territoires et des Relations avec les collectivités territoriales, novembre 2019, https://www.cohesion-territoires.gouv.fr

28 Robert Carvais, « L'ancien droit de l'urbanisme et ses composantes constructive et architecturale, socle d'un nouvel "ars" urbain aux XVIIe et XVIIe siècles : jalons pour une histoire totale du droit de l'urbanisme », *Revue d'histoire des sciences humaines*, 2005, vol.1, n° 12, p. 17-54.

Le grand Lego parisien

Michaël Darin

L'art et la manière d'assembler les bâtiments

Comme toutes les villes, ces immenses jeux de construction collectifs, Paris a élaboré, pendant 2 000 ans de formation, sa manière de combiner une myriade de bâtiments en un captivant assemblage architectural. Pour rendre compte de cette variété de séquences harmonieuses et dissonantes, toutes agrémentées de détails insolites, j'évoquerai d'abord les célèbres places et rues uniformes de Paris. Ce sont les représentations extrêmes d'un phénomène plus large concernant toutes les voies aménagées en une courte durée. Ces voies d'aspect régulier tendent à être bordées par des bâtiments semblables, dans la mesure où ceux-ci traduisent les mêmes exigences sociales et économiques, caractéristiques de leur époque.

À l'inverse, les voies à l'évolution lente sont forcément hétéroclites, puisqu'elles mélangent des bâtiments dissemblables construits à différentes périodes et reflètent ainsi des mœurs architecturales diverses. Leur irrégularité est toutefois tempérée par les modes d'assemblage urbain parisiens qui cherchent à créer des fronts bâtis continus, à hauteur égale, sur l'alignement des voies.

Cependant, homogènes ou hétérogènes à l'origine, les fragments urbains ne le sont pas éternellement : l'évolution permanente de la ville les transforme et crée ainsi d'autres phénomènes d'harmonie et de dissonance. Il s'ensuit une répartition inégale de ces diverses séquences dans Paris, qui résulte de l'histoire, de la situation et du rôle des voies dans l'ensemble du réseau viaire.

Les façades d'abord

La place Vendôme est un sommet du classicisme français. Pour la créer, on éleva en 1700 le mur qui l'entoure, contre lequel sont venus progressivement s'appuyer une vingtaine d'hôtels de différentes tailles et formes, l'ensemble donnant l'impression d'une cour de palais, d'un seul bâtiment et non d'un assemblage.

De manière analogue fut réalisée, à partir de 1755, la rangée longue de 95 mètres qui borde l'actuelle place de la Concorde. Se référant ostensiblement à la colonnade du Louvre, aussi bien par sa longueur que par son allure, cette façade fut de même construite avant les bâtiments s'abritant derrière elle, et donc indépendamment d'eux.

Ce façonnage d'ensembles urbains trouve un écho lointain dans les bâtiments contemporains élevés derrière des façades conservées d'immeubles démolis. Appliqué habituellement à des bâtiments individuels, ce procédé, nommé « façadisme », fut employé dans l'opération du quartier de l'Horloge et appliqué à presque toute la rangée de la rue Saint-Martin, sur le segment qui s'étend de la rue Rambuteau à la rue aux Ours.

65, rue de la Fontaine-au-Roi, Paris 11e.
© Cyrus Cornut, 2021

Le dessin imposé

Au tout début du XVIIᵉ siècle, la place des Vosges fut édifiée différemment. Pour l'uniformiser, les acquéreurs des terrains limitrophes devaient élever leur façade conformément au dessin qui leur fut imposé par le contrat de vente. Dans l'ensemble, l'homogénéité y règne, mais dans le détail, les petits écarts abondent. Selon cette même procédure furent créées la rue Royale (à partir de 1755) et la partie de la rue de Rivoli longeant le jardin des Tuileries (à partir de 1802).

Pendant la seconde moitié du XIXᵉ siècle, on régularisa de cette manière l'entourage de plusieurs nouveaux édifices. L'Opéra fut ainsi cerné par 800 mètres d'immeubles de rapport, créant une impression d'uniformité malgré le peu de détail des dessins imposés, non cotés. En revanche, on doit l'homogénéité des 7 façades bordant la fontaine de la place Saint-Michel à des dessins particulièrement précis qui imposèrent, par exemple, l'épaisseur des montants de fenêtre, des battants et des dormants.

Le raccordement d'immeubles accolés à des édifices fut autrement délicat. En témoignent les 4 pilastres géants imposés aux deux immeubles de rapport encadrant la loggia de l'actuel théâtre de la Gaîté-Lyrique.

La maîtrise d'ouvrage totale

Le dessin imposé aux hôtels entourant la place des Victoires fut réalisé autrement, car le premier tronçon de la place (1687), composé de 4 bâtiments (dont il reste le n° 5), fut l'objet d'une seule opération. Bien plus impressionnante, la partie de la rue de Rivoli qui longe l'aile nord du Louvre (1855) fut construite par une seule compagnie. Les dessins imposés dans ce cas par l'administration reprenaient ceux déjà imposés à la première partie qui longe le jardin des Tuileries, en précisant de nombreux détails et en insérant dans la toiture un niveau supplémentaire.

Par la suite, la maîtrise d'ouvrage totale s'est propagée avec l'agrandissement de la taille des opérations, évolution amorcée à la fin du XIXᵉ siècle par des fondations philanthropiques s'engageant dans d'importants projets d'habitations. Le secteur public emboîta le pas en élargissant son champ d'action, limité légalement, avant le XXᵉ siècle, aux opérations de voirie. À partir de là, les initiatives publiques purent s'étendre à de vastes aires, nommées « zones à urbaniser en priorité » (ZUP), puis « zones d'aménagement concerté » (ZAC).

Les fluctuations de fronts bâtis

L'agrandissement de l'échelle des opérations donna lieu à des projets portant sur des îlots entiers, voire plusieurs îlots. En a découlé l'élimination des arrière-cours, désormais indésirables, car considérées comme viviers de microbes. Elles furent remplacées par de vastes cours ouvertes, s'étendant de la rue au cœur d'îlot et servant d'accès aux immeubles.

Ces vides ont interrompu la continuité des fronts bâtis, comme dans le célèbre ensemble de la rue de Prague (1904-1909). Puis, dans de nombreux îlots de la ceinture d'HBM (années 1920-1930), dénommés « squares », les vides furent tellement élargis côté rue que leur linéaire devint comparable à celui du bâti.

Place Rhin-et-Danube, Paris 19ᵉ.
© Cyrus Cornut, 2021

44, avenue de Flandres, Paris 19ᵉ.
© Cyrus Cornut, 2021

En dispersant les bâtiments d'un ensemble au sein d'un vaste espace continu, les approches architecturales modernistes ont aboli les fronts bâtis. S'ensuivit un compromis : au centre d'un ensemble, des tours et des barres ; et en bordure des rues formant ses limites, de longues barres basses, à l'image des rues de Belleville et de Bellevue qui encadrent le grand ensemble des « Hauts de Belleville » voisinant la place des Fêtes.

Le célèbre « retour à la rue » de la fin des années 1970 s'est traduit par la réapparition de fronts bâtis continus. En parallèle, les opérations à très grande échelle, fortement critiquées, furent morcelées. Pour coordonner cette nouvelle pluralité d'interventions, d'anciens outils, tels l'alignement et le gabarit, furent réemployés. Parfois, quelques éléments d'architecture furent imposés à toutes les façades, comme dans la partie ouest de la ZAC Paris Rive Gauche. Cet appel à l'homogénéité, dans une ère cultivant le particularisme, eut ses opposants. D'où les fronts bâtis fracturés de la partie est de la même ZAC, composés de bâtiments élevés sur l'alignement mais séparés les uns des autres, afin que la volumétrie de chaque immeuble soit visible depuis la voie.

Les séries d'habitations identiques

Certaines séquences architecturales ordonnées résultent d'initiatives purement privées. Ainsi fut réalisée la célèbre barre de la rue de la Ferronnerie, qui s'étire sur quelque 115 mètres et se compose de 12 maisons doubles. Elle fut construite à partir de 1669 par le chapitre de Saint-Germain l'Auxerrois. En 1733, la fabrique de la paroisse Saint-Gervais éleva une barre semblable de 5 maisons accolées, en bordure de la rue François-Miron. Au sein du Palais-Royal se trouve une barre, bien plus grandiose, de 44 maisons mitoyennes (1781-1784), dont la longueur de 600 mètres épouse la forme d'un U.

Certaines opérations portèrent même sur les deux rives d'une rue. Ce fut le cas de la rue Mandar, aménagée à partir de 1792 : longue de 162 mètres, elle est bordée de 17 immeubles conçus par le même ingénieur. Cependant, des 13 maisons de la rue des Colonnes, bordant en 1793 la longueur originelle de quelque 100 mètres, il n'en reste aujourd'hui que 6. Parmi les autres réalisations de ce genre, la célèbre rue des Immeubles-Industriels (1872-1873), longue de 130 mètres, est bordée de 19 immeubles. Moins connue est une opération datant des années 1920, consistant en une soixantaine d'immeubles identiques qui forment deux îlots en bordure des rues du Docteur-Goujon et Lamblardie.

Les rangées régulières

Nombreux sont également les tronçons de voies, non ordonnancés à l'avance, dont les immeubles de rapport, sans être uniformes, se ressemblent beaucoup, car construits en un court laps de temps et répondant aux mêmes standards de futurs locataires. Ces tronçons se dispersent le long du boulevard Saint-Michel comme du boulevard Voltaire, de l'avenue de la République comme de l'avenue Marceau, de la rue du Quatre-Septembre comme de la rue Monge. Autrement démonstratifs sont les petites rues et « squares » élevés au tournant du XIXᵉ siècle, qui abondent dans les 16ᵉ et 17ᵉ arrondissements, telles les courtes rues Edmond-About et Meissonier.

Les façades composant ces rangées interprètent, chacune à leur manière, les mêmes thèmes stylistiques, d'où la présence quasi systématique de différents balcons filants qui longent le premier étage carré (situé au-dessus de l'entresol) et le dernier (avant les combles). Ces lignes contribuent à une impression de régularité, même si elles ne se suivent pas d'un bâtiment à l'autre, faute d'étages à hauteur égale. À ces balcons s'en ajoutent d'autres, continus ou individuels, eux aussi d'allures variées, selon les quartiers et les périodes. Les garde-corps métalliques sont majoritaires, mais peuvent être en pierre pour les immeubles les plus huppés. Les matériaux de façade (pierre de taille, brique, voire plâtre) fluctuent, ainsi que ceux des persiennes (en bois ou métalliques). À la fin du XIXᵉ siècle apparaissent les *bow-windows* et les rotondes d'angle saillantes.

Les autres régularités

L'habitude prise de taxer cette architecture d'« haussmannienne » fait beaucoup d'honneur à celui dont le nom devient adjectif. En effet, la ressemblance entre les immeubles de rapport élevés à Paris pendant plus d'un demi-siècle est plutôt due au consensus stylistique de l'époque qu'au célèbre préfet (1853-1870).

Une culture architecturale partagée est un trait social récurrent. Celle de la seconde moitié du XIXᵉ siècle et du début du XXᵉ marque davantage le Paris actuel que ses devancières, pour la simple raison que les réalisations notables de cette époque ont, dès leur origine, presque saturé le volume maximal permis par les règlements d'alors. Ceux-ci n'ayant pas tant changé depuis à cet égard, la substitution éventuelle de ces immeubles de rapport ne présenta donc aucun intérêt, d'autant plus que leur intérieur s'est facilement adapté à l'évolution des usages.

Ce ne fut pas le cas des séries répétitives de basses maisons médiévales. Leur disparition n'a toutefois pas effacé leur parcellaire, investi par des bâtiments postérieurs. La rue Saint-Denis, par exemple, a gardé un bon nombre des étroits bâtiments élevés pendant les XVIIᵉ et XVIIIᵉ siècles sur un parcellaire hérité du Moyen Âge. Ici aussi, la grande densité du bâti a évité un remplacement qui n'aurait produit qu'un trop petit surplus de surfaces habitables ou commerciales.

23, rue des Écoles, Paris 5ᵉ.
© Cyrus Cornut, 2021

D'autres périodes, d'autres séries existent toujours, tels les immeubles de rapport, construits dans les années 1830-1840, qui bordent les rues Notre-Dame-de-Lorette ou Rodier et affichent des persiennes en bois et des bandeaux horizontaux.

Autrement stables, les rangées de maisons individuelles se répandent le long de rues mineures et d'étroites impasses dans les arrondissements extérieurs. Ces maisons de deux ou trois travées avec un ou deux étages donnent, selon les cas, directement sur l'alignement ou derrière un mince jardinet. Parfois, ces maisons constituent de vastes ensembles, comme ceux du quartier de la Mouzaïa construits entre 1888 et 1899, puis entre 1925 et 1930.

Les irrégularités relatives

Les régularités inhérentes au marché immobilier, renforcées par un classicisme français qui privilégie l'ordre, ont marqué et marquent toujours Paris. Cependant, la formation incessante de la ville se traduit aussi par un paysage urbain riche de séquences hétéroclites et de détails singuliers. Cette face de Paris se dévoile surtout le long des voies qui ont été constamment transformées pour s'adapter à l'évolution de leur quartier. L'irrégularité de ces rangées discordantes est toutefois relative, car modérée par les modes d'assemblage urbain parisiens se traduisant par les éléments suivants : façades accolées, murs mitoyens, hauteurs limitées et alignements imposés.

34, rue Gay-Lussac, Paris 5ᵉ.
© Cyrus Cornut, 2021

Les façades accolées

L'habitude de se mouvoir entre des fronts bâtis continus cache aux Parisiens ces manifestations d'entente sociale qui forment le décor de leur vie quotidienne. Cette inattention les empêche aussi de remarquer les divergences esthétiques entre des façades voisines qui, en s'ignorant mutuellement, créent des séquences stylistiques que personne n'aurait eu l'audace de composer.

Chaque immeuble se conforme en effet à un style répondant aux goûts, aux moyens, au rang social de son bâtisseur. Les voies formées progressivement et sujettes à des transformations successives présentent donc un visage particulièrement composite, car leurs façades, élevées à différents moments, n'ont pas les mêmes matériaux, proportions de fenêtres, formes de toitures, motifs décoratifs, etc.

Les modulations stylistiques varient d'un quartier à l'autre, et entre voies majeures et mineures d'un même quartier. Les bâtiments élevés à la même période n'obéissent pas tous aux mêmes injonctions de la mode, comme tous les citadins d'une même époque ne s'habillent pas avec les mêmes vêtements. Ainsi, vers 1910, alors que les bâtiments Art nouveau ponctuent certaines rues du 16e arrondissement, des façades dépourvues d'éléments stylistiques marquants sont élevées dans le 20e arrondissement. En revanche, vers 1990, cette répartition géographique s'inverse, car le secteur privé opérant dans le 16e préfère le post-moderne, jugé alors ringard par les architectes qui gagnent les concours des logements sociaux dans les ZAC du 20e.

La diversité esthétique d'une rue est également tributaire des types de bâti qui la composent, comme dans ces voies où les immeubles d'appartements côtoient les immeubles de bureaux ou de parkings.

27, rue Francœur, Paris 18e.
© Cyrus Cornut, 2021

3, rue Marx-Dormoy, Paris 18e.
© Cyrus Cornut, 2021

Les murs mitoyens

Esthétiquement diversifiées ou non, les murailles de bâtiments accolés les uns aux autres représentent un exploit de coordination sociale. Cette continuité du bâti repose sur des coutumes séculaires codifiées par la suite, et dépend d'un élément essentiel au maintien de l'ensemble : le mur mitoyen. Tenue en copropriété, cette paroi perpendiculaire à la voie importe car elle sépare et unifie deux bâtiments distincts. Caché normalement au regard des passants, ce mur dévoile sa partie haute lorsque deux bâtiments voisins ne sont pas de la même hauteur. Appartenant au seul propriétaire du bâtiment haut, le bout de mur est nommé « héberge ». Il émerge quand un des deux bâtiments n'atteint pas, contrairement à l'autre, la hauteur maximale permise par le règlement en vigueur, ou quand un des deux est surélevé en profitant d'un nouveau règlement.

Les profils au sommet

Les héberges sont courantes dans Paris où abondent les discordances de hauteur. Même la partie prestigieuse de la rue de Rivoli, qui longe le jardin des Tuileries, affiche un profil chahuté depuis qu'en 1903, le n° 226 fut rehaussé considérablement, en exploitant les possibilités offertes par le règlement relatif aux hauteurs édicté un an auparavant. Le profil au sommet des fronts bâtis mixtes est particulièrement accidenté, car il mélange hauts immeubles d'appartements et bâtiments bien plus bas : un hôtel particulier, une école, un marché couvert, etc.

Les héberges issues de ces décalages sont souvent accompagnées de pierres ou briques d'attente, prévues pour joindre une éventuelle façade à la haute façade existante. Éléments du pittoresque parisien, ces excroissances sont aujourd'hui protégées par l'administration.

Les alignements saccadés

Le mot « alignement » signifie aussi bien la ligne séparant une voie des parcelles qui la bordent, qu'une politique visant l'élargissement des voies et la rectification de leur tracé. Pour ce faire, à partir de la fin du XVIIIe siècle, l'administration fit dessiner des plans de toutes les rues parisiennes. Sur chacun figurent deux lignes : l'une correspond à l'alignement existant, l'autre – en arrière, sauf à de rares exceptions – signale l'alignement souhaité sur lequel doivent s'élever les nouveaux immeubles. Or, le remplacement total du bâti, nécessaire pour conférer à une rue son contour voulu, n'a presque jamais eu lieu. En revanche, le remplacement ponctuel a produit des rues au contour irrégulier, dû aux immeubles neufs situés en arrière de ceux restés sur place.

En reculant, un nouvel immeuble dévoile une partie du mur mitoyen qui séparait l'immeuble démoli de celui toujours debout. Cette tranche verticale de mur aveugle, dont la largeur va de quelques dizaines de centimètres à 2 ou 3 mètres, se couvre aujourd'hui d'affiches et de graffitis. On y a parfois percé des fenêtres, plus rarement une porte.

On éleva fréquemment des appentis à l'endroit des recoins formés, là où cette tranche de mur aveugle rencontre la nouvelle façade. Ces structures prolongeant la surface commerciale des rez-de-chaussée furent tolérées, dans la mesure où elles empêchaient des usages peu appréciés de ces recoins.

Les reculs modernistes

Dès 1961, un nouveau règlement, officialisé en fait seulement en 1967, limita la hauteur maximale des bâtiments par un dessin figurant une diagonale de 45°, qui partait d'un point situé à 3 mètres au-dessus de l'alignement de la rive opposée. En conséquence, plus un immeuble reculait, plus il pouvait s'élever – à condition de limiter l'ombre portée sur les immeubles voisins. S'ensuivirent des reculs conséquents dévoilant des pignons entiers et même les arrière-cours des immeubles voisins.

Dans les rues passantes, surtout aux angles, de nombreux bâtiments forcés de reculer comprennent deux parties : un socle commercial s'étendant sur toute la surface de la parcelle, surmonté d'une barre d'habitations élevée à l'écart de la voie. Ces deux blocs, formant parfois un tout élégant, furent fréquemment juxtaposés de manière maladroite.

Les intrus

De nombreux fronts bâtis parisiens sont ponctués de bâtiments insolites. Ces perturbateurs sont souvent de nouveaux venus, dont la façade détonne par rapport à celle des voisins. En témoignent aujourd'hui, entre autres, les élégantes petites maisons élevées dans des impasses et passages remplis d'anciennes bâtisses humbles. Ailleurs, la distinction esthétique se manifeste en haut d'immeubles dont la partie surélevée jure esthétiquement avec les étages inférieurs. Par sa hauteur même, un immeuble peut être un intrus : par exemple, un immeuble d'appartements à plusieurs étages surgissant dans une rue de maisons basses. Son isolement met en évidence l'anticipation erronée du propriétaire : le développement escompté du quartier n'a pas eu lieu. Un de ces spécimens, courants en banlieue, marque la place Rhin-et-Danube à Paris. D'autres hauts immeubles solitaires dans leur rangée sont issus d'un règlement en vigueur dans les années 1960-1970. Fondé sur la notion de coefficient d'occupation des sols, le règlement amena à la concentration du bâti sur le devant du terrain, comme au n° 21 de la rue Jean-Leclaire. Si, en revanche, des immeubles hauts remplacent toutes les maisons d'une rangée, alors la bâtisse survivante devient l'exception (3, place de Lévis, par exemple). Issues de l'approche actuelle favorisant la composition du neuf avec l'existant, certaines rangées de bâtiments récents se calent sur la hauteur d'un ancien immeuble, conservé car jugé sain. Il s'ensuit un contraste stylistique entre le rescapé et ses fringants voisins, qui lui confèrent l'air d'un original (62, boulevard de Belleville). Enfin, Paris, particulièrement touché par le percement, est riche d'anomalies architecturales propres à cette opération complexe, telles ces séquences de larges immeubles contenant un bâtiment étroit, de même hauteur (34, rue Gay-Lussac) ou beaucoup plus bas (23, rue des Écoles). Existent aussi des hôtels aristocratiques tailladés de manière voyante par la nouvelle voie (217, boulevard Saint-Germain). Plus extravagantes encore sont les étonnantes bicoques adossées à des murs aveugles et occupant de petits délaissés à la suite d'un remembrement parcellaire mal géré (14, rue Bobillot ou 33, avenue Simon-Bolivar).

62, boulevard de Belleville, Paris 20°.
© Cyrus Cornut, 2021

L'envers du décor

Les murs aveugles scandent le paysage urbain parisien. Perpendiculaires à la voie, ils émanent de deux politiques qui ont considérablement marqué Paris, l'alignement et le percement, mais renvoient également au règlement relatif à la hauteur datant des années 1960. Encore plus courantes et autrement présentes sont les héberges aveugles qui se succèdent au sommet des bâtiments. Cependant, les murs aveugles envahissent surtout l'intérieur des îlots en étant situés sur les limites parcellaires. Pour empêcher toute vue directe sur les propriétés voisines, les coutumes et règlements ont interdit d'ouvrir des fenêtres dans ces murs. Depuis la rue, on peut les apercevoir à partir des vides entre façades ou par-dessus un bâtiment bas. De manière plus spectaculaire, ils peuvent apparaître directement sur la voie publique, accompagnés de cours intérieures, comme en bordure de la place Saint-André-des-Arts, de la rue de la Fontaine-au-Roi (des n°s 65 à 75) et de nombreux squares et places de ces dernières décennies. Le plus souvent, ces cours et murs, qui faisaient auparavant partie de l'intérieur d'un îlot, se sont exposés à l'extérieur après avoir perdu leurs voisins – démolis et non remplacés – qui les séparaient auparavant de la voie. Personne n'a recherché cette insolence architecturale, mais, en l'acceptant, les autorités ont enrichi l'offre esthétique de Paris, par exemple en bordure des cimetières et des chemins de fer.

Distribution

Les séquences harmonieuses et dissonantes ne se répartissent pas dans Paris de manière égale. Elles jalonnent certaines familles de voies plus que d'autres. Les anciennes voies radiales structurant le réseau parisien sont particulièrement hétéroclites. Formées à partir de pistes préhistoriques parcourant le territoire du futur Paris, elles connectaient la ville aux régions lointaines et aux villages se formant aux alentours. Elles sont ensuite devenues des artères importantes. Leur largeur variait, jusqu'au début du XIXe siècle, de 6 mètres au centre de la ville à 12 mètres dans les faubourgs. C'était le cas des rues Saint-Martin et du Faubourg-Saint-Martin. Depuis, plusieurs tronçons centraux ont été complètement ou partiellement élargis par les politiques de percement et d'alignement, et leur bâti renouvelé en conséquence. Dans les arrondissements extérieurs, leur largeur est de quelque 30 mètres, et leur contour ponctué par de nombreux immeubles modernistes (rue de Belleville).

Ces radiales furent découpées par des boulevards circulaires issus de trois murailles successives. Ces larges boulevards (de 36 à 70 mètres) sont bordés par des lignes d'arbres masquant leur diversité typologique et stylistique. En effet, leurs bâtiments, élevés progressivement, et bien après l'aménagement de ces voies, furent remplacés plusieurs fois selon leur éloignement du centre et l'évolution des quartiers tangents. Plus récents, les boulevards des Maréchaux se démarquent des Grands Boulevards et des Boulevards intérieurs (ceux empruntés par les lignes 2 et 6 du métro) en conservant toujours l'opposition entre leurs rives intra-muros et extra-muros. Leurs rangées formées avant la démolition de l'enceinte font face, en effet, à une succession d'ensembles d'habitations et d'équipements occupant l'emprise de l'enceinte démolie.

La trame viaire de base (radiales et anneaux) fut complexifiée par l'ouverture d'une centaine de larges voies (de 20 à 120 mètres) bordées d'arbres. D'un côté, les percées perforèrent les quartiers centraux en démolissant toutes les constructions sur leur chemin ; de l'autre, les entailles traversèrent les zones périphériques relativement peu bâties. Parmi ces voies figurent des exemples de bâti homogène (rues Royale et de Rivoli) aussi bien qu'hétérogène (avenues des Champs-Élysées, Foch, Gambetta...). Cependant, leurs fronts bâtis, comme ceux des boulevards circulaires, sont érigés sur un alignement régulier. En effet, la grande largeur de ces voies les a dispensées des déboires d'un plan d'alignement – qui viserait un élargissement supplémentaire – et a permis aux hauts immeubles de les border sans devoir reculer.

Circonscrites par toutes ces voies importantes, des aires intercalaires, composées à l'origine d'un maillage de petits chemins ruraux, furent progressivement découpées par des rues relativement courtes, issues de petits ou grands lotissements. Ces rues, dont la largeur varie de 2 à 12 mètres, voire 15, représentent l'immense majorité des voies parisiennes et forment un épatant catalogue de figures de régularité et d'irrégularité architecturales. À une extrémité de cet éventail, certaines rues sont presque parfaitement homogènes, et à l'autre, certaines sont dramatiquement hétérogènes. Mais par leur taille et leur position, ces rues modestes attirent moins l'attention que les anciens grands chemins, les boulevards circulaires, les percées et les entailles.

Michaël Darin

l'affichage comme expérience perceptive

Géraldine Texier-Rideau

de la ville

> Tout est dans le passage d'un point à l'autre et dans la manière dont, progressivement et partiellement, le paysage se modifie.
> Bernard Lepetit[1]

Depuis le XVIIe siècle, Paris est déclaré par tous ses observateurs « plus belle ville de l'univers ». Ce mythe puissant, sans cesse réactivé à travers les siècles, fait de Paris une ville à part, indépassable. L'espace public y est pourtant traversé par des volontés contradictoires : d'une part, celle de voir pour mieux comprendre, de dégager pour mieux relier – le grand rêve panoptique et esthétique ; de l'autre, celle de remplir, d'empiéter, de « prendre l'espace » partout où cela est possible.

S'intéresser à l'affichage et à sa variété de messages et de placements est un moyen d'interroger ce débat sur la ville : naviguant entre deux registres, le licite et l'illicite, ce médium est un prisme par lequel nous pouvons entrevoir, par touches, les conflits d'appropriation qui traversent l'espace public. La prolifération des affiches suscite des réactions, quelle que soit la période. Ces réactions nous renseignent sur la perception des différents acteurs et sur l'attention qu'ils portent au cadre de vie ; elles rendent compte aussi des fluctuations de la notion d'esthétique urbaine, du temps des embellissements à celui de la science des villes[2], alors que la sensibilité à l'espace perçu et vécu ne cesse de s'accentuer. Considérer l'affichage permet en somme de questionner les limites d'une mise en ordre et d'une maîtrise de l'espace public, alors qu'on cherche à « mieux voir » sous les Lumières, à faire « plus large » avec les travaux du Second Empire, à protéger enfin un paysage urbain singulier, au risque de produire une ville à deux visages (monumental *versus* ordinaire) qui se cristallise dès le début du XXe siècle.

Mettre en ordre les multitudes : y voir plus clair

Dans le Paris des Lumières, embellir revient, pour les « faiseurs de projets », à ôter plus qu'à construire, à tracer des chemins pour mieux s'orienter et s'approprier l'espace urbain, que l'on pratique majoritairement à pied, les sens en éveil. Une multitude d'auteurs (médecins, écrivains, pamphlétaires, philosophes, architectes…) rêvent l'embellissement de la ville et renvoient à un autre projet de société. De nouvelles valeurs urbaines émanent de ces discours : utilité, sensibilité, bienfaisance, réforme morale et hygiénisme supplantent de beaucoup les notions de « beauté » ou de « grandeur de la ville ». Ces écrits – prospectifs ou utopiques – imprègnent la sphère publique et s'inscrivent dans la lignée des travaux éditaires menés depuis le XVIIe siècle dans le but d'opérer une réforme de fond de l'espace public[3].

Pour « agencer le réel », c'est-à-dire mettre l'organisme urbain en ordre et tenter de le maîtriser (contenir la ville en ses limites), il importe pour les autorités de réviser leur cadre d'action. Un ordre global doit ainsi s'ins-

---

1 Bernard Lepetit, *Les Villes dans la France moderne (1740-1840)*, Paris : Albin Michel, 1988, p. 17.
2 Voir à ce propos Géraldine Texier-Rideau, *L'Esprit de la ville. Regards croisés sur la place parisienne : du temps des embellissements à celui de la science des villes, XVIIIe-XXe siècles*, thèse de doctorat en histoire de l'architecture, université de Versailles-Saint-Quentin-en-Yvelines, 2015.
3 Sous la direction de Gabriel Nicolas de La Reynie, la lieutenance de police générale, instaurée par l'édit de 1667, fixe les règles visant à désencombrer la rue des marchandises qui l'obstruent et à limiter la taille des enseignes.

taurer par capillarité, s'insinuer partout dans la ville, quadrillée à partir de 1702 en 20 quartiers de police[4]. À cet effet, chaque espace est affecté à un usage précis. Ce n'est pas seulement l'irrégularité de la ville qui est combattue, mais tout ce qui échappe à la réglementation. En somme, il faut « purger la ville de ce qui cause les désordres[5] », veiller à ce que l'architecture et les pratiques qu'elle suscite n'empiètent pas sur l'espace public. La rue et son front bâti – qui constituent ce bien public « si simple et si commun[6] », dont la lieutenance de police partage le contrôle avec le prévôt des marchands et des échevins – sont l'objet de toutes les attentions et réglementations : alignement, pavage, éclairage, numérotage et adressage des maisons et des boutiques par des plaques[7], démolition des saillies, repositionnement des enseignes sous l'auvent[8], respect des prospects contribuent à l'« éclaircissement » recherché.

Le colleur, Jean Duplessi-Bertaux, graveur, deuxième moitié du XVIIIe siècle.
© Paris Musées / Musée Carnavalet - Histoire de Paris

Dans cette optique, l'affichage que l'on trouve « aux coins des rues, aux portes des particuliers, ou aux églises[9] », selon le dictionnaire de Richelet, doit, pour les autorités qui en ont la charge[10], être mieux encadré. Sa prolifération inquiète. Qu'ils soient officiels ou séditieux, informatifs ou commerciaux, placards et affiches se déploient de manière spectaculaire au cours du XVIIIe siècle, sur tous les sites fréquentés de la ville. Pour nourrir l'appétit grandissant des curieux, avides de nouvelles vraies ou fausses, l'affiche est placardée partout où la foule passe ou se promène : elle renseigne, dénonce ou annonce (spectacles, faits divers et autres événements). Dans l'ordinaire des quartiers, l'encoignure de deux rues, une porte cochère près des fontaines, une place d'église au parvis étriqué sont des lieux privilégiés pour l'affichage, qui forme parfois sur les murs une croûte épaisse d'écrits superposés[11]. Pour tenter de juguler cette pratique, la lieutenance générale de police mène une politique réfléchie d'occupation – avec des bureaux pour partie dédiés aux affichages et situés près des principales zones de passage – et de surveillance de l'espace – par des déplacements réguliers[12]. Compte tenu de la densité de population qui les traverse, certains lieux (le Palais-Royal, les Halles, la place Maubert, la Grève, le pont Neuf, les berges de la Seine, les Grands Boulevards de la rive droite, la place de l'Odéon…) font l'objet d'une vigilance accrue[13] : s'ils se prêtent à l'affichage sauvage, celui-ci est en général très vite identifié, et les affiches collectées et enlevées, pour que ne restent visibles que les placards officiels émanant du pouvoir royal, ou ceux qui ont été autorisés[14]. Sur ces espaces, l'ordre public prime : on souhaite éviter les rassemblements et prévenir les mouvements de foule que l'affichage pourrait susciter.

---

4 Nicolas Vidoni, *La Police des Lumières : XVIIe-XVIIIe siècle*, Paris : Perrin, 2018.

5 Édit de 1667, reproduit dans Nicolas Delamare, *Traité de la police* [1705] (éd. augmentée), Paris : Michel Brunet, 1722, t. I, p. 147-148.

6 Anne-Louis Le Cler du Brillet, *Continuation du Traité de la police : de la voirie*, Paris : J.-F. Hérissant, 1738, t. IV, p. 1.

7 Natacha Coquery, *Tenir boutique à Paris au XVIIIe siècle : luxe et demi-luxe*, Paris : CTHS, 2011.

8 En 1761, le lieutenant de police Sartine interdit les enseignes en saillie, jusqu'alors perpendiculaires à la façade des maisons et des boutiques : elles devront dorénavant être plaquées en bandeaux sur la façade.

9 Pierre Richelet, *Dictionnaire françois* [1680] (nouvelle éd.), Amsterdam : Jean Elzevir, 1706, p. 25.

10 Par arrêt du Conseil d'État du 13 septembre 1722, l'affichage est réglementé : 40 colleurs officiels, chacun pourvu d'une médaille permettant de les identifier, seront désormais autorisés à exercer cette fonction.

11 Arlette Farge, *Vivre & parler au XVIIIe siècle : Paris au siècle des Lumières*, Paris : Le Robert, 2017.

12 Vincent Milliot, « Saisir l'espace urbain : mobilité des commissaires et contrôle des quartiers de police à Paris au XVIIIe siècle », *Revue d'histoire moderne & contemporaine*, 2003/1, n° 50-1, p. 54-80.

13 Laurent Cuvelier, « Recouvrir la ville et surveiller les murs : les luttes pour le contrôle de l'espace public à Paris au XVIIIe siècle », *Urbanités*, 2017, n° 9, http://www.revue-urbanites.fr

14 Les lois des 22 et 28 juillet 1791 précisent que seules les affiches officielles peuvent être imprimées sur papier blanc et apposées sur les édifices publics, propriétés de l'État et de la Ville. Des tables en marbre noir gravées doivent en indiquer l'emplacement. Les affiches des particuliers qui ont été autorisées ne peuvent être imprimées que sur du papier de couleur et sont soumises au timbre fixe ou « de dimension ».

Même si le contrôle tend à s'accentuer – le placard d'opinion serait devenu quasi impossible à la fin du XVIIIe siècle selon le publiciste Louis-Sébastien Mercier, « tant [on a mis] de surveillance dans la poursuite des afficheurs[15] » –, cette prolifération et diversification des imprimés sur les murs de la ville a joué un rôle non négligeable dans l'appropriation progressive de l'espace urbain par une multitude de groupes sociaux[16]. De leurs activités est née une production d'écrits et d'images qui, même de façon éphémère, se sont imposés dans la ville comme autant d'indices de leur degré de connaissance de l'espace urbain, de sensibilité à celui-ci, et de leur implication dans la vie publique, voire dans leur cadre de vie[17]. Cette prise de conscience est déjà perceptible dans les réponses que spécialistes et amateurs de toute sorte, parisiens et provinciaux, proposent lors du concours d'idées lancé en 1748 pour la création d'une nouvelle place royale dédiée à Louis XV. Plus « civique » que celle du Grand Siècle, la place idéale que l'on imagine à même d'opérer l'embellissement est pensée partout, pour tout et pour tous. Mieux encore, elle est entrée dans les flux, construisant avec les rues un espace en réseau que l'on cherche à s'approprier. C'est bien à cette place royale régénérée que Mercier fait référence dans son Paris de l'an 2440[18]. Dès son réveil – après 670 ans d'un long sommeil et d'une lente transformation de la société –, le narrateur nous livre sa vision du rôle de l'affiche comme de la place publique. Son premier contact avec la capitale embellie se fait sur une place, pourvue d'une colonne pyramidale, dont la paroi est à la fois gravée d'une épigraphe qui

Frontispice, extrait de *L'an deux mille quatre cent quarante : rêve s'il en fût jamais*, Louis-Sébastien Mercier, 1786.
© Poitiers, Bibliothèques universitaires, Fonds ancien

indique la date, mais aussi tapissée de quelques édits officiels qui corroborent cette information. Par réflexe de citadin, son regard se concentre d'abord sur l'écrit. Cette attitude première qui lui semble naturelle ne peut pour autant le soustraire à l'expérience de l'espace. Comme l'a montré Arlette Farge[19], ce qui se construit pendant les Lumières est le droit de savoir et de juger par soi-même : les placards officiels et illicites qui remplissent l'espace public ne constituent qu'une source parmi d'autres pour se forger une opinion. Lus ou entendus, leurs messages sont souvent mis à distance et confrontés à une somme d'événements qui traversent la société. L'affiche donne une information qui demande donc à être éprouvée, par les rencontres et par les échanges entre citoyens. Ainsi le narrateur de *L'An 2440* parcourt-il la ville réformée en compagnie d'un

---

15 Louis-Sébastien Mercier, « Placards ». Dans *Tableau de Paris* [1781-1788], éd. Jean-Claude Bonnet, Paris : Mercure de France, 1994, t. I, p. 1318.

16 Laurent Cuvelier, *La Ville captivée : affichage et économie de l'attention à Paris au XVIIIe siècle*, thèse de doctorat en histoire, Sciences Po Paris, 2019.

17 Voir les articles du *Journal de Paris*, qui a ouvert un courrier des lecteurs dès sa parution en 1777 : des anonymes (parfois sous patronyme) commentent les projets architecturaux et urbains en cours, donnent leur propre vision d'un Paris à transformer.

18 Louis-Sébastien Mercier, *L'An 2440 : rêve s'il en fût jamais* [1771, 1786], Paris : France Adel, 1977.

19 Arlette Farge, *Dire et mal dire : l'opinion publique au XVIIIe siècle*, Paris : Seuil, 1992.

homme avec lequel il disserte. Si la première des places qu'il arpente apparaît bien comme un jalon stable de l'histoire de la ville, toutes celles qu'il traverse au cours de sa journée sont totalement réinventées : partie intégrante de l'armature et de la vie urbaines, elles sont vastes, festives, rassembleuses, ouvertes, dédiées aux grands hommes, en tout point opposées aux places royales conçues sous Louis XIV, que le narrateur perçoit comme anachroniques. La déconstruction esthétique et symbolique de la place royale a bien eu lieu.

Par-delà les rêves, l'application du programme de rationalisation – que Ledoux contient dans son mur des Fermiers généraux[20] et que Verniquet cartographie – prendra du temps : entre la mise en œuvre de la réforme matérielle de la ville et la transformation des pratiques populaires de la rue et de la place – dont l'affiche matérialise encore la survivance –, il y a asynchronie. Tant que l'affiche tient, la rue se maintient. L'affiche résiste même si, parallèlement, la publication des imprimés crée une nouvelle forme de publicité, qui dépasse très largement la sphère locale et affaiblit considérablement le rôle symbolique de la place comme lieu d'échange de l'information[21].

Un Paris à deux temps : faire plus large

Au tournant du XIXe siècle, l'espace urbain est soumis à de fortes tensions, que l'affichage vient à souligner. À partir de la Révolution, les crises insurrectionnelles en font notamment un véritable espace politique : les placards d'opinion et autres caricatures, qui échappent en grande partie à la censure, se multiplient sur les murs des rues et des places lors des périodes de trouble et contribuent à alimenter l'événement, relayé lui-même par voie de presse. Marqueur puissant, l'affichage est devenu une arme politique, dont se servent les acteurs pour communiquer ou pour s'opposer. Pour une part de la population, il est aussi un moyen d'expression : envahir les murs revient à prendre le pouvoir. Les préfets de police successifs engagent alors différentes réformes des métiers (imprimeurs, libraires, afficheurs) pour augmenter le contrôle, pensant tenir les murs et la presse tout en jugulant les mouvements d'opposition[22]. Si cette réglementation a également pour but annoncé de stopper la dégradation des monuments et des constructions particulières, l'esthétique passe clairement au second plan. Par-delà les insurrections, les temps d'accalmie sont propices à une transformation plus radicale de l'espace urbain, dans un monde commercial et industriel en pleine expansion. Entre ancien et nouveau Paris, l'affichage – à caractère commercial, cette fois – se poste là où le mouvement de réformation spatiale résiste, puis là où il s'engage ; il en souligne la rythmique, les errements comme les accomplissements. Contrairement au placard d'opinion, ce type d'affichage est d'abord peu combattu, mais au laisser-faire des premiers temps se substituera une mise en ordre qui accompagnera l'essor commercial.

Plus que la place, c'est la voirie qui connaît les transformations les plus importantes – lentes d'abord, permises par la servitude d'alignement ; rapides sous le Second Empire, lorsque sont engagés des percements d'utilité publique (décret de 1852). Si les édiles du XVIIIe siècle l'avaient plus

---

20 Très contrôlé par les fermiers généraux, le placardage illicite sur cette enceinte « fiscale » semble peu présent dans sa partie interne (le long du chemin de ronde) ou sur les 55 propylées. On en trouve plutôt à l'extérieur, près des cabarets et des échoppes des marchands de vin.

21 Richard Wittman, *Architecture, culture de l'imprimé et sphère publique dans la France du XVIIIe siècle* [2007], trad. Françoise Jaouën, Dijon : Les Presses du Réel, 2019.

22 Nathalie Jakobowicz, « Les pratiques d'affichage dans l'espace public à Paris en 1830 », *Revue d'histoire du XIXe siècle*, 2009, n° 39, p. 17-36 ; Philippe Artières, *La Police de l'écriture : l'invention de la délinquance graphique (1852-1945)*, Paris : La Découverte, 2013.

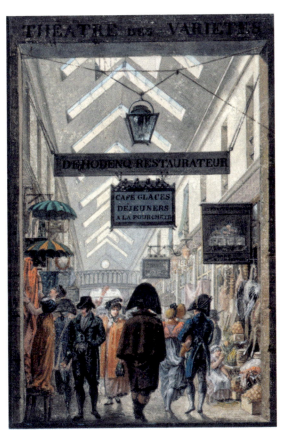

Passage des Panoramas (théâtre des Variétés), Philibert-Louis Debucourt, 1807.
© Musée Carnavalet - Histoire de Paris / Roger-Viollet

ou moins mise en ordre, ceux du XIXᵉ siècle – les deux préfectures (de police et de la Seine) qui en ont la gestion – en modifient profondément le profil, au nom de l'hygiène, de la circulation et de l'ordre public[23]. Rêvé par les embellisseurs, l'idéal de la rue large et rectiligne, pourvue de trottoirs, équipée de candélabres et d'égouts raccordés au bâti, prend forme au cours du début du XIXᵉ siècle, mais plutôt à la périphérie du centre ancien : de part et d'autre de la ligne des Grands Boulevards de la rive droite, les rues des lotissements résidentiels jouxtent les passages couverts[24], qui en constituent l'envers fantasmagorique et commercial[25]. Dans ces quartiers « à la mode », près des théâtres et des cafés, le client fait l'objet de toutes les attentions : soustrait à la circulation et à ses nuisances grâce au trottoir qui se généralise à partir des années 1840, ou grâce à la rue à couvert, le passant peut désormais plonger son regard dans les vitrines qui esthétisent la marchandise. Là, nul besoin d'affichage pour vanter les mérites de tel nouveau produit, qui se donne à voir en pleine lumière.

C'est donc d'abord dans la rue ancienne, qui reste étroite et encombrée, que l'on trouve les attributs du langage commercial, peint à même la façade des maisons à boutiques, ou dans les interstices produits par la servitude d'alignement. Mis en application à partir de 1813 à Paris, le plan général d'alignement, qui vise à élargir et régulariser les voies, desserre lentement l'étau de la rue médiévale, mais ne suffit pas à transformer véritablement le paysage urbain[26]. Le règlement produit en réalité de nouveaux désordres : les constructions qui en ont été frappées se mettent ainsi en retrait suivant un rythme irrégulier, faisant apparaître le pignon (l'héberge verticale) des mitoyennes qui n'ont pas encore été démolies et reconstruites. Nouvelle démarcation entre le domaine privé et le domaine public, le retrait produit ainsi une surface libre sur laquelle l'écrit puis l'affiche commerciale vont progressivement s'imposer. Il dessine aussi un coin, investi par des commerces populaires qui en occupent ainsi les zones « d'ombre ». Dernières émanations de la ville médiévale, les échoppes[27] sont en effet tolérées par les préfets de police qui y voient une manière d'acheter la paix sociale tout en occupant l'espace : elles empêchent le dépôt d'immondices, servent à l'occasion de vespasiennes et fournissent quelques subsides à une population proche de l'indigence.

Amené à disparaître dans les années qui suivent, ce monde commercial du Paris ancien est consigné dans un recueil[28] pour en garder

23 Sabine Barles, « La rue parisienne au XIXᵉ siècle : standardisation et contrôle ? », *Romantisme*, 2016/1, n° 171, p. 15-28.

24 Bertrand Lemoine, *Les Passages couverts en France*, Paris : Délégation à l'action artistique de la Ville de Paris, 1989 ; Guy Lambert, *Paris et ses passages couverts*, Paris : Éditions du patrimoine, 2010.

25 Décor théâtral très contenu, le passage opère une mise en abyme, produisant en son sein une urbanité particulière, déréalisant l'expérience urbaine. Seul le règlement de propriété prévaut ici : les enseignes pendantes et perpendiculaires y ont droit de cité, quand celles qui étaient installées dans les rues ont depuis longtemps été bannies.

26 Michaël Darin, *La Comédie urbaine : voir la ville autrement*, Gollion : Infolio, 2009. Voir plus particulièrement p. 17-75.

27 Si l'on en compte 3 000 à 4 000 à la fin du XVIIIᵉ siècle, leur nombre est divisé par 10 au milieu du XIXᵉ siècle, avant qu'elles ne disparaissent vers 1900. Voir Manuel Charpy, « L'apprentissage du vide : commerces populaires et espace public à Paris dans la première moitié du XIXᵉ siècle », *Espaces et sociétés*, 2011/1-2, n° 144-145, p. 15-35.

28 Réalisé entre 1851 et 1854 sous la houlette de Gabriel Davioud, le recueil de 574 planches est publié sous forme de fac-similés dans Pierre Pinon, *Paris pour mémoire : le livre noir des destructions haussmanniennes*, Paris : Parigramme, 2012. Cet article, écrit alors que l'on faisait l'annonce du décès de Pierre Pinon, lui est dédié.

la trace. Sur ces dessins en géométral commandés par Eugène Deschamps, directeur du service du plan, c'est toute l'atmosphère de la rue commerçante qu'on cherche à mémoriser. Devant les boutiques, la marchandise s'étale. Les enseignes commerciales en bandeaux et les écritures peintes (le nom de la boutique et de son propriétaire) prennent toute la façade. Certaines inscriptions (« liquidation pour cause d'expropriation » ou « vente au rabais pour cause de destruction ») annoncent même la disparition prochaine de certaines boutiques. Une page se tourne.

Les grands travaux menés sous le Second Empire entendent de fait réformer « plus grand » et ouvrir « plus vaste » : ils accentuent le tempo et font émerger une autre ville, qui surgit des gravats, dans les perspectives multiples des percées nouvelles. Mais s'il s'agit bien là d'un urbanisme de « régularisation », l'espace commercial y est totalement réinventé. Repliés sur eux-mêmes, sombres et mal entretenus, les passages couverts, qui, au début du XIXe siècle, ont connu un âge d'or, ne sont plus à la mode – nombre d'entre eux disparaîtront dans les percées. Ils sont concurrencés par de nouvelles boutiques, qui trouvent dans le linéaire homogène des immeubles haussmanniens des espaces en prise directe avec l'espace public, qui leur offrent une meilleure visibilité. Les bandeaux d'étage sont marqués d'enseignes, fixées pour certaines sur les balcons filants. Le commerce s'adapte aux nouvelles surfaces ; la Ville s'y plie, voire l'accompagne.

Rue de la Cité, Adolphe Martial Potémont, graveur, 1860.
© BnF, Estampe et photographie

Aux rues commerçantes s'ajouteront aussi les Grands Magasins, qui s'élèvent en plusieurs temps, des années 1850 jusqu'au début du XXe siècle[29]. Le Bon marché, le Printemps, les Grands Magasins du Louvre, la Samaritaine, le Palais de la Nouveauté (les Grands Magasins Dufayel) et enfin les Galeries Lafayette se présentent comme de véritables architectures publicitaires, qui se signalent très fortement dans l'espace public. Extravertis, ils appellent le client depuis l'extérieur en se répandant sur les avenues et boulevards nouveaux, et quadrillent le territoire (au centre, principalement sur la rive droite, et dans les quartiers de l'ouest). Sur leurs façades, tantôt vitrines-théâtres, tantôt murs opaques, leurs bandeaux publicitaires s'exposent aussi bien à hauteur de vue qu'en attique, voire en toiture. Ici, l'enseigne démultipliée à tous les étages est même réclamée : elle constitue une curiosité pour l'œil, et prend une forme spectaculaire quand le bandeau s'électrise.

L'affiche papier n'est pas en reste. Elle accompagne l'essor commercial. Dans les années 1840, l'art publicitaire avait déjà connu un premier tournant révolutionnaire, avec le détournement de la technique du papier peint par Jean-Alexis Rouchon. Mais c'est le procédé lithographique, cantonné à la production d'affichettes et d'almanachs jusque dans les années 1860, qui donne naissance à l'affiche couleur de grand format, dont s'emparera notamment Jules Chéret. Les affiches trouvent leur plein accomplissement technique au moment

---

29 Béatrice de Andia et Caroline François (dir.), *Les Cathédrales du commerce parisien : grands magasins et enseignes*, Paris : Action artistique de la Ville de Paris, 2006.

 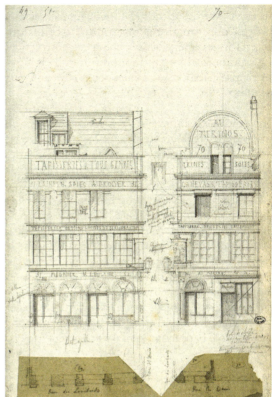

Rue Jean-de-Beauce, Paris 1er, 49-51, rue des Lombards et 70, rue Saint-Denis, Paris 1er.
Extraits du recueil *Expropriations de 1852-1854 pour le prolongement de la rue de Rivoli*, sous la direction de Gabriel Davioud, architecte, préfecture du département de la Seine, volume 2, feuillet 69 et volume 1, feuillet 196.
© Ville de Paris / BHVP

où la ville dispose d'une pluralité de supports pour les exposer : les affiches culturelles sont apposées sur les nouvelles colonnes Morris mises en concession[30], les affiches publicitaires des petits détaillants indépendants apparaissent sur les kiosques et vespasiennes, alors que les affiches officielles se donnent à voir sur des panneaux d'annonce ourlés, accolés aux colonnes des candélabres. Réservé ou libre, l'affichage de tout avis inscrit ou peint de 1 m² et plus est soumis, à partir du 1er août 1852, à une taxe. Les pignons, produits des retraits d'alignement comme des reliquats de percements, sont autant de surfaces à rentabiliser. Les plus en vue sont livrés aux afficheurs, qui font disparaître sous les placards publicitaires l'écriture commerciale des boutiquiers. Sous le Second Empire, l'art publicitaire envahit alors tous les murs, ce qui fait écrire à Victor Fournel, fin observateur des rues de Paris et opposant notoire aux grands travaux : « Paris n'est plus guère aujourd'hui qu'un immense mur à affiches, constellé, depuis les cheminées jusqu'aux trottoirs, de carrés de papier de toute couleur et de tout format[31]. » Quand ce ne sont pas les propriétaires qui entendent tirer profit des murs qui leur appartiennent[32], c'est la Ville qui cherche à mettre en concession ses propres

---

30 Bernard Landau et Vincent Saint-Marie-Gauthier, « Espaces modèles et lieux d'exception ». Dans Bernard Landau, Claire Monod et Évelyne Lohr (dir.), *Les Grands Boulevards : un parcours d'innovation et de modernité*, Paris : Action artistique de la Ville de Paris, 2000, p. 91-97. Les premières colonnes-urinoirs sont installées en 1839, et seront redessinées par l'architecte Gabriel Davioud. Les compagnies d'affichage prennent en charge leur construction, en échange du droit de commercialiser les surfaces publicitaires.

31 Victor Fournel, « Enseignes et affiches ». Dans *Ce qu'on voit dans les rues de Paris* [1858] (nouvelle éd.), Paris : E. Dentu, 1867, p. 315.

32 À partir des années 1870, certaines affiches commerciales sont peintes à même le pignon, mais le prix de tels emplacements publicitaires, revu à la hausse une décennie plus tard, en limitera considérablement le développement.

surfaces. Avec les grands chantiers, les palissades à claire-voie font florès, notamment celles qui encerclent les équipements publics en construction. Le commercial jouxte le monumental ; la libre entreprise investit tous les vides pour s'offrir aux yeux de tous.

De la rue ancienne au boulevard neuf, l'affiche et l'enseigne expriment un mouvement inéluctable d'extériorisation, que les différentes campagnes photographiques de Charles Marville immortalisent[33]. Pour accentuer l'effet de contraste entre un Paris qui s'en va et un autre qui advient, les clichés sont présentés en vis-à-vis lors de l'Exposition universelle de 1878 : l'espace public ancien, bordé de façades décrépies bardées d'affiches, s'extrait de son cadre intimiste et vertical pour se reconstruire dans des perspectives lumineuses qui étirent sa perception. Dans ce Paris au regard élargi, la publicité a pris une grande place[34] : elle a en partie fait taire les bruissements de la rue. Aux marges de la ville, là où la petite couronne a été annexée en 1860, la publicité n'a pas encore véritablement pris corps. Cela ne saurait pourtant tarder : certains arrondissements en seront envahis dès lors qu'il faudra distinguer le Paris monumental à préserver d'un Paris populaire à reconquérir.

Paris la nuit, enseignes lumineuses sur les Galeries Lafayette.
Photographie de presse Agence Rol, juillet 1926.
© BnF

Du monument au paysage urbain : valeurs d'attention

Au tournant du XXe siècle s'engage une réflexion sur l'avenir de la capitale française et la création d'un « plus grand Paris », entérinée par la loi du 19 avril 1919. Pour les acteurs de l'urbain français des années 1900 – catégorie qui dépasse largement le cadre des seuls architectes-urbanistes –, penser l'extension nécessite d'abord d'opérer une forme d'introspection sur ce qui a fait la grandeur de Paris. La relation à l'héritage des siècles passés est une question centrale, et la préservation de l'esthétique parisienne une nécessité. Tout ce qui en défigurerait l'aspect est dès lors à combattre : l'affichage (principalement) publicitaire[35], qui se déploie en masse à proximité immédiate des monuments ou sur leurs façades, est perçu comme un repoussoir.

Différents groupes de sauvegarde, principalement la Société des amis des monuments parisiens (1885) puis la Commission du Vieux Paris (1897), entendent freiner la prolifération des affiches[36]. Par voie de presse, ils cherchent à mobiliser l'opinion publique, envoient de nombreuses pétitions à la Ville, à l'État, organisent des manifestations, signalent les lieux précis où les affiches sont installées. Anticipant l'action des pouvoirs publics, regroupant des

---

33 Marville immortalise tour à tour le mobilier urbain dessiné par Gabriel Davioud, les rues appelées à disparaître (série dite « Album du vieux Paris », environ 425 clichés, c. 1865-1869) et les boulevards nouveaux, bordés d'immeubles de rapport qui accompagnent et encadrent une série d'équipements, pris dans les flux (photographies de 1876-1877). Voir Marie de Thézy, avec Roxanne Dubuisson, *Marville* [1994], Paris : Hazan, 2015.

34 À l'affichage fixe, réservé et encadré, s'ajoutent deux supports mobiles, l'homme-sandwich (qui apparaît dès le début du XIXe siècle) et le fiacre-réclame, le tout amplifié par la redondance des messages dans la presse grand public et spécialisée.

35 Entre 1870 et 1910, les dépenses consacrées à l'affichage commercial ont plus que doublé en France. Voir Marc Martin, « De l'affiche à l'affichage (1860-1980) : sur une spécificité de la publicité française », *Le Temps des médias*, 2004/1, n° 2, p. 59-74.

36 Ruth Fiori, *L'Invention du vieux Paris : naissance d'une conscience patrimoniale dans la capitale*, Wavre : Mardaga, 2012.

Affiches sur le socle du Lion de Belfort, place Denfert-Rochereau, Paris 14e, photographie Charles Lansiaux, entre 1916 et 1922.
© Charles Lansiaux / Musée Carnavalet - Histoire de Paris / Roger-Viollet

figures importantes du Paris intellectuel et culturel, ces groupes jouent un rôle considérable dans la prise de conscience qu'une image de Paris – le vieux – est à préserver. Leurs actions répétées ont un réel impact, puisqu'elles obligent l'État à légiférer : la loi du 27 janvier 1902 interdit ainsi d'afficher, même en temps de période électorale[37], sur les monuments publics présentant un caractère artistique – une liste en est dressée –, au nom du respect de l'esthétisme et du maintien de leur dignité. Cette loi marque une première étape, mais elle ne répond pas pleinement aux revendications des groupes de pression parisiens, qui souhaiteraient élargir le périmètre de protection aux abords de ces monuments. Ce sera chose faite avec la loi du 20 avril 1910, qui vient renforcer l'arsenal législatif : l'affichage est interdit sur les monuments et dans les sites naturels classés, et une zone d'interdiction – à l'appréciation des préfets – doit être définie à leur proximité.

Si ces deux lois tendent à repousser loin des monuments historiques toute affiche et écriture commerciale, elles ne disent rien sur les immeubles privés, a fortiori ceux qui constituent des ensembles urbains ordonnancés, tels les immeubles bordant les places royales ou celle de l'Étoile. Les places Vendôme, des Victoires, des Vosges et Dauphine intéressent d'autant plus les groupes de sauvegarde que deux types de dénaturation y coexistent. Depuis le XIXe siècle, des façades ont été profondément remaniées, alors même que des servitudes exceptionnelles imposent aux propriétaires de respecter au plus près leur état initial. D'autre part, ces places commerçantes sont envahies de placards

[37] La loi du 29 juillet 1881 sur la liberté de la presse avait autorisé l'affichage sur tous les édifices publics durant les périodes électorales.

publicitaires et d'enseignes, qui prolifèrent sur les façades et sous les arcades. Il s'agit donc, pour les défenseurs de l'esthétique de Paris, d'opérer un coup double : stopper ces dénaturations en demandant à la Ville de faire pression sur les propriétaires (en grande partie des marchands ou des compagnies financières) au titre du respect de ces servitudes, et faire ôter de manière définitive toutes les affiches et enseignes. L'objectif sous-jacent est aussi de faire prendre conscience aux édiles du caractère exceptionnel de ces ensembles ordonnancés, et de la nécessité de les préserver dans leur globalité, au nom de l'esthétique.

Place des Victoires, Paris 2e, photographie Louis Humbert de Molard, entre 1850 et 1855.
© Paris Musées / Musée Carnavalet - Histoire de Paris

C'est dans cet esprit de préservation qu'une Commission des perspectives monumentales est créée (8 juillet 1909). Son objectif est de faire classer des ensembles urbains doublement menacés, à la fois par les surélévations que rend possibles le règlement de 1902 et par l'affichage invasif. Son action sera limitée, mais à l'occasion d'une demande de surélévation d'un immeuble de la place des Victoires en 1910, Louis Bonnier, architecte-voyer en chef de la Ville de Paris et rédacteur du règlement, produit un rapport complet sur l'état de cette place[38] ; et, pour la première fois, la Ville fera front face aux propriétaires. Une brèche a bien été ouverte : la lutte contre l'envahissement des affiches a fait naître une prise de conscience patrimoniale plus forte qui, du monument en passant par des ensembles urbains ordonnancés, conduit in fine à l'idée de la préservation d'un paysage urbain singulier. Si la démarche est louable, elle tend pourtant à dissocier progressivement deux Paris : d'un côté, le monumental, dans une vision diachronique (le Paris classique du XVIIe siècle jusqu'à celui produit par le Second Empire), de l'autre, tout ce qui y échapperait.

Petit marché place Saint-Médard, Paris 5e, photographie Eugène Atget, 1898.
© Paris Musées / Musée Carnavalet - Histoire de Paris

Cette dissociation apparaît de manière encore plus manifeste lorsque les réformateurs de l'urbain comprennent que le concours d'extension de 1919 ne se traduira pas dans les faits : à défaut d'un vaste programme d'urbanisme englobant Paris et sa banlieue, l'esthétique totale[39] qui devait prévaloir dans le « grand Paris » se jouera désormais à l'intérieur des limites historiques de la capitale, en concentrant les efforts sur ce qui doit être préservé du « vandalisme » (lutte contre l'affichage, meilleur entretien des monuments). Dans plusieurs conférences données dans les années 1920-1930, l'architecte Louis Bonnier réaffirme que la beauté et la singularité de la capitale s'incarnent dans l'harmonie, des parties au tout, en préservant l'esprit des lieux. Dans le centre ancien, la rue pittoresque doit être débarrassée de tout ce qui l'encombre (mobilier urbain, affiches publicitaires). La « beauté de Paris » est « source de richesse commerciale » et

---

38 Louis Bonnier, « Les aspects de Paris : place des Victoires » (20 mai 1910), rapport annexé au Mémoire de M. le préfet de la Seine au Conseil municipal, Paris, 27 juin 1910. Voir Simon Texier, « Le carrefour des modernes : la place au XXe siècle ». Dans Isabelle Dubois, Alexandre Gady et Hendrik Ziegler (dir.), Place des Victoires : histoire, architecture, société, Paris : Maison des sciences de l'homme/Centre allemand d'histoire de l'art, 2003, p. 171-181.

39 Louis Bonnier, « L'esthétique et l'architecture dans le concours pour le plan d'aménagement et d'extension de Paris », La Vie urbaine, 1920, n° 5, p. 29-38.

Affiches Bébé Cadum, Paris, années 1920-1930.
© Albert Harlingue / Roger-Viollet

profitable à l'activité touristique : les places et grands monuments doivent garder leur intégrité, sans excès d'isolement, mais être dégagés de toutes ces « carcasses difformes » et de la « publicité outrageante[40] » qui les envahissent toujours[41]. Bonnier prend lui-même quelques clichés des sites emblématiques (Opéra, Étoile, Concorde, Louvre) bardés de bambins joufflus, rappelant au passage que la Ville n'a pas su résister aux chants des sirènes des publicitaires, qui recherchent dorénavant des sites de prestige pour promouvoir de nouvelles marques. Dans l'entre-deux-guerres, la profession d'affichiste s'est en effet réorganisée[42]. Sur le modèle des agences publicitaires qui se développent aux États-Unis, se substitue à la mise en « réclame » du XIXe siècle la machine à annoncer. Il ne s'agit plus de produire une série d'affiches pour une firme commerciale ou industrielle, mais de définir un plan de vente, soit une étude de marché où seront conjointement étudiés supports, dimensions et lieux stratégiques. Jugée cependant trop agressive, cette pratique divise la profession. Entre modèle et repoussoir, l'« américanisme » agite autant le milieu des publicitaires que celui des architectes ; les premiers se plaisent en l'occurrence à dénoncer la piètre qualité de l'affiche américaine pour mieux affirmer la valeur artistique de la production française. La question de la hauteur, elle, ne fait consensus chez les architectes que si elle concerne la périphérie parisienne.

De la même façon, ce qui ne peut se faire de jour semble pouvoir se jouer aux marges, spatiales et temporelles. La nuit[43], l'éclairage au gaz, à l'électricité et au néon transfigure la réalité. Là où l'affiche papier s'efface apparaît l'enseigne lumineuse des grands magasins, des théâtres et des cinémas. Les monuments publics, quant à eux, gagnent en visibilité en s'extrayant du fond commun de la ville. L'événement est aussi, pour Paris, un moyen de se détacher de l'ordinaire des jours. De 1889 à 1937, les Expositions universelles et internationales façonnent par touches progressives un Paris temporaire et irréel, qui joue comme un double de cette capitale que le métropolitain met en lien et en mouvement. Dans l'axe Trocadéro-Champ-de-Mars, la grande hauteur (1889), l'électricité (1900) et la publicité (1937) fusionnent en un tout. Au Paris monumental, nimbé de solennité, répond celui de la « fée électricité » qui promeut l'intensité du spectacle : en 1925, la tour Eiffel s'électrise pour faire apparaître la marque Citroën qui y restera 4 ans ; en 1937, l'Exposition internationale des arts et techniques entérine l'art publicitaire en lui consacrant un pavillon. La publicité est devenue un monument qui pèse lourd.

Dans l'immédiat après-guerre, la publicité peine pourtant à retrouver la dynamique qui l'avait propulsée au rang d'art commercial à part entière. L'affiche extérieure est désormais soumise à la loi du 12 avril 1943 qui l'interdit hors des agglomérations comme dans les centres urbains, à proximité des monuments. Hors de la zone « réservée », elle peut en revanche continuer de se déployer, collée ou apposée sur les murs des immeubles privatifs et sur les murs ou palissades de clôture. Pensée au nom de la préservation d'un cadre de vie, la dissociation des espaces d'affichage vient renforcer la dichotomie entre

---

40 Id., « Les transformations et l'avenir de Paris », La Construction moderne, 11 mai 1930, n° 3, p. 50.

41 De nombreux recours sont déposés pour tenter de faire appliquer la loi de 1910, mais les mesures prises contre les contrevenants restent peu coercitives.

42 Marie-Emmanuelle Chessel, La Publicité : naissance d'une profession (1900-1940), Paris : CNRS Éditions, 1998 ; et Réjane Bargiel, « L'affiche et la publicité durant l'entre-deux-guerres ». Dans Anne-Marie Sauvage (dir.), A. M. Cassandre : œuvres graphiques modernes, 1923-1939, Paris : Éditions de la BnF, 2005, p. 17-23.

Paris la nuit, enseignes lumineuses sur les Grands Magasins du Louvre. Photographie de presse Agence Rol, 1924.
© BnF

la ville monumentale, qui en serait débarrassée pour s'offrir aux touristes du monde entier, et celle des quartiers ordinaires, croulant sous les placards accolés ou entremêlés. À la dissémination répond la concentration : les palissades de chantier, les murs aveugles ou en attente de destruction deviennent des tableaux géants – jusqu'à 3 mètres de haut sur plusieurs dizaines de long –, chaotiques et déliquescents, souvent lacérés, dont les artistes tels Jacques Villeglé ou François Dufrêne s'empareront pour en opérer, après prélèvements, des recompositions.

De l'après-guerre jusqu'à aujourd'hui, assignations et restrictions n'ont pas endigué le flot publicitaire qui a totalement imprégné l'espace public. Pensées au nom de la préservation de l'environnement – des monuments –, les lois successives du XXe siècle ont accentué la dichotomie entre « espaces précieux » à préserver et espaces ordinaires à investir. Celle du 29 décembre 1979[44] – appréhendée à partir de valeurs esthétiques et écologiques – donnera aux maires plus de moyens pour lutter contre l'affichage sauvage dans les quartiers à haute valeur patrimoniale, mais laissera la main aux communicants extérieurs, libres de déployer l'affichage commercial en concession sur les mobiliers urbains liés aux transports collectifs[45] : autant dire partout en surface, comme c'était déjà le cas en souterrain, le long des couloirs et quais du métro, depuis la création de la RATP (1949).

43 Marc Armengaud (dir.), *Paris la nuit : chroniques nocturnes* [cat. expo., Pavillon de l'Arsenal, mai-octobre 2013], Paris : Pavillon de l'Arsenal/Picard, 2013.

44 Le législateur entend unifier et restructurer dans sa totalité le droit de l'affichage et de la publicité, autour d'une même police de l'environnement.

45 En 1972, la Ville de Paris valide l'installation et la dissémination d'un nouveau type d'abribus pensé par l'entreprise JCDecaux, le long de toutes les lignes, donc sur l'ensemble de l'espace public. Le modèle Trafic offre ainsi à la plupart des usagers un espace d'attente à couvert, désormais pourvu sur l'une de ses faces d'un espace intégré d'affichage rétro-éclairé de 2 m².

Avec le XXIe siècle, la publicité est certes entrée dans une nouvelle ère de débats, où le cadre de vie devient l'affaire de tous[46]. Si l'expérience perceptive des citoyens s'est considérablement élargie, la publicité n'en reste pas moins clivante (entre préservation esthétique, sursaut écologique et libéralisme économique). Elle interroge les limites d'une mise en ordre et d'une maîtrise de l'espace public, en tout point et en tout lieu de la ville. Aux édiles revient pourtant de déterminer un équilibre des forces en présence, de créer l'harmonie du tout dans la prise en compte des harmonies particulières, en accordant à chacun le même soin et la place qui lui revient. Là se joue le pari de l'universel.

Géraldine Texier-Rideau
Architecte et historienne
Maître de conférences et chercheure
(ENSA Clermont-Ferrand, UMR Ressources)

---

[46] La loi dite « Grenelle II » (12 juillet 2010) abolit les « zones de publicité autorisée ». Le règlement local de publicité devient alors l'outil unique de contrôle et doit s'adapter au droit de l'urbanisme (PLU). En 2020-2021, la question de la publicité revient dans la loi Climat : la Convention citoyenne souhaite voir disparaître les écrans digitaux des vitrines des commerçants.

Une for horizontale

Alexandre Gady

Parmi les caractères qui fondent la personnalité d'une ville, sa silhouette ou *skyline* est à la fois la plus poétique et la plus fragile. Imperceptible depuis l'intérieur du magma urbain, elle ne se découvre que de loin, dans un ample cadrage horizontal, et en contre-plongée, depuis un point sommital, comme le recommande d'ailleurs Montesquieu au XVIIIe siècle. L'histoire urbaine, recalée sur une échelle de trois millénaires, montre que les villes ont toujours possédé des monuments faisant saillie au cœur de la masse horizontale des maisons, définissant ainsi leur silhouette. Jusqu'à la fin du XIXe siècle, en Orient comme en Occident, seuls Dieu et le Prince avaient droit de séjour dans cet « entre-terre-et-ciel » : on n'occupe pas innocemment les cieux.

La modernité, à la fois esthétique, technique et économique, est venue bouleverser cette histoire qui s'écoulait lentement depuis des siècles, en rendant possible une nouvelle verticalité, plus haute et plus puissante : la tour. Symbole du XXe siècle, enfant naturel des ingénieurs et des financiers, elle est alors venue transformer profondément et radicalement les silhouettes urbaines existantes. Rien d'étonnant, donc, à ce que cet objet architectural ait dès l'origine divisé les opinions, souvent de manière assez marquée. Au fond, ce conflit n'a jamais cessé depuis un siècle ; il ne porte pas seulement sur l'esthétique, mais d'abord sur la légitimité même de ces tours, c'est-à-dire la possibilité de leur érection, qui trouble la subtile alchimie des intérêts privés et de l'intérêt public qui façonne la ville.

Le « Roman des chevaliers de la gloire », grand carrousel donné place Royale du 5 au 7 avril 1612 à l'occasion du mariage de Louis XIII avec Anne d'Autriche.
Peintre anonyme, entre 1607 et 1617.
© Paris Musées / Musée Carnavalet - Histoire de Paris

Paris n'a pas échappé à ce débat, on s'en doute, accentué ici en raison du mythe de la « plus belle ville du monde ». La question de la silhouette de la capitale a fait l'objet de nombreux débats et polémiques qui se concentrent dans trois moments : l'entre-deux-guerres, avec l'apparition de la tour comme possibilité ; les années 1960-1970, quand les tours poussent du sol avec énergie, mouvement brisé par la « circulaire Guichard » de 1973 et surtout l'élection de Valéry Giscard d'Estaing en 1974 ; enfin, la période depuis 2004 et la volonté de la municipalité actuelle de faire jaillir de nouveau des tours dans Paris. Ces débats tournent tous autour des mêmes arguments, et ont fini par figer les positions des *pro* et des *contra*. Il n'est cependant pas inutile, dans le cadre de la réflexion que veut porter cet ouvrage, d'y revenir ici.

Tutoyer les cieux

Les premiers monuments s'élevant au-dessus de la ligne de faîtage des maisons sont religieux. Dans l'Europe chrétienne qui a façonné nos villes à partir du substrat antique, les clochers des cathédrales et des églises sont la marque tangible de la relation à Dieu. Et quand la ville devient image, par la gravure et la peinture à partir de la Renaissance, c'est ce qu'on en perçoit d'abord, y compris dans l'exagération des représentations. Une formule populaire résume ce sentiment : « la ville aux cent clochers », surnom appliqué indifféremment à plusieurs cités médiévales... dont aucune n'atteint évidemment un tel chiffre. Cette marque identitaire peut aller jusqu'à engendrer une compétition entre les villes.

Chaque église paroissiale possède ainsi un clocher, qui sert à appeler les fidèles et peut éventuellement rivaliser avec celui des églises voisines. Pendant longtemps, seule la cathédrale Notre-Dame, élevée au cœur de Paris, a eu le privilège de posséder deux tours (de 71 mètres), ce que la hiérarchie religieuse justifiait. Londres a d'ailleurs conservé ce système, où la cathédrale Saint-Paul surclasse les églises de la City reconstruites sur les modèles de Sir Christopher Wren, avec leur clocher unique en façade. Mais dans la capitale française, un tel équilibre s'est tôt déréglé : dès le XIVe siècle à Saint-Jean-en-Grève, vaste église située derrière l'Hôtel de Ville, puis au XVIIIe siècle, avec Saint-Eustache (inachevé), et surtout Saint-Sulpice, où les architectes conçoivent des façades harmonieuses, dans une tradition médiévale revisitée. Le célèbre François Soufflot lui-même place deux clochers, mais au chevet de sa Sainte-Geneviève (actuel Panthéon), dernier grand chantier religieux de l'Ancien Régime.

Cette occupation chrétienne des hauteurs laissait de fait assez peu de place au pouvoir civil. Le roi capétien se signale d'abord par un haut donjon élevé au cœur du palais de la Cité, puis surtout au Louvre de Philippe Auguste, dont la grosse tour sera détruite par François Ier en 1528. Il est bientôt remplacé par le pavillon du Roi, et plus tard le pavillon de Flore, qui scandent le palais royal au long du fleuve. Quant à la municipalité, qui s'installe également rive droite au XIVe siècle, elle possède un beffroi qui marque la façade de l'Hôtel de Ville reconstruit à la Renaissance, symbole des libertés communales. Il a été détruit dans l'incendie allumé par la Commune en 1871 et relevé en 1882.

Le reste de la ville se caractérise par une grande uniformité dans la hauteur des maisons qui est due à un savant mélange de culture architecturale commune, de résistance des matériaux naturels (pierre, bois), et enfin de règles liées à la peur des incendies. Quand l'avocat et historien Henri Sauval évoque des maisons de sept étages aux Halles au milieu du XVIIe siècle, il exagère manifestement pour mieux dénoncer la densité du vieux centre, déjà problématique. Il faut attendre les progrès de la construction et surtout de la spéculation, après 1763, pour que surgissent dans certaines rues parisiennes des

Vue intérieure de Paris prise du belvédère de la maison de M. Fornelle, rue des Boulangers, Fossés Saint-Victor, c'est-à-dire à deux cents pieds du niveau de la rivière de Seine, dessin Chevalier de Lespinasse, 1788.
© Paris Musées / Musée Carnavalet - Histoire de Paris

maisons très hautes, dont témoigne encore le fameux exemple du 48, rue de Valois. On peut y ajouter un développement qui prend parfois des accents verticaux savoureux : les belvédères, qui poussent comme des petits champignons sur la toiture des maisons d'où la vue est intéressante. Ce Paris-là est celui, à peu de choses près, que montre le fameux plan de Turgot, gravé en 1739.

À la fin du XVIIIe siècle, on peut ainsi estimer que le ciel parisien est hérissé d'une cinquantaine de tours, clochers et flèches, datant essentiellement du Moyen Âge, auxquels la Contre-Réforme a ajouté, à partir du début du XVIIe siècle, une dizaine de dômes « à la romaine » : Saint-Louis-des-Jésuites, la Sorbonne, le Val-de-Grâce, la Salpêtrière ou les Invalides, le plus haut édifice de Paris (107 mètres) à l'époque. Aucun ne dépasse donc 110 mètres et seule la position en hauteur de l'église de Soufflot, sur la montagne Sainte-Geneviève, en fait une sorte de « Sacré-Cœur du XIXe siècle », visible de très loin, notamment du sud de Paris.

Up and down

L'orage révolutionnaire qui éclate en 1789 commence par une destruction symbolique : la Bastille, haute et massive forteresse bouchant le ciel de la liberté est rayée de la carte en quelques mois. Bientôt, la haine antireligieuse amène de nombreuses destructions d'églises, Paris étant déchristianisé dans sa chair de pierre – ravages qui, avec la vente des Biens nationaux, se poursuivront encore longtemps au XIXe siècle. Plusieurs clochers tombent alors, soit par spéculation, soit au nom de l'égalité jacobine, comme la flèche de la Sainte-Chapelle ; d'autres sont sauvés pour leur vertu pseudo-scientifique – ainsi de la tour Saint-Jacques. La Révolution opère donc en quelque sorte une horizontalisation du ciel parisien, bien dans l'esprit niveleur du moment. La période n'a rien à construire, sinon quelques machines du télégraphe de Chappe qui viennent orner les sommets parisiens de bras articulés...

Vue générale de Paris prise de l'Observatoire, en ballon, peinture de Victor Navlet, 1855.
© RMN-Grand Palais (Musée d'Orsay) / Jean Schormans

Vue générale de l'exposition universelle de Paris, 1889.
© RMN-Grand Palais / Agence Bulloz / Musée Carnavalet - Histoire de Paris

Tout le XIXe siècle, du Consulat à la IIIe République, ne connaît pas d'autres réalités, ce dont témoigne si bien la grande vue de Paris à vol d'oiseau de Victor Navlet, datée de 1855. Certes, les maisons de rapport se haussent un peu du col, avec les règlements successifs de 1884 et 1902, modifiant lentement le filet de hauteur des rues, mais la silhouette générale ne change pas. De nouveaux clochers poussent encore à la faveur de la politique de rechristianisation de l'espace urbain : en témoignent, entre autres, Saint-Vincent-de-Paul, la Trinité, Saint-Jean-de-Belleville, Sainte-Clotilde…, auxquels s'ajoute le lourd dôme de Saint-Augustin (80 mètres), tandis que la Sainte-Chapelle et Notre-Dame (96 mètres) retrouvent leurs flèches, rétablies par des restaurateurs faisant du gothique la base de l'identité architecturale française.

Le plan Voisin de Paris, Le Corbusier, architecte, 1925.
© FLC / ADAGP, 2021

La déchirure idéologique entre l'ancienne France et la nouvelle, incarnée par la jeune République après 1870, aboutit cependant à un combat aujourd'hui oublié, qui porte justement sur une compétition de hauteur entre deux édifices identitaires. Le Sacré-Cœur catholique, dressé sur la butte Montmartre à partir de 1875, semble promis à dominer la ville avec force, suivant l'antique tradition également mise en œuvre au même moment à Lyon et Marseille…, quand l'ingénieur Gustave Eiffel offre au régime républicain, à l'occasion de l'Exposition universelle de 1889, un symbole radicalement moderne : la « tour de 300 mètres », dont la hauteur est la raison d'être et le nom. L'église de pierre, avec ses cinq dômes et son haut clocher (83 mètres), ne peut pas rivaliser avec les exploits rendus possibles par le fer assemblé. La croix du Christ est donc dépassée par le drapeau tricolore qui flotte sur la tour Eiffel. Rupture symbolique décisive – la République domine désormais le ciel parisien.

Le « coup » politique de la tour Eiffel, plus haut édifice du monde jusqu'en 1930, devait cependant rester isolé et le pouvoir républicain se satisfaire des palais de l'ancienne monarchie, maigres symboles... Et ce coup n'empêche pas non plus l'Église de tenter de poursuivre l'occupation du ciel jusqu'au milieu du XXe siècle – songeons aux clochers de l'église du Sacré-Cœur de Gentilly (62 mètres), de Sainte-Odile, porte de Champerret (72 mètres) ou le projet de Paul Tournon pour le Saint-Esprit (85 mètres, refusé par la Préfecture) –, avec de plus en plus de difficulté, il est vrai, en raison de son poids de moins en moins fort dans la société.

Tandis que les autorités poursuivent un post-haussmannisme de bon aloi, mais sans génie, la pensée moderne produit au tournant des années 1920 un discours de rupture sans précédent dans l'histoire urbaine, attaquant successivement dans leur principe la rue et la maison, donc l'horizontalité urbaine, comme autant de symboles dépassés d'une ville dysfonctionnelle. Mélange d'idéologie, de foi dans la technique et d'influence américaine, cette nouvelle ville portée par le génie polémique de Le Corbusier est symbolisée par un objet architectural : la tour. C'est l'élément marqueur de sa « ville pour 3 millions d'habitants » proposée en 1922. L'industriel Gabriel Voisin lui commande, 3 ans plus tard, un projet dans le même esprit, mais appliqué au vieux centre de Paris, où l'architecte imagine dresser 18 tours. Pourtant, si la première tour parisienne est élevée peu après dans une cour du Marais, 10, rue Barbette, par Beaudoin et Lods, et si la rue des Saints-Pères est écrasée par la nouvelle faculté de médecine (1935-1950), il n'y a aucune chance de voir cette ville-là prospérer. Le public la rejette largement, les règlements l'interdisent, tandis que la maîtrise du foncier est impossible à une telle échelle. Mais l'image est là, et sa force va se déployer progressivement dans les esprits, puis dans la réalité durant les décennies suivantes.

Nouvelle sacralité ?

C'est dans la seconde moitié du XXe siècle que la question des tours va être posée concrètement et leur réalisation mise en œuvre, à l'aube des Trente Glorieuses. Alors, la silhouette de Paris, qui semblait immuable depuis des siècles, se modifie radicalement. « Nous en avons fini à Paris avec la politique du centimètre ! » Par-delà son caractère lapidaire et sa stupidité, cette sentence, prononcée par un ingénieur de la préfecture de la Seine, énonce la coupure entre deux mondes urbains inconciliables : celui du temps où seuls les monuments chargés de sens se dressaient vers le ciel, et celui du capitalisme immobilier désormais autorisé à percer le « plafond » règlementaire applicable aux édifices parisiens dans un cadre spéculatif. Alors se multiplient les IGH – « immeubles de grande hauteur » –, c'est-à-dire les tours, symboles d'un monde qui place au sommet de son imaginaire urbain une démonstration de puissance matérialiste.

Passé la crise de l'après-guerre et la reconstruction du pays, Paris va connaître après 1960 une vague de transformation combinant l'automobile et la tour, couple qui symbolise une nouvelle vie, une nouvelle ville, grâce à l'efficace imbrication du capitalisme financier et de la technocratie. L'exposition du Grand Palais « Paris dans 20 ans » (1967), la polémique sur la tour Montparnasse, comme sur celle prévue à la place de la gare d'Orsay par Gillet,

De Grenelle à Bercy, « Paris dans 20 ans », dans *Paris Match*, n° 951, juillet 1967.
DR

puis sur les tours de La Défense visibles depuis le vieux Paris..., montrent chez le grand public une forte résistance à l'idée de modifier la silhouette de la capitale. La Maison de la radio d'Henry Bernard en fait d'ailleurs les frais : sa tour est finalement réduite en hauteur (68 mètres) pour ne pas nuire à l'esthétique parisienne. À l'époque, les contre-arguments employés à l'égard des tours ne sont pas encore écologiques (utiliser moins de terrain), et peu idéologiques (la tour-symbole du capitalisme ; la tour-phallique de la ville des mâles), mais plutôt forgés au nom de l'harmonie d'ensemble de la ville, de l'esthétique urbaine donc, et de la valeur de l'héritage. D'ailleurs, l'importance des grandes perspectives monumentales dans la structure urbaine de Paris rend la tour immédiatement présente et survisible, comme le montrent le couple rue de Rennes-tour Montparnasse ou la vue sur La Défense depuis la rue de Rivoli. Arguments respectables, mais peu audibles, on s'en doute, au cœur des Trente Glorieuses et des perspectives de développement qui semblaient alors sans fin.

Avec Georges Pompidou, ce mouvement s'accélère encore : non seulement « Paris doit s'adapter à l'automobile », mais le président veut voir pousser des tours partout, comme dans le quartier Italie ou le long du fleuve, à Beaugrenelle. « M. Pompidou a un goût en matière architectural. Heureux hasard, c'est celui des promoteurs », persifle André Fermigier dans *Le Monde* en 1971. Son condisciple de khâgne, Louis Chevalier, a raconté plus tard, dans *L'Assassinat de Paris* (1977), la sorte de folie petite-bourgeoise qui travaillait le président, sa surenchère un peu puérile de modernité radicale. Quand Valéry Giscard d'Estaing est élu en 1974, il siffle la fin de la partie. Le jeune président fait annuler plusieurs projets, demande qu'on rabaisse certains édifices trop hauts... rarement le fait du prince républicain aura été si fort dans le ciel parisien, et ses

Construction de la tour Montparnasse, vue de la rue de Rennes, 6ᵉ et 15ᵉ arrondissements, Paris, photographie Wilander Gösta, 1972.
© Paris Musées / Musée Carnavalet - Histoire de Paris / Dist. RMN-Grand Palais / Image Ville de Paris

conséquences si sensibles. C'en est fini des tours pour 40 ans, cette politique étant suivie par celle de François Mitterrand, qui ne fera bâtir aucune tour intra-muros dans sa coûteuse suite de « grands chantiers », à la réserve des quatre tours de la Bibliothèque nationale de France. C'est finalement un maire socialiste, Bertrand Delanoë, qui relance cette politique des tours, après avoir consulté par sondage les Parisiens en 2004. Paris entre alors dans un « second âge des tours », après celui des années du gaullisme immobilier et du pompidolisme.

La première tour à crever le plafond parisien est le tribunal de grande instance (TGI), élevé aux Batignolles par l'architecte Renzo Piano, et que sa position rend visible de tout l'Ouest parisien. La seconde opération, en cours d'achèvement, se situe porte de Choisy : il s'agit des « tours Duo », dessinées par Jean Nouvel. La prochaine doit être la tour Triangle (Herzog et de Meuron), située derrière la porte de Versailles, un projet du groupe Unibail fortement soutenu par la municipalité, malgré de nombreuses polémiques esthétiques, mais aussi politiques et financières.

Relevons deux éléments saillants, si l'on peut dire. D'abord, tous ces projets se situent aux limites de Paris, sur le tracé de sa dernière enceinte, le Boulevard périphérique (1956-1973). Ainsi, la protection du centre, ce fameux « triangle d'or » théorisé dans les années 1960 et qui avait justifié la tour de la porte Maillot et Montparnasse, semble toujours opérante. Il n'y aura donc pas de tours dans le Marais, même un siècle après le projet de Le Corbusier... Par leur position, ces nouvelles tours semblent ainsi borner le territoire parisien, telle une muraille édentée.

Leur usage mérite également d'être examiné. Depuis le projet somptueux de tour du ministère de l'Éducation nationale de Faugeron aux Halles, et à part le cas de la Maison de la radio et de la tour Zamansky à Jussieu, la tour demeure surtout un objet privé, symbole de la puissance financière de grands groupes immobiliers ou industriels qui structurent le capitalisme urbain. Dans cette perspective, le TGI, étrange édifice-tour, exprime une logique du retour de l'État dans le ciel de Paris, par le biais hautement symbolique de la justice. En revanche, les deux autres opérations citées sont le fruit de la promotion immobilière, ici accompagnée, sinon encouragée, par le politique.

Malentendus

Cette rapide esquisse de l'histoire des tours parisiennes montre une situation complexe, dont les logiques actuelles sont parfois délicates à saisir. Pour contribuer au débat contemporain, il me semble important de lever deux malentendus, fondés sur une injonction mal comprise à la modernité.

Le premier malentendu porte sur le caractère *forcément moderne* des tours, quasiment magique, ce que certains appelleraient un « totem ». Né à Chicago à la fin du XIXe siècle, avant de connaître un développement exceptionnel à New York dans les années 1930, cet objet architectural est vieux de plus d'un siècle déjà ; sa modernité se ressent plus à l'échelle de l'histoire longue de l'art de bâtir que dans une perspective actuelle. Cette relative ancienneté se mesure d'ailleurs au fait que certaines tours sont déjà entrées dans le champ du Monument historique (tour Croulebarbe de l'architecte Albert, derrière les Gobelins) tandis que, pour d'autres, se déroulent déjà des phases de rénovation lourde ou de rhabillage (La Défense, projet Montparnasse, en cours).

Mais de quelle tour parle-t-on ? L'écriture architecturale de celles-ci dans le temps témoigne là encore d'une ambiguïté. Leur histoire commence en effet avec des tendances classicisantes, et un usage fréquent de la pierre d'habillage et du décor sculpté figuratif, qui permet différents styles, Art déco à New York par exemple (l'Empire State, le Chrysler…), ou, dans les pays du « vieux continent », une étonnante acculturation – les cas de l'Italie mussolinienne (la tour Fiat de Turin en brique, le Colosseo quadrato de l'EUR à Rome) ou de l'URSS de Staline (les Seven Sisters de Moscou en néo-gothique néo-russe) en témoignent bien. Notons également que, chez Auguste Perret comme chez Le Corbusier, les tours adoptent la forme d'une croix grecque, soit un plan centré et symétrique, qui refuse le carré ou le rectangle usuels et renvoie de manière fascinante au plan des piles des cathédrales. Après 1950 s'est développée la tour avec noyau de béton et murs rideaux de verre en façade, qui permet également une compétition sur la hauteur (les Twin Towers de New York, 450 mètres) aboutissant aujourd'hui à des édifices vertigineux de plus de 800 mètres (le Burj Khalifa de Dubaï) – près de quatre fois la tour Montparnasse, qui a été brièvement la plus haute d'Europe.

Le tribunal de Paris vu depuis la tour H15 de Beaugrenelle, Renzo Piano Building Workshop, architecte, 2017.
© Photographie 11h45 / Florent Michel

En second lieu, la forme du Paris haussmannien est si forte dans l'imaginaire collectif qu'une impensée fait de la capitale une ville sans tour, donc très (trop?) différente des autres grandes villes du monde moderne, comme Londres ou Berlin par exemple. Position étrange si l'on prend de la hauteur, au sens figuré, et que l'on regarde la capitale aujourd'hui : Paris est au contraire rempli de tours. Des tours en groupe : Beaugrenelle, Olympiades, place des Fêtes, gare de Lyon... ; des tours isolées, comme Croulebarbe, la Maison de la radio, Montparnasse, tour Morland, porte Maillot, Jussieu, et désormais TGI et Duo... Aucun horizon parisien n'est aujourd'hui regardable sans y voir saillir une ou plusieurs tours. On en compte aujourd'hui près de 90, allant de 70 à 210 mètres. Seul l'hypercentre en est exempt, à la réserve notable de la tour de Jussieu, récemment recarrossée par Thierry Van de Wyngaert.

Paris est donc bien à l'évidence une ville de tours. Il faut d'ailleurs, eu égard à leur implantation dans l'axe royal de l'ouest, y ajouter celles de La Défense, secteur qui aurait dû, dès l'origine, constituer le 21e arrondissement de la capitale, et dont la forêt de tours participe évidemment du paysage parisien. Si l'on examine la situation européenne, Paris se situe donc dans un entre-deux, aussi éloigné de Rome, préservée avec un soin jaloux, que de Londres et Berlin, qui ont dû gérer les ravages de la Seconde Guerre mondiale qui ont déstructuré leur centre historique.

Rien donc, ni l'histoire, ni la typologie, ni la situation économique, ne justifie véritablement la tour plutôt qu'un autre objet architectural pour dessiner la ville de demain. Si l'on croit que celle-ci doit tenir compte de l'héritage comme une chance et non un obstacle, ces tours sont inutilement blessantes pour sa structure horizontale façonnée par l'histoire longue, et embarrassantes pour ses perspectives monumentales, constitutives de la personnalité de la capitale. Sur un plan plus sensible enfin, on pourrait enfin déplorer que, dans une ville déjà trop dense où l'on respire mal, ces tours assument une sorte de densification du ciel, fermant l'horizon que, de tout temps, on a gardé ouvert pour l'esprit et le rêve.

Alexandre Gady
Historien de Paris et du patrimoine

L'héri jardiniers

Vitalité d'une tradition paysagère

Simon Texier

Chargés en 1911 de suggérer les grandes lignes d'une extension de Paris, l'architecte Louis Bonnier et l'historien Marcel Poëte se plaisaient à modérer les statistiques alarmantes révélées par Eugène Hénard quelques années auparavant : une telle estimation limitant à 223 hectares la superficie totale des promenades parisiennes faisait selon eux abstraction de l'avenue du Bois-de-Boulogne (l'actuelle avenue Foch), de l'esplanade des Invalides, du cours la Reine, du cours de Vincennes, mais encore de tous les quais, avenues et places plantés. L'historien des promenades qu'était Marcel Poëte ne pouvait en effet tolérer qu'on omît quinconces et mails, soit les « promenades urbaines les plus françaises, les plus caractéristiques » : « Ils sont à Paris ce que les squares sont à Londres. Leur superficie totale n'est pas inférieure à 828 hectares, soit quatre fois celle des jardins, parcs et squares situés dans les limites de l'enceinte fortifiée. [...] Et nous laissons encore de côté les jardins que sont nos cimetières urbains, soit 85 hectares[1] ». Et les auteurs d'évoquer encore la Seine et ses 220 hectares...

Longtemps, les discussions sur les jardins parisiens furent une affaire de chiffres, de statistiques. Dénoncé tout au long du XXe siècle, le retard de la capitale en matière d'espaces plantés a fini par être rattrapé, notamment avec la création de quatre grands parcs (la Villette, André-Citroën et Bercy, puis Martin-Luther-King aux Batignolles) dans les années 1980-2000. À beaucoup parler de salubrité et d'organisation de l'espace, on avait cependant laissé peu de place au débat sur l'esthétique des jardins parisiens. Le monumental

---

1 Louis Bonnier et Marcel Poëte (dir.), *Considérations techniques préliminaires : la circulation, les espaces libres*, rapport de la Commission d'extension de Paris, Paris : imprimerie Chaix, 1913, p. 73-74.

ouvrage de Jean-Charles Adolphe Alphand, Les Promenades de Paris (1867-1873), aurait-il, par sa perfection, coupé court à toute discussion ? Cela n'est pas impossible. Toujours est-il que ces deux volumes, plus efficacement encore que les Mémoires du préfet Haussmann, ont fait d'une pratique un système, voire une culture, et cela grâce à l'image comme principal outil. Alphand et ses équipes ont ainsi instauré une identité parisienne, municipale, une esthétique générale dont la ville est toujours redevable. Aux statisticiens, ils ont laissé de surcroît la tâche, difficile, de comptabiliser la surface et le potentiel d'un réseau qui, par définition, ne peut se résumer à la seule addition de chacune de ses mailles.

L'héritage que les « jardiniers » puis les paysagistes ont laissé avant et après Alphand est lui aussi considérable, structurant et diversifiant à la fois le territoire parisien. Des Tuileries à la Villette, en passant par la folie de Chartres (parc Monceau) et le Champ-de-Mars, l'art des jardins est un terrain d'expérience permanent ; et Paris représente un enjeu tel que beaucoup de créations sont également autant de manifestes. Municipale et internationale, cette esthétique des parcs et jardins trouve sa raison d'être dans la vitalité d'une tradition.

Des allées et des jardins

Depuis le XVIIe siècle, cet art des jardins a pour maître quasi incontesté André Le Nôtre, et Paris le jardin des Tuileries pour référence première. Plus encore que dans le pont Neuf, c'est dans ce jardin que Marcel Poëte a vu l'acte fondateur par excellence de l'urbanisme parisien. Opposant le jardin primitif aménagé dès 1564 pour Catherine de Médicis à sa transformation sous Louis XIV, il écrivait ainsi :

> Bref, un assemblage a fait place à une composition englobant l'édifice et le paysage. Celui-ci s'agence suivant les lignes de celui-là. L'espace découvert du Grand-Parterre offre, sous les fenêtres de l'habitation, les dessins de ses broderies et le tapis de son gazon. Plus loin sont les couverts qui dressent leurs hautes verdures. […] Au sommet de l'avenue des Champs-Élysées, une étoile est dessinée, au centre de laquelle on projette d'élever une pyramide dont l'œil a besoin pour se fixer au bout de cette longue perspective s'étendant depuis le pavillon central du palais des Tuileries jusqu'en haut de Chaillot[2].

Jardin et urbanisme – on parle alors d'« embellissements » – ont ainsi une histoire commune, intime, qui se confirmera jusqu'à nos jours. Le développement de la voie publique – l'historiographie récente l'a montré – doit beaucoup au jardin et à la forêt, espaces de domestication et d'expérimentation à grande échelle au sein desquels Le Nôtre se révèle encore une fois un précurseur[3]. L'allée plantée devient alors un outil particulièrement structurant pour les villes, notamment avec les Grands Boulevards parisiens qui

---

[2] Marcel Poëte, Paris : Louvre et Tuileries, places et avenues, monuments divers, Paris : Nilsson, 1925, p. 63-64.

[3] Éric Alonzo, L'Architecture de la voie : histoire et théories, Champs-sur-Marne : École d'architecture de la ville & des territoires/Marseille : Parenthèses, 2018, p. 109-229.

Le Jardin des Tuileries, Israël Silvestre, deuxième moitié du XVIIe siècle.
© RMN-Grand Palais (musée du Louvre) / Jean-Gilles Berizzi

inaugurent le cycle de la ville ouverte. Testées dans les jardins, des figures telles que tridents, étoiles et pattes-d'oie s'imposeront quant à elles dans l'Europe entière, comme des espaces-types que l'urbanisme du Second Empire reprendra à son compte, avec une ampleur jamais observée.

Le jardin ou la promenade, mais plus largement encore les plantations et le monde végétal en général, ont aussi d'autres vertus, à la fois poétiques et médicales. Le jardin est par essence un espace clos, et il renferme, métaphoriquement, la totalité du monde[4] – on reviendra sur sa dimension hétérotopique. Dans son projet en partie inspiré par les réflexions des médecins aliénistes Philippe Pinel et Jean-Étienne-Dominique Esquirol, Henri Labrouste y voyait-il, pour sa part, un outil de guérison ou un pur objet esthétique ? On sait que l'architecte voulait faire précéder l'entrée de la bibliothèque Sainte-Geneviève d'un « vaste espace planté de grands arbres », mais qu'il dut se résoudre à faire réaliser, par Alexandre Desgoffe, un « jardin en peinture » dans le vestibule. Il y avait cependant un avantage à cela : « sans avoir égard au climat de Paris, je pouvais, dans cette terre fertile de l'imagination, planter des arbres de tous les pays, et placer auprès de saint Bernard des palmiers d'Orient, auprès de Racine des orangers en fleurs, auprès de La Fontaine un chêne et un roseau, et des myrtes et des lauriers auprès du Poussin[5] ». Avant de pénétrer à l'étage dans la salle de lecture, en même temps qu'il longe les bustes des grands auteurs, le visiteur est ainsi accompagné par un cadre végétal, invitation au voyage, préalable à une mise en congé de la ville avant la découverte du temple du livre. Dans le Paris des années 1840, les jardins publics sont rares[6], ce qui peut expliquer, au moins en partie, pourquoi Labrouste tient tant à cet

---

4 Hervé Brunon et Monique Mosser, « L'enclos comme parcelle et totalité du monde : pour une approche holistique de l'art des jardins », *LIGEIA : art et espace*, janvier-juin 2007, nos 73-76, p. 59-75.

5 Henri Labrouste, « À M. le Directeur de la *Revue d'architecture* », *Revue générale de l'architecture et des travaux publics*, 1852, vol. 10, nos 11-12, col. 382.

6 L'actuel square Jean-XXIII, ouvert en 1844 à l'arrière de Notre-Dame, est considéré comme le premier jardin public de quartier.

indispensable complément. Certes, le Luxembourg est tout proche et plusieurs domaines sont accessibles aux Parisiens depuis la Révolution, mais, comme le notait Louis-Sébastien Mercier quelques décennies auparavant, le bourgeois parisien « va se promener ennuyeusement aux Tuileries, au Luxembourg, à l'Arsenal, aux Boulevards[7] ». À partir du règne de Louis XV, la nouveauté et l'attraction sont dans les Tivoli, ces jardins-spectacles aménagés dans les parcs pittoresques fraîchement dessinés, mais aussi aux Champs-Élysées, où « tous les âges et tous les états sont rassemblés : le champêtre du lieu, les maisons ornées de terrasses, les cafés, un terrain plus vaste et moins symétrique [qu'aux Tuileries], tout invite à s'y rendre[8]. »

Jardin anglais de la maison Caron de Beaumarchais à la Bastille, François-Joseph Bélanger, architecte, deuxième moitié du XVIIIᵉ siècle.
© BnF

Un demi-siècle plus tard, dans ce Paris romantique qui voit disparaître certaines de ses plus belles créations privées, comme le jardin de Caron de Beaumarchais à la Bastille[9], les observateurs constatent à regret une fièvre bâtisseuse :

> La fureur des constructions nouvelles est portée à ce point que si l'autorité ne se croit pas un jour intéressée à y mettre un frein, on ne trouvera pas un jardin, pas un pouce de terre où il soit possible de respirer, de prendre le frais ; un arbre, un abri verdoyant sera bientôt une rareté dans cette vaste capitale ; on comble, on rase, on démolit, on envahit tout ; Paris ne sera bientôt qu'un immense amas de pierres. N'est-ce donc rien que la salubrité[10] ?

Le souci de la salubrité, qui conduit Londres à doter ses franges orientales d'un grand parc public (parc Victoria, 1845), se diffuse timidement à Paris : du modèle britannique, on retient encore le *square* privé (square d'Orléans et cité Trévise), lui-même héritier du « carré » français, dont l'avocat Élie de Beaumont réclamait la multiplication dans le Paris de 1780.

---

7 Louis-Sébastien Mercier, *Tableau de Paris* [1781-1788], éd. Jean-Claude Bonnet, Paris : Mercure de France, 1994, t. I, p. 882.

8 *Ibid.*, p. 883. Voir aussi Pierre Pinon, « Les jardins du XVIIIᵉ siècle », et Gilles-Antoine Langlois, « L'éclipse des jardins-spectacles ». Dans Simon Texier (dir.), *Les Parcs et jardins dans l'urbanisme parisien : XIXᵉ-XXᵉ siècles*, Paris : Action artistique de la Ville de Paris, 2001, p. 48-53 et p. 55-62.

9 Catherine de Bourgoing (dir.), *Jardins romantiques français : du jardin des Lumières au parc romantique, 1770-1840* [cat. expo., Musée de la Vie romantique, 8 mars-17 juillet 2011], Paris : Paris-Musées, 2011. Voir aussi Catherine Chaigneau, Olivier Choppin de Janvry, Philippe Duboy et al., *Jardins en France, 1760-1820 : pays d'illusion, terre d'expériences* [cat. expo., Hôtel de Sully, 18 mai-11 septembre 1977], Paris : Caisse nationale des monuments historiques et des sites, 1977.

10 Louis Gabriel Montigny, *Le Provincial à Paris : esquisses des mœurs parisiennes*, Paris : Ladvocat, 1825, t. III, p. 136.

Le moment Alphand

Que les préfets Chabrol de Volvic et Rambuteau aient eu conscience de l'importance des plantations d'alignement et des jardins publics pour l'assainissement de Paris ne fait guère de doute. En revanche, ils n'eurent ni les moyens ni la surface d'action mis à disposition du préfet Haussmann et de son directeur du service des promenades et plantations, Alphand, dont les équipes érigeront le jardin en un répertoire parfaitement codifié. Le système des « espaces verdoyants » fait alors du végétal un instrument d'aménagement à toutes les échelles de la ville. Il ne s'agit plus tant, comme au XVIIe siècle, d'ouvrir Paris sur le territoire, que de l'unifier en assimilant des territoires nouveaux à la capitale, c'est-à-dire en les équipant[11]. La création du parc Monceau, à la place du jardin anglo-chinois créé par Carmontelle en 1773-1779, illustre notamment une nouvelle manière de concevoir le jardin et son insertion dans la ville. Le domaine de la folie de Chartres, dont une partie a été acquise par l'État en 1852, et une autre expropriée par le préfet Haussmann en 1860, est amputé de 60 % de sa superficie pour la construction d'un ensemble d'hôtels particuliers. Il est dans le même temps transformé par Alphand, qui conserve une partie des éléments d'origine (le petit pont, la Naumachie), tout en y appliquant le vocabulaire propre au jardin du Second Empire, à savoir un savant mélange entre le pittoresque du jardin à l'anglaise et le classicisme du jardin à la française.

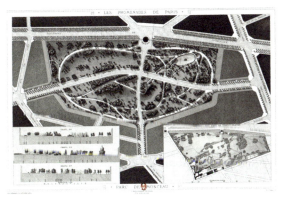

Le Parc Monceau, Claude Monet, 1876.
© The Metropolitan Museum of Art, Dist. RMN-Grand Palais / Malcom Varon

Plan d'aménagement du parc Monceau, dans *Les Promenades de Paris*, Adolphe Alphand, ingénieur, 1867-1873.
© BnF

On ne saurait pour autant réduire le système haussmannien à cette procédure : le parc Montsouris et celui des Buttes-Chaumont, aménagés l'un et l'autre sur des terrains difficilement constructibles, témoignent comme plusieurs autres sites du réalisme de l'administration haussmannienne, toujours prompte à verdir un espace libre. Ils n'en forment pas moins deux « poumons verts » entièrement nouveaux et, à ce titre, deux projets d'exception ; car davantage que le parc, c'est bien le square haussmannien qui permet de mesurer la véritable interaction entre ville et jardin sous le Second Empire. La création du square des Batignolles est, de ce point de vue, exemplaire : projeté par Alphand en 1858, alors que la commune est encore indépendante, l'aménagement de cet espace, finalement réalisé en 1862 – soit 2 ans après l'annexion –, n'est autre que la récupération d'une place : espace public central des Batignolles, il devient en quelque temps l'un des plus importants jardins du 17e arrondissement[12]. Économique, le square public haussmannien est une habile et pragmatique adaptation du *square* londonien ; fermé de grilles, il ponctue, comme autant de moments de respiration, une ville massivement investie par la voirie. Celle-ci s'inscrit bien sûr dans un système plus

---

[11] Parmi les travaux récents : Michel Audouy, Jean-Pierre Le Dantec, Yann Nussaume et Chiara Santini (dir.), *Le Grand Pari(s) d'Alphand : création et transmission d'un paysage urbain*, Paris : Éditions de la Villette, 2018.

[12] Géraldine Texier-Rideau, « Le square haussmannien ». Dans Simon Texier (dir.), *Les Parcs et jardins dans l'urbanisme parisien, op. cit.*, p. 67-75.

ample de promenades, orchestré par Alphand avec, à ses côtés, le jardinier Jean-Pierre Barillet-Deschamps, l'ingénieur Jean Darcel et l'architecte Gabriel Davioud. Les arbres d'alignement et le mobilier qu'on y trouve forment le complément indispensable des 24 squares créés entre 1853 et 1869 (dont 17 dans la vieille ville et 7 dans les banlieues annexées en 1860).

La mécanique parfaitement huilée des services techniques de la Ville ne bénéficie plus du même appui politique et des mêmes crédits après 1871; cela s'en ressent dans la mise en œuvre de certains projets. Mais l'esthétique définie 20 ans auparavant perdure et fait la preuve de son efficacité, comme l'illustre le square des Épinettes, dont l'emprise fut longtemps réservée au projet de chemin de fer qui devait conduire au grand cimetière de Méry-sur-Oise, imaginé par l'administration haussmannienne. Mis en sommeil, et ce, d'autant plus légitimement qu'il se situerait à 500 mètres des fortifications, « c'est-à-dire près de la campagne et peu central par rapport au quartier dont les tramways emmènent aisément les habitants hors les murs[13] », le projet est imposé en 1878 par Alphand, mais ce n'est qu'en 1891, soit près de 10 ans après l'abandon du projet de Méry, que le conseil municipal en approuve la réalisation, en remplacement d'un ancien dépôt de pavés. Cet étirement du temps conduit parfois à réviser certains projets, comme celui de la place de Vaugirard (l'actuelle place Adolphe-Chérioux), dont le plan dessiné en 1883 s'inscrit dans la lignée des réalisations alphandiennes, marquées par la sacro-sainte allée courbe[14]. Douze années passent avant qu'un second plan soit dressé, par l'architecte Jean-Camille Formigé cette fois, lequel place au centre de l'espace un kiosque à musique, nouvelle signature du square parisien des années 1890. Nombre de jardins ont ainsi connu plusieurs concepteurs, et ce partage des tâches, qui tourne parfois à l'affrontement, est symptomatique d'un moment dans l'histoire de la direction des parcs et jardins parisiens : l'organigramme se ramifie, rendant de plus en plus complexe la définition d'un projet.

Le Boulevard vu d'en haut, Gustave Caillebotte, 1880. Collection particulière.
© FineArtImages / Leemage

Par-delà les styles, une tradition municipale

Dans la lignée d'Haussmann et Alphand, Jean-Claude-Nicolas Forestier s'est efforcé de maintenir cette horticulture municipale, tout en théorisant le principe d'un système de parcs dans et autour de Paris. Entré au service d'Alphand en 1887, ce polytechnicien doit cependant subir l'emprise de plus en forte de Formigé sur son domaine, le service des promenades et plantations réintégrant celui d'architecture en 1898. Malgré ces obstacles, Forestier mène à bien plusieurs grands chantiers parisiens, notamment celui de la promenade de l'avenue de Breteuil (1900), qui donne à la perspective vers les Invalides une cohérence et une lisibilité nouvelles, et celui du Champ-de-Mars (1904-1926), dont il cosigne avec

---

13 Rapport de l'ingénieur de la Voie publique, 3 juillet 1877, AD 75, 1304W/160/3.

14 AD 75, 1304W/163/8.

Travaux d'aménagement du parc des Buttes-Chaumont. Photographie Charles Marville, vers 1865.
© Charles Marville / BHVP

Marcher dans le parc des Buttes-Chaumont, Henri Rousseau dit « Le Douanier Rousseau », 1908. Collection particulière.

Formigé le plan général et le dessin (allées cavalières, percées centrales, voies transversales et obliques, ovale du centre, quinconces, etc.). Parallèlement, Forestier repense l'aménagement des jardins des Champs-Élysées, et plus particulièrement du jardin de Paris (1911-1915), avant de participer à la création du parc de la Cité internationale universitaire (1921). Mais il n'est pas en mesure d'imposer un nouvel art des jardins, ce qu'il fera à l'étranger et à l'occasion de nombreuses commandes privées.

Le retour, durant l'entre-deux-guerres, à l'esthétique géométrique du jardin régulier et à un paysagisme fortement architecturé, est l'occasion de raviver et de moderniser la tradition parisienne. En 1937, l'architecte du service des promenades et plantations Roger Lardat, continuateur avec Léon Azéma de cette vision municipale – il intervient au Trocadéro, aux squares Séverine et Sorbier (l'actuel square du Sergent-Aurélie-Salel), et au parc de Choisy –, n'en faisait pas moins ce constat : « Les considérations du prix de revient toujours croissant de l'entretien des plantations conduisent au groupement des végétaux en grandes masses aux contours rectilignes, et sont pour une large part dans la simplification des éléments du plan[15]. » Le renouveau classique du jardin répondait-il à des impératifs économiques ? En partie seulement, car, comme l'architecture, l'art des jardins s'inscrit dans un

---

15 Roger Lardat, « Les promenades de Paris », *L'Architecture d'aujourd'hui* : Paris, juin 1937, n°s 5 et 6, p. 53.

mouvement esthétique global. Le square René-Le Gall, livré en 1938 par Jean-Charles Moreux, en est l'un des meilleurs exemples, tout en répondant à des usages précis. Sur les jardins cultivés par les tisseurs de la manufacture des Gobelins, Moreux sectionne sa composition en trois parties : le « jardin régulier » (du côté des dépendances du Mobilier national), qui s'inspire des jardins du château de Villandry (parterres à grecques, treilles en béton armé encadrant un obélisque) ; un espace de jeux pour les enfants à l'extrémité occidentale ; et, entre les deux, des arbres anciens que l'architecte conserve pour laisser se développer un sous-bois. Moreux confie en outre au sculpteur Maurice Garnier la confection d'étonnantes figures en rocaille (têtes d'hommes et d'oiseaux).

La tour Eiffel, dans *Paris vu en ballon et ses environs*, André Schelcher, photographe aérien amateur, 1909.
© Ville de Paris / BHVP

La décennie 1950 a vu émerger, elle, une œuvre paysagère sans équivalent. Dans un contexte nouveau – un urbanisme d'îlot qui tourne le dos à la voie publique –, le service des parcs et jardins, en tandem avec l'Office public d'HLM de la Ville de Paris, renoue en partie avec Alphand en réintégrant une approche pittoresque, la plus souple pour sinuer entre les immeubles de logements. Parmi une vingtaine d'autres, l'opération des rues Dorian et de Picpus (12ᵉ), livrée en 1952 par Jean Larroux et Jean Lambert, est exemplaire : les six bâtiments de cinq étages donnent en effet tous sur un grand jardin, dont la qualité est d'autant plus appréciable qu'il est visible, voire palpable, depuis l'extérieur.

Un concept vient alors, presque naturellement, à l'esprit : celui d'hétérotopie, forgé par Michel Foucault pour qualifier ces lieux autres, ces innombrables contre-espaces qui forment, dans toutes les sociétés, à la fois un support, un complément et une sorte d'envers du réel, en somme des utopies situées et réalisées. Foucault évoque en outre, parmi les six principes qui définissent les hétérotopies, le fait qu'elles « supposent toujours un système d'ouverture et de fermeture qui, à la fois, les isole et les rend pénétrables[16] ». Or, c'est bien le propre de ces îlots des années 1950 que d'être à la fois ouverts et fermés. C'est dans cette existence double, dans leur faculté d'être à la fois pour la ville et hors la ville, que certains espaces, et plus particulièrement certains jardins, prennent une dimension proprement hétérotopique, que le temps a d'ailleurs très largement contribué à consolider : les espaces intérieurs de ces ensembles HLM, aussi modestes qu'attachants, sont aujourd'hui des îlots d'exception, des poches de verdure immergées dans un tissu dont la densité en augmente le caractère ouvert. Ne serait-ce pas là l'une des spécificités de Paris, et d'une certaine manière son génie, que de transcender des espaces qui, à Londres, à Berlin ou encore dans une ville moyenne, n'auraient pas la même force ?

---

16 Michel Foucault, « Des espaces autres » [conférence, Cercle d'études architecturales, 14 mars 1967], *Architecture, Mouvement, Continuité*, octobre 1984, n° 5, p. 46-49. Repris dans *id., Dits et écrits 1954-1988*, Paris : Gallimard, Coll. Bibliothèque des sciences humaines, 1994, t. IV, p. 752-762.

17 Bernadette Blanchon, « Paysagiste : naissance d'une profession ». Dans Simon Texier (dir.), *Les Parcs et jardins dans l'urbanisme parisien, op. cit.*, p. 258-266.

Le temps des paysagistes

La maîtrise d'œuvre des parcs et jardins relevait, depuis la réforme du service des promenades et plantations en 1898, du service d'architecture – Jean-Claude-Nicolas Forestier l'avait appris à ses dépens. À partir des années 1940, Robert Joffet, Albert Audias, puis Daniel Collin et Alain Provost contribuent, à travers l'enseignement et le projet, à asseoir la légitimité de la profession de paysagiste[17]. Cela se traduit, en 1977, par le retour à un service autonome – baptisé « direction des parcs, jardins et espaces verts » – et par un effort considérable pour augmenter le nombre des jardins publics dans Paris : 41 hectares d'espaces verts avaient été créés entre 1914 et 1939, 49 entre 1939 et 1970 ; il en sera prévu 80 nouveaux en 1981, le chiffre passant, 7 ans plus tard, à 91, pour atteindre 140 hectares au seuil de l'an 2000.

En effectif croissant au sein de la Ville de Paris, les paysagistes sont aussi de plus en plus nombreux à être sollicités dans le cadre d'une maîtrise d'œuvre privée : l'ampleur du programme de travaux sur les espaces publics parisiens, mais aussi la volonté d'en diversifier la nature, expliquent

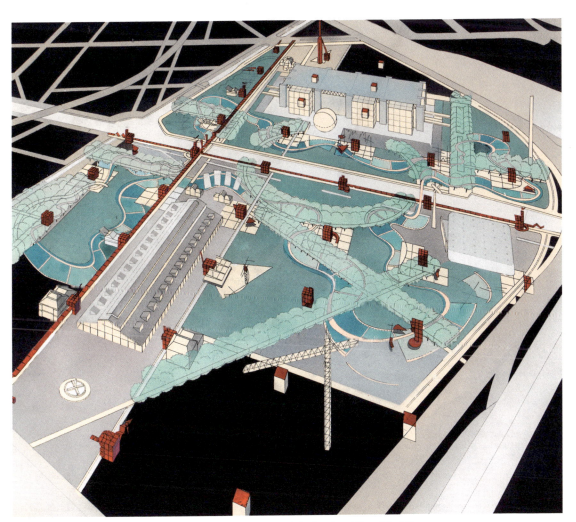

Le parc de la Villette, Bernard Tschumi, architecte, 1982-1987, dans *Cinégramme folie. Le parc de la Villette*, Seyssel, Champ Vallon, 1987.
© Bernard Tschumi

facilement cette ouverture, qui n'en marque pas moins un tournant dans l'histoire de l'espace parisien[18]. Parc Georges-Brassens (Daniel Collin, 1985), promenade Bernard-Lafay (Jean Camand, 1990), parc André-Citroën (Gilles Clément et Allain Provost, 1992), jardin Atlantique (agence Parages, 1994), jardin Louis-Majorelle (agence TER, 1994), jardin de Reuilly (groupe Paysage, 1998), mais encore boulevard Richard-Lenoir et promenade Arthur-Rimbaud (Jacqueline Osty, 1995 et 1999) ou avenue d'Italie (Michel Corajoud, 2000) : pour chacune de ces réalisations, un paysagiste indépendant a été associé à un architecte-urbaniste. D'où cette richesse stylistique – doublée d'une extrême variété formelle dans les types d'implantation des jardins – qui, autour de l'an 2000, fait de Paris un laboratoire du paysage contemporain.

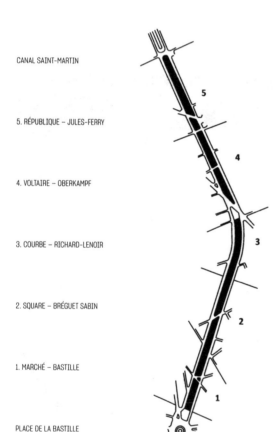

Boulevard Richard-Lenoir, transformation d'une artère routière en jardins-promenade, SEURA architectes, urbaniste, et Jacqueline Osty, paysagiste, 1991-1994.
© AJOA - Franck Neau

[18] Les architectes ont eux aussi compris ce qu'un élargissement de leurs compétences pouvait leur apporter. Bernard Tschumi remporte le concours pour le parc de la Villette en 1983 en militant contre « les parcs d'esthétique passive et pour de nouveaux parcs urbains basés sur l'invention culturelle, l'éducation et la récréation » (Bernard Tschumi, « Le parc du XXIe siècle » [1987]. Repris dans Jean-Pierre Le Dantec, *Jardins et paysages : textes critiques de l'Antiquité à nos jours*, Paris : Larousse, 1996, p. 554).

Beaucoup de jardins du XXIe siècle expriment, en retour, une forme d'appropriation municipale de cette nouvelle culture paysagiste et des répertoires qu'elle explore. C'est le cas notamment de celui de la Folie-Titon dans le 11e arrondissement (2007) : traduisant un souci évident de fonctionnalité et d'inclusivité, cette petite réalisation de quartier est à la fois parfaite et surdéterminée, tant chacune de ses composantes (sous-bois, pelouse, mare, jeux, gradins) semble répondre à une attente et y satisfait efficacement.

Vers de nouvelles Promenades de Paris ?

Les demandes récurrentes, par les habitants, de nouveaux espaces plantés, auxquelles s'ajoute la confirmation, scientifique, du bénéfice de la biodiversité en ville, suffisent-elles à consacrer la figure du jardin public comme élément-clé de l'urbanisme parisien – ce qu'il fut indéniablement tout au long de l'époque contemporaine ? Si l'arbre – Paris en compte 184 500 – ne contribue que partiellement au refroidissement de la ville, il n'en participe pas moins à la construction d'une canopée indispensable à Paris dans la maîtrise des îlots de chaleur. Il faudra cependant pouvoir compter, également, sur de nouveaux types d'espaces, qui ne seront pas uniquement plantés, mais encore éclaircis et ventilés[19]. En s'inspirant de la méthode à la fois globale et pragmatique d'Alphand, on peut imaginer une nouvelle trame verte, intégrant voies publiques, murs et toitures (480 hectares de terrasses sont végétalisables). Pour ce faire, ce sont de nouvelles échelles du végétal – et, par conséquent, de potentielles nouvelles essences – qui doivent être mises en œuvre et en harmonie. L'art des jardins a, par ailleurs, toujours impliqué la maîtrise de l'eau ; sa rétention est aujourd'hui un enjeu important, tout autant que son potentiel thermique et esthétique[20]. Les nouvelles Promenades de Paris et du Grand Paris sont donc possibles.

Simon Texier
Professeur à l'université de Picardie Jules-Verne, secrétaire général de la Commission du Vieux Paris

---

[19] Philippe Rahm, *Histoire naturelle de l'architecture : comment le climat, les épidémies et l'énergie ont façonné la ville et les bâtiments*, Paris : Pavillon de l'Arsenal, 2020, p. 158-165.

[20] Voir Christiane Blancot, « Par où passe le renard ? », ainsi que Frédéric Bertrand et Mélanie Guilbaud, « Éloge de la flaque d'eau », *Paris Projet : ville visible, ressources cachées*, juillet 2013, nos 41-42, p. 52-89.

Pour un

Bernadette Blanchon

paysagisme soci

Les grands ensembles entre Paris et Grand Paris

La ville s'apprécie par la pratique de ses espaces publics, espaces ouverts « sous le ciel », plantés ou non. Ceux-ci sont définis par l'armature de façades qui les encadre, autant que par la matérialité du sol et les possibilités d'appropriation qu'ils offrent – deux dimensions qui peuvent être formellement identifiables et renvoyer à leurs époques de création, souvent multiples et stratifiées. Le dessin du sol caractéristique de la longue période haussmannienne – des bordures et caniveaux aux grilles d'arbres, des bancs aux plantations, etc. – tient lieu de paradigme parisien et est reproduit bien au-delà du XIXe siècle. On peut toutefois s'interroger sur son détournement actuel au profit de pratiques jardinières qui font débat. En ce qui concerne certaines périodes du XXe siècle, moins productives ou moins valorisées, porter une attention plus poussée au sol dessiné qu'elles nous ont légué pourrait être fructueux. À travers rues et jardins, ce projet du sol est décliné sur de multiples modes : substrat, nivellement, écriture – formes et matières, à la croisée de savoir-faire techniques et de volontés esthétiques plus ou moins explicites ; c'est l'apanage de la conception paysagiste, ou du paysagisme.

Mon propos est ici double : attirer l'attention sur des temporalités historiques plus larges et sur un passé proche souvent inaperçu, mais aussi insister sur une manière particulière de voir, afin de nourrir la pensée de l'action à venir – qu'il s'agisse de transformation ou simplement de bienveillance envers un existant parfois regardé « de travers », à savoir celui du XXe siècle, notamment de la Première Guerre mondiale aux années 1980, lesquelles ont vu un regain d'intérêt pour la ville du XIXe. Durant cette période, les hauts faits sont nombreux en banlieue, dans ce Grand Paris où une moindre densité a permis le développement de programmes d'habitat populaire expérimentaux, dont les leçons pourraient s'avérer utiles aujourd'hui, au regard des transitions à l'œuvre.

Le logement social, marqueur de l'invention architecturale, urbaine et paysagère au XXe siècle

Le « patrimoine ordinaire » du logement social du XXe siècle offre de nombreux exemples majeurs de ce dessin du sol qui organise les lieux de sociabilité. Les quartiers de logements sociaux s'inscrivent dans l'échelle territoriale de l'ancien département de la Seine, dissous en 1968. Il est acquis aujourd'hui – comme alors[1] – que l'aménagement d'espaces verts sur le territoire parisien nécessite une prise en compte globale de l'agglomération, que ce soit en matière d'aération, de biodiversité ou de lutte contre le réchauffement climatique. L'avenir de ces quartiers est actuellement l'objet de débats, où les apports du paysagisme – au-delà de l'architecture et de la qualité environnementale du couvert végétal – me semblent sous-estimés. Quelques exemples parcourus ici déclinent le potentiel de cette dimension paysagère, indissociable de toute construction.

La réalisation de la cité-jardin de la Butte-Rouge[2] reflète les vœux d'Henri Sellier (1883-1943), créateur éclairé de l'Office public d'habitations à bon marché du département de la Seine, ministre de la Santé sous

---

1 Simon Texier, « La ville ouverte ». Dans id. (dir.), *Les Parcs et jardins dans l'urbanisme parisien : XIXe-XXe siècles*, Paris : Action artistique de la Ville de Paris, 2001, p. 173-174, à propos du plan d'urbanisme directeur de Paris de 1959.

2 Pour le premier projet, André Arfvidson, architecte, 1922. Joseph Bassompierre, Paul de Rutté, Paul Sirvin, puis Pierre Sirvin, architectes, 1931-1965, 75 hectares. Voir Bernadette Blanchon, « Les jardins de la cité : un paysage à vivre ensemble ». Dans Julie Corteville (dir.), *Les Cités-jardins d'Île-de-France : une certaine idée du bonheur*, Lyon : Lieux dits, 2018, p. 121-132 et répertoire, p. 202.

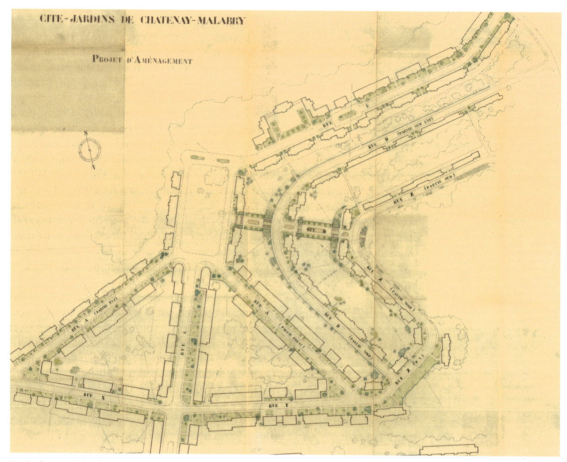

Plan d'aménagement de la cité-jardin de Châtenay-Malabry (Hauts-de-Seine),
Paul Sirvin, architecte, 1931-1933.
© Archives Sirvin

le gouvernement du Front populaire et maire de Suresnes dès 1919. Convaincu que le végétal – l'arbre notamment – est un élément essentiel de « l'éducation à la beauté » recherchée pour les habitants des cités-jardins, il en fait un point fort de son projet social. Il s'appuie sur une équipe de professionnels avertis des dernières réflexions en Europe et aux États-Unis. La Butte-Rouge est l'une des deux plus grandes cités-jardins de l'Office, avec sa voisine du Plessis-Robinson. Elle est réalisée sur une longue période (1931-1965) et reste jusqu'ici quasi intacte malgré son manque d'entretien. Dans ce site vallonné aux pentes parfois abruptes, en bordure de forêt, le projet traduit un savoir-faire magistral de l'implantation des bâtiments. L'équipe, qui a très tôt accueilli un paysagiste, André Riousse (1895-1952), y déploie l'art de l'articulation des bâtiments avec le site, des bâtiments entre eux et des différents espaces, des plus collectifs aux plus privés. Pas de clôtures, mais toute une gamme de dispositifs installés dans la pente – murets, treillages, plantations choisies et situées, escaliers, rampes, talus, terrasses, etc. –, et un ensemble de résolutions complexes utiles à observer : implanter les bâtiments en préservant le maximum d'arbres, installer une voirie en pente sans tuer les arbres par la mise à nu du collet, associer les mobilités à l'organisation des vues, etc.

Aujourd'hui, les défenseurs de cet ensemble menacé argumentent autant de la qualité de son architecture (7 tranches construites de 1931 à 1965, dont précisément le caractère hétérogène avait compromis leur classement dans les années 1980) que du patrimoine végétal de ses 40 hectares

Cité HLM de la Butte-Rouge, Châtenay-Malabry (Hauts-de-Seine), vers 1930-1940.
© LAPI / Roger-Viollet

d'espaces ouverts perméables, avec un large couvert arboré et des arbres remarquables[3]. Au-delà de ces deux aspects, le dessin du projet de paysage est aussi essentiel que peu remarqué : non seulement celui de la composition axée, issue de la tradition des Beaux-Arts, mais aussi celui, subtil et affirmé, de la strate du sol, inscrite dans la pente, le plateau et la forêt existante – soit un agencement qui rassemble les bâtiments, quelle que soit leur phase de réalisation, et ménage des espaces de sociabilité variés.

De la cité-jardin voisine, au Plessis-Robinson[4], dont il ne reste que le nom et le souvenir après plusieurs vagues de transformations radicales, je souhaite évoquer la disposition disparue des jardins familiaux, qui sont aujourd'hui simplement juxtaposés dans les parties rénovées – à l'exception d'un cœur d'îlot réaménagé par le paysagiste Jacques Simon (1929-2015), qui compte une dizaine de jardins. Dans la configuration d'origine, les jardins familiaux s'inséraient dans une composition d'ensemble en cœur d'îlot, autour d'un espace collectif et public. Un dispositif original articulait en plan et en épaisseur le rapport entre les logements, les circulations piétonnes, les jardins familiaux d'usage privé et, en leur centre, le pré collectif en boulingrin (léger creux, entouré de talus gazonnés), tantôt en stabilisé, tantôt offrant pelouse et verger. Ce dispositif permettait aussi des usages (les enfants jouaient pendant que les parents jardinaient ou cuisinaient), des vues et des appropriations multiples. Il s'agit là d'un mode d'association susceptible d'enrichir aujourd'hui les nombreux programmes de « jardins partagés » ou collectifs en ville, et qui reste transposable dans le cas

Plan masse de la cité-jardin du Plessis-Robinson, Maurice Payret-Dortail, architecte, vers 1922. Publié dans les *Cahiers de l'IAURIF*, n° 51, mai 1978.

d'aménagements de délaissés, à penser aussi à travers des lisières dessinées et des lieux collectifs articulés.

Les témoignages conservés de ces savoir-faire partagés caractéristiques de l'entre-deux-guerres sont de plus en plus rares, voire uniques dans le cas de la Butte-Rouge, du fait de son ampleur. Notons qu'un service interdépartemental des espaces verts a assuré l'entretien des réalisations de l'ancien Office public du département de la Seine jusqu'en 1977, contribuant à la préservation et à la cohérence des qualités d'origine – toujours fragiles en paysage.

---

3 Voir la tribune « Butte-Rouge : une consultation, pour quoi faire ? », *L'Architecture d'aujourd'hui*, février 2021, n° 441, https://www.larchitecturedaujourdhui.fr/69278

4 Maurice Payret-Dortail, puis Paul Demay et Jean Festoc, architectes, 1922-1939, puis 1952-1960, 104 hectares. L'ensemble du plateau (1939) est presque entièrement démoli à partir de 1992. Voir Bernadette Blanchon, « Les jardins de la cité : un paysage à vivre ensemble ». Dans Julie Corteville (dir.), *Les Cités-jardins d'Île-de-France : une certaine idée du bonheur*, op. cit., p. 133 et 209.

J.-C.-N. Forestier, aux fondements d'une lecture paysagiste dans l'entre-deux-guerres

Un des fleurons du paysagisme de cette période, apparenté à l'esthétique de la Butte-Rouge, est la Cité internationale universitaire de Paris[5] – rare résolution du conflit opposant alors les tenants du logement social (les HBM[6] critiquées pour leur densité et leur minéralité) à ceux d'une ceinture verte – souvent comprise d'abord comme un musée d'architecture en plein air. Cette « petite ville » en bord de périphérique, sorte de grand ensemble étudiant, est inscrite sur les deux bassins versants de la Seine et de la Bièvre, dont les topographies discrètes donnent lieu à un foisonnement de détails et de résolutions paysagères. L'ensemble traduit la pensée de Jean-Claude-Nicolas Forestier (1861-1930), figure majeure du paysagisme contemporain, issu de l'administration parisienne des parcs et jardins, membre fondateur de la Société française des urbanistes (1911), et qui inspirera de nombreux architectes et paysagistes, actifs notamment après 1945, comme Théodore Leveau (1896-1971) ou Eugène Beaudouin (1898-1983), qui travaillèrent un temps avec lui. Comme la Butte-Rouge, cette cité universitaire témoigne de l'approche multi-scalaire qui caractérise le projet de paysage : insertion dans un site, espaces ouverts structurants et cohérence de la mise en œuvre à l'échelle de l'usage des lieux.

Forestier est connu pour son ouvrage *Grandes Villes et systèmes de parcs* publié en 1908, dans lequel il dénonce une vision étriquée de Paris comme « ville finie », enserrée dans des fortifications obsolètes. Personnalité engagée dans les combats en faveur des espaces libres métropolitains, il propose une véritable alternative au système d'Alphand, laquelle suppose une analyse géographique et historique préliminaire à tout projet et renvoie à un art de l'articulation finement hiérarchisé. En tant qu'inspecteur général de l'art des jardins lors de l'Exposition internationale des Arts décoratifs et industriels modernes en 1925, Forestier déclarait « qu'il n'y a pas seulement que deux styles : français ou anglais[7] ». À cette occasion, il permit à Le Corbusier d'associer un jardin au pavillon de l'Esprit nouveau, qui ne dit pas grand-chose de la manière de concevoir les « surfaces vertes » préconisées par ce dernier dans ses écrits, mais pouvait évoquer la vision d'une nature libre. Pour Forestier, c'est dans le jardin arabo-andalou, « sous le climat de l'oranger[8] », que son approche de l'art des jardins se ressource. Il y observe comment tisser le matériau végétal à l'intérieur d'un canevas architectonique, comment allier la structure du régulier à la liberté du vivant et ainsi adapter chaque réponse à la situation donnée.

Cité internationale universitaire de Paris, vers 1950.
© Jacques Rouchon / Roger-Viollet

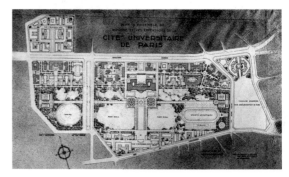

Plan d'ensemble du domaine et des extensions de la Cité internationale universitaire de Paris, Lucien Bechmann, architecte, parcs et jardins, Jean-Claude-Nicolas Forestier, urbaniste et paysagiste, n.d. [après 1921].
© Fonds Lucien Bechmann. SIAF / Cité de l'architecture et du patrimoine / Archives d'architecture contemporaine

---

5 Bernadette Blanchon et Sonia Keravel, « Le patrimoine paysager des universités franciliennes (1950-1990) : rétrospectives et perspectives ». Dans Florence Bourillon, Éléonore Marantz, Stéphanie Méchine et Loïc Vadelorge (dir.), *De l'université de Paris aux universités d'Île-de-France*, Presses universitaires de Rennes, 2016, p. 241-256.

6 Habitations à bon marché, issues du même programme que les cités-jardins.

7 Jean-Claude-Nicolas Forestier, « Les jardins de l'exposition des Arts décoratifs », *La Gazette illustrée des amateurs de jardins*, 1925.

8 *Id.*, « Quelques jardins sous le climat de l'oranger ». Dans *Jardins : carnet de plans et de dessins*, Paris : Émile-Paul frères, 1920.

Cette pensée d'un espace libre, à la fois contextuel et structurant, a innervé celle qui a présidé à la création, en 1945, de la première formation de paysagistes en France, la section du paysage et de l'art des jardins à l'École nationale d'horticulture de Versailles. C'est à la fois à partir de cet héritage et en se confrontant aux programmes de grands ensembles que les paysagistes français ont construit peu à peu une réponse originale aux effets du développement urbain. Les enseignants d'ateliers – André Riousse, auteur des espaces extérieurs de la Butte-Rouge, puis Théodore Leveau, ancien collaborateur de Forestier à La Havane – transmettent l'esthétique issue de l'École des beaux-arts, qui mêle tradition classique du Grand Siècle français et romantisme imitant la nature[9], et qui caractérise nombre de réalisations parcourues jusqu'ici. Aussi, dans cette période charnière où se croisent les influences issues de Paris, d'Europe et d'outre-Atlantique, grâce à ces figures, une transmission s'opère et se prolonge, au-delà d'une doctrine corbuséenne peu explicite en matière de surfaces vertes...

Après 1945, de la zone verte aux grands ensembles : un paysage ouvert à prolonger

Dans ce même temps où s'affirme progressivement une pensée paysagiste, les constructions massives des années 1950-1975 transforment les banlieues, tandis qu'à Paris, les grands ensembles de logements réalisés en 30 ans ne modifient que relativement le paysage de la ville. Ces opérations, parfois inachevées, offrent cependant matière à observer, pour peu que l'on veuille bien inverser le regard et considérer leur composante paysagère.

Après la guerre, l'aménagement de l'ancienne zone des fortifs se poursuit au pied des barres de logements sociaux : c'est la « zone verte », ponctuée de quelques squares où le paysagiste Albert Audias – qui participe à la formation versaillaise jusqu'en 1969, chargé de mission pour la Ville de Paris et lié à l'UNAF (Union nationale des associations familiales) – réalise de nombreux aménagements, abords de bâtiments et terrains de sports, en particulier porte de Châtillon (14e)[10], porte de Bagnolet (20e)[11] et porte d'Italie (13e)[12]. Les terrains de sport et les espaces plantés sont conçus comme des parcs, poursuivant les objectifs initiaux d'une ceinture verte parisienne et dessinant les composants d'une figure fonctionnaliste idéale : immeubles-barres, espaces verts et « allées-promenades » chères à Forestier, d'abord inspirées des *parkways*, et bientôt muées en autoroutes avec l'adoption du principe du périphérique. Au pied des immeubles, le paysagiste ménage des accès aux logements et des espaces de jeux pour les enfants dans des jardins abondamment plantés, dont les tracés anticipent le passage de la voie rapide et en dessinent les bords.

De part et d'autre de l'anneau asphalté, au-delà de cette frange désormais prête à enjamber le périphérique, les ensembles de logements équipent peu à peu le territoire francilien, accompagnés d'espaces verts généreux qui tarderont parfois à être aménagés. Les exemples abondent où architectes et paysagistes ont déployé inventions, savoir-faire et projets – malgré l'idée prévalente d'un paysagisme absent[13] –, pour peu que l'on veuille y prêter attention et... conserver les sols qu'ils ont dessinés. Lorsque

---

9 Ignasi de Solà-Morales, « Le jardin Beaux-Arts ». Dans Georges Teyssot et Monique Mosser (dir.), *Histoire des jardins : de la Renaissance à nos jours*, Paris : Flammarion, 1991, p. 397.

10 Square Julia-Bartet, 1960 ; lycée François-Villon, Germain Grange, architecte, 1966 ; centre sportif, Jean-Marie Serreau, Léon et Jean Schneider, architectes, 1964.

11 Bâtiments de la RIVP, Édouard Crevel, architecte, 1957.

12 Bâtiments de la SGIM, Raymond Gravereaux, Henri Bodecher, Yves Thibault, architectes, 1959.

13 Bernadette Blanchon, Denis Delbaere et Jörn Garleff, « Le paysage dans les ensembles urbains de logements de 1940 à 1980 ». Dans direction générale des patrimoines (dir.), *Les Grands Ensembles : une architecture du XXe siècle*, Paris : Dominique Carré, 2011, p. 206-239.

c'est le cas, la revanche du végétal à maturité est au rendez-vous, à même de contrebalancer les îlots de chaleur ; beaucoup moins si l'on a transformé ces sols en parkings asphaltés et grillagés.

À Paris, les conditions d'un espace disponible sont certes plus difficiles à réunir. Après 1945, le jardin privé associé aux nombreuses opérations de logements suit l'évolution des doctrines urbaines et s'ouvre sur la ville. Durant les années 1950-1960, avant les rénovations radicales, les réalisations témoignent de ratios espaces construits/espaces verts rares dans la densité parisienne[14]. Les logements sociaux de l'OPHLM de Paris offrent, avec les exemples des squares Georges-Contenot (12e)[15] et d'Amiens (20e), « deux des plus remarquables ensembles de logements à Paris, prenant place dans des jardins parfaitement dessinés[16] ». Ailleurs, comme aux abords du square René-Le-Gall (13e), les pilotis des grands immeubles laissent filer le regard à l'intérieur des îlots – mieux que ne le font les « îlots ouverts » d'aujourd'hui. Rue de Meaux (19e), l'ensemble[17], comme immergé dans un parc, témoigne d'un souci aigu du rapport entre architecture et paysage. Plus tardif, l'ensemble Glacière-Daviel-Vergniaud[18] de l'îlot Bièvre (dans le 13e arrondissement, entre le boulevard Auguste-Blanqui et la rue Daviel) s'organise autour d'un square public créé en 1971. Ce dernier pénètre l'intérieur de l'îlot d'habitations, prolongeant l'espace du boulevard à distance du trafic, en inscrivant espaces privés et équipements collectifs dans la géographie de l'affluent éponyme. Le mail, bien approprié et doté d'un double alignement de cerisiers à fleurs de belle tenue, est à la fois un lieu d'agrément et une halte intime, un parc public et un chemin de traverse. On peut encore mentionner l'élégance des barres conçues par Jean Dubuisson (1914-2011) dans le 14e arrondissement[19], et l'efficacité des dispositifs qui les rattachent au sol, organisant l'articulation des espaces privés avec la dalle collective ou le jardin Atlantique limitrophe. L'espace de la dalle surélevée devient le lieu d'une convivialité mesurée, offrant un espace intermédiaire approprié – bienvenu en temps de contraintes sanitaires –, ceci grâce au dispositif initial qui sépare les ascenseurs issus des parkings de ceux des habitations, imposant ainsi le passage par ce lieu collectif et résidentiel, non clos.

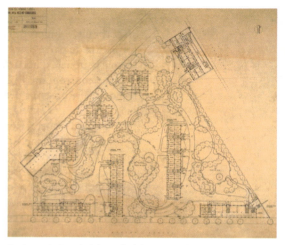

Plan des rez-de-chaussée de l'ensemble de logements rue de Meaux, Paris 19e.
Denis Honegger, architecte, 26 août 1955.
© Fonds Honegger. SIAF / Cité de l'architecture et du patrimoine / Archives d'architecture contemporaine

Ensemble de logements HLM rue de Meaux, Paris 19e.
Denis Honegger, architecte, 1955-1958.
© Cliché Paul Cadé. Fonds Honegger. SIAF / Cité de l'architecture et du patrimoine / Archives d'architecture contemporaine

---

14 Simon Texier, « La ville ouverte ». Dans id. (dir.), Les Parcs et jardins dans l'urbanisme parisien : XIXe–XXe siècles, op. cit., p. 165.

15 Densifié en 2015. Voir Bruno Vayssière, « Du square à la barre, 1945 : l'exception des Trente Glorieuses ». Dans André Lortie et Pierre Schall (dir.), Parcs et promenades de Paris [cat. expo., Pavillon de l'Arsenal, juin-septembre 1989], Paris : Pavillon de l'Arsenal/Demi-cercle, 1989, p. 31-37.

16 Simon Texier, « La ville ouverte ». Dans id. (dir.), Les Parcs et jardins dans l'urbanisme parisien : XIXe–XXe siècles, op. cit., p. 166.

17 Denis Honegger, architecte, 1955-1958.

18 Roland Dubrulle et Serge Lana, architectes, 1960-1969. Surélévation en 2014-2019.

19 Immeuble Maine-Montparnasse-II (8-34, rue du Commandant-René-Mouchotte, 14e), 1959-1964.

Plan d'aménagement du secteur n° 7 de la ceinture verte de Paris, entre les portes de Pantin et des Lilas, Robert Auzelle, urbaniste, 1953.
Collection particulière

Ce sont autant d'exemples des étapes d'une évolution des espaces (ou)verts modernes, dont l'histoire est encore simplement esquissée. Ces exemples montrent les apports de sujets qui ont bénéficié des moyens (sous-sol, substrat et amplitude de l'espace) d'un véritable développement, et donnent ainsi l'idée de ce que peut être « vivre parmi les pelouses et les arbres[20] ».

Derniers exemples qui concluent la période, ceux des espaces verts de la ZAC Champerret (1974-1983) et du square Sainte-Odile (1976) dans le 17e arrondissement, conçus par le paysagiste Jean Camand (1924-1991), qui a d'abord collaboré avec Albert Audias à l'aménagement de centres sportifs d'éducation physique sur la ceinture, avant de participer à ces derniers aménagements de la ceinture verte. Entre-temps, il a conçu avec rigueur la totalité des espaces extérieurs du grand ensemble de Sarcelles[21], de 1957 à 1973. Pendant 17 ans, il a ainsi élaboré les conditions d'inscription d'une modernité alternative dans la trame de l'architecture, à travers une certaine autonomie du paysage. Ces dessins de sols inspirés de l'art abstrait ne sont pas toujours compris dans le cadre des processus de

---

20 « Compte rendu des débats relatifs au plan directeur d'urbanisme de Paris » [1960]. Cité dans Simon Texier (dir.), *Les Parcs et jardins dans l'urbanisme parisien: XIXe–XXe siècles*, op. cit., p. 174.
21 Roger Boileau et Jacques-Henri Labourdette, architectes, 1955-1970.
22 Jean-Patrick Fortin, architecte-conseil de Sarcelles (2007-2017), qui a travaillé avec Jacques Simon.

résidentialisation en cours, quand d'autres éléments sont intégrés grâce à la présence d'un architecte-conseil éclairé[22]. La qualité exceptionnelle des dispositifs de plantations a été très tôt remarquée par Jacques Simon, virtuose du nivellement et des plantations dans les grands ensembles s'il en fut. Comme les aménagements de Sarcelles, certaines des réalisations de Jacques Simon[23] sont caractérisées par la liberté des traversées physiques et mentales, permises par les angles ouverts entre bâtiments et la maîtrise d'une géographie artificielle de déblais.

Porte de Champerret, le square Sainte-Odile s'organise autour d'un espace central, sorte d'arène occupée par un bac à sable et une fontaine pataugeoire agrémentée d'une sculpture, et protégée de l'extérieur par des vallonnements traités en collines arborées. La végétation taillée reprend les formes souples des mouvements de sols, comme à Sarcelles et dans la plupart des projets de l'époque. Leur modelé un peu daté, voire stigmatisé, reflète l'ouverture et la liberté de leur temps et offre aujourd'hui des sols perméables et ludiques appropriables, associés à de grands sujets.

Espace vert, Sarcelles (Val-d'Oise), années 1960.
© Roger-Viollet

On cherche plus souvent à effacer les traces qui restent de cette période qu'à les admettre dans l'enchaînement des étapes qui ont construit la ville, pour en comprendre les qualités et en prolonger le potentiel. Désormais associées à la mémoire honteuse d'un productivisme irresponsable, on voudrait les gommer, et souvent les « haussmanniser » sans logique claire, sans pour autant les humaniser. Si ces formes urbaines, généralement « honni[e]s par réaction simpliste autant que par inculture[24] », sont déconcertantes et parfois porteuses de conflits de domanialités superposées, on peut s'interroger sur le bien-fondé de cette évolution.

Pourquoi reproduire aujourd'hui une morphologie d'îlot haussmannien dans une trame urbaine issue des années 1960-1970 ? Dans les quartiers marqués par la période moderne – et les reculs qui ont suivi –, il ne s'agit pas de refaire la ville haussmannienne, mais de préserver, voire de prolonger les atouts d'une esthétique d'ouverture, d'aération et de fluidité, en s'appuyant sur un registre de références plus large, qui associe un dessin minutieux du sol aux développements végétaux. Au lieu de réduire et parfois « rusticiser », voire ridiculiser un minimalisme aux qualités inabouties, ne peut-on porter sur les productions de cette période une attention plus neutre et plus poussée, et chercher à nous appuyer sur leur simplicité, notamment en matière de paysage urbain ?

---

23 Voir ZUP des Châtillons (Reims), 1964-1971. Bernadette Blanchon, « Public Housing Landscapes in France, 1945-1975 », *Landscape Research*, décembre 2011, vol. 36, n° 6, p. 683-702.

24 Bruno Vayssière, « Du square à la barre, 1945 : l'exception des Trente Glorieuses ». Dans André Lortie et Pierre Schall (dir.), *Parcs et promenades de Paris, op. cit.*, p. 31.

Pour un paysagisme social, situé et dessiné

Dès le tournant du XXe siècle, Sellier se fait le propagateur de l'idée, pour les classes populaires, de la « Beauté, non comme une compensation à leur misère, mais comme l'expression d'une vie décente et digne[25] », où le végétal occupe une place majeure. L'après-guerre peut sembler une période d'erreurs, mais avant la société d'expansion et de plein emploi, il a fallu s'abstraire des peurs et des séquelles de la guerre et reconstruire la société mentalement et physiquement. Celle-ci devait être prospère, mais aussi éduquée pour la démocratie, et capable de sens critique pour éviter de reproduire les erreurs du passé. La rationalité devait remplacer l'émotion[26]. Si la logique du milieu vivant a été pour partie oubliée, elle est restée essentielle pour les paysagistes qui l'ont cultivée et renouvelée – de Jacques Simon ou Jacques Sgard à Gilles Clément.

C'est durant cette période que s'est engagée la bataille contre l'horticole des squares (victoriens ou haussmanniens) et que les grands ensembles en France ont permis aux paysagistes de sortir du végétal décoratif et du détail anecdotique[27]. C'est aussi à cette époque que s'est développé l'art de l'agrément[28], qu'il nous faut aujourd'hui moduler par celui du « vital », sans pour autant oublier la compréhension, le récit et les témoignages de ce qui précède.

Pour Marcel Roncayolo, « lier l'esthétique urbaine et la qualité urbaine suppose de s'interroger sur le sens à accorder à la beauté [...] et [de se demander] s'il porte exclusivement sur [...] des apparences physiques[29] ». Si les définitions du beau sont stratifiées historiquement, alternant transmission, oubli et transformation, c'est bien « dans cette tension entre tradition et modernité que le beau s'affirme et se reconnaît[30] ». Enfin, à propos du paysage urbain, « [l]e sentiment esthétique fait partie intégrante, à des titres divers, de l'accomplissement des fonctions urbaines : pouvoirs, représentations, échanges. Entre forme physique et forme sociale, il est un élément de médiation[31] ». Il me semble que pour que cette médiation soit effective, le projet du sol urbain doit intégrer les savoirs accumulés des jardins et de la culture, en les reconstruisant comme art social, à la fois local et planétaire, par l'intermédiaire du dessin des aménités proposées.

Bernadette Blanchon
Architecte DPLG,
maître de conférences ENSP Versailles, LAREP

---

25 Thierry Paquot, « Pour une esthétique des villes », émission « Urbanités », *Radio Immo*, 26 novembre 2020.
26 Malene Hauxner, *Open to the Sky*, Copenhague : Arkitektens Forlag/The Danish Architectural Press, 2003, p. 332.
27 Cela n'a pas été le cas partout... Voir Bernadette Blanchon, Denis Delbaere et Jörn Garleff, « Le paysage dans les ensembles urbains de logements de 1940 à 1980 ». Dans Direction générale des patrimoines (dir.), *Les Grands Ensembles : une architecture du XXe siècle, op. cit.*
28 « L'agrément, c'est aussi la volonté de rechercher dans les lieux une certaine dimension interclassiste, la porosité de la ville. » Isabelle Chesneau et Marcel Roncayolo, « Beauté ». Dans *L'Abécédaire de Marcel Roncayolo : entretiens*, Gollion : Infolio, 2011, p. 62.
29 *Ibid.*, p. 48.
30 *Ibid.*, p. 57.
31 *Ibid.*, p. 60.

Meubler

Denyse Rodríguez Tomé

Paris

La production du mobilier urbain à Paris semble être en tension entre deux nécessités : d'un côté, l'apparition régulière de nouveaux usages sur la voie publique et d'équipements légers pour les accueillir, et de l'autre, la volonté de réguler cette production au regard de l'encombrement qu'elle suscite ; entre permission, ou nécessité des usages, et leur réglementation par les pouvoirs publics. Cette dernière s'inscrit, par étapes, dans une démarche globale de normalisation de la ville, avec des formes standards projetées dans un dessin d'ensemble périodiquement révisé.

Un exposé chronologique permettra de démontrer que la petite échelle du mobilier urbain s'inscrit dans les grandes époques de politiques urbaines, ainsi que dans les étapes d'extension et d'aménagement de la ville et plus globalement de l'évolution du paysage urbain. Les premiers équipements prévus pour les habitants de Paris résultent des nécessités urbaines d'approvisionnement en eau puis d'éclairage de la voie publique. Néanmoins, c'est avec les premières politiques d'« embellissement » – le fonctionnel et l'esthétique étant alors envisagés comme complémentaires – et l'extension des boulevards que se développent les objets liés à la promenade ainsi qu'à l'activité théâtrale, avant que les affiches, avec l'essor de la société de consommation, ne deviennent aussi un support publicitaire pour les commerces. Depuis le XVIIIe siècle, l'hygiène et la médecine dictent l'aménagement de la ville, jusqu'à la prévision d'urinoirs. Sous le préfet Haussmann, c'est un architecte des Beaux-Arts qui conçoit, au sein du service des promenades et plantations, une ligne entière de mobilier, vert, tandis que les réverbères à gaz se multiplient sur tout le territoire parisien. Le développement, avec l'électricité, des transports en commun, s'accompagne de l'installation d'arrêts, d'abris et d'entrées de métro sur le trottoir, de même que l'utilisation de l'automobile amène avec elle les feux et panneaux de signalisation et le matériel de protection des piétons. Depuis les dernières décennies du XXe siècle, l'attention portée au mobilier urbain à Paris coïncide avec la mutation des pouvoirs de la Ville, les événements violents, certains courants théoriques architecturaux et l'importance croissante de l'histoire dans les représentations collectives.

Approvisionner en eau et éclairer

La distribution de l'eau dans la ville peut être considérée comme générant l'un des tout premiers petits équipements publics. Au IIe siècle apr. J.-C. est construit l'aqueduc dit « d'Arcueil », qui alimente en eau les fontaines publiques de Lutèce, assurant un approvisionnement de 2 000 m^3 d'eau par jour. En 1178, les moines de la léproserie de Saint-Lazare, située dans l'actuel 10e arrondissement, font bâtir l'aqueduc du Pré-Saint-Gervais. Les moines de Saint-Martin-des-Champs seraient quant à eux à l'origine de l'édification de l'aqueduc dit « de Belleville ». Vers 1182, le roi Philippe Auguste, dans le cadre des travaux d'amélioration de Paris, obtient des religieux que l'eau collectée et drainée soit répartie entre 6 fontaines publiques, construites entre 1182 et 1400, toutes situées sur la rive droite, soit la rive marchande. Une première fontaine est édifiée à Saint-Laurent, à côté du clos Saint-Lazare. Une autre est positionnée dans l'actuel centre de Paris, là où Philippe Auguste installe les principaux marchés, futures Halles de Paris.

Une deuxième campagne de travaux pour approvisionner la capitale en eau s'accorde avec les politiques royales de monarchie dite « absolue », dès Henri IV, à l'aube du XVIIe siècle, puis avec le cardinal de Richelieu.

En 1602 est construite la pompe à eau de la Samaritaine, sur le pont Neuf, pour alimenter le palais du Louvre, le jardin des Tuileries et quelques fontaines sur la rive droite. En 1628, l'aqueduc de Médicis, qui surmonte l'aqueduc gallo-romain d'Arcueil, est mis en service pour approvisionner le nouveau palais du Luxembourg de Marie de Médicis et 14 autres fontaines, rive gauche. Avec l'absolutisme royal sous Louis XIV, les élections de syndics de la maçonnerie et de la charpenterie sont supprimées, et ceux-ci sont établis en charges vénales et héréditaires finançant le pouvoir. En 1683, Jean Beausire achète alors la charge de maître des œuvres de maçonnerie de Paris, puis il est nommé contrôleur des bâtiments du roi en 1690. Lui et ses héritiers entretiennent les fontaines parisiennes pendant un siècle et en construisent de nouvelles, une quinzaine, dont 5 au faubourg Saint-Antoine, par lettre patente à la demande des habitants, parmi lesquelles la fontaine Trogneux, rue de Charonne. C'est conjointement aux travaux d'égouts s'amorçant durant le XVIIIe siècle – avec le grand égout ordonné par Michel-Étienne Turgot, nommé prévôt des marchands en 1729 – que se poursuit, encore timide, l'alimentation en eau de la capitale. En 1776, au début du règne de Louis XVI, est mise en place la nouvelle pompe hydraulique sur le pont de Notre-Dame, qui alimente 21 fontaines parisiennes. Et sous le Premier Empire, le décret de Saint-Cloud de 1806 prescrit la réalisation de 15 fontaines supplémentaires à Paris.

Fontaine de Charonne, dite aussi fontaine Trogneux, à l'angle de la rue de Charonne et du 61, rue du Faubourg-Saint-Antoine, Paris 11e, photographie Eugène Atget, vers 1910.
© Paris Musées / Musée Carnavalet Histoire de Paris

La nécessité d'éclairer la ville à la nuit tombée, pour la sécurité de sa population ainsi que pour son contrôle, conduit aussi à l'installation de nouveaux éléments dans l'espace public de Paris. Le premier éclairage public est imposé au XIIIe siècle par Étienne Boileau, nommé prévôt de Paris par Louis IX, avec l'obligation faite aux bourgeois d'éclairer leurs façades. Celle-ci fut très peu suivie puisqu'elle est renouvelée plusieurs fois à partir de 1258. Trois siècles plus tard, sous le règne de François Ier, le parlement de Paris réitère en 1524 et 1558 les arrêtés demandant aux bourgeois d'installer à leurs frais des « flambeaux ardents » à leurs fenêtres. Le XVIe siècle se poursuit avec les guerres de Religion, climat peu propice au développement de la capitale. Mais comme pour la distribution d'eau potable dès l'arrivée au pouvoir d'Henri IV, puis de Louis XIII et Richelieu, l'intérêt porté à Paris et à son pouvoir financier s'accroît. Sous le règne de Louis XIV, monarque absolu, Gabriel-Nicolas de La Reynie devient le premier lieutenant général de police, charge qui a pour dessein de créer un pouvoir autonome (excepté du roi) veillant à la bonne marche de la cité. En septembre 1667, il promulgue une ordonnance sur l'éclairage public parisien, qui programme 2 736 lanternes pour éclairer 912 rues de Paris. Puis, en 1697, l'éclairage public passe à la charge de l'État, moyennant redevance, et l'on compte 5 772 lanternes. Un demi-siècle plus tard, sous Louis XV, Antoine de Sartine, lieutenant général de police à partir de 1759, choisit, après concours, la lanterne à huile à réverbère de l'ingénieur Dominique-François Bourgeois de Châteaublanc pour équiper les rues de Paris.

Flâner, s'informer, se divertir

Sous le règne de Louis XIV et à l'époque de la création des places fortes par Vauban, les anciens remparts de Charles V et Louis XIII sont remplacés, rive droite, par un cours planté aménagé par l'architecte Pierre Bullet, les futurs Grands Boulevards. Le cours est composé d'une large chaussée et de contre-allées arborées. Ces embellissements de Paris et ces promenades, avec l'afflux de flâneurs, s'accompagnent de l'augmentation des édicules urbains : bancs, lampadaires, urinoirs, supports d'affichage… Lié à cette pratique – émergente à la Renaissance – de la promenade, le banc est un meuble de jardin. Les premiers bancs publics à Paris apparaissent dans le jardin de la place Royale – la future place des Vosges – achevée en 1612 dans le Marais, et sont visibles sur un tableau anonyme intitulé *La Place Royale, vers 1660 : passage du carrosse du roi*. Ils sont alors en pierre, et dans le jardin des Tuileries, célèbre lieu de promenades, leur nombre passe de 8 en 1678 à un peu moins de 200 à la fin du siècle. Leur usage se multiplie au cours du XVIIIe siècle, comme l'atteste la gravure de François Huot, *Lecture du Journal par les Politiques de la petite Provence au jardin des Thuilleries*. Sous Louis-Philippe, les premiers bancs en bois sont installés le long des Grands Boulevards.

Bientôt s'établissent sur ce parcours bals, restaurants et théâtres, notamment sur le boulevard Saint-Martin et à l'est du boulevard du Temple, alors surnommé « boulevard du Crime » (partie détruite par les grands travaux parisiens du XIXe siècle). Cette multiplication des lieux de spectacle induit la profusion d'affiches de promotion des représentations. Dans la première partie du XIXe siècle, dès 1839, sont installées des « colonnes mauresques » cylindriques, autorisées par Gabriel Delessert, préfet de police de Paris sous la monarchie de Juillet. Elles servent à la fois de supports d'affichage, à l'extérieur et l'intérieur, et d'urinoirs monoplaces. Les premiers barils d'aisance avaient été mis en service par Antoine de Sartine dès 1771. On compte 468 colonnes-urinoirs en 1843.

Paris s'étend au-delà de ces boulevards durant le XVIIIe siècle, jusqu'au mur des Fermiers généraux, édifié par Claude-Nicolas Ledoux à partir de 1784. Entre 1810 et 1848, ce sont 180 nouvelles rues qui sont ouvertes à la circulation. La volonté de sécuriser la ville pendant la nuit est confortée par les politiques urbaines de Napoléon Ier qui nomme Gaspard de Chabrol préfet du nouveau département de la Seine. Celui-ci reste en place sous la Restauration et généralise à partir de 1829 l'éclairage public au gaz dans tout Paris. Le préfet Rambuteau prend sa suite, et à la fin de la monarchie de Juillet, en 1848, la ville compte près de 900 réverbères à gaz. À partir de 1834, l'architecte Jacques Ignace Hittorff aménage les Champs-Élysées, construit plusieurs théâtres et cirques, et dessine lui-même les candélabres.

De 1841 à 1849, sur l'initiative des riverains du faubourg Saint-Martin, à présent compris dans les limites de la capitale, des travaux d'embellissement sont engagés, avec la construction de trottoirs plantés dotés de 100 candélabres, 30 fontaines et 30 bornes vespasiennes en fonte. Ainsi, sous Rambuteau, le nombre de bornes-fontaines passe de 150 à près de 2 000. Ces équipements vont de pair avec l'extension

Détail de la *Place Royale*, peinture anonyme, vers 1660.
© Musée Carnavalet Histoire de Paris / Roger-Viollet

du réseau d'égouts, entreprise avec les recherches du médecin Alexandre Parent-Duchâtelet : l'hygiénisme va guider les politiques urbaines en matière de voirie et de construction, et ce, pour plus d'un siècle.

Le préfet Georges Eugène Haussmann, nommé par Napoléon III, poursuit à une échelle bien supérieure les grands travaux dans Paris, qu'il étend jusqu'aux fortifications de 1841, annexant les bourgs riverains comme Belleville, Charonne ou Montmartre. Les grandes percées sont aussi envisagées comme autant de promenades, si possible plantées. L'ingénieur des Ponts et Chaussées Adolphe Alphand dirige le service municipal des travaux de Paris, mais aussi celui des promenades et plantations, véritable laboratoire de projet, responsable de la disposition des « accessoires de voirie » dans les rues et jardins, dont l'essentiel est conçu par Gabriel Davioud, architecte en chef du service. Davioud revisite des formes existantes, redessine l'ensemble jusqu'aux grilles en fonte pour les arbres, dans une recherche de gabarits élégants, normés selon les visées haussmanniennes. Sa recherche est aussi empreinte d'un goût pour le pittoresque et le végétal et s'inspire des nouveaux parcs parisiens, avec une couleur uniforme, le vert. La réalisation et l'entretien sont confiés aux entreprises privées gestionnaires qui établissent leur monopole. La Compagnie générale des omnibus, fusion des 11 compagnies de transport public existantes en 1855, fournit le matériel et le mobilier des stations et bureaux, selon les modèles publiés par le service des promenades et plantations.

Le XIXe siècle, siècle de la presse, voit se développer dans la capitale les kiosques à journaux. En 1859, la société Grant et Cie obtient de la Ville de Paris leur concession ainsi que celle des urinoirs, eux aussi construits d'après les modèles du service. Cela représente 300 kiosques dès 1865. Ces derniers sont dotés d'une extension octogonale en chêne et sont éclairés de l'intérieur pour que soient apposées des affiches peintes sur leurs parois vitrées. À partir de 1868, la Ville concède à la compagnie d'affichage Morris la construction de 150 colonnes exclusivement dédiées aux affiches des théâtres. À la fin du Second Empire, Paris, c'est 1 088 km de trottoirs, 1 290 hectares affectés à la voie publique, 8 428 bancs publics en bois de chêne et en fonte aux armes de la Ville, 20 766 becs de gaz dans le centre et 11 256 jusqu'aux fortifications. Le candélabre Oudry en fonte, bronzé au pinceau ou cuivré, a remplacé les modèles antérieurs, et deux types de lanternes en laiton sont utilisées, rondes ou carrées selon leur emplacement, qui peut être central ou en périphérie de la ville. Un candélabre à trois branches est installé sur les grandes voies et sur la place Vendôme.

Place du marché des Patriarches, Paris 5e. Photographie Eugène Atget, 1924.
© BnF

Vespasienne à une place dite « colonne de Rambuteau », quai de l'Hôtel-de-Ville, Paris 4e.
Photographie Charles Marville, vers 1871.
© Charles Marville / Musée Carnavalet Histoire de Paris / Roger-Viollet

Électrifier, circuler ensemble

Adolphe Alphand est reconduit dans ses fonctions par la nouvelle IIIᵉ République, dirigeant l'ensemble des services des travaux et de la voirie, y compris celui des eaux et des égouts à partir de 1878. Les grands travaux entrepris sous Haussmann se poursuivent, jusqu'après la Première Guerre mondiale. Au lendemain de la Commune, Richard Wallace, anglais d'origine et parisien d'adoption, dote la ville de 50 fontaines qui portent son nom, en fonte et dessinées par le sculpteur Charles-Auguste Lebourg. La pudibonderie bourgeoise ignore toujours les besoins des femmes – seuls 6 chalets de nécessité sont ouverts aux deux sexes par concession (marché aux fleurs sur l'île de la Cité, places de la Madeleine et de la Bourse, Champs-Élysées, boulevard Saint-Germain, Halles). Dans les années 1870, l'architecte Charles Duval, auteur de plusieurs théâtres des boulevards, conçoit des modèles de vespasiennes en maçonnerie et de candélabres-urinoirs surnommés « bornes-fontaines » en maçonnerie et tôle, qui remplacent les « colonnes Rambuteau ». Paris compte 1 200 vespasiennes en 1930.

Simultanément, avec l'augmentation de la presse, les kiosques uniquement dévolus aux journaux se multiplient et évoluent au fil des décennies. L'agence Administration d'affichage et de publicité (AAP), qui détient la concession des 350 kiosques à Paris depuis 1900, propose un nouveau modèle de kiosque à journaux (dit « modèle 1933 » par la suite) à armature en fer recouverte de chrome, puis, en 1957, un édicule en acier inoxydable et en verre, et, en 1963, son modèle de kiosques en inox dits « kiosques Marigny ».

Une horloge publique, commandée par le roi Charles V et œuvre de l'horloger lorrain Henri de Vic, avait été établie vers 1370 sur la tour carrée du palais de la Cité. Mais c'est en 1891 que le développement du chemin de fer à travers le territoire entraîne l'adoption légale de l'heure de Paris dans toute la France. Nouveaux éléments du paysage urbain, des horloges fonctionnant à l'air comprimé sont installées sur la voie publique – notamment à proximité des gares – en 1881, par la Compagnie générale des horloges pneumatiques fondée par Victor Popp. Les candélabres, cadrans et aiguilles sont à la charge de la Ville. Un peu moins d'un siècle plus tard, dans les années 1970, les horloges disparaissent progressivement des carrefours, après la suppression de la distribution d'air comprimé dans Paris.

L'éclairage de la ville devient peu à peu électrique. En mai 1878, lors de l'Exposition universelle, l'avenue de l'Opéra est éclairée grâce à 32 globes de verre émaillé équipés de bougies électriques Jablochkoff. En 1889, ce sont des lampes électriques à arc qui sont dressées sur les Grands Boulevards. À partir de 1914, la Ville systématise l'utilisation de l'éclairage électrique. Les réverbères sont hauts de 5,20 à 6,20 mètres, espacés de 35 à 45 mètres. En 1935 sont mis en place des candélabres en acier de 7,50 mètres de hauteur, avec réflecteur à verre argenté. Entre 1956 et 1962, les dernières lanternes à gaz sont converties à l'électricité : c'est la fin de l'allumeur de réverbères.

Avec les récentes voies élargies issues des grands travaux, les transports en commun se développent et, avec eux, les stations. À partir de 1899, les arrêts fixes d'omnibus deviennent systématiques, même si les passagers continuent de héler les conducteurs. Dès 1905 apparaissent les autobus, avec la ligne Montparnasse-Saint-Germain-des-Prés. Le premier abribus est installé au carrefour Richelieu-Drouot en 1911, et en 1922 sont mis en place de nouveaux modèles d'arrêts, avec des abris en bois ou en acier. Le métropolitain fonctionne quant à lui depuis 1900. Pour les entrées de stations, Hector Guimard conçoit un ensemble cohérent de style Art nouveau, depuis les caractères jusqu'aux édicules en fonte de quatre types, établis sur les lignes 1 à 7. Le signal lumineux « METRO » dessiné par Adolphe Dervaux est installé en 1924 (le « M » apparaîtra dans les années 1970). L'utilisation de l'automobile entraîne aussi l'apparition de dispositifs inconnus. Vers 1897, les agents de circulation manient leurs premiers bâtons blancs. En 1912, un feu de signalisation, le « kiosque-signal », est établi au carrefour de la rue et du boulevard Montmartre. En 1923, on voit apparaître les premiers signaux lumineux à fonctionnement manuel au carrefour Rivoli-Sébastopol, et en 1936, les premiers signaux lumineux automatiques avec cycle déterminé par un préréglage des temps. Dans les années 1930, on pose des bornes lumineuses à gaz pour délimiter les refuges piétons, et près de 3 000 panneaux de signalisation conformes aux prescriptions du Code de la route fixées lors de la convention internationale de Genève du 20 mai 1931. En 1966, on en compte 40 000, et 14 000 passages piétons. À cette date sont recensés 6 000 bancs, et autant de corbeilles à papier. Depuis la collecte régulière des ordures mise en place par le lieutenant général de police La Reynie au XVIIe siècle, le principal progrès est l'organisation, en 1883, par le préfet Eugène Poubelle, du ramassage des ordures qui prévoit trois boîtes pour le tri des déchets (matières putrescibles ; papiers et chiffons ; verre, faïence et coquilles d'huîtres) avec, dès 1903, des bennes à ordures automobiles. La voie publique est dotée en 1908 du même modèle de poubelles à papier, présentes dans les parcs et squares.

Signaux lumineux carrefour Rivoli, 1923.
© Ville de Paris / Direction de la voirie et des déplacements

À partir des années 1910, la dénonciation de la multiplication des « édicules existants » devient systématique au conseil municipal, ceux-ci étant comptabilisés par Adolphe Chérioux – élu du 15e arrondissement pendant près de 40 ans et président du Conseil de Paris en 1908 – en vue de les limiter. Dès 1892, le journal *Le Siècle* annonce la formation d'une « association des Parisiens pour la défense des trottoirs ». Le 7 juin 1911 y est publié le relevé, par Chérioux, de « 76 bascules automatiques, 415 boîtes-bornes postales, 234 chalets-abris, 112 chalets de nécessité, 225 colonnes Morris, 401 kiosques lumineux, 87 motifs lumineux, 280 abris de petits marchands, 1 204 édicules utilitaires à deux ou trois stalles, 415 isolés, 401 kiosques à journaux ». Le débat se poursuit tout le long des mandats de Chérioux, impliqué dans les travaux d'urbanisme parisien, et par la suite. Quels critères l'emportent, entre la nécessité et l'usage, les petits métiers et le rêve d'un Paris au cordeau ? Comment sont attribuées les concessions et comment sont-elles renouvelées ? Le 1er avril 1958 est créé le Centre d'action pour la propreté de Paris.

Trop encombrer

En 1968 entre en vigueur la loi de 1964 faisant de Paris à la fois une commune et un département. L'Atelier parisien d'urbanisme a été créé quelques mois plus tôt, signe d'une réorientation dans les politiques techniques, qui se traduit par un retour à la préservation du paysage urbain et par une attention portée sur la rue. En 1970-1971, deux événements en portent la marque, tournés vers la petite échelle du mobilier urbain. L'exposition « L'espace collectif : ses signes et son mobilier » du Centre de création

Cabine téléphonique avenue Montaigne, Paris 8e, 1976.
© Ville de Paris / Direction de la voirie et des déplacements

Vespasienne payante « Sanisette », JCDecaux, 1980.
© Ville de Paris / Direction de l'urbanisme

industrielle se tient entre décembre 1970 et janvier 1971 aux Halles de Baltard. Le CCI lance en même temps un concours pour la conception d'une unité de service. Une commission spécialisée du mobilier urbain est créée, par arrêté préfectoral, « pour orienter et promouvoir une politique du mobilier urbain, en vue de procéder à une mise en ordre, des sélections, des éliminations et un contrôle strict des éléments nouveaux ». Elle comprend des représentants des administrations régionales des bâtiments de France et des monuments historiques, des services de l'architecte-voyer général, des services de la voirie, de l'aménagement et de l'urbanisme, de la RATP, des télécommunications, de la préfecture de police, mais aussi des conseillers municipaux, des représentants de l'Apur, le président de l'Union des chambres syndicales d'affichage et de publicité extérieure, ou encore des invités en qualité de personnalités compétentes. Ainsi, des architectes issus du service de l'architecte-voyer général Bernard Ogé, notamment Paul Le Cacheux, vont œuvrer régulièrement pour la conception et l'homogénéisation d'éléments sur la voie publique, pour empêcher le stationnement automobile, et pour canaliser les passants vers les passages piétons, grâce à des potelets avec chaînes au bord des trottoirs – signalons que les premiers parcmètres datent de 1971. En 1986, Paul Le Cacheux dessine la barrière « croix de Saint-André », système qui empêche à la fois les automobiles de monter sur le trottoir et les piétons de traverser en coupant le trafic, et qui réserve un espace de stationnement aux deux-roues.

Le rétablissement de la fonction de maire à Paris et l'élection de Jacques Chirac en 1977 renforcent les priorités de la Ville en matière de réflexion esthétique et de confort. Dès 1972, une convention est signée entre la Ville et la SOPACT (Société de publicité des abribus et cabines téléphoniques, filiale de JCDecaux), qui s'engage à fournir, installer et entretenir 1 500 abris pour voyageurs et des cabines téléphoniques. Le premier abribus de ce type est installé dans le 13e arrondissement. Les mâts porte-affiches de JCDecaux sont agréés en 1973, les panneaux MUPI (mobilier urbain pour l'information) en 1976, les panneaux MILT (mobilier d'informations locales et touristiques) en 1978. En outre, en 1986, la société JCDecaux rachète les droits de construction et d'exploitation des colonnes Morris, détenus depuis 1916 par la Société fermière des colonnes-affiches.

L'histoire a retenu l'affichage en lien avec les sanitaires publics. À partir de 1981, les premières sanisettes viennent remplacer les anciennes vespasiennes (monument historique, une d'entre elles est conservée sur le boulevard Arago). En 1991, un contrat est de nouveau signé, liant la Ville à la société SEMUP (filiale de JCDecaux) pour 15 ans, pour la location, l'entretien et la maintenance des 420 sanisettes payantes.

La même entreprise propose aussi, début 1970, des « réceptacles de propreté » en forme de boules blanches et brunes, puis des corbeilles-bornes de 45, 60 et 120 litres. Cependant, elle ne détient pas le monopole de ce

Kiosque à journaux « MédiaKiosk » pour la Ville de Paris, matali crasset, designer, 2020.
© Philippe Piron/Adagp 2021

marché. Dès la fin des années 1970, on constate l'apparition de la corbeille Tulipe, pour tous les espaces plantés ou à caractère végétal, et de la corbeille Publiville en fonte. Durant ces mêmes années, les corbeilles de propreté Allibert et Plastic Omnium, en polyéthylène injecté, polyacétal et acier, sont agréées à Paris, ainsi que la Citec de 45 litres. En 1983, après décision de collecte sélective du verre à Paris, c'est la colonne à verre Plastic Omnium qui l'emporte. Après les attentats de 1995, les réceptacles de propreté sont remplacés par des sacs.

Le dernier modèle de kiosque de presse Barnum de l'AAP, sorti en 1973, est désapprouvé par la commission du mobilier urbain en 1978. C'est un architecte de l'Apur, André Schuch, qui conçoit alors le kiosque de presse K, en inox et verre, avec polycarbonate et résine polyester, dont la structure tubulaire polygonale s'inspire du pavillon de l'Atomium de l'Exposition universelle de Bruxelles. L'édicule sera repensé durant les années 1980-1990, face à l'augmentation considérable des titres de presse.

En 1993, un premier kiosque à journaux style « 1900 », qui emprunte au modèle vert de Davioud, mais se déploie en un polygone massif pour contenir un maximum de produits, est monté devant le Grand Palais où se tient le Salon du livre. Le prototype reçoit un accueil enthousiaste du maire Jacques Chirac, qui motive la reproduction du modèle et ses variantes par l'AAP, pour les Champs-Élysées notamment. Alors que s'achève l'aménagement du parc de la Villette dont le mobilier est signé Philippe Starck, le réaménagement des Champs-Élysées conduit au remplacement de « cette accumulation d'objets disparates, disposés selon une logique toute fonctionnelle » – selon les mots de l'architecte Patrick Pognant – par la ligne de mobilier « Champs-Élysées » de Jean-Michel Wilmotte (bancs, candélabres, feux de signalisation, potelets) et de Norman Foster (abribus, panneaux MUPI, journaux lumineux). À cela s'ajoutent quelques éléments « historiques » (colonne Morris, cabine téléphonique dans une colonne de ce type, kiosque « 1900 », candélabre Hittorff, fontaine Wallace) et des bancs de voirie « Mobilier Ville de Paris », d'après les modèles de Davioud publiés par Alphand... De fait, Paris est post-moderne, la forme devient fonction, et l'historique une légitimité.

Le catalogue de la commission municipale du mobilier urbain, *Le Mobilier urbain parisien : guide de l'espace public*, est publié en 1996, destiné à servir d'exemple aux autres municipalités. Le deuxième millénaire s'achève – en même temps que les nombreuses opérations de réhabilitation et de mise en valeur des grands axes parisiens puis des places – par un regard esthétique renforcé sur la question des « objet(s) public(s) », comme les nomme l'exposition de 2004 au Pavillon de l'Arsenal, et par une politique de consultation et d'appel à de grands noms. Le dernier kiosque de l'AAP – devenue MédiaKiosk en 2009, dont l'actionnaire majoritaire est JCDecaux – est conçu par Matali Crasset.

En 2001 sont mis en place des dispositifs d'accessibilité pour les handicapés : dalles podotactiles, avertisseurs sonores au niveau des feux rouges, potelets rehaussés à l'endroit des passages piétons... En 2004, Frédérique Edelmann dénombre, dans *Le Monde*, 770 colonnes Morris, 2 kiosques théâtre, 700 mâts porte-affiches, 2 000 mobiliers d'information avec affichage publicitaire, 400 sanisettes, 1 800 abribus, 9 000 horodateurs, 10 000 feux de signalisation, 2 300 boîtes aux lettres, 2 500 cabines téléphoniques, 20 000 corbeilles et 9 000 bancs. En 2007, le concept de vélos en libre-service est adopté par la Ville de Paris, avec les Vélib' de JCDecaux, point de départ des modes de mobilité partagés (voitures électriques, trottinettes...) et des espaces et bornes nécessaires. L'amplification du mobilier urbain est commandée par la multiplication infinie des usages de la voie publique jusqu'à nos jours, tandis que certains équipements tangibles sur le trottoir, comme les cabines téléphoniques – qui s'étaient développées depuis les années 1920 avec l'invention du paiement à pièces –, longtemps objets de design, ont disparu des espaces urbains avec l'essor de la téléphonie mobile.

Denyse Rodríguez Tomé
Architecte et historienne,
Maître de conférence à l'ENSA Lyon,
Chercheure à l'IPRAUS UMR AUSser
et à EVS-LAURe

Paris au cinéma

Joachim Lepastier

terrain

Décors et décors de jeu

Le cinéma reste la plus belle machine à remonter le temps. Toute l'histoire de Paris de ces 125 dernières années est encapsulée dans les arrière-plans des fictions et documentaires tournés dans la capitale.

Trajets et déambulations

Voulez-vous connaître l'ambiance de la rive gauche, un début d'été, il y a 60 ans ? Regardez *Cléo de 5 à 7* d'Agnès Varda (1962). Cléo, une jeune chanteuse, craint d'être atteinte d'un cancer et attend le résultat d'expertises médicales. Deux heures avant l'échéance, elle erre de la rue de Rivoli à la Salpêtrière en passant par la rue Bonaparte et le parc Montsouris, et va de rencontre en rencontre.

Cette déambulation, à la fois ouverte à l'imprévu et chronologiquement minutée, exhale une étrange impression de « première et dernière fois ». « Première fois », puisque le cinéma de la Nouvelle Vague descend dans la rue, intègre dans ses fictions tout un arrière-plan documentaire et s'émerveille du spectacle ordinaire de la ville. À l'inverse d'une procédure classique de tournage qui bloquerait les rues, ce cinéma dérange le moins possible. Il ne s'offusque pas des imprévus, cherche même les regards inopportuns des passants, que l'œil de la photographe Varda transcende en portraits express. « Dernière fois », car cette démarche – nimbée de l'inquiétude de l'héroïne qui ne pourra peut-être plus avancer avec la même insouciance – capture aussi des pratiques disparues : les numéros de foire des fakirs et avaleurs de grenouilles aux abords de la gare Montparnasse.

Corinne Marchand dans *Cléo de 5 à 7*, Agnès Varda, 1962.
© 1961 ciné-tamaris

Cette mémoire ne concerne pas qu'un folklore révolu. Poussez la porte du Dôme avec Cléo, le 21 juin 1961 à 17 h 45, et vous ferez l'expérience du « si loin, si proche ». Le café existe toujours. Son agencement est presque resté le même, mais les façons de parler, les postures, les regards ont changé. L'esthétique parisienne ne tient plus uniquement aux quartiers, aux bâtiments, aux murs, mais à la manière d'y évoluer. Elle s'ouvre sur une histoire de l'humain et des mœurs. Voilà comment les films deviennent des pièces d'archéologie vivante. Deux heures de la vie de la capitale peuvent ainsi se transformer en un fragment d'éternité.

Plus récent, *La Bataille de Solférino* (Justine Triet, 2013) enserre une crise de couple dans l'écho tourbillonnant de la soirée présidentielle du 6 mai 2012. Le film, tout en déplacements (à pied ou à scooter) et en rendez-vous périlleux, est une plongée au cœur des pulsations de la foule dans l'espace public : allégresse (la victoire fêtée rue de Solférino pour la dernière fois dans l'histoire de France) ou gueule de bois (une place de la Bastille post-fête électorale, devenue presque dangereuse). La filiation avec Agnès Varda réside dans l'appréhension de la rue parisienne comme organisme vivant, avec ses soubresauts et ses sautes d'humeur.

Paris a d'ailleurs peut-être stimulé le développement d'un sous-genre cinématographique, le « film-trajectoire », consistant en une traversée inédite de la capitale. Quand bien même Marguerite Duras et Claude Lelouch se situent aux antipodes esthétiques l'un de l'autre, leurs deux courts-métrages respectifs *Aurélia Steiner (Melbourne)* (1979) et *C'était un rendez-vous* (1976) embrassent dans leur entièreté Paris, à l'occasion d'un trajet. Le premier avec la lenteur et la solennité d'une remontée de la Seine d'est en ouest en péniche ; le deuxième avec la vitesse d'une traversée record à moto : 8 minutes et 5 secondes, de la porte Dauphine au Sacré-Cœur en passant par les Champs-Élysées et le Louvre.

Les deux films se rejoignent toutefois dans l'appréhension d'un Paris presque endormi, qui se devine finalement sur les latéralités. Chez Duras, la vue de la Seine reste languide et hiératique : la ligne d'horizon, une lumière, les horizontales des ponts napoléoniens franchis les uns après les autres... Le film fait écho à un texte mémoriel lancé comme une bouteille à la mer. Les morceaux de bravoure architecturaux (Notre-Dame, le Grand Palais) apparaissent presque à l'improviste, sur les côtés, et s'évanouissent tels des mirages flottants. La Seine est redécouverte comme la rue fondatrice de la cité, et Paris devient un paysage philosophique à la limite de l'abstraction.

Chez Lelouch, au contraire, on tourne pied au plancher et à ras de bitume, mais comme chez Duras, Paris est une scène qui défile sur les côtés. Aux perspectives majestueuses (axe historique, avenue de l'Opéra) succède la densité des tissus faubouriens, jusqu'à l'entrelacs de ruelles autour de la place du Tertre. Toutes les variations de largeur de voie, de densité urbaine et de prospect forment alors un précipité de l'identité parisienne. Les deux cinéastes obtiennent ainsi, par des moyens radicalement différents, une condensation plastique de Paris, jouant des contrastes entre un horizon plus ou moins dégagé et des textures urbaines qui viennent temporairement s'y agréger.

Tous ces exemples prouvent que la forme de Paris n'est jamais figée : elle a quelque chose de plastique, voire de musical ; elle se modifie constamment au rythme du tempo auquel elle est traversée.

Paris, le plus grand terrain de jeu

Filmer Paris, c'est d'abord filmer une topographie. Le premier intertitre de *La Course aux potirons* (Émile Cohl et Étienne Arnaud, 1908) plante d'emblée le décor : « Dans les ruelles pentues de Ménilmontant. » Ce petit bijou de burlesque primitif ne filme pas tant un quartier qu'un relief. Sur un point haut du Paris populaire, la charrette d'un marchand de légumes se renverse. Les citrouilles et potirons rebondissent sur les pavés, dévalent les rues et les escaliers, tombent jusqu'aux égouts, ou, par la grâce d'un rudimentaire effet spécial d'inversion du mouvement, passent à travers les fenêtres voire remontent jusqu'aux toitures. L'émerveillement ludique des pionniers du cinéma crée aussi un court-circuit entre médiums : ce que nous sommes en train de voir, ne serait-ce pas une partie d'un proto-Donkey Kong en prises de vues réelles ? Voici la preuve que les rues de Paris constituent d'entrée un terrain de jeu.

La Course aux potirons, Émile Cohl et Étienne Arnaud, 1908.

Superposer les cases d'un jeu de l'oie au plan de Paris : tel est le principe du *Pont du Nord* (Jacques Rivette, 1981). Ce Paris remodelé en forme de coquille d'escargot est la véritable feuille de route de l'intrigue. Les pérégrinations des deux héroïnes (une claustrophobe sortant de prison et une Don Quichotte sur son Solex, jouées par Bulle et Pascale Ogier, mère et fille à l'état civil) les mènent, par une succession de rendez-vous de plus en plus étranges, jusqu'aux franges de la capitale qui ont été bien investies depuis. Au fil de trajets le long du canal de l'Ourcq ou de la Petite Ceinture et de ses gares abandonnées, l'œil du spectateur découvre ainsi l'état des friches qui accueilleront quelques années plus tard les parcs Georges-Brassens (d'où n'émerge qu'un beffroi en pierre, évoquant une toile d'Edward Hopper), de Bercy (aux halles aux vins décaties) et de la Villette (protégé par la vigie d'un toboggan cracheur de feu, qui trouvera son futur écrin dans le jardin du Dragon inauguré en 1989). Tourné à la jonction de deux décennies, ce film est une vraie mine d'archéologie urbaine ! Évoquant à demi-mot les affaires de la fin du giscardisme (notamment celle des abattoirs de la Villette, dont on voit la carcasse résistant encore aux bulldozers), le film montre surtout à quel point les limites de l'urbanité parisienne étaient alors bien comprises intra-muros. Remplis de terrains en attente de construction, des pans entiers des 12e, 15e, 19e et 20e arrondissements pouvaient être mis en scène en quartiers fantômes. Une décennie plus tôt, le territoire d'élection du cinéma de Jean-Pierre Melville, situé aux alentours de ses propres studios rue Jenner, figurait aussi un 13e arrondissement désolé (comme dans la scène de fusillade au début du *Samouraï*, en 1967), à proximité des voies ferrées de l'ex-gare du boulevard Masséna.

Plus de 45 ans après sa réalisation, *Touche pas à la femme blanche !* (Marco Ferreri, 1974) demeure le film le plus hallucinatoire et le plus excentrique tourné à Paris, plus précisément dans l'ex-ventre de la capitale. Le cinéaste et sa troupe investissent le « trou des Halles » pour y rejouer un simulacre de la bataille de Little Bighorn avec costumes de généraux, troupes au garde-à-vous, plumes d'Indiens et cavalcades de chevaux dans la poussière des gravats. Le décor en lui-même est parodique : une version miniature et salie de la noble minéralité des vallées et canyons des grands classiques du western, avec, à

Touche pas à la femme blanche!, Marco Ferreri, 1974.
© Mara Film, Les Films 66, Laser Productions, Produzioni Europee Associati-PEA (Rome)

l'arrière-plan des scènes de bataille, le décalage des façades du vieux Paris. Cette survivance faubourienne montre bien que cet unique western parisien capte un moment décisif de transformation de la capitale : la destruction programmée de son âme populaire. À la manière d'un collage dadaïste, le film s'amuse sans cesse d'une dissociation entre arrière-plan documentaire (enregistrant la destruction des Halles de Baltard) et fiction farcesque (on joue aux cow-boys et aux Indiens, entre joie enfantine et distanciation brechtienne), dans une hybridité qui devient explosive. Rien n'est réaliste, tout est exagéré, et pourtant tout est réel : cœur de ville livré à la spéculation, arrogance du capitalisme, expulsion des populations locales. Ce « cinéma de tréteaux », bricolé, farceur et rageur, s'approprie le cœur (en souffrance) de la capitale pour en faire davantage qu'un simple terrain de jeu : une scène d'interpellation.

Regards venus d'ailleurs

Le spectateur est toujours friand des regards de cinéastes voyageurs. À quoi ressemble le Paris vu d'ailleurs ? Dans *Drôle de frimousse* [*Funny Face*] (1957), Stanley Donen fait flâner Fred Astaire sur les Champs-Élysées « *from the Arch of Triumph / to the Petit Palais / that's for me / bonjour Paris!* ». La comédie musicale hollywoodienne sort des studios et parade sur la plus belle avenue du monde, dans un geste qui anticipe *À bout de souffle* tourné 2 ans plus tard. Le film construit peut-être une image de carte postale de Paris, mais il l'élabore sur des décors naturels. Il s'agit de chanter la gloire d'une double capitale, celle de la haute couture et de la pensée, avec Audrey Hepburn aussi à l'aise dans les défilés Givenchy que dans les caves de Saint-Germain-des-Prés. L'existentialisme est un exotisme.

Mais cette image a plus de 60 ans. Quels sont les fantasmes du Hollywood d'aujourd'hui ? Le long segment parisien de *Mission impossible : Fallout* (Christopher McQuarrie, 2018) regorge de morceaux de bravoure : le vol en chute libre de Tom Cruise pour atterrir sur le toit du Grand Palais, un slalom à moto à contresens sur la place de l'Étoile, et, au bout du compte, une géographie encore plus impossible que la mission de l'agent Ethan Hunt. Poursuivi par la police, boulevard Richard-Lenoir, celui-ci saute dans un oculus de ventilation du canal Saint-Martin pour arriver dans le zodiac de ses complices. Sur les quais de cette partie souterraine du canal, ils poussent une porte, empruntent quelques volées d'escalier qui les mènent... au pied de la station de métro Passy. S'ensuit une course-poursuite voiture-moto où l'on passe allégrement du dessous du

Kay Thompson, Fred Astaire et Audrey Hepburn dans *Drôle de frimousse* [Funny Face], Stanley Donen, 1957.
© Everett / Bridgeman Images

viaduc du métro aérien, boulevard de Grenelle, au parvis de l'église Saint-Gervais (derrière l'Hôtel de Ville), jusqu'au pont métallique de la rue du Rocher dans le quartier de l'Europe. Ce sont autant de connexions improbables qui recomposent l'image d'une ville-labyrinthe aux innombrables variations de densité, l'architecture étant utilisée pour ses effets de monumentalité (le ministère de l'Économie et des Finances de Bercy filmé sous tous les angles en contreplongée, comme une forteresse moderne) ou de vitesse (les colonnades du Palais-Royal permettant de beaux effets stroboscopiques).

Paris remodelé

Venir à Paris en visiteur, c'est donc se permettre de le remodeler. Dans *Inception* (Christopher Nolan, 2010), Paris devient un terrain d'expérience, de « rêve partagé », un décor *a priori* archétypal (une rue paisiblement commerçante) qui se transforme à vue selon les desiderata de « l'architecte onirique ». Ainsi, la rue Bouchut (à la limite des 7e et 15e arrondissements) se replie sur elle-même, et les îlots se superposent et s'assemblent telles des pièces de Lego. Encore faut-il, pour que la superposition opère, que ces îlots voient leurs géométries régularisées, en carrés ou rectangles. Aussi les immeubles haussmanniens sont-ils réorganisés en une trame « à la Cerdà ». Ce quartier proche du siège de l'UNESCO donne alors naissance à un hybride Paris-Barcelone, qui n'existe malheureusement qu'au cinéma. Autoportrait du cinéaste Elia Suleiman en perpétuel exil, *It Must Be Heaven* (2019) comporte un épisode parisien d'un ravageur humour pince-sans-rire. Le réalisateur imagine le quartier Montorgueil devenu quasi désert du jour au lendemain, dans un style hérité de Jacques Tati (plans larges et micro-actions) magnifiant la solennité d'un Paris historique hanté par le vide. Entre la rue Montorgueil et le Louvre ne restent plus que la police (faisant du zèle en mesurant la taille des terrasses, et prophétisant avec quelques mois d'avance l'ère de la distanciation), l'armée (avec ses chars défilant devant la Banque de France lors des préparatifs du 14 juillet), un couple de touristes égarés et quelques mendiants, femmes de ménage et balayeurs. En résulte un étrange portrait de Paris, entre ville-musée et capitale-sanctuaire, à la fois vacant et surprotégé, quadrillé par l'État policier comme par l'État-providence (puisque les SDF ont droit à d'attentionnés plateaux-repas).

Les Plages d'Agnès, Agnès Varda, 2008.
© 2008 ciné-tamaris

Une intervention modeste suffit parfois à créer des images aussi fortes. Dans une séquence des *Plages d'Agnès* (2008), Agnès Varda s'approprie le trottoir et la voirie devant sa maison-atelier de la rue Daguerre, y déverse du sable et y installe les bureaux de sa société de production. Sur les pavés, la plage ! Voilà la pure image d'une utopie... qui commence à la porte de chez soi. Pas besoin d'aller chercher bien loin pour trouver l'inspiration puisqu'en 1975, Agnès Varda avait déjà réalisé *Daguer-réotypes*, portrait collectif des habitants et commerçants du quartier, situé dans un périmètre de 50 mètres autour de chez elle.

Paris, collection de fétiches

 L'amour de Paris, ça ne s'explique pas ! », s'exclame le matelot de *L'Amour à la mer*, premier film de Guy Gilles (1965). Cinéaste secret et sensible, Guy Gilles a souvent filmé un Paris d'élection dans les années 1960, avec ses quartiers populaires (Belleville, Pigalle, le Marais) où l'éclat des couleurs glanées dans les vitrines tranche avec la grisaille ordinaire (c'était avant l'ère des ravalements de façade du Paris historique). L'idéalisme des héros déracinés de Guy Gilles transcende des intrigues sentimentalistes. Exemplairement, dans ce premier film, l'intrigue à la limite du roman-photo (les amours à distance d'un matelot et d'une secrétaire, entre Brest et Paris) est sublimée par un art de la « lettre filmée » qui, en quelques vues, condense l'âme d'une ville. Entre teintes sépia et couleurs pop, Paris se diffracte en collection de formes et matières labiles : *skyline* des toitures dentelée comme une guirlande de papier découpé, enseignes des boutiques, détails d'affiches publicitaires, signalétique commerciale, néons colorés des cafés de Belleville, dernières vapeurs des locomotives de Saint-Lazare... Cet art de l'éphémère nous fait aussi vivre par procuration de pures expériences spatiales, comme celle d'emprunter un ascenseur qui s'élève jusqu'à une coursive extérieure au septième étage, crevant la nappe de zinc des toitures parisiennes, pour chercher des vues biaises sur la tour Eiffel fétichisée (« Ça paraissait miraculeux. J'en avais tellement rêvé de la tour Eiffel »). Et si ce moment anticipait, tout à fait involontairement et avec plus de 10 ans d'avance, la sensation de « crever le plafond de Paris » depuis l'escalator extérieur du Centre Pompidou ?

Cette vision fétichiste de la ville, où des petits moments ont valeur d'épiphanies, est propre aux cinéastes « à la première personne ». *Elle a passé tant d'heures sous les sunlights* (Philippe Garrel, 1985), film hybride et concassé, entre journal filmé, collages musicaux et travail d'improvisation avec les acteurs, contient une saisissante visite – on pourrait même parler de « visitation » – du Mémorial des martyrs de la déportation (conçu par Georges-Henri Pingusson et inauguré en 1962). Les personnages empruntent les escaliers et pénètrent dans le bâtiment par la faille qui sert d'entrée. Tandis que la caméra reste à l'extérieur, on entend Jacques Bonnaffé dire le « dernier poème » de Robert Desnos, *J'ai rêvé tellement fort de toi* (1945), gravé sur les murs de la crypte. La puissance de la séquence est portée par la rencontre sensorielle (presque tactile même) entre les matériaux bruts des deux artistes : le noir et blanc à gros grains du cinéaste et le béton bouchardé de l'architecte. Ces matières rugueuses sont alors au service d'une expérience spirituelle : faire advenir un travail de mémoire *via* les mots d'un poète devenu « ombre parmi les ombres ». Elles renvoient ainsi à l'essence même du cinéma et de l'architecture qui est d'entretenir la mémoire des fantômes et de faire refluer la lumière.

Paris, capitale onirique

Il arrive que le fétiche soit plus ample et que, par un savoureux renversement, le Paris réel et le Paris rêvé s'imbriquent dans l'imaginaire cinématographique comme chez Leos Carax. Dans son premier long-métrage *Boy Meets Girl* (1984), le pont Neuf accueille un fascinant carrousel nocturne. Le jeune Alex (interprété par Denis Lavant) déambule sur le pont la nuit, un casque sur les oreilles, en écoutant *When I Live My Dream* de David Bowie. Sur une niche du pont, il observe un couple jouant une chorégraphie passionnelle (dispute, retrouvailles et baiser tournant) au rythme de la musique. Puis il avance tel un somnambule, yeux fermés et bras en avant, avec la musique comme seul guide. Noir et blanc très contrasté, nuit trouée par les quelques taches lumineuses des lampadaires : le décor est réel, mais tout dans la séquence joue la carte de l'onirisme.

Sept ans plus tard, le cinéaste vit son rêve pour *Les Amants du Pont-Neuf* (1991), en reconstituant le monument à l'identique dans la campagne héraultaise, ce qui restera la dernière folie de décor du cinéma français avant l'ère numérique. La couleur exige une minutieuse restitution des détails, mais c'est une minutie d'un savant inachevé, la reconstitution d'un chantier à l'arrêt avec, traînant çà et là, des empilements de moellons et autres bobines de câbles à l'abandon. C'est un lieu interdit et débraillé, théâtre de la passion sauvage de deux sans-abri. Que ce soit dans son récit ou dans le feuilleton rocambolesque de sa production, le film réussit la gageure paradoxale de recréer un lieu à la fois public et secret, totalement réaliste et perpétuellement remodelé par la fantasmatique.

Une étrangeté supplémentaire advient avec la comparaison des deux films : le plus irréel des deux s'avère finalement celui tourné *in situ*. La première séquence de *Boy Meets Girl* est en effet sertie dans un écrin nocturne qui réduit la majesté du pont à quelques éléments minimaux (une rambarde minérale) et fait disparaître la ville située à l'arrière-plan. Dans *Les Amants*, en revanche, les façades de l'hôtel de la Monnaie, les lumières de la Samaritaine et les perspectives (tronquées) des immeubles des quais forment un bel arrière-plan pour les cavalcades nocturnes des deux personnages (avec *Strong Girl* d'Iggy Pop, cette fois, en guise de bande-son). Le Paris réel se révèle alors plus nébuleux que le Paris rêvé, reconstitué avec la netteté de la ligne claire.

Chez le cinéaste, ces deux perceptions ne cessent de s'imbriquer, comme le montre magistralement *Holy Motors* (2012) qui retrace l'odyssée parisienne en onze stations de Monsieur Oscar (lui aussi interprété par Denis Lavant), créature transformiste se déplaçant dans sa limousine-loge de théâtre, et tour à tour homme d'affaires, vieille mendiante, monstre des égouts, tueur à gages... Lors de cette équipée, le pont Neuf réapparaît incidemment, vu depuis la terrasse du vaisseau fantôme de la Samaritaine. Les identités mouvantes du héros permettent de redécouvrir une inspiration gothique dans un Paris contemporain, finalement peu filmé au niveau du trottoir. Monsieur Oscar effectue son parcours à travers une collection de lieux cachés, en dessous (égouts du Père-Lachaise, grotte des Buttes-Chaumont, réserves des grands magasins Tang Frères sous la dalle des Olympiades) ou au-dessus (terrasse de la Samaritaine ou du Syctom d'Ivry) de Paris, de sorte qu'il serait plus judicieux de dresser la cartographie de son voyage en coupe qu'en vue aérienne. Voici la preuve que, des souterrains aux sommets, il y a toujours de nouveaux « mystères de Paris » à explorer au XXIe siècle ; preuve, aussi, que le terrain de jeu de la capitale est amené à suivre une expansion verticale.

Construction des décors du film *Les Amants du Pont-Neuf* à Lansargues dans l'Hérault, Leos Carax, 1990.
© Pat Morin / Bridgeman Images

Paris à venir

Et le futur ? La tâche serait-elle trop ardue pour les cinéastes ? Peu de films osent finalement projeter la capitale dans l'avenir. Certes, dans *Moonraker* (Lewis Gilbert, 1979), le Centre Pompidou tout neuf est transformé en siège de la NASA, soulignant la touche SF du bâtiment dans l'imaginaire collectif. Plus récent, le film *Notre dame* (Valérie Donzelli, 2019) – tourné avant l'incendie du 15 avril 2019, mais sorti après – imagine les mésaventures d'une architecte chargée de réaménager le parvis de la cathédrale. Cette satire légère capture un air du temps (urbanisme « ludique », « airbnbisation » de la ville-centre, stress post-attentats) qui perdurera sans doute dans les prochaines années. Il faut se tourner vers le cinéma d'animation pour pouvoir se projeter dans le Paris de 2054 avec *Renaissance* (Christian Volckman, 2006). Dans ce film à l'élégante facture noir et blanc, qui bénéficie de la fluidité de la performance capture, Paris est passé au filtre « *Metropolis-Blade Runner* » de l'extrapolation rétrofuturiste : ville haute (la colline de Passy) pour les élites, ville basse (un nœud d'échanges, type Châtelet-Les Halles, sous le parvis transparent de Notre-Dame) pour les masses. Il s'agit d'un système où l'on retrouve aussi bien des traces d'urbanisme utopiste (les tours d'Eugène Hénard dans sa proposition de 1910) qu'obsolète (les voies sur berges pompidoliennes). Tous les éléments sont reconnaissables, mais assemblés de cette manière, ils transforment la ville en nouveau feuilleté historique et spatial. La multiplication des directions de déplacement transforme Paris en vertigineuse toile d'araignée.

Renaissance, Christian Volckman, 2006.
© Onyx Films

De la toile de cinéma au réseau arachnéen : voilà peut-être la formule magique de l'esthétique parisienne sur grand écran. S'il fallait chercher un point commun entre tous ces exemples cinématographiques, par-delà leurs innombrables différences stylistiques, ce serait cette capacité à capturer quelque chose de l'influx nerveux de la capitale. L'esthétique parisienne ne tient pas seulement en un inventaire de quartiers, d'architectures et de matières, mais doit partir en quête du liant de tous ces éléments, le caractère de la ville se révélant aussi à travers ses connexions secrètes. Le cinéma a justement le pouvoir de capturer ce fluide, qui sourd de la topographie, court derrière les façades et continuera à se faufiler sur les écrans.

Joachim Lepastier
Critique de cinéma

Paris d'après Réda

Sébastien Marot

Si Paris est sans conteste l'une des capitales majeures du pays des Lettres, si les paysages et l'air de la ville semblent affoler jusqu'à la moelle une bonne part de la littérature qui s'y est construite, rares sont pourtant les « piétons de Paris » : ceux qui ont écrit avec leurs pas, et fait de leurs reconnaissances à la fois le sujet et l'instrument d'une œuvre. On s'étonne que face aux opérations de rénovation des trois dernières décennies, la ville des Fargue, Larbaud, Cingria, Cendrars, Follain, Calet, Mac Orlan et autres goûteurs de ville ne se soit trouvée que fort peu d'héritiers. Tout en remarquant que c'est le bain littéraire qui a fourni à la « Bataille de Paris » ses plus grands vigilants (André Fermigier, Louis Chevalier), il faut bien constater que l'époque n'a pas nourri trop de témoins ni suscité beaucoup de *visiteurs* qui se seraient attachés à imiter la passion de leur ville. La tâche serait-elle devenue trop complexe, trop désespérée ? Faut-il parler d'une désertion ? Les grandes causes sont-elles ailleurs ? Tout se passe comme si les visées dont Paris fait l'objet ne rencontraient plus guère de « points de vue » susceptibles de les désarmer, ou simplement de les cultiver. L'argument cynique est toujours bon : rien ne saurait défigurer une ville qui n'est plus portraite.

Parmi les rares exceptions à cette désertion, il en est toutefois une, notable, et elle mérite qu'on s'y arrête. Jacques Réda, qui semble n'avoir consacré le loisir que lui laissait son amour du jazz qu'au vain métier de musarder, a fait de ses déambulations et promenades – à pied, à vélo, en cyclomoteur ou en train – l'argument d'une œuvre importante, en vers et en prose. Trois livres rassemblent l'essentiel des bouquets qu'il a rapportés de ses pérégrinations du dimanche dans Paris et les environs : *Les Ruines de Paris* (1977), *Hors les murs* (1982) et *Châteaux des courants d'air* (1986).

Les trois livres ne se juxtaposent pas simplement comme s'ils devaient compléter un « Tableau de Paris ». Ils représentent plutôt trois moments dans une quête d'abord éparse, mais qui s'organise, qui s'approfondit peu à peu jusqu'à ce que la ville devienne le vrai sujet d'une œuvre dont elle a digéré l'auteur, s'assimilant ce dernier comme « une antenne vagabonde et réflexive » qu'elle promènerait dans l'éventail de ses états.

Les Ruines de Paris (1977)

Le premier recueil se présente comme une série de dérives ou d'aperçus psychogéographiques « furtifs », arrangés sans ordre apparent : petits poèmes en prose, sans titre, glanés dans la fragile intimité des restes d'une ville menacée, ou surgis dans la stupeur des nouvelles structures atterries çà et là. À se laisser mener ainsi par le « pied furtif de l'hérétique » d'une friche à un chantier (la fameuse ambiguïté du terrain vague), on a le sentiment de visiter une Pompéi qui serait simultanément d'avant et d'après l'éruption d'un Vésuve de béton, et dans laquelle résonnerait la prophétie de Chateaubriand annonçant l'heure où « l'obélisque du désert retrouvera, sur la place des meurtres, le silence et la solitude de Luxor ». On hésite pourtant à inscrire simplement le témoignage de Jacques Réda dans la déploration d'un « Paris en ruine », dont Giovanni Macchia a bien montré comme elle traverse toute une tradition de la littérature française depuis le siècle dernier : des lamentations de Lamartine ou de Michelet (« Paris n'est plus Paris ») au réquisitoire de Zola contre la curée haussmannienne, et jusqu'au spectre de l'ange exterminateur (l'avion ennemi) qui hante le Charlus de *Sodome et Gomorrhe*. Les déambulations de Réda ne tiennent ni de la grande fresque administrative dont le projet galvanisa Maxime Du Camp accoudé au parapet du pont Neuf, ni des songes amers qui viendront à Léon Daudet sur les hauteurs du Sacré-Cœur. Pas plus qu'une vision définie de l'avenir, aucune image fixe d'un Paris qui serait à conserver coûte que coûte ne guide les pas du poète dans la capitale des années Pompidou. C'est en elles-mêmes que ces dérives trouvent leur fin, dans le besoin d'explorer, avant qu'il ne soit trop tard, les recoins obscurs, les tissus un peu lâches, les faubourgs à la traîne, une rue assoupie, une friche, tous les vestiges urbains ou semi-urbains qui, peut-être, ne seront bientôt plus lisibles, ensevelis précipitamment « sous de grands blocs de blocs » ou, comme à Montparnasse, assommés par la « grande matraque de béton » d'une autoroute en projet. En se livrant à ce travail parfois un peu décourageant, le promeneur se fortifie à l'idée qu'il pourrait faire œuvre d'utilité publique, non pas certes en prévenant toute métamorphose future, mais plutôt en luttant contre l'amnésie ordinaire qui conduit « ce qu'on appelle urbanisme » à « désemparer le génie des sites » : « On voudrait tout sauver, mais ce ne serait que provisoire au fond de nos caves, et encore plus navrant. »

Église Saint-Germain de Charonne. 24 mars 2000

En fait, « la carte de Paris » que dessinent les dérives des *Ruines de Paris* connaît quelques zones d'ombres où les pas se laissent rarement séduire : les quartiers trop propres, trop sûrs d'eux-mêmes du Nord-Ouest résidentiel et financier ; la rive droite centrale dans son assez grande majorité, à l'exception des gares ; le pittoresque estampillé ; les zones cachetées où la ville a ouvert boutique sur son propre spectacle ; enfin, quelques endroits où la littérature est déjà passée, « ce qui dispense de s'attarder ». Pour les resucées de Montmartre et des Boulevards, les « remettez-moi ça » façon Montparnasse ou Saint-Germain-des-Prés, le client connaît les adresses. Les quartiers surexposés aux regards et à l'attention n'impriment pas la pellicule de l'écrivain… sinon le soir, parfois. Nul snobisme ici chez un auteur qui ne boude pas son plaisir aux grands paysages ou aux grands théâtres urbains de la capitale. Mais l'expérience ou la méditation, qui animent le promeneur, et sa pente naturelle, le ramènent toujours discrètement à certains abords, quartiers ou itinéraires. Et d'abord aux arrondissements périphériques, aux zones frontalières, aux marges. Il y a, chez cet incorrigible des environs et de la « beauté suburbaine », une prédilection pour les faubourgs, les confins et les archipels, toutes ces franges faites d'ex-villages et d'anciennes banlieues progressivement colonisés, puis dépassés par l'expansion de la cité, mais qui témoignent, par d'étranges juxtapositions et de curieux voisinages, de tous les temps de la ville, de toutes les structures sur lesquelles elle a progressivement construit sa limite ou médité son prolongement. À La Muette et à Passy, rue Berton, « où s'est enfoui le cœur ingénu de l'Île-de-France », près des hangars délaissés de Javel, dans tous les quartiers menacés des arrondissements extérieurs de la rive gauche et jusqu'aux « ruines aplaties de Belleville », les reconnaissances de Jacques Réda adoptent instinctivement comme

terre d'élection les territoires annexés en 1860, ceux dont Bernard Rouleau a fait l'histoire dans *Villages et faubourgs de l'ancien Paris* (1985).

Les ruines de la ville, ce sont donc ces quartiers un peu flottants et mal regardés, déjà entamés ou encore épargnés, comme ces îlots de résistance où s'accroche encore, à un site, une idée de ville battue en brèche ; mais ce sont aussi les vestiges d'anciens tracés colonisés par l'herbe folle (Petite Ceinture), les jardins et jachères où la ville entre encore en conversation avec le ciel et le climat ; en somme, tous les endroits où la différence et la particularité du site (son sol, son relief, ses « dispositions ») restent lisibles et dispensent de secrètes leçons : « Ces haltes occasionnelles en de tels lieux m'initient, je ne saurais nettement dire à quoi. » Dans cette quête d'« on ne sait quoi d'introuvable », qui suit le cours d'une sorte d'« involution », comme disait Thomas de Quincey, autre familier de la dérive urbaine, c'est la mémoire de la ville et de ses paysages qui se met à affleurer. Une mémoire dont l'exploration passe d'abord par un recul ou un détour : celui des « environs ». *Les Ruines de Paris* annoncent cette tendance du flâneur à prendre du champ pour chercher la ville hors d'elle-même, dans une quête impossible de la limite, de l'endroit évaporé « où cessaient dans la boue et l'herbe les gros pavés ». En témoigne, par exemple, le songe de la Bièvre qui traverse le livre, tirant l'auteur vers Gentilly, puis jusqu'aux rares endroits où le ruisseau n'est pas encore assujetti et où, parmi des bruits d'oiseaux et de pelleteuses, la nostalgie se change en expectative :

J'habite là depuis 36, m'explique le vieux monsieur [...], et il me montre toute l'étendue changée en murs où poussaient alors le blé, la luzerne, et il s'en fout. Je lui prédis qu'un jour ces faubourgs rejoindront ceux de Marseille, ce qui l'égaie vaguement, ajoutant que si j'aime malgré tout ce ravage et cet envahissement de désordre (sa cabane, son jardin, un ruisseau, deux immeubles, une folle, une futaie, trois cents pneus), c'est à cause de ma certitude qu'une révélation s'y prépare, ou sa promesse au moins. Je constate au fond de ses yeux troubles qu'il ne me suit plus du tout. Je me sens un peu confus : quelle révélation en effet, quelle promesse dont je ne sais rien, sinon – là, maintenant, sur ce mur en face de la steppe où j'attends l'autobus qui ne passe jamais – qu'elle finira par être tenue.

Hors les murs (1982)

Comme on le voit, les banlieues de Paris sont les territoires d'une expérience ambivalente, où la méditation du promeneur sur la mémoire et l'avenir de la ville trouve matière à se prolonger et s'éclaircir. Au-delà du périphérique, c'est « sans la moindre transition un pays de fond en comble différent, aussi peu réductible à Paris qu'assimilable à une province ». Si le sentiment prévaut souvent d'une dévastation bien plus grande que celle qui s'est abattue sur plusieurs quartiers de la capitale, si les métamorphoses ont été beaucoup plus rapides sur cette ancienne campagne devenue en quelques décennies le champ de bataille de l'asphalte et de l'urbanisation de masse, une extravagante variété d'objets, de souvenirs et de rêves y est en réserve, comme dans le pêle-mêle d'un grenier de famille. Tout ce que Paris a progressivement recyclé, ajusté et assimilé pour construire son théâtre se trouve ici répandu en vrac dans le paysage, dans un désordre qui tient à la fois de la décharge et de l'atelier. Juxtaposition d'époques, télescopage de situations... comme si l'on avait renversé là, au hasard, la boîte à outils de l'imaginaire urbain. Ainsi à Malakoff où, non loin d'une « fresque auvergnate et précolombienne marxiste [...], un immeuble de vingt-trois étages part [...] comme un coup de canon, sans troubler le renfrognement particulariste de la brique et des fusains ». Un dimanche aux puces de Saint-Ouen résume l'expérience : « Certains croient qu'on s'y rend par goût pour la décrépitude alors qu'on y arpente l'avenir. »

C'est à l'approfondissement de cette intuition que se livre Jacques Réda dans *Hors les murs*, où l'arrangement des poèmes, tous titrés d'après l'endroit qu'ils visitent comme des tableaux, traduit cette fois une réalité topographique. On y progresse des faubourgs de la rive gauche (« Le Parallèle de Vaugirard ») aux communes de la petite couronne (« L'Année à la périphérie ») et, plus loin encore (« Eaux et forêts »), en quête d'une limite introuvable qui n'a cessé de s'effacer pour se reconstruire plus loin, par bribes, laissant derrière elle une mosaïque plus ou moins dense d'états de ville et d'états de nature. Et Réda de capter à mesure tous ces curieux précipités et leurs étranges voisinages. Ainsi, « l'âpre humanisme du lopin et de l'individu » qui s'accroche à Cachan, un « fol

Montreuil - Rue des Caillots

opéra canin » s'envolant du pavillonnaire de Villejuif, l'odeur mêlée de forêt et de métro qui court les rues de Boulogne, ou encore « l'univers muet de la bricole » qui a façonné d'autres banlieues, comme cette combinaison de « rebut mécanique » et « d'astuce agricole » qui « fait du farouche plateau de Montreuil l'un des derniers faubourgs de l'Arcadie ». Plus loin, auscultant le cœur vacillant d'un espace en exode, traqué, parqué, étranglé, assommé, Réda rappelle à lui, en parcourant leurs vestiges, tous les paysages représentés, tous les tableaux construits à travers lesquels l'Île-de-France s'est successivement inventée : des grands archipels du jardin classique aux perspectives contredites (à Sceaux, à Versailles, etc.), jusqu'aux lents méandres industriels le long desquels la ville a coulé vers ses régions et où, non loin du monde sidérant des villes nouvelles en construction, l'on peut encore s'accouder comme Sisley ou Pissarro : « Une péniche passe, j'écoute le cœur du paysage battre avec son moteur. »

Châteaux des courants d'air (1986)

Après cette excursion méditative, c'est un autre promeneur qui revient à Paris intra-muros pour nous livrer enfin, avec *Châteaux des courants d'air*, l'une des plus saisissantes géographies critiques qui aient été données des paysages parisiens et de leurs métamorphoses. Comme si son expérience suburbaine lui permettait à présent d'enchaîner les furtives intuitions des *Ruines de Paris* le long d'une seule et ample promenade au parcours réfléchi. Ici, l'arrangement des textes traduit en effet la situation relative des endroits traversés, comme s'ils figuraient autant de stations sur un itinéraire réel qui, partant du coin où l'auteur habite, imiterait « l'expansive giration » de la ville. Parcourant d'abord son propre arrondissement, le 15e, particulièrement touché par la frénésie immobilière, puis le voisin 14e, Réda remonte ensuite à travers les sillons concentriques de la scénographie urbaine, croisant au pont Neuf « le vrai théâtre en plein vent de la mémoire de la ville », avant d'entamer finalement par la gare de l'Est un tour des « terminus », qui s'achève sur le motif en friche de la Petite Ceinture. Le livre dessine ainsi une façon de portrait en coupe dans l'épaisseur spatiale et historique de l'urbanisation parisienne, où le lecteur pénètre comme en suivant un doigt rêveur sur la tranche annelée d'un très vieil arbre... Au jardin des Plantes, qu'il croisera sur ce chemin, « la coupe du séquoia plus de deux fois millénaire vibre comme un gong ».

« Le 15e magique »

Le 15e arrondissement – dont Réda remarque qu'il est bordé sur toutes ses faces par le chemin de fer et par « les avant-postes de la campagne en milieu urbain » – figure assez le type de l'arrondissement faubourien en proie aux bouleversements colossaux de l'urbanisation des Trente Glorieuses. L'étonnante diversité d'une ex-banlieue s'y trouve condensée en un curieux assemblage urbain, où les résidus plus ou moins vivaces de vieux tissus et d'anciens parcellaires (rues songeuses, bâtiments flottants, jardins anonymes) voisinent avec des structures exogènes et comme tombées d'ailleurs. L'auteur évoque tous ces endroits où la ville « se prend pour Shanghai, Chicago, Conakry », et dont le front de Seine est l'exemple accompli :

> [...] ce chaos qui fulgure la nuit comme la vitrine d'une prodigieuse horlogerie-bijouterie expédiée hors du temps. Quand on se tient sur la monumentale plate-forme d'où jaillissent plus ou moins pesamment toutes ces tours, comment écarter l'intuition qu'ici le moindre élément, derrière sa fonction architecturale ostensible, cache une figure réglée sur les calculs d'une autre géométrie ? Chevauchements de niveaux, orientation des plans, issues dérobées et liaisons obliques engendrent à eux seuls une folle activité abstraite qui explique pourquoi cette esplanade demeure le plus souvent inoccupée.

Ailleurs, auscultant après Caillois les ressources magiques de l'arrondissement, Réda se réjouit qu'elles parviennent à contaminer çà et là les nouvelles formes que l'on veut leur imposer, et à « tourner l'opération à leur profit » :

> Il faut donc se garder de condamner en bloc et sans appel les massives constructions modernes qui ont désemparé le génie des sites. [...] Pour s'en convaincre, il suffit de parcourir la rue de la Procession et la rue Mademoiselle et [...] de circuler à l'intérieur des groupes d'habitations neuves qu'on y remarquera. Elles tranchent en effet sur le modèle boîte à chaussures, devenu courant, par une certaine bizarrerie dans l'agencement décalé des volumes, dans l'aménagement des entrées multiples communiquant par des couloirs, des allées, des passerelles, des chemins de ronde, toute une disposition qui fait droit aux exigences longtemps refoulées du superflu et du secret, et qui donne en fait l'impression de soumettre l'espace et le passant à des itinéraires ésotériques.

Si « l'incessante modification de la ville affecte et peut décourager le promeneur, [...] lui qui est de la chair de la ville », Réda remarque toutefois que son regard « peu à peu s'éduque et détruit ce qui le contrarie, ou passe sereinement au travers », libre alors d'apprécier la qualité des grands espaces publics parisiens, dont le Champ-de-Mars – « une des plus agréables étendues de Paris » – fournit un premier exemple : témoin d'une ancienne limite urbaine devenue interne, et qui ménage par sa platitude désencombrée la parfaite et libre articulation d'un lieu de passage ouvert sur la ville et sur le ciel. Quant à la tour Eiffel, qui s'y dresse et qui marque, comme sa cadette de Montparnasse, une frontière de l'arrondissement, elle est l'occasion d'une intéressante mise en perspective sur les mésaventures contemporaines de certains faubourgs :

> Imposant au cœur de la ville une prouesse d'ordre technique, une sorte d'hymne aigu et pesant à la puissance de l'âge industriel, on a voulu la considérer comme un monument

parmi d'autres, manifestant l'audace d'un âge esthétique nouveau. À vrai dire, et cela explique les controverses déchaînées par son érection, elle proclamait d'emblée, voici cent ans, le commencement d'un monde où les antiques notions d'art et de beauté semblent maintenant vouées à disparaître. En ce sens, la plus juste réponse accordée à la tour Eiffel s'énonce avec la masse noirâtre de la tour Montparnasse qui, lorsqu'on fait demi-tour, vient écraser la façade harmonieuse de l'École militaire. Il est impossible de taxer la tour Eiffel de laideur ; il est impossible d'affirmer qu'elle est belle. Son succès résulte d'un coup de force qui l'a placée au-delà du laid et du beau, dans une région où l'optimisme du début de siècle a cru pressentir des promesses de moissons merveilleuses, et qui s'est révélée le territoire de choix des imposteurs.

Franchissant la frontière naturelle des rails de Montparnasse grâce au couloir d'Ouest-Ceinture, c'est dans un autre monde que nous émergeons avec Réda.

Les « Saisons du 14ᵉ »

Passé le « seuil de l'inconnu » que constituait la rue Vercingétorix avant que le quartier ne soit remodelé, le promeneur explore les états variés d'un arrondissement davantage ménagé par les décennies bâtisseuses – sauf à l'ouest et sur les confins occupés naguère par l'ancienne Zone. Là prédomine l'idée d'une forêt minérale touffue percée par quelques avenues, une façon de bocage urbain avec ses soudaines clairières. Ainsi du quartier délimité par Maine, Raymond-Losserand et Alésia, où les îlots sont comme des taillis dont on ne peut suivre que les lisières :

> Il faudrait circuler librement dans ce dédale, escalader les murs, suivre des couloirs taillés de travers dans une substance visqueuse et ténébreuse, des escaliers dont chaque marche craque comme dans un cerveau, dans la tête même d'où s'échappent, souvent avec un jet de verdure, des mirages que le passant le plus sceptique vérifiera. En moins d'une heure, ils le laisseront ahuri, comme au bout d'une seule rue tracée dans la cité des charmes.

Le 14ᵉ constitue ainsi une réserve de mémoire et d'imaginaire faubouriens où des quartiers populaires – laborieux et sinistres comme ceux qu'a décrits Henri Calet, artisanaux et commerçants comme autour de la rue Daguerre – subsistent entre des avenues « mornes et retentissantes » (Maine), vouées parfois à « la barbarie moderne de la fringue et de l'électroménager » (Général-Leclerc). Et Réda de relever, en s'enfonçant dans un dédale à la toponymie horticole, tous ces merveilleux archaïsmes des faubourgs : vieilles « villas » parisiennes

où, « si près du trafic, un temps sans âge dodeline autour du cri intermittent d'une scie ou d'un bébé » ; façades éloquentes et sévères de bâtiments publics et hospitaliers… jusqu'au souvenir d'une des dernières enclaves chlorotiques de la Zone sur le territoire de Paris, désormais remplacée par « de grands blocs de blocs qui se donnent l'allure et les teintes de la santé ». Au jardin de l'Observatoire, promontoire stratégique situé sur un anneau du développement urbain de Paris, exactement dans l'axe de la coupe transversale qu'il s'apprête à effectuer dans l'espace plus sédimenté du cœur de la capitale, Jacques Réda récapitule son parcours dans la partie champêtre du 14e : « De la Cité universitaire à l'Observatoire et au-delà […], l'ensemble de la région paraît voué au foisonnement de la verdure et à une ivresse de l'espace. » Dans ce quartier protégé par le mur qu'opposent à l'invasion du béton le Grand Réservoir et le dépôt du chemin de fer de Sceaux, les vastes emprises (Sainte-Anne, et même la Santé) participent toutes à cette griserie, comme aussi la surprenante place Denfert-Rochereau, où la masse du Lion de Belfort « fait presse-papiers pour l'étendue qui s'envole et palpite en lambeaux tout autour » : « Alors qu'ailleurs les rues paraissent avoir été creusées dans l'épaisse matière de la ville, ici la matière est l'espace, dont la ville se protège par endroit derrière des murs, cachant d'autres espaces […] où tantôt elle a l'air de flotter comme un campement fragile. » Extrêmement intéressante est ici la leçon critique que Réda tire de son observation du parc Montsouris, qui lui permettra de faire valoir ensuite les qualités qui font, à ses yeux, des grands espaces publics de la capitale d'authentiques théâtres urbains à ciel ouvert :

> Plus encore que le parc des Buttes-Chaumont, où viennent en jeu beaucoup plus d'accidents et d'espace, Montsouris repose à cet égard sur une erreur, consistant à croire que l'art peut ou doit imiter la nature. On ne parvient qu'à la représenter, c'est-à-dire à la présenter d'une tout autre manière, et dans un tout autre but que si elle en a un. D'où la nette supériorité des conceptions classiques françaises ou japonaises sur le romantisme végétal. La nature y devient poème, alors qu'elle s'ennuie dans une fausse semi-liberté. Nulle part d'ailleurs on ne la perçoit en dehors de certaines règles, qui ne sont pas nécessairement celles de l'art. Elle ne nous apparaît qu'à travers les marques d'un ouvrage préalable ou de son projet. Entre ces mailles, d'autant plus opérantes qu'on finit par ne plus les voir, il arrive qu'elle bondisse. C'est une suffocation qu'on ne supporterait pas longtemps. Ailleurs, elle s'insinue, patiente, sûre de reprendre son bien. Ainsi procède-t-elle dans la tranchée du chemin de fer de la ceinture, cet « ouvrage d'art » jadis utilitaire où se concentre toute la capacité émouvante de Montsouris.

« D'une rive à l'autre »

Du jardin de l'Observatoire où lui vient cette réflexion, Jacques Réda n'a plus qu'à se tour-ner dans l'autre sens – vers le centre de la ville – pour en vérifier aussitôt, par contraste, l'évidente justesse : au bout du manche de l'avenue se creuse la « large et peu profonde cuillerée d'espace » du Luxembourg, par lequel l'auteur entame sa coupe dans la scénographie séculaire de Paris :

> [...] le Luxembourg est le seul jardin de Paris qui possède à la fois tout ce qu'on désire en fait de poésie confortable, de majesté, de grand air libre associé à un classicisme et à un rapport d'intimité immédiate, quoique pas trop familière, avec les plans de nature bien apprivoisée qu'il enclôt. Aussi, dès que j'éprouve le besoin de remettre de l'ordre dans mes idées, et de l'espace dans mes impressions, ai-je recours à lui comme à un livre, à une musique, ou à l'un de ces maîtres d'autrefois qui, en marchant, délivraient un enseignement peu distinct de celui de la promenade, quand elle a lieu dans un endroit déjà tout imprégné de mesure et de grâce sur un fond d'infini civilisé.

Si un certain pittoresque manque au jardin, il réalise l'idéal de la scène urbaine, celui d'un spectacle qui se démultiplie de tous les points de vue que l'on y peut occuper, chacun participant virtuellement à l'ensemble : « Accoudé à une balustrade, le spectateur se sent à son tour inclus dans le tableau. Et si ce tableau existe, comme on n'en peut douter, c'est peut-être qu'un autre regard encore le contemple (et ainsi de suite) avec bienveillance et délectation. »

Après une station à Saint-Sulpice, avec sa « nef retentissante » et l'architecture d'une façade miraculeusement parfaite par son inachèvement même, c'est au pont Neuf que Réda franchit la Seine. À peine remis de son emballement par un Cagliostro nouvelle manière, le pont inspire au promeneur une involution au plus profond de la mémoire de Paris, qui réveille jusqu'à « l'alouette gauloise sur les blés ». Comme si le spectacle qui s'offre là était celui de la gigantesque sédimentation qui a produit la ville :

> [...] la lente rêverie de l'Histoire, le long de la Seine qui n'en a pas, a déposé, superposé ses preuves de pierre et, dans les têtes, des entassements obscurs de souvenirs anonymes et de savoirs qu'on croit oublier, mais sur lesquels distraitement on s'appuie comme sur le parapet du quai de Conti, pour s'abandonner à la douceur du soir tout à coup immobile. Comme deux forts attelages de bœufs, le vieux pont poursuit son effort en sens opposé vers les rives, arche par arche. Il maintient bien large au milieu cette scène qui est le vrai théâtre en plein vent de la mémoire de la ville [...].

Et Réda ne tarde pas à approfondir cette réflexion sur les ressources scénographiques particulières des lieux publics parisiens et de leurs voisinages. Dans le songe assez belphégorien qui lui vient en contemplant l'échiquier du dallage de la galerie Véro-Dodat, ce sont tous les monuments, les places et les bâtiments publics de la « région des passages » (le cœur de la rive droite) qui sont convoqués comme autant de décors au moment de la relâche : Opéra, Comédie-Française, Bourse et hôtel des Ventes, Banque de France, Bibliothèque nationale, hôtel des Postes, Louvre, etc. Tous sont mystérieusement connectés, grâce aux wagons épars des passages, à « ces scènes à grand spectacle, à ciel ouvert, qui semblent toujours attendre une irruption : les Tuileries, celle d'une chasse à courre ; la place Vendôme, un enterrement princier ; le trou des Halles, sous la Bourse du commerce ronde comme un temple, des chrétiens jetés aux lions ; enfin le Palais-Royal, une petite fanfare nostalgique pour cor, hautbois et clarinette ». La ville dans laquelle Réda promène son antenne vagabonde est ainsi comme un essaim de châteaux entremêlés, pris et soudés dans le ciment des quartiers, mais qui n'en continuent pas moins de déclencher leurs perspectives d'espace et de mémoire dans l'âme du promeneur.

« Les Terminus »

Il vaut la peine de s'arrêter un instant à cette métaphore : « châteaux des courants d'air ». Car si le titre du livre la généralise à l'ensemble des espaces publics explorés, c'est plus particulièrement à propos des « terminus », dont il entreprend ici la ronde, que Réda la suggère. Les gares développent d'abord, sur le pourtour du centre parisien, une série de façades majestueuses qui ne sont pas sans rappeler celles des grandes demeures princières qui ont fleuri en Île-de-France. Ainsi la gare de l'Est est-elle « le Versailles des gares de Paris », tandis que celle de Denfert-Rochereau « a des allures de Trianon ». Sachant qu'à cet égard, « le ferroviaire ne se définit que par des écarts, parce qu'il s'est longtemps conformé à des modèles d'architecture antérieurs à son apparition », la gare du Nord peut être décrite comme classique, et celle de Lyon comme baroque, etc. Mais la métaphore n'est pas que de façade. Monuments ouverts du bon vent, entièrement voués à l'expression du « passage métaphysique » qu'ils représentent, les gares parisiennes sont, en quelque sorte, des versions plus tardives d'un rêve dont témoignaient déjà les grands châteaux suburbains et les tracés conquérants de leurs jardins : celui d'une articulation parfaite (à la fois symbolique et fonctionnelle) entre le monde urbain et le pays ouvert. Seuls ou aimants dans le grand import-export d'imaginaire qui a établi Paris pour centre, les gares peuvent donc être regardées comme des châteaux (*pars urbana*) dont les provinces, irriguées par le canal de la ligne, seraient les jardins. C'est ce à quoi nous invitent encore les grandes fresques de la gare de Lyon, comme celle qui résume le voyage de Paris à Menton :

> [...] une seule tendre et vibrante modulation de lumière, où s'harmonisent les décors naturels et les perspectives urbaines d'avant le délire immobilier. Il est dommage que l'on ne puisse monter sur le toit de la rangée de guichets que la fresque surmonte : je suis sûr qu'on y entrerait. Puis, par ces rues imaginaires mais vraies comme au théâtre, et qui communiquent entre elles de ville en ville par l'invisible mais fascinant

boulevard de l'Envers-du-Décor, on irait rejoindre enfin, par les lointains légers de montagnes, cette gare où ne nous a conduits encore aucun train.

L'un des principaux motifs que révèle l'arpentage dynamique auquel se livre Réda est sans doute la frontière virtuelle que dessinent les façades respectives de ces gares parisiennes, qui « se dressent comme les témoins d'une époque à demi révolue », celle où « ce temple de courants d'air devenait l'ultime répit avant le gouffre de la ville, le médiateur labyrinthique entre deux états de l'âme précaire ». Si elle insiste sur la décadence du pouvoir initiatique des terminus (transformés en « correspondances »), la promenade suggère en plusieurs endroits l'importance de l'anneau qu'ils forment ensemble et qui continue de distinguer deux types de paysages urbains : un centre relativement homogène d'une part, dont les visages ont été peu bouleversés, et des provinces parisiennes d'autre part, que les « boulevards de l'envers du décor » (lignes de train, Petite Ceinture, métro aérien) traversent et séparent les unes des autres, et où la « mythomanie » d'une ville « sans cesse en quête d'elle-même » s'est trop souvent lâché la bride.

Mais les observations que fait Réda sur la situation urbaine de chacune de ces gares et sur les métamorphoses de leurs quartiers respectifs montrent comment le génie urbain des terminus semble lui-même condamné par la mutation du monde ferroviaire en « une géante extension du métro » :

> Fulgence Bienvenüe est le précurseur d'une civilisation où – toutes conquêtes achevées à la surface d'un monde clos sur lui-même – l'aventure du chemin de fer s'intériorise et relaie à sa façon une nouvelle vue relativiste des choses, en particulier du voyage sans point de départ ni terminus. Certes, les gens continuent de se rendre d'un endroit à un autre. Mais on sent là un retard sur la progression du réseau, dont les centres multipliés font éclater les notions de centre et d'axe au profit de la correspondance, simple nœud dans les mailles du filet que tricote l'ubiquitaire circulation. Car il ne s'agit plus seulement de soulager ou contourner, par la périphérie ou le sous-sol, les métropoles hypertrophiées, mais de relier tous les émiettements que leur explosion produit, et d'accélérer ainsi ce processus qui semble irrésistible. [...] Bien que les différences et peut-être les rivalités administratives ou techniques qui les opposent évoquent une survivance des anciennes compagnies, SNCF, RER et Métro poursuivent un dessein identique. Dans leurs plans qui se recoupent et s'entre-provoquent à un raffinement de connexions, on discerne l'exigence d'un monde en voie de se soustraire à toute organisation hiérarchique en pyramide, pour obéir à la seule et constante injonction de circuler. [...] Un jour, dans la globale conurbation de la planète métamorphosée en bouquet de bouquets de banlieues, il n'y aura plus vraiment de départs, plus vraiment d'arrivées (et bien sûr plus de banlieues non plus).

Les remarques critiques du promeneur invitent à réfléchir sur cette perte de magnétisme des châteaux parisiens et sur les moyens d'y faire face, peut-être en les réinterprétant, peut-être en rechargeant leur imaginaire, mais toujours en se souvenant de leurs ressources et de leurs dispositions propres, toujours en les observant. Remarques parfois inattendues, comme lorsque Réda suggère l'idée de supprimer deux petits îlots pour dégager la façade de la gare de l'Est et rendre possible sa conversation avec l'église Saint-Laurent et le bâtiment des Récollets ; savoureuses, quand il décrit l'espèce de trouble schizophrène ou de contrariété qui règne dans la gare et sur le site d'Austerlitz, et auquel, 10 ans après, le lecteur ne peut s'empêcher de rapporter une part des mécomptes du projet Seine Rive Gauche ; curieuses ou amères, comme cette dernière photographie de l'îlot Chalon, « petit Harlem dans le 12e » qui s'accrochait encore à la gare de Lyon, « fond du dernier sac » du grand transbahutage colonial… ou comme ces aperçus du quartier Vercingétorix, également disparu depuis : « on sait bien que tout cela ne durera pas », explique Réda, qui ajoute que ces pâtés bientôt aplatis « ne méritent sans doute pas de larmes », n'appelant d'ailleurs « que l'anathème sociologique, ou des effets d'un romantisme Pépé le Moko, qui n'a plus de chantre ni de clientèle ». Ce n'est donc pas toujours le projet de les détruire qui est déplacé, mais plutôt le parti de ne se souvenir de rien en leur substituant des structures absolument étrangères aux dispositions préalables des sites et des tissus. D'ailleurs, ce que l'on a négligé se venge tout seul. Montparnasse, qui représente la métamorphose parfaite d'une gare en station de métro, « enfouie dans les seconds plans sous un amoncellement de falaises à usages divers », souffre précisément du lyrisme déchu de l'ancienne gare et de son quartier :

> Il s'obstine à filer en savates, la tête basse et dans un imperméable douteux, sous les esplanades, les terrasses et cette paroi vertigineuse qui l'écrasent dans le caniveau. À la gare elle-même, il a fini très vite par imposer les teintes de sa disgrâce : la saleté vigoureuse et comme constitutive de la gare traditionnelle (vouée à la fonte, au fer et au charbon) cède, à l'intérieur de ces halls imités de la banque et du supermarché, devant une insensible mais profonde pénétration du malpropre. Quelque chose dans la lumière et dans le volume de la salle des pas perdus appelle constamment le balayage, avec le sourd dessein de le rendre inopérant. Faute de recoins où se protège un ésotérisme de la honte et de la crasse, l'une et l'autre se volatilisent et restent en suspension partout.

L'abstraction architecturale de Montparnasse, « cette chimère transitoire et même déjà désuète du futur », serait donc contaminée en sous-main et comme rattrapée par le passé dont elle n'a pas voulu reconnaître l'héritage. Le futur réel de Paris saura-t-il à son tour adopter et s'assimiler la chimère ? Lui trouvera-t-on un jour d'autres raisons de se survivre que le trop grand effort réclamé pour la détruire ? La réflexion sur les « déplacements de lyrisme » et sur la durabilité du décor parisien trouve à s'approfondir dans les pages que Réda consacre à la dernière métamorphose, alors en cours, de la gare d'Orsay :

On s'est battu pour empêcher que la gare d'Orsay ne disparaisse, comme on avait lutté pour qu'elle n'existât pas. Condamnée en 1962, sauvée en 1977, dans l'intervalle elle a servi de salle des ventes, de théâtre, et l'on y a même tourné un film tiré du *Procès* de Kafka. Elle va enfin devenir le musée du XIXe siècle et rien n'est plus heureux que cette destinée : un musée est aussi, pour les œuvres, un terminus et – pour l'imaginaire – un point de correspondances et de nouveaux départs silencieux.

C'est donc pour une seule et même cause que l'on s'est d'abord battu *contre*, puis *pour* la gare : la cause de l'espace public parisien qui se présente, depuis les guichets du Louvre jusqu'à l'Étoile, comme « le principal édifice de la ville ». Mais si une « logique supérieure » a ainsi prévalu pour imposer sur cet axe une forme de continuité et de permanence, auprès de quoi « s'effacent les infimes différences de siècle et de style » des bâtiments qui le jalonnent, Paris semble très généralement miné par la logique contraire et non moins supérieure des «*must*» de la rénovation ou du développement. Évoquant alors l'impérieux supposé dont se pare le bousculage de la ville, la prose de Réda trouve parfois les accents d'un Fermigier. Ainsi pour stigmatiser les faux égards qui, autour des chantiers, font dresser un peu partout à l'Administration ses fameuses « pancartes qui s'excusent » : « Le peu de compte qu'on tient du public, dans le lancement des grandes entreprises, lui a rendu familières ces politesses dont on l'accable en retour. »

La promenade comme antidote et comme vertu

En définitive pourtant, jamais le témoignage de Réda ne s'envase dans la polémique ou dans une nostalgie sûre de son fait. Il y a une leçon dans cette retenue, qui dit que l'urbanité en acte de la promenade est sans doute la seule vraie résistance qui se puisse opposer durablement aux fausses manières de l'urbanisation fonctionnelle. À ce mouvement accéléré, qui fait bon marché des ressources du paysage et de l'imaginaire urbains, qu'opposer en effet sinon l'exercice d'un autre mouvement qui s'obstinerait, au contraire, à se guider sur elles ? « Le promeneur », écrit Réda dans l'une de ses *Recommandations* (« Éloge modéré de la lenteur »), « est ce mobile indéfinissable qui refuse toute spécialisation ». Le destin des piétons de Paris est, certes, lié à celui de la ville, mais la réciproque n'est-elle pas au moins aussi vraie ? Qu'adviendra-t-il à la nef « qui flotte mais ne sombre jamais » quand il n'y aura plus de promeneurs à bord ?

Dans les trois livres et dans tous les textes que Jacques Réda a consacrés à ses déambulations parisiennes, c'est la ville elle-même qui fait entendre ses humeurs ou ses regrets, mais encore ses rêves et ses désirs, comme dans le songe de la Petite Ceinture qui boucle le parcours des *Châteaux*, et où se donnent rendez-vous les thèmes les plus chers à l'auteur :

> Il faudrait [...] n'y pas toucher, laisser croître librement ces arbres dont la ronde murmure, devant toutes les portes de Paris, un ultime rappel du chœur qu'entonnent encore, malgré tant de massacres perpétrés au nom de l'habitat de luxe et de l'automobile, Saint-Germain, Marly, Fausse-Repose, Meudon, Verrières, Sénart, Notre-Dame, Ferrières, Montmorency, relayant à leur tour les profondeurs plus lointaines de Rambouillet, Fontainebleau, Senlis, l'Isle-Adam, Ermenonville, l'Hautil. Au pire, et renonçant à mes projets les plus coûteux (comme la transformation de cette voie en canal où s'organiseraient des joutes et des régates ; où le musée de la Marine pourrait se réinstaller presque *in situ*), je me résignerais à la simple remise en service d'un ancêtre et complément naturel du métro.

C'est ici le texte entier qu'il faudrait citer, avec son passage sur le « réflexe de comblement » que déclenche aujourd'hui « tout espace un peu vide »... mais il suffit. Comme il peut lui-même franchir les grilles de « l'un des plus vastes et plus secrets jardins de Paris », le lecteur qui m'aura suivi dans cette paraphrase n'a qu'à entrer dans la prose et dans les poèmes de Réda. Dans l'un des derniers recueils qu'il a publiés, l'incorrigible arpenteur dit qu'en suivant à Dublin les pas d'Ulysse sertis dans le bitume, « il arrive un moment / Où l'on se demande où l'on va : dans la ville, ou le livre ? ». Souhaitons que les prochaines métamorphoses des ruines et châteaux de Paris ne soient pas telles que la question ne puisse même plus se poser.

Sébastien Marot

« CONFLITS DE STATIONNEMENT »*

UNE HISTOIRE EN IMAGES DE

CLARA-CLARA

DE RICHARD SERRA

Jeanne Brun
Conservatrice en chef
du patrimoine

Laurent Le Bon
Conservateur général
du patrimoine

Du *Monument à Balzac* de Rodin au *Bouquet of Tulips* de Jeff Koons en passant par le projet du *Monument à Apollinaire* de Picasso et *Les Deux Plateaux* de Daniel Buren, la sculpture dans l'espace public extérieur à Paris suscite de nombreux débats qui en font un symbole de l'esthétique urbaine et de sa définition. Plutôt que de brosser un large panorama théorique, il est proposé ici de parcourir en images commentées l'odyssée d'un cas exemplaire, celui du chef-d'œuvre de Richard Serra *Clara-Clara* qui, près de 40 ans après sa création, est toujours en « conflit de stationnement ». Cette promenade visuelle permettra peut-être d'apporter un éclairage circonstancié sur quelques aspects fondamentaux du sujet de cet ouvrage, tant cette production métallique d'une exigence radicale, débarrassée de toute anecdote, de tout superflu, et donc de la « broderie » chère à Rodin, continue à bousculer nos usages, nos attitudes et notre vision de la ville, et à mettre au défi le champ artistique et la définition du beau. L'espace public peut-il être le lieu de la libre expression de l'artiste ? L'art public – un oxymore selon Robert Morris – doit-il nécessairement plaire au plus grand nombre ? La question est d'une brûlante actualité à la fin des années 1980 : les cabales aboutissent en 1989 au retrait et à la destruction de *Tilted Arc*, autre œuvre majeure de Richard Serra, qui était installée à Manhattan depuis 1981.
Commande d'État sans jury, sans appel à projets et sans cahier des charges, installée dans l'axe urbain le plus prestigieux de la capitale, *Clara-Clara* pose aussi ces questions, en même temps qu'elle interroge les fondements et les limites de la définition d'une sculpture : plein et vide, dedans et dehors, pesanteur et gravité, ombre et lumière, équilibre et instabilité. Elle s'inscrit dans la lignée du minimalisme et du post-minimalisme, aux antipodes du décoratif, favorisant au contraire une participation active de celui qui l'arpente. *Clara-Clara* déroute et trouble, dans son essence, l'identité de la ville où, dans une logique duchampienne, tout a tendance à devenir « sculpture involontaire » et donc question esthétique.

*Franck Maubert, « L'armée des bronzes », L'Express, 27 avril 1984. Cité dans June Hargrove, Les Statues de Paris : la représentation des grands hommes dans les rues et sur les places de Paris, trad. Marie-Thérèse Barrett, Paris : Albin Michel/ Anvers : Fonds Mercator, 1989.

A
Clara Weyergraf-Serra et Richard Serra
assistent à la première installation de
l'œuvre *Clara-Clara* à Paris en octobre 1983.
© Bibliothèque Kandinsky, MNAM/CCI,
Centre Pompidou - Dist. RMN-Grand Palais,
référence MUS 198314

B
Clara-Clara installée au jardin des Tuileries,
1983.
© Photo Adam Rzepka

Conflits de stationnement

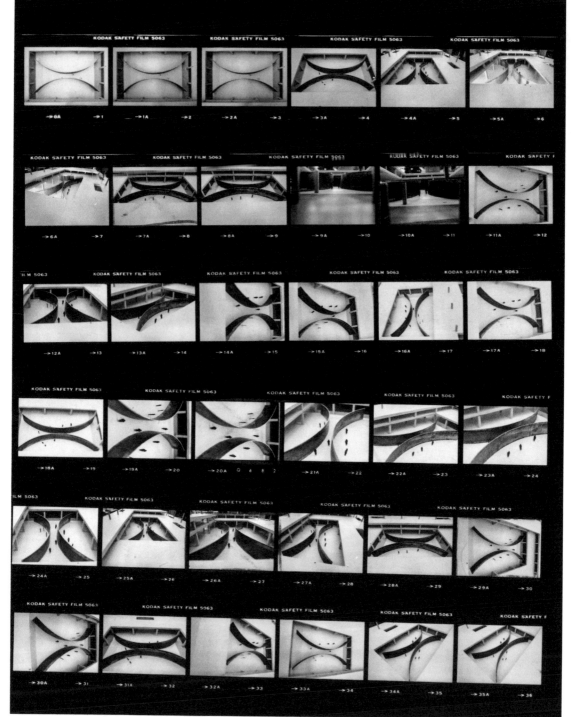

D

À l'inverse de Tilted Arc, Clara-Clara est autonome et indépendante d'un site donné. Elle a été conçue à l'origine pour une exposition temporaire à Beaubourg (26 octobre 1983-2 janvier 1984), sous le commissariat d'Alfred Pacquement : la première rétrospective en France de Richard Serra, né en 1938 à San Francisco. Elle devait être installée à l'intérieur du Centre Pompidou, comme le montre cette série de photographies de la maquette en réduction de l'œuvre dans la fosse du forum, qui illustre bien la parallaxe chère à Yve-Alain Bois, c'est-à-dire l'impact du changement de position de l'observateur sur l'observation de l'œuvre. Cette séquence est la suite du travail de conception de l'artiste, qui débute avec des plaques d'acier qu'il dispose dans une boîte de sable au sein de l'atelier. Richard Serra ne fait jamais d'esquisses dessinées pour une sculpture et ne travaille pas à partir d'un concept. Sa méthode de construction est fondée sur la manipulation. Il ne crée pas d'après un plan, mais à partir de l'élévation. Il préfère découper une forme plutôt que d'accepter celle donnée par l'usine. Clara-Clara est sa première œuvre à utiliser deux formes coniques. Cette série continue avec Olson, Call Me Ishmael, My Curves Are Not Mad, Berlin Junction, Intersection II, Serpentine et Snake. Clara-Clara est la seule sculpture dont le titre comporte le prénom de son épouse : Clara Weyergraf-Serra. L'artiste, qui se méfie du rôle mémoriel des œuvres, n'a donné aucune raison spécifique à ce choix. Le jeu de redoublement du prénom dans le titre semble être pourtant un écho à l'effet de miroir entre les deux arcs de cercle (deux C ?) qui composent l'œuvre et dont les courbes se répondent.

C
Planche contact des prises de vues de la maquette de Clara-Clara dans le modèle en réduction du forum du Centre Georges Pompidou.
Source Archives du Centre Pompidou
© Photo Adam Rzepka

D
La maquette de Clara-Clara dans le modèle en réduction du forum du Centre Georges Pompidou.
Source Archives du Centre Pompidou
© Photo Adam Rzepka

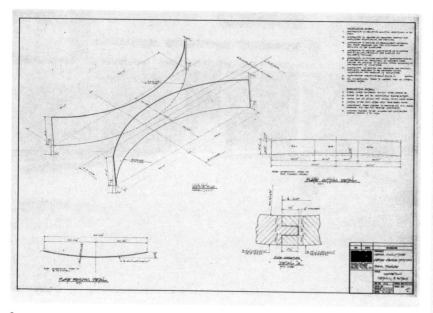

E

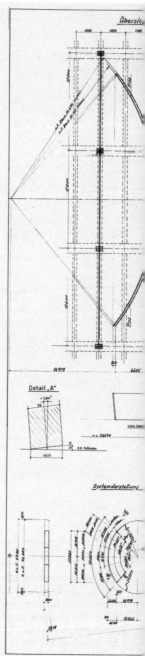

F

La création des plans de fabrication de l'œuvre est l'étape suivante. Richard Serra a beaucoup de respect pour le monde de l'ingénierie, mieux préparé que d'autres à accepter ses œuvres. Malcolm Graff est l'ingénieur basé à New York avec qui Richard Serra a travaillé sur tous ses projets jusqu'au début des années 1990 et qui a créé le dessin préliminaire ci-dessus. L'œuvre a été ensuite fabriquée en Allemagne, et l'ingénierie affinée par la firme allemande responsable du plan ci-contre, en étroite collaboration avec le gréeur allemand de Richard Serra, Ernst Fuchs, qui était responsable de l'installation des œuvres. Confronté, dans les derniers moments de préparation de l'exposition, aux immenses difficultés de mise en place et aux risques graves encourus par le bâtiment du Centre Pompidou, Dominique Bozo proposa le placement de la sculpture au jardin des Tuileries, propriété de l'État. Il obtint le soutien du ministère de la Culture et notamment de Christian Dupavillon. Richard Serra accepta sans avoir le temps de venir visiter le lieu.

Ce n'était pas le premier déboire de Serra avec le Centre Pompidou. En effet, avant l'inauguration du Centre et selon le souhait de Pontus Hultén, l'artiste avait proposé une courbe de 36,56 mètres de long et 2,74 mètres de hauteur pour le seul espace ouvert qui demeurait du plan d'origine et qui se situait au niveau de la rue, au sud du bâtiment. Renzo Piano et Richard Rogers refusèrent l'œuvre qui changeait radicalement l'espace dessiné par leurs soins.

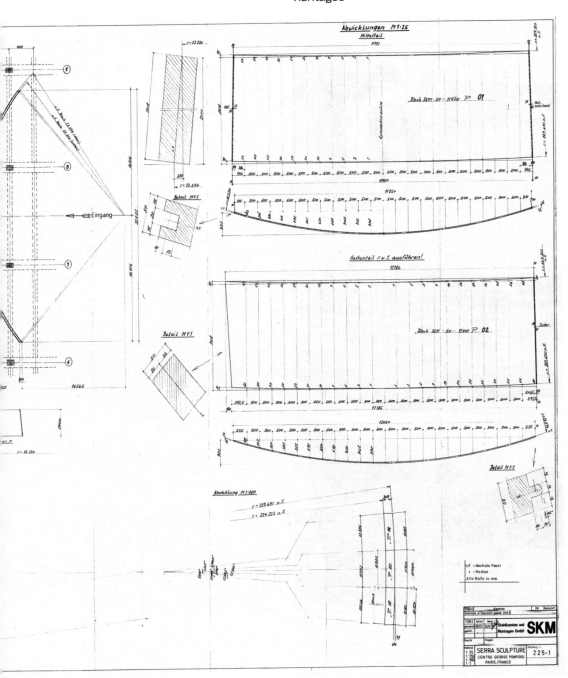

E
Plan isométrique, détails et notes, MGA, ingénieurs, 1981.

F
Plan, courbes et détails, MGA, ingénieurs, 1981.

G
Clara-Clara en cours d'installation au jardin des Tuileries, octobre 1983.
© Bibliothèque Kandinsky, MNAM/CCI, Centre Pompidou - Dist. RMN-Grand Palais, référence MUS 198314

H-I
Clara-Clara installée au jardin des Tuileries, octobre 1983.
© Photo Dirk Reinartz

À l'automne 1983, Richard Serra présente à Alfred Pacquement, en les dessinant au sol du jardin des Tuileries, les plans d'implantation de l'œuvre.
La première courbe est montée, les trois éléments qui forment la seconde gisent au sol, comme des cartes éparses. En dépit de l'ingénierie nécessaire au transport et à la mise en place de l'œuvre, le principe essentiel de la sculpture de Serra reste intact, un jeu d'équilibre entre les matériaux et les forces qui s'exercent sur eux ou par eux, et qui renvoie à ses premières œuvres comme One Ton Prop (House of Cards), créée en 1969 et conservée au MoMA de New York.

Dès son projet initial pour le forum du Centre Pompidou, Richard Serra a souhaité que l'implantation de Clara-Clara ménage la possibilité de l'appréhender par de multiples points de vue : intérieur/extérieur, de plain-pied/en hauteur, de près/à distance, la vue à la fois éloignée et en plongée sur l'œuvre permettant une compréhension plus abstraite de sa composition. C'est cette configuration idéale qu'offrait l'extrémité occidentale du jardin des Tuileries, entre les deux rampes menant respectivement vers l'Orangerie et vers le Jeu de Paume, permettant ainsi un surplomb. Les courbes de Clara-Clara y jouaient avec le soubassement des terrasses et dialoguaient à distance avec une autre œuvre de l'artiste, Slat, installée au même moment à La Défense, à l'autre bout de l'axe historique de Paris. Clara-Clara est inaugurée par le ministre de la Culture le 26 octobre 1983, et démontée en juin 1984.

J

Clara-Clara est constituée de deux feuilles d'acier Corten – en réalité six éléments aboutés pour former deux arcs –, fragments identiques d'un cône dont la pointe tendrait, pour l'une, vers le ciel, et pour l'autre, vers la terre. Ce renversement produit une tension dans le rapport entre les courbes, dont le mouvement tient à la fois de l'attraction (l'inclinaison des parois est la même et penche d'environ 30 cm) et de la fuite (les lignes s'éloignent l'une de l'autre à partir d'un goulot central). Une simple vue d'installation peine donc à rendre l'expérience complexe du visiteur, évoluant au fil de son cheminement dans et autour de l'œuvre, que Serra décrit comme « la plus baroque qu'il ait réalisée ».

« Le spectateur devient conscient de lui-même. En bougeant, la sculpture change. La contraction et l'expansion de la sculpture résultent du mouvement. Pas à pas, la perception non seulement de la sculpture mais de l'environnement tout entier change. Ce qui m'intéresse dans cette pièce, c'est sa vitesse », écrit l'artiste. Yve-Alain Bois remarque ainsi : « En cheminant dans l'œuvre, en allant vers le goulot d'étranglement que forment les deux arcs en leur milieu, le spectateur a constamment l'impression étrange qu'une paroi va "plus vite" que l'autre, que le côté droit et le côté gauche ne sont pas synchrones. Après avoir passé le goulot, il verra les différences latérales de vitesse s'inverser : la symétrie de cet effet est prévisible, mais non la surprise qui l'accompagne*. »

*Yve-Alain Bois, « Promenade pittoresque autour de *Clara-Clara* ». Dans *Richard Serra* [cat. expo., Musée national d'Art moderne (Centre Pompidou), 26 octobre 1983-2 janvier 1984], Paris : Éditions du Centre Pompidou, 1983.

J
Détail de l'œuvre en acier Corten.
© Photo François Poisay

K
Richard Serra, *C.C. II*, 1983-1984, Paintstick sur papier, 203,2 × 243,8 cm, Artwork.
© Richard Serra / ADAGP, Paris
Photographe : Dorothy Zeidman
Richard Serra ne réalise des dessins en lien avec ses sculptures qu'après leur création, comme en témoigne celui reproduit ici : une trace, un souvenir ?

Après son installation aux Tuileries, l'œuvre est entreposée à la Plaine-Saint-Denis. Elle est achetée en 1985 par la Ville de Paris, avec le soutien du fonds de la commande publique de l'État et celui de la Georges Pompidou Art and Culture Foundation.

« Cette pièce peut aller dans divers endroits tant que le sol reste plat et qu'il y a un contexte que je trouve acceptable », affirme l'artiste. À la demande de Jacques Toubon, maire du 13ᵉ arrondissement de Paris, qui avait appuyé l'acquisition de l'œuvre, le square de Choisy est désigné comme nouveau lieu d'implantation. *Clara-Clara* y est inaugurée le 7 octobre 1985. « Je ne suis pas certain que cela soit aussi réussi qu'aux Tuileries », indique l'artiste. La question de l'acceptation de l'œuvre se pose également : les archives font état de divers mécontentements, si bien que la recherche d'un autre site s'impose assez rapidement. Le matériau industriel auto-patiné, choisi pour sa résistance aux changements de conditions atmosphériques, nécessite cependant une vigilance toute particulière dans l'espace public, sa restauration, dans le cas de dégradations intentionnelles, étant malaisée. L'œuvre, devenue le support de traces diverses, d'empreintes, de graffitis, de déjections d'oiseaux…, tout en servant à l'occasion d'urinoir, exige une attention constante. Elle est démontée le 3 juillet 1995, sans que les échanges nourris entre les services de la Ville de Paris, de l'État et l'artiste aient permis d'aboutir à un accord sur sa future implantation. Elle est alors entreposée dans les réserves des collections municipales.

L
Clara-Clara fraîchement installée square de Choisy, 13e arrondissement de Paris, 1985.
Source COARC – Ville de Paris

M
L'œuvre au cours de son long séjour square de Choisy, non daté.
Source COARC – Ville de Paris

N
Le transport de l'œuvre vers son lieu de stockage, 1995.
Source COARC – Ville de Paris

L'œuvre est réinstallée temporairement en mai 2008 dans le jardin des Tuileries, grâce au soutien d'Henri Loyrette, président du musée du Louvre. Elle forme alors un duo d'anthologie avec *Promenade*, commande spécifique faite à Richard Serra dans le cadre de l'exposition « Monumenta », qui est inaugurée au même moment au Grand Palais, sous le commissariat d'Alfred Pacquement.
Ce retour au jardin des Tuileries témoigne de l'association étroite, difficile à dépasser, qui s'est nouée au fil des années entre l'œuvre et cette implantation originelle – en dépit du fait qu'elle n'était pas spécifiquement conçue pour ce site et qu'il ne correspond pas à sa plus longue installation publique, tant s'en faut.

« Typologiquement parlant, *Clara-Clara* est une pièce de paysage. C'est en fait une pièce complètement urbaine », nous dit l'artiste. Elle est à la fois redéfinition, contradiction et subversion du lieu. Elle articule le jardin et la ville, en étant placée sur l'axe historique, dans la perspective des Champs-Élysées, entre le Jeu de Paume et l'Orangerie, et en amenant ainsi les visiteurs à appréhender toute l'échelle du contexte urbain au plus large.

O-P
Clara-Clara installée au jardin des Tuileries, 2008. Les points de vue opposés (vers la Concorde et vers le Louvre) permettent d'appréhender les perspectives urbaines offertes par le site.
© Photo Lorenz Kienzle

Voici une tentative de recensement, non exhaustif et non chronologique, des espaces un temps évoqués pour accueillir l'œuvre, de manière pérenne ou temporaire :

place du Palais-Royal, la préférence de l'artiste

terrasse haute entre le musée d'Art moderne de la Ville de Paris et le Palais de Tokyo

siège de l'UNESCO

Philharmonie de Paris

Bibliothèque nationale de France, site François-Mitterrand

musée Picasso

Cité internationale universitaire de Paris

parc de Saint-Cloud

parc de la Villette

porte Maillot

porte de Vanves

ancienne gare de Reuilly

porte Dorée

square Teilhard-de-Chardin

parc Kellermann

parc des Buttes-Chaumont

bois de Vincennes

rond-point du cours de Vincennes

et aussi Dunkerque, Épinal, Le Havre, Marseille, Toulouse, Valenciennes, Vassivière...

L'histoire de *Clara-Clara*, dès son premier démontage en 1984, est celle de la recherche sans fin d'un lieu idéal pour l'installer, l'artiste étant soucieux de trouver le contexte qui puisse le mieux interagir avec son œuvre. Derrière chaque proposition se cachent de longues tractations et études, comme autant d'épisodes d'un feuilleton encore à écrire, où, comme dans toute esthétique urbaine, se mêlent le politique, le technique, l'administratif et peut-être un peu d'artistique. C'est ainsi une part de l'histoire culturelle de la France qui défile avec cette liste.

Apparitions, disparitions de l'espace public : *Clara-Clara* est actuellement conservée en six morceaux dans les réserves de la Ville. La question posée par *Connaissance des arts* en juillet 2008 demeure d'actualité : « Faut-il garder *Clara-Clara* à titre pérenne aux Tuileries ? » Plus largement, ce sont donc la question du temps d'exposition de l'œuvre d'art dans l'espace public et celle de sa réception qui sont posées à travers cette odyssée de *Clara-Clara*. Si l'art public est une composante essentielle de l'esthétique urbaine, il nécessite précaution et attention à toutes les étapes, surtout après son inauguration. Sinon, il faut probablement lui préférer le vide qui est aussi une forme d'esthétique. Laissons ici le dernier mot à Richard Serra : « Je voudrais garder cette sculpture vivante et elle ne restera vivante que si elle peut être vue à Paris, même si les réactions peuvent être négatives. »

Clara-Clara, propriété de la Ville de Paris, est constituée de deux sections coniques identiques en acier Corten, inversées l'une par rapport à l'autre, espacées de 6' (1,8 m) au milieu et de 60' (18,3 m) à chaque extrémité. Dimensions des deux sections : 12' (3,7 m) de haut × 109' (33,2 m) le long de la corde × 2" (5 cm) d'épaisseur et 12' (3,7 m) de haut × 107' 10" (32,8 cm) le long de la corde × 2" (5 cm) d'épaisseur. La masse totale est d'environ 108 tonnes.

Les auteurs remercient très sincèrement :
Richard Serra et Clara Weyergraf-Serra, Trina McKeever et le studio de l'artiste, Alfred Pacquement, Alexandre Labasse, Marianne Carrega, Léa Baudat et le Pavillon de l'Arsenal, Nicola Aguzzi, Béatrice Salmon et le Centre national des arts plastiques, Fanny Lautissier, Jean-Philippe Bonilli, Camille Morando et le Centre Pompidou, Eva Albarran, la direction des affaires culturelles de la Ville de Paris, Véronique Milande, Sophie Picot-Bocquillon et la Conservation des œuvres d'art religieuses et civiles, et le Fonds d'art contemporain - Paris Collections.

Q
Clara-Clara installée au jardin des Tuileries, 1983.
© Photo Marlene Schnelle-Schneyder

R
Richard Serra face à Clara-Clara, 1983.
© Bibliothèque Kandinsky, MNAM/CCI, Centre Pompidou - Dist. RMN-Grand Palais, référence MUS 198314

Émergences

228 La ville en partance

236 Une beauté composite de Paris

242 « Embellir la rue, c'est tout un projet ! » : une ethnographie des dispositifs de végétalisation urbaine participative à Paris

254 Leurs territoires : le Grand Paris animal

264 Agriculture et hip-hop : arts de friches

272 Des couleurs sur les murs ? Une histoire des politiques municipales du grafitti

- 282 Le temps des possibles
- 290 Chiffonnier du futur
- 296 Sol et contrat social : notes sur la « requalification »
- 302 Un inventaire dessiné du mobilier urbain
- 310 Éloge de la matière
- 318 Architecture liquide
- 326 Paris d'ailleurs
- 334 Les formes du mouvement
- 344 Dans le contre-jour de nos applis : visibilités et invisibilités numériques

352 Rythmes urbains : face à la saturation des espaces, des temps et des imaginaires

362 Glissement de terrain : notes sur la beauté métropolitaine

372 Change plus vite que le cœur

La ville en parta

Jean-Christophe Bailly

Une ville sans habitants, déserte ou désertée, n'ayant plus à donner que sa forme, mais comme le moule désormais vide de parcours inexistants, c'est ce qu'il nous aura été donné de voir aussi longtemps qu'a duré le confinement du printemps 2020, c'est-à-dire pendant près de deux mois. Parfois, et lorsqu'il y avait du soleil, le spectacle de Paris ainsi privé de ses habitants comme de tout visiteur était extraordinaire. Je me souviens, par exemple, des boulevards au niveau de la porte Saint-Denis, qu'André Breton dans *Nadja* avait jugée « très belle et très inutile[1] ». En l'absence de toute circulation et surgissant en silence comme un monument non contemplé, cette porte, que quant à moi je n'ai jamais trouvée si belle, le devenait vraiment, plantée là, au milieu des voiries désertées, comme un trophée que ce vide même innocentait. Habitant tout près de là, j'avais facilement accès à ces parages, et je me souviens qu'il fallait alors calculer mentalement les distances, puisque nous n'avions droit qu'à des éloignements ne dépassant pas le kilomètre. La contrepartie de cette contrainte, qui, à terme, devenait étouffante, était de libérer tout un imaginaire de promenades interdites, celles-ci commençant pratiquement à chaque carrefour : jamais autant qu'en ces jours si étranges, et sur lesquels planait une menace indistincte, je n'ai eu la sensation de voir les rues partir ; et dans cet en-aller, consolidé par le vide et le silence, les rues avaient l'air chez elles comme jamais.

En fait, il n'était même pas nécessaire de sortir ; il suffisait de regarder par la fenêtre pour que cela commence : là où j'habite, au premier étage et dans la partie de Paris habituellement considérée comme la plus dense et la plus minérale, aucun horizon, aucun lointain ne peut être décidé ; mais le fait même d'être juste au-dessus de la voirie, et de surcroît, dans une rue formant une courbe, suffisait largement à enclencher une rêverie qui, tout en allant très loin au-delà de cette courbe, restait attachée directement à ce qu'elle avait devant elle – en l'occurrence, les grands voiles de plastique du chantier de ravalement provisoirement abandonné de l'immeuble d'en face. La petite vidéo que j'en ai faite un jour de plein soleil et de grand vent ne dure qu'une vingtaine de secondes, et sans doute aurais-je dû la laisser tourner plus longtemps ; mais même ainsi, si brève, elle laisse venir quelque chose de ce qui s'en allait avec le vent : non pas un contenu qu'on aurait voulu retenir, mais juste un passage, son passage. C'est le vent qui était le passant, et dans la rue vide et lumineuse, il était à la fois ce dieu joueur qu'il est toujours, et comme notre substitut ou, mieux encore, notre envoyé. C'est pour nous, à notre place, qu'il animait la rue, par ailleurs vide de toute présence.

Le contraste était d'autant plus violent que peu de temps avant, la situation avait été très exactement inverse. En effet, et cela pratiquement jusqu'à l'arrivée de la pandémie, la grève des transports entamée le 5 décembre 2019, pour faire opposition au projet de réforme des retraites engagé par le gouvernement, eut pour effet de lancer de par les rues, chaque jour, et spectaculairement aux heures de pointe, des dizaines et des dizaines de milliers d'usagers soudainement rendus à leur condition de passants. Certes, il ne s'agissait pas pour eux de flâner, mais je me souviens que l'un des aspects les plus surprenants de ce spectacle inaccoutumé fut le relatif silence dans lequel il se déroulait. Ces foules

---

1 André Breton, *Nadja* [1928, 1964], Paris : Gallimard, Coll. Folio plus, 1998, p. 36.

de marcheurs n'étaient en fait pas bruyantes : c'est comme si quelque chose de la patience vaguement inquiète qui règne dans les wagons et sur les quais du métro s'était répandu dans les rues. Aucune agitation par conséquent, bien plutôt une sensation de flux obstiné, particulièrement évidente sur les boulevards, mais que l'on ressentait également dans les rues plus étroites. Dans ces moments, animant au Jeu de Paume un cycle de conférences, j'ai dû à plusieurs reprises me rendre là-bas à pied depuis chez moi. Et je me souviens de ce que la quantité de passants, supérieure à la normale, ajoutait à la sensation d'aller au sein d'une matière mouvante, faite de particules chargées d'énergie, dont les rues – celle d'Aboukir, ou celles de Cléry ou du Mail, puis, au-delà de la place des Victoires, celles qui pouvaient me conduire jusqu'à la place de la Concorde –, loin d'en être les contenants passifs, semblaient être directement conductrices.

En partant de ces deux situations se succédant coup sur coup, on serait tenté de définir l'expérience de la rue comme une sorte de voie moyenne passant entre le vide et l'excès ; mais comme toutes les tentatives de ce genre, qui constituent l'essence de tout centrisme, celle-ci est purement illusoire. La vie de la rue n'est jamais fixée ; elle n'est vivante (aussi longtemps qu'une ville l'est elle-même) que dans une oscillation permanente entre ses différents régimes de fréquentation : entre ce qui émane de la rue la plus retirée à l'heure la plus tardive, et ce qui s'impose avec le grand rendez-vous collectif d'une manifestation descendant un boulevard en plein après-midi, le spectre est infini, et la variabilité continue. Or, cette pulsation aux rythmes irréguliers, faite de brusques incidences, de stagnations et même de pannes, se déploie sur la ville tout entière : celle-ci est le territoire vivant de toutes ces occurrences, et rien n'est plus frappant que la vitesse à laquelle on peut passer d'une atmosphère surchauffée et bruyante à un calme presque enfoui. Dans ce territoire de perpétuelles métamorphoses, aussi changeant que le ciel qui passe sur lui, la promenade, et même le simple fait d'aller d'un point à un autre dans un but précis, ne sont jamais des régularités statistiques, mais des occurrences surgissant au sein d'un potentiel de parcours quasi infini.

On se souvient de cette carte provenant des travaux du sociologue Paul-Henry Chombart de Lauwe, qui retraçait les déplacements dans Paris d'une jeune fille des années 1950, habitant le 16e arrondissement, et que les situationnistes, qui y voyaient à juste titre l'illustration même du contraire des formes de vie qu'ils prônaient, avaient mise en avant et reproduite dans le premier numéro de l'*I.S.* Si cette carte, qui n'enregistre que des parcours circonscrits à une partie de l'Ouest parisien et, par conséquent, à ce que l'on a pris bien à tort l'habitude d'appeler les beaux quartiers, prend de ce fait un caractère de classe, il reste qu'elle ne fait rien d'autre que rendre manifeste le caractère routinier de la plupart des trajets quotidiennement effectués, où qu'ils se situent, dans la ville ou sur son pourtour.

À ces parcours la plupart du temps conditionnés par les impératifs du travail, et qui s'inscrivent dans des plages de temps elles aussi sévèrement délimitées, s'oppose la logique tout autre de la promenade, soit de tout ce qui s'est construit à compter du XIXe siècle, et même avant, autour de la figure du flâneur. Universelle, cette figure, on le sait, est en même temps et d'abord un type parisien : sans mode d'emploi avéré et sans guide, mais fortifiée par quantité de récits, la figure du flâneur telle qu'elle s'est continûment déployée de Rousseau et Louis-Sébastien Mercier

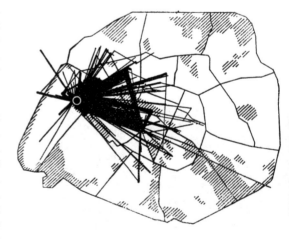

Trajets pendant un an d'une jeune fille du 16e arrondissement, dans *Paris et l'agglomération parisienne*, Paul-Henry Chombart de Lauwe, sociologue, Presses universitaires de France, 1952.

à Baudelaire, puis de lui à nos jours, reste flottante. Oscillant entre une dimension populaire (le chiffonnier, le détective) et des aspects relevant de la divination, elle aura fonctionné comme un opérateur générique multipliant des parcours vécus comme des explorations, au terme desquels la forme labyrinthique de Paris, loin de se replier sur elle-même, pouvait s'ouvrir sans fin. Mais ce qui s'impose, c'est l'entière adhérence de cette figure à l'état de forme qui aura été celui de Paris entre, disons, le premier tiers du XIXe siècle et les années 1960. Soit ces années considérables, liées à la révolution industrielle, qui ont permis à Paris de pouvoir être pensé comme « capitale du XIXe siècle », puis de vivre sans trop d'encombres, et malgré deux guerres mondiales, dans le sillage de cette réputation – que la violence même des luttes dont la ville a été le théâtre a d'ailleurs contribué à entretenir.

Comme Walter Benjamin l'a établi, le passage aura été la forme symbolique de ce très long moment parisien, qui aujourd'hui nous a sans doute quittés. Or, le *passage* comme le *passant* (que la *passante* de Baudelaire augmente encore et magnifie) l'indiquent très clairement : la forme de la ville ne se définit pas comme un ensemble de traits statiques, mais comme l'espace d'une mobilité interne et d'une traversabilité intégrale. La ville est la somme ouverte des chemins qui rendent possible l'expérience démultipliée qu'on peut faire en la parcourant, en la lisant ; et la rue, mais davantage encore le passage et aussi le faubourg, auront été les formes à chaque instant réactualisées de cette propension. Si, dans plusieurs parties de Paris, il est aujourd'hui encore possible de se sentir au cœur de ce qui fut la « capitale du XIXe siècle », ce n'est cependant pas sans un certain malaise qu'on affirmerait qu'il en est toujours ainsi, et que la leçon de cet état de forme s'est partout maintenue ou répandue. D'une part, le schéma brutalement plaqué de la refonte haussmannienne a déjà passablement secoué cette leçon ; d'autre part, la forme de la ville telle qu'elle s'est développée ensuite, et plus spécifiquement encore dans le dernier demi-siècle, surtout si l'on prend en compte son extension hors les murs, l'a rendue obsolète : on le comprend tout de suite, même si les gestes de la flânerie et, à travers eux, la résistance à la normalisation contrôlée des parcours demeurent possibles, la figure du flâneur, comme telle, recule inexorablement vers le passé, exactement comme si le décor dans lequel elle évolue désormais ne lui correspondait plus.

Que la forme de la ville soit changeante, on le sait bien, et nommément depuis *Le Cygne* de Baudelaire ; et que l'histoire de toute ville soit faite d'une succession d'états de forme, laissant des traces qui s'empilent ou se télescopent jusqu'à former un ensemble composite mais s'avérant pour finir étonnement stable, ce n'est pas là une nouveauté. Comme n'est pas non plus nouveau le fait que des éléments qui surgissent en étant en apparence étrangers à la tonalité locale, finissent par l'incarner totalement (c'est le cas, par exemple, de la tour Eiffel ou de Beaubourg). Ce qui est toutefois venu produire une sorte de descellement, c'est l'accumulation d'opérations portant véritablement atteinte à cette tonalité, soit en l'ignorant délibérément, soit, au contraire, en prétendant la sauvegarder. Les deux axes de ce travail de désubstantialisation s'orientent donc par rapport à deux logiques en apparence séparées, mais totalement complices : celle de l'autonomie du projet et de la valorisation de l'objet architectural, et celle de la patrimonialisation marchandisée. Et c'est à des échelles extrêmement variées que ces logiques s'exercent, atteignant le phrasé urbain aussi bien dans ses toutes petites unités lexicales (une boutique, une entrée d'immeuble, un mur) que dans des séquences entières (restructuration ou destruction d'un quartier, érection d'un objet monumental, tour ou barre, gros pâté). Que la ville vive et soit à elle-même son propre chantier-palimpseste, rien de plus normal, de plus nécessaire, de plus ancien ; et que continûment elle se souvienne, rien de plus vivifiant. S'il y a une effectivité de la beauté urbaine, elle passe par la façon dont cette mémoire se rend active et se déploie en une infinité de gestes et de détails ; néanmoins, cette beauté – qui est aussi le foyer vital où l'innovation peut puiser et venir s'inscrire – est distincte de la beauté architecturale indexée sur les monuments : il peut se faire que les monuments eux-mêmes en soient partie prenante, mais, si beaux soient-ils, jamais ils ne sont capables de donner à la ville son ton fondamental. Or, c'est quand ce ton fondamental est perdu, et que le phrasé de la ville cesse de parler la langue qui l'appropriie à lui-même, que commence le naufrage. Ce qui est à retrouver, ce n'est pas une forme et un style dont nous aurions ou devrions avoir la nostalgie ; c'est une liberté d'usage et de mouvement incarnée dans des parcours rendus visibles ; c'est la capacité qu'a l'espace urbain de sans fin réamorcer le désir qu'on a de le parcourir.

L'architecte Henri Gaudin avait attiré mon attention sur le fameux plan de Rome publié par Giambattista Nolli en 1748 – plan qui a, comme on le sait, la particularité de laisser en blanc la totalité des espaces pénétrables, y compris les cours, les vestibules et les intérieurs d'église, et aussi, parallèlement, de ne céder à aucun effet de représentation, à l'inverse, par exemple, de son quasi contemporain parisien, le plan Turgot. L'image de la ville qui en ressort est immédiatement active, donnant l'impression d'une matière poreuse qui offre dans son immensité un infini de cachettes, de lignes de fuite et de dérivations labyrinthiques. Et peut-être n'est-ce pas un hasard si, pour le plan romain, le nom de son dessinateur a été retenu, alors que pour le plan parisien, celui du malheureux Louis Bretez a été effacé des mémoires au profit de celui de son commanditaire. En effet, même si elle rend possible elle aussi une intuition dynamique de la forme de la ville, la vue axonométrique du plan dessiné par Bretez correspond à un rapport à la ville qui est celui du pouvoir (en l'occurrence, celui incarné par le prévôt des marchands Michel-Étienne Turgot). Quand on regarde le plan de Nolli, on pénètre la ville, on est à l'intérieur ; quand on regarde celui de Turgot, on la surplombe. Rome tout autant que Paris a cédé aux vertiges (fascinants) de la représentation, mais l'invention de Nolli, en les évitant, ouvre une autre ville, qui est d'emblée celle de celui qui s'y trouve, celle de sa liberté d'aller[2]. Avec ces deux documents certes anciens, puisqu'ils précèdent la révolution industrielle, nous voyons s'ouvrir le conflit sous-jacent qui trame la vie de la capitale, aujourd'hui autant qu'autrefois, et qu'on peut caractériser comme la lutte incessante qui oppose la ville pénétrée, vécue et la ville surplombée, la ville des passants et celle des schémas directeurs.

Extrait du *Nouveau Plan de Rome*, dit « de Nolli », Giambattista Nolli, cartographe, 1748.

Franche, cette opposition n'est pas pour autant caricaturale. Elle oriente en fait toute la dynamique de la construction et du développement de Paris, où sans cesse se côtoient et souvent s'entrechoquent deux visions, qui sont aussi deux conceptions de la beauté. Quel qu'ait été son penchant avéré pour la démonstration monumentale et la surcharge symbolique, le

---

2 « Il est sûr que c'est Paris qui a créé le type du flâneur. Il est surprenant que ce ne soit pas Rome », a pu dire Walter Benjamin dans le texte qu'il a consacré aux *Promenades dans Berlin* [1929] de son ami Franz Hessel. Ce texte est reproduit en postface à l'édition française (trad. Jean-Michel Beloeil, Presses universitaires de Grenoble, 1989).

Extrait du plan de Paris dit « de Turgot », Louis Bretez, architecte et cartographe, 1739.
© BnF

Paris du « Paris capitale du XIXᵉ siècle » aura fini, malgré les aspects les plus éradiquants de la refonte haussmannienne, par aboutir à une ville encore extrêmement poreuse, autorisant une variété infinie de traversées. Or, cette ville qui aura été successivement et entre autres celle du spleen baudelairien, puis le « beau Paris » d'Apollinaire, la ville des surréalistes, et même celle des situationnistes, ou encore celle d'un écrivain comme le vraiment trop peu lu Henri Thomas, cette ville à strictement parler n'est plus. On peut (on doit) la regretter, mais il va de soi que cette disparition est dans l'ordre des choses vivantes, rien n'étant plus déprimant que la survie du signe à la chose signifiée, dont la patrimonialisation systématique des centres anciens est le fleuron. La question, en effet, n'est pas de récolter ici et là de beaux restes (ils existent), ni de les protéger en les excluant du cours ordinaire des choses. Elle est de retrouver l'énergie et la productivité poétique du texte parisien, en libérant autant qu'il se peut les phrases anciennes de leur emprise patrimoniale et, surtout, en rendant possible la lecture de nouvelles phrases.

Que le tissu parisien soit aujourd'hui beaucoup plus composite qu'il ne le fut n'est pas grave en soi. Et si d'un côté, Paris, comme toute autre ville multipliant les strates historiques en même temps qu'elle continue de croître, peut se comprendre comme une sorte de *patchwork in progress* au sein duquel les éléments de composition gagnent en disparate ce qu'ils perdent de redondant, d'un autre côté, elle apparaît au contraire, au vu de quelques grandes opérations récentes, comme une ville qui, au lieu de se densifier en intelligence avec elle-même, se repose sur le gardiennage inerte de quelques fortins. Les détailler serait utile, mais dans un autre cadre. Je peux toutefois (il le faut, je crois) citer deux cas de figure où l'on voit clairement à l'œuvre ce travail de caviardage du texte parisien : je pense au nouveau site du ministère des

Armées, boulevard Victor, dont il était peut-être vain d'attendre quelque chose, surtout en termes de lisibilité de l'espace, et, trois fois hélas, à la Très Grande Bibliothèque, qui a réussi quant à elle cette prouesse d'installer en bordure de Seine un fragment du plan Voisin, auquel la ville avait si heureusement échappé. Sur le plan de l'esthétique architecturale, il va sans dire que la proposition spatiale de la Bibliothèque, quoique datée, est bien plus aimable que la terrifiante butée du quartier général des forces armées, dont l'unique mérite est peut-être d'incarner jusqu'à la caricature tout ce qu'une institution militaire peut signifier d'hostile; mais sur le plan des enjeux urbains, ces deux énormes pâtés s'équivalent. En effet, là même où se fait sentir un besoin criant de traversées et de partance, l'espace se referme, *via* un tertre surveillé par des tours qui encadrent un jardin inaccessible dans un cas, par un gigantesque et noir origami dans l'autre. Que faire avec cela, comment jouer avec cela ? Il n'y a pas moyen : « passe ton chemin », dit au passant cette architecture qui, hélas, ne se limite pas à ces deux exemples, au demeurant distants l'un de l'autre de quelques kilomètres et de deux décennies.

Par bonheur, d'autres chemins s'ouvrent ; des bâtiments jouent d'autres airs et rebattent les cartes du jeu urbain. Inventer de nouveaux chemins, écrire de nouvelles phrases aptes à se shunter en douceur (ou par de souverains contrastes) avec le texte existant, telle me semble être la voie : elle ne peut être tracée d'avance, puisque sa contrainte est à chaque fois, et sur chaque site – quels que soient son étendue ou son état de forme (ample friche industrielle ou simple délaissé, fragment de ville ou terrain encore vague) –, d'apprendre à le lire, pour pouvoir l'interpréter et écrire avec lui une phrase qui sache s'articuler à tout ce qui l'entoure – quitte à ce que certains passages raturés soient encore laissés en blanc, et à ce que rien de définitif ne s'installe.

Je me fais d'ailleurs la remarque que le mot « passage », avant de désigner la forme urbaine emblématique de la ville du XIXe siècle, cerne ce que l'on entend lorsqu'on parle du passage d'un texte ou d'une pièce musicale, autrement dit un moment plus ou moins long d'écriture, de lecture ou d'écoute. Dans le droit fil de cette acception, la ville peut être comprise comme une suite de passages dont on peut, à chaque pas, varier les enchaînements, mais en sachant qu'on poursuit toujours la lecture du même livre. C'est cela qu'à chaque sortie, le passant devenu lecteur ou le lecteur devenu passant cherche à rejoindre, et c'est sous cette forme pleine de leitmotivs, de refrains, de figures de rhétorique et même de coquilles, que la ville lui revient.

C'est donc d'un passage que je vais parler ; c'est avec un passage que je vais en finir : rien de tourné vers le passé ou de grandiloquent ; juste, il me semble, un effet de glissière, mais très heureux. Nous sommes au nord de Paris, aux alentours de la station Rosa Parks sur la ligne E du RER, sur une sorte d'esplanade à laquelle on accède en passant sous les voies du chemin de fer (ce n'est pas seulement le RER qui passe là, mais tout le trafic de la gare du Nord). Hormis de vieux entrepôts réhabilités, presque rien d'ancien à l'horizon ; de tous côtés, des immeubles neufs (logements et bureaux), formant un lexique plutôt bigarré mais disposé en alignement, c'est-à-dire proposant à l'œil et au pas des lignes qu'ils peuvent suivre, qu'ils ont envie de suivre – le tout, y compris la présence ferroviaire, produisant un vaste effet d'espace ouvert, sorte de place sans bords marqués qui s'en irait d'un côté, vers le nord, en siphon. Or, cet espace encore incertain, qui a l'air d'être en train d'apprendre à se connaître, est traversé, régulièrement, non par de purs et simples usagers comme le voudraient peut-être les prévisions comptables et les algorithmes, mais déjà par des passants, autrement dit par les descendants proches ou lointains de ces êtres dont Baudelaire, né il y a 200 ans, célébrait l'existence. Cette explosion lumineuse des êtres dans l'espace qu'il évoque dans *Le Peintre de la vie moderne*[3], voilà qu'elle est là, encore un peu timide peut-être, sur ce bord où la ville, avec de nouveaux noms, recommence à s'écrire. Tout près de là, le long des voies, passe la rue Cesária-Évora à propos de laquelle on pourrait dire, comme de tout le quartier, ce que Franz Hessel disait des nouveaux quartiers du Berlin des années 1920, à savoir qu'« ils n'avaient pas encore été assez regardés pour être vraiment visibles[4] ». Une visibilité à venir, qui se dessine, c'est ce que l'on peut rêver de mieux, et à l'intérieur de ce matin, auprès donc de Rosa Parks et de Cesária Évora, on peut entendre, mais tout bas, la ville chantonner la *saudade* de la chanteuse du Cap-Vert.

Jean-Christophe Bailly
Écrivain

---

3 Charles Baudelaire, *Le Peintre de la vie moderne* [1863]. Dans *Œuvres complètes*, Paris : Gallimard, Coll. Bibliothèque de la Pléiade, 1976, t. II, p. 700.

4 Franz Hessel, dans la « postface à l'intention des Berlinois » qu'il ajouta à ses *Promenades dans Berlin*, op.cit., p. 253.

Une composite de Paris

Paul Chemetov

beauté

Le mot « réparer » figurait en grands caractères sur la couverture du dernier numéro de Noël de Télérama. Il posait ainsi une question à laquelle il nous faut répondre : celle du réemploi des bâtiments existants comme de leurs matériaux. Télérama avait déjà anticipé les manifestations des Gilets jaunes avec son article sur « la France moche », celle des ronds-points, des supermarchés, des zones pavillonnaires[1]. C'est aussi celle qu'il nous faut aujourd'hui réparer, c'est-à-dire parer à nouveau pour donner forme à l'informe, la transformer en quelque sorte, par un préfixe, « trans- », somme toute métaphysique.

L'architecture, comme art de la transformation du monde[2], des situations, des programmes et des choses enfin, ne peut être définie par la seule référence à l'ineffable du beau, qui sous-tendait l'enseignement de l'École des beaux-arts. Ses maîtres avaient oublié les leçons du rationalisme de J.-N.-L. Durand, ou de celui construit par Eugène Viollet-le-Duc et ses épigones. Certes, l'architecture est un art, mais au sens que l'on donne à ce mot dans « arts et métiers ». Elle est donc tout autant une technique.

L'architecture implique ainsi la question de la matérialité comme champ culturel. Cette attitude dépasse l'antique opposition de l'âme et du corps, de la matière (forcément mal dégrossie) et de l'esprit. Tel est le point de vue développé par les sociologues et historiens de l'art anglo-saxons, et ceux de l'École de Francfort. Le parti pris des choses comme le bris-collage, qui doit tout autant à Francis Ponge qu'à Claude Lévi-Strauss, en transporte la trace dans les bâtiments, ceux que nous construisons, comme ceux que nous réparons.

De façon plus radicale, Bruno Latour, dans ses récentes interventions, pose la question préalable de la réparation de la Terre, condition nécessaire à toute vie humaine[3]. La déforestation, les néonicotinoïdes, les émissions de CO_2, le plastique dans les océans ne sont que quelques exemples de ce que nous devons stopper dans une progression qui met en cause la vie de l'être humain sur notre planète. On pourrait s'arrêter à ce constat, mais cette prise de position globale est la condition nécessaire à la migration des humains d'un monde qui fut agricole vers un monde qui devient urbain.

Réparons donc.

Les banlieues d'aujourd'hui sont les faubourgs d'hier

Laissons les ronds-points qui ponctuent « la France moche », pour parler des métropoles battues sur leurs franges par la marée des signes annoncés de la périphérie, *id est* ce qui est au-delà du périph – « À Paris, dans chaque faubourg », chantait-on sur un air d'accordéon[4]. Les banlieues d'aujourd'hui sont les faubourgs d'hier : tout ce qui était hier au-delà du métro aérien est aujourd'hui dans la ville et lui donne son air singulier, ce *Pari no miryoku* que viennent humer les touristes japonais. Cet hier a aujourd'hui sa réplique au-delà du périph, qui ne peut rester ce qu'il fut, une frontière contre les banlieues, et doit devenir l'anneau central de la métropole-capitale. Et au lieu de le ponctuer de mille bornes comme pour en marquer la limite, il nous faut la dépasser. Des enceintes parisiennes restent des pans de murs, une tourelle, les portes Saint-Denis et Saint-Martin, et quelques barrières de Claude-Nicolas Ledoux. Pourquoi envisager de nouvelles barrières ? Devrait-on parler de l'écume des tours, pour parodier Boris Vian, façon Vernon Sullivan ? Les tours doivent être utilisées comme acupuncture, pour guérir les maux d'une uniforme densité urbaine, disait avec force et raison Jean Nouvel[5]. Mais en multipliant leur nombre, la capitale finira par ressembler à un oursin, voire un hérisson, hérissée contre qui ?

Comme le dit Raymond Queneau :

> Le Paris que vous aimâtes
> n'est pas celui que nous aimons
> et nous nous dirigeons sans hâte
> vers celui que nous oublierons[6]

C'est une belle définition du patrimoine parisien, qu'il nous faut réparer et transformer pour rester fidèles à sa longue histoire, et à la singularité d'une esthétique de la limite, entre faubourgs et grandes compositions.

La beauté contemporaine est par nature composite

Aujourd'hui, ce qui ressurgit et émerge de ce que l'on pense patrimonial est un temps comprimé, un temps ancien, remis en jeu et qu'il nous faut prolonger. Seul l'épiderme des nouveaux bâtiments, aujourd'hui laissé à l'invention des architectes, en serait-il le porteur, passant le témoin de ce qui fut à ce qui est ? Le retour au tatouage, avec ses pans de sauvagerie première, d'embellie archaïque, serait-il la seule réponse ? À ces questions, abordées dans *Le Principe Espérance*, le philosophe Ernst Bloch a proposé des issues possibles[7]. La beauté contemporaine ne pouvait être celle hygiénique de la cuvette de WC, sans aspérités, d'une seule matière ; elle était par essence composite : les épaufrures du béton, le calepinage des briques, la trace des coffrages, les joints d'une cons-

---

1 Xavier de Jarcy et Vincent Remy, « Comment la France est devenue moche », *Télérama*, 13-19 février 2010, n° 3135.
2 Pour reprendre les termes de Marc Mimram. Voir notamment Marc Mimram (dir.), *Matières du plaisir*, Paris : Pavillon de l'Arsenal, 2000.
3 Bruno Latour, « La crise sanitaire incite à se préparer à la mutation climatique », *Le Monde*, 25 mars 2020, https://www.lemonde.fr
4 Chanson du film *14 juillet* de René Clair (1933). Paroles de René Clair. Musique de Maurice Jaubert et Jean Grémillon. Interprétée par Lys Gauty, puis reprise par Yves Montand, Georges Brassens, *et al.*
5 « Paris : avec les tours Duo, Jean Nouvel réalise son rêve », *Le Journal du Dimanche*, 25 avril 2017, https://www.lejdd.fr
6 Raymond Queneau, « L'Amphion », *Les Ziaux* [1943]. Dans *Œuvres complètes*, éd. Claude Debon, Paris : Gallimard, Coll. Bibliothèque de la Pléiade, 1989, t. I, p. 41.
7 Ernst Bloch, *Le Principe Espérance* [1954-1959], trad. Françoise Wuilmart, Paris : Gallimard, Coll. Bibliothèque de philosophie, 1982, t. II.

truction hétéroclite s'opposent à la perfection lisse. À l'heure industrielle, toute chose est faite de morceaux assemblés. Le conflit qui naît habituellement de leur confrontation est aussi un moment antagonique que le projet doit résoudre, et auquel il doit se résoudre, sauf à réduire l'art de l'architecture à celui du papier peint, et à penser que forme et contour sont une seule et même chose.

L'histoire urbaine parisienne, par-delà les traces des *cardo* et *decumanus* romains ou des enceintes successives, a été marquée par de grandes compositions perpendiculaires à la Seine et par leur intersection avec l'ordinaire de la ville, chemins ruraux et parcellaire agricole, gagnés par le bâti. Le tout est embroché par ce que l'on nomme l'« axe historique », ponctué d'arcs et d'un obélisque, et qui, à ses deux extrémités, s'achève sur un déboîtement, celui de la pyramide du Louvre et celui de la Grande Arche, comme si ce hoquet marquait l'impossibilité de l'infini.

Aujourd'hui, le franchissement mental du mur de bagnoles du périphérique demanderait des compositions qui lui seraient perpendiculaires, et qui viendraient harponner les textures bâties de la banlieue. Il en résulterait de part et d'autre des *coinstaux*[8] bizarres, comme cet enchaînement d'espaces publics qui lient la place Saint-Michel à celle qui conclut la rue Saint-André-des-Arts. Ce sont ces résultantes – d'un hasard inimaginable – qui font le charme de Paris. Toujours le *Pari no miryoku*. Pour paraphraser Léon-Paul Fargue et son *Piéton de Paris*, on pourrait dire que, par ses pas, l'homme habite dans la ville, et celle-ci dans l'homme.

L'espace public, condition de la ville

« L'homme est apolitique. La politique prend naissance dans l'espace-qui-est-entre-les-hommes [...]. La politique prend naissance dans l'espace intermédiaire et elle se constitue comme relation[9]. » Sans trop forcer le trait, cette citation d'Hannah Arendt pourrait être utilisée pour définir l'espace public comme condition de la ville. Henri Gaudin parlait déjà, à sa façon, de ce qui est entre les choses : ce à quoi elles se réfèrent, les faisant tenir ensemble[10]. Il est possible de voir, dans cette mise en relation, une condition première de la nouvelle esthétique parisienne. Mais la mise en relation de ce qui borde cet espace partagé ne peut être celle des seuls parements, sans tenir compte de ce qui leur donne force et forme, les os de la structure, l'agencement de la chose construite.

On pourrait même supposer que la présence des construits, en limite de l'espace public, est la condition de cette mixité spatiale, qui nous paraît plus évidente pour définir la ville que la mixité sociale, dont l'absence serait le défaut premier des grands ensembles. Entremêler les formes serait la condition de la coexistence sociale. Et, d'une certaine façon, le conflit des grandes compositions et de l'ordinaire de la ville définit l'urbanité parisienne, bien plus que l'utopie d'un plan des Artistes remis au goût du jour – arrogance d'un dessin anticipateur – et d'une bienséance du tout. Ce qui caractériserait l'esthétique parisienne est le mélange du style soutenu et du style souteneur, si l'on voulait en donner une définition rhétorique. L'acceptation de ce borborygme d'espaces et de formes est une condition nécessaire de la réparation. De même que la pièce rapportée donne une nouvelle jeunesse au vêtement élimé, cette polyphonie donne une nouvelle forme au bâti dégradé.

---

8 « Recoins » en argomuche.

9 Hannah Arendt, *Qu'est-ce que la politique ?* [1993], trad. Sylvie Courtine-Denamy, Paris : Seuil, 1995, p. 33.

10 « Entretien avec Henri Gaudin », *Technique & Architecture*, 1986, n° 366, p. 64.

Se pose, en fait, par-delà cette métaphore du rapiéçage, la question du stock et des flux. Tout ne peut être entreposé dans notre mémoire, pas plus que tout ne peut obéir à la vitesse de circulation qui, avec la performance, constitueraient les critères du bien, remplaçant l'antique trinité vitruvienne : la beauté, la solidité, l'usage. Mais celle-ci ne concernait que le bâti. Or, encore une fois, l'espace, « celui qui est entre les bâtiments », est la condition de la vie urbaine. Certes, il ne vaut et n'existe que par ce qui s'y passe, mais en son absence, ou si sa forme ou son traitement en rendent impossible l'usage, nous voilà ramenés à une situation de non-urbanité ; les seuls bâtiments sont autant de pièces d'un puzzle que seule la règle de l'espace public permet d'assembler. L'image du tout s'impose par-delà le lacis de la découpe.

La recherche d'une nouvelle urbanité

Cette esthétique émergente n'est-elle pas la recherche, non du temps perdu, mais d'une nouvelle urbanité ? Car ce mot, s'il parle de la ville, parle aussi des relations entre les parcours, entre les comportements nécessaires à la vie sociale, acceptant le conflit, mais évitant la guerre. L'urbanité, condition de l'urbanisme ; le dialogue, condition préalable à la prescription réglementaire.

Mémoire vive, vécue, celle des bâtiments, des espaces de la vie quotidienne ; et mémoire passée, qui ne peut aujourd'hui être sans références ni usages. Le patrimoine est un transporteur de mémoire, à condition qu'elle puisse y trouver des lieux habitables, donc habités, tout à l'opposé des alignements de Carnac, des statues de l'île de Pâques et de Stonehenge, mégalithes égarés hors les villes. Le patrimoine, quel que soit son âge, est celui de la vie quotidienne, valorisé parce qu'il nous permet d'intégrer le temps et l'histoire, nos émotions et nos usages.

En une lutte dérisoire, des enceintes successives essayaient de contenir une ville qui ne pouvait être que dense et se pensait le centre du monde. Au-delà était la nature. Cette césure a été, dans un premier temps, mise à mal par l'extension périphérique. Aujourd'hui, la périphérie assure une transition évidente entre un centre qui cherche ses périphéries et une terre cultivée, qu'elle soit celle des champs ou des bois. Il nous faut désormais préserver la terre de nouvelles extensions et réparer ce qui est déjà construit.

La ville en son jardin

Finalement, la périphérie, si nous sommes capables de la voir, de l'analyser et pourquoi pas d'en aimer l'imaginaire, est ce qui fait tenir ensemble la densité bâtie et la densité cultivée, la ville et son jardin. Henri Sellier, cet utopiste, définissait son projet comme celui des cités-jardins du Grand Paris.

À partir de ce constat, la démolition de la Butte-Rouge à Châtenay-Malabry, voulue par un élu vandale, est un signe inquiétant. Surtout parce qu'elle effacerait la trace d'une alternative positive qui, pendant 40 ans, vit se succéder les projets pour nous léguer un prototype qui faisait pièce aux impasses opposées des grands ensembles comme des villes nouvelles. Espérons que l'arrêté de classement promis par la ministre de la Culture protègera la Butte-Rouge et en permettra l'évidente évolution.

Pour conclure, écoutons encore Raymond Queneau :

Topographies ! itinéraires !
dérives à travers la ville !
souvenirs des anciens horaires !
que la mémoire est difficile…

Et sans un plan sous les yeux
on ne nous comprendra plus
car tout ceci n'est que jeu
et l'oubli d'un temps perdu[11].

Le plan est la condition de la compréhension du territoire ; la carte est le territoire. Si celui de la ville de Paris a été étudié et analysé par l'Apur à une échelle lisible, ce qui existe pour la périphérie, ou à l'échelle de la région parisienne, n'est pas commodément utilisable dans le travail quotidien, pas plus que les cartes Michelin, les cadastres et des cartes d'état-major périmées. Nous n'avons pas une représentation homogène de l'entier parisien : la ville et ses faubourgs, la ville en ses faubourgs. Cette représentation est la condition de l'action à venir, de l'esthétique partagée de ce tout que nous parcourons et qui nous habite. On peut donc jalouser les moyens matériels, nécessaires à la réalisation et à la mise à jour des maquettes géantes qui représentaient l'intégralité de leur capitale, de quelques pays d'urbanisme centralisé et bureaucratique. Par ce moyen, les pleins et les vides pouvaient être jugés dans leur rapport à l'entier de la ville, et n'avaient pas à répondre à ce qui manquerait dans chaque bâtiment dans sa relation avec le tout, et qu'il faudrait retrouver dans l'écorce des projets à venir.

Paul Chemetov
Architecte-urbaniste

---

11 Raymond Queneau, « L'Amphion ». Dans *Œuvres complètes*, op. cit.

« Embellir la ville, c'est toute un projet »

Alessia de Biase
Carolina Mudan Marelli
Ornella Zaza

Une ethnographie des dispositifs de végétalisation urbaine participative à Paris

* Citation d'une personne en train de jardiner son permis de végétaliser à Paris en 2017.

Les dispositifs de végétalisation urbaine participative ne cessent d'émerger au sein des métropoles. Paris, Rennes, Lyon, Marseille… : depuis les années 2000, de nombreuses grandes et moyennes villes de France ont inauguré de nouveaux dispositifs de végétalisation urbaine visant à faire intervenir directement les citadins dans la gestion de la nature en ville. Ces dispositifs s'inscrivent dans un processus de « végétalisation participative » qui semblerait répondre, selon les acteurs publics, à un besoin grandissant exprimé par les citadins d'une ville plus verte et leur désir de jouer un rôle actif dans sa végétalisation. Pourtant, les constats qui les soutiennent, les buts qu'ils proposent d'atteindre et les impacts qu'ils induisent posent question[1].

D'une nature urbaine collective à des projets individuels de végétalisation

Si l'on analyse tout d'abord la trajectoire historique de ces dispositifs, on remarque une substitution frappante des acteurs collectifs (type mécénat ou associationnisme) par l'intervention, directe et individuelle, du citadin. En effet, à la fin du XIXe siècle, la gestion et la production de la nature en ville sont portées majoritairement par des ligues, dont la fameuse Ligue française du coin de terre et du foyer, née en 1896 par l'action volontariste de l'abbé Lemire et un fort mouvement paysan. Successivement, au cours du XXe siècle et notamment depuis la Convention de Rio de Janeiro (1992) et la Décision de Bonn[2] (2008), les préoccupations politiques mondiales se tournent vers le développement durable et ne cessent de faire appel à la nature face à la crise environnementale, voire la crise urbaine, que nous serions en train de traverser. Par conséquent, la nature urbaine devient progressivement la solution aux différents enjeux urbains et les politiques urbaines en faveur de la végétalisation se multiplient. Aux jardins d'abord ouvriers et ensuite familiaux suivent les jardins partagés, gérés par des associations et réglementés par des chartes.

Pendant la première décennie des années 2000, la gestion de la végétalisation urbaine est donc principalement assurée par le milieu associatif, mais certaines collectivités lancent en parallèle d'autres dispositifs visant à entraîner une gestion de la nature urbaine qui se voudrait plus « participative[3] ». Dès 2005, à Lyon, on délègue aux habitants la gestion de micro-implantations florales[4]. Un peu plus tard à Paris, en 2015, les pieds d'arbres font l'objet du dispositif du « permis de végétaliser ». Initialement recouverts par des grilles en fonte, conçues en 1855 sous la commande du préfet Haussmann par l'architecte Gabriel Davioud (chargé du dessin de tout le mobilier urbain

---

1 Cet article s'appuie sur les résultats de la recherche NATURPRADI – Nature(s) urbaine(s) en pratique(s) digitale(s) (2016-2019), financée par le Programme Modeval-Urba de l'ADEME. Le consortium était composé de l'UMR LAAVUE 7218 CNRS (coord.), le laboratoire Médialab-Sciences Po, l'UMR Éco-Anthropologie et Ethnobiologie 7206 CNRS et la Ville de Paris, (voir https://naturpradi.wordpress.com/). Lors de cette enquête, nous avons pu analyser 100 « permis de végétaliser », que nous avons numérotés de façon aléatoire. Le numérotage proposé dans les extraits d'entretien n'exprime donc pas un ordre de grandeur, mais sert simplement à cataloguer les divers dispositifs analysés.

2 La Décision IX/28 (Décision de Bonn) est un document politique officiel issu de la Conférence des parties qui gère la Convention sur la biodiversité et qui a marqué un tournant décisif dans la reconnaissance du rôle joué par les autorités locales dans la protection de la biodiversité urbaine. La décision a notamment incité les gouvernements nationaux à promouvoir la mise en œuvre de la Convention de Rio à l'échelle urbaine.

3 Aurélien Ramos, « Le jardinage dans l'espace public : paradoxes, ruses et perspectives », Projets de paysage, 2018, n° 19, http://journals.openedition.org.

4 Amélie Deschamps, « Aménager la ville par le jardinage : la végétalisation participative de Lyon », Géoconfluences, juin 2019, http://geoconfluences.ens-lyon.fr

parisien et collaborateur de l'ingénieur Alphand)[5], les pieds d'arbres parisiens ont progressivement cristallisé une série d'enjeux liés à la gestion urbaine, à l'accessibilité des espaces publics, à l'esthétique urbaine, au rôle des citadins dans les processus de végétalisation urbaine…

Les pieds d'arbres ont tout d'abord posé un problème de gestion urbaine[6], principalement lié aux coûts d'entretien trop élevés et à la mobilisation de nombreux services municipaux pour leur gestion (direction de la voirie et des déplacements, direction des espaces verts et de l'environnement, direction de la propreté et de l'eau…). À cela s'ajoute, en 2009, un procès intenté par l'Union nationale des moins valides contre la Ville de Paris à cause des accidents causés dans l'espace public par les grilles en fonte aux personnes à mobilité réduite. Enfin, depuis 2017, la politique « zéro phyto » entreprise par la collectivité publique a conduit à l'envahissement des pieds d'arbres par des mauvaises herbes. Dans ce contexte, et aux côtés d'une série d'autres mesures techniques enclenchées[7], le « permis de végétaliser » intervient à la fois pour proposer une solution pour le difficile entretien de ces micro-espaces de nature en ville et pour répondre à la demande grandissante des habitants en matière d'implication pour la végétalisation urbaine de leur environnement proche. Délivré par la Mairie de Paris, le « permis de végétaliser » prévoit l'assignation d'un petit terrain (souvent le pied d'un arbre ou un coin de trottoir) aux citadins qui en font la demande. Il introduit ainsi, pour la première fois, une approche individualisante à la végétalisation urbaine : ce véritable tournant citoyen[8] montre la façon dont les citadins se transforment en porteurs de projet qui agissent directement, et à leur charge, pour rendre la ville plus verte. Les individus ne sont pas unis autour de questions ou de revendications collectives (comme c'était le cas des jardins ouvriers et des jardins partagés), mais ils projettent leurs individualités, leur conception de la nature urbaine, ainsi que leur idée d'urbanité dans ces microprojets de nature dont ils sont les responsables.

Surface contre poids : derrière des microprojets, des relations sociales intenses

Cependant, se lancer dans la végétalisation d'un pied d'arbre, d'un coin de rue ou d'un bout de trottoir n'est pas une mince affaire. On peut du jour au lendemain se décider à faire du jardinage, mais on ne devient pas pour autant un bon jardinier en l'espace d'une nuit. Si parfois le choix des plantes est fait volontairement pour que l'entretien de ces micro-espaces verts soit plus simple, devenir un « jardinier de l'espace public » implique de faire face à des situations et des difficultés que ne connaît pas forcément l'amateur dans son jardin. Ces difficultés sont surtout liées au fait qu'il ne s'agit pas d'un espace entièrement maîtrisé par les porteurs du projet de végétalisation (gestion de l'arrosage, déchets abandonnés, vol des plantes, déjections des animaux…). Tandis que certains citadins développent et entretiennent leur installation par eux-mêmes, sans recourir à une assistance extérieure, d'autres vont au contraire s'appuyer sur un réseau d'acteurs significatif.

---

5 Bernard Landau, « La fabrication des rues de Paris au XIXᵉ siècle : un territoire d'innovation technique et politique », *Les Annales de la recherche urbaine*, 1992, n° 57-58, p. 24-45.

6 Patricia Pellegrini, « Pieds d'arbre, trottoirs et piétons : vers une combinaison durable ? », *Développement durable et territoires*, 2012, vol. 3, n° 2., http://journals.openedition.org

7 Paolo Bracciano, *L'Arbre et les revêtements de surface*, Paris : Institut pour le développement forestier, 1995.

8 Alessia de Biase, Carolina Mudan Marelli, Ornella Zaza, « Urban Nature in the Digital Age: From Collective Urban Gardens to Individual Micro-landscapes », *Built Environment*, 2018, vol 44, n° 3, p. 354-373.

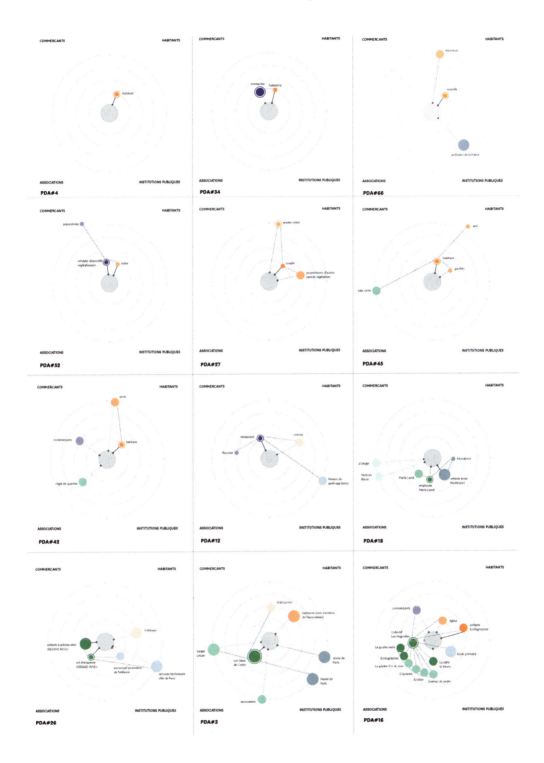

Les schémas montrent douze cas de figure de constellations d'acteurs impliqués dans l'entretien d'un « permis de végétaliser » (représenté par le cercle central gris clair). Il y a les citadins qui gèrent seuls leur projet de végétalisation (petit point orange), ceux qui s'appuient sur des réseaux familiaux et de voisinage proches (point orange plus grand), ou alors des interactions sociales intenses qui engagent habitants (point orange), commerçants (point violet), associations (point vert) et institutions publiques (point bleu clair) autour de l'entretien d'un seul « permis de végétaliser ». Les cercles concentriques sur lesquels se positionnent les points représentent, quant à eux, la distance de chaque acteur du « permis de végétaliser » (la même rue, le quartier, l'arrondissement, le reste de la ville).
© LAA-LAVUE 2017

> M. Kevin[9] s'occupait à l'origine seul de son projet. Mais, la nouvelle jardinière suscitant la curiosité d'autres habitants de l'immeuble et des voisins du quartier, toute une dynamique commune d'arrosage s'est mise en route. Ainsi, entre voisins de l'immeuble et de la rue, un dialogue s'est instauré autour de cette initiative. Dans la cage d'escalier ou devant l'interphone, on s'interroge sur l'entretien et sur les futures plantations [...] Pendant l'été et durant l'absence de M. Kevin, les voisins se relayaient pour arroser la jardinière. Des plantations ont même été réalisées par des inconnus : au mois d'août, M. Kevin a retrouvé des tomates alors qu'il n'en avait jamais plantées ! Un jardin partagé d'une échelle bien supérieure se trouve juste à côté : lorsque l'association qui s'en occupe l'arrose, elle se charge aussi de la jardinière de M. Kevin. Il y a donc une véritable entraide entre les différents acteurs de la végétalisation de Paris !
> (Extrait du carnet de terrain, 2017)

L'action directe et personnelle de l'individu, enclenchée par les récents dispositifs de végétalisation participative, est donc tout aussi vraie, que la mobilisation d'un réseau d'acteurs extrêmement articulé et complexe autour d'un seul pied d'arbre (qui parfois arrive même à dépasser le nombre de personnes impliquées dans la gestion d'un jardin partagé). Ces réseaux d'acteurs, non formalisés, s'appuient très souvent sur les relations interpersonnelles du porteur du projet (la famille et les amis), mais peuvent aussi mobiliser le voisinage proche, les riverains près desquels se trouve le « permis de végétaliser », ou encore les commerçants ou des associations parisiennes engagés dans la végétalisation urbaine.

Parmi ces figures, les commerçants sont apparus comme les nouveaux acteurs clés de la végétalisation participative parisienne. Avec l'entrée du commerce en rez-de-chaussée ouverte sur rue, ils sont nombreux à s'être engagés dans un projet de végétalisation urbaine pour « embellir » et « verdir » leur coin de rue. D'autres commerçants, qui ne sont pas directement responsables d'un « permis de végétaliser », ont tout de moins largement contribué aux projets de leur voisinage, venant en aide aux habitants pour la difficile tâche de l'arrosage. Embellir pour attirer de la nouvelle clientèle est l'objectif principal déclaré, mais certains cherchent aussi à étendre la superficie de leur commerce dans l'espace public grâce à l'emplacement de bacs plantés, sièges végétalisés… D'un point de vue esthétique, si le résultat recherché est certainement le verdissement d'espaces urbains fortement minéraux, « l'embellissement » selon les commerçants se fait, la plupart du temps, en transposant la décoration intérieure du magasin dans l'espace public :

---

9 Pour assurer l'anonymat des personnes rencontrées sur le terrain, les prénoms cités dans le texte sont de la fantaisie des autrices.

Pied d'arbre entretenu par un commerçant en face de son salon de coiffure.
© LAA-LAVUE 2017

Ça permettait d'apporter une touche de verdure et plus chaleureuse au restaurant. C'était aussi une décision stratégique on peut dire, pour attirer plus de clients, qui sont de plus en plus à la recherche d'un petit coin de verdure à Paris.
(Permis de végétaliser n° 40, 2017)

Aux projets de végétalisation portés par les individus-citadins et les commerçants, s'en ajoutent d'autres, de nature plus collective, gérés par de petites, moyennes ou grandes associations. Il s'agit d'acteurs portant déjà une action sur les espaces verts en ville (comme les jardins partagés ou des activités périscolaires autour du jardinage). Ils s'engagent dans des « permis de végétaliser » d'ampleur (sur plusieurs arbres dans une même rue ou une place), soit en portant leurs propres projets de végétalisation (en coordonnant par exemple l'entretien de plusieurs « permis de végétaliser »), soit en tant qu'experts connaisseurs du jardinage, et qui à ce titre sont sollicités par les habitants à la recherche de conseils. Certaines associations ont même reçu des financements publics pensés expressément pour l'accompagnement des Parisiens dans les pratiques de végétalisation participatives. Jeanine, une habitante responsable d'un « permis de végétaliser », nous raconte demander régulièrement de l'aide pour l'entretien du pied d'arbre : l'arrosage, auquel contribuent son mari et ses fils, est l'une des tâches les plus difficiles à effectuer (notamment à cause du manque de points d'eau publics et proches), et les conseils sur le jardinage lui viennent d'une association locale. Impulsée initialement par un besoin d'aide matérielle (de bulbes, terreaux, eau, outils...) et de connaissance (techniques de plantation, d'entretien, etc.), la constitution de ces réseaux engendre la diffusion de bonnes pratiques du jardinage urbain (par le « bon » choix des plantes, la « bonne » décoration pour empêcher des dégradations, etc.). Ce faisant, ils induisent une image dominante de ce que serait jardiner en ville : un moment paisible, pensé pour la détente et qui sert de support à des activités de loisir, investies par le voisinage. La fatigue liée au travail du jardinage, la dimension conflictuelle anciennement liée à la nature urbaine et intrinsèquement propre à l'espace public, l'organisation par des collectifs portant des revendications politiques précises et autres que le simple rapprochement géographique, ne sont pas des récits que ces grands acteurs associatifs diffusent par leur action d'accompagnement des citadins.

> Deux associations nous ont aidés. Une association qui travaille dans le quartier et qui aide à faire les petites clôtures en bois. Donc c'est eux qui les ont construites, ils ont acheté le matériel que nous avons fait transporter. Et après c'est [...] [avec] une autre association [...], dans le cadre des 48 heures de l'agriculture urbaine qu'ils [les membres de l'association] organisaient, qu'on a fait la plantation, mis le terreau [...], parce qu'il y avait juste du béton, même pas une petite source de terre à la base.
> (Permis de végétaliser n° 22, 2017)

Les micro-espaces de nature en ville que les dispositifs de végétalisation participative produisent sont donc des objets discrets et dispersés, dont la présence physique est relativement petite. Pour autant, leur observation rapprochée montre qu'ils présentent une magnitude importante. Ils ont la capacité d'agréger beaucoup d'acteurs et de choses, beaucoup d'attention, d'enjeux et d'intentions. En tant qu'êtres vivants, puisque naturels, ces objets demandent une attention et un investissement tout à fait spécifiques. Ils n'existent en effet que par le biais d'une multitude de petits gestes réalisés par les individus et groupes d'individus qui en prennent soin.

La végétalisation citoyenne : entre projection de soi, responsabilité collective et appréciations esthétiques

Dans ce contexte, les motivations qui poussent les citadins à végétaliser un « bout de ville » sont diverses : le souhait d'empêcher certaines pratiques qui peuvent se dérouler en bas de chez soi (nombreux sont les porteurs de projets qui mentionnent la gêne que des groupes de jeunes et les personnes sans-domicile fixe leur causeraient), l'envie de tisser des liens sociaux (pour renouer notamment avec leur voisinage proche), la volonté de contribuer au développement durable (certains citadins annoncent vouloir s'impliquer dans l'adaptation au changement climatique à travers leur « action citoyenne »). Parmi ces motivations, l'embellissement de la ville apparaît aussi comme un objectif voulu à part entière par les habitants :

> C'est vraiment pour embellir le quartier en fait, pour donner un peu de verdure, les gens adorent en fait. Ça évite d'avoir […] les contours des arbres qui sont juste remplis de crottes de chien […] : on sort un peu de ce truc de la canette de bière et de la crotte de toutou, quoi.
> (Permis de végétaliser n° 37, 2017)

Le citadin, plus ou moins accompagné par d'autres acteurs, choisit donc quelles plantes installer, la disposition des cultures, la décoration qui accompagne l'espace à végétaliser… Ce faisant, il porte à la fois des considérations pratiques sur la faisabilité de son projet de végétalisation (par rapport aux types de cultures, les possibles vols de plantes, son appréciation par le voisinage, le coût et le matériel nécessaire), mais aussi parfois un regard plus large sur les autres projets portés par d'autres citadins, sur la végétation qui caractérise son quartier, sur la capacité du projet à perdurer et évoluer dans le temps. Témoignant d'une prise de conscience et d'un engagement à la fois social, environnemental, économique et esthétique, le « permis de végétaliser » devient, pour le citadin, le support de l'expression de sa personnalité, ses désirs, ses envies, tout en l'articulant sans cesse aux contraintes et enjeux urbains qui l'entourent.

> Mon mari n'a pas choisi de fleurs, je suis allergique au pollen. Il a choisi le bambou parce qu'on est originaire de Chine et que ça nous rappelle nos origines. Et c'est aussi facile à entretenir. Il n'y a pas besoin de savoir les cultiver. Il faut juste les arroser régulièrement. Mon mari en cultivait en Chine. C'est aussi un très bon isolant en hiver et un pare-soleil en été.
> (Permis de végétaliser n° 53, 2017)

Porter une approche esthétique au sein d'un dispositif qui se veut collectif (« participatif »), mais qui de fait propose une action individuelle sur l'espace public, amène par conséquent à l'expression du goût personnel des citadins-individus porteurs de projets. Marie, une autre habitante responsable d'un « permis de végétaliser », décrit le projet de son voisin comme « un arbre avec une grille », puis celui d'à côté comme « une espèce de truc hyper conceptuel avec des trucs plantés… des trucs un peu bizarroïdes ! ». Des enjeux concernant la propreté ou l'ordre, plutôt que le sauvage et le chaotique, appartiennent à l'histoire de chacun, à la manière de construire son propre jugement esthétique et aux catégories qui le constituent. Ces catégories (qui construisent son propre « goût esthétique ») sont personnelles. Elles émergent et se transforment au fil des années par rapport aux expériences urbaines vécues et aux situations vues ailleurs lors de voyages.

L'emplacement d'une succession de projets individuels dans l'espace public remet ainsi en question la possibilité et la manière dont le goût d'un individu pourrait ou devrait primer sur les autres. Selon l'approche citoyenniste[10], qui justifie le « tout participatif médiatique » de l'action publique actuelle, le citoyen détiendrait une vérité absolue sur ce qui est beau

---

10 Manuel Delgado, *L'Espace public comme idéologie* [2011], Paris : CMDE, 2016.

Série de pieds d'arbres parisiens qui font l'objet du dispositif « permis de végétaliser ».
© LAA-LAVUE 2017

(le décor) et bon (le décorum)[11] pour la ville[12]. La capacité des pouvoirs publics de choisir un décor qui soit à son image et qui sache incarner la res publica est ici par conséquent remise en question. Beau ou moche, fastueux ou sobre, le décor d'une ville est traditionnellement l'expression d'une collectivité ; il la représente. L'histoire de l'architecture[13], de l'urbanisme et du paysage raconte cette incarnation. Le contexte actuel nous montre ainsi une délégation, même partielle, de ce choix et rend plus difficile d'identifier là où le pouvoir s'incarne. Le citadin est investi, avec le « permis de végétaliser », du pouvoir de décider, à son goût, de la représentation publique du pouvoir.

L'expression du goût personnel de chaque citadin est pourtant tempérée par deux dynamiques conjoncturelles. La première regarde une certaine homogénéisation qui, malgré la liberté qui semble donnée aux citadins, caractérise tout dispositif institutionnel. En effet, déposer un « permis de végétaliser » signifie pour les citadins « devenir responsable » de ce « bout de ville » : « L'arbre en lui-même ne nous appartient pas, mais la surface du pied de l'arbre nous appartient, et donc on est vraiment responsables de celui-ci » (permis de végétaliser n° 58, 2017), affirmait un habitant impliqué à jardiner « son » pied d'arbre.

11 *Décorum*, ce qui convient, du verbe latin *decere* d'où dérive aussi le mot décence. Dans la langue française, il y a une distinction entre « décorum » et « décor » : le registre sémantique de ce dernier se réfère au seul aspect ornemental, mais, en revanche, le décorum est ce qui convient à la condition sociale d'une personne, se comporter avec décence, dignité, discrétion, mais aussi ce qui est beau et faste. La référence au *kalos kai agathos* (beau et bon) du monde grec ancien est presque une évidence. Ce qui est beau, une esthétique, doit porter implicitement un caractère moral approprié, le bon.

12 Alessia de Biase, *Hériter de la ville : pour une anthropologie de la transformation urbaine*, Paris : Donner lieu, 2014.

13 Manfredo Tafuri, *Projet et utopie : de l'avant-garde à la métropole* [1973], trad. Françoise Brun, adapt. Ligia Ravé-Emy, Paris : Dunod, 1979.

> En fait, nous, on y fait attention tous les jours, on l'entretient, on le nettoie, et cetera, mais quand même, si on veut que le truc soit pas abîmé ou vandalisé, faut mettre des barrières assez hautes, qui font comprendre aux autres que c'est un espace privatif [...], enfin entre guillemets. C'est évidemment public, mais ça signifie que quand même, il y a quelqu'un qui s'occupe du truc. Enfin, qu'on peut pas rentrer impunément comme ça, quoi.
> (Permis de végétaliser n° 32, 2017)

Tout porteur de projet doit signer une convention qui, par délégation de gestion de l'espace vert, le lie à la mairie. Dans cette convention, une liste de plantes souhaitées par la collectivité territoriale – avec l'objectif clair d'assurer une certaine biodiversité (représentée souvent par les plantes mellifères) – est donnée au citadin, incité chaleureusement à la suivre. Des bulbes ou des « kits de graines » sont distribués chaque année par la mairie dans les différents arrondissements. Ces manifestations, à caractère souvent gratuit, d'une part permettent à la mairie de donner ou vendre le surplus de leur production de plantes (évitant ainsi le gaspillage), de l'autre produisent une certaine homogénéisation des essences cultivées.

La deuxième dynamique concerne l'adaptation du projet souhaité par le citadin aux pratiques multiples, et parfois conflictuelles, de l'espace public. L'entretien du pied d'arbre ou de la jardinière est à la charge complète du porteur du projet (de la terre, aux graines, bulbes, plantes, construction de protections et arrosage)[14], ce qui implique un gros investissement non seulement en temps (pour l'entretien ordinaire), mais en argent également. Les responsables des « permis de végétaliser » doivent ainsi supporter économiquement l'installation de leur projet, mais aussi faire face aux vols continus des plantes. Cela les oblige, au fur et à mesure, à « abaisser » leur niveau d'attente, y compris en matière de velléité esthétique.

> Bah pour être franche, en effet, on met surtout les plantes dont on pense qu'elles ne vont pas se faire voler ! Donc c'est un compromis entre… En fait, au début, on a mis des choses très jolies, ça s'est fait voler et c'était terrible. Oh, la frustration ! [...] Après, on a fait un peu différemment. Moi j'ai ramené des boutures de chez mes parents, qui vivent en province, qui ont un jardin, donc j'ai pris des boutures en me disant « ça donne moins envie parce que c'est moins… c'est pas une plante toute grandie. » [...] Par exemple, pour les bacs derrière la maison,

---

14 À ce propos, il est important de spécifier que la terre est proposée par la mairie, mais toujours dans un seul point de distribution qui souvent n'est pas proche de l'habitant. Il faut rappeler que les pieds d'arbres ont plus ou moins une superficie de 4 m² et que la quantité de terre à mettre est assez conséquente. Il est donc impensable de la déplacer avec un transport public d'un bout à l'autre de la ville, sans avoir son propre moyen de transport. Ainsi, la majeure partie des porteurs de projet se désistent et achètent la terre (mais aussi les plantes et les graines) dans les magasins de fleurs et de plantes ou les supermarchés plus proches de chez eux.

j'ai acheté plein de trucs chez Lidl, où ils ont plein de plantes et pas chères, donc si ça se fait voler, j'aurai pas mal au cœur ! […] Donc en fait au départ, on s'était dit « on va faire en fonction des plantes de la région », et puis maintenant c'est plutôt ce qui reste.

(Permis de végétaliser n° 22, 2017)

Ce dont l'esthétique de la nature urbaine porte le nom : imaginaires, temporalités de l'engagement et enjeux de gouvernance

Les choix esthétiques que les habitants-jardiniers projettent dans leur pied d'arbre relèvent d'imaginaires qui viennent d'ailleurs ou qui font référence explicite aux paysages parisiens. Ainsi, à quelques mètres de distance, nous nous retrouvons entre une reproduction de parterres fleuris de la Ville de Paris et une miniature du « jardin en mouvement » de Gilles Clément. Les deux formes de nature aménagée, la « classique » et la « sauvage », participent, chacune, à la construction d'un imaginaire collectif du paysage parisien chez ses citadins depuis environ une trentaine d'années[15]. Toutefois, si la référence à une esthétique « sauvage » fait appel sans aucun doute à une écriture paysagère claire, dont le discours sur la biodiversité est aussi revendiqué, elle met en même temps en avant la volonté de l'habitant-jardinier de ne pas vouloir succomber à un entretien chronophage de son pied d'arbre. Ainsi, le choix de l'esthétique à réaliser pour le permis de végétaliser n'est pas seulement une affaire de forme, mais elle est aussi l'expression d'une idée du temps de l'engagement et de l'entretien des habitants-jardiniers.

En somme, si l'on dézoome des 4 m² que recouvre en moyenne un « permis de végétaliser », nous pourrions percevoir le mirage d'un aménagement caractérisé par une esthétique foisonnante et riche de diversité. En réalité, il n'est que le résultat de la juxtaposition fortuite, en patchwork, de choix personnels. Une pulvérisation, comme disait Lefebvre[16], d'une action publique qui se fait par des microprojets et qui, par conséquent, ne produit pas un projet collectif de nature en ville, tout en étant un laboratoire potentiel de liens sociaux et un outil de communication publique remarquable. Face à cette multitude, difficilement gérable, mais particulièrement riche et intéressante, l'acteur public est donc pris entre deux feux. D'une part, assumer de ne pouvoir donner ni de réponses ni de solutions, laissant une plus grande marge de manœuvre aux citadins au risque de multiplier des prises de position individuelles sur l'espace public et des résultats qui peuvent aussi ne pas lui convenir. D'autre part, déployer des stratégies de contrôle qui risqueraient de normaliser et homogénéiser davantage ces foisonnements d'initiatives et de mettre à mal les apports les plus féconds en matière de fabrique de la ville en tant qu'agencement de divers acteurs, outils et discours qui concourent à la produire conceptuellement et matériellement.

---

15 Concernant l'esthétique « sauvage », la référence indiscutable est le paysagiste Gilles Clément, souvent mentionné aussi par les habitants interviewés. Le poids de cette esthétique dans la construction de l'imaginaire paysager parisien remonte à ses deux publications fondatrices « La friche apprivoisée » (*Urbanisme*, septembre 1985, n° 209) et *Le Jardin en mouvement* (Paris : Pandora, 1991), qui préconisent théoriquement le parc André-Citroën qui sera inauguré en 1992 et la grande exposition dans la Grande Halle de la Villette « Le Jardin planétaire » (1999-2000). À partir de là, l'esthétique portée par le paysagiste, qui donnera lieu au *Manifeste du Tiers Paysage* (Montreuil : Sujet-Objet, 2004) se diffuse très largement dans les grands projets d'aménagement parisiens.

16 Henri Lefebvre, *La Production de l'espace* [1974], Paris : Anthropos, 2000.

L'équilibre est sensible, car si d'un côté le risque est celui d'une appropriation de l'espace public par des acteurs porteurs de logiques exclusives, en lien avec des intérêts individuels ou de classe, de l'autre, un autre risque est celui d'une politique paternaliste qui voit le citadin comme un enfant à occuper, à divertir, mais toujours à gérer et corriger, sans la reconnaissance d'une quelconque capacité d'autogestion[17]. Dans ce cadre, nous sommes face à une situation où une fabrique prétendument collective de la ville ne peut réellement se mettre en œuvre, sinon médiatiquement, car l'institution publique ne dispose pour le moment ni des instruments politiques et administratifs adéquats pour déléguer réellement la gestion de la végétalisation urbaine, ni de la capacité (ou parfois la volonté) de répondre à la demande plus générale de co-construction des politiques publiques.

Alessia de Biase
Professeure d'anthropologie urbaine,
ENSA Paris-La Villette
Directrice du LAA-LAVUE, UMR CNRS 7218

Carolina Mudan Marelli
Post-doc, département de sociologie
et droit de l'économie, université de Bologne
et LAA-LAVUE, UMR CNRS 7218

Ornella Zaza
ATER, IUAR - Institut d'urbanisme et
d'aménagement régional, Aix-Marseille
Université, LIEU EA 889 et LAA-LAVUE,
UMR CNRS 7218

---

17 Nancy Fraser, *Qu'est-ce que la justice sociale ? Reconnaissance et redistribution*, Paris : La Découverte, 2005.

Nicolas Gilsoul

Leurs territoires

Le Grand Paris animal

Avril 2020. Deux baleines glissent en silence dans le parc des Calanques à Marseille. Ce sont des rorquals : 20 mètres de long et 50 tonnes d'élégance en livrée gris sombre, aux portes de la métropole. Delhi a été pris d'assaut par les singes, Paris s'est mis à parler rouge-gorge, et à Londres, les renards ont jardiné le cœur de ville. Ce printemps suspendu par une pandémie sans précédent nous a rappelé que nous n'étions pas les seuls à habiter dans les replis de nos cités. En confinant un tiers de l'humanité, la COVID-19 a permis à nos improbables voisins de s'aérer les ailes, les nageoires et le bec. Et comme nous étions à l'affût derrière nos fenêtres ou penchés à nos balcons, nous les avons regardés avec attention. Le rendez-vous du merle, au cœur de l'aube, puis celui des mésanges, en pleine augmentation dans la capitale, ont ému les Parisiens. Pas les pigeons bien sûr, sujet délicat, ni les goélands mal élevés ou les corneilles trop sinistres. Mais nous avons trouvé beaux tous les oiseaux de jardin dont les plumes et le chant nous donnaient un peu d'espoir. À peine confiné, Paris a perdu jusqu'à 80 % de son niveau sonore, et sans les rumeurs urbaines, l'hirondelle a pris part à la conversation.

La nature ne revenait pas triomphante dans nos villes : nous ouvrions tout juste les yeux. En 2018, il y avait déjà 15 000 coyotes à Chicago, 30 000 cochons sauvages à Berlin, et plus de 4 000 bernaches à Denver dans le Colorado. La ville est devenue un refuge. Les bêtes y trouvent le gîte et le couvert, et ce d'autant que les grands prédateurs naturels y sont moins nombreux – les seuls loups que l'on croise à Wall Street rôdent en costume Armani.

La vie en ville nécessite toutefois une certaine souplesse : on parle de « résilience ». Des espèces animales mutent pour y survivre. Elles s'adaptent parfois physiologiquement, en changeant de forme, comme le naseux noir de Caroline du Nord. Ce poisson de rivière a amélioré son hydrodynamisme pour répondre à des courants plus forts, causés par l'imperméabilisation des villes étales. D'autres espèces changent leurs comportements : à Nantes, le hérisson sort plus tard le soir, quand les humains dorment ; à Milan, le merle chante selon les horaires du trafic aérien ; et à Nara, au Japon, le cerf regarde avant de traverser. Les territoires des bêtes sont réduits. Leurs régimes alimentaires évoluent, comme celui de la souris blanche qui, à New York, résiste aux métaux lourds et aux graisses du combo tacos-pizza. Beaucoup de ces opportunistes nous aident ainsi à tenir la tête hors des déchets : sans les fourmis, par exemple, le seul trottoir gauche de Broadway serait envahi par les restes des 60 000 hot-dogs annuels. Les coccinelles, dont le charisme suscite notre bienveillance, nous assistent au potager. Les abeilles domestiques trouvent à Paris plus d'intérêt que dans nos campagnes sous néonicotinoïdes – et on aime le Miel Béton. Quant aux passereaux de jardin, la LPO Île-de-France constate qu'ils ont doublé leur effectif ces 10 dernières années dans la métropole. Le rouge-gorge qui niche au sol est même revenu s'installer chez nous. Voilà une belle nouvelle au milieu de la planète en feu. Si certaines bêtes ont fait l'effort de s'adapter à nos paysages de verre et d'acier, nous avons nous aussi fait un pas vers une meilleure cohabitation.

Brique A24 :
M. Martinet

Les nouveaux aménagements paysagers accueillent davantage le vivant qu'il y a 20 ans. Nous le faisons d'abord pour nous. Soumise aux conséquences du changement climatique, de l'imperméabilisation des sols et des crises écologiques, la ville qui veut survivre devient résiliente. Les prothèses paysagères, systèmes de parcs, réseaux verts, jardins-éponges, opérations canopée et autres peaux fertiles, aident à combattre les canicules et les inondations. Les paysagistes choisissent des palettes végétales plus locales et tissent des continuités écologiques, du tissu de Paris jusqu'aux grands réservoirs de vie hors les murs. On commence à s'intéresser au sol comme milieu de vie. La trame brune s'ajoute aux trames vertes et bleues, plus facilement identifiables. La trame noire, celle de la nuit, commence à faire du bruit. La pollution lumineuse reste cependant la deuxième cause de mortalité de deux tiers des insectes nocturnes, dont beaucoup sont des pollinisateurs très actifs. Or, si nous rêvons de pouvoir contempler à nouveau les étoiles, voulons-nous pour autant vivre dans le noir ? Et les architectes, acceptent-ils de plonger leurs œuvres et leur ego dans l'obscurité ?

Il semblerait que non, quand on voit encore clignoter, comme à Noël, leurs réalisations médiatisées. Souvent même, les acrobaties imaginées par les concepteurs pour attirer des oiseaux ou des insectes dans les replis de leurs façades sont anéanties par les spots qui éclairent le fond des nids toute la nuit. Les briques faites sur mesure en fonction de la voilure des ailes d'une espèce restent désespérément vides. L'architecte n'est pas forcément ornithologue : il oublie parfois que la promiscuité entre certains piafs est aussi intenable que celle subie dans nos grands ensembles. Si l'envie est enfin là de voisiner avec les non-humains, il reste encore beaucoup à faire pour garantir une cohabitation heureuse. Nous avons tendance à être envahissants : le parc des Calanques à l'été 2020 était aussi bondé que les Champs-Élysées une veille de Noël. Les belles images des rorquals printaniers ont attiré les foules, ruinant les efforts de reconquête naturelle du confinement. Acceptons de partager l'espace, de nous mettre parfois en retrait, d'être les invités plutôt que les hôtes. Travaillons davantage sur l'éducation de nos concepteurs aux réalités du vivant : un arbre a des racines ; une forêt ne pousse pas dans 100 m² ni sur une dalle ; une hirondelle ne s'invite pas sans une bonne bande sonore de ses copines.

Côté gestion, à l'échelle municipale et depuis 10 ans, nous avons réalisé d'énormes progrès. Nous l'avons d'abord fait pour notre propre santé. Tant mieux, les bourdons et les mésanges en profitent. La gestion écologique se généralise et les politiques « zéro phyto » fonctionnent. L'effet papillon semble marcher dans les deux sens. Mais pour être résilient, il faut d'abord être en vie. Or, de nombreuses bêtes ont déjà tiré définitivement leur révérence ; et pour un insecte qui s'adapte à la vie improbable dans les paysages hybrides de nos villes, une centaine d'autres disparaissent.

Ce n'est qu'une étape

Le nouvel atlas des oiseaux nicheurs du Grand Paris, dirigé par la LPO, fait le point 10 ans après sa première version. Le périmètre d'étude est élargi aux limites administratives de la métropole, et ça fait du bien. D'abord, parce que l'on voit très clairement que Paris doit absolument sortir de son enceinte pour survivre, comme l'a compris l'avifaune. Si la ville est un refuge, elle ne peut pas se contenter d'être un zoo. Elle doit considérer ses couronnes et tisser activement de nouvelles alliances. Que serait la ville de Paris, même grandie, sans la région Île-de-France ? C'est dans l'épaisseur francilienne – nourricière, tampon de résilience, poumon vert, avec ses champs captants – que la majorité des espèces animales qui passent à Paris font escale et se ressourcent. Les accrocs dans la maille et les flous périurbains servent les bêtes ; ne vous fiez pas toujours au décor. Telle est la grande leçon de vie des anciennes carrières d'Île-de-France.

Je vous propose sept petites promenades dans ces paysages de reconquête autour de Paris. Toutes ces carrières ont nourri l'appétit des bâtisseurs de la capitale. Et toutes, une fois épuisées, sont tombées dans l'oubli. Quelle chance pour le vivant ! Faune et flore se sont spécialisées. Les sols bouleversés ne sont pas forcément faciles à vivre et à occuper, car il faut de la ressource et de la créativité pour rebondir. La Région y a vu une richesse, un potentiel de vie, là où beaucoup ne voyaient que friches, décharges de sauvageons et terrains à bâtir. Elle s'est constitué un outil opérationnel, l'Agence des espaces verts, qui – comme ne l'indique pas son nom – fait plus que ratisser les feuilles mortes. Ses équipes sont transdisciplinaires : paysagistes, ornithologues, agronomes, entomologistes, pédologues et gestionnaires de terrain, à cheval ou à l'affût des hardes de sangliers. L'agence tisse depuis 40 ans, autour de Paris, une ceinture de paysages à l'esthétique souvent improbable, qui plaît beaucoup aux grillons, aux papillons, aux oiseaux migrateurs et, de plus en plus, aux riverains à deux pattes. La Région passe là un pacte intelligent avec le vivant. Elle observe avant d'agir, longtemps parfois, accompagne discrètement les dynamiques en place, et guide les ruissellements en maintenant toujours la lumière nécessaire à la vie. Avec honnêteté et modestie, ces aménagements acceptent le partage de la signature des paysages avec le vent, la fourmi ou le geai des chênes, loin des paillettes médiatiques. Entrons dans le domaine de ces autres citadins.

La terrasse panoramique du crapaud calamite

Dans le ventre de la butte d'Orgemont dormait un trésor. L'exploitation du gypse remonte au Moyen Âge. Paris, ensuite, s'étend, lance ses trains à l'assaut des régions, et ses citadins en mal de campagne découvrent, à travers l'œil de Monet, les vertes collines d'Argenteuil à la fin du XIXe siècle. En quelques années, les carrières prennent de l'ampleur et les villes encerclent la butte. Sur un ultime grand geste de bâtisseur des Trente Glorieuses, on épuise les dernières ressources du sol. Puis les lieux s'enrichissent sur un substrat hétérogène : remblais, déchets et rebut. C'est moche comme un arrière de ville. Les citadins font la moue et se détournent. La Région acquiert le paysage blessé en 1994, le renature et amplifie l'effet de balcon sur le grand panorama francilien. La fracture ouverte devient alors un lieu de rassemblement au cœur du Val-d'Oise, un parc urbain aux lignes simples et aux grandes pentes enherbées.

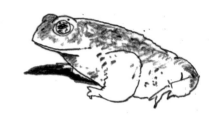

Pas besoin d'être démonstratif ici : la vue emporte tout, Paris s'invitant à l'horizon. Il suffisait de retourner les regards. L'avant-plan peut sembler pauvre aux yeux des néophytes ; ce grand pré pentu est pourtant le trésor de la butte. La vie en place fouisse, stridule et pollinise à tout vent, au ras des pâquerettes. Le plateau de 3 hectares maintient une riche vie végétale et animale. Et au creux des hautes herbes, par un subtil jeu de nivellement qui donne l'impression d'avoir toujours été là, les paysagistes ont créé un aquaboulevard naturel, devenu en quelques mois le rendez-vous favori des crapauds calamites aux beaux yeux dorés. La nuit, leur concert est émouvant, autant sans doute que les tapis verts des jardins classiques. Ils m'ont appris à changer de perspective.

Le renard des cathédrales englouties

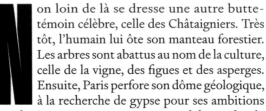

Non loin de là se dresse une autre butte-témoin célèbre, celle des Châtaigniers. Très tôt, l'humain lui ôte son manteau forestier. Les arbres sont abattus au nom de la culture, celle de la vigne, des figues et des asperges. Ensuite, Paris perfore son dôme géologique, à la recherche de gypse pour ses ambitions urbaines. Les titans industriels s'organisent et creusent un labyrinthe de cathédrales souterraines et de falaises artificielles, parcourues de rails et de wagons de fer. En 1948, l'exploitation cesse définitivement. La butte est alors farcie comme une dinde, jour après jour, avec les déblais de l'A15, ceux des grands ensembles et les ordures ménagères sur neuf étages de hauteur. Au bord de l'indigestion, la petite montagne rejoint le giron de la Région à la fin des années 1980.

Les soins lourds ont démarré il y a quelques années. On la sécurise, on la dépollue, on sculpte les tonnes de terres polluées au bulldozer, avant de les confiner sous des remblais terreux et des sols amendés pleins de vie. Commencent alors les campagnes de replantation, pas pour faire joli, ni pour illustrer un concept théorique, mais pour enrichir d'abord la palette fragile et éphémère des terres enfrichées périphériques, dans lesquelles vivent déjà de nombreuses familles à poils, à plumes et à mandibules. Les plantes connaissent les lieux et forment à grande échelle des continuités de vie cohérentes. La butte retrouve des airs champêtres et incite Argenteuil et Sannois à renouer avec leur passé de villégiatures de la fin du XIXe siècle. Depuis le tout nouveau belvédère, maître Renard, dernier prédateur francilien de sommet de chaîne, aperçoit la forêt de Saint-Germain-en-Laye. Sous ses pattes rousses, les carrières-cathédrales sont devenues des terriers.

En barque dans les bayous de Draveil

À l'est de Paris survit un curieux paysage de conte de fées. C'est une mangrove immersive et incongrue, perdue au milieu des tissus pavillonnaires de Draveil et des entrepôts de Juvisy-sur-Orge. Les arbres plongent leur bois dans le miroir émeraude profond. Un éclair bleu, vif, traverse le chenal au ras de l'eau : c'est un martin-pêcheur. Là-haut, sur la canopée, les gigantesques nids des hérons cendrés défient la pesanteur. On dirait d'immenses galettes tressées de branches et d'herbes sèches, posées en équilibre sur le vide. Au XIXe siècle, Paris extrait ici le sable nécessaire à la construction de son métro, avant d'abandonner la carrière à la Seine. Inspiré, le fleuve dessine une île et deux presqu'îles. Les péniches viennent brièvement s'y refaire une santé dans les années 1950, à renfort de quais, de berges abruptes et de passerelles métalliques. Depuis, les pêcheurs et les hérons cendrés profitent de la tranquillité. Gloire soit rendue aux arrêtés de protection des biotopes.

Quinze ans de pause, c'est bien plus que deux mois de confinement. La vie a explosé et la Région l'y a aidée. On restaure les milieux fragiles ; on lance quelques pontons discrets et une passerelle délicate pour canaliser les pêcheurs et ouvrir de nouvelles perspectives. Les parcours transforment le regard du promeneur et le mettent à distance respectueuse du cortège des non-humains. J'ai surpris la nonchalance des chèvres des fossés et leurs boucs, aux cornes biscornues et au manteau de poils longs, qui crapahutent sur les talus hybrides. Ne jugez pas trop vite leur look gothique : ces tondeuses écolos dévorent la terrible renouée du Japon, une de ces plantes invasives venues du pays du Soleil-Levant, qui se répand partout en Europe. Certes, les chèvres qui broutent ne suivent pas le tracé d'une géométrie abstraite ou conceptuelle, mais elles favorisent toute une vie végétale passionnante. Ces bayous m'ont appris à concevoir avec d'autres jardiniers.

Un matin hors du monde avec le butor

Éloignons-nous un peu. Direction la deuxième couronne parisienne. À vol d'oiseau, les limites administratives n'ont plus de sens. Le soleil se lève dans la brume matinale des étangs du Grand-Voyeux, un ancien site industriel inscrit dans le périmètre Natura 2000 des boucles de la Marne. À cette heure, le concert des cris est déjà assourdissant. Plus de 220 espèces d'oiseaux s'y répondent, dont certaines sont rares en Île-de-France. Les gorgebleues à miroir et les bernaches croisent des libellules, des batraciens et des moutons solognots, survivants d'une espèce en voie d'extinction au grave visage rouge, qui sont les seuls capables de brouter les sabots dans l'eau sans éternuer.

Avant de devenir une réserve naturelle régionale, les plaines inondables de Congis-sur-Thérouanne servaient déjà de pâtures, puis de sablières. Il reste à l'horizon l'un de ces dinosaures de métal qui transportent les granulats sur leur immense queue, par-dessus la Marne. Tout a été mis en place avec la complicité de l'exploitant pour créer les conditions paysagères nécessaires pour accueillir le vivant : contrôle hydraulique attentif et mille topographies adaptées. Il n'a fallu que 6 ans pour que les parcours suspendus au fil de l'eau et les observatoires se fondent dans le paysage de la réserve. Le visiteur doit s'effacer pour ne pas gêner l'escale des oiseaux migrateurs. Alors, on a planté des massettes, on a engravé les passerelles derrière des cordons fertiles, et on a engagé des moutons à tête rouge pour maintenir les lieux ouverts. Voilà encore un aménagement sans effet ni glamour rapporté. Le démonstratif serait contreproductif. Il faut dire que le maître du camouflage est un habitué des lieux et qu'il montre la voie. Le butor prend la pose. Cet échassier au plumage fauve tacheté allonge le cou et lève la tête. Immobile, il ressemble à s'y méprendre aux roseaux qui l'entourent.

Je m'incline avec respect.

Sous la forêt, la plage des rainettes

Promenons-nous dans les bois… La célèbre carte de Cassini situe, au nord-est de la future forêt régionale de Ferrières, une ferme médiévale devenue château au XVIII siècle. Le domaine, qui déployait un parc, une terrasse et des bassins à l'hydraulique savante, fut rasé au XIX siècle. Les vestiges nourrissent depuis lors les sous-bois. En 1974, l'État y ouvre une carrière de sablon pour les travaux de l'autoroute A4, tout à côté. Moteurs, pelles, fracas des bennes et des wagonnets, sirènes et éclats.

Vingt ans plus tard, le silence revient. Les pentes des dépressions s'adoucissent sous l'érosion du temps. Une végétation de reconquête pousse sans un bruit, et dans l'indifférence des Parisiens, sur les terres de découverte. Elle contraste à tout niveau avec les boisements de la forêt alentour. Substrat pauvre ne signifie pas milieux pauvres, bien au contraire. Encore une idée reçue qu'il faut apprendre à contourner pour respecter la vie. Au fond, la pluie stagne pour le plus grand bonheur des amphibiens comme la petite rainette verte, adepte de l'accrobranche. Dans les mares temporaires, souvenirs des exploitations, s'entraîne aussi l'agrion mignon. Cette libellule, rayée de bleu métallique et de noir d'obsidienne, possède quatre ailes motrices indépendantes, le rêve de tout ingénieur en aéronautique. Mais ce paradis est fragile à l'extrême. Quand j'entends affirmer que ce site serait idéal pour accueillir les terres de remblais d'un grand chantier plein de bonnes intentions, je me dresse. Valoriser des terres dont on ne sait que faire sur la tête des rainettes et de l'agrion, c'est continuer à faire croire qu'un terrain ensauvagé est une page blanche en attente du génie humain. Faut-il vraiment mettre sous cloche les terres vivantes pour nous retenir de les rendre plus belles encore ? La rainette m'a appris à bondir et à refuser le discours durable convenu. Pour être résilient, il faut d'abord être vivant.

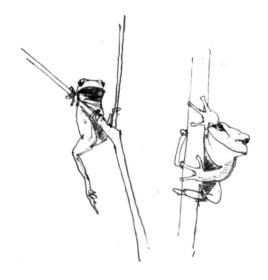

Concerto pour œdicnèmes

Remontons la Seine. Soudain, des cris de bêtes. C'est le gang des grandes gueules, comme les surnomment les ornithos. On les entend à près de 1 km. L'œdicnème criard vient à Moisson en avril, après un hiver passé sous le soleil de l'Afrique. Il nidifie directement au sol. C'est un marcheur du soir. Son plumage le rend invisible dans les hautes herbes, mais ses yeux immenses ne trompent pas : c'est un chasseur à vue. Difficile de ne pas le déranger, ce qui le rend de plus en plus rare.

Il a trouvé dans cette boucle de la Seine, gérée en réserve naturelle par la Région depuis 13 ans, une escale à son goût. Je l'ai observé me regarder du coin de son gros œil jaune, plaqué sur le sol pour protéger sa couvée. Je n'ai pas vu tous ses compères ; il y en aurait pour une vie entière : 109 espèces d'oiseaux, dont 59 nicheurs, croisent 218 espèces de papillons comme la mélitée du mélampyre, un nom de princesse de conte de fées.

Au Moyen Âge, le marécage appartenait au seigneur de La Roche-Guyon. L'étymologie de Moisson évoque ces sols imprégnés d'eau sur lesquels grandissent les mousses. Au XVIIIe siècle, on y cultive des vignes, des asperges et des noyers. Au XIXe, les maraîchers cèdent la place à une fabrique de dirigeables, jusqu'à la Grande Guerre. Le terrain plaît aux entraînements des bombardiers nazis de la Seconde Guerre mondiale : cratères et mouvements de sols inédits. En 1947, Moisson accueille un gigantesque rassemblement de scouts

(30 000 scouts, 300 000 visiteurs) : le jamborée de la paix a besoin de routes et de réseaux. Vient l'heure du déboisement, de l'exploitation des sables (50 hectares), puis de l'abandon, quelques décennies plus tard. C'est aujourd'hui un sanctuaire pour les oiseaux ; eux aussi méritent leur jamborée. J'y ai croisé une drôle de dame qui creusait de petites cavités dans l'ancien front de taille de la carrière. « C'est pour les hirondelles », m'a-t-elle dit. Par petites touches discrètes, Moisson montre la voie d'une nouvelle manière de jardiner le monde, de le réparer sans prétention.

Les écossaises débarquent à Seine-Port

Dernière escale en Île-de-France : laissez-vous porter jusqu'à Seine-Port. Ici, l'eau de la Seine est tellement cristalline que l'on pourrait compter les grains de sable qui roulent entre les pieds des longues herbes de la berge inondable. Seine-Port attire l'aristocratie et la bourgeoisie parisiennes dès le XVIe siècle. En 1773, la délicieuse marquise de Montesson s'installe au château de Sainte-Assise. Elle agrandit le domaine et embellit le village. Ses fêtes somptueuses s'étendent jusqu'au bois de l'Ormeteau. Puis la Révolution morcelle le domaine. La forêt gagne du terrain, les prairies sont pâturées, et la plaine alluviale sert le sable et le grès aux chantiers de construction. Gravières, sablières et leurs quais sur la Seine bouleversent la topographie. Une fois l'exploitation terminée, le fleuve remplit les baignoires, et de vastes steppes colonisent les sols sablo-calcaires.

Le site est depuis peu rattaché au périmètre classé des boucles de la Seine et du vallon du ru de Balory. Ce petit bout de paysage blessé par les pelleteuses vient s'appuyer contre la forêt régionale de Bréviande et recompose le maillage disparu des allées du château. On tisse de nouveaux ourlets et on festonne les lisières. Le plus important, c'est de garder la plaine ouverte, d'y capter le plus de lumière possible pour stimuler la vie à hauteur de lièvre. De loin, pour le marcheur non averti, la pelouse rase et caillouteuse n'a pas bonne mine. Les mauvaises herbes y sont légion. Pour l'écologue, cette prairie calcicole est un régal. C'est l'un des milieux herbacés les plus riches de la région : 301 espèces végétales s'y côtoient, soit plus de 20 % de toute la flore francilienne. Ce jardin désordonné attire des insectes remarquables et 73 espèces d'oiseaux, dont la très rare pie-grièche écorcheur qui empale ses proies sur les épines du prunelier. La nature est un champ de bataille, ne l'oublions jamais.

Ce sont des écossaises qui tiennent les lieux et qui le jardinent sans apprêt. Robustes, rousses et poilues comme un cocker, les vaches highland cattle se contentent de peu. Elles dorment et vêlent sur place. Leur éleveur pratique l'agriculture biologique en Seine-et-Marne. Elles m'ont appris que la frugalité d'entretien peut rimer avec une richesse de biodiversité infinie. Quand recevront-elles le Grand Prix de paysage qu'elles méritent largement ?

Une valse à trois temps

Ces sept paysages partagent un petit air de western. Les prairies sont clairsemées, ponctuées de roches disparates et de margelles en béton d'un autre âge, en proie aux lichens. Buissons bas, épineux et herbes hirsutes se battent en duel. « Ce sont des sols pauvres », me dit un géologue, parce qu'ils ne sont pas très nourrissants. Souvent, le non-initié, qui projette sa vision anthropocentrique, veut leur venir en aide : il les relooke à l'extrême, y plante une forêt de 1 000 ou 100 000 arbres, y déverse des terres valorisées, ou y implante un agroquartier et une écocité plus verdoyants. Mais la vie n'a pas attendu l'être humain pour occuper ces territoires. Pendant 30, 40 ou 60 ans d'oubli, ces sols pauvres ont permis à une vie insoupçonnée et atypique de survivre. C'est justement parce que les conditions du sol sont difficiles, et la vie pleine d'adversité, que ses habitants non humains sont d'incroyables survivants, des hyperspécialisés aux talents extraordinaires. Ils sont d'autant plus fragiles qu'ils sont en sursis si le milieu s'enrichit.

Si j'étais provocateur, je parlerais de la dangereuse gentrification des prairies. Dans Paris, il n'y a plus de prés calcicoles depuis belle lurette, et aujourd'hui, les friches qui portent la même créativité du vivant tendent elles aussi à disparaître, sous la pression immobilière ou l'appétit des aménageurs. Au mieux, une partie d'entre elles deviennent des parcs et des jardins publics, dont certains sont de nouveaux refuges. On y préfère alors les espèces locales, et on choisit de les gérer écologiquement, sans intrants. Bénis soient le « zéro phyto » et la mode du jardin sauvage, dont les effets sur l'entomofaune commencent à se voir, mais restons éveillés, car cela ne suffit pas. Nos exigences en matière de nature en ville répondent d'abord à notre propre confort. Elles sont dictées encore par nos prérequis. Les plantes qui ont le droit de cité doivent être belles toute l'année ; elles doivent être florifères, mais sans être trop mellifères, parce que l'abeille pourrait nous piquer et le pollen nous faire éternuer. J'ai rencontré des maires et

des architectes qui souhaitaient avoir des arbres sans fruits ni feuilles pour limiter l'entretien. Nos canopées urbaines doivent être résistantes aux pollutions et capables de grandir très vite, de préférence avant la fin du mandat politique. Ce qui se passe sous la ligne du trottoir n'intéresse pas les élus et les concepteurs : les racines devront se débrouiller. Dalles ou réseaux, c'est devenu le problème des arbres. Et puis nous aimons y voir clair comme en plein jour. La sécurité a gommé le mystère des jardins et bousculé l'équilibre écologique nocturne. Enfin, si nous aimons entendre siffler le merle et la mésange, nous exterminons le pigeon et redoutons la corneille, pensant à tort qu'ils nous apporteront la peste du Moyen Âge. Comme pour les plantes, nous choisissons quelles bêtes feront de bons ou de mauvais voisins de palier. Le délit de sale gueule a dépassé le cadre des entreprises. Ceux que nous signalons comme nuisibles ou indésirables sont chassés du paradis grand-parisien.

Dommage, car beaucoup sont des alliés ; apprenons plutôt à composer avec eux en bonne intelligence. Ce cortège vivant convoque une autre esthétique de la nature, qui n'est pas juste l'image idéalisée d'un confetti ensauvagé au pied des arbres d'alignement. Osons mettre l'humain en retrait et composer des villes partagées. Ces paysages, conçus comme des milieux plus que des tableaux ou des salles de jeu, doivent former une mosaïque cohérente d'écosystèmes à plus grande échelle. L'opportunisme ne suffit plus. Et pour apprendre à cohabiter avec ces autres citadins qui sont déjà là, nous devons d'abord les reconnaître. Ce sont d'excellents professeurs ; leurs enseignements sont riches. Osons nous émerveiller. L'enjeu de la nouvelle esthétique convoquée par ces villes fertiles n'est-il pas aussi de nous familiariser avec ce génie naturel ? La beauté devient ainsi source de connaissance, support de culture.

Pour moi, elle est une valse à trois temps.

Le premier temps est celui de la beauté d'une rencontre, fugace, éphémère, inoubliable. C'est la grâce rousse du renard qui glisse entre les tombes du Père-Lachaise, ou la précision du faucon aux abords de la cathédrale Notre-Dame.

Le deuxième temps demande plus d'attention encore. C'est la découverte des beautés de la communication du monde naturel. C'est la beauté des danses et des chants, des parades amoureuses, et des architectures du vivant conçues avec intelligence et frugalité pour séduire et survivre. Ce sont les raisons du succès de la forme d'une orchidée sur son bourdon, et des couleurs infrarouges choisies par telle autre pour son papillon hôte. L'art des possibles est immense. Une telle créativité fascine et émerveille. La beauté prend du sens, et même l'affreux crapaud décrit par Voltaire développe, à nos yeux initiés, des airs de noblesse.

Le troisième temps requiert encore plus d'écoute. La plus grande beauté réside sans doute dans le génie animal et végétal. Elle est la beauté des comportements. Lorsque, comme les enfants des Indiens achuars au cœur de la forêt amazonienne, vous parvenez à décrypter le comportement des oiseaux et des plantes de votre environnement, vous entrez en résonance avec lui. Le monde animal a des émotions que nous découvrons à peine. La capacité d'apprentissage et d'éducation des bêtes est immense, comme le tissu de leurs relations sociales. Saviez-vous que les termites ont des rituels de deuil, et que le singe fait preuve d'une grande empathie ? Cette beauté-là permet une vraie révolution dans notre manière de concevoir la ville. Il est temps de changer de légende et d'ouvrir celle d'une nouvelle histoire naturelle des villes. Apprenons à danser.

Nicolas Gilsoul
Architecte, docteur en sciences, paysagiste

Agriculture et hip-hop

Antoine Lagneau

Arts de friches

À l'aube du troisième millénaire, nous avions quitté Paris dans son décor que nous lui connaissions depuis des décennies, presque des siècles : ses somptueuses façades haussmanniennes, ses monuments, ses brasseries des Années folles, ses places et parcs publics, son effervescence culturelle... Envoûtante et, pensait-on, immuable symphonie urbaine.

Presque un quart de siècle a passé, et Paris est toujours Paris, à un détail près : il y flotte comme un parfum de fleur de courgette et de basilic. Notre odorat serait-il en proie à un mirage olfactif, ou les cuisines parisiennes se seraient-elles soudain converties au végétarisme ? Le végétarisme, peut-être, mais l'hallucination olfactive, aucunement. Paris a tout simplement succombé à l'agriculture urbaine, à tel point que les jardins partagés, symboles du renouveau de la biodiversité cultivée en ville, paraîtraient presque anecdotiques dans ce nouveau paysage gagné par la fièvre agricole.

C'est en prenant de la hauteur qu'on mesure l'ampleur du séisme potager, dont les répliques se succèdent. Le zinc des toits parisiens – héritage architectural candidat au patrimoine mondial de l'UNESCO – ne règne plus seul dans le ciel de la capitale. Désormais, les pieds de pommes de terre, les buttes maraîchères hérissées de courges multicolores et les rangs de salades s'entrelacent dans une profusion impressionniste presque aveuglante pour l'œil parisien, si habitué au gris – que l'on croyait éternel – des toitures de la capitale. Mais l'agriculture urbaine n'a pas toujours été haut perchée. Redescendre sur la terre ferme pour y retrouver ses racines nous ramène à une époque qui a vu à la fois le retour de la tomate en ville et l'émergence du hip-hop.

Hip-hop et *guerrilla gardening*, une double révolution culturelle urbaine

Ces deux cultures, potagères et artistiques, apparaissent la même année, dans le même contexte social, et au même endroit : le New York des années 1970. Dans les quartiers paupérisés par une crise économique brutale, où prospèrent et s'exacerbent les inégalités sociales, dans les friches industrielles et terrains vagues qui ne cessent de s'étendre, une double révolution urbaine s'annonce à bas bruit.

Nous sommes en 1973. Les premières notes de hip-hop s'échappent d'une *block party* quelque part dans le Bronx, au nord de New York. Un peu plus au sud, dans le quartier de Bowery, c'est le son métallique des bêches jardinières retournant le sol qui signe l'acte de naissance du *guerrilla gardening*, un mouvement qui va – sous l'impulsion d'une artiste plasticienne, Liz Christy –, pendant une décennie, se propager à toute l'Amérique du Nord. Avec leurs *seed bombs* (bombes de graines), leurs plantations sauvages d'arbres, leurs peintures de lierres sur les façades et les murs, l'action des guérilleros jardiniers va déboucher sur la première occupation potagère. Ce sera la création, en 1973, du premier *community garden* (jardin communautaire), toujours visible aujourd'hui, situé à l'angle de *Houston Street* et *Bowery Street* dans Manhattan.

Quelques années plus tard, quand le monde bascule dans les années 1980, le hip-hop a déjà fait le tour de la planète, devenant le porte-drapeau artistique des luttes sociales issues des quartiers populaires, et incarnant à lui seul les cultures urbaines. L'agriculture urbaine, elle, attend encore son heure, mais son futur s'annonce tout autre. Malgré ses origines, ses pratiques et ses revendications, elle n'accédera pas au rang de culture urbaine. À Paris, les

Des *city farmers* volontaires dans un jardin communautaire, ancien site d'une brasserie, entre la 92e et la 93e rue, et la 2de et la 3e avenue, New York (États-Unis). Photographie Susan Szasz, août 1973.
© U.S. National Archives and Records Administration

premiers potagistes-activistes se manifestent à la fin des années 1990, revendiquant leur filiation ave Liz Christy. Le *guerrilla gardening* fera cependant ses débuts en France dans la première décennie du XXIe siècle, investissant progressivement friches et terrains vagues. C'est une décennie fertile en activités potagères, qui voit le territoire parisien se couvrir d'une myriade de jardins partagés. Les guérilleros jardiniers préfèrent cultiver les espaces troubles, ces lieux parfois nommés « délaissés urbains ». Là, leurs graines de potirons, de tomates et leurs plants de pommes de terre s'épanouissent et s'apprêtent, sans le savoir, à bouleverser l'urbanisme parisien.

La Petite Ceinture devient alors un espace d'expérimentation privilégié pour les guérilleros jardiniers. Comme un écho lointain aux *seventies* new-yorkaises, ils y côtoient des graffeurs issus du hip-hop, réinventant à leurs côtés, à travers leurs modes de vie et d'expression, l'espace public.

Au tournant des années 2010, l'histoire s'accélère : l'agriculture urbaine s'apprête à entamer sa mue, qui la conduira, 10 ans plus tard, à devenir l'un des fers de lance des politiques publiques parisiennes en matière d'urbanisme. La voici devenue productive, s'étendant sur des surfaces toujours plus grandes, la plupart du temps sur les toits, faute de foncier disponible au sol. L'engouement qu'elle ne cesse de susciter se traduit par des appels à projets, à manifestation d'intérêt, et par des permis de végétaliser.

Sa place est désormais bien définie, presque codifiée – élément d'urbanisme exacerbant certes le plaisir des sens, mais élément d'urbanisme tout de même. Née dans les marges urbaines, elle s'en est éloignée, rattrapée par un usage de plus en plus fonctionnel.

Que nous réservera-t-elle dans 10 ou 20 ans, elle qui, comme le hip-hop dans les années 1980, avait bousculé au début du XXIe siècle une

Bad Boys, terrain vague de Stalingrad, Paris. Photographie Yoshi Omori, 1987.
© Yoshi Omori, Courtesy Taxie Gallery

urbanité parisienne assoupie ? Alors culture urbaine sans en avoir le nom, aujourd'hui pilier de la capitale agricole, l'agriculture urbaine se fond sans surprise dans l'imaginaire sur papier glacé des villes du futur – un futur urbano-cultivé, décliné à l'infini, où chaque chose est à sa place, où la biodiversité ordinaire ou agricole est « dans la place ».

Mais quel lien nous reliera véritablement à elle, si elle n'est qu'un supplément d'âme d'un ordre urbain intangible ? Dans quelle mesure les règlements et autres codes n'étouffent-ils pas toutes formes de spontanéité du vivant humain et non humain, au risque de produire une ville aseptisée, sans aspérité ?

Du « pas grand-chose ici » à « ici, il y a tout »

 À la base, on venait depuis très longtemps, il n'y avait pas grand-chose ici. Ensuite, Henri et d'autres jardiniers sont arrivés et nous ont proposé de leur filer un coup de main. Du coup, plutôt que de galérer, à rien faire sur la Petite Ceinture, on les a aidés, et on s'est pris au jeu. Et finalement, on a bien aimé ça. » Voilà comment Chôm et Vorty, à peine 18 ans, auto-désignés « graffeurs » et « apprentis jardiniers », décrivaient il y a quelques années leur univers, leur attachement à cette petite portion de ville logée au cœur de la Petite Ceinture, dans le 20ᵉ arrondissement. « On a fait pousser des pommes de terre, planté quelques fleurs à l'entrée de la Petite Ceinture. Des fois, on mange des fruits. Il y a des pommiers, un cerisier… Ce que j'aime bien ici, c'est qu'il y a tout. C'est un mélange de nature et d'urbanisme, y a des tags, toujours les rails qui n'ont pas bougé depuis longtemps[1]… » En quelques mots, ils résumaient la portée esthétique et émancipatrice de deux cultures, artistique et potagère, capables, à leurs yeux, de transformer un lieu.

Le jardin ECObox, Paris 18ᵉ. Photographie Antoine Lagneau, 2011.
© Antoine Lagneau

S'extraire du monde urbain normatif pour affirmer son attachement à la ville en investissant un lieu constitue un mouvement essentiel des cultures urbaines, qui regroupent « toutes les formes artistiques, établies ou non, qui s'inspirent de l'univers urbain ou du quotidien immédiatement esthétisé par la création[2] ». Cette esthétisation d'un morceau de l'urbain s'incarne de manière totale dans les friches et autres terrains vagues, dont l'écrivain Pierre Sansot, évoquant les aventures qu'il y vivait avec sa petite bande, se souvient que « ce qui nous plaisait, c'était l'inachèvement de cette terre, lieu de tous les possibles[3] ».

Ce sont de ces lieux de « tous les possibles » que surgiront, au début des années 2000, aux coins des rues parisiennes, des îlots légumiers et fruitiers, jardins partagés sauvages, éphémères ou pérennisés après des mobilisations homériques d'habitants, comme le Bois Dormoy dans le 18ᵉ arrondissement. Ici, sous un

---

1 Éric Oriot et Antoine Lagneau (réal.), *Remuer la terre, c'est remuer les consciences*, 2014, https://www.dailymotion.com/video/x2cnu34
2 Site « Projet "Cultures urbaines" 1ASC 2009-2010 », https://sites.google.com/site/projetculturesurbaines/definition-2
3 Pierre Sansot, *Poétique de la ville*, Paris : Klincksieck, 1971.

La Ferme du Bonheur à Nanterre. Photographie Antoine Lagneau, 2012.
© Antoine Lagneau

immense couvert végétal composé de buddleias, de saules et d'érables, les jardiniers ont pratiqué l'agroforesterie bien avant qu'elle ne devienne à la mode. À la manière de pinceaux impressionnistes, leurs fourches et leurs bêches ont façonné, au milieu des voies de chemin de fer et des axes routiers, un nouveau paysage.

Les îlots sont alors devenus archipels, au fur et à mesure que l'agriculture urbaine partait à la reconquête des quartiers. Les archipels se sont fait constellations, quand ils ont rejoint des prises de terre au-delà du périphérique, comme la Ferme du Bonheur à Nanterre. Au milieu des tours, des échangeurs autoroutiers et des rails de RER, Roger, un poète-berger, a installé son troupeau, pâturage improbable où le bêlement des moutons vient troubler la symphonie bien réglée du bruit urbain. Le berger résiste encore et toujours, depuis 1992, à l'avancée de la ville, qui semble tourner autour de la ferme et de ses murets de pierres sèches, œuvre de Léo, jardinier passionné du genre, structurant un paysage lui-même déstructuré, lézardé de voies rapides et de voies ferrées.

Un gros morceau de mousse fraîche sur la palissade

Terrains vagues, zones, friches, interstices, marges… : dans ces espaces, c'est la notion même de fonctionnalité qui est battue en brèche. Le puissant imaginaire qui émane de ces lieux de vie agit comme une force d'émancipation et d'inspiration, repoussant règlements, règles et autres normes au-delà des palissades.

La palissade… C'est devant elle que débute l'exploration des *terra incognita* urbaines, dissimulées au regard des passants, des habitants, de la ville entière. Longtemps de bois, de briques et le plus souvent aujourd'hui en tôle, la palissade remplit son rôle de barrière visuelle et matérielle destinée à décourager toute velléité d'intrusion… jusqu'à ce qu'elle soit percutée par l'imagination. Celle-ci se joue de l'obstacle, s'en empare, pour le franchir ou même l'enrichir. Détournée de son usage initial, dépourvue de la fonction qui lui était attribuée, la palissade devient surface d'expression, appendice artistique indissociable de la friche elle-même. Elle s'offre alors à toutes les influences, au gré des rencontres, des époques, des envies : le hip-hop en a fait une star, inspirant les potagistes urbains du *guerrilla gardening*. Leurs premiers passages à l'action dans les rues de Paris sont signalés dès 2010 au détour d'un reportage, qui décrit des « gestes rapides et méthodiques : saisir un gros morceau de mousse fraîche, le badigeonner de colle et le disposer sur le mur, de façon à former une grande fleur. D'abord la tige, puis le cœur et enfin les pétales[4] ». Le jardinier guérillero donne la recette de cette expression murale, cousine du graff : « On a récolté la mousse dans le bois de Vincennes, et la colle est un mélange de farine, de bière, de yaourt et de sucre[5]. »

Devenue tableau vivant par le biais d'un graff coloré à la bombe de peinture et d'un tag végétal en mousse, la palissade renonce à sa fonction pour devenir un élément symbiotique des cultures urbaines. En s'affranchissant de l'infranchissable, qui prend ici la forme d'une palissade, l'artiste s'extrait du quadrillage urbain codifié.

La rigidité qui gouverne nos villes s'inscrit dans la continuité de cette ville fonctionnelle fantasmée il y a un siècle. Dans cette urbanité où « l'on inculque le raisonnable[6] », comme le dit Pierre Sansot, l'étroitesse des champs du possible se ressent dès l'enfance. Pour y échapper, la recherche du jardin secret devient une quête qui ne prend fin qu'au pied de la palissade et débouche, une fois celle-ci franchie, sur cet espace hors du temps mais si vivant : la friche. « Nous avons couru et nous avons passé la palissade, là où il manque une planche. Il est chouette le terrain vague, nous y allons souvent, pour jouer. Il y a de tout, là-bas : de l'herbe, de la boue, des pavés, des vieilles caisses, des boîtes de conserve, des chats et surtout, surtout, une auto[7] ! »

Ce « tout » qu'est la friche jette soudainement à bas nos certitudes, forgées dans le récit des Trente Glorieuses, où le loisir semble s'incarner exclusivement le long des rues et avenues qui offrent un monde de divertissements prêts à consommer. Ce « tout » enfriché des cultures urbaines n'est-il pas un pied de nez au slogan publicitaire des années 1970 d'un grand magasin parisien[8] ?

---

4 Audrey Garric, « Street art : des graffitis à la bombe de mousse », *Terraeco*, 28 février 2010, https://www.terraeco.net/Street-art-des-graffitis-a--la,8735.html

5 *Ibid.*

6 Pierre Sansot, *Poétique de la ville, op. cit.*

7 René Goscinny et Jean-Jacques Sempé, *Le Petit Nicolas* [1960], Paris : Gallimard jeunesse, Coll. Folio Junior, 2007.

8 Dans les années 1970, la Samaritaine, avait conçu une campagne publicitaire dont le slogan était : « On trouve tout à la Samaritaine. »

Le « tout » enfriché ou la métamorphose de la ville

Épicentre du passage à l'action des potagistes et guérilleros jardiniers, creuset du renouveau de l'agriculture urbaine, la friche matérialise la vision en négatif d'une ville totalisante. Mais ce morceau de terre supposée pauvre et fade, souvent mal aimé, n'est pas le théâtre d'une sécession. En franchissant la palissade, le poète-berger de Nanterre ou le jardinier du 18e arrondissement ne tournent pas le dos à l'urbanité. Ils n'ont que faire de mettre la ville à la campagne ou plutôt la campagne à la ville. La vie de la ville coule dans leurs veines, et leurs attaches plongent dans cette terre urbaine, une terre devenue soudain – et peut-être contre toute attente – fertile, transcendée par leurs pratiques potagères et artistiques, mais aussi par leurs modes de vie ; une terre fertile pour le vivant humain et non humain, territoire défini « comme un tissu de liens, étoffe mouvante qui trame humains, animaux et végétaux[9] », où chaque être et chaque objet est perçu comme le produit d'une histoire dont il ne s'agit surtout pas de faire table rase. Les jardiniers des friches ne cultivent pas l'ordre ; ils sont les semeurs d'un désordre poétique, et puisent leur inspiration dans un recoin de morceau urbain déclassé. Cet état de déclassement offre un répit temporel à ce milieu, jusqu'au moment où le fonctionnalisme urbain appliquera sa sentence et lui assignera un avenir, sans doute bien éloigné de son présent.

Mais dans cet intervalle qui le sépare de l'inéluctable, le terrain vague demeure cet îlot hors du temps, à la fois habitat pour les uns et lieu de passage pour les autres. Il est un lieu de divagation, libre et foisonnant, émergeant de la pesanteur urbaine où l'on s'attache surtout à canaliser les êtres et les âmes. La divagation échappe à l'idéologie de la fonction, qui voudrait un monde qui lui ressemble, rectiligne et uniforme, oubliant que le vivant, lui, n'est que méandres et croisements, mues et métamorphoses. « On peut agir comme on jardine : ça veut dire favoriser en tout la vie, parier sur ses inventions, croire aux métamorphoses, prendre soin du jardin planétaire[10] », écrit Marielle Macé, saisissant à travers ses mots toute la dimension sensible de l'acte potager des guérilleros jardiniers.

Cette agriculture des rues et des friches est une culture de la métamorphose, qui cultive le présent en veillant à ne pas nier ni bouleverser le passé. Elle compose et transforme *avec* : avec le vivant qui l'entoure, avec les murs et palissades qui se dressent, avec l'hétéroclite des objets échoués là, avec ce qui est la ville et émerge de celle-ci. Ces émergences végétales, parfois de bois, de briques ou de béton, nourrissent les jardiniers urbains comme elles ont nourri les artistes du hip-hop. Leur art, potager, musical et graphique, s'est épanoui au cœur de ces friches, terrains vagues et interstices, participent à la métamorphose de la ville.

La Friche Philippe-de-Girard, photographie Antoine Lagneau, 2014.
© Antoine Lagneau

---

9 Alain Damasio, dans Alessandro Pignocchi, *La Recomposition des mondes*, Paris : Seuil, Coll. Anthropocène, 2019, p. 101-103.

10 Marielle Macé, *Nos cabanes*, Paris : Verdier, 2019.

C'est une même matrice qui a forgé, depuis le New York des années 1970, l'histoire du hip-hop et de l'agriculture urbaine, une matrice où la revendication de la rue et le partage des espaces publics sont des composantes fondamentales, une matrice permettant de développer des cultures vivantes et populaires, enrichissant et métamorphosant la ville par leur mixité, leur diversité, leur spontanéité. En ce premier quart de XXIe siècle finissant, cette énergie créatrice, débridée, risque pourtant de se tarir sous l'influence du paradigme fonctionnaliste. La voici progressivement canalisée, car trop indisciplinée, trop hors norme. Comme pour éviter que ces cultures ne conduisent au dysfonctionnement de la culture de l'homogénéité, les friches et autres terrains vagues sont rentrés dans le rang, nouveaux éléments fonctionnels du développement urbain. Voici les jardiniers des friches petit à petit privés de leur *terra incognita*. Après avoir été hors norme, voici l'agriculture urbaine sommée de devenir hors sol et de reconquérir les toits, pour végétaliser et parfumer l'horizon aérien du zinc haussmannien. Les semeurs de désordre poétique continuent leur quête du lieu de tous les possibles.

Antoine Lagneau
Chercheur associé au LIR3S
(université de Bourgogne)

Des couleurs sur les murs ?

Julie Vaslin

Une histoire des « couleurs de Paris » au prisme des politiques municipales du graffiti

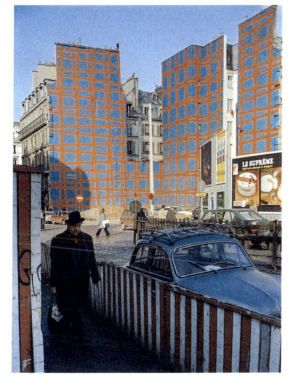

Mur peint à l'angle des rues Quincampoix et Aubry-le-Boucher, Paris 4ᵉ, François Morellet, 1971 (détruit en 1976).
© Photo Stéphane Rousseau, collection particulière

Alors que l'effacement des graffitis s'inscrit dans le prolongement des actions de ravalement de façades, visant à préserver les teintes blanc-ivoire des murs de Paris, les politiques d'art urbain reprennent, 20 ans après la disparition du Bureau des murs peints, le travail de promotion de la polychromie sur les murs de la capitale. Apparemment paradoxale, cette double administration des peintures murales est une porte d'entrée pour comprendre les rapports ambivalents qu'entretiennent les pouvoirs publics avec les couleurs des murs de la ville. Pour dénouer ce paradoxe, on peut tenter de le replacer dans l'histoire récente du gouvernement des couleurs de Paris : saisir l'effacement des graffitis comme un type de politique du blanc et leur promotion comme une politique de la couleur permet de mettre en perspective les enjeux de ces pratiques avec ceux d'autres dispositifs promouvant, eux aussi non sans paradoxe, le blanc et la couleur dans les rues de la capitale[1].

Les « graffitis » désignent ici de manière générique toute peinture murale spontanée, quels que soient sa forme et son contenu[2]. Perturbation de « l'ordre graphique[3] » construit par les pouvoirs publics, le graffiti est d'abord défini par les acteurs publics de façon négative, comme une pratique populaire déviante, mais il est également saisi par les acteurs publics et privés de l'action culturelle comme un objet esthétique, qu'il soit pris dans l'histoire du *writing* américain, du néo-muralisme français ou, plus récemment, dans le cadre élargi de l'art urbain[4]. Concept opératoire, le terme « graffitis » permet donc de désigner d'un mot une pratique considérée comme déviante par certains, comme esthétique par d'autres.

---

1 L'enquête qualitative sur laquelle repose cet article visait, dans le cadre d'un travail doctoral entre 2011 et 2017, à retracer l'histoire de l'administration du graffiti à Paris à partir d'archives municipales, mais aussi à partir d'entretiens réalisés auprès des acteurs publics et privés chargés d'effacer ou de promouvoir les graffitis.

2 Julie Vaslin, « Graffitis ». Dans Romain Pasquier, Sébastien Guigner et Alistair Cole (dir.), *Dictionnaire des politiques territoriales* (2ᵉ éd. mise à jour et augmentée), Paris : Presses de Sciences Po, 2020, p. 266-272.

3 Philippe Artières et Paweł Rodak, « Écriture et soulèvement : résistances graphiques pendant l'état de guerre en Pologne (13 décembre 1981-13 décembre 1985) », *Genèses*, 2008/1, n° 70, p. 120-139.

4 Stéphanie Lemoine, *L'Art urbain : du graffiti au street art*, Paris : Gallimard, 2012.

Du ravalement des façades à l'effacement des graffitis : les politiques du blanc

Dans son étude sur l'architecture des immeubles et la physionomie des rues parisiennes au XIXe siècle, l'architecte et historien de l'art François Loyer met en évidence l'importance de « l'harmonie des gris colorés [...] dans l'ambiance urbaine de Paris[5] ». Fondée sur le contraste entre une « harmonie de bleu et de bistre » et « l'éclat doré des façades de pierre[6] », l'image d'une esthétique lisse et bicolore des rues parisiennes est souvent véhiculée, notamment dans les textes réglementaires qui président à l'entretien des espaces publics parisiens. Ainsi le *Cahier des prescriptions architecturales et paysagères pour la mise en valeur des berges de la Seine dans Paris* mentionne-t-il par exemple la nécessité, pour les installations fixées sur les berges, de respecter la gamme des « couleurs dominantes [...] déclinées à partir de gris, gris colorés, dont gris bleuté, ton crème et écru[7] ». Les discussions contemporaines autour de la patrimonialisation des « toits de Paris » prolongent cette réflexion, les gris du zinc, de l'ardoise et les vert-de-gris des toits apparaissant pour ses promoteurs comme les couleurs emblématiques de la ville. De façon plus prosaïque, l'éventail de couleurs dont disposent les entreprises chargées de l'effacement des graffitis à Paris est contraint par un strict cahier des charges : les couleurs standards définies par la Ville de Paris pour recouvrir les graffitis sont au nombre de six : « blanc, ivoire, beige, gris, noire et grège[8] ». L'effacement des graffitis administré par les services de propreté de la Ville de Paris et, plus largement, les campagnes de ravalement de façades contribuent à entretenir *de facto* la blancheur des murs parisiens. Ces dispositifs d'entretien esthétique de la rue, créés ou renforcés au cours des années 1990 et appliqués sur tout le territoire parisien, sont les instruments de la production quotidienne, par le pouvoir municipal, de la « couleur de Paris », ville blanche aux toits gris et noirs.

Préoccupation des pouvoirs publics depuis le milieu du XIXe siècle, l'entretien des façades parisiennes par un ravalement tous les 10 ans est rendu obligatoire à la suite de l'arrêté préfectoral du 11 avril 1959. Cet arrêté s'inscrit dans la politique conduite par le ministre de la Culture, André Malraux, qui souhaite « incarne[r] le nouveau visage de Paris » en mettant l'accent sur l'entretien des façades des « voies touristiques du centre de la capitale[9] ». Trente ans plus tard, le 26 juin 1989, le Conseil de Paris réforme la politique de ravalement en l'étendant « de manière uniforme et simultanée sur tout le territoire parisien » : la propreté des immeubles est d'emblée pensée comme un moyen « d'harmoniser l'aspect des divers quartiers de la capitale[10] ». La politique de ravalement est ainsi le lieu privilégié de la pénétration entre enjeux esthétiques et questions de propreté. Elle est perçue par

Les teintes de blancs des façades parisiennes, 2021.
© Pavillon de l'Arsenal

---

[5] François Loyer, *Paris XIXe siècle : l'immeuble et la rue*, Paris : Hazan, 1987, p. 283.

[6] *Ibid.*

[7] Port autonome de Paris, mairie de Paris (Atelier parisien d'urbanisme), service départemental de l'architecture et du patrimoine de Paris, *Cahier des prescriptions architecturales et paysagères : mise en valeur des berges de la Seine dans Paris*, décembre 1999, p. 18.

[8] Jérôme Denis et David Pointille, « L'art d'effacer les graffitis ». Dans Tilt et Nicolas Couturieux (dir.), *Rose Béton 2019* [cat. expo., biennale Rose Béton, Toulouse, avril 2019-janvier 2020], Paris : Skira, 2020.

[9] Xavier Laurent, *Grandeur et misère du patrimoine d'André Malraux à Jacques Duhamel : 1959-1973*, Paris : École des chartes/Comité d'histoire du ministère de la Culture, 2003, p. 40-42.

[10] « Note du Secrétariat général [...] 10 décembre 1991. Objet : Protocole sur le ravalement », AD 75, 2283/W/138.

Immeuble 226, rue Saint-Denis, Paris 2ᵉ.
© Collection Artedia / ArtediaLeemage

les autorités comme un moyen de préserver « l'âme d'une ville et l'ensemble du patrimoine historique constitué par ses bâtiments[11] » ; elle incarne « la volonté claire du Maire de Paris que l'ensemble de la Ville soit propre et que l'on cherche à conserver "la couleur" de Paris[12] ».

Dans le protocole de ravalement signé en 1991, cette logique de préservation de la couleur de Paris guide l'intensification de la lutte contre les graffitis qui, pour ses auteurs, « salissent la capitale et peuvent détruire la pierre, mettant ainsi en péril le patrimoine[13] ». En réponse à cette menace, le protocole prévoit donc la pose systématique de vernis anti-graffiti lors de chaque opération[14]. Chaque ravalement de façade est également l'occasion de sensibiliser les gestionnaires d'immeubles à l'existence de contrats facilitant l'intervention régulière des entreprises d'effacement des graffitis, par l'entremise de la mairie de Paris. À cette époque, en effet, l'effacement des graffitis est assuré sur les bâtiments publics par des agents dédiés au sein de la direction de la propreté. Sur les bâtiments privés, les propriétaires doivent solliciter une entreprise spécialisée soit directement, soit, à partir de 1985, en souscrivant auprès de la Ville un abonnement forfaitaire aux services de dégraffitage exécutés par une entreprise tierce. Ces dispositifs permettent l'effacement annuel d'environ 200 000 m² de graffitis à la fin des années 1990, au moment où est signé l'arrêté municipal qui crée le dispositif, toujours en vigueur, de repérage et d'effacement systématique des graffitis sur les bâtiments publics et

11 Extrait du « Protocole [...] sur la mise en œuvre des opérations de ravalement », décembre 1991, AD 75, 2283/W/138.
12 « Note de Philippe Lafouge, délégué général au logement », 1ᵉʳ juillet 1991, AD 75, 2283/W/138.
13 Titre 1.6 du « Protocole [...] sur la mise en œuvre des opérations de ravalement ».
14 « Question de M. Paul Aurelli [...] concernant la recrudescence de graffiti dans le 20ᵉ arrondissement », conseil municipal de la Ville de Paris, septembre 1997, bibliothèque de l'Hôtel de Ville (BHdV).

privés, de l'ensemble du territoire municipal. Opéré sur les façades privées par les entreprises prestataires et sur les façades publiques par les services de la Ville, l'effacement des graffitis l'est aussi par la cellule anti-graffiti de la circonscription fonctionnelle qui assure le suivi du marché et le contrôle du dégraffitage.

Impulsion du ministre de la Culture, la préservation du patrimoine noir et blanc de Paris par le ravalement de façades est assurée par les services de propreté. Inscrit dans le prolongement de cette logique, l'effacement systématique des graffitis est lui aussi une politique de propreté mise au service de l'action culturelle et patrimoniale. Cette propreté, plus esthétique qu'hygiénique, est appréhendée comme l'un des ressorts essentiels de la préservation de l'image de Paris et de son rayonnement. Ces dispositifs sont soutenus par un discours politique discréditant le caractère culturel du graffiti et du *writing* en particulier, réduisant les auteurs de graffitis à la délinquance, au caractère illégal de leurs peintures. Participant à la patrimonialisation de l'image lisse d'un Paris noir et blanc, l'effacement des graffitis contribue, en retour, à la délégitimation culturelle permanente de ces peintures, dont les auteurs sont ainsi exclus de la fabrique esthétique de la ville.

De la publicité au Bureau des murs peints : genèse des politiques de la couleur

Dès le début du XXe siècle, pourtant, la voix de l'urbaniste Gustav Kahn s'élève pour critiquer la sobriété chromatique haussmannienne et le « piétisme blanc et noir[15] » parisien. Il vante, à travers de nombreux exemples, les vertus esthétiques de la polychromie dans les rues. Selon lui, la croyance en une « nature » monochrome de Paris est erronée, et il annonce, dès 1901, le retour des couleurs dans la ville à travers l'art de l'affiche et la publicité naissante, au nom des « joyeuses féeries des murailles » destinées à « amuser les passants[16] ».

Financée initialement par les recettes de l'affichage publicitaire, la politique des murs peints conduite dans les années 1980-1990 par la direction de l'aménagement et de l'urbanisme (DAU) est une incarnation contemporaine de cette évolution. À défaut d'obtenir, dans certains quartiers, l'harmonie architecturale et chromatique officiellement promue, le recours à des peintures murales polychromes est accepté, voire encouragé. Abandonné au début des années 2000 au profit d'une nouvelle politique d'art dans l'espace public, le muralisme redevient un sujet pour l'administration parisienne à l'aube des années 2010, lorsque l'art urbain surgit parmi les préoccupations de certains élus d'arrondissement. L'héritage de l'éphémère Bureau des murs peints (1985-2001) ne nourrit pas explicitement les politiques contemporaines d'art urbain. Pourtant, la politique des murs peints et celle de l'art urbain sont en de nombreux points similaires : à la croisée entre aménagement et construction de l'attractivité des quartiers périphériques de la capitale, toutes deux portent la promotion ponctuelle et localisée des couleurs sur les murs de Paris.

La polychromie urbaine et l'art mural prennent racine dans le développement de la publicité[17]. Rien d'étonnant, donc, à ce que la politique des murs peints de Paris prenne sa source dans l'administration de la publicité. Dans une ville blanche où la couleur n'est que frileusement envisagée par les urbanistes et les architectes, la loi du 12 avril 1943 relative à la publicité en ville répond à la prolifération effrénée des peintures publicitaires, en permettant de concilier « liberté de l'affichage et considérations esthétiques[18] ». Elle est prolongée,

---

[15] Gustav Kahn, *L'Esthétique de la rue*, Paris : E. Fasquelle, 1901, p. 213-214.
[16] *Ibid.*, p. 303-304.
[17] Stéphanie Lemoine, *L'Art urbain : du graffiti au street art*, op. cit.
[18] Ambroise Dupont (sénateur), *Publicité extérieure, enseignes et préenseignes : rapport à Mme Chantal Jouanno, secrétaire d'État à l'Écologie et M. Hubert Falco, secrétaire d'État à l'Aménagement du territoire*, 2009, p. 8-9.

le 29 décembre 1979, par la loi relative à la publicité, aux enseignes et préenseignes, qui crée l'encadrement juridique propice au développement des murs peints, publicitaires et artistiques, à Paris. Deux ans plus tard naît un partenariat entre la Ville de Paris et la société d'affichage OTA-Dauphin concernant l'affichage publicitaire et la réalisation de murs peints. Le contrat de concession publicitaire établi avec l'entreprise prévoit la mise en place d'« un programme de ravalement et de décoration non publicitaire confié à la Société OTA-DAUPHIN[19] ». C'est le premier support de financement des murs peints parisiens : 15 murs sont réalisés dans ce cadre par la société Dauphin, mais d'autres sont commandés par la municipalité à des artistes spécialisés dans le trompe-l'œil[20].

Pour prolonger cette action, le Bureau des murs peints est créé en 1985, au sein de la DAU. Partant du constat que les murs aveugles « donnent une impression de grisaille et d'abandon », son action est pensée pour remédier aux « murs pignons sales et tristes qui déshonorent même les immeubles aux façades les plus orgueilleuses[21] », pour masquer « la présence [de pignons], murs aveugles hérités d'un urbanisme révolu, [qui] est préjudiciable à l'harmonie même du paysage urbain[22] ». Le Bureau des murs peints est d'ailleurs financé dans le cadre du plan-programme de l'Est parisien (PPEP), un plan d'aménagement à destination des arrondissements populaires de Paris qui vise la « reconquête » de ces espaces par « l'accélération du départ des industries » et « l'attraction des classes moyennes[23] ». Dispositif d'art public porté par la DAU, le Bureau des murs peints est dirigé successivement par deux ingénieures et un architecte qui construisent, au gré de leurs expériences et de leurs rencontres, un jugement esthétique *ad hoc*. La politique des murs peints atteint son apogée avec l'opération « 12 murs pour l'an 2000 », au sein de laquelle une ambition artistique plus forte est exprimée, les murs peints étant promus comme part du « patrimoine artistique de Paris », véritables « cimaises d'art contemporain » participant au « rayonnement culturel[24] » de la capitale. Cet avis n'est cependant pas partagé par le cabinet de Christophe Girard, adjoint à la Culture élu après l'alternance de 2001 : « À mon avis, la majorité des murs peints réalisés à Paris sont d'une médiocrité affligeante. Il n'y a pas de quoi actionner les "trompettes de la Renommée"[25] ! »

Le nouveau maire socialiste de Paris, Bertrand Delanoë, souhaite faire de l'action culturelle l'un des marqueurs de l'alternance politique, et c'est dans cette perspective que Christophe Girard crée notamment le département de l'art dans la ville (DAV). Celui-ci absorbe le Bureau des murs

Mur peint 53, rue Baudricourt, Paris 13e, Jacques Villeglé, 1988.
© Jacques Leroy

19 Catalogue de l'exposition « Pignons sur rues », organisée par la mairie de Paris dans le salon d'accueil de l'Hôtel de Ville, du 23 mars au 16 mai 1987.
20 Sylvie Puissant, « Pignons sur rues ». Dans *Le Mur peint dans la ville ancienne* [actes du colloque tenu à Dijon, 10-11 juin 1988], Paris : ICOMOS, Coll. Les cahiers de la section française de l'ICOMOS, avril 1991, p. 21-22.
21 Catalogue de l'exposition « Pignons sur rues », *op. cit.*
22 Bernard Rocher (adjoint au maire de Paris, chargé de l'architecture et président du Pavillon de l'Arsenal), « Avant-propos ». Dans DAU (dir.), *Murs peints de Paris* [cat. expo., Pavillon de l'Arsenal, mars-mai 1990], Paris : Pavillon de l'Arsenal, 1990.

23 Anne Clerval, *Paris sans le peuple : la gentrification de la capitale*, Paris : La Découverte, 2013.
24 DAU, *Les Murs peints de Paris : des murs aux couleurs de la vie*, mairie de Paris, s. d.
24 DAU, *Murs peints* (2001-2007), 22 juillet 2002, AD 75, 2759/W/69 (annotations manuscrites d'un membre du cabinet de Christophe Girard).

peints et en liquide l'héritage, au profit du développement d'une commande d'art public davantage orientée vers la production d'installations dans l'espace public.

Résolument hostile aux murs peints, le DAV a cependant un point commun avec le Bureau des murs peints : les deux instances contribuent, de 1985 à l'aube des années 2010, à maintenir le graffiti en dehors du champ des esthétiques promues par la Ville de Paris dans l'espace public. Sollicitées par des auteurs de graffitis pour accéder à des espaces d'expression libre, les responsables du Bureau des murs peints des décennies 1980-1990 ne considèrent pas la légalisation de ce mode d'expression comme une action possible de leur instance. Membres de la DAU, elles ne sont pas en position de remettre en cause les considérations portées par la direction de la propreté, dont l'élu référent rappelle dans un conseil municipal de 1988 qu'il « n'y a pas un phénomène artistique très important en la matière » et que « les graffitis n'ont pas de lettres de noblesse. [Ce] sont des gribouillages[26] ». Concentrée au sein de la direction des affaires culturelles (DAC) à partir de 2001, la commande d'art public ne s'ouvre pourtant pas aux auteurs de graffitis, dont le travail, qualifié en entretien « d'art populaire » par un ancien responsable du DAV, n'entre pas dans l'ambition légitimiste du service. Dans les années 2000, le double rejet de la peinture murale et des cultures populaires par le service de commande d'art public rend impensable le développement d'un soutien municipal à l'institutionnalisation culturelle du graffiti qui, par ailleurs, s'amorce dans quelques galeries et sur le marché de l'art[27].

Du graffiti à l'art urbain : de nouvelles couleurs sur les murs de Paris

Préambule d'un mouvement progressif de soutien municipal au graffiti, l'association Le M.U.R. propose, dès 2003, dans le quartier Oberkampf (11e arrondissement), un espace de promotion du travail des artistes de rue – auteurs de graffitis issus du *writing*, mais aussi néo-muralistes, etc. Ce mouvement s'amplifie au début des années 2010 avec, notamment, la création de l'association Art Azoï dans le 20e arrondissement, et les débuts du projet de musée à ciel ouvert initié par le maire du 13e et la galerie Itinerrance. Les porteurs de ces associations, soutenues par les mairies d'arrondissement en marge de la politique conduite par la DAC, raniment la production d'art mural dans Paris. Véritables opérateurs d'art urbain, ils connectent les auteurs de graffitis engagés sur la voie d'une professionnalisation artistique et les élus locaux, facilitant la production de murs aux esthétiques, aux tailles et aux durées de vie variables. Des murs à programmation qui accueillent chaque mois un artiste différent dans le 20e arrondissement, aux fresques monumentales réalisées sur les façades aveugles des immeubles du 13e, une variété de dispositifs est expérimentée puis reprise par la DAC, à partir de 2014. L'arrivée d'Anne Hidalgo induit l'inflexion de la commande publique, le DAV disparaissant au profit d'un Bureau des arts visuels plus explicitement orienté vers le *street art*, selon le souhait de la nouvelle édile. Éphémères le temps d'une rénovation, plébiscités dans le cadre des budgets participatifs ou simplement commandés par des élus d'arrondissement, les projets municipaux de murs d'art urbain se multiplient depuis lors à Paris. Simultanément, les services de propreté sont ponctuellement sommés de ne pas effacer les œuvres de quelques auteurs de graffitis identifiés comme des artistes par les services municipaux, voire de laisser se développer les expressions murales dans certains espaces ciblés.

---

26 « Bulletin municipal officiel », conseil municipal de la Ville de Paris, séance du 11 juillet 1988, BHV.

27 Nicolas Gzeley, Nicolas Laugero-Lasserre, Stéphanie Lemoine et Sophie Pujas, *L'Art urbain*, Paris : PUF, Coll. Que sais-je ?, 2019.

Nouvelle politique de la couleur, la politique d'art urbain de la Ville de Paris ne s'oppose pourtant pas, tant s'en faut, à la permanence de l'effacement systématique des graffitis. Éminemment plus coûteux à la collectivité que leur encadrement, leur effacement reste au cœur de l'action municipale et constitue une priorité sur l'ensemble du territoire. Autrement dit, si la politique du blanc reste la règle, celle des couleurs apparaît, à travers la promotion de l'art urbain, comme une exception permettant d'articuler l'action culturelle à d'autres enjeux municipaux. On en retient ici deux principaux : l'aménagement de l'espace public et le rayonnement international.

Comme l'action du Bureau des murs peints avant elles, les politiques d'art urbain servent d'abord des enjeux d'aménagement de Paris. Imaginées dans les quartiers marqués par l'hétérogénéité du bâti ou par un urbanisme de barre, les œuvres d'art urbain promues dans ces espaces sont pensées par les élus comme des outils d'esthétisation[28] des quartiers populaires, les plus éloignés de l'esthétique haussmannienne patrimonialisée du centre. Il s'agit de promouvoir la couleur, là où les politiques du blanc ne parviennent pas, seules, à entretenir l'esthétique urbaine. Le recours à l'art urbain est aussi parfois éphémère, lorsqu'il s'agit de décorer une palissade de chantier ou de

Fresques du « Boulevard Paris 13 », 2018.
© Galerie Itinerrance

[28] Camille Boichot et Pauline Guinard, « L'esthétisation des espaces publics à Berlin (Allemagne) et Johannesburg (Afrique du Sud) : l'art pour vendre les espaces publics ou pour rendre les espaces à leurs publics ? ». Dans Marc Veyrat (dir.), *Arts et espaces publics*, Paris : L'Harmattan, 2013, p. 151-177.

construire l'ambiance branchée d'un espace dédié à l'urbanisme transitoire. Les auteurs de graffitis sont ici sollicités pour accompagner, esthétiser temporairement les transformations urbaines dictées par l'agenda des politiques d'aménagement[29].

Comme les politiques de propreté qui leur répondent, les politiques d'art urbain servent également les enjeux d'attractivité urbaine. Alors que les premières concourent à l'harmonisation esthétique des espaces patrimonialisés, le plus souvent centraux et bourgeois, les secondes soutiennent la valorisation institutionnelle de l'histoire contre-culturelle des quartiers populaires de Paris. À l'esthétique du propre qui fonde le rayonnement des espaces centraux s'articulent les esthétiques propres aux arrondissements populaires, dont les élus promeuvent

Graffitis rue Dénoyez à Belleville, Paris 20ᵉ, 2013.
© Daisy Corlett / Alamy Banque d'images

l'inscription dans les circuits touristiques dits « alternatifs ». Les productions des auteurs de graffitis sont ici partiellement tolérées, afin d'attirer les touristes et de favoriser le développement de nouveaux usages récréatifs de la ville[30].

Qu'il s'agisse d'aménager la ville ou d'y attirer de nouveaux usagers, l'esthétisation des quartiers populaires à laquelle participe la promotion de l'art urbain est le résultat d'un processus de sélection : sélection des opérateurs d'art urbain partenaires des élus ; sélection des auteurs de graffitis considérés comme des « artistes » ; sélection des œuvres qu'ils proposent *via* un cahier des charges esthétique explicite, plus ou moins contraignant, ou implicite. En résulte la mise en peinture du rapport sélectif des acteurs des politiques d'art urbain au graffiti : à la valorisation des motifs figuratifs et des couleurs vives fait écho la disparition quasi totale du *writing*, englobant les figures du tag, du *throw-up*, des lettrages en général, mais aussi du graffiti politique, de la vindicte populaire et du « slogan révolutionnaire[31] ».

> Il fallait que le projet puisse s'intégrer dans un environnement. […] Et puis, il ne fallait pas que ce soit trop sinistre, quand même. […] Bon, c'est une espèce de réflexion un peu stupide en fait, mais qui comptait pour les Murs peints, parce qu'on n'était pas là pour attrister l'environnement[32].

Prononcées par une responsable du Bureau des murs peints dans les années 1990, ces phrases résonnent avec les enjeux contemporains des politiques d'art urbain à Paris : aménager et décorer la ville sont, aujourd'hui encore, les leitmotivs de la promotion ponctuelle des couleurs sur les murs de Paris. Corolaire coloré de l'esthétique du blanc entretenue par les politiques d'effacement, la politique d'art urbain en comble les apories : il s'agit pour les pouvoirs publics de produire et d'entretenir des espaces publics aux esthétiques

---

29 Julie Vaslin, « Promotion temporaire du graffiti et leadership d'arrondissement ». Dans Guillaume Marrel et Renaud Payre (dir.), *Temporalité(s) politique(s) : le temps dans l'action politique collective*, Paris : De Boeck Supérieur, 2018, p. 197-211.

30 Julie Vaslin, « Les espaces du graffiti dans les capitales touristiques : l'exemple de Paris et Berlin », *EchoGéo*, avril-juin 2018, n° 44, https://journals.openedition.org/echogeo/15306

31 Zoé Carle, *Poétique du slogan révolutionnaire*, Paris : Presses Sorbonne nouvelle, 2019.

32 Entretien avec une ex-responsable du Bureau des murs peints, réalisé en avril 2016.

normées. Les politiques de la couleur sont-elles alors des politiques culturelles ? De quels moyens la Ville de Paris dispose-t-elle pour soutenir efficacement les auteurs de graffitis engagés sur la voie de la professionnalisation artistique ? L'étude menée par l'association Le M.U.R. en 2019 pointe du doigt la piste, restée inexplorée par les acteurs publics, des politiques d'acquisition du Fonds municipal d'art contemporain[33]. Car dans l'espace public, si les murs de Paris peuvent devenir les cimaises éphémères de l'art urbain, comme ils ont été celles des trompe-l'œil dans les années 1980, la politique du blanc reste la règle, et la politique de la couleur une exception.

Julie Vaslin
Politiste

---

[33] Le M.U.R., *Étude nationale sur l'art urbain*, 2019, p. 122-123. Commandée par le ministère de la Culture, cette étude s'inscrit dans le cadre de la création de la Fédération de l'art urbain. Elle recense 27 œuvres d'art urbain réalisées par 10 artistes, parmi les 3 000 du FMAC.

Le temps des

Nicola Delon

17, rue de l'École-Polytechnique, Paris 5ᵉ, 2020.
© Encore Heureux

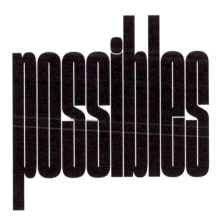

« Ce qui est beau, c'est ce qu'on aime. »
Jean Anouilh

La crainte du beau

Lors de nos études d'architecture, jamais les mots « beau » ou « beauté » n'ont été employés. Comme si les affects et les émotions n'avaient pas de place dans des enseignements où le style était soit historique soit suspect. Coincé entre l'assèchement du mouvement moderne et les méli-mélo du post-modernisme, il était plus facile de se cacher derrière des principes que de tenter de partager collectivement la construction d'un attachement et d'une sensibilité.

Je propose ici d'identifier les strates et les temporalités de nos environnements ou milieux urbains pour esquisser ensuite, à partir de l'exemple des terrasses éphémères de Paris, les potentiels, les failles et la nécessité d'une confusion esthétique collective et vivante.

Les perceptions enchevêtrées

Si l'on cherche à décrire la beauté d'une ville, on peut tenter de dissocier les différents composants qui entrent dans la perception de ce sentiment. Nous identifions six niveaux de perception distincts et imbriqués.

La situation géographique apparaît en premier lieu comme le rapport entre le site et son occupation. En bord de Seine ou de Méditerranée, dans la plaine ou accroché aux reliefs, les conditions d'occupation d'un site sont le premier élément dans la perception des lieux qui s'y déploient. La morphologie générale des ensembles bâtis nous semble être une autre strate de cette perception. Il s'agit du rapport entre le vide et le plein et donc la notion sensible de densité perçue. Trop dense ou trop peu dense, il semble que la fourchette entre ces deux valeurs soit déterminante. Nous identifions ensuite les typologies construites, c'est-à-dire les formes que prennent les architectures en tant que telles et les unes par rapport aux autres. L'effet homogène d'un îlot haussmannien se différencie par exemple nettement d'un assemblage de compétition d'écritures architecturales d'une ZAC (Batignolles ou Paris Rive Gauche par exemple). La matérialité vient compléter le tableau : tout pierre, tout béton, tout verre, tout bois, mixte. La peau des bâtiments est indissociable de leur style et donc de leur amabilité. Le mobilier urbain qui, contrairement à son nom, n'est que très peu mobile et représente l'ensemble des artefacts qui se trouvent entre les deux pieds de façade de part et d'autre d'une rue, vient participer également à l'ensemble. La diversité des objets présents et leur destination, là aussi souvent en compétition, participe d'une occupation visuelle aux registres variés et en lutte pour la visibilité (panneaux de signalisation, d'orientation, de publicité, de sécurité, de décoration ou d'usages). Les potelets qui ont pour fonction principale d'éviter le stationnement sauvage sont à Paris au nombre de 335 000 et de fait participent à leur insu à l'écriture urbaine de la ville. Par ailleurs, en voulant protéger les trottoirs, ce dispositif en vient paradoxalement à restreindre les usages.

Enfin, et nous aurions pu commencer par cela, la présence des corps et des objets réellement en mouvement. Le dessin des véhicules, leurs couleurs, comme le style vestimentaire des passants participent évidemment au tableau final. La déferlante des marques colorées de mobilités alternatives (vélos en *free-floating*, trottinettes électriques) a révélé l'impact de cette occupation à la fois spatiale, visuelle et dans un premier temps, hors de contrôle.

C'est dans la complexité et les interactions entre ces six niveaux que la perception finale des lieux et d'une ville se construit. C'est de cet assemblage que naissent des attachements, des détachements ou des rejets. Engager une réflexion sur l'esthétique urbaine nécessite de mesurer cette complexité et d'identifier les conditions d'une stratégie démocratique portée par la puissance publique.

Les quatre temps du changement

L'autre marqueur de la transformation physique de notre environnement qui vient s'ajouter à la modification de l'espace est celui du temps. Nous distinguons ici quatre temporalités à même d'agir sur la transformation des établissements humains. Par simplification, nous relions ces quatre temps à des temps opérationnels connus dans les métiers de la conception que sont le design, l'architecture et l'urbanisme. Nous distinguons le temps de la scénographie (d'un jour à deux années), le temps de l'architecture (de 2 ans à 5 ans), le temps de l'urbanisme (de 5 ans à 20 ans) et enfin le temps long du paysage qui dépasse celui d'une génération. Là aussi, c'est en ayant conscience de ces temps, et donc de ces rythmes, qu'il convient d'appréhender les orientations et les stratégies d'une modification perceptible de nos villes. Nous noterons ici que seules les deux premières catégories de temps contiennent le temps des mandatures politiques, qu'elles soient municipales (6 ans) ou autre.

Enfin, à ce rapport au temps s'ajoutent celui de l'accélération et celui des effets de mode. L'accélération des modifications des usages génère de fait un décalage entre les attendus et la permanence des cadres physiques censés les accueillir ou les permettre.

L'exemple des terrasses éphémères de l'été 2020 à Paris

Le 1er juin 2020, afin d'accompagner la réouverture des cafés et restaurants fermés depuis le confinement du 17 mars 2020, la Ville de Paris met au point une charte permettant des occupations temporaires des trottoirs et places de stationnement devant les restaurants et les cafés de la ville. Cette première charte[1] en dix points énonce les règles très simples et les contraintes légères de ce dispositif expérimental. Cette expérimentation est valable d'abord jusqu'au 30 septembre 2020 avant que cette date ne soit prolongée jusqu'au 30 juin 2021 et qu'une nouvelle charte[2] plus détaillée soit proposée. En quelques semaines, 8 000 demandes de terrasses sont déposées et c'est une véritable transformation qui se déploie dans les rues de la ville en un temps record. Le contexte inédit donne une ampleur très importante à cette décision politique intuitive et courageuse.

Plus étonnant encore, ce dispositif s'inscrit dans la volonté de la ville de réduire l'emprise du stationnement automobile qui représente 140 000 places, soit une surface de l'ordre de 105 hectares. En autorisant l'appropriation, un véritable test grandeur nature est effectué sur les stratégies spatiales de qualification des rues et des trottoirs. Les commerçants, traditionnellement opposés à toute politique de restriction de la place de l'automobile en ville, se trouvent là en position d'en être les plus ardents défenseurs, car la mesure est prise dans leur propre intérêt.

Voyant le phénomène prendre de l'ampleur et voyant se transformer des kilomètres de trottoir, nous décidons au sein d'Encore Heureux d'en faire un relevé photographique à partir du mois de juillet

---

[1] « Je m'engage » - Découvrez "La charte terrasse" sur laquelle doivent s'engager les commerçants parisiens pour exploiter leur activité extérieure », *Food & Sens*, 1er juin 2020, www.foodandsens.com

[2] Ville de Paris, « Prolongation des terrasses éphémères, la charte des engagements », https://cdn.paris.fr/paris/2020/10/01/adc752c90b18f-2384be8ac3520354b02.pdf

1 bis, rue Ravignan, Paris 18ᵉ.

19, rue Sainte-Marthe, Paris 10ᵉ.

10, rue Alexandre-Dumas, Paris 11ᵉ.

47, quai des Grands-Augustins, Paris 6ᵉ.

84, boulevard de Belleville, Paris 20ᵉ.

46, rue de la Montagne-Sainte-Geneviève, Paris 5ᵉ.

22, rue des Écoles, Paris 5ᵉ.

16, rue de Belleville, Paris 20ᵉ.

40, rue de Cloys, Paris 18ᵉ.

93, rue Rébeval, Paris 19ᵉ.

59, rue de Belleville, Paris 19ᵉ.

18, rue de Buci, Paris 6ᵉ.

26, rue Saint-Ambroise, Paris 11ᵉ.

3, rue Vandamme, Paris 14ᵉ.

18, rue de la Michodière, Paris 2ᵉ.

25, rue Danielle-Casanova, Paris 2ᵉ.
© Encore Heureux Architectes, 2020 (pour l'ensemble des photographies)

2020. Nous réalisons une série de plus de 800 photographies en parcourant les 20 arrondissements de la ville. L'archive ainsi produite a vocation à compiler les dispositifs et les aménagements qui répondent à la triple contrainte de la séduction, de l'urgence et de la maîtrise budgétaire (beau, vite et pas cher) car à ce moment-là, l'autorisation n'est alors que jusqu'à l'automne.

Se déploie alors une très grande diversité de terrasses, de mobiliers, d'auvents, de cloisons et de jardinières. Même si certaines récurrences se retrouvent dans les matériaux utilisés, le résultat est toujours différent en fonction des savoir-faire mobilisés et de l'attention portée au résultat final. Concernant les restaurants, nous remarquons un lien entre le type de cuisine et les choix stylistiques et constructifs des éléments mis en œuvre, la terrasse d'un restaurant japonais n'a rien à voir avec celle d'une brasserie ou d'un restaurant italien. Des récurrences apparaissent aussi dans une même rue où un choix judicieux se retrouve copié ou décliné par les commerçants voisins.

On connaît l'importance des cafés, restaurants et bistrots parisiens, à la fois pour les habitants qui en ont la pratique régulière, mais également pour les millions de voyageurs du monde entier qui venaient s'y installer avec la force des imaginaires associés allant des cafés littéraires de Saint-Germain-des-Prés à ceux de la rue Lepic d'un Montmartre jadis populaire. Sous l'angle de la saisonnalité, on peut retrouver dans ces dispositifs d'extension de terrasse les phénomènes de déploiement des guinguettes de bord de fleuve ou des paillotes de bord de plage. Ce bricolage autorisé produit un effet immédiat dans la transformation des espaces concernés. Accepter d'expérimenter, c'est accepter de confronter une idée à sa réalisation, accepter d'en mesurer les effets, les surprises, les atouts et les limites. C'est prendre le risque du succès en veillant à en ajuster les contraintes au fil du temps. C'est certainement trouver également un juste milieu entre une esthétique qui serait descendante (*top down*) et un style citoyen résultat d'un laisser-faire idéalisé (*bottom up*). C'est travailler entre les deux, avec les deux, avec le milieu[3].

Les conditions d'un style partagé

L'exemple des terrasses nous renseigne sur la capacité d'une appropriation massive dès lors que la puissance publique permet et autorise. L'appropriation est dans ce cas à double sens – on peut saluer l'invention des dits commerçants et le fait de préférer des terrasses en bois et des plantes en pots aux véhicules SUV qui étaient garés à ces emplacements. On peut considérer en ce sens qu'il ne s'agit pas d'une nouvelle privatisation de la place de parking, car son usage était déjà privatisé par le propriétaire du véhicule qui l'occupait. On considère tout autant que l'espace ainsi aménagé par le commerçant est marchandisé, car réservé quasi exclusivement à ses clients et que donc les places de parking ne peuvent pas être considérées comme un espace public ou commun. S'approprier réunit donc à la fois le fait de s'autoriser à transformer l'espace, mais aussi à se l'accaparer.

Il me semble que le défi de la puissance publique se situe dans l'attention portée à ce processus et l'acceptation d'une forme de complexité. Trop souvent, l'étape de l'expérimentation s'arrête à la phase une de l'écriture de la nouvelle règle qui permet le changement. Les effets d'annonce et donc de communication ne peuvent et ne doivent pas suffire pour engager une transformation des milieux citoyenne et apaisée. Nous pourrions considérer que deux étapes complémentaires de cette première phase doivent être engagées avec courage, moyens et sérieux. La phase deux serait alors celle de l'observation minutieuse des changements, porter attention comme dirait Baptiste Morizot[4]. Il ne s'agirait pas ici d'observer les traces laissées par le loup, mais de mesurer les ajustements spatiaux et leurs incidences d'usages. L'attention signifie à la fois le fait d'être attentif, et donc précis, mais également d'être attentionné et donc bienveillant. Enfin, sur la base de ces observations du réel, une troisième phase permettrait d'ajuster, de modifier, d'améliorer la règle du jeu initiale pour la rendre plus précise, plus juste et donc plus démocratique.

De ces deux conditions complémentaires de l'expérimentation dépend le sens d'une vision ouverte de nos espaces publics, de nos trottoirs, de nos rues et de nos villes. L'inverse d'un académisme fermé, condescendant, et obsédé par un passé qui fut pourtant à un moment un futur à part entière.

S'interroger sur de nouvelles esthétiques passe donc par accepter d'ouvrir le champ des possibles, par le fait de ne pas craindre la puissance du vivant, mais au contraire de l'accueillir. C'est s'attacher à poser des questions en acte plutôt que des réponses en geste. C'est considérer enfin que seul le vivant peut transformer le réel qui n'est souvent rien d'autre que le beau en train de se construire.

Nicola Delon
Architecte

---

3 Le milieu désigne ici un espace aménagé où les conditions physiques, climatiques, sociales et politiques influencent.

4 Baptiste Morizot, *Sur la piste animale*, Arles : Actes Sud, 2018.

chiffonn du

Gwenola Wagon

futur

> Si la vie était gérée comme le service des encombrants de la Ville de Paris, on déposerait nos soucis sur le trottoir et ils disparaîtraient miraculeusement. L'efficacité de ce service est une source d'admiration sans fin. Un Parisien qui y fait appel a immédiatement envie de leur confier la conduite du pays.
>
> Guillemette Faure[1]

> Le XXᵉ siècle, comme tous les autres, depuis que le monde est monde, oscille entre son passé et son avenir, et, dans l'histoire que voici, la matière plastique est au fond des cavernes, le confort moderne asservit ceux qu'il devrait servir, les chevaliers croisent le fer pour la science… Il y a des rêves couleur du temps, de l'hygiène à la découverte… il y a la passion, stable comme notre planète vertigineuse… Tirés en arrière, propulsés en avant, pris entre la pierre et le nylon, les personnages que vous rencontrerez dans les pages qui suivent sont, comme nous tous, le résultat déchiré, déchirant de cet éternel état des choses.
>
> Elsa Triolet[2]

Presto chiffonnier.
Dessin de Victor Hugo, n.c.

Les auteurs de science-fiction du XIXᵉ siècle n'imaginent pas les montagnes de déchets qui naissent de la société de consommation. Ils n'imaginent pas la « vie d'après » des objets merveilleux qui peuplent nos vies, ce que deviennent les écrans, les meubles, les machines… – qui, à vrai dire, ne deviennent rien, mais forment seulement des tas. C'est, peut-être, parce que le Paris qu'ils connaissent est constamment et discrètement passé au crible par les chiffonniers. Cherchant à comprendre pourquoi la littérature d'anticipation n'a pas prédit la société de consommation et la *jetabilité* des choses, je me suis penchée sur le Paris du Second Empire, lorsque les artistes font du chiffonnier une figure poétique et politique, l'associant à l'esthétique du recyclage, telle que l'appréhende Antoine Compagnon dans son livre *Les Chiffonniers de Paris*[3] et dans son séminaire au Collège de France[4].

Paris est la ville où tout se récupère au bout du crochet du chiffonnier[5], acteur indispensable de l'industrialisation comme du nettoiement urbain, tel que l'analyse Sabine Barles dans son livre *L'Invention des déchets urbains : France 1790-1970*[6]. La chiffonnerie est à son apogée entre la révolution industrielle et le développement de la chimie. Le chiffonnier récupère des chiffons (vieux vêtements et toiles de lin et de chanvre) qui, une fois découpés

---

1 Guillemette Faure, « La ronde des encombrants de Paris », *Le Monde*, 3 janvier 2018.
2 Elsa Triolet, préface de *Roses à crédit*, Paris : Gallimard, 1959.
3 Antoine Compagnon, *Les Chiffonniers de Paris*, Paris : Gallimard, 2017.
4 Série de cours et séminaire « Les chiffonniers littéraires : Baudelaire et les autres », Collège de France, janvier-avril 2016, https://www.college-de-france.fr/site/antoine-compagnon/course-2015-2016.htm
5 Voir l'intervention de Sabine Barles intitulée « Cette industrie, dont le mode est repoussant, doit être encouragée », dans le cadre du séminaire « Les chiffonniers littéraires : Baudelaire et les autres », Collège de France, 5 janvier 2016.
6 Sabine Barles, *L'Invention des déchets urbains : France 1790-1970*, Seyssel : Champ Vallon, 2005.

et mis à macérer, servent de matière première pour la fabrication du papier. Il récupère les os pour les blanchir, les verres pour les refondre, les clous pour la ferraille, les cheveux pour les tresses et les chignons.

Les mots « déchet », « ordure », « usagé », « jeter » sont, à l'époque, quasi introuvables, et, lorsqu'ils sont employés, ne recouvrent pas leur signification actuelle. Les termes « immonde » et « immondice » sont associés aux *excreta*, qui forment les boues fertilisant les sols des maraîchers de la région parisienne. C'est pour cette raison que le vocable du détritus n'existe pas, et que le « déchet » dans le sens de « jeter » demeure une terminologie récente. L'image négative qu'il recouvre aujourd'hui n'a pas de place dans la littérature du XIXᵉ siècle.

Ni Albert Robida, dans *Le Vingtième Siècle : la vie électrique*, ni Jules Verne, dans *Paris au XXᵉ siècle*, ne prophétisent l'ère des choses jetables. Comment imaginer que des *choses* soient obsolètes dans le Paris des chiffonniers ? Jeter est impensable. Le futur des transports, de l'industrialisation, du commerce, de la médecine, des arts et des communications se prédit sans la société de consommation et ses conséquences pour l'environnement. Les tuyaux de Robida font circuler les énergies et les messages, les immondices dans les égouts, mais, malgré les fameux arrêtés Poubelle, les *choses* y sont omises : elles passent inaperçues et, pourtant, il n'y a rien, aucun tuyau, aucun système, aucune organisation pour les faire disparaître. Si ces auteurs y avaient pensé, ils les auraient certainement fait transiter, elles aussi, dans des infrastructures, tout comme l'eau, le gaz, l'électricité, la lumière, le théâtre ou la musique ; mais justement, ce n'est pas le cas. Elles sont purement et simplement oubliées.

Chiffonniers, zone des fortifications, porte d'Asnières, cité Valmy, Paris 17ᵉ, photographie Eugène Atget, 1913.
© Paris Musées / Musée Carnavalet - Histoire de Paris

« Le sol de Paris », dans Albert Robida, *Le Vingtième Siècle : la vie électrique*, La Librairie illustrée, 1892.
© BnF

Victor Hugo fait l'éloge de toutes les formes de recyclage possible dans le Paris de la Commune, où chaque rue recèle un trésor enfoui. Charles Fourier propose de confier aux enfants la charge de nettoyer la ville des immondices car, d'après lui, ils aiment la saleté. Mais ni l'un ni l'autre n'imaginent la transformation logistique du e-commerce, qui renverse le paradigme des déplacements : les gens ne se déplacent plus vers les choses, ce sont les choses qui viennent à eux, à la manière de l'information dans les airs. Mais cette nouvelle révolution n'a pas résolu pour autant le problème de la jetabilité des choses : s'en séparer implique toujours d'empoisonner l'environnement.

Recyclage à 100 %

Après la Seconde Guerre mondiale, la multiplication des produits issus de matériaux transformés chimiquement donne naissance à ce qu'on nommera la « société de consommation ». On s'endette pour acheter des objets ; les acquérir est une promesse de bonheur, comme le décrit Elsa Triolet dans *Roses à crédit*. Mais il faut toujours en avoir de nouveaux, et, par conséquent, les choses déjà acquises sont délaissées comme de vieux chiffons. On achète d'une main et on jette de l'autre. La ville des objets mirifiques se double de son envers, la ville des choses délaissées, qu'on abandonne le plus souvent dans les rues. Elles sont encore l'affaire du chiffonnier jusque dans les années 1960, jusqu'à ce que l'on ne puisse plus tirer une économie de seconde main des marchandises abandonnées. Au XXIe siècle, le coût de la réparation outrepasse systématiquement le prix d'achat du neuf. « Chiffonnier » n'a plus le même sens : le mot désigne maintenant une activité marginale et peu lucrative, comme celle des biffins. Par extension, ce sont tous les métiers du recyclage et de la réparation qui disparaissent l'un après l'autre.

D'ailleurs, est-ce la même chose qu'on achète et qu'on jette ? Puisque la nouvelle chimie urbaine court-circuite le temps de recyclage des matériaux, ce qui est jeté a désormais perdu sa valeur.

Plusieurs décennies après, ce ne sont plus seulement des carcasses de voitures et des objets abîmés entassés dans des terrains vagues en périphérie de la ville, mais une masse de résidus informe et d'apparence infinie qui envahit les lieux les plus improbables : les paradis du Pacifique baignent dans des soupes de polymère de synthèse ; les estomacs des cétacés regorgent de plastique gélatineux ; des contrées entières sont ensevelies sous des montagnes de déchets. La condamnation du consumérisme n'a pas cessé depuis les années 1970, mais la masse des déchets dépasse de loin la masse des critiques. La phrase « Que s'est-il passé pour en arriver là ? » ouvre un grand nombre d'ouvrages interrogeant la société des déchets.

Le chiffonnier parisien impliquait l'objet dans un cycle comparable à celui du vivant. Sa matière même s'incorpore dans d'autres choses : « On ramassait, on recyclait, le moindre rebut. […] [A]ucun objet ne devait être considéré comme hors d'usage[7]… » Rien n'est perdu, tout se transforme. Pourtant, dès après la Commune, et son épidémie de choléra, le mouvement hygiéniste milite pour l'interdiction du chiffonnage pour cause de salubrité publique. Ce sera le point de départ d'un immense et impossible déni. Baptiste Monsaingeon explique que le déchet perd son statut d'état transitoire de la matière lorsqu'on l'exclut de nos vies. La chose *détritique* est refoulée : « Ce moment de l'histoire du déchet peut être appréhendé comme celui de "l'apprentissage de l'oubli" pour les jeteurs[8]. » Le geste de jeter s'institue en automatisme aveugle. Le déchet est « arrêté » temporellement, jusqu'à disparaître de la conscience comme possibilité de renaissance.

---

7 Voir le cours 1 d'Antoine Compagnon intitulé « Baudelaire et l'industrie du chiffonnage », série de cours et séminaire « Les chiffonniers littéraires : Baudelaire et les autres », Collège de France, 5 janvier 2016.

8 Baptiste Monsaingeon, *Homo detritus : critique de la société du déchet*, Paris : Seuil, 2017, p. 67.

Le chiffonnier voyageur

Si un chiffonnier débarquait du Second Empire dans les rues de Paris aujourd'hui, avec sa hotte et son crochet, à la suite d'un voyage temporel, il serait étonné de marcher sur des trottoirs réservés aux piétons et séparés de la voirie. Mais ce qui provoquerait sa stupéfaction serait sa rencontre inopinée avec des objets déposés dans la rue. Ce lave-linge, ce sommier, ce fauteuil de bureau, ce matelas, ce vase, ce siège bébé ont-ils commis un crime ? Ont-ils blessé un voisin ou provoqué une dépression nerveuse chez leurs propriétaires ? Ont-ils été ensorcelés ou empoisonnés, pour être ainsi abandonnés sur le trottoir, sans que personne ne se précipite pour les sauver ? Notre chiffonnier déduit de ces objets quelque chose des nouveaux modes de vie des riverains. Il s'interroge longuement et émet quelques hypothèses... Ces commodes doivent être vraiment trop incommodes, inutilisables. Il examine les pas de vis de la bibliothèque IKEA et conclut que, oui, en effet, elle est plus facile à jeter qu'à déplacer : une fois démontée, il n'y a plus qu'à la brûler. La machine à laver l'occupe longuement. Il ouvre le hublot, fait tourner le tambour : que ça a l'air fragile ! Et le frigidaire, cette matière bizarre, qui n'est ni du bois ni du métal, que peut-on en faire ? Rien, justement. Notre chiffonnier, interloqué par ses trouvailles, tente de séparer les différents matériaux de ces objets, comme il en avait l'habitude : bois, métal, chiffon... Mais que faire de ce composé de résine mélamine mélangée à divers métaux ? Le chiffonnier découvre l'univers des matériaux impossibles à recycler, des objets obsolescents et *intransformables*[9] : machines fabriquées pour durer 5 ans. Les choses, pense-t-il, ont bien changé. Elles sont devenues des *monstres dangereux* (car, intuitivement, il comprend qu'il ne faut pas manipuler ces déchets mixtes). Il se demande où il a atterri : qu'est-ce que cette ville qui jette ce qu'elle achète, sans que personne n'en profite ? Qui se remplit de choses qui forment un péril pour elle-même et ses habitants ?

Notre chiffonnier, en proie au doute, s'interroge : que deviennent ces *objets-monstres* ? Que pensent les Parisiens de leur mode de vie incongru ? Comment envisagent-ils l'après de leurs objets déchus ? Imaginent-ils que leurs abandons sont enterrés sous le périphérique ? Ou que des tubes les évacuent dans des zones inconnues ? Sont-ils envoyés sur la Lune ? Le chiffonnier commence à faire des calculs : si chaque année la ville s'élève au-dessus de tous les objets jetés et impossibles à recycler, combien de temps faudra-t-il pour que les arrondissements de Paris s'alignent sur le niveau de Montmartre ? Et combien de temps encore pour atteindre l'altitude du mont Blanc[10] ? Paris, avec ses hyper-terrils, deviendrait-il alors une chaîne de montagnes au milieu desquelles la tour Eiffel émergerait

D'après *Quartier Mouffetard : chiffonnier*, photographie Eugène Atget, 1899, montage Gwenola Wagon.

Hypertrash, installation VR, Stéphane Degoutin et Gwenola Wagon, 2020.

---

9 Le recyclage ne concerne qu'une partie des matériaux, comme l'analysent William McDonough et Michael Braungart dans *Cradle to Cradle : créer et recycler à l'infini* [2002], trad. Alexandra Maillard, Paris : Gallimard, 2011.

10 « Chaque année, le conseil municipal de Paris collecte environ 90 000 tonnes de déchets ménagers encombrants, dont 43 000 canapés, 4 600 lave-vaisselles et 930 poêles. Mais le rendement de ce service municipal n'est pas très efficace. Aujourd'hui, il existe des organismes indépendants qui sont devenus de plus en plus courants [...]. Selon les derniers chiffres, 86 % des objets volumineux collectés dans la ville de Paris sont des déchets mixtes, difficiles à traiter. » Rapport annuel 2018, Ville de Paris.

dans des vapeurs brumeuses ? Devant la masse produite, le chiffonnier est pris de vertige. On l'étonnerait si on lui disait que les Parisiens n'y pensent presque jamais. Mais on pourrait le conduire dans d'autres contrées, lui faire visiter la montagne de déchets de New Delhi, ou celle de Yumenoshima au Japon, surnommée « l'île de rêve », et qui donneraient alors à ses calculs une illustration phénoménalement concrète.

Un art chiffonnier

Les meubles des Parisiens étalés sur la voirie font prendre conscience de ce que nous avons désappris à penser comme à faire : bricoler, recoudre, réparer, reconstruire, inventer d'autres usages, apprendre à se servir des choses usées pour les garder et ne pas perdre avec elles une part de nous-mêmes. Les choses ne se détachent pas si facilement de nos vies. On peut bien se reconnaître dans les objets laissés au coin des rues, avoir une pensée pour eux, un peu d'empathie.

Les peintres et les poètes du XIXe siècle n'ont pas réussi à sauver leurs chiffonniers. Au XXe siècle, une alliance objective de l'hygiénisme, de la chimie et de la publicité invente une esthétique du « tout neuf », qui exclut tout ce qui ne l'est pas. Alors que les artistes faisaient du chiffonnage une activité poétique transformant les boues de Paris en or, les hygiénistes érigent en norme la jetabilité des choses. Le chiffonnier chassé de Paris, de moins en moins visible, laisse place à une administration des déchets de plus en plus efficiente, industrialisée et automatisée.

Sans pour autant tomber dans la nostalgie d'un âge d'or révolu du recyclage, nous pouvons changer notre regard sur la ville et retrouver dans la figure du chiffonnier une part profonde de nous-mêmes, tout comme Agnès Varda lorsqu'elle filme les personnes récupérant des fruits et légumes sur les marchés parisiens. Elle se reconnaît en eux, puisqu'elle récolte elle-même des images pour son film *Les Glaneurs et la glaneuse*[11]. Son recyclage relève d'une esthétique de l'essentiel, celle de la survie dans un monde en prolifération[12]. Agnès Varda s'inscrit dans une filiation d'artistes qui œuvrent à partir de matériaux trouvés, qu'on peut faire remonter à Charles Baudelaire et à Walter Benjamin avec leurs portraits du chiffonnier parisien. De nombreux artistes interrogeant les cycles de production induits par la consommation ont en commun de s'approprier les objets au rebut en sublimant les restes, rendent hommage au cycle du vivant en redonnant vie à des choses délaissées. Le secret est d'en trouver l'éclat, pour les faire briller à travers d'autres formes de récits ou de rituels.

Le chiffonnage incarne alors une esthétique de l'essentiel à travers le geste quasi éternel de la récupération. Tout ce qui relève de l'attitude et de l'esthétique du chiffonnage, les espaces et lieux liés à la récupération – de la rue aux Emmaüs, en passant par les brocantes, marchés aux puces, ressourceries, recycleries, sites internet de seconde main (leboncoin.com)… – représentent autant de manières de court-circuiter les processus de surproduction d'objets et autres maux, induits par la consommation sur-planifiée de la logistique tentaculaire des ventes en ligne *via* les plates-formes.

Gwenola Wagon
Artiste, enseignante-chercheuse,
université Paris 8

---

[11] Agnès Varda (réal.), *Les Glaneurs et la glaneuse*, 2000. Voir aussi *Deux ans après*, 2002.

[12] Anna Lowenhaupt Tsing, *Le Champignon de la fin du monde : sur la possibilité de vivre dans les ruines du capitalisme* [2015], trad. Philippe Pignarre, Paris : La Découverte, Coll. Les Empêcheurs de penser en rond, 2017.

Sol et contrat social

Notes sur la « requalification »

Nicolas Memain

Propos recueillis par
Baptiste Lanaspeze

Paris, 2021.
© Pavillon de l'Arsenal

Quand j'étais petit, dans les années 1990, la « requalification » a commencé à être à la mode. Un nouveau marché est apparu : la « maîtrise d'œuvre de sol ». Les architectes allaient *dessiner des sols*. Jusque-là, les choses se faisaient selon un accord technique empirique. Paris a par exemple été la première ville pavée – avec des petits pavés de grès gris. Et avant cela, il n'y avait pas de pavage, sauf dans les villes antiques romaines, où il est très gros : le charroi bouge, ça fatigue les chevaux, il faut tirer, freiner.

Je suis embêté par les requalifications. « Requalification », « renouvellement », « désenclavement »… : on est entouré de mots dont le sens est impénétrable. On n'a pas fait l'effort de comprendre qu'on ne les comprend pas. Il y a des choses qu'on n'est pas obligé de comprendre ; et même, qu'il faut ne pas comprendre. L'urbanisme est plein de ces mots creux.

« Requalification » – tout comme « réhabilitation » –, c'est au départ un mot juridique, qui désigne le fait de modifier le motif pour lequel on a été inculpé, ou encore la modification d'un contrat de travail. La « requalification » urbaine s'applique plutôt à la ville, et le « renouvellement urbain » à la banlieue. Une ville, normalement, ça se renouvelle de manière empirique et libérale : les gens rénovent leur habitat et leur cadre de vie. Le mot « renouvellement » est aujourd'hui utilisé pour désigner des opérations qui ont pour effet de stigmatiser certains espaces de vie. Le véritable renouvellement aurait donc été de faire du développement économique, pour que les classes sociales défavorisées puissent améliorer leur environnement bâti. Au lieu de ça, les gens sont maintenus dans les cités et la pauvreté.

D'autres pays n'ont pas eu besoin de requalification ; ils s'en sont passé. Ainsi, les Pays-Bas, parce qu'ils ont un génie technique dans lequel ils ont confiance, ont inventé l'espace partagé. Ils ont instauré un nouveau compromis, en diminuant la place de l'automobile, ce qui oblige à la négociation de l'espace et réduit le nombre de piétons accidentés. En France, on a eu besoin de requalification – mais qu'est-ce que ça nous a apporté ? Trop de voitures dans la ville, des enfants qui meurent, des commerces qui périclitent, et donc un électorat mécontent.

La rue était gérée par les techniciens, puis par les architectes, mais ça n'a pas marché. Alors on a demandé aux paysagistes, mais ils n'ont jamais été formés pour faire des sols en ville. À qui demander maintenant ?

La fin du pavé monté à sable

À Paris, à la fin du Moyen Âge, il y a cette invention du petit pavé monté à sable. Au début du XIXe siècle apparaît le désir de faire des revêtements en sols durs ; la bourgeoisie a pris le pouvoir et en a eu assez d'avoir les pieds sales. À partir d'Haussmann et d'Alphand s'élabore alors le système des gros pavés montés à sable – un « contrat empirique » avec le trottoir, les arbres, les bancs et les aménités (fontaines, kiosques, squares…), qui permet une chaussée carrossable. Cet entre-deux technique qui fonctionne, qui a été établi vers 1850 et qui survit aujourd'hui par bouts, va disparaître avec l'automobile.

Je me souviens de photos d'ouvriers de bidonvilles qui enlèvent les pavés, font couler du bitume, et habitent dans la boue.

Au début des années 1960, il y a un retournement : les ingénieurs des routes prennent le pouvoir. C'est le moment où il faut « faire les villes pour la voiture » – on pense à la voie Georges-Pompidou sur les berges de la rive droite de la Seine à Paris. C'est le moment de la technologie des enrobés : le goudron est un liquide visqueux, pas un solide ; en le coulant autour des cailloux, on arrive à faire des revêtements qui tiennent le coup. Le modèle du « véhicule auto, monté sur pneumatique, sur enrobé » est mis en place. Les gens de ma génération ont grandi dans ce monde-là, et c'est ce monde-là qu'on est maintenant en train de défaire. C'est l'histoire d'une croyance nouvelle, apparue dans les années 1960-1970, et de la crise de cette croyance, en deux générations. On donne le pouvoir aux ingénieurs, qui vont aménager les villes autour de l'automobile, modifiant ainsi la ville ancienne, haussmannienne – qui se retrouve soudain remplie de bagnoles. Dans mon enfance à Bordeaux, toutes les petites places étaient des parkings. J'ai grandi dans une mer de capots brillants. On voit son reflet dans la peinture métallisée, on touche la poignée de la porte ; c'est le seul événement sur un océan lisse. Ma fille, qui a 10 ans aujourd'hui, se regarde dans les carrosseries des voitures et prend la pose.

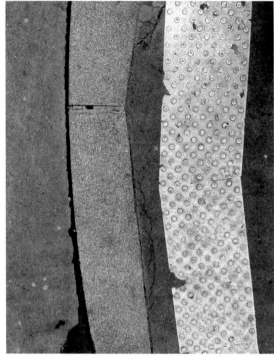

Paris, 2021.
© Pavillon de l'Arsenal

L'invention de la requalification

Avant les débuts de la « requalification » en France dans les années 1990 – avec l'aménagement de la place des Terreaux à Lyon ou du quartier Montorgueil à Paris –, il y avait eu dans les années 1960 l'invention de la place hollandaise – déclenchée par les piétons morts à cause des voitures. On a ainsi inventé l'« espace partagé », en obligeant les voitures à aller lentement et en instaurant une segmentation fonctionnelle avec les vélos. Mais en France, nous n'avons pas connu ça : les Ponts et Chaussées ont mis du bitume partout. Cette pseudo-invention qu'est la requalification de l'espace public est donc apparue en France il y a 25 ans. Du point de vue des architectes, c'était un fabuleux nouveau marché, et du point de vue des entreprises qui construisent des routes (des sols, des enrobés), ça a donné lieu à l'apparition de nouveaux métiers – de nouvelles machines, de nouveaux savoir-faire, de nouveaux fournisseurs…

La requalification est donc un art d'inventer la ville post-automobile. Sur le papier, c'est génial, mais dans le réel, on demande à des artistes, qui n'ont pas prévu de faire ça, de faire des choses très techniques, très contraintes. Et la place des Terreaux, c'est une catastrophe : elle est aujourd'hui défoncée. Les autobus qui pèsent 17 tonnes, ils passent, et ça freine, et ça repart. Les contraintes des sols sont nombreuses : la charge, le gel… Les anciens pavés géraient ça bien, avec leur élasticité.

Cela coïncide également avec le retour des tramways en ville. Mais comme nous vivons dans des économies qui se transforment très

Paris, 2021.
© Pavillon de l'Arsenal

rapidement (entreprises, machines et savoir-faire), chaque requalification est un *unicum*, une expérience, une accumulation de prototypes (il y a le 2007, le 2009, le 2020…), qu'on ne sait pas entretenir et réparer, puisqu'on n'a plus les fournisseurs pour cela. Les porphyres de la Canebière à Marseille, par exemple : à un moment, on était en rupture de stock de pièces de rechange, on a réparé les trous avec des bétons rouges – tout l'effet de départ, à l'usage, a ainsi été ruiné. On a trouvé de nouveaux porphyres, mais leur achat est passé par un appel d'offres, et à la fin, ce n'était pas les mêmes – ce qui produit en permanence un effet de rustine, de pansement.

En créant la ville automobile à partir des années 1960, on a aussi créé le système de la grande distribution, et donc concentré l'activité commerciale en dehors de l'espace public, dans les grands supermarchés. L'espace public des centres-villes s'est progressivement appauvri dans son usage. On a assisté à la déprise commerciale des centres historiques anciens ; on y est encore, c'est loin d'être fini. Les commerçants constituent un électorat traditionnel de la République bourgeoise, qui est donc mise en danger par les supermarchés. La requalification vient de cette peur. La ville traditionnelle, avec ses rez-de-chaussée commerciaux, est entrée en crise avec l'apparition de la grande distribution – et alors, en réaction, on a fait quelque chose d'étonnant : on a réintroduit la figure du *mall* dans l'espace public. Le centre-ville est en compétition avec le supermarché, et on refait le *mall* – sauf que dans le supermarché, on n'a pas la contrainte du passage des camions de pompiers. Offrir au consommateur l'expérience de la galerie marchande en centre-ville est un combat perdu d'avance.

Cette tentative d'imiter le *mall* par l'introduction de sols luxueux a entraîné une recomposition du secteur des carrières à l'échelle internationale. De nombreuses carrières françaises ont disparu ; les modèles de matériaux dominants profitent à une carrière portugaise, Altalisa (ou à des carrières chinoises) qui fournit tous les marchés. On voit un calcaire jaune envahir de nombreuses villes… Vendôme, Bourg-en-Bresse, Marseille… partout le même. La quantité prime : qui peut la fournir ? La carrière portugaise a l'avantage de pouvoir tenir 2 000 ans. Des grès chinois ont été utilisés pour le sol de l'espace Villeneuve-Bargemon derrière la mairie de Marseille, car seules les carrières chinoises pouvaient livrer quantité et qualité dans les délais électoraux. Un autre problème est celui du savoir-faire qu'on n'a plus ; et des travailleurs détachés parcourent toute l'Europe.

Les exemples sont nombreux. Nantes et Grenoble, les deux premières villes à avoir réinstallé le tramway, laissent encore travailler les ingénieurs voyers, et c'est plutôt réussi. À Strasbourg et Bordeaux, en revanche, on décide de refondre le système des transports en commun avec le tram ; c'est formidable. Mais on en profite pour refaire les voiries et les sous-sols avec des aides de l'État. Résultat : lorsqu'il faut changer les tuyaux, on est obligé d'éventrer la dalle en béton, alors que dans le modèle haussmannien, il suffisait de soulever les pavés. Quand on construit une façade qui comporte 60 feuilles de marbre (comme la bibliothèque de l'Alcazar à Marseille), il suffit d'une qui casse et c'est foutu ; ça fait un sourire avec des dents creuses.

De nouveaux problèmes

On remarque donc l'apparition de nouveaux inconvénients : la maintenance impossible de la voirie, mais aussi l'imperméabilisation des sols, depuis le macadam des années 1960. On a désormais identifié le problème, mais on ne l'a pas encore résolu. En installant des trams, on a eu tendance à faire des sols noirs, mais à cause de l'albédo[1], on crée maintenant des sols clairs, qu'on espère plus frais, mais qui créeront des pathologies aux yeux. On reviendra aux sols sombres. De toute façon, un sol urbain est forcément sombre, ne serait-ce qu'à cause de la crasse.

La pluie ne pénètre plus les sols étanches, donc on met en place des infrastructures coûteuses pour récupérer l'eau. Pour pouvoir encaisser les poids-lourds des pompiers, les sols doivent être très solides. Il y a aussi l'évolution des techniques de nettoyage, afin de mécaniser l'entretien des rues, pour plus de productivité. On est passé des balayeurs aux souffleurs. Et surtout, il y a la rotobrosse. Après une série de prototypes tout au long du XXe siècle, la rotobrosse se généralise dans les années 1980. La première dont j'ai entendu parler, c'est dans le livre *Zones* de Jean Rolin (1995). Quand on achète ces véhicules, il y a des normes sur le bruit, mais l'axe de l'hélice bouge ensuite un peu, et le volume sonore se met à augmenter (tout comme dans le cas des aspirateurs, des climatiseurs, des machines à laver, des frigos, des ordinateurs, des modems). Ce sont des roues ; la roue est une vieille technologie, et elles ont toutes le même problème : elles sont de plus en plus bruyantes en vieillissant. Il y a aussi le problème de l'hélice et le problème du filtre, qui se bouche et augmente le bruit, pour monter à 70 décibels et laisser de la crasse par terre. L'envoi d'eau mélangée à des solvants à haute pression creuse les bâtiments avec le gel.

On a cassé l'ancien contrat – un compromis qui était tenable –, et on a ouvert la boîte de Pandore. Ce n'est pas un mythe grec pour rien ; on va périr par le feu.

Le grand monument du *greenwashing*, c'est donc la requalification de l'espace public. Ça raconte l'inefficacité d'une génération à dire des choses qu'on ne fait pas. Les institutions territoriales (communes et métropoles) doivent aujourd'hui investir dans la ville et dans son renouvellement, ainsi que dans les transports en commun – mais dans la contrainte temporelle des mandatures, elles disposent de cette réponse clé en main, sur catalogue, qu'est la requalification des espaces publics. Cette réponse automatique par défaut ne résout rien, mais engendre de nouveaux problèmes.

Les gens ont envie que ce soit propre, alors on fait des sols clairs avec un dessin au calepinage luxueux, mais en extérieur, ce qui produit un effet de socle : là-dessus, le chewing-gum collé ou la crotte de chien deviennent des monuments. On se met à regarder les imperfections. Avant, l'imparfait était sombre ; c'était l'éloge de l'ombre, le monstre sous le lit.

Nous voici avec un dissensus insoluble. La seule réponse dont on dispose consiste à refaire les sols ; et quand on refait les sols, on crée un problème de plus. De l'argent a été dépensé, mais il n'y a pas de retour sur investissement avec des faux sols de salle de bains, en ruine dès la livraison.

Paris, 2021.
© Pavillon de l'Arsenal

Vers l'espace négocié

Paris, 2021.
© Pavillon de l'Arsenal

La rue et la place sont multifonctionnelles. Elles ont été fonctionnalisées, consacrées aux piétons et segmentées dans leurs usages (terrasses, enfants, tram, vélos, piétons). Autrefois, leur gestion souple permettait de renégocier en permanence le contrat social. La segmentation actuelle de l'espace empêche cette négociation – qui était une école d'urbanité : le plus poli gagnait. « La rue et la place sont des pactes irrationnels entre l'homme et la nature » (Lucien Kroll). C'est là une invention non écrite.

Quand les premiers supermarchés sont apparus, les aménageurs avaient pour référence les thermes romains et les *basilica*[2] antiques : un espace public carrelé de marbre situé dans la ville antique. Aujourd'hui, ces sols de supermarchés sont réimplantés en centre-ville, en plein air.

Il faut se poser la question de l'égalité de traitement. Des thermes en marbre, d'accord ; mais en extérieur, non. En introduisant le sol de pavés publics à l'extérieur, on casse l'égalité de traitement des sols ; or, c'est la condition de l'égalité de traitement des citoyens. Au début du XIXe siècle, les grandes places rectangulaires néo-classiques apparaissent dans une société de monarchie constitutionnelle qui aspire à l'égalité. En donnant l'égalité de traitement au sol, on en fait une métaphore, une forme théorique de la République sociale. En cassant ça, on casse l'*a priori* d'égalité qu'on nous apprend à l'école ; on n'y croit plus.

Les choses sont souples, les usages se négocient en permanence. Il faut que l'eau et le vent passent. *Less is more* – pour voir le vent dans les arbres. Le secret, c'est la tendresse.

Nicolas Memain
Urbaniste promeneur

---

1 *Albédo* : proportion de réflexion du rayonnement solaire par une surface, en fonction de sa couleur et de sa matière.

2 *Basilica* : dans le monde antique romain, grand bâtiment public multifonction, de type halle couverte.

Un inventaire dessiné du mobilier urbain

Patricia Pelloux

Inventaire et dessins par Yann-Fanch Vauléon, paysagiste à l'Apur, et Thomas Sindicas, graphiste.

Le mobilier urbain parisien fabrique notre paysage quotidien. Il forme un ensemble familier d'objets disparates aux fonctions multiples, accumulés avec le temps, dont il n'existe aujourd'hui ni atlas ni inventaire précis. C'est pourquoi, à l'heure d'une réflexion sur la nouvelle esthétique parisienne, inventorier, répertorier, redessiner l'ensemble de ces mobiliers nous paraît un socle indispensable pour penser l'évolution de notre cadre de vie.

Cet inventaire inédit permet d'appréhender l'ensemble des mobiliers, redessinés à la même échelle et en noir et blanc pour être mis en regard et comparés. Le descriptif qui accompagne chaque dessin rappelle, quand cela est possible, le nom du modèle, les dimensions, les matières, l'année de la première installation, le concepteur, le fournisseur, l'usage ainsi que le nombre de pièces présentes actuellement à Paris.

Quatre familles de mobiliers peuvent ainsi être distinguées :

- le mobilier de confort et de services accompagnant les piétons, avec 70 000 mâts d'éclairage, appliques et suspensions (17 types) ; plus de 30 000 corbeilles et conteneurs pour la collecte des déchets (9 types) ; 10 000 bancs et assises (15 types) ; 512 kiosques ; 482 fontaines à boire ; 453 sanisettes ; et 450 colonnes Morris ;
- le mobilier lié à la gestion de la circulation automobile, avec aujourd'hui près de 350 000 potelets ; 109 000 feux tricolores ; 50 000 barrières, principalement les modèles « croix de Saint-André » ; 25 400 bornes ; et 4 130 horodateurs ;
- les services de mobilité qui se diversifient également, avec 30 000 arceaux vélos ; 32 974 bornes et 1 017 totems Vélib' ; 440 bornes hautes et 2 270 bornes basses de recharge électrique ; 2 000 abris voyageurs ; 60 bornes taxis ; et plus de 50 vélobox nouvellement installés ;
- et, enfin, le mobilier en lien avec la végétation, avec plus de 33 000 grilles en pied d'arbres et 3 000 bacs et jardinières hors-sol, ainsi que de nombreuses petites grilles.

Ce travail d'inventaire permet de révéler combien le mobilier s'est largement multiplié, diversifié et spécialisé à travers l'histoire. Au XIXe siècle, le mobilier urbain haussmannien est conçu pour répondre à des besoins fonctionnels codifiés d'hygiène et de sécurité, mais également pour contribuer à l'embellissement et au décor de la rue. Au XXe siècle, la gestion des flux automobiles et l'augmentation des mobilités conduisent à multiplier les mobiliers de protection anti-stationnement et de signalisation, ce qui entraîne une (trop) grande prolifération. Aujourd'hui, d'autres services se développent dans l'espace public : recharge électrique, tri des déchets, mobilité partagée, végétalisation…

Les dessins, dans leur précision, font apparaître l'extrême diversité et l'importante évolution des attributs des mobiliers, plus imposants pour certains (fontaines d'eau pétillante, colonnes à verre, Trilib', corbeilles compactantes, sanisettes, vélobox), moins ornementés pour d'autres. Cela révèle en creux l'importance des caractéristiques qui font l'unité de l'espace public parisien : une simplicité soignée dans le dessin ; une sobriété des matériaux et des couleurs, quels que soient les lieux ; la régularité des implantations, alignant bordures, arbres, candélabres…

Si la qualité du dessin et de l'agencement semble fabriquer la continuité des esthétiques constitutives de l'identité de Paris, la multiplication des mobiliers brouille cette image. Cela nous invite alors à réduire le nombre des objets et à en améliorer la cohérence, en prenant appui sur le renforcement de la place de la nature en ville, qui sera sans aucun doute l'empreinte des années à venir.

1. Borne fontaine : 1830, Charles Gibault & Cie, Ingénieurs Constructeurs, GHM. Fonte. 39 exemplaires **2.** Banc double « Ville de Paris » historique : vers 1850, Gabriel Davioud architecte. Fonte et bois **3.** Grille ronde : vers 1850, Gabriel Davioud architecte, Fonderie Dechaumont. Acier moulé **4.** Corset : vers 1850, Seri. Fer plat embouti **5.** Banc Gondole : vers 1850, Gabriel Davioud architecte. Fonte et bois **6.** Grillette parisienne : vers 1850, Gantois. Acier **7.** Grille carrée : vers 1850, Gabriel Davioud architecte, Fonderie Dechaumont. Acier moulé **8.** Banc rustique historique : vers 1850, Gabriel Davioud architecte. Fonte et bois **9.** Fontaine Wallace : 1872, Charles-Auguste Lebourg sculpteur, GHM. Fonte. 106 exemplaires **10.** Chaise « Luxembourg » : vers 1920, Fermob. Acier **11.** Banc « Boulevard de Clichy » : 1970. Acier et bois **12.** Bac Orangerie : Bois **13.** Jardinière Cribier : Acier **14.** Banc « Berge de Seine » : 1993, Philippe Mathieux architecte. Pierre calcaire comblanchien **15.** Grillette : 1990, Ville de Paris, Acier **16.** Banc double « Ville de Paris » modernisé : 1993, A. Hofmann architecte. Fonte, bois **17.** Bac en bois Ville de Paris : 2018, France Urba, Bois

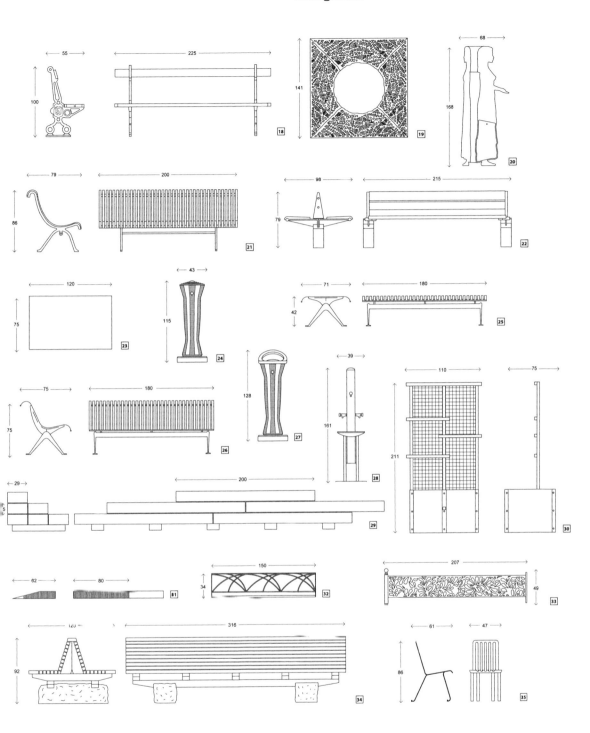

18. Banc simple « Ville de Paris » modernisé : 1993, A. Hofmann architecte. Fonte, bois **19.** Grille Richard Lenoir : 1994, Seura Architectes et Jacqueline Osty. Acier moulé **20.** Millénaire : 2000, Radi designers, GHM. Fonte. 4 exemplaires **21.** Banc Promenade plantée : 1993, Philippe Mathieux architecte, Acier **22.** Banc « Champs-Élysées » : 1994, Jean-Michel Wilmotte architecte. Acier, fonte et bois **23.** Bac Panthéon : 2018, Emma Blanc Paysagiste et Collectif ETC Architectes. Acier. 40 exemplaires **24.** Borne de marché : 2010, Cécile Planchais designer, GHM. Acier. 259 exemplaires **25.** Banc Porto : 1990/2000, Area. Acier **26.** Banquette Porto : 1990/2000, Area. Acier **27.** Fontaine arceau : 2012, Cécile Planchais designer, GHM. Acier. 54 exemplaires **28.** Totem : 2012, Eau de Paris. Acier. 10 exemplaires **29.** Banc « Mikado » : 2012, Franklin Azzi architecte, Ville de Paris. Bois **30.** Bac rectangulaire avec support de plante grimpante : 2020, Ville de Paris. Bois et acier **31.** Lisse métallique : 2020, Benjamin Le Masson architecte voyer. Acier **32.** Grillette : 2020, Ville de Paris. Acier **33.** Grillette Voltaire : 2020, Ville de Paris. Acier **34.** Barrettes : 2018, Emma Blanc Paysagiste et Collectif ETC Architectes, Ville de Paris. Granit et bois. 15 exemplaires **35.** Chaise modèle « Bastille » : 2020. Acier

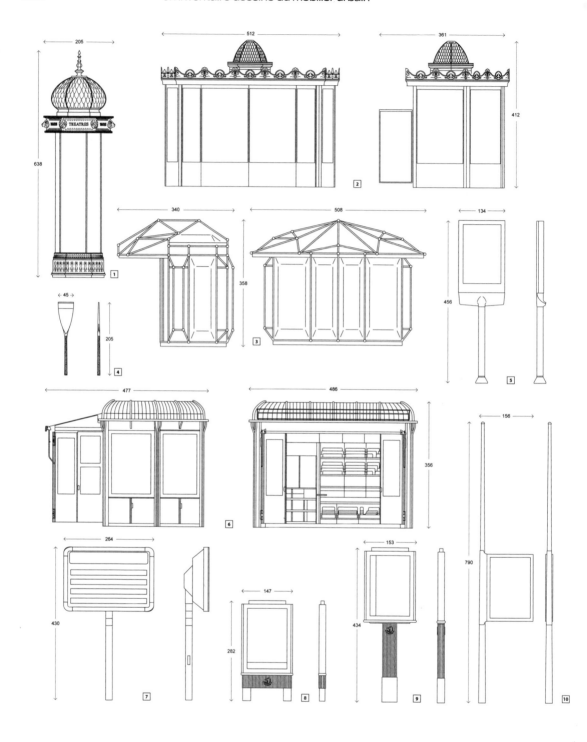

1. Colonne dite « Morris » : 1868, réédition 2019, Richard-Gabriel Morris, JCDecaux. Acier et polymère. 450 colonnes lumineuses et 100 colonnes à coller **2.** Kiosque 1900 : réédition 1990, ITECA. Polymère **3.** Kiosque : 1982, André Schuch architecte. Inox et verre **4.** Panneaux « Histoire de Paris » : 1992, Philippe Starck designer, JCDecaux. Acier, aluminium et polymère. 610 exemplaires **5.** Journal électronique d'information : Prismaflex. Acier, aluminium et polymère **6.** MédiaKiosk : 2014, Matali Crasset designer, MédiaKiosk. Acier et polymère. 409 exemplaires **7.** Panneau d'affichage variable : JCDecaux. Acier, aluminium et polymère **8.** MUPI (mobilier urbain pour l'information) sur pied : 2019, Christian Biecher architecte, Clear Channel. Acier, aluminium et polymère. 175 exemplaires **9.** MUPI sur mât : 2019, Christian Biecher architecte, Clear Channel. Acier, aluminium et polymère. 700 exemplaires **10.** Mât porte-drapeau pour affiches : 2019, Ionna Vautrin designer, JCDecaux. Acier, aluminium, polymère. 350 exemplaires

Émergences

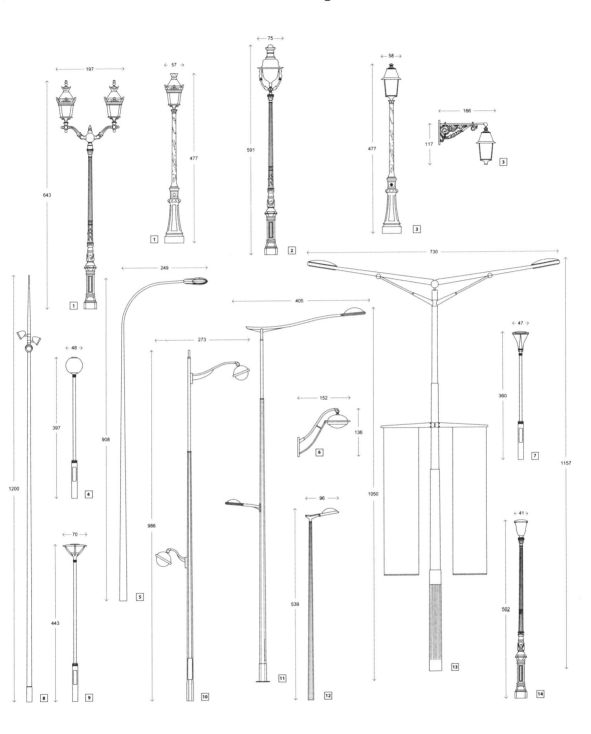

1. Lanterne ronde sur fût ou console en fonte : vers 1850, GHM. Fonte. 3 968 exemplaires **2.** Lanterne Lyre sur fût en fonte : vers 1850, GHM. Fonte. 2 300 exemplaires **3.** Lanterne carrée sur fût ou console en fonte : vers 1850, GHM / Lenzi / Fontes de Paris. Fonte. 2 574 exemplaires sur fût et 3 994 exemplaires sur console **4.** Candélabre piéton à boule : courant des années 1970, Jean-Pierre Degoix architecte, GHM. Acier. 2 665 exemplaires **5.** Candélabre à mât octogonal et crosse courbe : courant des années 1970, GHM. Acier. 4 745 exemplaires **6.** Console Berge de Seine : GHM. Acier. 153 exemplaires **7.** Candélabre piéton lanterne de type Buzz et semblables : Eclatec. Acier et verre. 2 107 exemplaires **8.** Candélabre aiguille à spots de plus de 5 m : vers 2000, Valmont. Inox et aluminium. 172 exemplaires **9.** Candélabre piéton à lanterne de type Alura et semblables : Jean-Pierre Degoix architecte, GHM. Acier. 4 381 exemplaires **10.** Candélabre standard octogonal à crosse type CR et semblables : GHM. Acier. 23 541 exemplaires **11.** Candélabre Citéa et semblables : Comatelec. Acier et aluminium. 3 364 exemplaires **12.** Candélabre piétonnier Citéa petit modèle et semblables : Comatelec. Acier. 1 429 exemplaires **13.** Candélabre « Champs-Élysées » : 1994, Jean-Michel Wilmotte architecte, JCDecaux. Acier et fonte d'aluminium. 70 exemplaires **14.** Candélabre piéton à lanterne de type Hapiled et semblables : 2020, Comatelec. Fonte, acier et verre. 4 163 exemplaires

Un inventaire dessiné du mobilier urbain

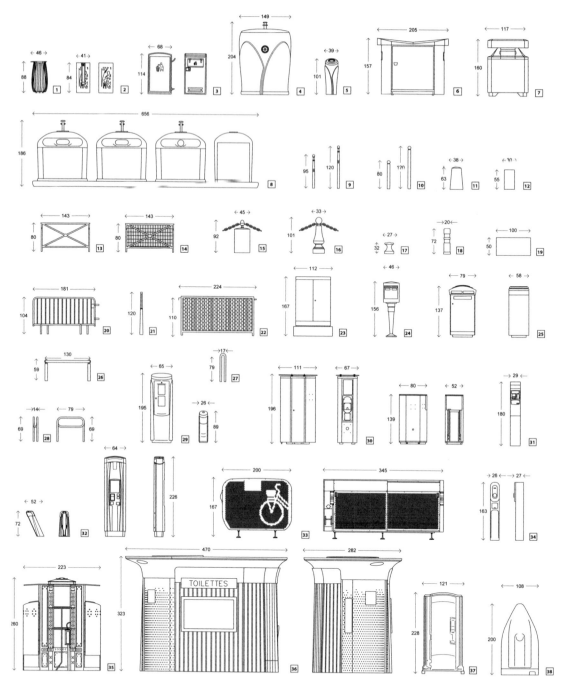

1. Corbeille Bagatelle : 2013, Jean-Michel Wilmotte architecte, Seri. Acier. 23 000 exemplaires **2.** Cybel : 2018, Rossignol. Acier et polymère. 4 000 exemplaires **3.** Poubelle compactante : 2019, Big-Belly, Connect Sytee. Acier. 335 exemplaires **4.** Colonne à verre Igloo : 2013, Emmanuel Cairo designer, Contenur. Polymère. 1 030 exemplaires **5.** Colonne à verre borne enterrée : 2013, Emmanuel Cairo designer, Contenur. Acier et polymère. 74 exemplaires **6.** Conteneur textile, urbain : 2018, Le Relais / Somade / Econox. Acier. 234 exemplaires **7.** Conteneur textile, cité : 2018, Cécile Planchais designer, Ecotextile / Seri. Acier **8.** Trilib' : 2019, Marc Aurel designer, Sulo. Acier et polymère. 159 exemplaires **9.** Potelet Saint-Germain : 1982, P. Le Cacheux architecte. Acier **10.** Potelet à boule : 1987, B. OGE, Seri. Acier **11.** Borne Saint-Sulpice : 1000, P. Le Cacheux architecte. Béton ou calcaire **12.** Borne parallélépipédique : 1986. Béton, calcaire ou granit **13.** Barrière Croix de Saint-André : 1986, P. Le Cacheux architecte. Acier **14.** Croix de Saint-André grillagée : 1986, P. Le Cacheux architecte. Acier **15.** Borne canaux : 1986. Calcaire ou béton, acier **16.** Borne Concorde : 1986, P. Le Cacheux architecte. Fonte **17.** Borne Cabestan : 1986. Fonte **18.** Balisette souple : Albert Lamotte, Sodirel. Polymère **19.** Borne granit anti-bélier : 2020. Granit **20.** Barrière Vauban : Acier **21.** Potelet T3 : 2006, Jean-Michel Wilmotte architecte, Seri. Acier **22.** Barrière de chantier : 2021. Acier et polymère **23.** Armoire technique : Ville de Paris. Polymère ou aluminium **24.** Boîte aux lettres : Acier et aluminium. 1 400 exemplaires **25.** Coffret relais : La Poste. Acier. 400 exemplaires **26.** Arceaux Invalide : 1984, P. Le Cacheux architecte. Acier **27.** Arceaux Huet : 1993, Bernard Huet, architecte. Acier **28.** Arceaux Dionysos : Bernard Nougaret, Seri. Acier **29.** Totem et bornes de recharge Autolib' : 2011, Bolloré-IER. Acier et polymère, 350 totems et 2 000 bornes **30.** Totem et bornes de recharge Bélib' : 2016, Lafon. Acier et polymère. 90 totems et 270 bornes **31.** Horodateur : Schlumberger. Acier. 4 130 exemplaires **32.** Vélib' Totem et diapason : 2018, Smoove. Acier et polymère. 1 017 bornes hautes - totem et 32 974 bornes **33.** Velobox : 2020, Altinnova. Acier. 50 exemplaires **34.** Bornes de recharge Renault : 2021, Renault. Acier, polymère, fonte **35.** Vespasienne : 1877. Fonte, acier. 1 exemplaire **36.** Sanisette : 2009, Patrick Jouin designer, JCDecaux. Acier et polymère. 435 exemplaires **37.** Cabine sanitaire autonome : vers 2010, PSV. Polymère. 6 exemplaires **38.** Triple urinoir : vers 2010, PSV. Polymère. 8 exemplaires

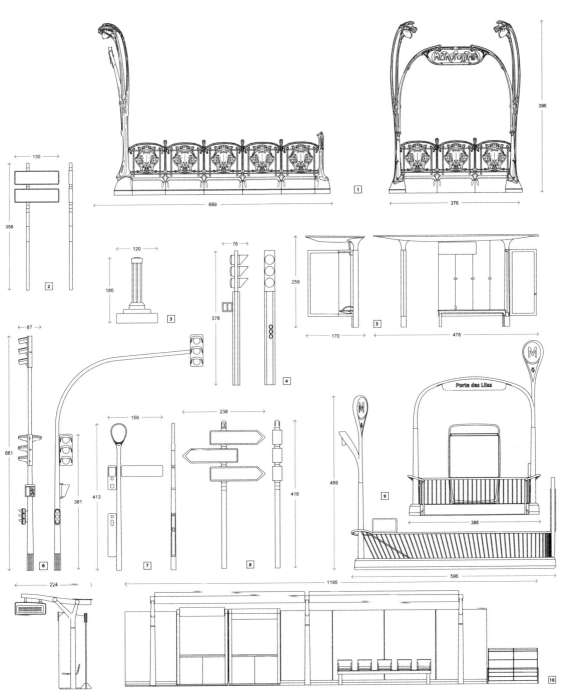

1. Sortie de métro Guimard : vers 1900, Hector Guimard, GHM. Fonte et verre. 88 exemplaires **2.** Signalisation piétonne : JCDecaux. Acier et aluminium. 1 498 exemplaires **3.** Borne Devault : Ville de Paris / Sermeto. Acier **4.** Feu de signalisation tricolore Champs-Élysées : 1993, Jean-Michel Wilmotte architecte, JCDecaux. Fonte **5.** Abris voyageurs : 2017, Marc Aurel designer, JCDecaux. Acier, aluminium, verre et polymère. 2 703 exemplaires **6.** Feu de signalisation tricolore et caisson piéton : Grolleau. Acier. 109 000 exemplaires **7.** Borne taxi : 2017, Marc Aurel designer, JCDecaux. Acier et polymère. 60 exemplaires **8.** Signalisation routière : JCDecaux. Acier et aluminium. 2 069 exemplaires **9.** Sortie de métro 2030 : 2021, Marc Aurel designer, GHM. Acier et verre. 1 exemplaire **10.** Station du tramway T3 : 2006, Jean-Michel Wilmotte architecte. Acier, aluminium, verre et polymère. 148 exemplaires

Éloge de la matière

Bertrand Lemoine

La beauté de Paris n'est plus à démontrer. Sa lumière si particulière ; son ample paysage traversé par la Seine et ponctué de petites collines ; son urbanisme-palimpseste d'une ville antique et moyenâgeuse, recouverte par la trame de la modernité au XIXe siècle et à peine modifiée au XXe siècle ; ses immeubles d'une hauteur moyenne, presque uniforme ; le moutonnement de ses toits ; ses rues et ses cafés avec leurs terrasses ; ses alignements d'arbres ; ses places ; ses monuments ; le gris de ses pavés et de ses couvertures, contrastant avec le blanc et le beige de ses façades : tout cela concourt à définir une esthétique particulière, reconnaissable entre mille. Différentes échelles se superposent donc pour définir la beauté de Paris, mais par un effet de fractalisation, on peut retrouver dans la plus petite de ces échelles, celle des matières et des matériaux, ce qui fait le charme de la capitale. On peut aussi comprendre de manière plus tangible, par le toucher donc et pas seulement par la vue, combien ces éléments matériels qui composent le paysage de Paris renvoient à une perception humaine et sensible.

Le boulevard Haussmann, vers 1890.
© Léon & Lévy / Roger-Viollet

Au premier regard, la beauté de Paris est homogène, de l'est à l'ouest. Plus que le traitement de l'espace public, ce qui différencie essentiellement Paris de toute autre ville est la qualité de ses immeubles, conjuguée avec les alignements d'arbres. Mais la juxtaposition des architectures modestes ou faubouriennes aux façades en plâtre avec l'architecture plus noble ou plus bourgeoise des façades en pierre, combinée avec la diversité des monuments et des espaces publics, produit un effet de variété, qu'un plafond de hauteur seulement crevé dans les années 1960 vient contenir dans un cadre esthétique cohérent.

Des matériaux de la rue

L'espace de Paris s'offre d'abord comme un espace public bordé de constructions. Les matériaux de la rue, des chaussées et des trottoirs, le mobilier urbain, les plantations définissent un espace commun où la perception esthétique est un facteur de lien social fort, qui tisse, au-delà des habitants de Paris, un même sentiment d'appartenance.

Le trottoir, cette prodigieuse invention qui, à Paris, est apparue sur le pont Neuf vers 1607, s'est généralisé à partir des années 1840 pour devenir une figure obligée et presque naturelle de la ville moderne. C'est peut-être le premier signe que perçoit le promeneur dans la capitale. Le matériau privilégié du trottoir à Paris est à l'origine le pavé de grès. Plus confortable et plus facile à entretenir, l'asphalte coulé à chaud se généralise rapidement après un premier essai sur la chaussée de la rue Bergère en 1854. Noir et continu, intemporel, il vient recouvrir et homogénéiser les multiples et continuelles saignées que l'entretien des réseaux exige. Il permet aussi d'incorporer les robustes plaques de fonte donnant accès aux égouts et les multiples regards pour l'eau ou le gaz qui jalonnent les rues de Paris. Dans les quartiers les plus centraux, de grandes dalles de granit gris renvoient à des aménagements plus précieux, parfois plus anciens. Plus rarement, de gros pavés sciés posés à l'alignement meublent les places, dans une recherche de caractère plus piétonnier. En revanche, l'idée d'y substituer de petits pavés blancs, mode courante dans les quartiers piétonniers tel celui de la rue Montorgueil, renvoie à une autre conception de la rue, touristique, presque exotique, qui dénie à ces quartiers le droit d'être des quartiers comme les autres, et qui assigne au piéton l'obligation d'être un touriste dans sa propre ville, soigneusement vidée de ses voitures. Presque partout, des potelets métalliques ont fleuri pour venir accuser la séparation de la chaussée et du trottoir et empêcher le stationnement de mordre sur celui-ci. On comprend l'intention dissuasive, mais cet obstacle au corps et à la vue va à l'encontre de la fluidité nécessaire de l'espace public.

La bordure de trottoir est, elle, invariablement composée de longs blocs de granit gris, presque inusables, et que l'on peut réemployer sur une longue durée. Elle marque la transition entre le trottoir et la chaussée en définissant le creux du caniveau, interrompu par des grilles ou des avaloirs conduisant au réseau d'égouts souterrains. Elle est parfois inutilement profilée pour donner une touche de design contemporain qui contredit sa fonction utilitaire première.

Quant aux chaussées, leur pavage systématique avec de petits blocs cubiques de grès puis de granit, savamment disposés en arcs de cercle qui s'entrecroisent, a lui aussi fourni un motif identitaire à la ville. Les tentatives de pavage en bois, plus souple et plus silencieux, ont fait long feu, et il ne subsiste plus guère de rues – essentiellement des voies privées – encore pavées de ce matériau. Après Mai 1968, un grand nombre de rues ont été recouvertes d'asphalte, en laissant le plus souvent subsister le pavé sous-jacent, pour empêcher toute tentative d'extraction barricadeuse. C'est, à vrai dire, le seul souvenir de cet événement durablement inscrit dans la ville. C'est aussi plus silencieux, plus confortable pour les voitures et les vélos unis dans un même combat pour des chaussées lisses. Mais il faut bien voir cette transition du pavé vers l'asphalte comme une régression esthétique.

S'ajoute à cette perception celle du balisage des passages piétons. Le passage clouté a pratiquement disparu, le clou, jugé glissant donc dangereux, étant contraire à l'idéal de ville sécurisée qui s'impose à partir des années 1980. Il est aujourd'hui remplacé par des zébrures de bandes blanches collées à chaud sur la chaussée, qui proviennent de l'univers de la signalisation routière et non de celui de la rue. La laideur de ce marquage est aujourd'hui renforcée par les multiples et insistantes inscriptions sur les chaussées, telles celles des pistes cyclables. Outre les trop hautes bordures destinées à empêcher tout franchissement jugé intempestif par la gent motorisée, ces pistes se voient bien souvent affublées de blocs de béton autoroutiers ou de limiteurs en plastique rouge et blanc, sans compter les hideux potelets en plastique pour les baliser.

Le mobilier

Les trottoirs sont, depuis le XIXe siècle, plantés d'arbres et garnis de mobiliers divers. Parmi ceux-ci, les dispositifs d'éclairage méritent une attention particulière. Les luminaires ont proliféré lorsque Paris a commencé à substituer l'éclairage au gaz aux quinquets à huile. Il y avait 3 000 becs de gaz en 1830, 100 000 en 1860. Le photographe Charles Marville en a fixé une cinquantaine de modèles, tous différents et pourtant semblables, sur des photos où l'objet se détache parfaitement, centré au milieu de son environnement urbain qui est volontairement laissé dans un certain flou en arrière-plan. De la précision de ce regard en noir et blanc ressort une évidente volonté esthétique, celle de montrer un objet utilitaire de l'espace de la rue comme le sujet d'une œuvre artistique, en l'occurrence photographique, et donc d'en partager la valeur. Cette valeur, certes définie par la société bourgeoise et

Réverbères sur piédestal en pierre dans le jardin des Grands-Explorateurs de l'avenue de l'Observatoire et gare de Strasbourg ; inclus dans la grille de clôture, hôpital Lariboisière. Photographies Charles Marville, vers 1880.
© Charles Marville / Ville de Paris / BHVP

ses architectes, s'inscrit dans une ville ordonnancée, pacifiée après quatre révolutions en un siècle (1789, 1830, 1848, 1871), sans compter les émeutes diverses, mais elle permettrait finalement de se réconcilier autour d'une fierté commune, issue d'un sentiment d'appartenance à une même société. Les luminaires du XIXe siècle subsistent en partie aujourd'hui, dotés d'ampoules électriques, mais toute une collection de gros lampadaires, parfois sur des mâts, parfois intempestivement accrochés aux façades, viennent là aussi introduire une dimension routière, et non urbaine, dans l'espace public. Les panneaux publicitaires qui encombrent inutilement cet espace, et même ceux qui sont dédiés à la communication institutionnelle, ne contribuent pas non plus à l'esthétique urbaine.

Les édicules qui ponctuent l'espace public sont pour beaucoup marqués par une esthétique définie sous le Second Empire, quoique modernisée à plusieurs reprises. La volonté de donner une cohérence au « Paris nouveau » y transparaît à travers le choix d'un traitement unifié de l'espace public, à l'ouest comme à l'est de la capitale. Une assez large gamme d'équipements de toutes sortes, dessinés sous la direction de l'architecte Gabriel Davioud, est alors mise au point par l'administration municipale. Ces équipements viennent en partie remplacer les éléments anciennement mis en place, notamment pendant la monarchie de Juillet, sous l'égide du préfet Rambuteau et du préfet de police Delessert, tels bancs publics, candélabres ou urinoirs (à partir de 1839). La municipalité étend ainsi à l'ensemble des rues l'installation de mobiliers urbains qui donnent aux trottoirs asphaltés – désormais généralisés –, drainés par des égouts souterrains, le confort d'un salon. Parce qu'ils remplissent plusieurs fonctions, ces mobiliers, qui accompagnent des édicules destinés au gardiennage ou à la restauration, sont par nature divers : éclairages, fontaines et autres systèmes de distribution d'eau, bancs, éléments de signalisation, abris pour les divers transports, vespasiennes et chalets de nécessité – presque tous réservés aux hommes –, supports d'information et de vente comme les horloges et kiosques à journaux (à partir de 1857), et supports d'affichage pour les théâtres telles les colonnes Morris apparues en 1868, à l'allure caractéristique avec leur dôme à écailles en zinc estampé. La colonne moderne inspirée de ce modèle, translucide, éclairée de l'intérieur, qui permet de faire défiler des affiches, apporte couleur et lumière à l'espace public.

Les plantations

Les arbres d'alignement sont un dispositif urbain classique généralisé par Adolphe Alphand et ses collaborateurs sous Haussmann. La volonté de planter un grand nombre d'arbres le long des rues – on compte environ 100 000 arbres d'alignement aujourd'hui –, partout où la largeur des voies le permet, et de traiter ceux-ci comme des sculptures végétales dispenseuses d'ombre, plaisantes par leur tronc et leur feuillage, contrastant avec la minéralité du sol et des façades, participe aussi de l'identité de Paris. L'élagage intempestif des arbres, pratiqué de longue date, les réduit cependant à l'état de moignons amputés de leurs branches. Il affaiblit les sujets qui, dès lors, ne peuvent plus échapper à un élagage régulier. L'impératif est ici, semble-t-il, sécuritaire – se prémunir de la chute des branches sur la chaussée – et parfois fonctionnel – éviter que les feuilles ne caressent de trop près les façades –, de sorte que la sensualité du bois et des feuilles, pourtant largement appréciée, se retrouve sacrifiée au profit d'une vision utilitaire de l'arbre.

Le traitement des pieds d'arbres est encore plus problématique : le principe de la grille ronde métallique, ajourée pour laisser passer l'eau, percée en son centre pour permettre au tronc de s'épanouir et assemblée en quartiers pour plus de commodité, donne à l'arbre urbain un statut complètement différent de l'arbre forestier ou campagnard. La grille, qui fait continuité avec le trottoir, rattache l'arbre à l'espace public. L'arbre se trouve aussi doté d'une sorte de socle, dont la géométrie, ronde ou parfois carrée, renvoie au volume de sa ramure. Cette base de métal sombre, qui forme un motif de petites voûtes superposées rappelant la ramification des branches, confirme le statut monumental de l'arbre urbain, qui devient un objet premier dans l'ameublement de l'espace public. Il est navrant de voir aujourd'hui ce principe ignoré, voire bafoué, au profit de pseudo-jardinets carrés, ceints de barrières en demi-ronds de bois boulonnés – quel déni de la noblesse de l'arbre et du bois ! –, encadrant herbes folles ou, rarement, quelques carrés de pauvres fleurs fatiguées, sous le prétexte de faire nature en ville. Quant au bois qui fleurit sous forme de palettes récupérées – et ce, malgré un cahier des charges municipal qui exige « des matériaux présentant un aspect de qualité » – pour délimiter le périmètre des nouvelles terrasses ouvertes à la faveur de la COVID, quelle consternation ! Espérons que ces aménagements soient temporaires, même s'il est plutôt sympathique de voir les terrasses des cafés s'étendre sur les chaussées.

L'immeuble

L'immeuble parisien reste encore ce qui donne une profonde unité visuelle et sociologique à la ville. Bien sûr, son alignement, ses proportions, ses architectures, mais aussi ses matériaux permettent d'identifier au premier regard l'essence de Paris : le blanc du plâtre pour les immeubles plus anciens ou les façades faubouriennes ; le beige de la pierre calcaire pour les immeubles construits à partir de 1850 ; toujours le beige de la pierre agrafée ou le blanc des enduits pour les immeubles contemporains. Et n'oublions pas la riche statuaire et la sculpture ornementale qui s'accrochent aux façades, les corniches et les modénatures qui les enrichissent, les volets en bois qui parent les façades les plus anciennes, sans parler des balcons en fer forgé ou en fonte, des ferronneries diverses et des grilles de squares parfois réinterprétées avec bonheur dans une veine contemporaine, comme le long du boulevard Richard-Lenoir. La prégnance de ces nuances est si forte que Paris s'accommode bien de l'expression d'autres matériaux, tels que le verre, la céramique et même le bois,

Immeuble d'habitation rue Vavin, Paris 6e, Henri Sauvage avec Charles Sarazin, architectes, 1912-1913. Cliché Studio Chevojon.
© Fonds Henri Sauvage. SIAF / Cité de l'architecture et du patrimoine / Archives d'architecture contemporaine

qui d'ailleurs ne tarde pas à prendre des teintes de gris à mesure que sa couleur naturelle s'estompe, et dont on ferait mieux de réserver l'usage à des fonctions plus nobles pour préserver les forêts du globe et leur rôle climatique. La céramique, déjà expérimentée il y a un siècle par Henri Sauvage et d'autres, jette des notes de couleur dans la rue, mais sa texture même rappelle l'origine terrienne de son matériau passé par le feu, et la renvoie donc, en tant que minéral, à la pierre et au plâtre. Le mimétisme d'une vie végétale en façade est amusant et insolite. Il ne faudrait cependant pas faire croire que la nature est là, et les rares expériences ont d'ailleurs fait long feu. Quant au verre, matériau moderne, il accompagne volontiers les façades minérales ou métalliques, sauf quand il se distend dans de paresseux murs-rideaux, qui n'ont plus leur place dans la capitale.

À Paris, comme dans la plupart des grandes villes, nombre de rez-de-chaussée sont occupés par des magasins. Les vitrines, nées à la fin du XVIIIe siècle, se sont peu à peu étendues, à mesure des progrès de la fabrication de verres de grandes dimensions et de l'éclairage électrique, au point parfois d'envahir toute l'étendue des façades. Mais elles apportent aussi lumière, couleur et animation à l'espace public.

Enfin, les toits de Paris sont à eux seuls tout un programme, au point qu'on songe à les faire désigner comme un patrimoine commun de l'humanité. Traditionnellement, le toit parisien est en petites tuiles plates de couleur brique, rose ou beige, mais le perfectionnement de la production du zinc à partir des années 1840 a rapidement imposé ce matériau comme emblématique de Paris. Sa couleur gris foncé et son aspect mat ont par ailleurs pu heureusement se conjuguer, dans la typologie des combles mansardés, forme canonique du couronnement des immeubles haussmanniens, avec les brisis en ardoises gris foncé percés de lucarnes encadrées de zinc. Cet admirable paysage des toits de Paris, renforcé par l'homogénéité de son velum, et qui contraste avec le ton clair des façades, définit une transition avec le ciel et ses nuages. Ces couvertures absorbent la lumière si particulière de Paris – où l'on sent l'influence océanique dans le passage souvent rapide des nuages, et dans les aurores et les crépuscules splendides – pour faire transition avec l'espace de la ville. Sans doute le recours abusif au toit-terrasse, issu des canons de la modernité, a-t-il rompu ce charme. Un certain nombre de bons exemples d'architecture contemporaine montrent cependant que ce fil peut être renoué, y compris dans des surélévations nouvelles. Encore faut-il avoir le courage de porter cette unité, plutôt que de céder aux sirènes d'une modernité passée en promouvant des tours aux portes de la capitale.

La couleur est rare à Paris. Sa palette est limitée : c'est une ville beige, blanche, grise – même les pigeons sont gris à Paris –, au mobilier brun ou vert sombre, mais que la lumière réunit, transmue dans une vision unitaire, vivante, changeante. Parfois, une façade de brique rose ou un toit vert comme celui de l'opéra Garnier ; parfois, le brun de la tour Eiffel ou le rouge du musée du quai Branly jettent une note de couleur. Ce sont les teintes variées et changeantes des magasins, des cafés, des voitures et de la foule qui viennent animer ce savant nuancier. Les tags que les adolescents étalent sans vergogne sur certains murs délaissés des infrastructures ferroviaires ou routières n'ont d'autre sens que d'exposer impudiquement et brutalement les noms de leurs auteurs, ou de leur groupe, à la vue de tous. N'oublions pas que les infrastructures, les tranchées, les talus ou les viaducs du périphérique ou des voies ferrées ont aussi leur propre valeur esthétique.

Une beauté fragile

La beauté de Paris est fragile, mise à mal par la violence de la modernité et souvent mal traitée par les politiques publiques ; mais il ne faudrait pas donner à la beauté un sens qu'elle n'a pas. Même si l'on peut partager la croyance naïve selon laquelle la beauté est un concept forgé par les classes dominantes, qui en définiraient les critères et les modes, il reste que c'est un concept bien plus universel qu'on ne l'imagine. Il convient ici de combattre les esprits chagrins qui voudraient réduire le concept de beauté à sa dimension sociologique ou relationnelle, et donc relative, dans la mesure où ils passent à côté de ce qui peut être une valeur communément partagée. Car que viennent chercher les touristes à Paris, si ce n'est la beauté ? Pourquoi un enfant de 3 ans est-il capable de s'émerveiller de la beauté du passage du soleil sur une façade ombragée par des feuillages ? Pourquoi Paris et, d'une manière plus générale, les centres urbains attirent-ils à ce point les populations en tout genre, si ce n'est parce qu'ils concentrent un investissement architectural et urbain patrimonial

Musée du quai Branly - Jacques Chirac, Ateliers Jean Nouvel, architecte, Gilles Clément, paysagiste, 2006. Photographie Roland Halbe, 2015.
© Musée du quai Branly - Jacques Chirac, Dist. RMN-Grand Palais / Roland Halbe / ADAGP, 2021

qui contribue à en faire des objets esthétiques ? Cette beauté formelle est l'un des ciments des relations qui peuvent se nouer entre les habitants des villes et en particulier de Paris. Elle rapproche les gens, même étrangers, dans un sentiment commun d'appartenance à une création humaine qui les respecte. Paris, ce quartier central du Grand Paris, a la chance de rester une ville belle, sans doute parmi les plus belles des grandes villes.

On s'est beaucoup penché, dans les années 1900, sur la possibilité de préserver la beauté lumineuse et fragile de Paris – que tout un chacun pouvait reconnaître, mais que l'on pressentait déjà menacée après les brutales démolitions haussmanniennes –, en cherchant à inscrire dans les règlements urbains des dispositions touchant à la préservation du patrimoine, aux espaces naturels, aux perspectives et à l'art savant des agencements urbains, tel que Camillo Sitte l'avait théorisé en 1889 dans *L'Art de bâtir les villes*. Au « vieux Paris », qui disparaissait déjà, mais que l'on tentait de faire revivre sous une forme muséographiée lors de l'Exposition universelle de 1900, on opposait le « Paris nouveau », qui avait émergé à travers le projet esthétique extrêmement cohérent porté par le Second Empire. L'opposition formulée à l'époque entre intérêts privés peu soucieux de l'esthétique et action publique qui défendrait, par le biais de la loi, l'intérêt commun et en particulier la beauté, apparaît dépassée aujourd'hui, car les pouvoirs publics n'ont plus de projet de cette nature explicitement formulé. C'est d'ailleurs tout juste si le patrimoine reste dans leur champ d'action, quand on constate le très faible niveau de l'investissement public dans ce domaine. Le débat s'est aujourd'hui déplacé : ce n'est plus le vieux Paris que l'on cherche à préserver, mais tout simplement Paris, ce Paris nouveau qui s'est révélé incroyablement résilient à mesure que le XXe siècle imposait ses nouveaux artefacts urbains (l'électricité, l'ascenseur, le chauffage central, la voiture, le téléphone, internet, etc.). L'enjeu est désormais planétaire : conserver le charme de Paris, c'est aussi accepter que la position la plus durable réside dans l'attention constante, écologique portée à cette ville unique et à sa beauté, sans forcément chercher à imposer une nouvelle esthétique. Pourquoi ne pas tout simplement reconnaître celle qui est là, la protéger, la soigner, la moderniser éventuellement, par petites touches, la mettre en valeur, la rendre aimable ?

Le choix des matières et des matériaux peut faire beaucoup pour orienter cette recherche esthétique, même s'il n'y suffit pas. Paris doit montrer la voie pour retrouver un espace de la rue, où tant d'activités populaires se sont installées au fil du temps. Il ne faut pas avoir peur de consacrer l'image d'un Paris patrimonial et donc ouvert au partage, d'une beauté qui rende fiers tous ses habitants, toutes classes confondues. Il faut oser promouvoir un Paris où le choix avisé des matières et des matériaux renvoie ce qui se voit à ce qui se touche, où l'arbre urbain soit respecté, où la propreté des rues, des trottoirs et des espaces publics de tous les quartiers soit érigée en dogme, puisqu'elle est conforme à une dignité que nos sociétés démocratiques doivent partager. Les villes, par nature, ne sont pas écologiques, car elles consomment plus qu'elles ne produisent. Mais elles créent une valeur incomparable, celle du lien entre les humains, celle de l'échange, du commerce, d'où sortira peut-être, si elles gardent leur vitalité, l'intelligence collective qui permettra de mieux gérer notre planète et l'explosion de sa population. Dans cette écologie globalisée, les villes doivent avoir pour ambition de permettre et de faciliter l'éclosion de cette créativité.

Bertrand Lemoine
Architecte et historien

Architecture

Richard Scoffier

liquide

Comment qualifier la beauté de l'architecture francilienne d'aujourd'hui, celle en tout cas qui fait la une des revues spécialisées[1] ? Quand on feuillette les pages de ces dernières, la structure revient au premier plan. C'est l'élément le plus solide et le plus pérenne de toute construction, celui qui apparaît le premier sur le chantier pour disparaître le dernier dans la ruine...

Nous avons connu au début du troisième millénaire un courant architectural majeur dont les enveloppes tendaient à afficher une réelle autonomie, comme si elles cherchaient à se différencier, au moins symboliquement, des espaces intérieurs qu'elles protégeaient. Notamment dans les programmes de logements sociaux, où elles prenaient tellement d'importance qu'elles finissaient par abriter certaines activités spécifiques permettant de suppléer aux appartements types parfois figés. Elles renforçaient ainsi la coupure entre le dedans et le dehors. L'organisation du premier, déjà contrainte par de multiples réglementations contradictoires, revenait souvent aux maîtres d'ouvrage tandis que le second restait l'apanage du maître d'œuvre. Comme si l'architecture ne se concentrait alors que sur le volume extérieur et quelques espaces intérieurs importants. Une tendance par ailleurs favorisée par les recommandations concernant les déperditions énergétiques privilégiant les parois épaisses et peu percées.

Ainsi, pendant plus d'une décennie, les peaux de nos bâtiments se sont-elles tatouées, scarifiées, comme pour faire oublier les corps d'organes qu'elles revêtaient. Une architecture ludique cachant aussi bien sa structure porteuse que les programmes qu'elle pouvait accueillir, allant parfois jusqu'à effacer la distinction entre architecture publique et privée. Ainsi les blocs fonctionnels disparaissaient-ils sous leurs habillages comme les moteurs de motos sous leur carénage ou les corps des mannequins sous les robes extravagantes des grands couturiers. Ces enveloppes n'hésitaient pas à employer les matières les plus diverses pour mieux jouer sur les significations qui leur étaient attachées : pierres agrafées pour paraître classique, carénage d'acier pour faire plus moderne, verres colorés dans des tons pastel pour être plus gai ou encore manteaux végétalisés pour affirmer leur caractère durable et écologique. La plupart de ces projets ne trouvaient leur forme qu'à la toute fin du chantier, au moment où la dernière pièce de leur habillage était cousue.

Mais au tournant les années 2010, ce modèle est entré en crise et nous sommes passés assez brutalement d'une architecture d'enveloppe à une architecture de squelette et de structure. Un retour aux fondamentaux du modernisme où l'interface entre le dedans et le dehors ne se concentre plus sur l'épiderme et pénètre en profondeur dans l'organisation interne. Comme si la beauté ne se limitait plus au traitement des volumes extérieurs et à la peau, pour concerner le squelette et les organes vitaux, rappelant le personnage principal de *Faux-semblants*, le film de David Cronenberg, qui voulait aimer sa femme et la trouver belle jusque dans ses moindres organes intimes : son foi, sa rate...

Dans le même mouvement, les réponses aux déperditions énergétiques se sont complexifiées. Comme si les nouveaux concepteurs jouaient moins en défense qu'en attaque. Moins de murs épais, à l'encontre des réglementations et des labels, et plus de dispositifs permettant de piéger, l'hiver, la chaleur et la lumière ; l'été, de s'en prémunir en s'ouvrant aux vents et aux courants d'air. Des agencements qui, d'emblée, ne supposent plus des occupants passifs, mais

---

[1] « Neuer Realismus in der französischen Architetktur », ARCH +, 2020, n° 240. « La nouvelle tendance de l'architecture française », *d'architectures*, décembre 2020/février 2021, n° 286.

des acteurs responsables. On habite moins désormais son logement de manière digitale en effleurant du doigt interrupteurs et consoles, mais avec ses bras et tout son corps, comme un marin engagé dans la lutte contre les éléments pour conduire son embarcation.

Cette nouvelle tendance est incarnée par des architectes aux démarches singulières bénéficiant d'une audience internationale. Lauréats des prestigieux Mies van der Rohe Award en 2019 et du Pritzker Prize en 2021, Anne Lacaton et Jean-Philippe Vassal détournent depuis des années la technologie précise et bon marché des serres agricoles pour mieux agrandir les surfaces habitables de leurs projets, pour autant sans dépasser les budgets qui leur sont alloués. Ils sont désormais rejoints par une autre génération de concepteurs comme Stéphanie Bru et Alexandre Theriot (Bruther) qui ne considèrent plus l'édifice comme un volume, mais comme une structure équipée capable de recevoir de multiples affectations ; Gilles Delalex et Yves Moreau (Studio Muoto) qui réinterrogent les trames constructives des années 1960 ou Léonard Lassagne et Colin Reynier (DATA) qui se concentrent sur l'ossature des édifices qu'ils réhabilitent ou qu'ils bâtissent. Une liste à laquelle on pourrait ajouter Jean-Patrice Calori, Bita Azimi et Marc Botineau (CAB) dont les œuvres se présentent comme autant d'infrastructures supportant les usages les plus triviaux.

Logements étudiants et sociaux, Ourcq-Jaurès, Paris 19e, Anne Lacaton et Jean-Philippe Vassal, architectes, et SIEMP, maître d'ouvrage, 2014.
© Emmanuel Caille

L'imprédictible

Nous vivons toujours dans la possibilité d'un renversement climatique, mais ce phénomène vient simplement s'additionner à une infinité d'autres événements tout aussi catastrophiques et imprédictibles, tels que les attentats terroristes. Comme si la perspective du réchauffement planétaire, loin de contredire le mouvement général de déterritorialisation engendré par le système capitaliste, l'amplifiait encore. Dans notre monde, rien ne se répète ni ne revient, comme c'était le cas dans les sociétés traditionnelles, et un non-attendu peut surgir n'importe où et n'importe quand. À l'instar de *La Bête dans la jungle* que redoute toute sa vie le héros de la nouvelle d'Henry James et qui se jette sur lui au moment où il s'y attend le moins…

Le possible a désormais remplacé le probable. Comme en témoigne la production automobile qui semblait promise à une progression constante jusqu'au moment où elle s'est engagée dans une récession quasiment inexorable, concurrencée simultanément dans la plupart des zones urbaines de la planète par des modes de déplacement – les vélos et autres trottinettes électriques – qu'on ne pouvait pas même imaginer il y a encore quelques années.

Dans ce monde liquide – pour reprendre l'expression du sociologue Zygmunt Bauman – , les forces productives doivent être en permanence sur le qui-vive pour s'adapter à des situations que l'on ne peut anticiper et pour lesquelles la culture d'entreprise est plus un handicap qu'un avantage[2]. Un

---

2 En témoigne l'industrie pharmaceutique où ce sont les sociétés Pfizer et Moderna qui ont su produire en un temps record des vaccins utilisant une nouvelle technologie – l'ARN messager – alors qu'elles n'avaient pratiquement aucune tradition vaccinale.

contexte où la moindre erreur d'inattention peut provoquer des ravages. Aussi, les acteurs du cadre bâti se hasardent-ils moins à ériger des constructions figées qui, à peine construites, risqueraient d'être immédiatement périmées.

Flexibilité, réversibilité, résilience… : ces gros mots employés quotidiennement des millions de fois dans toutes les langues dessinent par défaut une nouvelle esthétique constructive qui pousse l'architecte à renoncer à certaines de ses prérogatives fondamentales, comme celle d'exprimer les valeurs de la société. Des valeurs qu'il ne s'agit plus de contester, comme s'y étaient attachés en leur temps les déconstructivistes, parce qu'elles se remettent en cause toutes seules. Les pages des grands quotidiens comme les débats interminables des chaînes d'information rendent comptent, par exemple, que ce qui était toléré tacitement hier est implacablement puni aujourd'hui : des situations qui évoluent très vite, ce que bien des hommes politiques apprennent à leurs dépens.

À ce titre, le tribunal de grande instance réalisé par Renzo Piano reste totalement exemplaire. C'est une tour de bureaux banalisés posée sur un socle composé d'un atrium distribuant les salles d'audience. Une construction qui tranche avec les propositions jouant sur les images symboliques de la justice auxquelles s'étaient essayés les autres concurrents lors du concours : de la stèle d'Hammourabi réactivée par Marc Mimram à la balance aveugle convoquée par Rem Koolhaas…

Surfaces *versus* espaces

Pour répondre à ce temps, composé d'événements qui adviennent sans raison apparente et disparaissent sans laisser de traces, de nouvelles solutions voient le jour. Notamment celle consistant à remplacer l'espace par la surface. Ainsi, au vide strictement dimensionné autour d'un usage qui se répète, se substitue un plateau neutre suffisamment étendu pour accueillir des appropriations non répertoriées et parfois à peine imaginables. Ce passage du qualitatif au quantitatif répond spatialement à celui, temporel, du probable au possible : c'est la révolution copernicienne portée par Lacaton & Vassal. Une méthode qui s'est mise en place il y a une trentaine d'années dans la maison Latapie à Pessac. Deux fois plus grande et moins chère qu'un pavillon Bouygues, elle se compose, côté rue, d'un hangar recouvert de plaques de fibrociment dans lequel se superposent sur deux niveaux toutes les fonctions essentielles de l'habiter. Côté jardin, d'un espace supplémentaire conçu comme une serre agricole et dans lequel tout est réalisable ou presque : réunir sa famille, démonter son automobile, organiser un concert… Un procédé qui permet d'atteindre une grande inertie thermique tout en offrant une ouverture aux possibles qui excède de loin les capacités d'une habitation traditionnelle. Cette méthode a ensuite été exportée à Paris pour la réhabilitation de la tour Bois-le-Prêtre, un édifice posant des problèmes congénitaux d'isolation. Cet ensemble d'habitations construit par Raymond Lopez au début des années 1960 a ainsi été enchâssé dans une chrysalide de vérandas s'ouvrant à de multiples appropriations et permettant de régler la température des logements en faisant coulisser des baies vitrées doublées de panneaux de polycarbonate et associées à des rideaux isolants ou renvoyant la chaleur à l'extérieur.

Transformation de la tour Bois-le-Prêtre, Paris 17ᵉ, Anne Lacaton et Jean-Philippe Vassal avec Frédéric Druot, architectes, Paris Habitat, maître d'ouvrage, 2011.
© Philippe Ruault

Des principes que l'on retrouve encore dans l'immeuble réalisé à proximité du canal de l'Ourcq en 2014. Une construction qui occupe la totalité de la bande de 20 mètres en bordure de la voie pour proposer des chambres d'étudiants et des logements sociaux beaucoup plus grands que la normale, tout en rentrant dans les prix grâce à un système très économique de refends porteurs et de poutres-hourdis de plus de 8 mètres de portée. Des espaces maximums très profonds qui savent s'affirmer comme de véritables territoires vierges à coloniser par leurs occupants et qui utilisent le même système de filtres mobiles en façade mis au point précédemment pour en réguler l'ambiance.

Plans libres et trames

D'autres solutions consistent à opposer la pérennité de la structure au caractère temporaire des cloisonnements. Une thématique qui rejoint celle de la Maison Dom-Ino dont les pilotis et les dalles en béton – destinés à disparaître sous les diaphragmes des façades libres – étaient comparés par Le Corbusier aux colonnes et aux architraves du Parthénon. Une quête de la beauté cachée qui anime les recherches menées par l'agence DATA sur les garages conçus à Paris depuis le début du XXe siècle et exposés en 2018 au Pavillon de l'Arsenal. Les deux architectes et leur équipe révélaient dans un premier temps la clarté structurelle de ces constructions utilitaires et proposaient, dans un second, de les réhabiliter – en opérant quelques découpes chirurgicales pour y faire entrer la lumière, en les connectant aux réseaux et en les équipant de dessertes – pour répondre à la demande exponentielle de bureaux et de logements dans la capitale.

La question du plan libre et des trames porteuses est aussi au cœur de la démarche du Studio Muoto. Pour le « Lieu de vie » sur le campus de Paris-Saclay, ses concepteurs ont ainsi rassemblé dans une seule construction haute et compacte les activités hétéroclites (terrains de sport, salles de gymnastique, vestiaires, café et restaurant universitaire) qu'ils devaient disperser sur le sol. De fins poteaux régulièrement implantés portent des poutres surdimensionnées entre lesquelles se glissent panneaux de chauffages radiants et conduits de ventilation. Ce mille-feuille de plateaux superposés, seulement qualifiés par leur hauteur sous-plafond, enveloppé d'une fine membrane transparente, correspond au programme demandé tout en pouvant, sans se modifier, accepter d'autres formes d'occupations.

Une célébration de la structure que l'on retrouve dans plusieurs projets de l'agence CAB, rappelant des sculptures de Sol LeWitt, notamment dans l'immeuble de logements récemment livré à Pantin. Poteaux et poutres s'affirment en eux-mêmes avant d'être colonisés par des boîtes de logements. Un dispositif qui renvoie à la fois aux squelettes de béton abandonnés et favélisés des pays en voie de développement comme aux utopies des années 1960 : la New Babylon de Constant et ses mégastructures aléatoirement occupées par une population nomade ou le Paris Spatial de Yona Friedman.

Des préoccupations qui peuvent très bien être appliquées à l'aménagement de l'espace public, comme en témoigne la place de la République réhabilitée en 2013 par Alain Trévelo

Exposition « Immeubles pour automobiles », sous la direction de DATA architectes, avec Paul Smith, historien, Raphaël Ménard et Félix Pouchain (Elioth), Pavillon de l'Arsenal, 2018. © Pavillon de l'Arsenal © Antoine Espinasseau

« Le Lieu de vie », restaurant universitaire et équipements sportifs, Campus universitaire Paris-Saclay (Essonne), Studio Muoto, architectes ; EPA Paris-Saclay, maître d'ouvrage, 2016.
© Maxime Delvaux

et Antoine Viger-Kohler (TVK). Le rond-point entourant la statue a été supprimé et la circulation automobile rejetée sur trois côtés pour permettre la création au nord-est d'un vaste rectangle piétonnier uniformément recouvert de grandes dalles grises aléatoirement claires et sombres. Mais c'est surtout un travail très précis sur le nivellement et l'altimétrie qui donnent à l'espace sa qualité. Le sol qui portait encore les stigmates de la longue histoire du lieu – d'abord porte du Temple et bastion de la fortification de Charles V, puis château d'eau – a été aplani au sud-ouest tandis que de l'autre côté des emmarchements rationalisent la pente de l'ancien glacis. Cette conquête de l'horizontalité offre au public un espace parfaitement plan qui s'ouvre à une multitude d'appropriations possibles. Du dallage sont générés miroir d'eau, brumisateurs et fontaines tandis que les arbres se soumettent à une trame très stricte. Un espace où peuvent s'exprimer et se mettre en scène les convulsions extrêmes de la société contemporaine...

Jardins aux sentiers qui bifurquent

Mais une pratique sans doute encore plus radicale consiste à faire coexister dans le projet même des solutions contradictoires qui pourront se développer tour à tour pour lui permettre de mieux s'adapter à un monde en perpétuelle mutation.

Ainsi la résidence Rosalind Franklin, réalisée par Bruther à Saclay, peut-elle se transformer et se refermer sur elle-même dès l'arrivée de la station de métro prévue à proximité. Actuellement formée de quatre niveaux de logements étudiants flottant sur deux niveaux de parkings ouverts, cette composition met sa structure en évidence et sait exprimer sa force centrifuge par la double rampe automobile suspendue qui monte du sol en hélice. Un événement plastique majeur qui peut cependant être déposé si les dalles des parkings accueillent un jour des bureaux ou des chambres qui supprimeront la transparence radicale de ce socle.

Le projet est ainsi potentiellement aussi structuraliste et ouvert sur l'extérieur que monacal et fermé sur son jardin, transformé en *hortus conclusus*. Une situation qui pose en amont la question philosophique du rapport de la puissance et de l'acte[3]. La puissance pouvant être définie comme l'infinité des solutions possibles qui se manifeste quand un concepteur commence à réfléchir sur un problème ; l'acte comme la solution qui sera retenue au détriment de toutes les autres et les renverra au néant.

Ici le moment du choix est suspendu comme si deux possibilités contradictoires – la possibilité d'un monde ouvert et celle d'un monde fermé – pouvaient coexister dans la même œuvre. Une architecture semblable au livre absolu, décrit par Jorge Luis Borges dans *Le Jardin aux sentiers qui bifurquent*, où « au troisième chapitre, le héros meurt, au quatrième, il est vivant... », conservant et développant au fil des pages la possibilité d'un dénouement et de son contraire. Dans l'œuvre de Bruther, le

---

[3] Voir Giorgio Agamben, « Qu'est-ce que l'acte de création ? ». Dans *Création et anarchie*, Paris : Payot/Rivages, 2019, p. 29-52.

Résidence étudiante et parking réversible, plateau de Saclay à Palaiseau (Essonne), Bruther & Baukunst, architectes associés ; Logement Francilien et EPA Paris-Saclay, maîtres d'ouvrage, 2020.
© Maxime Delvaux

non-advenu, annihilé par le choix de faire un parking, pourra advenir quand même. Comme si la beauté de la construction ne résidait pas dans l'une ou l'autre de ces solutions, mais dans la potentialité d'être les deux. Ainsi le projet existe moins comme un acte que comme l'expression de la puissance qui, en amont, permet à la fois cet acte et tous les autres actes qu'il anéantira en se réalisant.

Les sentiers bifurquent et se ramifient (presque) à l'infini dans le *Lafayette Anticipations* réalisé par Rem Koolhaas et DATA dans le Marais à Paris. Un espace d'exposition et de création contemporaine à la confluence des arts plastiques, de la musique, de la vidéo, de la danse et de la mode. Ici, ce ne sont pas les cloisons qui sont mobiles, mais les planchers eux-mêmes qui montent, descendent ou disparaissent dans le sol au moyen de poteaux métalliques intégrant des crémaillères et de moteurs encastrés dans les dalles mobiles. Un dispositif permettant plus de 50 partitions de l'espace pour mieux répondre aux mises en scène toujours réinventées à travers lesquelles la création contemporaine cherche à se présenter à son public.

À l'épreuve des crises

Les grandes surfaces proposées par Lacaton & Vassal pour leurs logements peuvent être aussi comprises comme une stratégie efficace pour lutter contre la pandémie que nous subissons actuellement, en rendant le confinement supportable. Quand la ville et ses équipements favorisent la contagion, elles permettent au logement de prendre le relais. De rester un lieu de repos tout en assurant les fonctions urbaines des lieux de loisirs et de culture, de l'école et du bureau : une maison-monde retrouvant en elle-même les ressources infinies de l'antique *domus* latine.

Quant à la « potentialité » que nous venons de décrire, nous la retrouvons dans le projet lauréat de Renzo Piano Building Workshop et de Brunet Saunier pour le campus hospitalo-universitaire Grand Paris-Nord. Cette proposition, sur laquelle l'équipe a retravaillé pendant le confinement, cherche en effet à répondre à l'un des défis majeurs lancés par cette catastrophe sanitaire qui exige sans préavis de nombreuses salles de réanimation totalement inutiles en temps normal pour traiter les patients atteints par la maladie. Ainsi les parkings prévus en sous-sol ont-ils été conçus pour pouvoir rapidement être équipés de lits et de respirateurs afin de répondre aux afflux intempestifs de malades.

Surfaces maximales, ouverture à l'air et à la lumière, refus de toute symbolique autre que celle de sa propre structure et capacité de remplacer le « ou » par le « et », ainsi les parkings « et », mais non pas « ou », les chambres : telles sont les stratégies développées par cette nouvelle architecture pour répondre à un monde de plus en plus hostile.

Une architecture liquide qui pourrait nous permettre d'affronter plus sereinement les autres crises tout aussi brutales et imprédictibles que celle, sanitaire, d'aujourd'hui. Des catastrophes qui sont consubstantielles au monde dans lequel nous sommes plongés et que nous avons contribué à transformer.

Richard Scoffier
Architecte, philosophe, critique

Paris

Mariabruna Fabrizi

d'ailleurs

Assis pendant trois jours dans un café de la place Saint-Sulpice, en 1974, Georges Perec essaie d'« épuiser » un lieu parisien en décrivant, à différents moments de la journée, tous les éléments et toutes les actions peu remarquables, issus de la vie ordinaire qui se déploie dans ce coin urbain du monde[1]. Des slogans publicitaires, des matériaux communs, des passages de bus infinis, des symboles ou encore des chiens qui se baladent constituent les protagonistes d'une longue liste révélant Paris à travers ce qu'il y a de plus marginal.

Les monuments sont exclus de la narration, les gestes romantiques absents, les détails architecturaux qui rendent ce lieu reconnaissable omis. Il reste un inventaire des fragments de la vie urbaine et de ses variations infinies, qui apparaissent seulement lors d'une observation patiente et méticuleuse.

Trois jours correspondent aussi à la moitié du temps qu'un touriste étranger consacre en moyenne à la découverte de Paris. Selon les sources de l'office du tourisme de la ville, les sites les plus visités sont en grande partie les mêmes depuis le début du XXe siècle : la cathédrale Notre-Dame de Paris, la basilique du Sacré-Cœur de Montmartre, le musée du Louvre et la tour Eiffel. Ces monuments incontournables sont localisés dans un rayon d'environ 6 km au sein de l'aire urbaine.

Les autres Paris

Pour ceux qui n'ont pas eu la chance de pouvoir parcourir ces distances dans le vrai Paris, il existe un site où tous ces bâtiments, et bien d'autres, sont rassemblés et même télescopés, annihilant tout ce qui donne lieu à la réalité d'une ville : la distance originelle entre ces monuments, l'espace, le temps et la matérialité. L'hôtel-casino Paris Las Vegas, à Las Vegas, rassemble les simulacres des icônes majeures de Paris, reproduites à différentes échelles. La tour Eiffel, le Louvre, le musée d'Orsay, l'opéra Garnier, l'Arc de Triomphe, la place de la Concorde, le Moulin-Rouge sont vidés et juxtaposés à l'extérieur, et ce, pour abriter un environnement intérieur qui se matérialise ainsi : lampadaires en fer forgé et bistrots stylisés sous un ciel perpétuellement bleu, peint sur le faux plafond. Comme un contrepoint absolu à la place habitée par Perec, rien n'est ordinaire dans ce concentré de Paris au Nevada ; rien n'est là par hasard et rien n'accueille la vie quotidienne. Ce site, non conforme à une certaine image de Paris, en oublie toutes références contemporaines, présentant un collage violent et incohérent d'une ville figée dans la Belle Époque. Ce lieu se traduit par un système de signes qui concentre le Paris aperçu dans les films, les publicités, les brochures de voyages, et les impressions des monuments vus depuis un bus lors d'un séjour d'une semaine.

Au début des années 1970, Robert Venturi, Denise Scott Brown et Steven Izenour reconnaissent l'intérêt du modèle du « hangar décoré » incarné par les architectures des casinos du Strip, des boîtes abstraites qui délèguent tout leur potentiel communicationnel aux décors extérieurs, à une signalétique à haut contenu évocateur[2]. Les temps ont changé, et en regardant le Strip de Las Vegas à partir des années 1990, on découvre un monde de simulations tridimensionnelles, qui englobent aussi bien l'extérieur que l'ambiance intérieure

---

[1] Georges Perec, *Tentative d'épuisement d'un lieu parisien* [1975], Paris : Christian Bourgois, 1982.

[2] Robert Venturi, Denise Scott Brown et Steven Izenour, *Learning from Las Vegas*, Cambridge (Massachusetts) : MIT Press, 1972.

des casinos. Comme Scott Brown et Venturi même le rappellent, dans une interview avec Rem Koolhaas, le Las Vegas du début du XXIe siècle ressemble davantage à Disneyland, et les casinos sont passés de l'« être iconographie » à l'« être scénographie », c'est-à-dire d'un système de signes et de symboles à une ambiance immersive. Pour les architectes, le danger de cette transformation réside en ce que la ville de Las Vegas devient « un théâtre exotique plutôt qu'un lieu réel[3] ».

Bâtie entre 1997 et 1999, la tour Eiffel de Las Vegas, qui ne peut donc être juste une évocation symbolique, est pensée comme une scénographie se rapprochant le plus possible de son modèle. Dans ce but, les promoteurs auraient voulu une tour atteignant, comme l'originale, les 324 mètres. Toutefois, du fait de la proximité avec l'aéroport, ils ont dû se contenter d'une hauteur équivalant environ à la moitié de celle de la tour de Paris, soit 165 mètres.

Las Vegas n'est pas le seul endroit où des portions de Paris ont été traduites en scénographies tridimensionnelles : la tour Eiffel de Tianducheng, une ville satellite de Hangzhou, pas loin de Shanghai, s'élève à 108 mètres. Cette construction s'érige au milieu d'un boulevard représentant les Champs-Élysées, entouré de bâtiments aux apparences haussmanniennes édifiés sur une structure en béton armé, mais décorés avec des moulures et des balcons en fer forgé. Au fond du boulevard, une copie de l'Arc de Triomphe et une réplique des fontaines du château de Versailles viennent compléter l'ensemble. Les habitants font du taï-chi sur l'esplanade et consomment des nouilles dans un bistrot appelé « Maxim's ». Cette ville imitant les icônes de Paris a été conçue comme un symbole de réussite sociale. Pour la classe moyenne enrichie qui y vit, l'adhésion à une esthétique européenne signifie avant tout la confirmation de l'appartenance à un milieu privilégié.

À la différence du Strip de Las Vegas, où tout est un décor pour touristes et joueurs de hasard, Tianducheng est une véritable ville à la population croissante – autour de 30 000 habitants au moment où j'écris –, qui conduit son existence quotidienne entre les copies d'éléments marquants du patrimoine français, à des milliers de kilomètres des originaux.

Tianducheng fait partie d'un programme lancé en 2001 par la municipalité de Shanghai, nommé « One City, Nine Towns ». Il est donc un des 9 développements construits au

L'hôtel-casino « Paris Las Vegas », à Las Vegas (États-Unis).
Photographie extraite de la série *Venice Syndrome*, François Prost, 2020.
© François Prost

La ville de Tianducheng (Chine). Photographie extraite de la série *Paris Syndrome*, François Prost, 2017.
© François Prost

---

[3] Rem Koolhaas et Hans Ulrich Obrist, en conversation avec Denise Scott Brown et Robert Venturi, « Re-learning from Las Vegas ». Dans Rem Koolhaas (dir.), *Content*, Cologne : Taschen, 2004.

La ville de Tianducheng (Chine). Photographie extraite de la série *Paris Syndrome*, François Prost, 2017.
© François Prost

milieu des campagnes dépeuplées, dans des délais incroyablement restreints, pour imiter des villes européennes et pour produire une ambiance urbaine significative « prête à porter ». Le développement si rapide de ces villes nouvelles ne permet pas à la mémoire urbaine de s'organiser et de prendre forme, car une signification particulière est directement attribuée à certains lieux. Afin de rendre ces contextes reconnaissables et désirables, les promoteurs ont cru nécessaire d'introduire des fragments d'un imaginaire déjà établi, avec un système de valeurs bien identifiable. L'image schématique de Paris devient alors le vecteur de l'élégance, de la grandeur et de la beauté urbaine. Rien de surprenant, donc, à ce que les icônes aient été construites avant même de réaliser les logements, comme attracteurs premiers du marché immobilier.

Comme observé par Bianca Bosker[4], dans la culture chinoise, l'acte de copier n'est pas accompagné de la connotation négative occidentale. Si, en Europe, on associe un sens de « tricherie » et de « kitsch » à l'idée d'imitation, en Chine, en revanche, les notions de « faux » et d'« authenticité » ont des nuances de sens autres, si bien qu'une bonne copie est considérée comme une expression de virtuosité. Malgré ces différences conceptuelles et une signification particulière du phénomène de la copie, en 2020, une nouvelle directive gouvernementale en Chine essaie de mettre fin au phénomène de la *duplitecture* (néologisme créé par Bianca Bosker[5]) et demande d'arrêter la production de bâtiments de style occidental.

Alors que la tour de Tianducheng se rapproche le plus possible des détails de l'originale, manifestant une certaine habileté, les quelque 50 copies à grande échelle de la tour Eiffel, qui apparaissent désormais aux quatre coins du globe (de Paris au Texas et du Pakistan au Mexique), sont soit des reproductions fidèles, soit des copies réduites, simplifiées ou détournées. Le monument iconique de Paris est devenu l'une des constructions les plus emblématiques du monde, incarnant presque l'idée de monument en lui-même ; il est aujourd'hui un type plus qu'un *unicum*.

Si le monument a été défini par Aldo Rossi comme la matérialisation de la mémoire collective[6], lorsque son apparence est décontextualisée et reproduite ailleurs, elle prend une signification autre. Elle incarne plutôt un simulacre, une image reproductible qui essaie de véhiculer, bien au-delà de son pays d'appartenance, les valeurs spécifiques d'un lieu rendu célèbre grâce aux médias et à la culture populaire.

---

4 Bianca Bosker, *Original Copies: Architectural Mimicry in Contemporary China*, Hong Kong University Press, 2013.

5 Ibid.

6 Aldo Rossi, *L'architettura della città*, Padoue : Marsilio, 1966.

La ville comme scénographie

Certains lieux dans le monde reproduisent des morceaux de Paris, transformés en simulacres du réel, mais une autre manière de s'approprier l'image d'une ville consiste à en faire un décor de cinéma – cet art qui a eu un impact majeur sur la création, ce véhicule d'imaginaires. Dans ce contexte, grâce à sa reconnaissabilité immédiate et universelle, la tour Eiffel prend encore une autre signification et devient alors le premier indice qu'une narration se développe dans la ville de Paris. Ce gimmick est si répandu dans la majorité des films étrangers tournés dans la capitale que la tour doit apparaître aussi tôt que possible et être visible de n'importe quel point de vue.

Outre l'apparition de la tour Eiffel dès les premières minutes d'un film, l'immense filmographie de Hollywood sur Paris (plus de 800 films) ajoute des escamotages visuels divers pour synthétiser en peu de cadrages l'imaginaire lié à la ville. Ce même imaginaire a été instrumentalisé pour renforcer des stéréotypes narratifs récurrents : la découverte d'une vie autre, plus libertine et affranchie des mœurs ; un moment de célébration d'un amour (rencontre, voyage de noces, déclaration) ; un contexte noyé dans le plaisir de vivre et dans l'élégance, le luxe ; la nostalgie d'une vie de rêve, ancrée dans un passé idéalisé. Paris finit par offrir le décor d'évasion idéal pour des histoires aux esthétiques différentes, mais finalement toujours liées aux mêmes thèmes de fond.

Comme l'explique l'historien du cinéma Antoine de Baecque[7], ces stéréotypes sont souvent des projections, sur la ville, d'envies et de névroses propres au pays de production, projections évoluant par ailleurs selon les époques. Par exemple, Paris semble incarner l'image d'une vie glamour et devient la représentation du désir dans les films d'Ernst Lubitsch tournés dans les années 1920-1930. Il est un lieu recherché par les Américains en quête d'un contexte autre, à savoir plus libertin et extravagant par rapport à la routine de leur vie quotidienne.

La grande majorité des productions hollywoodiennes portant sur Paris lient leurs logiques narratives toujours aux mêmes moments de l'histoire de la ville, noyés dans leurs clichés visuels et accompagnés, d'une manière presque caricaturale, des styles architecturaux correspondants.

La période la plus représentée, c'est encore la Belle Époque (de la fin du XIXe siècle jusqu'au début de la Première Guerre mondiale), assortie d'ornementations Art nouveau, de lampadaires en fer forgé, d'intérieurs qui ressemblent à des tableaux impressionnistes, de façades somptueuses, de parcs et de pavés. La Belle Époque revient constamment dans les films hollywoodiens des années 1950, comme *Gigi* de Vincente Minnelli (1958), mais elle est encore reproduite avec les mêmes attributs visuels dans des films contemporains comme *Hugo Cabret* de Martin Scorsese (2011).

La deuxième scénographie idéalisée fait référence au monde bohème, artistique et dissolu du début du XXe siècle, souvent décrit à travers un Montmartre animé par les cafés et les cabarets, avec l'intérieur des logements en pérenne effritement. C'est ce que montrent *Moulin Rouge* de John Huston (1952) et *Un Américain à Paris* de Minnelli encore (1951).

En outre, Paris peut apparaître comme une ville génériquement romantique, à l'abri de la modernité et de ses fantasmes, repliée entre ses ponts, squares et cafés, comme dans le grand succès commercial *Before Sunset* de Richard Linklater (2004).

---

7 Antoine de Baecque (dir.), *Paris vu par Hollywood* [cat. expo., Hôtel de Ville de Paris, 18 septembre-29 décembre 2012], Paris : Skira, 2012.

La naissance de ces conventions visuelles et spatiales date des années 1950, lorsque les films sur Paris étaient tournés en grande partie en studio à Hollywood. Une idée de la ville est reconstruite par morceaux dans les studios, à travers des décors qui accentuent les caractéristiques des lieux et les transforment en types récurrents : le café, le restaurant de luxe, le magasin chic ou les cabarets, mais aussi les monuments plus reconnaissables, comme – encore – la tour Eiffel, ainsi que les lieux urbains devenus mythiques, comme la place de la Concorde ou les Champs-Élysées.

Cette ville parallèle est fabriquée à Hollywood sur la base d'éléments réels fortement réinterprétés, mais elle rencontre un tel succès qu'elle devient l'imaginaire « officiel » associé au vrai Paris. C'est même à ce moment-là que le tourisme global commence à s'étendre, grâce à cette image construite que les voyageurs rêvent de retrouver dans la réalité.

La tendance à transformer la ville en artifice, bien qu'il ne s'agisse plus de la seule manière de la décrire, n'a pas complètement disparu au fil du temps. Dans certains films plus récents, on pourrait presque parler de « *Paris exploitation* », sous-genre exagérant certaines caractéristiques urbaines pour s'assurer un succès auprès d'un public particulier, et condensant tous les stéréotypes énumérés précédemment dans une même pellicule. C'est le cas d'un autre *Moulin Rouge*, le *blockbuster* de Baz Luhrmann (2001), tourné loin de Paris, dans les studios de Fox Australia, qui concentre encore une fois tous les clichés visuels dans un espace réduit : Montmartre comme repère d'artistes désespérés, les cabarets, les toits comme scène éphémère du chant et de la danse.

Tourné en 2011, *Midnight in Paris* de Woody Allen semble aussi répondre à une névrose américaine – liée ici à l'enfermement du protagoniste dans un mariage conventionnel et une vie matérialiste – par la possibilité de s'enfuir dans l'espace et dans le temps, grâce aux vertus presque magiques du Paris d'antan. Nous arrivons en 2020 avec *Emily in Paris*, une série télévisée connaissant un fort succès public. Sa narration révèle son appartenance au genre déjà cité, car dans les premières minutes, après avoir pris un taxi à Roissy, la protagoniste aperçoit la tour Eiffel quelques instants au cours de son trajet pour rejoindre la ville. Emily déroule ensuite sa nouvelle vie à travers une séquence de « mythes parisiens », une fois de plus construits comme des contre-points à sa vie américaine. À la banalité du quotidien et à l'obsession bourgeoise de la protagoniste pour le travail, Paris oppose un monde romantique qui aime le luxe, la mode, et qui prend le temps pour le plaisir.

Un imaginaire est de nouveau construit pour cacher la diversité urbaine, s'appuyer sur des idées reçues et oublier ce qui n'y entre pas. La ville est traitée comme un décor qui matérialise cette échappatoire, et sa narration spatiale – épurée de toutes dynamiques et de tous contrastes sociaux, ainsi que de la variété des ambiances urbaines contemporaines – ne peut que se manifester dans des squares ensoleillés et des parcs spectaculaires.

Emily in Paris, série télévisée, 2020.
© Stéphanie Branchu / Netflix

En portant ces clichés à un état paroxystique, les scénaristes d'*Emily in Paris* semblent presque vouloir nourrir un débat autour de la capitale. À regarder les productions plus ou moins récentes, Paris apparaît encore comme un fantasme, comme l'objet d'une idéalisation, stagnant dans un passé mythique et privé de complexités sociales et culturelles. Simplifiée et réduite à son décor, la ville est marchandisée à travers ces narrations, vendue comme un rêve pour les étrangers.

La ville comme fond

Emily passe beaucoup de son temps à partager sa nouvelle existence parisienne à travers son smartphone et à rechercher un public passionné par la mise en scène de son monde idéalisé. À travers ce détail, les scénaristes mettent l'accent sur l'importance d'un nouveau moyen de construction et de transmission des imaginaires urbains : les réseaux sociaux. Grâce à leur immédiateté, ils sont probablement le moyen le plus efficace et répandu pour construire un regard collectif idéalisé sur la ville, jusqu'au point de faire concurrence à l'univers du cinéma sur ce sujet. L'appropriation et la diffusion de l'image de Paris passent aujourd'hui par Instagram, où des milliers de publications correspondant au *hashtag* #Paris, ou à des dérivations de celui-ci, sont partagées au quotidien. À travers un nouveau médium, les utilisateurs d'Instagram cherchent encore dans la réalité de la ville des fragments d'imaginaires propagés par le cinéma et les séries, essayant de devenir les protagonistes de ces mêmes histoires fictives lors d'un cliché photographique.

Instagram impose aussi les règles de son propre algorithme, et certaines formules de construction d'une photo arrivent à capter plus d'attention que d'autres, poussant les utilisateurs à les dupliquer constamment. Le succès des images sur fond très coloré, par exemple, a porté dans le temps les instagrameurs à découvrir une ruelle parisienne dans le 12e arrondissement, la rue Crémieux, où une séquence de maisons aux façades aux teintes pastel est devenue l'un des décors les plus recherchés de la ville, autant que la tour Eiffel ou les rues de Montmartre.

Entre médias et réalité

Les règles d'un nouveau médium ont conditionné le regard sur Paris, et la recherche spasmodique d'appartenance à cet imaginaire est arrivée jusqu'à provoquer des engorgements de photographes amateurs, qui finissent par troubler la vie des habitants de la rue Crémieux. Cette situation de conflit entre habitants et utilisateurs des réseaux sociaux, même si elle a l'air d'une pure anecdote, démontre que la construction d'un mythe à travers les médias n'a pas seulement des effets sur l'imaginaire, mais peut arriver à interférer avec la réalité et à avoir des répercussions plus ou moins importantes sur la nature physique, sociale et économique d'une ville.

Si, d'un côté, des répliques de Paris sont sorties des décors de Hollywood pour devenir le fond quotidien de la vie des habitants de certaines villes en Chine, des secteurs du vrai Paris se construisent de plus en plus comme une tentative d'exploitation de cet imaginaire, avec l'explosion d'une offre locative de courte durée qui vend le rêve d'une vie parisienne aux touristes.

La réflexion sur un Paris dupliqué et mythifié porte toujours à considérer des exemples d'autres continents, mais il ne faut pas oublier que le phénomène de la *duplitecture* est arrivé jusqu'aux portes de la ville. À Marne-la-Vallée, les investisseurs de la Walt Disney Company ne se sont pas limités à construire un parc d'attractions, mais ont réalisé à partir de l'année 2000 un quartier entier, Val d'Europe. L'architecture de ce quartier se caractérise, d'une part, par des résidences qui imitent les édifices haussmanniens du centre-ville, en les simplifiant et en les adaptant à des appartements contemporains, et, d'autre part, par un centre commercial qui veut rappeler les constructions de verre et de métal de Victor Baltard. Comme dans la ville de Tianducheng, des moulures finissent les bâtiments en béton armé des résidences, provoquant un sentiment d'inquiétante étrangeté : nous sommes confrontés à une image qui semble familière, mais qui cache une copie affaiblie de la réalité.

Cours de l'Elbe, Chessy (Val d'Europe), photographie Luc Boegly, 2016.
© Luc Boegly

Le quartier se développe enfin autour d'une place, appelée « place de Toscane », conçue à l'image de la place de l'Amphithéâtre de Lucques. Cette place en Italie, qui doit sa morphologie à la stratification de la ville sur la trace du monument ancien, est de quelque manière devenue un symbole de la permanence des structures urbaines. Sa reproduction maladroite à l'entrée du centre commercial de Val d'Europe est là pour nous rappeler que la colonisation de l'imaginaire par des images fictives, aplaties et simplifiées par rapport à la complexité du réel, est un phénomène plus proche de nous que ce que l'on souhaiterait imaginer.

En observant les quartiers suburbains uniformes des villes européennes dans les années 1970, l'auteur anglais James Graham Ballard imaginait le futur comme « une banlieue vaste et monotone de l'âme[8] ». Aujourd'hui, la pénurie de l'imaginaire ne se retrouve pas uniquement dans les conformités de l'habitat courant ; elle peut se cacher dans des lieux qui refusent la réalité urbaine avec ses défauts, sa diversité, ses contradictions et ses évolutions, pour reproduire une image figée dans le temps, aux contours imposés par les médias dominants.

Mariabruna Fabrizi
Architecte

---

8   James Graham Ballard, « Interview », *RE/Search*, 1984, n° 8/9.

Les formes du mouvement

Mathieu Mercuriali

Les transports des personnes et des biens ont façonné une esthétique des voies, des places, des sols et des infrastructures de Paris, qui compose une typologie singulière d'espaces urbains. Aujourd'hui, deux visions s'organisent pour reconfigurer les rues parisiennes : d'un côté, une approche *high-tech* promouvant un « *smart Paris* » où les usages seront organisés par le numérique, et de l'autre, une opération *low-tech* consistant à décarboner les espaces publics, en désartificialisant les sols et en minimisant les interventions. Trois pistes pourraient alors être envisagées pour mettre en place les conditions d'une nouvelle esthétique de la mobilité : simplifier et unifier les espaces des différentes mobilités, engendrer la cohabitation des usages, et retrouver les axialités des voies par la mise en valeur des tracés. Ainsi, une voiture autonome croisera un transport scolaire hippomobile, un kiosque-café côtoiera temporairement une bibliothèque ambulante, la vitesse sera limitée à 30 km/h, et le tiers de la surface du sol sera désimperméabilisé. Cette polarisation *high-* et *low-tech* implique une démarche des usagers et des concepteurs, où le médiateur devra être le confort. Une telle situation, qui a longtemps été l'apanage d'un progrès porté par la modernité, ne sera possible qu'avec le partage de la densité, dans laquelle chaque être vivant aura la possibilité de se déplacer. Au cours des deux derniers siècles, les évolutions liées à la mobilité ont déjà permis d'aménager les espaces publics en trois étapes : la constitution d'un *espace public générique*, notamment grâce aux travaux du baron Haussmann au XIXᵉ siècle, puis d'*espaces spécialisés*, avec la séparation des flux au XXᵉ siècle, et, plus récemment, d'*espaces unifiés*, avec une interrelation entre différents modes de déplacement dans un seul espace. Quelle nouvelle esthétique de la mobilité émerge de ces évolutions, et quel impact les nouveaux modes de déplacement ont-ils eu sur Paris ?

De la rue à la route, une esthétique de la modernité

La capitale s'est transformée selon une succession de cycles en lien direct avec l'évolution des mobilités. Théophile Gautier perçoit ces évolutions dans son analyse de Paris à la moitié du XIXᵉ siècle :

> Où passaient la mule de l'homme de robe et le cheval de l'homme d'épée entre deux murailles qui se touchaient presque, faites donc circuler l'omnibus, ce Léviathan de la carrosserie, et ces voitures si nombreuses s'entrecroisant avec la rapidité de l'éclair ! La civilisation, qui a besoin d'air, de soleil, d'espace pour son activité effrénée et son mouvement perpétuel, se taille de larges avenues dans le noir dédale des ruelles, des carrefours, des impasses de la vieille ville[1].

---

1 Théophile Gautier, « Mosaïque de ruines ». Dans Alexandre Dumas, Théophile Gautier *et al.*, *Paris et les Parisiens au XIXᵉ siècle : mœurs, arts et monuments*, Paris : Morizot, 1856, p. 40.

Les espaces publics constituent l'armature de l'urbanité parisienne, dont la structure principale a été créée avant le XXᵉ siècle. Rues, boulevards, avenues sont les éléments d'un réseau défini par une géométrie complexe, qui s'appuie sur des règles euclidiennes. Les espaces publics, pour la plupart symétriques, mettent en place des alliances et des perspectives reliant les monuments entre eux. En 1935, Henri Prost, architecte-urbaniste, propose de prolonger ce tissu afin de relier Paris au reste de la France, grâce à un réseau d'autoroutes qui seraient connectées par le Boulevard périphérique, rond-point à l'échelle du territoire. Sa vision est singulière, puisque les voies rapides participeraient à une réorganisation du territoire francilien autour de grands parcs préservés, évitant ainsi le risque d'étalement urbain, dans la lignée des *parkways* américaines. Il faudra près de 30 années pour que le Boulevard périphérique soit finalisé, en 1973. Cet accomplissement représente la clé de voûte du système qui définit, malgré lui, une frontière entre Paris et sa banlieue. Depuis sa construction, le Boulevard périphérique est destiné à muer et fait l'objet de nombreuses études : projet de ceinture verte pour intégrer une approche plus écologique, mais aussi projets de franchissement et de densification, anticipant son déclassement ou même sa disparition. Les emprises occupées successivement par les ceintures de protection (les fortifications) et les ceintures de liaisons (les voies rapides) constituent des réservoirs pour expérimenter de nouvelles esthétiques urbaines.

Construction des voies sur berges, quai de Gesvres, Paris 4ᵉ, mars 1967.
© Collection Pavillon de l'Arsenal / Cliché Leo Nisen

D'autres corridors naturels, comme la Seine, ou artificiels, comme le canal Saint-Martin ou les voies ferrées, ont été pendant les Trente Glorieuses (1945-1975) supports de projets pour des autoroutes urbaines. À l'instar des voies sur canaux à Tokyo, des voies aériennes ont été projetées pour relier les autoroutes du Nord et du Sud au-dessus du canal parisien. La superposition de quatre étages de flux (métro, canal, boulevard et voie suspendue) aurait reconfiguré le cœur de Paris, de la même manière que les viaducs

« Échangeur Villemin », projet de voie rapide à l'emplacement du canal Saint-Martin dans *Paris Projet*, nº 17, avril 1977.
© Apur

des lignes métropolitaines 2 et 6 construits sur l'enceinte des Fermiers-généraux. Ainsi, les infrastructures existantes de Paris se régénèrent en se densifiant sur elles-mêmes et en incluant les nouvelles mobilités. Eugène Hénard et Jacques Ignace Hittorff avaient réfléchi en amont à ces superpositions de fonctions, respectivement avec la fameuse coupe de la rue future publiée en 1911, qui superpose la rue au métro et aux différentes canalisations d'assainissement, et avec les passages piétons surélevés pour les Grands Boulevards. Ces différentes stratifications des espaces publics accentuent la double organisation de Paris, convergente et radiale.

Sous les pavés, la décarbonation de l'espace public

L'esthétique de la modernité de Paris s'appuie sur les progrès techniques du revêtement des sols et des matériels roulants. Le pavé parisien battu par les fers des chevaux a été recouvert au fur et à mesure par le bitume. Les premiers exemples apparaissent dès la fin du XIXe siècle, avec l'arrivée des véhicules propulsés par les moteurs à explosion. L'industrie pétrochimique s'installe alors dans l'esthétique de la rue, à la fois au niveau des matériaux et des véhicules. L'industrialisation des sols parisiens conduit ainsi à leur imperméabilisation : les rues et les places deviennent des nappes continues constituées d'une matière coulée en place, délimitée par des bordures minérales en granit qui seront remplacées dans certains quartiers par des blocs en ciment.

Travaux de voirie à l'angle de la rue du Temple, de la rue Meslay et de la place de la République, première moitié du XXe siècle.
© Ville de Paris, Direction de la voirie et des déplacements / BHVP

Cette homogénéisation des revêtements s'accompagne ensuite de l'arrivée de la signalétique, rendue nécessaire par l'augmentation du trafic dès le début du XXe siècle, avec les premiers panneaux édités par le Touring Club de France avant même l'application du Code de la route en 1921. En effet, un bond spectaculaire du parc automobile en France s'opère à l'entre-deux-guerres, celui-ci passant d'environ 300 000 véhicules en 1920 à près de 2 millions en 1940[2]. Les marquages au sol, les panneaux, les feux de signalisation remplacent alors les agents de police qui organisaient la circulation au croisement des grands axes. La conduite n'est plus dictée par la hiérarchie des voies et des usages, mais par une série d'objets qui occupent l'espace public.

Le mobilier urbain, des bancs aux supports de publicité, participe également à la singularisation des rues de Paris. Dès le XIXe siècle, la Ville établit des contrats de concession avec des entreprises privées. L'affichage publicitaire sur des colonnes est alors concédé à l'entreprise Typographie Morris père et fils, qui donnera son nom à ce mobilier : la colonne Morris. Aujourd'hui, les entreprises comme JCDecaux et Clear Channel se partagent les mobiliers à affichage publicitaire avec le même système de concession : près de 1 650 nouveaux mobiliers urbains sont ainsi installés. L'industrialisation et l'homogénéisation de ces objets dans la ville, que l'on peut retrouver dans d'autres municipalités où le prestataire opère, provoquent la mise en place d'une esthétique générique dans un contexte de globalisation.

Nouvelles bornes lumineuses sur l'avenue des Champs-Élysées, 1950.
© AGIP Bridgeman Image

L'emploi de nouveaux matériaux comme le bitume anti-bruit ou les matériaux plus écologiques pour les revêtements devrait aujourd'hui devenir un des objectifs de transformation des espaces publics parisiens. La décarbonation de l'espace public participe également à l'éclosion de cette nouvelle esthétique de la matière, avec la déperméabilisation des sols et la création de corridors de biodiversité. Prochainement, les revêtements

---

2 Données du CCFA (Comité des constructeurs français d'automobiles).

bitumeux de plusieurs cours d'école vont être déposés pour laisser respirer les sols et permettre peut-être d'augmenter les zones végétales, afin d'éviter les îlots de chaleur. Les délaissés du Boulevard périphérique constituent également un réservoir pour la biodiversité et pour la formation de corridors écologiques, qui seront à conforter dans les prochaines années. Comme indiqué dans l'*Atlas de l'espace public parisien* conçu en 2017 par l'Apur, le nombre de « rues froides » majoritairement arborées doit augmenter pour remplacer les « rues chaudes » et participer à la transformation des espaces publics, déplaçant ainsi le curseur de la proportion de chaussées et de trottoirs.

Mobilités adoucies et partagées

La dernière décennie a accueilli une diminution des limites de vitesse sur les voies rapides du Boulevard périphérique et sur les quais de Seine – qui sont passées de 70 km/h en 2014 à 50 km/h en 2020 – et a ouvert de nombreuses rues à un système d'organisation des différents modes de déplacement. Les premières pistes cyclables sont arrivées à Paris dans les années 1980, comme sur la place de la Concorde, où un espace destiné aux vélos était marqué au sol par une bande blanche à intervalle. La piétonnisation des cœurs de quartier, la fermeture à la circulation des zones historiques le dimanche, le ralentissement de la vitesse de circulation sur les voies rapides du Boulevard périphérique, sur les quais de Seine et dans les rues touristiques et commerciales ont engendré un nouveau paysage. Après un siècle de motorisation de la ville, les piétons prennent le pas.

Provoquée par ces changements de mobilité et, entre autres, par l'explosion de l'usage des mobilités douces, la réorganisation de l'espace public s'est faite en plusieurs étapes. Dans un premier temps, les types de déplacement ont été répartis sur la chaussée, avec des séparations strictes. En 2002, la Ville de Paris met en place une charte d'aménagement des espaces civilisés dans laquelle sont inscrites un certain nombre d'actions sur la répartition des flux, la végétalisation et l'appropriation des espaces pour un « aménagement contextuel ». À la suite de cette charte, le boulevard de Magenta est transformé pour accueillir, à partir de 2006, des pistes cyclables sur les trottoirs, entre les alignements d'arbres et les places de stationnement. À l'image des trottoirs de Berlin ou de Rotterdam, cet aménagement ne résiste cependant pas à la densité de Paris : en juin 2020, les pistes cyclables de ce boulevard ont ainsi été repeintes en vert fluorescent pour diminuer le risque d'accident.

Le boulevard de Port-Royal accueille quant à lui, depuis sa transformation en 2012, une zone centrale dédiée aux bus et aux véhicules légers. Ce système crée une succession de barrières constituées par des marquages et des bordures, qui rendent l'espace public à un usage technique et qui empêchent le croisement et la spontanéité. La séparation et la spécialisation des voies ne semblent donc pas être la

Affiche *Non à l'autoroute Rive Gauche*, Raymond Savignac, affichiste, 1973.
© Bibliothèque Forney / Roger-Viollet / ADAGP, 2021

« Plus d'autos, des vélos » : manifestation de cyclistes contre la pollution sur les Champs-Élysées, le 22 avril 1972.
© Keystone France

meilleure solution pour accueillir l'ensemble des usagers. Au même moment, des zones partagées, comme dans le Marais, ont été mises en place avec un marquage au sol spécifique, selon un principe opposé : il n'y a pas de hiérarchie entre les modes de transport ; chacun doit respecter les règles et s'adapter aux autres. Les usages ne sont plus spécifiés, et l'espace public tend à remplacer une juxtaposition de couloirs de flux par une toile mutualisée et partagée. Ce mode d'organisation favorise la suppression de la signalétique verticale au profit de la bonne application des règles du Code de la route, afin d'hybrider les usages et de faciliter le partage. Le ralentissement des déplacements génère par conséquent un espace de la mobilité qui n'est plus un espace monofonctionnel.

Paris dans les couloirs et sur les rails

Les transports en commun, majoritairement souterrains ou séparés des espaces publics, comme les voies ferrées, constituent une esthétique en soi. Un monde souterrain, composé de galeries, tunnels, stations, escaliers et sorties, définit une ville verticale où se superposent les flux. Caractérisé par des carreaux de faïence rectangulaires et blancs, et par les entrées Art nouveau dessinées par Hector Guimard, le design des stations de métro constitue une marque de fabrique de la capitale française. En 1996, une charte architecturale, conçue par la RATP avec la contribution des architectes Henri et Bruno Gaudin, a été mise en place pour rénover les stations et en homogénéiser le design, dans la perspective du centenaire du métro. Ce réseau parisien prolonge l'espace public de la rue : les trottoirs deviennent des escaliers et des couloirs, qui se transforment en quais, connectés eux-mêmes au réseau des RER. Les stations souterraines conçues à la fin des années 1960 par des architectes différents (André Wogenscky pour la station Auber, Pierre Dufau pour la station Charles-de-Gaulle-Étoile) ont permis de relier les différentes lignes de banlieue avec la station Châtelet-Les Halles comme connecteur principal. La salle des échanges aux Halles, appelée communément le « flipper », répartit ainsi les usagers dans l'espace sans imposer de flux précis. Sa circulation, organique et souveraine, est à l'image des espaces partagés en surface, ceux du jardin et des rues des Halles. Sa récente transformation confirme ce parti pris : la station est un prolongement de la rue rendu possible par la nouvelle entrée monumentale sur la place Marguerite-de-Navarre.

Les transports en commun se déploient aussi en surface, complétant le réseau métropolitain et définissant également une esthétique des voies. Le tramway a disparu des rues parisiennes en 1937, détrôné par le bus appuyé par les lobbies du secteur pétrolier. Les vues du début du XXe siècle montrent pourtant des bus et des tramways – originellement tirés par des chevaux (les omnibus) – qui se fondent dans la rue sans aménagement spécifique : seuls les rails apparaissent entre les pavés. En 1964, un premier tronçon de couloir de bus est inauguré sur les quais du Louvre et de la Mégisserie, symbolisé par un simple marquage au sol. Cette nouvelle partition des voies, ancêtre des espaces partagés, réorganise la chaussée et le trottoir pour accueillir les bus, mais également les taxis et les cyclistes. Depuis plusieurs décennies, des aménagements ont été mis en place pour séparer de plus en plus les modes de circulation. Aujourd'hui, les derniers

Coupe sur le métro Opéra, gravure, vers 1910.
© Tallandier / Bridgeman Images

aménagements du boulevard Voltaire n'associent plus le bus et le vélo sur une même voie, mais privilégient ce dernier mode de déplacement qui se voit dédier un espace de circulation entre le trottoir et la chaussée. Les bus, qui ont retrouvé leur couleur bleue d'origine après avoir revêtu le vert du logo de la RATP, ne circulent plus en site propre, et ce, au profit des mobilités douces.

    La reconstruction d'une ligne de tramway sur les boulevards des Maréchaux a créé également une nouvelle organisation de la chaussée. Le parcours du tramway se situe principalement au centre de la voie, dont il confirme l'axialité. Celui-ci circule en site propre, sauf aux intersections. Des plates-bandes de gazon définissent alors l'esthétique de cette infrastructure, qui reste infranchissable par le piéton pour garantir sa sécurité. Le tracé du tramway suit donc les boulevards des Maréchaux, de la même façon que le métro aérien a été construit sur les vestiges de l'enceinte des Fermiers généraux. Il définit ainsi les codes d'une esthétique du boulevard urbain, amorçant une connexion avec les communes de la proche banlieue.

Places aux piétons

Le dessin des places parisiennes, concomitant aux aménagements urbains des XVIIIe et XIXe siècles, répondait à des fonctions précises. Conçue par Rambuteau et Haussmann au XIXe siècle, la place de la République représente ainsi l'une des clés de voûte du système des Boulevards et consacre la république par la disposition d'une statue de Marianne en son centre depuis 1883. Elle recouvre également l'un des plus grands échangeurs de métro de la capitale. La place de la Bastille – érigée sur les décombres de la prison d'après un décret de 1792 et modifiée avec la construction du canal Saint-Martin en 1822-1825 – représente quant à elle le passage de la monarchie à la république, mais aussi la convergence des modes de transports autour du terminus de la ligne de chemin de fer Paris-Varenne, avec la gare de la Bastille, la station de métro de la ligne 1 dessinée par Guimard (aujourd'hui détruite) et le port de l'Arsenal.

Depuis quelques années, la réorganisation spatiale des places de la République, de la Bastille et de la Nation fait figure de laboratoire, tant pour les flux que pour les matérialités, et tant au niveau du projet que de la maîtrise d'œuvre. En effet, les places de la République et de la Bastille ont été dissymétrisées, balayant les principes fondamentaux des axialités parisiennes. La circulation ne se fait plus sous la forme de ronds-points, mais de rues qui contournent des espaces centraux piétonniers, toujours connectées au canal Saint-Martin. Ces places deviennent des scènes urbaines : libérées de leur simple fonction de rond-point fleuri, elles retrouvent leur fonction originelle de lieu de vie, où le piéton et l'usager des mobilités douces deviennent les acteurs d'événements : concerts, manifestations et autres rassemblements. La place de la République, dont le sol est totalement plan et fait abstraction de la topographie initiale, se transforme en une pièce de vie à l'échelle de la ville, défiant la rue. L'agence d'urbanisme TVK, avec les paysagistes Martha Schwartz et AREAL, a réaménagé la place à la suite d'un concours public, dont le cahier des charges a été établi grâce à des marches organisées par le collectif BazarUrbain. Les places de la Bastille et de la Nation ont quant à elles été conçues à la suite de la concertation « Réinventons nos places ! », qui portait sur le réaménagement de 7 grandes places parisiennes, en juin 2015. L'espace public n'y est pas dessiné comme une architecture ; il est la résultante des contraintes et des propositions des citoyens et d'équipes qui intègrent le processus participatif dans leur conception. C'est le cas du collectif Bastille, organisé par l'architecte Julien Beller et les paysagistes d'Atelier Cap, pour la place de la Bastille, et du collectif Coloco pour la place de la Nation, qui ont mené des ateliers de co-conception. Cette nouvelle manière d'aménager l'espace public entraîne des propositions sans esthétique dessinée qui favorisent des propositions optimisées et rationnelles, permettant ainsi une mise en œuvre accélérée. Le processus de conception et d'organisation des places est plus important que leur matérialisation. Les nouveaux usages hybrides façonnent leur esthétique. L'espace partagé devient alors l'espace des possibles et résout en partie le manque de place à Paris en décloisonnant les mobilités.

Réaménagement de la place de la République, Paris 3e-10e-11e, TVK, architectes-urbanistes ; AREAL, Martha Schwartz, paysagiste, 2013.
© Photographie Jacques Leroy / ADAGP, 2021

Quelle esthétique pour une ville à 30 km/h ?

L'organisation de l'espace public est bouleversée aujourd'hui par l'arrivée de nouveaux flux de personnes et de marchandises : les déplacements individuels sont devenus flexibles grâce aux véhicules à la demande et au *free-floating*, et la gestion du dernier kilomètre des livraisons provoque de nouvelles organisations logistiques pour le cœur de Paris. L'accélération des changements est alors inversement proportionnelle à la réduction des vitesses de circulation, cette double donnée invitant à une réflexion sur l'esthétique de l'espace des mobilités de demain.

L'augmentation des livraisons dans Paris intra-muros, provoquée par l'e-commerce et les nouveaux modes de consommation, nécessite une gestion des flux et une optimisation des véhicules en fonction des volumes livrés. Il s'agit de penser la ville productive et son intégration dans un Paris aujourd'hui principalement orienté vers le loisir, le tourisme et l'habitation. Des enseignes de la grande distribution utilisent déjà la Seine pour livrer les marchandises au cœur de la capitale, et la société Sogaris met en place une série de stocks tampons aux portes de Paris, hybridés avec d'autres programmes, à l'image des immeubles mixtes du 19e arrondissement accueillant ateliers et logements. Le développement des livraisons à vélo et à triporteur, qui rappellent les moyens de distribution calibrés d'avant les Trente Glorieuses, aboutit à la mise en place d'un réseau de pistes cyclables à grande échelle, comme dans la rue de Rivoli, sur le boulevard de Sébastopol ou dans la rue de Turbigo. La maison Félix Potin, pionnière de la livraison à la fin du XIXe siècle, aurait rêvé de ces installations pour livrer dans tout Paris depuis son vaisseau amiral situé au n° 103 du boulevard de Sébastopol, ou depuis son usine installée dans le quartier de la Villette.

Le partage des espaces publics entraîne également la répartition de l'occupation temporaire ou par concession des rues et places de Paris. Durant la crise sanitaire, l'espace des rues (portions de trottoir, places de stationnement) a ainsi été investi par les terrasses des restaurants et cafés. Une nouvelle morphologie apparaît alors, modifiant les codes de répartition entre espaces de mobilité et espaces de station : la rue devient un espace à usage multiple, sans différenciation de la chaussée et du trottoir.

Ces occupations temporaires par un urbanisme dit « tactique » bouleversent également l'esthétique de Paris en créant une hybridation entre espaces publics et espaces privés. Les entreprises du numérique comme les GAFA souhaitent aussi transformer les espaces publics au moyen d'applications qui augmentent leur perception. L'entreprise Google référence ainsi les usages de ces espaces grâce au répertoire des activités fourni par les usagers des applications Google, et par des entreprises qui profitent ainsi d'une plus grande visibilité. Ce nouvel annuaire organise alors l'espace public et ses flux : une couleur jaune indique, sur les cartes, les zones les plus intéressantes pour le commerce. Les données statistiques deviennent une mine d'or dont les collectivités ne pourront bientôt plus se passer. Les flux sont ainsi cartographiés en direct par les usagers eux-mêmes, favorisant certaines zones déjà « likées » sur de nombreuses applications.

La piste cyclable de la rue du Faubourg-Saint-Antoine, Richez Associés, architectes-urbanistes, 2020.
© Richez Associés

Cette diversité des usages et des pratiques des rues est intrinsèquement liée à la densité de Paris. Les crises sociales successives et la crise sanitaire de la COVID-19 ont entraîné des changements de pratiques chez les Parisiens. Des réponses spatiales ont été développées dans les rues : réduction de la vitesse dans certaines zones, construction de nouvelles pistes cyclables, délimitation d'espaces pour la mobilité douce et la désimperméabilisation des sols. Il s'agit alors de poser la question de l'esthétique, encore provisoire, d'une ville qui se déplacerait à 30 km/h. Cette vitesse permet à la fois de créer des espaces partagés par tous les modes de déplacement, d'optimiser l'usage des voitures électriques en économisant leur batterie, mais également de cadrer l'arrivée des véhicules autonomes. C'est l'anticipation de la mobilité de demain, ralentie et électrique. Si un tel dispositif est mis en place, la séparation des flux, qui avait été rendue nécessaire par l'accélération des déplacements durant le XXe siècle, ne le sera alors plus.

Cette nouvelle approche de la ville va changer l'esthétique des espaces publics. Les panneaux de signalisation, les feux tricolores et les potelets séparatifs créent une immobilité qui empêche toute flexibilité de l'usage de l'espace public, durant la journée, le week-end ou les jours fériés. Il s'agirait donc de retrouver un système, grâce à la mobilité autonome et intelligente accompagnée d'applications numériques, qui ne requiert plus la séparation des fonctions. En effet, les différentes applications numériques de géolocalisation et d'assistance à la conduite permettent d'ores et déjà d'intégrer les données du Code de la route, comme la limitation de vitesse ou les intersections. Ainsi, l'espace public pourrait redevenir une surface libre de toute emprise et disponible pour tous les usagers.

Mathieu Mercuriali
Architecte DPLG, urbaniste

Dans le contre-jour de nos app

Soline Nivet

Visibilités et invisibilités numériques

L'esthétique de Paris n'est pas un style, mais seulement l'ensemble des habitudes et des règles à partir desquelles nous y départageons le visible, le transparent et l'invisible ; avec lesquelles nous distinguons les architectures des infrastructures, les projets des *process*, les choses des phénomènes. Or, les développements récents du numérique nous incitent aujourd'hui à réviser nos catégories.

Rétroviseur

2006. Lorsque l'actuel plan local d'urbanisme de Paris est approuvé, aucun d'entre nous n'a de smartphone. Les fondateurs de Twitter testent encore leurs premiers micro-messages ; Facebook est un trombinoscope réservé aux étudiants des universités nord-américaines. C'était il y a 15 ans.

2007. La première génération d'iPhone est mise en vente par Apple, qui inaugure l'accès individuel à l'internet portable. Mais dans les rues de Paris, le vrai changement visible, c'est le Vélib' : 750 stations, 7 500 bornes et vélos gris débarquent dans l'espace public pour changer nos pratiques de mobilité. Qui remarque alors l'Opel Astra noire surmontée d'un périscope équipé de caméras à 360°, sillonnant une à une les rues de la capitale ? Nous serons nombreux pourtant, l'année suivante, depuis chez nous, à parcourir pour la première fois Paris sur Google Street View, à y chercher notre adresse et, sans quitter notre écran des yeux, d'une simple caresse de l'index, à diriger, éberlués, « notre » regard jusqu'à nos propres fenêtres.

2009. Qu'attendent ces 10 000 personnes rassemblées au mois de novembre dans le jardin des Tuileries, devant l'entrée du Carrousel du Louvre ? L'inauguration du premier Apple Store français et, pour la plupart, l'achat de leur iPhone 3, compatible avec la norme 3G et surtout équipé d'un GPS.

2012. En même temps que la mise en service du réseau 4G dans l'Hexagone, le terme « smartphone » fait son entrée dans le dictionnaire français, fusionnant derrière cet anglicisme téléphonie mobile, internet individuel portable et géolocalisation. À Paris comme ailleurs, nous sommes déjà habitués à courir avec Strava, à draguer sur Grindr ou Tinder, à poster nos *selfies* sur Instagram ou Snapchat. Certains commencent tout juste à se déplacer avec Uber. Cela fait à peine 10 ans. Il ne faudra ensuite qu'une toute petite année pour circuler avec Waze, deux pour manger avec Deliveroo, trois avec Frichti.

2016. La ministre de l'Éducation interdit officiellement la chasse aux Pokémon Go dans les enceintes des écoles, collèges, lycées. 2017. La dernière cabine téléphonique de Paris est démontée rue Ordener, dans le 18e arrondissement. 2018. Les trottinettes Dott en *free-floating* sont lâchées.

2020. À l'occasion du premier confinement planétaire de l'histoire de l'humanité, *via* Zoom ou Teams et devant nos GPS désœuvrés, nous ouvrons en grand l'intérieur de nos appartements à tous nos amis, parents, collègues, clients, élèves, étudiants, profs, coaches, médecins, patrons.

C'était il y a un an.

Points de vue

 « [L]a forme d'une ville / change plus vite, hélas ! que le cœur d'un mortel[1] », se désolait Baudelaire à propos des travaux d'Haussmann. Mais tous ces changements dans nos vies connectées ont-ils vraiment modifié la forme de Paris ? Non, dans la mesure où ils ne paraissent pas avoir encore affecté les gabarits des bâtiments, ni leurs styles, leur densité, les démolitions, le dessin des espaces publics, le végétal, la forme des voitures, la biodiversité, ou encore la gestion des déchets et des ressources. Oui, car ils se sont déjà imposés – comme la perspective l'a fait au Quattrocento – parmi les formes symboliques[2] qui nous permettent de nous représenter, quotidiennement, l'espace dans lequel nous évoluons.

Les applis de nos smartphones n'ont pas seulement transformé nos usages de l'espace urbain en expériences utilisateurs : elles ont modifié notre point de vue sur la ville en s'interposant comme des interfaces indispensables, sans lesquelles nous ne saurions plus la voir complètement. Leur puissance est proportionnelle à leur transparence : nous croyons voir Paris au travers. Et tout comme nous nous laissions leurrer, selon Bruno Latour[3], par la fausse continuité du zoom aux débuts de Google Earth, nous faisons comme si nous étions naturellement devenus, en une petite dizaine d'années, ce point mobile, rouge ou bleu, autour duquel se réorganisent sans fin les horaires, tarifs, itinéraires, offres, destinations, menus, distances, durées de notre vie urbaine.

Miroirs

Narcisses du *quantified self*, nous contemplons jour après jour la cartographie de nos performances sur nos applis de course à pied. Thésées rassurés, nous suivons inlassablement nos propres empreintes dans le dédale simplifié des zones d'intérêt de Google Maps. Passe-murailles adeptes de sexe géolocalisé, nous franchissons en quelques *swipes* et comme par magie les portes, interphones et digicodes jusqu'à nos *dates*. Paris nous apparaît comme le miroir dans lequel nous nous regardons évoluer, et dont chacun d'entre nous serait l'unique foyer. Nous aimons croire que nous nous y voyons sans être vus, mais nous savons bien que les miroirs de nos applis sont sans tain. Le reflet ou la transparence d'interfaces numériques n'est qu'un effet obtenu par la différence de luminosité de leurs deux faces… – ces deux faces de nos applis que nous croyons si bien connaître.

Côté lumière, des interfaces logicielles et leur design graphique, ergonomiques, nous procurent une agilité nouvelle, augmentent notre vision et intensifient nos vies urbaines. Des offres nous font gagner du temps en rationalisant nos rencontres, nos dépenses, nos déplacements ; nous font économiser de l'espace et de la matière en dématérialisant une partie de nos activités. Nous les avons très vite intériorisées comme des habitudes. Elles ont modifié nos gestuelles, nos comportements, nos systèmes de relations sociales et spatiales, nous ont embarqués dans des formes collectives de croyance et d'adhé-

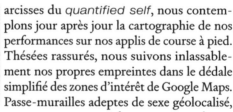

Image du monde flottant.
Illustration MLAV.LAND, 2021.
© MLAV.LAND

---

1 Charles Baudelaire, « Le Cygne ». Dans « Tableaux parisiens » [1861], *Les Fleurs du mal*, Paris : Calmann-Lévy, 1908, p. 258.

2 Erwin Panofsky, *La Perspective comme forme symbolique et autres essais* [1927], trad. sous la dir. de Guy Ballangé, Paris : Minuit, 1976.

3 Bruno Latour, « Paris, ville invisible : le plasma ». Dans Daniel Birnbaum, Christine Macel et Valérie Guillaume (dir.), *Airs de Paris : 30 ans du Centre Pompidou* [cat. expo., Centre Pompidou, 25 avril-16 août 2007], Paris : Centre Pompidou, 2007, p. 260-263.

Émergences

sion. Bref, en moins de 12 ans, nos applis nous ont institués[4]. Dans les milieux de l'architecture, de l'urbanisme et de l'aménagement, cette institutionnalisation du numérique est souvent amplifiée, et le halo du vocabulaire de la *tech* nous éblouit : ses incubateurs, *fab labs*, *living labs*, campus, *start-up*, démonstrateurs, son écosystème, ses événements, *meet-up*, hackathons, communautés.

Côté ombre, l'obscurité des couches logicielles qui traitent, sélectionnent, encapsulent nos données ; l'abstraction des structures numériques qui les transportent et les partagent ; l'opacité des algorithmes qui décideraient tout à notre place... sont d'ores et déjà des lieux communs, à la fois inquiétants et fascinants. Et nous, architectes, en amateurs de frissons théoriques, jouons à nous faire peur en reprenant, sur l'air du « ceci tuera cela », l'adage de la liquéfaction ou de la neutralisation de l'architecture et de la ville sous le flux immatériel des données.

Contre-jour

Dans le contre-jour de nos applis, bien moins éloignées et cachées que nous ne voulons le croire, il y a pourtant d'autres choses à voir, à montrer et à comprendre. Ces « choses » sont les lieux, équipements, fils, réseaux, bâtiments, objets, technologies qui accompagnent matériellement et concrètement notre transition numérique. Or, tout se passe comme si nous ne voulions pas les voir. Nous savons bien, pourtant, que le Wi-Fi, le Bluetooth, les GPS qui nous connectent, nous informent et nous localisent en permanence, qui traduisent continuellement notre position en information et qui composent l'environnement pervasif dans lequel nous évoluons dorénavant, ne sont ni gazeux ni abstraits. Simplement, nous ne prêtons pas attention à la matérialité de leurs infrastructures, par ailleurs souvent camouflées, sous prétexte de sécurité, de confidentialité ou d'intégration urbaine. Cette disparition est, selon l'informaticien américain Mark Weiser, l'indice des technologies les plus profondes, de celles qui disparaissent et qui « s'intègrent à la trame de l'existence quotidienne jusqu'à ne plus s'en distinguer[5] ». Mais il n'y a de boîtes noires[6] que pour ceux et celles qui ne veulent pas les ouvrir. Aussi, nous pourrions reprendre autrement notre flash-back initial.

Boîtes noires

Lorsque l'actuel plan local d'urbanisme de Paris est approuvé en 2006, la grande majorité des Parisiens est déjà abonnée à l'internet. Mais qui se souvient encore que la connexion s'effectue alors seulement depuis un ordinateur et uniquement à l'intérieur des immeubles, chez soi, au travail ou dans les cafés dédiés ; que l'ADSL (*Asymmetric Digital Subscriber Line*), permettant à 6 foyers sur 10 de la capitale de bénéficier déjà du haut débit, emprunte encore à France Télécom la boucle locale de ses lignes téléphoniques en cuivre, pour transmettre et recevoir des données numériques ; qu'à Paris, ces connexions sont dégroupées dans 36 centraux téléphoniques, tous hérités du XXe siècle ?

---

4 Max Weber, *Économie et Société : les catégories de la sociologie* [1921], trad. Julien Freund, rév. Pierre Kamnitzer et Pierre Bertrand, Paris : Pocket, 2003, t. I.

5 Mark Weiser, « The Computer for the 21st Century », *Scientific American*, septembre 1991, vol. 265, n° 3, p. 94. Cité dans Antoine Picon, *Smart Cities : théorie et critique d'un idéal auto-réalisateur*, Paris : B2, Coll. Actualités, 2013, p. 12.

6 Bruno Latour, « Ouvrir la boîte noire de Pandore ». Dans *La Science en action : introduction à la sociologie des sciences* [1987], trad. Michel Biezunski, Paris : La Découverte, 1989, p. 21-55.

Quand le 10 juillet de la même année, le Conseil de Paris nous annonce qu'il encourage les opérateurs télécoms à déployer leurs propres réseaux de fibre optique, jusqu'à chaque immeuble, puis jusque dans chaque appartement, nous demandons-nous seulement par où passeront les 8 000 km linéaires de fibre attendus ? Lorsqu'en 2008, nous nous connectons gratuitement au service Paris Wi-Fi proposé dans plus de 260 espaces, jardins, parcs et autres lieux municipaux, cherchons-nous des yeux son boîtier ?

En 2012, en changeant notre abonnement pour un autre, qui associe connexion 4G sur notre smartphone et fibre à très haut débit à la maison, voulons-nous voir les 2 000 antennes-relais sur les toits de Paris ? Suivons-nous le fil de notre box jusqu'à la cave, jusqu'aux égouts ? Voulons-nous savoir à quoi ressemble le nœud de répartition optique depuis lequel notre opérateur a déployé sa pelote ? Non, pas plus que nous ne cherchons à voir les serveurs et les centres de données de nos « nuages[7] », ni les entrepôts de nos achats en ligne, ni les capteurs et les caméras de nos villes intelligentes, ni les réseaux électriques à haute tension qui les alimentent en continu.

Tous ces équipements ont pourtant fait l'objet de déclarations préalables, de projets, de travaux. Leurs dossiers de permis de construire ont été signés par des architectes, validés par des bureaux d'études, examinés par des services instructeurs. La conformité de leurs ouvrages a été vérifiée à la fin de leurs chantiers. Mais si personne n'a rien vu, est-ce parce que personne ne voulait rien voir ? Où et avec qui avons-nous discuté de l'insertion paysagère des antennes, de l'intégration des objets, de leur miniaturisation, du camouflage des équipements, du maquillage des façades ?

Voir ou ne pas voir

Voir ou ne pas voir ? Telle est la question, qui se pose urgemment à l'aune de la mise en service de la 5G. L'esthétique n'est ni une qualité, ni un style, mais une modalité, qui découpe d'abord les espaces et les temps en répartissant le visible et l'invisible, l'audible et l'inaudible, le perceptible et l'imperceptible. Et nous sommes tous d'accord pour dire que cette modalité mérite d'être débattue – c'est l'objet même de ce livre collectif –, car elle est politique, critique, historique et écologique. Politique, car la politique porte précisément sur ce que nous voyons et ce que nous pouvons en dire ; elle débat sur qui devrait avoir « la compétence pour voir et la qualité pour dire les propriétés des espaces et les possibles du temps[8] », et sur qui détient le pouvoir de tracer des lignes de lumière, ou des régimes de visibilité[9].

Une modalité critique, car l'invisibilité des infrastructures numériques – qui corrobore l'imaginaire de leur dématérialisation – a pour conséquence de naturaliser les services qu'elles procurent et, ce faisant, d'en neutraliser la controverse. Souvent considérée comme une précaution voulue par les opérateurs eux-mêmes, ou imposée par les collectivités au nom du caractère critique ou sensible de ces installations, cette invisibilité ne concerne en réalité que ceux et celles qui ne veulent pas les voir. Les adresses de ces infrastructures ne sont pas secrètes : elles sont publiées sur maints sites officiels ou collaboratifs, et leurs permis de construire sont consultables à la direction de l'urbanisme.

---

7 Cécile Diguet et Fanny Lopez (dir.), *L'Impact spatial et énergétique des data centers sur les territoires*, rapport ADEME, 2019 ; *id.*, « La matérialité occultée de la ville intelligente », *AMC*, septembre 2018, n° 271, p. 14-19.

Une modalité historique, car le découpage de nos expériences sensibles n'est pas immuable et relève de la construction sociale[10]. Nous souvenons-nous que les égouts conçus sous Haussmann par l'ingénieur Belgrand, et dans lesquels passent aujourd'hui si discrètement nos fibres optiques, étaient jadis une curiosité, qu'on visitait le dimanche en barque ; que l'électricité, dont nos *data centers* sont si gourmands, fut célébrée à deux reprises à Paris lors d'Expositions universelles spécifiquement dédiées, avant de se fondre progressivement dans le paysage des *Large Technical Systems*[11] comme des « formes prégnantes » et non plus « saillantes[12] » ?

Historique, encore, car lorsqu'on les regarde, on comprend que les infrastructures, quelles qu'elles soient, s'enchâssent les unes dans les autres et se débattent toujours avec les forces, les limites et l'inertie de ce qui est déjà installé[13]. En France, le réseau primaire de l'internet suit ainsi celui des infrastructures autoroutières et ferroviaires, dont les tracés héritent eux-mêmes d'une histoire longue de l'aménagement du territoire hexagonal – dans ses dimensions politiques, techniques et économiques[14] – et de ses négociations avec son socle géologique.

Empruntant largement leurs lieux et leurs passages aux technologies qui l'ont précédé (*grosso modo*, il passe où sont passés avant lui le téléphone, l'eau potable, les métros ou les trains), l'internet, dans ses derniers kilomètres, ne réinvente pas l'histoire urbaine : il la continue. Et dans une ville parachevée comme Paris, les équipements et les institutions du numérique occupent en bernard-l'ermite des coquilles héritées des siècles précédents : égouts haussmanniens, infrastructures postales, logistiques ou militaires.

Une modalité écologique, enfin, car dès lors que l'on perçoit l'emboîtement physique des infrastructures les unes dans les autres, on comprend l'interdépendance systémique de leurs réseaux[15], et on inscrit le métabolisme concret de nos existences augmentées dans leur milieu. Pas d'applis sans smartphones, pas de smartphones sans satellites, pas de satellites sans antennes, pas d'antennes sans fibres optiques, pas de fibres optiques sans électricité, pas d'électricité sans transports, sans charbon, sans eau, sans air, sans métaux, sans terre, etc.

Paris, ville intelligible

Il y a déjà bien longtemps que nous n'avons plus l'exclusivité du terme « architecture », qui désigne aussi les systèmes, les processus et les protocoles qui régissent les réseaux numériques et entretiennent l'opérationnalité de nos applis. Bien en dessous du niveau de nos écrans, ces architectures-là, qui ne sont ni visibles ni accessibles des utilisateurs, organisent et hiérarchisent les différentes couches du code informatique pour nous procurer, en surface, les effets de continuité, d'interconnexion, de transparence qui instruisent désormais nos vues de Paris.

---

8 Jacques Rancière, *Le Partage du sensible : esthétique et politique*, Paris : La Fabrique, 2000.

9 Gilles Deleuze, *Foucault*, Paris : Minuit, 1986.

10 Alain Corbin, *Historien du sensible : entretiens avec Gilles Heuré*, Paris : La Découverte, 2000.

11 Thomas P. Hughes, *Networks of Power: Electrification in Western Society 1880-1930*, Baltimore : Johns Hopkins University Press, 1983.

12 René Thom, *Esquisse d'une sémiophysique : physique aristotélicienne et théorie des catastrophes*, Paris : InterÉditions, 1988. Cité dans Emmanuel Mahé, « Transparence et régimes de visibilité : l'invisibilité comme forme du visible », *Médiation et Information*, janvier 2006, n° 22, p. 131-141.

13 Susan Leigh Star, « The Ethnography of Infrastructure », *American Behavioral Scientist*, 1999, vol. 43, n° 3, p. 382.

14 Jonathan Rutherford, *A Tale of Two Global Cities: Comparing the Territorialities of Telecommunications Developments in Paris and London*, Aldershot-Burlington : Ashgate, 2004.

15 Gérard Dubey et Alain Gras, *La Servitude électrique : du rêve de liberté à la prison numérique*, Paris : Seuil, Coll. Anthropocène, 2021.

Les *Science and Technology Studies* (STS) enjoignent à regarder ces architectures avec et au même titre que les équipements techniques matériels du réseau (câbles, centres de données, points d'échanges), comme des infrastructures, des artefacts techniques qui intériorisent des valeurs et appuient des stratégies politiques ou économiques. En remontant ces architectures immatérielles dans le spectre des infrastructures, les STS se donnent les moyens de les envisager comme des matérialités questionnables, de les analyser, d'en discuter la forme et la structure[16], d'en exiger l'explicabilité[17].

L'urbanisme et l'architecture – au sens où nous les entendons dans ce livre – gagneraient à enclencher une démarche symétrique. Donner à voir, dans nos projets, nos choix, nos dessins, nos plans, nos coupes, ou tout simplement dans nos documents réglementaires, les aménagements, les formes et les matérialités concrètes de nos activités numériques permettra d'en relativiser la magie ou l'apparente neutralité, d'en arbitrer les choix, d'en comprendre les lignes de visibilité ou d'invisibilité[18], de traduire « *smartness* » par « intelligibilité ».

Décider de lever ou de baisser notre regard, prolonger le dessin de nos architectures jusqu'au ciel ou aux sous-sols, suivre les continuités matérielles de nos smartphones, c'est assumer la place prise par nos applis dans la zone critique[19], cette mince pellicule de croûte terrestre que se partagent les vies et les choses de notre capitale au XXIe siècle.

Soline Nivet
Architecte, professeure
à l'ENSA Paris-Malaquais

---

16 Francesca Musiani, « L'invisible qui façonne : études d'infrastructure et gouvernance d'Internet », *Tracés*, 2018, n° 35, p. 161-176.

17 David M. Berry « *Smartness* et le tournant de l'explicabilité ». Dans Bernard Stiegler (dir.), *Le Nouveau Génie urbain*, Limoges : FYP, 2020.

18 Émilie Hermant et Bruno Latour, *Paris, ville invisible,* Paris : Seuil/La Découverte, Coll. Les empêcheurs de penser en rond, 1998.

19 Frédérique Aït-Touati, Alexandra Arènes et Axelle Grégoire, *Terra Forma: manuel de cartographies potentielles*, Paris : B42, 2019.

Rythmes urbains

Luc Gwiazdzinski

Face à la saturation des espaces, des temps et des imaginaires

> La valeur des villes se mesure au nombre des lieux qu'elles réservent à l'improvisation.
> Siegfried Kracauer[1]

Je propose d'engager la réflexion autour de l'hypothèse d'une « esthétique des rythmes » – au sens originel de « manière de fluer[2] » – qui prenne en compte les mutations actuelles de nos modes de vie et de nos villes, une approche qui permette d'articuler l'espace et le temps dans une même respiration, de dépasser certaines tensions et contradictions, d'imaginer des cohabitations harmonieuses, en englobant le temporaire et le multiple dans une même chorégraphie urbaine. Si, comme le suggère Jacques Rancière, la politique d'une cité peut être lue au prisme de son esthétique, donc de la distribution des corps et des visages qu'elle propose au regard de l'observateur[3], que nous dit la ville de Paris sur elle-même ? Quels enseignements et quelles pistes dans un monde en mutation ?

Cette réflexion ne s'intéresse pas à la notion d'« embellissement », dans le sens des grands projets des XVIIIe et XIXe siècles. Elle concerne moins l'objet architectural que l'espace public au sens politique et les espaces publics au sens urbanistique du terme[4], du « faire[5] » et de l'« artisanal[6] ». Cette réflexion porte sur le « partage du sensible » – entre l'un et le multiple, le commun et la division –, une certaine « distribution de la parole, du temps, de l'espace[7] » qui s'impose aux individus dans une société donnée, en fonction de la place qu'ils y occupent et des activités qu'ils y conduisent. La vie dans les villes est aussi une question de temporalités et d'agencements spatio-temporels, de « chronotopes » d'êtres vivants – humains et non humains –, de rythmes changeants qu'il faut apprendre à concilier ; une question d'écologie temporelle[8] pour un nouveau ménagement urbain.

Mutations à l'œuvre

L'esthétique en question est déjà à l'œuvre dans les quotidiens urbains. Les pressions du marché, les actions des autorités, les mutations des modes de vie, les appropriations des usagers transforment les métropoles en laboratoires de la ville malléable, réversible et adaptable[9], et l'espace public en chantier permanent. Comme d'autres capitales, Paris fait l'expérience du temporaire et du réversible à différentes échelles.

Le marché est parti à la conquête des espaces non construits et des temps restés jusque-là hors de la sphère économique. La montée en puissance de la figure de la « ville en continu », celle de l'économie et des réseaux 24 h/24 et 7 j/7[10], et le phénomène de « colonisation » des temps d'arrêt (nuit, vacances, dimanche, repas, sieste...) ont été documentés. À mesure que l'on s'élève

---

1 Siegfried Kracauer, *Rues de Berlin et d'ailleurs* [1964], trad. Jean-François Boutout, Paris : Gallimard, 1995, p. 77.
2 Émile Benveniste, *Problèmes de linguistique générale : 1965-1972*, Paris : Gallimard, 1974, t. II.
3 Raphaël Jaudon, « Esthétique de la politique ou politique de l'esthétique ? Jouer Rancière contre lui-même », *Essais*, 2020, n° 16, p. 15-25.
4 Thierry Paquot, *L'Espace public*, Paris : La Découverte, 2009.
5 Luc Gwiazdzinski, « Petite fabrique géo-artistique des espaces publics et des territoires », *L'Observatoire*, 2016/2, n° 48, p. 32-38.
6 Thomas Riffaud, *L'Espace public artisanal*, Seyssinet-Pariset : Elya, 2021.
7 Jacques Rancière, *Le Partage du sensible : esthétique et politique*, Paris : La Fabrique, 2000.
8 William Grossin, *Pour une science des temps : introduction à l'écologie temporelle*, Toulouse : Octarès, 1996.
9 Luc Gwiazdzinski, « Redistribution des cartes dans la ville malléable », *Espace population sociétés*, 2007/2-3, p. 397-410.
10 Id. (dir.), *La Ville 24 heures sur 24 : regards croisés sur la société en continu*, La Tour-d'Aigues : L'Aube/Paris : DATAR, 2003.

dans la hiérarchie urbaine, les rythmes des métropoles tendent de plus en plus à se caler sur le fonctionnement continu et international de l'économie et des réseaux. Les autorités contribuent à noircir les agendas métropolitains par des « événements » réguliers qui, par définition, n'en sont plus : Paris Plages, Nuits blanches. Ce calendrier métropolitain s'ajoute aux calendriers nationaux des fêtes et commémorations et à celui des journées mondiales, lesquels se concurrencent. La « ville événementielle[11] » participe à cette appropriation. Les artistes convoqués inventent, jouent, perturbent, voire éduquent un public mouvant, dans les creux, les plis et les interstices de la ville et de la mémoire. Au centre comme sur les marges, ils investissent les entre-temps et ce qu'on appelle souvent improprement des « non-lieux[12] ». Des politiques publiques se déclinent pour chaque « hyper-saison[13] » (été, automne, hiver, printemps), pour chaque temps de la ville (« midi-deux », soirée, nuit, voire dimanche), avec des dispositifs spécifiques. De l'événementiel au quotidien, la ville expérimente également l'ouverture des parcs la nuit et l'extension des horaires d'équipements publics (piscines, transports...) en soirée, le week-end ou pendant les périodes de vacances.

Portion du périphérique, de la porte de Pantin à la porte de la Villette, fermée aux voitures et transformée en espace piéton et vélodrome dans le cadre de Nuit blanche, mise en lumière par 1024 architecture, 2019.
© Joséphine Brueder / Ville de Paris

Cette stratégie de densification et d'appropriation des espaces et des temps des métropoles est renforcée par l'injonction à la transition écologique et énergétique et au développement durable – autour du discours déjà daté de la « ville sur la ville[14] ». L'idée est de combler chaque trou et chaque interstice de la ville de manière à ne plus gaspiller d'espace. Comme partout, l'hybridation[15] des espaces est en marche avec les technologies de l'information et de la communication qui transforment le moindre bistrot en bureau et *vice versa*. Elle s'appuie aussi sur la demande forte de « nature en ville », qui se matérialise par la plantation d'arbres, l'apparition de jardins partagés et la restauration d'une biodiversité, à travers la reconquête de la moindre anfractuosité par une flore que l'on n'appelle déjà plus « mauvaises herbes ». En recherche de légitimité, chaque institution investit par ailleurs dans des actions « hors les murs », au sein de l'espace public, contribuant à la fabrique de « tiers-lieux[16] » ou de tiers-temps hybrides. Les appels à la créativité et à la réinvention concourent également à cette colonisation des espaces et des temps de la « ville tri-diastatique[17] », en investissant des espaces insolites[18] aériens ou souterrains, ou en cherchant à en convertir d'autres.

Cette conquête des espaces et des temps de nos métropoles passe aussi par leur mise en ressource *via* le tourisme[19], qui exploite la moindre parcelle d'« authentique » et d'« insolite ». Des pratiques alternatives précèdent ces appropriations touristiques : l'exploration urbaine clandestine de lieux abandonnés, mais aussi les pratiques de randonnées métropolitaines, à l'image de celles proposées par le bureau des guides de Marseille[20], par l'association Le Voyage

---

11 *Id.*, « Chronotopie : l'événementiel et l'éphémère dans la ville », BAGF, 2009, vol. 86, n° 3, p. 345-357.

12 Marc Augé, *Non-lieux : introduction à une anthropologie de la surmodernité*, Paris : Seuil, 1992.

13 Luc Gwiazdzinski, « Hyper-saisonnalité métropolitaine ». Dans Alain Guez et Hélène Subrémon (dir.), *Saisons des villes*, Paris : Donner lieu, 2013, p. 131-147.

14 Antoine Grumbach, « La ville sur la ville », *Projet urbain*, décembre 1998, n° 15.

15 Luc Gwiazdzinski, *L'Hybridation des mondes*, Seyssinet-Pariset : Elya, 2015.

16 Antoine Burret, *Tiers-lieux et plus si affinités*, Limoges : FYP, 2015.

17 Henri Reymond, Colette Cauvin et Richard Kleinschmager (dir.), *L'Espace géographique des villes : pour une synergie multistrates*, Paris : Anthropos, 1998, p. 347-369.

18 http://www.reinventer.paris

19 Maria Gravari-Barbas, *Aménager la ville par la culture et le tourisme*, Paris : Le Moniteur, 2013.

20 https://www.gr2013.fr

Assemblée générale de Nuit debout à Paris, place de la République, le 10 avril 2016.
© Photographie Olivier Ortelpa

métropolitain[21] ou par *Enlarge your Paris*[22], qui cherchent à faire découvrir cette échelle.

Même les manifestations et luttes urbaines semblent participer à cet encombrement des temps et des espaces. On connaît les manifestations codifiées des organisations syndicales. On a découvert celles, plus « agitées », des Gilets jaunes, les occupations de l'espace public par les Nuits debout, avec le rituel du montage et démontage des installations, mais aussi la mise en place des tentes pour les SDF sur les berges du canal Saint-Martin, en résonance avec les luttes des places du monde entier. Cet « habiter temporaire », c'est en outre celui qui se glisse dans les interstices, celui des campements précaires des Roms, des migrants, qui posent la question de l'hospitalité[23] et de la « ville accueillante », mais aussi celui des squats. Quelles solutions architecturales et urbaines proposer quand les manières actuelles de fabriquer l'urbain échouent à résoudre la question de l'accueil pour tous les « indésirables » et autres « invisibles » : migrants, sans domicile fixe, travailleurs pauvres, Roms, etc.[24] ?

Des pistes sont également explorées dans le cadre de l'urbanisme transitoire et des opérations comme les Grands Voisins, sur ces friches en sursis où s'inventent parfois, durant quelques mois, des « lieux infinis[25] », des lieux hybrides, qui cherchent des alternatives, explorent et défrichent de nouveaux usages, génèrent une nouvelle esthétique, permettent l'échange et l'appropriation, avant de céder la place. C'est sans compter toutes ces tactiques – ces arts de faire, ruses[26], tactiques de résistance, arts de la citoyenneté[27] – par lesquelles l'individu

Les Grands Voisins, occupation transitoire de l'ancien hôpital Saint-Vincent-de-Paul, Paris 14e, confiée aux associations Aurore, Plateau Urbain et Yes We Camp, depuis 2015.
Paris & Métropole Aménagement, aménageur.
© Gardel Bertrand / hemis.fr, juin 2018

détourne les objets et les codes, se réapproprie l'espace public et l'usage, avec un certain plaisir, fabriquant une ville métaphorique qui résiste à la ville dominante et qui permet de se sentir mieux. Ces individus et collectifs hybrides construisent des « situations », au sens que Guy Debord donne à ce concept. Dans l'entre-deux, le tiers, le hors-là et le hors-les-murs, ils contribuent au développement d'un « espace public du faire » et de « communs[28] », et à l'émergence d'« utopies concrètes[29] ».

Cette densification s'appuie aussi sur le discours actuel de la « ville des courtes distances » ou « ville du quart d'heure[30] », qui vise notamment à améliorer la qualité de vie en relocalisant les services à proximité et en limitant les besoins de déplacements : « trouver près de chez soi tout ce qui est essentiel à la vie : faire des courses, travailler, s'amuser, se cultiver, faire du sport,

---

21 https://www.levoyagemetropolitain.com
22 https://www.enlargeyourparis.fr/a-propos/qui-sommes-nous
23 Sébastien Thiéry, « La lutte des places : où construire en commun ? », *Multitudes*, 2011/2, n° 45, p. 149-153.
24 Cyrille Hanappe (dir.), *La Ville accueillante. Accueillir à Grande-Synthe : questions théoriques et pratiques sur les exilés, l'architecture et la ville*, La Défense : PUCA, 2018.
25 Encore Heureux et al., *Lieux infinis : construire des bâtiments ou des lieux ?*, Paris : B42/Institut français, 2018.
26 Michel de Certeau, *L'Invention du quotidien : arts de faire*, Paris : Gallimard, 1980, t. I.
27 Mamadou Diouf et Rosalind Fredericks (dir.), *Les Arts de la citoyenneté au Sénégal : espaces contestés et civilités urbaines*, Paris : Karthala, 2013.
28 Pierre Dardot et Christian Laval, *Commun : essai sur la révolution au XXIe siècle*, Paris : La Découverte, 2014.
29 Ernst Bloch, *Le Principe Espérance* [1954-1959], trad. Françoise Wuilmart, Paris : Gallimard, 1976, t. I.
30 Carlos Moreno, *Droit de cité : de la « ville-monde » à la « ville du quart d'heure »*, Paris : L'Observatoire, 2020.

se soigner… Le tout donc, à 15 minutes à pied ou à 5 minutes à vélo[31] ». La crise sanitaire a accentué ce rôle central de l'espace public, comme un lieu d'ajustement, un espace possible de rebonds, avec les terrasses temporaires, les pistes cyclables du déconfinement et l'organisation à venir d'événements estivaux en plein air.

Le marché, les politiques urbaines, les appropriations artistiques et citoyennes, les préoccupations environnementales, la montée de la précarité et la crise sanitaire ont fait émerger une esthétique qui s'impose dans l'espace public, et dont on peut repérer quelques constantes : le caractère bricolé, frugal, réversible, temporaire, mais aussi la fragilité[32], si longtemps mise à l'écart par la modernité, et dont il nous faut avoir conscience et prendre soin. Ces évolutions ont généré nombre de conflits d'usages et de représentations, et posent des problèmes qu'il convient de dépasser en échappant à une approche binaire, en termes d'ouverture ou de fermeture, d'intensité ou de calme plat, d'accélération ou de ralentissement.

Limites et conséquences

Les critiques généralement émises dénoncent les encombrements, le désordre, mais aussi les tensions entre les individus, les groupes et les quartiers de « la ville à plusieurs temps », notamment la nuit. Le contraste entre ces dispositifs d'occupation et le patrimoine exceptionnel de la capitale en arrière-plan n'est sans doute pas étranger à ce « choc esthétique ». Cette dynamique oblige à s'interroger sur les risques de saturation des espaces et des temps, dans une société du « toujours plus ». L'appropriation des espaces publics et des temps libres par l'économie de marché, les politiques publiques, les usagers temporaires et les citoyens, voire par le discours urbanistique lui-même, peut en effet aboutir à la « saturation », prise au sens général du terme : « être encombré de quelque chose au point de ne pouvoir l'absorber[33] », aux limites du dégoût et de l'écœurement[34]. La mise en garde dépasse ici la seule question de l'encombrement spatial de l'espace public ou de la voirie par les visiteurs, le mobilier urbain ou les véhicules, pour englober la publicité, les discours, les représentations, les modes et nouvelles tendances de la fabrique métropolitaine et de l'habiter, auxquelles nous participons.

L'appropriation des espaces et des temps des métropoles ; la saturation d'un espace qui doit être toujours plus optimisé et rentabilisé pour répondre aux enjeux de développement ; la saturation du temps qui doit être exploité[35], de l'ambiance qui doit être améliorée, de la performance qui doit être maximisée ; la mobilisation permanente de l'attention[36] et du « temps de cerveau humain disponible[37] » ne sont pas sans conséquence pour celles et ceux qui habitent la métropole ou qui la visitent. On a documenté le dévelop-

Berges de Seine, espaces jeux, loisirs, événements et parcours santé. Rive gauche, du musée d'Orsay au musée du quai Branly, Paris 7e. Conceptor, architecte, paysagiste : Franklin Azzi Architecture, conception des aménagements ; Stéphane Place paysagistes ; Ville de Paris, maître d'ouvrage, 2013.
© Maxime Dufour

---

31 https://www.paris.fr/dossiers/paris-ville-du-quart-d-heure-ou-le-pari-de-la-proximite
32 Jean-Louis Chrétien, *Fragilité*, Paris : Minuit, 2017.
33 www.larousse.fr/dictionnaires/francais/être_saturé/71104
34 Luc Gwiazdzinski, « Les métropoles à l'épreuve de la saturation ». Dans Jacinto Lageira et Gaëtane Lamarche-Vadel (dir.), *Appropriation inventive et critique*, Sesto San Giovanni : Mimésis, 2018, p. 99-123.
35 Bernard Stiegler, « Les guerres du temps ». Dans Luc Gwiazdzinski (dir.), *La Ville 24 heures sur 24 : regards croisés sur la société en continu*, op. cit., p. 69-85.
36 Yves Citton (dir.), *L'Économie de l'attention : nouvel horizon du capitalisme ?*, Paris : La Découverte, 2014.
37 Selon l'expression formulée en 2004 par Patrick Le Lay, alors président-directeur général du groupe TF1.

pement des conflits entre activités en continu et rythmes biologiques circadiens. La ville qui dort, la ville qui travaille et la ville qui s'amuse ne font pas toujours bon ménage, tout comme les différents modes de transport sur la voirie. Ces évolutions conduisent à interroger la soutenabilité d'une ville « sans lieu ni bornes » et d'une société « qui ne s'arrête jamais ». À Paris et ailleurs, les terrasses ou les pistes cyclables temporaires mises en place dans une logique d'« urbanisme tactique[38] » ont eu des effets bénéfiques, mais ont également généré des conflits d'usages ou d'esthétiques, qu'il faut pouvoir intégrer à une démarche de design et d'intelligence collective.

Les événements actuels et à venir – comme les prochains Jeux olympiques – font également partie du processus d'« esthétisation du monde » que Walter Benjamin avait pressenti. Les modes de l'esthétique dominante – imposée par la mondialisation, la théâtralisation –, du spectaculaire et parfois du kitsch, s'appliquent désormais à chaque instant urbain, participant à la saturation. Cette esthétisation des mondes met aussi en évidence les contradictions d'une société hypermoderne : « esthétique d'une existence qualitative et riche contre esthétique compulsive de la consommation[39] ».

Le pari d'une esthétique des rythmes

Nous vivons dans une société qui « nie les rythmes, les voile et les refoule[40] », tente d'occuper les vides et les vacances par une activité continue 24 h/24 et 7 j/7, tuant de la sorte la possibilité même du rythme et le déploiement de « l'exister », si cher à Henri Maldiney. Pire, nous le constatons, mais y contribuons parfois. Face à ces contradictions et tensions, le pari est d'imaginer une nouvelle esthétique des rythmes, qui articule l'espace et le temps et permette « l'expression des deux en un », un design qui intègre le temporaire, le réversible, le possible et le réel, « que l'on n'attendait pas[41] ». Au-delà de la seule ville de Paris, cette approche chronotopique et rythmique paraît essentielle, dans un nouveau rapport au temps et à l'espace, un nouveau rapport au vivant.

Il nous faut sans doute plus que jamais retrouver un bon tempo, car « sans rythme, pas de vie[42] ». Ces évolutions, qui vont dans le sens d'un comblement, d'un remplissage des espaces et des temps, obligent à réfléchir à la réhabilitation des notions de vacance, de temps d'arrêt, d'espace libre, de friche et de silence dans les métropoles. *Quid* de l'ennui, du mystère et des opacités ? Quelle place pour le temps de l'imagination et pour les imaginaires dans une société du « juste à temps » qui s'agite et s'occupe en continu ? La solution peut passer par l'imposition de rythmes propres face à l'arythmicité numérique et urbaine, mais aussi d'arrêts et de vides pour respirer.

Il ne s'agit pas d'imposer un ralentissement, comme celui défendu par les chercheurs et essayistes qui en font l'éloge[43], ni de combattre une accélération, analysée par Hartmut Rosa, comme celle souhaitée par les futuristes – proclamant l'avènement de la modernité et de la vitesse, toujours plus vite, plus loin, plus fort[44] – ou par les « accélérationnistes[45] ». Il n'est pas question de

---

38 Mike Lydon et Anthony Garcia, *Tactical Urbanism: Short-term Action for Long-term Change*, Washington : Island Press, 2015.

39 Gilles Lipovetsky et Jean Serroy, *L'Esthétisation du monde : vivre à l'âge du capitalisme artiste*, Paris : Gallimard, 2013, p. 431.

40 Chris Younès, « Henri Maldiney et l'ouverture de l'espace ». Dans Thierry Paquot et Chris Younès (dir.), *Le Territoire des philosophes : lieu et espace dans la pensée au XXᵉ siècle*, Paris : La Découverte, 2009, p. 275-287.

41 Henri Maldiney, *Art et existence* [1985], Paris : Klincksieck, 2003.

42 Bernard Millet, « L'homme dans la ville en continu ». Dans Luc Gwiazdzinski (dir.), *La Ville 24 heures sur 24 : regards croisés sur la société en continu, op. cit.*, p. 87-95.

43 Pierre Sansot, *Du bon usage de la lenteur*, Paris : Payot et Rivages, 1998.

44 Filippo Tommaso Marinetti, *Uccidiamo il chiaro di luna!*, Milano : Edizioni futuriste di « Poesia », 1911.

45 Nick Srnicek et Alex Williams, « Manifeste accélérationniste » [2013], trad. Yves Citton, *Multitudes*, 2014/2, nº 56, p. 2335.

tout construire ou de tout raser dans une approche binaire. Il est plutôt question d'une prise en compte, d'un soin apporté aux temps d'arrêts, aux vacances, aux friches, aux silences ou à l'obscurité en voie de privatisation. Aux « *no man's land* » doivent pouvoir répondre des « *no man's time* », des « entre-deux » et des « entre-temps », des vides et des intervalles pour de possibles appropriations inventives, critiques, temporaires et spontanées. Aux friches et espaces libres de l'urbanisme doivent pouvoir répondre des temps d'arrêt, de vacance et de silence, supports essentiels à de possibles appropriations, à la construction personnelle et à l'imaginaire[46]. On pourrait concevoir des espaces et des temps hors marché, hors consommation, pour laisser advenir la rencontre, ne pas brusquer, ne pas obliger dans une frénésie d'optimisation immédiate. On pourrait imaginer des espaces non aménagés et non esthétisés, des « juste là », de « possibles quelque chose », des espaces et des « temps potentiels » dont nous savons l'importance.

Quelques jalons pour aujourd'hui et pour demain

Ce design, cette « esthétique des rythmes » restent à imaginer, dans ce « partage du sensible » à l'œuvre, cet acte politique fort, cette « décision [sur] l'apparence de ce monde, [les] formes de subjectivité qu'il est possible d'y rencontrer, et [sur les] modes d'expérience disponibles pour ses habitants[47] ».

Les préoccupations esthétiques concernent l'espace public, ses transformations récentes, les saturations, conflits et polémiques qui s'y déploient. Elles doivent intégrer une approche chronotopique qui oblige à penser ensemble l'espace et le temps, à les articuler dans des configurations, des agencements particuliers et mouvants. L'esthétique de la capitale, qui renvoyait plutôt au permanent, au solide, à l'architecture et au temps long, doit aujourd'hui prendre en compte les changements rapides, le fragile et l'éphémère d'un système en mutation. Même dans une capitale où l'architecture incarne la puissance et le pouvoir central hiérarchique, il faut imaginer la place pour le partage, la transversalité, la co-construction et l'incertitude[48]. C'est aussi cette symbolique qui est à l'œuvre. L'esthétique des rythmes est une esthétique de l'ouvert, du mouvement et du vivre-ensemble, une esthétique plurielle, créole – où des éléments hétérogènes mis en relation « s'intervalorisent », sans dégradation ou de diminution de l'être[49] – et en mutation permanente, c'est-à-dire instable. Cette esthétique est du côté de la vie et du vivant, du mouvement et du mouvant, du souple et du malléable, sans valider pour autant la « société liquide[50] ». Elle est la possibilité d'une articulation entre activités humaines et non humaines. C'est aussi une esthétique de « l'exister » – « se tenir hors de soi, en avant de soi[51] » – et de « l'ouvert » – au sens que lui donne Henri Maldiney, pour qui « le rythme est la vérité de l'*aisthêsis*[52] » et pour qui « l'ouvert n'est pas béance, mais patence[53] ».

La réflexion sur l'esthétique des rythmes passe par des changements de regard sur la ville : celle-ci est un système complexe en interaction avec le monde et non une entité limitée ; un système en mutation permanente, un agencement spatio-temporel, un rythme et non une entité statique ; une pulsation

---

46 Jean-Jacques Wunenburger, *L'Imaginaire*, Paris : PUF, 2003.
47 Raphaël Jaudon, « Esthétique de la politique ou politique de l'esthétique ? jouer Rancière contre lui-même », art. cité, p. 16.
48 Yannick Barthe, Michel Callon et Pierre Lascoumes, *Agir dans un monde incertain : essai sur la démocratie technique*, Paris : Seuil, 2001.
49 Édouard Glissant, *Traité du Tout-Monde*, Paris : Gallimard, 1997.
50 Zygmunt Bauman, *Liquid Modernity*, Cambridge (Angleterre) : Polity Press/Malden : Blackwell, 2000.
51 Henri Maldiney et al., *Existence : crise et création*, La Versanne : Encre marine, 2001.
52 Id., *Art et existence*, op. cit.
53 Id., *Regard, parole, espace*, Lausanne : L'Âge d'Homme, 1973, p. 151.

Le parc de la Villette, Paris 19ᵉ, Bernard Tschumi, architecte, 1982-1987. Photographie Sophie Chivet.
© Bernard Tschumi Architect

et non un territoire administratif ; un système de flux et pas seulement un système de stock ; un système d'horaires et pas seulement un espace ; un système de représentations partagées et non l'imposition d'une seule ; une entité capable de s'adapter à l'imprévu, de laisser place à l'improvisation ; une démarche de design collectif en continu et non une institution ; une plate-forme d'innovation ouverte associant tous les habitants permanents ou temporaires. Il nous faut insister sur cette ouverture essentielle pour Paris, qui « appartient à la ville et au monde[54] », aux résidents et aux autres, à tous les autres : visiteurs, touristes, réfugiés, et celles et ceux qui viennent chaque jour y travailler.

Cette évolution passe également par la fabrique de représentations dynamiques et d'un imaginaire rythmique de la ville en mouvement. Nous avons besoin de réflexions qui intègrent l'humain dans la nature et *vice versa*. Il nous faut imaginer la production de nouveaux codes de partage de l'espace et des temps, plutôt que la séparation et le *zoning* qui prévalent. La notion de design urbain doit s'ouvrir à un design social et des instances. Face aux incertitudes, nous devons maintenir des espaces et des temps libres pour de possibles appropriations, des adaptations à venir, des vacances qui garantissent la possibilité d'une articulation, d'une émancipation.

---

54 Luc Gwiazdzinski et Gilles Rabin, *Urbi et Orbi: Paris appartient à la ville et au monde*, La Tour-d'Aigues : L'Aube, 2010.

Il nous faut poser des garde-fous face aux pressions et aux injonctions permanentes, pour nous adapter et ouvrir la réflexion sur les valeurs et les droits à préserver face aux tentations et aux risques du 24/7[55], de l'accélération[56] ou du trop-plein[57]. En ce sens, les notions d'hospitalité, de droit à la ville[58], de santé, d'éthique et d'égalité sont centrales. Je propose l'émergence d'une « pensée nuitale » qui dépasse les réponses binaires, d'une approche réflexive et critique qui permette de poser en permanence la question des limites à ne pas dépasser. Sans lumière, pas de nuit urbaine, mais trop de lumière tue la nuit.

Il est nécessaire d'imaginer en parallèle un « urbanisme des rythmes », qui prenne en compte les continuités et discontinuités temporelles, avec des temps d'arrêt, des accélérations et décélérations ; les discontinuités spatiales, avec des friches et des espaces libres ; un urbanisme qui permette à chacun de trouver le bon tempo dans la ville « polychronique[59] ». Il s'agit de prendre soin des temps et espaces urbains dans une recherche de l'eurythmie, cette « beauté harmonieuse résultant d'un agencement heureux et équilibré, de lignes, de formes, de gestes ou de sons[60] », ou, plus précisément, cette recherche de « bons rythmes qui magnifient ensemble, et les uns par les autres, les singuliers et les collectifs[61] ». En suivant Roland Barthes, on peut imaginer des « agglomérats idiorrythmiques[62] », communautés singulières où chacun développe son rythme propre, tout en entrant en résonance avec les rythmes des autres, de nouvelles danses de la vie[63] et de la ville.

Cette proposition est celle d'une ville où l'adaptabilité et la réversibilité ne seraient pas une forme de précarisation face aux pressions du marché, mais une réflexion sur la ré-articulation des espaces et des temps dans l'espoir d'une ré-invention du commun, une forme de l'ouverture et des possibles. La métropole que nous appelons de nos vœux est une ville que nous puissions habiter, dans le double sens que le géographe Éric Dardel attribue à ce terme : « mode de connaissance du monde » et « type de relations affectives loin d'une approche abstraite ou technocratique de l'espace[64] ». À la ville étalée 24 h/24, 7 j/7, sans lieux ni bornes, nous préférons l'alternance de pleins et de vides, de pics d'intensité et de creux. À la ville climatisée, nous préférons l'épreuve des saisons. À la ville hors-sol, nous préférons les repères de Dame Nature. À la ville muséifiée, comme figée pour toujours, nous préférons la ville en mouvement. À la ville-forteresse, nous préférons l'accueil et l'hospitalité. À « la ville foraine[65] » permanente, avec son spectacle total jusqu'à la saturation des sens, nous préférons l'alternance des vides et des pleins, de l'ordre et du désordre, du silence et du bruit. À l'empire de la ville organisée, esthétisée, aux espaces imposés du tourisme, nous préférons la possibilité de flâner, de découvrir, seuls, les joies de la désorientation, du hasard et de la sérendipité, la possibilité d'une appropriation et l'opportunité d'une improvisation[66].

---

55 Luc Gwiazdzinski, *La Ville 24 heures sur 24 : regards croisés sur la société en continu*, op. cit.

56 Hartmut Rosa, *Accélération : une critique sociale du temps* [2005], trad. Didier Renault, Paris : La Découverte, 2010.

57 Yves Citton, *Pour une écologie de l'attention*, Paris : Seuil, 2014.

58 Henri Lefebvre, *Le Droit à la ville*, Paris : Anthropos, 1968.

59 Jean-Yves Boulin et Ulrich Mückenberger, *La Ville à mille temps : les politiques des temps de la ville en France et en Europe*, La Tour-d'Aigues : L'Aube/Paris : DATAR, 2002.

60 Définition donnée par le CNRTL.

61 Pascal Michon, « L'eurythmie comme utopie urbaine ». Dans Pascal Michon, Michel Lussault et al., *Zones urbaines partagées* [cat. expo., biennale Art grandeur nature, Conseil général de Seine-Saint-Denis, 20 septembre-23 novembre 2008], Saint-Denis : Synesthésie, 2008, p. 8-20.

62 Roland Barthes, *Comment vivre ensemble : cours et séminaires au Collège de France (1976-1977)*, Paris : Seuil/IMEC, 2002.

63 Edward T. Hall, *La Danse de la vie : temps culturel, temps vécu* [1983], trad. Anne-Lise Hacker, Paris : Seuil, 1984.

64 Éric Dardel, *L'Homme et la Terre : nature de la réalité géographique* [1952], Aubervilliers : CTHS, 1990.

65 Selon le beau terme exploré avec Maud Le Floc'h.

66 Olivier Soubeyran, *Pensée aménagiste et improvisation : l'improvisation en jazz et l'écologisation de la pensée aménagiste*, Paris : Éditions des archives contemporaines, 2014.

Placer les rythmes au cœur de l'esthétique urbaine revient à penser le modèle de société que nous souhaitons à l'aube de transitions majeures. Cela nécessite une ouverture aux autres et au vivant. En ce sens, l'esthétique des rythmes est aussi une esthétique de l'incertitude, des liens et des possibles rebonds. C'est un acte d'ouverture et de confiance face aux peurs et aux replis : la possibilité d'une ville.

Luc Gwiazdzinski
Géographe

Glissement de terra

Guillaume Meigneux

Notes sur la beauté métropolitaine

Plan serré sur le visage de profil de deux personnes qui marchent d'un bon pas. L'inclinaison des corps et les saccades de la caméra font sentir la pente. Ils discutent d'une variante possible pour cette séquence de l'itinéraire. Derrière leur voix, seule une oreille attentive pourrait noter la montée progressive d'un bruit sourd. Arrivés en bas de la rue, ils ralentissent et la caméra pivote vers le reste du groupe. Au fur et à mesure qu'ils arrivent bord cadre, les visages s'illuminent. Le bruit sourd occupe maintenant toute la plage sonore. En contre-champ, l'écluse de Chatou, un ouvrage d'art sobre qui a la beauté d'une réponse technique à un problème technique. À ses pieds bouillonne la Seine, qui a la beauté d'un élément sauvage que l'on cherche à domestiquer. Comment se fait-il que nous n'ayons pas de mots pour le bruit si spécifique d'un fleuve à qui l'on oppose de la résistance ? Ce bruit sourd et continu nous saisit puis nous enveloppe, comme nous saisit puis nous hypnotise la puissance des remous innombrables s'échappant de la retenue d'eau.

Près de Saint-Germain-en-Laye (Yvelines), 29 février 2020.
© Guillaume Meigneux

Depuis une vingtaine d'années, dans de nombreuses métropoles, émerge une pratique de la randonnée dite « périurbaine ». Cette pratique échappe au regard patrimonial des promenades urbaines, au tracé linéaire et contemplatif des randonnées rurales, aux pratiques situationnistes de la dérive ou aux pratiques esthétiques de la cinéplastique[1]. Regroupés sous le terme générique de « sentiers métropolitains[2] », actualisés souvent sous la forme de marches collectives, ces « excursions » et itinéraires attirent de plus en plus de monde et s'affirment comme une alternative au récit métropolitain dominant.

Cette contribution s'appuie sur une série de notes de terrain prises en préparation à la réalisation du film *L'Itinéraire* et dans le cadre de la recherche « Au fil des sentiers[3] ». Le film aborde le sentier du Grand Paris comme un renouvellement de l'expérience esthétique que l'on peut avoir de la métropole. Là où certains identifient dans la crise écologique une crise de la sensibilité[4], soulignant la perte de liens sensibles provoqués par la mise à distance de la « nature », cette contribution spécule sur le fait que ce même procédé de distanciation est à l'œuvre au regard du « fait métropolitain ». L'hypothèse serait que les sentiers, par la parole qu'ils activent, le recours à la marche qu'ils suscitent

---

1 Thierry Davila, *Marcher, créer : déplacements, flâneries, dérives dans l'art de la fin du XXᵉ siècle*, Paris : Du Regard, 2002.

2 Il existe des sentiers partout en Europe, chacun issu d'initiatives locales et citoyennes, chacun portant des noms et des caractéristiques différents. Le terme « sentiers métropolitains » fait référence à la mise en réseau récente de ces différentes initiatives. Voir http://www.metropolitantrails.org/fr

3 Guillaume Meigneux, *L'Itinéraire*, documentaire en cours de réalisation, avec le soutien de la Région Île-de-France, 2019-2022 ; et la recherche « Au fil des sentiers », Joséphine Bastard et Guillaume Meigneux, responsables scientifiques, en partenariat avec les équipes CRH et CRESSON, avec le soutien de la MSH Paris-Nord, 2020-2022.

4 Estelle Zhong Mengual et Baptiste Morizot, « L'Illisibilité du paysage : enquête sur la crise écologique comme crise de la sensibilité », *Nouvelle Revue d'esthétique*, 2018, vol. 2, n° 22, p. 87-96.

Près de Bessancourt (Val-d'Oise), 25 août 2018.
© Guillaume Meigneux

et l'inscription dans la durée qu'ils imposent, permettent de combler cet écart sensible, ce manque d'identification et d'appartenance. Marcher sur les sentiers consisterait non plus à habiter la métropole, mais à être habité par elle, comme l'on peut être habité par une œuvre d'art, par une histoire d'amour ou par la beauté d'un paysage.

Incantation : Récitation de formules magiques destinées à opérer un charme, un sortilège

Le Sentier métropolitain du Grand Paris consiste en un itinéraire de 650 km de pistes de randonnée aux confins de la métropole. Sa forme répond avant tout « à des exigences géographiques (elle rend lisible le territoire), pratiques (elle intègre un ou des points de départ possibles comme les gares ou les aéroports), narratives et poétiques (elle raconte un début d'histoire)[5] ». Je voudrais revenir sur ce début d'histoire, sur cette exigence narrative qui pousse les fondateurs du Sentier à présenter l'itinéraire comme le fil conducteur *d'un grand récit métropolitain* qui articulerait grande et petite histoire, faits historiques et légendes urbaines, description scientifique et approche littéraire.

> Parvis du château de Versailles – petit matin ensoleillé – peu de monde par rapport à ce que le lieu pourrait accueillir – le cadre semble disproportionné, tout comme le dispositif sanitaire. Impression d'un temps déjà passé, révolu. On se souvient de lorsque l'on prenait l'avion sans contrôle, comme on prenait le train. De lorsque l'on entrait dans un musée comme dans un cinéma, sans fouilles. Des retrouvailles sans masque, des accolades, des bains de foule.

[5] Voir la charte des Sentiers métropolitains, 2017, https://metropolitan-trails.org

Cette pratique n'est pas exclusive aux sentiers et la question de l'articulation entre les récits et les lieux innerve de nombreux pans de la création, de la recherche et de l'aménagement. L'espace habité, et en particulier l'espace public urbain, est un puits sans fond d'histoires qui façonnent toutes, les unes après les autres, l'épaisseur de nos lieux de vie, comme en témoigne la multiplication des ouvrages articulant, au sein du Grand Paris, récits et itinéraires[6]. On serait en droit, à ce propos, de se demander si cet engouement pour le *récit territorial* au sein de la métropole parisienne n'est pas le reflet d'un manque de narration d'une métropole qui prône la vitesse et la connexion au détriment de l'ancrage et de la relation, qui revendique la rationalisation, l'optimisation au détriment de l'émotion et de l'identification. Quoi qu'il en soit, la relation entre le livre et la ville est profonde et la métaphore récurrente. Depuis Corboz[7], l'idée d'un territoire-palimpseste, pensé et « lu » comme le résultat d'une multitude d'écritures superposées est unanimement partagée. Pourtant il se joue avec les sentiers quelque chose qui échappe au livre, au manuscrit, à l'idée d'un ensemble de pages que l'on tournerait avec précaution ou d'un objet que l'on pourrait se passer de main en main. Pour saisir la puissance narrative d'un sentier métropolitain, il faut peut-être l'expérimenter d'abord en marche collective, guidée par les auteurs de l'itinéraire et écouter, observer, comment ces récits s'animent dans le paysage.

> Un groupe s'échappe des quelques touristes qui font la queue. Il longe les barrières, traverse la rue, bifurque dans une ruelle et s'installe sur une pelouse du parc de Versailles, à l'ombre des arbres. On s'asseoit sans masque à bonne distance. L'organisateur de la marche explique que c'était le pire endroit pour construire un château. Que pour alimenter les fontaines il a fallu modifier le cours de la Seine à 10 km de là ! Il indique que Versailles ne s'insère pas dans son paysage, qu'il crée son propre paysage. Le discours n'est pas rodé, il se construit encore, dans l'excitation et l'hésitation.

Une des figures récurrentes de ces marches collectives sur les sentiers est la « lecture du paysage » qui consiste à décrire ce que l'on a devant les yeux. Cette description, au sein des sentiers, n'est nullement une explication. Il s'agit plus d'une interprétation, une faculté de tisser des liens *a priori* peu visibles, d'enquêter sur des faits qui échappent au discours officiel, de révéler des pans oubliés de l'histoire. Au-delà du contenu, c'est la forme que je voudrais ici retenir. Rien n'est figé dans le paysage de la métropole qui s'offre à nous. Les

---

[6] Voir notamment : Guy-Pierre Chomette et Valerio Vincenzo (photographies), *Le Piéton du Grand Paris : voyage sur le tracé du futur métro*, Paris : Parigramme, 2014 ; Luc Gwiazdzinski et Gilles Rabin, *Périphéries : un voyage à pied autour de Paris*, Paris : L'Harmattan, 2007 ; Paul-Hervé Lavessière, *La Révolution de Paris : sentier métropolitain*, Marseille : Wildproject, 2014 ; François Maspero et Anaïk Frantz, *Les Passagers du Roissy-Express*, Paris : Seuil, 1990 ; Jean Rolin, *La Clôture*, Paris : P.O.L., 2002 ; Jean Rolin, *Zones*, Paris : Gallimard, 1995 ; Philippe Vasset, *Un livre blanc*, Paris : Fayard, 2007 ; et Collectif, *Le Sentier du Grand Paris : un guide de randonnée à travers la plus grande métropole d'Europe*, Marseille : Wildproject, 2020.

[7] André Corboz, *Le Territoire comme palimpseste et autres essais*, Besançon : Éditions de l'Imprimeur, 2001.

histoires n'ont rien d'historique, elles sont actuelles, ancrées dans l'actualité d'un territoire en perpétuelle transformation, continuellement remaniées et retravaillées. Contrairement à de nombreux lieux préservés qui caractérisent les centres urbains et où l'on peut déceler les différentes strates de la composition urbaine dans le temps, ici le paysage est devenu illisible, conditionné par des logiques qui ne lui sont pas propres, mais qui répondent à des enjeux lointains, pris dans des agencements et des échelles qui lui échappent et qui échappent à notre regard. L'image d'une stratification spatiale dans le temps est contredite par une fragmentation temporelle de l'espace où se mêlent trains à grande vitesse et campement de caravanes, échangeurs d'autoroute et ruines archéologiques.

> En arrière-plan, au-delà des grilles du parc, les bus touristiques garés. Alors que la présentation continue hors champ, la caméra s'approche des conducteurs de bus. Ils fument une cigarette et leur conversation se mêle aux observations sur Versailles. Ils parlent avec appréhension de la crise du tourisme et des stratégies de reconversion. À leur pied, à travers la grille, des fourmis s'affairent à récupérer les miettes d'une pâtisserie écrasée. Elles tracent une ligne continue qui mène droit au muret de la grille qu'elles traversent par une légère fissure et viennent disparaître sous les herbes, touffues, hautes, qui dansent au moindre souffle d'air. La conversation continue hors champ. Quelques fleurs précoces pointent le bout de leurs pétales et au loin, légèrement surexposé et dans le flou, le groupe continue d'écouter sans que l'on comprenne ce qui les fait rire.

C'est ce paysage que les membres des sentiers investissent comme une scène théâtrale, le temps d'une prise de parole. Certains excellent dans cette pratique de la « lecture du paysage » et en font tout un art, qu'il soit incisif et corrosif, ou au contraire doux et évocateur[8]. Il faut alors les voir, les entendre prendre appui sur ce paysage de la métropole perçu depuis ses marges, pour le faire vibrer, pour relier la pente naturelle d'un bassin versant à la puissance de l'ingénierie humaine, pour mêler l'histoire du SDRIF à celle d'une maison familiale qui en quelques années s'est retrouvée au cœur d'une zone d'activité, ou d'une zone à aménager, ou d'une zone industrielle, bref : qui est passée sans transition d'un lieu à une zone, d'un paysage de bord de Seine à un aménagement efficient. Ici, la lecture est théâtrale, vivante, en perpétuel renouvellement. Les paroles se perdent et se confondent dans un environnement sonore souvent surchargé, que ce soit par les infrastructures de transport ou les chantiers dans les lieux les plus investis, ou à l'inverse par les chants d'oiseaux et le souffle du vent dans les lieux les plus reculés. Si on peut lire la ville, la métropole, elle, s'écoute et se donne en représentation. Chaque lecture est en réalité une performance.

---

[8] Nous pouvons citer Denis Moreau, Nicolas Memain ou le collectif SAFI dans leurs collaborations avec le GR2013.

Incarnation : interprétation d'un personnage au point de s'identifier à lui

Les fondateurs des Sentiers métropolitains présentent souvent le sentier comme une « infrastructure », comme l'aménagement d'une continuité piétonne dans un environnement développé à l'échelle des transports (routiers, fluviaux, ferroviaires ou aériens). Traverser un parking vidé d'une zone commerciale, longer une autoroute ou contourner un aéroport donne toute la démesure du territoire métropolitain et nous relègue nous, piétons, au statut d'étrangers, d'indésirables sur ces territoires. Ce n'est effectivement plus un acte d'aménagement que proposent les sentiers, mais une volonté de ménagement, de relation douce et fine avec les lieux, discrète et peu invasive avec les personnes.

Au-dessus de l'autoroute A13, 19 juillet 2020.
© Guillaume Meigneux

Un dimanche matin de printemps, encore pris par la fraîcheur de l'hiver. La caméra est embarquée dans le groupe, plan séquence à hauteur de hanche, prise dans le mouvement de la marche. Derrière les silhouettes qui avancent plus vite que la caméra, on devine, légèrement flou, un bois ou une forêt. Le mouvement des bras scande l'image. Bruits de frottement des vêtements, de feuilles écrasées et du souffle court. Le terrain marque une forte pente. Les silhouettes défilent et les conversations se chevauchent. On parle de problèmes professionnels, de la joie de se retrouver en ces temps d'isolement, des souvenirs de marches précédentes, d'animaux domestiques, de voisinage, d'aménagement du territoire, d'enjeux urbains. Le terrain s'adoucit, le sentier s'élargit et le bosquet laisse place à un horizon d'asphalte et à une plantation de lampadaires. Le groupe se dissémine dans l'immensité du parking vide. À gauche, une boite de tôle que l'on devine être un centre commercial. La couleur verte trahirait un Leroy Merlin, les couleurs jaune et bleue un Ikea... Nous prenons la mesure de ces corps qui s'éloignent dans l'étendue de ce lieu.

Avant d'être un acte politique, marcher est un acte physique, corporel qui suppose différentes formes d'imbrications avec le milieu[9]. C'est un rapport concret au sol, à la variété infinie des sols de la métropole, reflets des différents usages et pratiques présents sur le territoire : pavés, bitume, dallage, graviers, terre boueuse ou sèche comme de la roche, herbes, broussailles, ponts en pierre centenaires ou busages en béton des années 1960. Nous foulons du pied le sol changeant de la métropole et nous nous engageons dans un rapport concret à l'espace, à ces distances à parcourir, à cette déclinaison du terrain à gravir, à ces accidents de parcours,

[9] Jean-François Augoyard, *Pas à pas : essai sur le cheminement quotidien en milieu urbain*, Paris : Seuil, 1979.

rails, murs et autres grillages qu'il faut régulièrement franchir. Nous intégrons dans notre chair les variations du terrain. Nous nous appuyons sur notre souffle pour faire face à l'effort. Nous prenons conscience au fil de la marche de notre respiration et une forme d'empathie respiratoire se noue avec les lieux. Sol, terrain et environnement sont ici articulés dans un mouvement continu, naturel, inné et dont notre corps en est la cheville ouvrière, la rotule, l'articulation. Nous ne traversons pas à pied un parking, une zone pavillonnaire, un champ de blé. Il n'est plus tant question de *traverser* que de *communier*, d'entrer en relation intime avec le lieu, de s'offrir comme un être vulnérable, de se soumettre aux odeurs, aux agressions comme pour en absorber autant la puissance que les déflagrations. Nous partons à la rencontre de ces lieux et nous nous immergeons en eux comme eux s'immergent en nous, par la continuité entre le corps et le sol, par le lien intime entre l'air et la respiration. C'est un processus complexe qui lie entre eux fatigue physique, effets de groupe, introspection intime, puissance évocatrice des lieux et disponibilités des corps, mais c'est un processus universel, élémentaire et évident.

> Le groupe avance au pied d'une boîte de tôle métallique striée de rouge. Leur pas fait événement dans cet espace lisse et régulier du parking vidé de ses voitures. Le travelling est doux, pris depuis un véhicule qui glisse sur le bitume un peu plus rapidement que les silhouettes des petits groupes. À la fin du parking, le groupe se faufile en file indienne entre la grande boîte et un talus rempli d'arbustes - « encore des épines-vinettes de Thunberg », dit un marcheur…

Longer pendant 15 minutes une autoroute écrasée par le souffle et le bruit des camions ne se résume pas à un conflit d'échelle, à un rapport de force entre le transport rationalisé de la voiture et le déplacement improductif du piéton, entre *la ligne droite de la machine et la courbe de l'homme*. Marcher 15 minutes le long d'une autoroute, c'est ressentir dans sa chair et dans sa respiration sa présence, c'est en éprouver la force et la puissance. Marcher 15 minutes le long d'une autoroute, c'est lui donner en quelque sorte une dimension charnelle, c'est l'incarner au premier sens du terme, lui donner un corps, une présence. Marcher 15 minutes le long d'une autoroute, c'est *raviver les braises du vivant*[10] dans l'artificiel. Les sentiers métropolitains ne se contentent pas de renouer avec une échelle « humaine » dans un territoire « démesuré », ils ne cherchent pas uniquement à retrouver l'échelle du corps, ils invitent à intégrer l'échelle du vivant, celle de la chair et des sens. On ne marche pas dans la métropole comme on marche *dans* la ville. On marche *avec* la métropole, on communie avec elle, on l'incarne, on lui donne forme et vie.

10 Baptiste Morizot, *Raviver les braises du vivant : un front commun*, Arles : Actes Sud/Marseille : Wildproject, 2020.

Implantation : assimilation à un nouveau lieu

Chaque étape du Sentier métropolitain du Grand Paris (SMGP) fait entre 15 et 30 km en moyenne « en vue d'une pratique du sentier à la journée ou en itinérance[11] ». La fatigue, le souffle court, l'intensité précédemment décrite de la marche sont ici à considérer au regard d'un temps plus long, déployé sur une ou deux journées prises sur notre quotidien compact, serré et ajusté souvent à la minute près.

Sous le soleil vertical du début de l'été, un vaste terrain d'herbes hautes qui semble à l'abandon. Des carcasses cramoisies de voiture, des cadavres de lave-linge, des tas de détritus du bâtiment et au loin un campement de caravanes imbriquées dans des cabanes faites de bric et de broc. Mais surtout, des toiles blanches recouvrent tous les arbres alentour. Plus de « verts », plus de végétation. Paysage fantomatique. Tout est blanc.

Il ne s'agit plus d'aller dans tel ou tel lieu et de calculer le temps passé sur place au regard du temps de transport, mais de partir une à deux journées, vivre une expérience à quelques encablures de chez soi, comme une bulle incompressible qui échappe à nos habitudes, qui rompt avec la logique d'une vie citadine bercée par l'illusion de l'ubiquité. Ici, le temps prend une autre mesure, une autre échelle. Il n'est plus question de visite sinon d'expérience. Il ne s'agit plus d'un saut de puce, mais d'un fragment de vie. Ce renversement est fondamental, car il suppose un lâcher-prise sur la logique d'occupation et de rationalité au profit d'une prise de conscience d'une série de sensations intrinsèques et constitutives de notre relation au lieu. Marcher une à deux journées durant sur le tracé du sentier, c'est aérer notre rapport au territoire, c'est délayer notre rapport au lieu. Cette aération n'est plus le souffle court de la respiration à l'échelle du corps, c'est ici l'air du ciel, cet espace de flux et d'influence dans lequel nous baignons tous. Il s'agit d'aérer notre rapport au lieu comme on aère un sol, de délayer les masses

Près de Marly-le-Roy (Yvelines), 19 juillet 2020.
© Guillaume Meigneux

11 Voir la charte des Sentiers métropolitains, 2017, https://metropolitan-trails.org/

Quelque part sous la pluie.
© Guillaume Meigneux

compactes de nos vies quotidiennes pour s'enfoncer dans l'épaisseur du paysage comme des racines s'enfoncent dans la terre. De *s'implanter* en quelque sorte, de prendre racine, de créer des attaches qui nous lient intrinsèquement aux différents lieux traversés. La déconnexion n'est alors qu'apparente, et le « dépaysement » n'a de valeur qu'au regard de notre mode de vie. Pris et considéré à l'échelle de la métropole, le sentier agit plus comme une forme de « repaysement », d'ancrage affectif et personnel avec des lieux qui nous semblaient éloignés ou insignifiants[12].

> Les hyponomeutes tissent des toiles soyeuses pour se protéger des prédateurs. Les chenilles proliférant tôt dans l'année, les arbres défoliés ont le temps de se régénérer après le départ des chenilles. Inoffensives pour l'homme, elles semblent ne plus avoir de limite à leurs proliférations. « Coccia parle de ce passage de l'enfance à l'âge adulte qu'est la métamorphose : deux états, deux formes, deux environnements et pourtant le même animal… », précise un des marcheurs. La caméra s'attarde longuement sur le va-et-vient de ces chenilles le long des fils qu'elles tissent pour passer d'un arbre à l'autre.

Marcher sur le tracé du sentier, c'est s'approprier ces lieux. Pas au sens où ils m'appartiendraient et que j'en aurais la pleine jouissance, pas dans le sens colonialiste et capitaliste de la propriété, mais plus dans le sens

---

[12] Cette notion de « repaysement » serait à mettre en relation avec le concept de « déterritorialisation » de Gilles Deleuze et Félix Guattari (*Mille Plateaux : capitalisme et schizophrénie*, Paris : Minuit, 1980, t. I).

où cette appropriation est le reflet de ce qui m'est propre[13], en l'occurrence ici, un souvenir, une expérience, une part de ma vie qui est restée à jamais inscrite là-bas, entre deux arrêts de RER inconnus. Lorsque je dis, c'est ma rue, mon quartier, ma ville, il ne s'agit pas de dire qu'elle m'appartient et que je peux en jouir comme bon me semble, il ne s'agit pas non plus de dire que je suis légitime pour différentes raisons d'y habiter. C'est plutôt que cette rue est une continuité de moi, que je tisse avec la vie qui s'y déploie un ensemble de relations intimes ou superficielles, sensibles ou rationnelles, qu'il y a une partie de moi dans cette rue, et que plus le temps passe plus cette relation s'installe dans la durée et peut avoir une influence sur ma vie. Lorsque je dis, c'est ma rue, c'est mon quartier, c'est aussi pour témoigner que j'en suis le résultat, que ce qui me définit est aussi ce qui s'y passe. Le sentier permet de tisser ces liens de proximité dans notre relation affective à des lieux éloignés, mais indirectement liés à notre quotidien, dans la mesure où notre quotidien est interdépendant de ce qu'il se passe là-bas, à l'autre bout de cette métropole. C'est ce lien indirect que le sentier vient nourrir, enrichir, épaissir. Il relie entre eux des moments disparates sur un territoire composite dans un ensemble affectif cohérent, dans une forme apaisée. Si j'habite en ville ou à la campagne, je cohabite avec la métropole, je vis avec elle et je négocie constamment mes modalités d'appartenance et d'appropriation.

Être habité

Les sentiers ne cherchent pas la beauté de la métropole pas plus qu'ils ne construisent leur itinéraire en fonction des lieux patrimoniaux. Ils tissent une relation à la métropole, suscitent de nouveaux registres de sensibilité qui brisent l'idée d'un objet *ad hoc*, d'une entité artificielle et administrative, d'un *fait métropolitain* qui s'imposerait par lui-même. La métropole devient un archipel de souvenirs, d'émotions et de sensations. Lorsqu'un collègue se plaint de devoir aller à Aulnay-sous-Bois pour un rendez-vous, vous vous souvenez d'une arrivée en fin d'après-midi, par la patte de Gonesse, épuisé par une journée de marche depuis Pierrefitte, la lumière rasante sur l'autoroute A1 et les champs de maïs, l'espace sonore spolié par un avion au décollage, et au loin, aussi incroyable que cela puisse paraître, de voir par-delà la capitale, « à gauche de La Défense », les châteaux d'eau de Versailles, à plus de 30 km de là. Lorsqu'un journal titre sur un fait divers à Nanterre, vous vous souvenez de ce graffiti, à quelques rues de là, sur le pignon d'un café-bar abandonné depuis longtemps, ce graffiti qui résiste au temps et aux intempéries, ce graffiti qui titre « paix en Algérie » et qui a dû être tracé au matin du 17 octobre 1961, en toute innocence. Avec les sentiers, la question n'est plus la beauté du Grand Paris, trop vaste, trop disparate, trop divers pour être saisi dans un ensemble, mais la relation esthétique que l'on entretient avec lui, la manière dont la métropole est faite d'une multitude de ramifications qui ne cessent de s'entrelacer et de vibrer en vous. Avec les sentiers, nous n'habitons plus la métropole, c'est elle qui nous habite, qui s'ancre en nous.

Guillaume Meigneux
Cinéaste et enseignant-chercheur

---

13 Vinciane Despret, *Habiter en oiseau*, Arles : Actes Sud, 2019.

CHANGE

PLUS VITE

QUE LE
CŒUR

Sandrine Marc
Artiste-photographe

Fannie Escoulen
Commissaire d'exposition
indépendante

Sandrine Marc envisage sa photographie dans la continuité de sa pratique de la marche. Depuis les années 2000, elle porte son regard sur l'environnement dans lequel elle vit, notamment aux abords de la ZAC Paris Rive Gauche, dans cette zone urbaine en constante évolution. Elle arpente la ville, où le minéral et les nouvelles architectures côtoient une nature domptée par l'homme, bientôt gagnée par le béton.
De ses marches répétées, sans savoir où elles la mèneront, elle rapporte une collecte d'images grandissante d'année en année, des détails relevés minutieusement au cours de ses pérégrinations. Un peu plus loin au cœur de Paris, dans un Jardin des Plantes inspirant, elle repère et photographie des végétaux qu'elle assemble plus tard en de subtils diptyques poétiques, jouant de vis-à-vis formels avec des morceaux de construction et des façades isolées.
La ville, changeante chaque jour, devient ce matériau abstrait qu'elle organise dans des agencements éphémères et fortuits. Mais Sandrine Marc ne cesse d'observer, cueille inlassablement et poursuit sa quête personnelle, toujours curieuse et libre dans son exploration de la ville de demain.

F. E.

Images extraites du livre d'artiste
Change plus vite que le cœur, auto publié en 2018 par Sandrine Marc, composé de 108 photographies réalisées dans le quartier de la ZAC Paris Rive Gauche (13e arrondissement) et les allées du Jardin des Plantes entre 2011 et 2017.

Le titre du livre se réfère au poème de Charles Baudelaire dédié à Victor Hugo :

« Le vieux Paris n'est plus (la forme d'une ville
Change plus vite, hélas ! que le cœur d'un mortel »
Charles Baudelaire, *Le Cygne*, 1857

© Sandrine Marc, 2018.

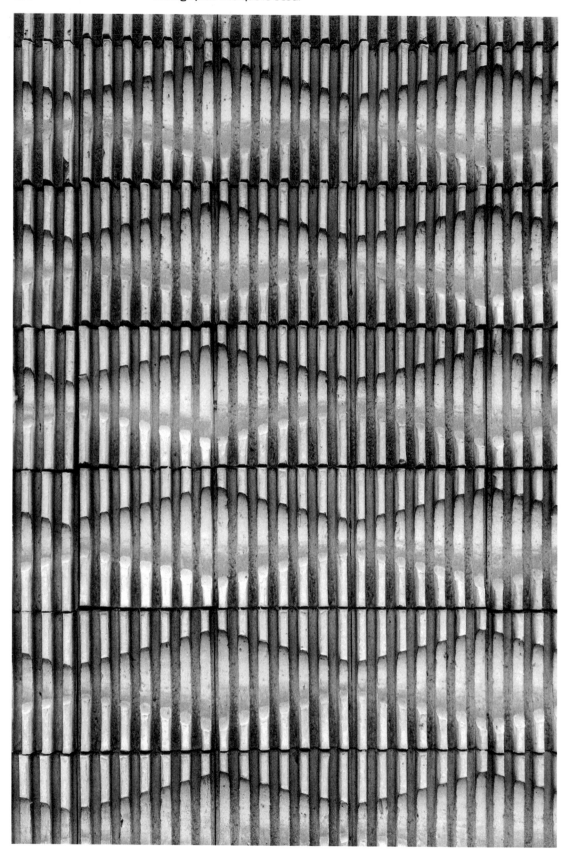

Prospectives

390 Printemps 2049

398 Et si la ville était une femme ? L'esthétique urbaine a-t-elle un genre ?

408 Le sentiment écologique à Paris

420 Le retour des rivières : une reconquête populaire des bassins versants

432 Des villes vivantes : un paysage biodiversitaire pour la ville de demain

442 Vers des esthétiques situées : perspectives enchevêtrées sur les villes plus qu'humaines

450 Le trottoir : l'esthétique ordinaire de la ville

460 Mobilier urbain et design de l'ordinaire

468 L'esthétique du tourisme : hyper ou anti-esthétique urbaine ?

478 Les lois esthétiques de l'hospitalité

488 Architecture de l'air et de la terre

504 Tout ce qui bouge et se passe : esthétique des mobilités

514 Esthétique du flux, esthétique du stock

522 Pour une monumentalité écologique

534 Post-combustion

546 Beauté de la nécessité : la contrainte environnementale comme opportunité esthétique

556 Régénérer Paris : éthique et esthétique du vivant

Printemps

2049

Agnès Sinaï

3 *mars 2049* – Paris est glacé, Paris patine. Bien que nous soyons début mars, il n'est pas rare qu'il neige et qu'il grêle. L'hiver a été le plus rude jamais enregistré, comme l'avaient annoncé la revue *Nature* en 2018 et les rapports ultérieurs du Groupe intergouvernemental d'experts sur l'évolution du climat. Ce refroidissement de l'Europe s'explique par le ralentissement du grand convoyeur océanique Pacifique-Atlantique, le Gulf Stream, qui, en l'espace de 150 ans, a perdu de sa puissance.

L'Anthropocène, cette nouvelle époque de l'histoire de la Terre, a d'abord entraîné les villes dans une grande accélération, une hypermobilité pendant une bonne cinquantaine d'années. Et puis, tout a basculé, à la suite de l'épidémie de COVID-19 qui a provoqué un ralentissement général et l'exode d'une partie des habitants dès les années 2020. Dans le même temps, la planète s'est installée dans un nouveau régime climatique, et les villes ont changé de visage, obligées de s'adapter pour survivre aux vagues de chaleur. L'époque où les conditions climatiques étaient stables et où les frontières entre le monde sauvage et les humains étaient vastes est révolue. Le monde sauvage est parmi nous ; les animaux sont de retour dans la cité. Nous sommes dans une ère de vulnérabilité en voie de généralisation, une ère de haute vulnérabilité, et nous naviguons à vue dans une *terra incognita* où les villes recréent des formes hybrides, entre asphalte et humus, villages urbains et forêts comestibles.

La redécouverte de la vulnérabilité, occultée pendant quelques décennies par la croissance exubérante, a suscité une nouvelle culture urbaine du soin et de l'hospitalité des espaces, qui doivent demeurer habitables malgré l'évolution des circonstances en régime post-interglaciaire. De fait, l'époque de l'Anthropocène succède à celle qui régissait la Terre depuis plus de 12 000 ans et que les stratigraphes avaient baptisée « Holocène ». Naître au début du XXIe siècle, c'est débarquer dans un monde très différent de celui des années 1950. Le type de vulnérabilité à laquelle les habitats humains sont désormais exposés est d'un nouvel ordre, dans un contexte d'impermanence et de dépendance aux espaces qui nous entourent, dès lors que les flux mondiaux se sont effondrés et que la nécessité de faire vie localement l'a emporté sur les mythologies du Grand Paris.

L'hospitalité à construire est aujourd'hui double : il s'agit d'accueillir le réfugié terrestre que chacun d'entre nous est devenu à son insu, mais aussi de faire en sorte que les territoires deviennent des refuges en eux-mêmes, des écrins d'hospitalité au temps des catastrophes. Il ne reste plus qu'à créer des niches ouvertes dans l'irréversibilité des processus en cours.

Anaïs, mars 2049

Anaïs est inquiète du gel en ce début mars 2049, car elle doit livrer des poireaux au marché de la gare de Lyon et parce qu'une partie de ses légumes ont gelé. Il se peut qu'en raison de la météo, l'intermittence électrique s'applique et rende impossible aujourd'hui la circulation des trains vers Paris. Elle est venue depuis le Hurepoix. La gare de Saint-Yon ayant été réhabilitée en 2032, elle peut désormais se rendre un jour sur deux à Paris, dans la galerie maraîchère de la gare de Lyon. Comme c'est une bonne marcheuse, elle fait parfois 5 km à pied sur la voie de l'ancien GR de loisirs – devenu un axe de marche très fréquenté pour rallier Paris, en raison des nombreuses étapes qui le jalonnent – pour rejoindre la gare vicinale.

Ce soir, toute une flotte de *rickshaws* à pédales et au biogaz se déploie autour de la gare de Lyon dans un halo de brume jaune. Paris n'est plus cette ville patrimoniale aux contours lisses et à la circulation dense réglée par des feux. Les touristes sont rares depuis la dernière pandémie, et les rues sont des flux lents où se mêlent passants, carrioles aérodynamiques et cargocycles bricolés. Anaïs y retrouve Julot, qui va se faire emmener par un de ces triporteurs, avec ses outils et un autre passager, en direction de la Marne. Né en 2022, Julot est polyvalent. Il travaille dans le bâtiment. Il récupère les matériaux de construction pour rééditifier des lieux de stockage et des hangars. Un tiers des bâtiments ont été abandonnés au cours du Grand Exode et les filières de récupération sont en plein essor. Malgré son *retrofitting* dans les années 2020, dans le contexte de *greenwashing* de l'époque, la tour Montparnasse a fini par être démontée, et ses matériaux récupérés. En lieu et place de l'ancienne tour, la vaste friche dite « Oasis des rétameurs », au cœur du 14ᵉ arrondissement, est devenue un Central Park hébergeant renards et hulottes, échoppes et ateliers, dans une forêt de trembles qui vibrent au gré des tornades.

De nombreux petits métiers oubliés sont réapparus pour entretenir les objets, étant donné la panne des incinérateurs et l'interruption de la production de déchets. Les objets en fer sont de retour : casseroles, chaudrons, arrosoirs, boîtes alimentaires pour le vrac, gourdes... Rien ne se perd, tout s'entretient. Chiffonniers, maîtres composteurs et rétameurs ambulants se croisent dans les rues sans trottoirs, entretenues par des tailleurs d'asphalte qui composent des damiers sur les sols fissurés.

Photographie Caroline Delmotte.

Cité foutraque

À la tombée du jour, peu de lampadaires fonctionnent. Les passants actionnent leurs frontales. Julot se souvient de sa mère journaliste qui, revenant de Gaza en 2021, lui avait décrit l'ambiance là-bas. Ce soir, il a l'impression d'être là-bas, à Gaza, mais non, il est à Paris, capitale d'un chaos pacifique, d'un temps suspendu entre deux ères. Le futur n'est plus ce qu'il était : ni *smart grids*, ni ville hyperconnectée, ni non plus cauchemar urbain parcouru de hordes sanguinaires. La ville baigne dans une sorte d'entropie spatiale causée par les températures extrêmes en été, qui zèbrent de failles la pierre des immeubles haussmanniens. La minéralité de Paris se craquèle à mesure que le nouveau régime climatique s'installe et voit les crues de la Seine alterner avec des vagues de chaleur intense.

Paradoxalement, la discontinuité électrique a ouvert la voie à une forme de cité foutraque, qui tantôt se rétracte sous l'effet des intempéries, tantôt s'ouvre sur le ciel retrouvé lorsque l'air est à nouveau respirable. La porosité entre le dedans et le dehors s'accentue pour ses habitants, brouille les seuils. On se

réfugie dans les cours et sous les portes cochères – il n'y a plus de codes pour entrer dans les immeubles. Une certaine forme d'insécurité règne, certes, mais aussi une convivialité fluide et solidaire. Car Paris a retrouvé son sens des communes, de la Butte-aux-Cailles à Montmartre, de Montrouge à Aubervilliers, autant de *townships* qui se sont affirmés dans la ville pour organiser la collecte des déchets et la collecte d'eau de pluie. *Fluctuat nec mergitur*. Les habitants connaissent les sous-sols, les flux, les sources, les itinéraires de la doublure de la ville qui permettent de boire. Se nourrir est possible car les marchés et les potagers, vergers, basses-cours sont partout, y compris dans les grandes gares de la capitale, devenues des nœuds maraîchers. L'appartenance à des quartiers rassemble les habitants autour du soin des communs, ce qui induit des expériences vécues collectivement et renforce les liens. L'hospitalité est le maître mot de la ville et de ses espaces ouverts. Chaque quartier est doté de lieux d'éducation populaire gratuite, de dispensaires et de maisons d'accueil pour les clochards et les migrants, à l'image du Palais de la femme dans le 11e arrondissement. Le temps s'est accéléré, si bien que tous les habitants ont vécu la perte du monde antérieur. Tous sont des migrants temporels, ce qui les rapproche des migrants spatiaux qui, eux, ont perdu leur territoire. La perte des réseaux sociaux virtuels depuis le *collapse* de la 5G a catalysé des types de rencontres dans des agoras improvisées et des tiers-lieux ouverts à tous. La tradition orale réapparaît, et chacun peut raconter son histoire et se sentir moins étranger. L'espace urbain est devenu public et accueillant du fait de la disparition de la circulation automobile et du désintérêt des aménageurs privés, la gentrification ayant été balayée par les nouvelles conditions climatiques. Les flâneurs et les glaneurs retrouvent leur place dans le rythme de la cité. Les axes de circulation sont associés à des haltes et des relais en lieu et place des ronds-points et des parkings.

Des phares dans la nuit

Les communes voient s'ériger des châteaux d'eau qui sécurisent l'approvisionnement en eau potable par système gravitaire, couplés à des phares qui, la nuit, tiennent lieu de balises dans les quartiers constitués en communes. Ces minarets civiques sont ouverts aux conteurs et chanteuses qui, le matin, improvisent des récits et des mélodies et annoncent les nouvelles du quartier. Les fontaines sont entretenues par les fontainiers, au gré de la disponibilité de l'eau. Les bains publics rouvrent dans chaque commune de Paris, soigneusement nettoyés par des brigades de propreté et ornés de sculptures et de pavages récupérés. Les communes assurent leurs services publics. Ce sont autant de villages urbains qui proposent des formes locales d'égalité et qui ne peuvent grandir car ils sont contraints par leur territoire. Ce sont aussi des entités sociales de survie.

Sur les ruines de la ville structurée et fonctionnelle du XXe siècle émerge progressivement une cité organique, une *zoopolis* accueillante qui se vit comme un ensemble hétéroclite de niches symboliques et biotiques, une cité écosophique, au sens où sa réorganisation par quartiers, ses liens conscients avec son arrière-pays constituent autant de redécoupages et de seuils liés à de nouvelles formes de vie. L'espace géométrisé et patrimonialisé de la capitale laisse place aux lieux sensibles et aux milieux pluriels dans une métamorphose paradoxale : l'accélération anthropocénique a abouti à une forme de ralentissement. La morphologie de la ville a évolué à l'issue de l'arrêt d'urgence induit par une série de décrochages : pannes d'internet, *bugs*, nouveau régime climatique, zoonoses, désintégration des grandes organisations. Pour survivre, la cité s'auto-organise en partie, recrée ses itinérances, transforme ses immeubles de bureaux, fractionne ses façades, arrondit les angles, pollinise ses interstices, constitue ses réservoirs. La cité a besoin d'air, de respiration, et elle respire en se vidant de ce qui l'engorge et en se remplissant de ce qui la régénère. Après la ville dense et saturée de pare-chocs survient la cité des lieux, des berges, des passages, des rues desserrées, animées par les voix et les jeux, et par les sifflements des artisans. Ni évolution vers un progrès mythifié, ni réversibilité, car on ne revient pas en arrière : le rapport au lieu se reconstruit à travers un rapport au temps renversé et par des migrations auto-régulatrices.

Quand on arrive en ville

On arrive à pied, à vélo ou en train. Des ponts marchables et cyclables enjambent l'ancien périphérique, démonté dans les années 2030. Le bitume a été descellé, ainsi que les rampes de sécurité. Un ensemble de radiales de franchissement sont aménagées pour effacer les obstacles. Si Paris est par endroit éventré, là où les infrastructures n'ont pas tenu, ses béances se remplissent d'eau, et des lacs parsèment ainsi la ville pendant la saison des pluies. Le pont marchable devient un des mobiliers urbains les plus fréquents. L'ancien périphérique constitue désormais le deuxième périphérique forestier de la ville après l'ancienne Petite Ceinture, laissée à sa biodiversité et dédiée à des lieux de fête. Plus avant encore, la volonté d'ensauvagement post-urbain a amené l'équipe de maîtrise d'œuvre à valoriser le concept de « design de la survie », car la régénération biologique, nourricière et sociale devient vitale. Les murs s'habillent de bois et de lierres qui accrochent des nuées d'abeilles. Cette forte présence végétale permet de minimiser l'effet d'îlot de chaleur urbain. Des escaliers extérieurs se greffent sur les façades ; des châteaux d'eau sont installés sur les toits. Les dents creuses rompent le continuum urbain et permettent la circulation des courants d'air en créant des passages entre les immeubles, lesquels n'obstruent plus complètement le paysage des rues et offrent des arrière-cours communalisées.

Photographie Caroline Delmotte.

Les friches agroforestières et les prairies urbaines desserrent la densité et accueillent des centaines d'espèces prairiales. Les quartiers d'exode frappés par la décroissance métropolitaine sont réorganisés par l'introduction ou la réhabilitation de ces fronts de prairies servant de tampons agricoles au délitement des formes urbaines. Désormais, comme le préconisait Jane Jacobs dans les années 1960[1], une vie sociale inorganisée, une vie informelle, citoyenne, associative investit les rues par des interfaces revivifiées

---

1 Jane Jacobs, *Déclin et survie des grandes villes américaines* [1961], trad. Claire Parin, Marseille : Parenthèses, 2012.

Photographie Caroline Delmotte.

entre espaces privés et publics – les « frontages », pour reprendre une expression québécoise qui désigne la bordure d'un immeuble. Les rues sont débitumées, ici par des fissures végétales qui exhaussent l'asphalte, ailleurs par des initiatives de quartier visant à restaurer les frontages, ces terrasses au pied des immeubles, en lieu et place des trottoirs, où les habitants improvisent des libations et des lectures, au milieu des espèces invasives parfois urticantes, contrecarrées par l'entretien d'arbres, de fleurs et d'arbustes comestibles.

Marc est responsable de la voirie à Paris et supervise l'entretien de la trame verte et de la forêt-jardin Paris-Nord-Plaine-de-France. Il dirige le chantier de pavage de Paris intra-muros. L'apaisement des vitesses a été un révélateur qui a permis de redécouvrir que la rue ne pouvait se résumer à sa fonction « circulatoire », mais qu'elle était le lieu de l'alchimie urbaine, réouverte à la flânerie, aux enfants, aux terrasses, aux bancs et aux spectacles. La marche, le vélo et, de manière générale, les modes de déplacement sans moteur favorisent l'émergence de ces espaces libres et verts dans les rues réconciliées. Marc contrôle l'implantation de forêts linéaires le long des autoroutes abandonnées et à travers l'ancien périphérique, enveloppé puis transpercé par le végétal. La forêt linéaire est constituée d'une prairie arborée, d'une forêt et d'un taillis dense. Des boucs circulent sur les berges de la Seine, car ils sont amateurs de renouées du Japon, ces plantes qui se multiplient.

Le retour du chiffonnier

L'emprise automobile ayant disparu, les rues deviennent un territoire de vie hospitalier où se mêlent des itinérances multiples et les jeux des enfants. Sur les trottoirs élargis réapparaissent la figure des chiffonniers, chers à Baudelaire, et des nouveaux métiers tels que les maîtres composteurs d'arrondissement. Le démontage des grandes surfaces mobilise de la main-d'œuvre, tandis que les bistrots et les supérettes coopératives s'associent aux épiceries, lesquelles vendent aussi des livres ou les échangent contre des légumes. La suturation des zones commerciales abandonnées aux entrées de la ville et les parcs agricoles urbains ouvrent de nouvelles trajectoires et brouillent les frontières et les seuils.

« Réparation » et « réhabilitation » relèvent de champs sémantiques proches. Réhabiter, c'est entrer en résonance avec le territoire pour réparer un lien rompu par l'émergence de l'industrialisme. La réhabilitation évoque également la déconstruction d'une façon d'être arrogante et destructrice par rapport au territoire. Réhabiter, c'est aussi récupérer, au sens anglais de « *reclaim* », des techniques, des modèles et des relations qui rééquilibrent nos vies. Réhabiter, c'est enfin et surtout permettre à la nature sauvage d'exister et, à travers elle, reconstruire les méandres de notre conscience, comme l'écrit magnifiquement le biorégionaliste italien Giuseppe Moretti[2]. Il s'agit de remonter à la source des dégâts comme si nous remontions les bassins fluviaux de notre conscience.

---

2 Giuseppe Moretti, « Bassins fluviaux de la conscience » [1996], trad. Jacqueline Fassero. Dans Marin Schaffner, Mathias Rollot et François Guerroué (éd.), *Les Veines de la Terre : une anthologie des bassins-versants*, Marseille : Wildproject, 2021.

Photographie Caroline Delmotte.

Ce qui reste du monde automobile et fossile affleure encore dans ces multiples fissures et parfois écroulements de voirie, dans une ville chaotique devenue cité hybride où il faut composer avec la part sauvage et les ruines de l'époque thermo-industrielle. Les horloges du temps linéaire de l'époque productiviste ont été abandonnées dans un contexte de nouveau régime climatique, imprimant une temporalité nouvelle et décalée à la vie urbaine. La vie perdure dans les plis, là où la ville demeure habitable ; dans les rémanences de l'époque holocénique, quand l'air de l'été pouvait être respiré ; sur les bords de Seine, à nouveau baignables.

Parmi les espaces ouverts, les aires d'agriculture urbaine servent à conforter et à retracer les lisières de la ville qui a débordé d'elle-même. Ce sont les confins verts de la cité devenue organique qui, à base d'activités agricoles, la contiennent tout en redéployant son économie. Les parcs agricoles ont vocation à s'étendre. Ils sont créés de manière volontariste par les collectivités locales ou par des associations d'acteurs. À Paris et dans ses biorégions limitrophes parcourues par la Seine, le fleuve ouvre l'espace d'un parc agricole biorégional traversant l'hypercentre de la capitale et reliant ses confins ruraux.

La trame verte et bleue imaginée au début du XXIe siècle a vu le jour de manière spontanée : la mairie de Paris, soucieuse de laisser place à la nature, a favorisé l'avancée du front végétal qui constitue le nouveau *Green Paris Transit*, connecté à d'autres capitales européennes. Il s'agit d'un front végétal qu'il est possible de longer à vélo et par des chemins pédestres. Ceux qui l'entretiennent touchent un revenu de transition écologique. Ils profitent des retombées positives de la Grande Requalification, qui offre aux Parisiens un éventail de nouveaux métiers du soin des espaces, des personnes et des animaux.

Les bureaux de La Défense se sont vidés en raison de la pénurie d'emplois dans le tertiaire, de la panne des ascenseurs et des systèmes de climatisation, de la chaleur intenable de la dalle et dans les tours à partir du mois de mai, ces phénomènes combinés rendant improductifs les salariés. Ces employés ont été invités à se former afin de retrouver des savoirs orientés sur l'entretien des plaines fertiles de Montesson et sur la gestion du pôle équin de Maisons-Laffitte, et afin de revenir à des techniques de communication *low-tech* pour des médias locaux, comme la radiodiffusion en ondes moyennes. Ils ont aussi été conviés à apprendre de nouveaux métiers du spectacle, ou à se former pour la remise en service des voies de circulation des trains vicinaux. Le verdissement de Paris est passé en phase d'urgence en raison des températures extrêmes et des programmes de dépollution de l'atmosphère, mobilisant une plus grande partie de la population active au tournant des années 2020.

Des jungles et des axes forestiers

Ce sont plusieurs axes verts qui transpercent la capitale et qui ouvrent des surfaces débitumées, vitales pour le rafraîchissement au cours des périodes de fortes chaleurs en été. Le réseau forestier régional, qui relie les biorégions entre elles, traverse Paris le long de la Seine et du sud au nord, selon un axe vert de continuité qui structure désormais les établissements humains. Des réseaux herbacés connexes et périphériques sont également implantés, comme les deux périphériques forestiers (Petite Ceinture et ancien périphérique routier), formant des anneaux végétaux, des radiales végétales et des coulées vertes sur le tracé d'avenues, où l'espace public a été libéré de la voiture. Les Champs-Élysées deviennent ainsi un axe majeur de coulée verte, qui enjambe le Louvre et sa cour carrée vouée au maraîchage, et se poursuit par l'axe de la rue de Rivoli jusqu'à la Nation et au bois de Vincennes.

C'est cet ensemble, formant le réseau écologique régional, qui représente la colonne vertébrale des règles d'urbanisme dans les années 2020-2050. Le végétal n'a plus vocation à remplir des interstices. Il est le constituant principal de l'espace urbain. Le *green core* urbain est le tampon des villes dont il bloquera l'étalement. Ce *green core* central est connecté aux corridors verts, agricoles, boisés, fluviaux, qui le relient à l'ensemble des plaines, forêts et plateaux des biorégions d'Île-de-France.

Partout dans la ville, en particulier dans les espaces publics, les parcs, et sur les sentiers et les rues débitumées, on tombe sur des jungles de permaculture faites de plantes vivaces, un « paysage comestible » bourré de plantes productives de longue vie, en grande partie auto-entretenu. En outre, les cours et les parcs peuvent produire de grandes quantités de légumes, de fruits, de noix, d'herbes, et permettent l'élevage de volailles, de lapins et de poissons

Agnès Sinaï
Journaliste, fondatrice de l'Institut Momentum

Et si la ville était une femme

Collectif Approche.s !
Laure Gayet
Kelly Ung

L'esthétique urbaine a-t-elle un genre ?

Dans son anthologie *L'Urbanisme, utopies et réalités*, Françoise Choay convoque 37 regards sur la ville, dont un seul est celui d'une femme, Jane Jacobs. Parmi les lauréat·e·s du Grand Prix de l'urbanisme de ces 20 dernières années, deux seulement sont des femmes. Avec pourtant plus de 40 % d'étudiantes en architecture, moins de 10 % des responsables d'agence sont des femmes. Est-il vraiment encore besoin de se demander si la ville a un genre ?

Jusqu'à aujourd'hui, la ville a été en grande partie conçue par et pour des hommes. Les champs de la théorie, de la fabrique et de la gestion urbaines ont été majoritairement occupés par eux. Sans chercher à rendre la ville hostile aux femmes, les hommes ont conçu les espaces selon leur propre vécu et leur propre biais d'analyse et de perception. La différenciation inconsciente des rôles et des comportements entre les femmes et les hommes est le fruit d'une construction sociale qui produit des catégories, une hiérarchisation et des inégalités, le plus souvent à l'avantage des hommes. Les femmes utilisent par exemple plus les transports en commun que les hommes, alors qu'elles assument une part plus importante de tâches quotidiennes. Leurs schémas de déplacement sont plus complexes et fractionnés que ceux des hommes, et les transports en commun pas suffisamment adaptés à cette réalité (multiples petits trajets, charges lourdes à porter, enfants et poussettes, etc.). La ville agit ainsi à la fois comme miroir et matrice de ces inégalités sociales : miroir, car ces conceptions inégalitaires s'ancrent historiquement et s'actualisent dans l'espace public ; matrice, car l'environnement urbain influence nos perceptions et nos comportements[1].

L'esthétique urbaine est donc aussi affaire de genre. Au sens étymologique, l'esthétique est ce qui intéresse la sensibilité. Associée à l'urbain, elle est la science qui caractérise les espaces suscitant ce fameux « beau », si différent pour chacun·e. À quoi tient le sentiment de plaisir et de bien-être à occuper et traverser la ville, notamment pour les femmes ?

Une ville inégalitaire pourrait-elle être belle ?

Combiner genre et esthétique urbaine revient à se demander comment lutter contre les différentes formes de discrimination en matière d'accès à la ville et à ses services, et quelle esthétique urbaine mettre en place pour cela. L'inégalité d'accès à la ville est d'autant plus forte lorsque les femmes subissent des discriminations selon des facteurs autres que le genre, tels que le niveau de revenus, la couleur de peau, la sexualité, l'âge, la religion, les handicaps. Les femmes se sentent moins légitimes à occuper l'espace urbain, et ce sentiment est encore plus marqué lorsqu'elles sont en situation de précarité. Elles resteront moins seules, en posture d'attente, assises ou sans rien faire dans l'espace public que les hommes, de peur de se faire aborder. Le harcèlement de rue touche 100 % des utilisatrices des transports en commun et 42 % des joggeuses, pour ne citer qu'elles. Les femmes flânent moins, pratiquent des stratégies d'évitement des espaces jugés inquiétants, quitte à allonger leurs parcours. Elles profitent moins

---

[1] Élise Chane Sha Lin et Élise Vinet, *Aménager une aire de jeux pour enfants afin de favoriser l'égalité : enjeux, constats et préconisations psychosociales*, travail réalisé dans le cadre de l'assistance à maîtrise d'ouvrage par le laboratoire GRePS (université Lyon 2) pour la Ville de Lyon, juillet 2015.

des équipements sportifs que les hommes. En 2011, à Paris, les *city stade* étaient investis à 100 % par des pratiques masculines, auxquelles un budget était consacré en priorité. Les clubs féminins avaient des difficultés à accéder aux équipements en raison de créneaux horaires limités et de la pression des clubs masculins[2]. Malgré les efforts de rééquilibrage de ces dernières années, le défaut de présence symbolique des femmes dans la capitale reste un enjeu : statues majoritairement masculines, panneaux publicitaires sexistes, et quelque 200 rues portant des noms de femmes, contre environ 4 000 baptisées de noms d'hommes.

À partir de nos terrains d'études et d'actions en banlieue parisienne et dans le 19e arrondissement de Paris, est ici brossée une mosaïque de situations urbaines à taille humaine, dans lesquelles les femmes, mais aussi les enfants, les jeunes, les personnes âgées et toutes les populations, sans discrimination, se sentent bien.

Pour une esthétique relationnelle des villes égalitaires

En 1998, le commissaire d'exposition Nicolas Bourriaud publiait le recueil de textes *Esthétique relationnelle*, décrivant une tendance de l'art inspirée des relations humaines et de leur environnement social. Partant du constat de l'affaiblissement des rapports sociaux, plus « représentés que vécus », il voyait dans l'art un moyen d'établir une communication entre les personnes. L'ère actuelle des réseaux sociaux mettant en scène la vie au quotidien, doublée des longues périodes de restriction sociale subies pour lutter contre la pandémie virale, vient largement conforter ce constat. Les pratiques artistiques observées par Nicolas Bourriaud relevaient ainsi « d'une esthétique de l'interhumain, de la rencontre, de la proximité, de la résistance au formatage social[3] ». Créant des situations et des cadres pour un échange, elles interrogeaient nos rapports individuels et collectifs à l'autre et à l'environnement. De la même façon, un urbanisme support de contacts humains, physiques et visuels, dans des circonstances multiples et avec une diversité de personnes, est aujourd'hui nécessaire. « Une rue, si belle soit-elle, ne manifeste pas d'existence par la seule vertu de son architecture. Organisme inerte, elle a besoin d'être habitée et parcourue pour acquérir une âme. Dès lors reflet d'humanité, elle adopte, dans la collectivité humaine, l'attitude que lui communiquent ses habitants et ses passants[4]. » L'esthétique urbaine relationnelle relève ainsi tant des qualités spatiales d'un lieu que de sa capacité à être habité, approprié et à refléter la collectivité humaine qui y réside.

L'esthétique urbaine est abordée ici selon trois dimensions complémentaires : sociale, en partant du besoin d'interactions entre les femmes et les hommes ; spatiale, en adaptant les formes urbaines à l'échelle humaine ; et enfin sensorielle, en démultipliant l'expérience des sens et du « commun symbolique » en ville.

---

2 Service égalité intégration inclusion, association Genre et Ville *et al.*, *Guide référentiel : genre et espace public*, Ville de Paris, octobre 2016.

3 Nicolas Bourriaud, *Esthétique relationnelle*, Dijon : Les Presses du réel, 1998.

4 Émile Magne, *L'Esthétique des villes* [1908], Gollion : Infolio, 2012.

L'approche sociale : susciter des liens

 Il ne s'agit pas de séparer les flux, mais de créer les conditions d'une véritable mixité de populations. Dans les lieux qui permettent ce brassage, les femmes se sentent plus à l'aise. C'est un cercle vertueux[5]. » La diversité des populations et les possibilités d'interactions sociales dans un espace public font partie des atouts d'une ville accueillante pour tou·te s. En s'appuyant sur une démarche anthropologique, l'architecte Jan Gehl conçoit les différentes dimensions de la ville (ses rues, bâtiments, places, parcs…) comme des supports de rencontres, fondés sur le champ de vision social d'un être humain. « Celui-ci correspond à 100 mètres, distance à partir de laquelle on commence à discerner des personnes en mouvement[6]. » Cette distance permettrait ainsi de définir la longueur d'une place, dont l'objet serait de favoriser les possibilités de rencontres entre personnes. Concernant le bâti, l'îlot de 50 × 50 m avec une adresse sur rue pour 6 à 15 logements serait une unité de base pour faciliter les liens de sociabilité et d'entraide entre voisin·e·s, et pour réduire ainsi les situations de violence à domicile ou d'isolement des familles monoparentales. Enfin, pour un quartier et ses services de proximité, l'échelle du kilomètre à parcourir en 10-15 minutes à la vitesse d'un piéton à 5 km/h serait idéale pour favoriser les déplacements des personnes, et notamment des femmes ayant des trajets plus complexes et fragmentés liés à leurs tâches quotidiennes (courses, loisirs et écoles des enfants, travail…).

Au-delà des distances de socialisation, l'approche relationnelle de l'esthétique est aussi une affaire de mixité d'usages, pour une appropriation égalitaire des espaces. Dans tous nos projets en région parisienne, les femmes sont souvent plus à l'aise dans les espaces intergénérationnels accueillant une diversité d'usages. « On peut se sentir plus en sécurité si on sait que les mamans viennent se poser ici le soir[7]. » Même pour les plus jeunes, l'aménagement des aires de jeux n'est pas neutre en matière de genre. La chercheuse Élise Vinet explique qu'elles peuvent favoriser certains usages culturellement masculins, comme l'emploi de la force, la rapidité, voire la compétition (jeux d'escalade ou de course), ou bien d'autres usages culturellement féminins, comme la coopération, la contemplation ou la communication (jeux d'équilibre ou revêtements de sol abstraits pour inciter à l'imagination).

L'aménagement des espaces publics peut également avoir des conséquences sur leur appropriation par les jeunes et les adultes. « Le parent ou adulte responsable de l'enfant pendant qu'il joue est autant usager que l'enfant des aires de jeux, mais il est, la plupart du temps, cloisonné dans un rôle de maîtrise de l'enfant[8]. » En s'éloignant des installations à usage unique (aires de jeu pour enfants, de sport pour les jeunes, de repos pour les personnes âgées), l'aménagement des espaces publics pourrait être multi-optionnel, et proposer à tou·te·s plusieurs usages dans le même espace. Loin de catégoriser les espaces en fonction du genre, une esthétique relationnelle égalitaire serait alors rendue concrète par des créations non standardisées. Plus contextuelle, hybride et multi-usages, cette esthétique favoriserait l'appropriation spontanée des espaces et permettrait d'expérimenter d'autres rôles et situations que ceux attendus par la norme.

---

5 Propos de Chris Blache recueillis par Marie-Douce Albert et Nathalie Moutarde, dans « Penser la ville pour les femmes, l'aménager pour tous », *Le Moniteur*, 30 novembre 2018, https://www.lemoniteur.fr

6 Jan Gehl, *Pour des villes à échelle humaine* [2010], trad. Nicolas Calvé, Montréal : Écosociété, 2012.

7 Propos recueillis lors d'un atelier de co-programmation avec des jeunes filles à Aubervilliers par Approche.s !

8 Genre et Ville, *Garantir l'égalité dans l'aménagement des espaces publics*, sur commande de la ville de Villiers-le-Bel, 2018.

« Parc Léon, Barbès », série *Les Intruses*, Randa Maroufi, 2019.
Œuvre lauréate de l'appel à projets de la Ville de Paris « Embellir Paris », produite par l'Institut des cultures d'islam avec le soutien de Emerige Mécénat.
© Randa Maroufi

L'approche spatiale : ajuster la ville à l'échelle humaine

« L'*Homo sapiens* est un mammifère qui marche en ligne droite, vers l'avant et dans un plan horizontal. Sentiers, rues et boulevards sont conçus pour ce mouvement[9]. » Imaginer une esthétique urbaine accueillante pour les femmes suppose de s'intéresser à l'intensité des ambiances urbaines ressenties à l'échelle des piéton·ne·s. Les façades ouvertes sur la rue, là où il y a des choses à voir, et leurs rythmes, matériaux et couleurs riches d'informations à glaner, contrairement aux rues sans vitrines et aux murs aveugles, sont autant d'éléments à prendre en compte pour une ville animée où les femmes se sentent bien. En effet, l'aménagement de rez-de-chaussée « actifs » crée des lieux de brassage de populations, dans lesquels les femmes se sentent plus à l'aise.

Au-delà de l'expérience sensorielle agréable, ces façades ouvertes favorisent également les interactions visuelles, offrant la possibilité de « voir et être vu·e ». Elles renvoient à la notion de « co-veillance » entre les personnes, apportant un sentiment de sécurité pour tou·te·s. Dans les années 1960, l'urbaniste Jane Jacobs, en partant d'enquêtes sur le vécu des habitant·e·s, proposait déjà de « veiller à ce que ces rues publiques aient des yeux fixés sur elles de manière aussi continue que possible[10] ». L'esthétique urbaine des rez-de-chaussée est alors un sujet à part entière, autant pour intensifier l'expérience sensible des passant·e·s que pour favoriser l'accessibilité des espaces publics et leur appropriation par les femmes.

Cette esthétique doit pouvoir trouver une déclinaison propre en fonction de la vocation et du degré de publicisation des lieux. La sociologue américaine Lyn Lofland[11] envisage ainsi les espaces publics urbains selon le type d'interactions qui y domine et le mode d'appropriation qui en découle,

---

9 Jan Gehl, *Pour des villes à échelle humaine*, op. cit.
10 Jane Jacobs, *Déclin et survie des grandes villes américaines* [1961], trad. Claire Parin, Marseille : Parenthèses, 2012.
11 Lyn H. Lofland, *The Public Realm: Exploring the City's Quintessential Social Territory*, New York : Aldine De Gruyter, 1998.

« Mhajbi, Barbès », série *Les Intruses*, Randa Maroufi, 2019.
Œuvre lauréate de l'appel à projets de la Ville de Paris « Embellir Paris », produite par l'Institut des cultures d'islam avec le soutien de Emerige Mécénat.
© Randa Maroufi

notamment pour les femmes. Elle distingue trois grands « domaines de la vie urbaine » (*realms of city life*). Le domaine privé (*private realm*) est le « monde du domicile et des réseaux de parenté et d'intimité » ; il peut s'agir du logement et d'espaces communs privatifs, intérieurs ou extérieurs, clos ou semi-clos (cœurs d'îlot ouverts ou fermés). Plusieurs expériences, notamment à Vienne, ont montré que la création d'espaces communs, comme une buanderie, une pièce ou une terrasse collective, permettait aux femmes en difficulté (mari violent, conflits avec les enfants) de sortir de chez elles, de parler avec leurs voisin·e·s et de trouver de l'aide. Le domaine local (*parochial realm*) est quant à lui le « monde du voisinage et des réseaux d'interconnaissance ». Il concerne des espaces qui nourrissent une relation de proximité avec le logement, sortes d'espaces de ralliement reposant sur de petits aménagements de micro-convivialité. Il peut s'agir de terrasses en pied d'immeuble, de salons de rue, d'assises proches de jeux pour enfants, d'abris, etc. De nombreuses analyses tendent à confondre le domaine local et le domaine public, alors que les espaces intermédiaires entre l'intime et le public créent une zone rassurante, structurée par le contrôle social bienveillant. Enfants, jeunes, personnes âgées, fragiles ou isolées, ayant peur de s'éloigner de chez eux, peuvent s'y sentir à l'aise et légitimes. Enfin, le domaine public (*public realm*) est le « monde des étrangers et de la rue ». À certains moments de la journée et/ou de leur vie, les femmes, et de manière générale toutes les minorités, s'y sentent bien et plus libres, ni en danger, ni jugées comme elles pourraient l'être dans un espace plus local. Il s'agit ainsi de considérer l'espace public comme une armature de la ville, un chapelet constitué d'une multitude d'espaces publics interconnectés entre eux, qui articulerait ces différentes échelles d'appropriation et reposerait sur une continuité des cheminements entre quartiers.

Et si la ville était une femme ?, illustration de Diane Bousquet, 2021.
© Diane Bousquet

L'approche sensorielle : démultiplier l'expérience des sens en ville

L'anthropologue Edward T. Hall classe les sens de l'être humain en deux catégories[12] : les sens « à distance » (vue, ouïe, odorat) et les sens « immédiats » (toucher et goût). Pour éveiller le sentiment de beauté en chacun·e d'entre nous, une ville se doit de prendre en compte ces deux niveaux. L'idée est non seulement de développer une sensibilité esthétique par la stimulation des sens et l'expérience quotidienne d'objets conçus avec goût, mais également de créer les conditions de bien-être du corps dans l'espace, de manière à lutter contre la ville générique et la pauvreté sensorielle de certains bâtiments contemporains. Les sculptures, fresques, devantures colorées, enseignes aux typographies soignées et divers revêtements de sol – pavés et bordures de grès ou granit, dallage en béton teinté ou imprimé au blason des villes (à l'image des coquilles gravées pour se repérer sur le chemin de Compostelle) –, mais aussi les herbes folles et fleurs sauvages entre les pierres peuvent y contribuer.

Sans parler d'une esthétique féminine réductrice, l'esthétique urbaine accueillante doit être en mesure de sortir des stéréotypes de genre tout en valorisant la présence symbolique des femmes. Dans son analyse des aires de jeux, Élise Vinet distingue des thèmes d'habillage mettant en scène les enfants dans des rôles genrés, culturellement féminins (dînette ou maison de fée) ou masculins (château fort ou train). À l'inverse, il ne s'agit pas simplement de contre-stéréotyper les aménagements (des avions roses et des dînettes bleues), mais plutôt de favoriser l'imaginaire des enfants pour créer des comportements sociaux non dictés par des normes de genre : « La ville doit permettre d'expérimenter des "lieux enchantés" où "fantaisie" est de mise, et engendrer des situations qui stimulent notre pouvoir imaginatif, source importante d'une vie esthétique active[13]. »

L'esthétique urbaine sensorielle peut ainsi se développer à trois niveaux : à l'échelle individuelle par le corps dans l'espace, à l'échelle collective par la présence symbolique des femmes et des hommes, mais également à l'échelle environnementale par le rapport des citadin·e·s à la « nature ». Le monde vivant n'est alors pas à considérer comme un simple décor ou une ressource à préserver, mais comme un bien commun à part entière qui compte dans la vie collective. Le philosophe Baptiste Morizot nous alerte sur la double crise que nous vivons, à la fois une crise écologique (réchauffement climatique, appauvrissement de la biodiversité et des terres, extinction des espèces, pollution de l'air…) et une crise de la sensibilité : « Par crise de la sensibilité, j'entends un appauvrissement de ce que nous pouvons sentir, percevoir, comprendre, et tisser comme relations à l'égard du vivant[14]. » Une multitude de dispositifs et d'actions peuvent être mis en œuvre : ateliers de reconnaissance des oiseaux urbains et de leurs chants, parcours botaniques et utilisation des plantes sauvages, constitution d'un paysage urbain qui valorise le rythme des saisons, création de toitures et façades végétalisées, jardins partagés, plantes domestiques sur les balcons et au pied des façades…

---

12 Edward T. Hall, *La Dimension cachée* [1966], trad. Amélie Petita, Paris : Seuil, 1978.

13 Heinz Paetzold et Brigitte Rollet, « Esthétique du design urbain », *Diogène*, 2011/1-2, n° 233-234, p. 96.

14 Baptiste Morizot, *Manières d'être vivant : enquêtes sur la vie à travers nous*, Arles : Actes Sud, 2020.

Quels enjeux pour adapter les villes à la « transition féministe » ?

La Ville de Paris s'est déjà engagée pour la prise en compte systématique du genre dans tous ses services, au travers d'un plan pour l'égalité, et notamment pour une approche égalitaire en urbanisme : budgétisation sensible au genre, méthode de diagnostic genré généralisée à tous les projets d'aménagement, modalités de mobilisation des femmes dans la concertation inscrites dans le PLU, composition mixte des jurys de projets urbains, et intégration des problématiques de genre dans la sélection des candidats...

Au-delà des politiques publiques, les pratiques professionnelles en urbanisme évoluent aussi avec la prise en compte du genre. Si cette tendance n'en est qu'à ses prémices, de plus en plus de formations et de praticiens (urbaniste, aménageur, promoteur...) intègrent la question du genre dans leur réflexion, en hybridant leurs méthodes au contact de chercheur·euse·s et associations féministes engagé·e·s pour le droit à la ville. De plus en plus de commandes publiques inscrivent l'enjeu d'égalité femme-homme dans leur cahier des charges de maîtrise d'œuvre, et de nouvelles missions apparaissent pour accompagner le volet « genre » de la conception urbaine. Des collectivités pionnières mènent des démarches expérimentales (Bordeaux, Villiers-le-Bel, Clichy-sous-Bois, Paris, pour n'en citer que quelques-unes) et de nouvelles méthodes voient le jour : diagnostic d'usages genrés en amont des études urbaines, processus inclusif pour associer des groupes de femmes à toutes les étapes de conception, aménagements transitoires et programmation active pour valoriser la maîtrise d'usage et la place des femmes, approche interservices (sport, culture, sécurité, emploi...) et transsectorielle (conception, gestion, animation) pour ancrer les changements d'usages égalitaires dans le temps.

Les lignes de désir de Paris, une ville réinventée par l'expérience sensible

Les espaces publics d'une ville accueillante doivent être un livre ouvert sur la diversité des personnes qui l'habitent et la façonnent. Il y a urgence à agir sur les points durs de la ville, symboles de l'appropriation masculine au niveau spatial ou immatériel, et notamment sur deux types d'espaces parisiens. Il s'agit, d'une part, des lieux où la surprésence masculine est massive – le métro, le RER, les gares ferroviaires à la tombée de la nuit et certaines zones en journée (porte de Clignancourt ou Barbès) – et, d'autre part, des lieux du patrimoine masculin – les grands monuments tels que le Panthéon, l'Arc de Triomphe et son soldat inconnu, ou encore le Louvre, siège de l'autorité royale. Le collectif Les MonumentalEs, en gravant 200 noms féminins sur le mobilier de la place du Panthéon, ouvre une voie qu'il importe de déployer pour faire évoluer les mentalités. Face à ces deux situations urbaines d'appropriation masculine, nous suggérons de combiner une double temporalité : des temps forts visibles – commandes artistiques à vocation d'usage, événements participatifs, théâtre de rue, légendes et fêtes urbaines, carnaval, défilé, etc. – et des actions de long terme avec des groupes d'habitantes, pour favoriser l'*empowerment* et la formulation de réponses contextuelles à des besoins précis (insécurité, inconfort, par exemple).

Pour que Paris incarne la ville du quotidien et des proximités, il s'agit de donner les moyens, la légitimité et le plaisir de se promener en ville, sans peur. Cela passe par la création – sur la base d'un diagnostic des carences à l'échelle de la ville – de balises rassurantes, d'espaces-refuges de jour comme de nuit, accessibles sur tout le territoire à moins de 10 minutes à pied. Ces refuges rassembleraient des ressources pour que les femmes se sentent à l'aise dans l'espace public : abri protégé et éclairé avec une lumière rassurante (pas forcément blanche, avec des couleurs chaudes et intenses), prises électriques pour recharge de mobiles, lieu d'information sur les services d'aide aux femmes en difficulté et leurs droits... Ces balises pourraient être co-conçues et co-construites avec des groupes de femmes dans différents endroits de la ville : aux sorties de métro par exemple, ou dans les espaces intermédiaires en prolongement des logements, entre l'intime et le public, lorsque la situation s'y prête (bâti en retrait, devant d'immeuble sous-utilisé, extension de hall sur la rue...). Ces seuils intermédiaires pourraient être co-programmés avec les citadines et accueillir en journée et en soirée toutes sortes d'usages favorables à l'appropriation de l'espace public par les femmes (espaces dédiés aux pratiques sportives des jeunes filles, comme la danse ou le *double dutch*, salons de rue associés à des jeux imaginaires et coopératifs...).

Pour un Paris de la surprise et des sens, où l'on se sent bien, des dispositifs favorisant une appropriation spontanée et ludique de la ville – au sens d'un terrain libre de jeu et d'improvisation[15] – seraient à créer. En respectant l'harmonie d'ensemble haussmannienne et en continuité de l'esthétique parisienne construite au fil des époques, ces micro-aménagements seraient des créations non standardisées, développant l'imaginaire des passant·e·s, décalant leur regard sur le quotidien et sortant du registre des habitudes urbaines stéréotypées. Adaptées aux ambiances minérales, végétales, monumentales ou populaires de la ville de Paris, ces installations seraient attentives aux matériaux existants, tout en proposant des jeux avec la topographie, des mobiliers interactifs et immersifs, des jeux aquatiques, ou encore des sculptures multi-usages. La ville sensorielle est celle des piéton·ne·s. Elle priorise les 3 premiers mètres des bâtis pour des rez-de-chaussée actifs, avec une attention aux textures des pieds d'immeuble, aux traitements de sol des parvis et trottoirs, aux dessous des balcons (recouverts de faïences par exemple)... Enfin, le Paris sensoriel, prototype des balades, est celui où les cinq sens guident les pas des flâneur·euse·s en ville : parcours tactiles où les doigts et les pieds ont envie de se promener (matériaux sur les murs, sols mous), parcours d'écoute des bruits de la ville, bulles de silence, et pourquoi ne pas rêver de parcours aromatiques, pour une ville à déguster, qui sentent bon et stimulent les papilles ?

Collectif Approche.s !
Laure Gayet, urbaniste
Kelly Ung, architecte-urbaniste

---

15 Sonia Curnier, « Programmer le jeu dans l'espace public ? », *Métropolitiques*, 10 novembre 2014, https://metropolitiques.eu

Le sentiment écolog

Nathalie Blanc

à Paris

Ma vision de l'écologie urbaine à Paris est esthétique et éthique. L'esthétique environnementale, parce qu'elle invite à l'engagement sensible dans l'environnement, enrichit la compréhension de la ville et des paysages urbains. Elle s'intéresse aux possibles contributions des habitants aux projets d'aménagements qui sont à la source de transformations des écologies locales. En effet, l'esthétique, associée à l'éthique[1], permet de penser à nouveaux frais la pertinence d'une démocratie urbaine. Or, les modes d'habiter urbain sont devenus majoritaires à la surface de la Terre[2]. Il importe donc, à l'heure de l'Anthropocène, du Capitalocène, du Chthulucène[3], ou plutôt de l'Urbanocène, de débattre collectivement sur le sens de cet habiter en termes écologiques.

Les villes sont des lieux privilégiés d'action face aux bouleversements environnementaux. Rappelée de manière incessante ces dernières années, l'urgence climatique met en exergue l'insuffisance des politiques en la matière, qu'il s'agisse d'adaptation aux conséquences du changement climatique ou d'atténuation des émissions de gaz à effet de serre. Les catastrophes dépeintes dans de nombreux ouvrages, outre les rapports du GIEC, menacent les cités selon leur géographie : montée du niveau de la mer, érosions côtières, inondations, sécheresses, etc. De plus, en fonction de leur densité et des modes de vie, les villes, consommatrices de ressources, ont un impact fort sur la biosphère, la terre vivante. Dès lors, quelles villes et quel aménagement urbain faut-il imaginer à la mesure du changement climatique ? Comment accompagner la transformation des représentations et des pratiques sociales pour faire de la ville un milieu porteur d'avenir ?

La réflexion sur le devenir de Paris, ville dense, minérale, lieu d'investissement et de développement des richesses, doit prendre en compte les milieux de vie. Les villes sont en effet des lieux d'inventions culturelles et artistiques, d'interactions sociales et de réseaux humains, d'écologies spécifiques. Les capitales, en particulier, sont des lieux de représentation du pouvoir politique et technique. Cette complexité urbaine est à l'origine d'innovations et de changements fondamentaux dans le long cours des histoires humaines : sa place dans un âge à venir, forcément écologique, où les dimensions culturelles et politiques se confondront avec la prise de conscience des limites environnementales et planétaires, est un sujet d'interrogation.

Quelle ville sensible peut-on imaginer, en termes de milieu de vie pour ses habitants et les nombreux autres êtres vivants qui la fréquentent, mais aussi en termes de représentations ? Je pense que la ville doit

---

1 Arnold Berleant définit ainsi l'esthétique environnementale : « Percevoir l'environnement de l'intérieur au lieu de le regarder transforme la nature en quelque chose de tout à fait différent, un royaume dans lequel nous vivons comme des participants, pas des observateurs... La caractéristique esthétique de notre époque n'est pas la contemplation désintéressée mais l'engagement total, une immersion sensorielle dans le monde naturel qui atteint une expérience de l'unité exceptionnelle. » Arnold Berleant, « The Aesthetics of Art and Nature ». Dans Salim Kemal et Ivan Gaskell (éd.), *Landscape, Natural Beauty and the Arts*, Cambridge University Press, 1993, p. 236.

2 2,5 milliards de personnes de plus habiteront dans les villes d'ici 2050. C'est le résultat d'un rapport de l'ONU datant de 2018, qui encourage à une planification plus durable : United Nations, *World Urbanization Prospects. The 2018 Revision*, 2018.

3 Donna Haraway, « Anthropocène, Capitalocène, Plantationocène, Chthulucène : faire des parents », trad. Frédéric Neyrat, *Multitudes*, 2016/4, n° 65, p. 75-81.

changer de nature pour se confronter aux enjeux climatiques, au-delà même de l'adaptation de la morphologie urbaine aux enjeux énergétiques, ou d'une place plus importante à conférer aux végétaux. Autant que d'ingénierie, il semble essentiel de promouvoir des formes d'utopie, dont celle d'une ville qui valorise l'hybridation entre enjeux socio-culturels et écologiques. C'est ainsi que nous apprendrons collectivement à nous adapter aux transformations environnementales, à devenir résilients face aux impacts du changement climatique. Nous avons aussi besoin d'une ville construite sur ses limites, et non pas sur une expansion non contrôlée de l'urbanisation qui favorise l'artificialisation des sols et la marée pavillonnaire. La ville dense est porteuse d'avenir à condition d'en réfléchir l'habitabilité, de préserver les territoires naturels, de rejouer le mariage de la ville et de la nature.

Les premières villes d'importance (Ur, située sur l'Euphrate, Uruk, Lagash, Kish et Umma) étaient des cités-États. Ces villes, dont certaines ont péri d'avoir surexploité leur environnement, ou d'épidémies liées à la concentration inédite de bétail et d'humains, ont permis de mettre en place les fondements d'une administration des territoires. Étroitement liées au développement d'une agriculture, ces cités annoncent, d'une certaine manière, l'époque contemporaine et le rapport complexe de la ville actuelle à son environnement. En termes de métabolisme territorial, de flux de matière et d'énergie, une ville-monde telle que Paris comprend son environnement régional, mais puise bien au-delà. Le projet d'une ville écologique renvoie donc à la nécessité d'une réorganisation des échelles en matière de ressources et d'impacts, et d'une valorisation du sentiment des interdépendances de la ville et de son environnement.

Qu'est-ce que Paris du point de vue environnemental ? Il importe, certes, de distinguer la ville *dans* son environnement de la ville *comme* environnement[4], mais la ville de Paris, saisie sous l'angle d'une esthétique environnementale, fait intervenir ces différentes échelles et leurs liens. Elle en appelle également à renouer avec l'idée d'une relation esthétique et sensible à la ville. En ce sens, le sentiment écologique va de l'intimité des citadins à la fréquentation des milieux de vie urbains, et renvoie à ce que nous ressentons face aux problèmes écologiques dans nos villes et ailleurs, à la souffrance que nous éprouvons, à la manière dont nous réagissons. Un tel sentiment revient à s'interroger sur la destruction de nos environnements et sur les manières de se reconnecter au monde vivant. Il s'agit d'un constat, celui d'une violence omniprésente, et d'une réponse : le sentiment écologique serait à l'origine d'une nouvelle pensée des milieux urbains. Le risque à ne pas entreprendre une telle tâche serait le délaissement de la ville, ou sa dégradation sensible et écologique.

Cet article revient brièvement sur l'histoire d'une approche scientifique des enjeux croisés de l'urbain et de l'écologie, en particulier pour la ville de Paris, puis fournit une analyse des pratiques d'aménagement et de leur difficile adaptation aux contraintes actuelles. J'y traite enfin d'un Paris relationnel, qui invite une démocratie locale, scientifique et associative reconvoquant l'idée de quartier ou de milieu de vie.

---

4 Voir Sabine Barles et Nathalie Blanc (dir.), *Écologies urbaines : sur le terrain*, Paris : Economica, 2016.

En bref, l'écologie urbaine

Un retour est nécessaire sur les temporalités diverses de l'écologie urbaine, en tant que champ de recherche et discipline scientifique. L'écologie urbaine des années 1990 tentait d'apprécier la part de nature en ville. Non seulement celle-ci était rendue invisible – la ville, ce n'était pas la nature –, mais quand elle était présente en ville, par exemple dans les parcs et jardins, la nature végétale, et vivante plus généralement, était réduite à une portion congrue, non vivante du mobilier urbain. Comment en est-on arrivés là ?

L'écologie urbaine hérite d'une longue histoire, notamment celle d'une séparation de la ville et de la campagne dès le XVIIIe siècle, époque à partir de laquelle la ville devient l'objet de violentes critiques. Élevé dans une tradition protestante, Rousseau dénigre la ville comme le lieu « le moins riche » pour observer ce qui fait le génie d'une nation[5]. C'est en province ou dans les campagnes reculées que se manifeste, d'après lui, la nature de l'être humain :

> [...] c'est que toutes les nations, ainsi observées, paraissent en valoir beaucoup mieux ; plus elles se rapprochent de la nature, plus la bonté domine dans leur caractère : ce n'est qu'en se renfermant dans les villes, ce n'est qu'en s'altérant à force de culture, qu'elles se dépravent, et qu'elles changent en vices agréables et pernicieux quelques défauts plus grossiers que malfaisants[6].

Selon Rousseau, la ville pervertit l'être humain qui est originairement bon. Dès lors, le génie humain doit tout à la nature, et n'a pas à être soumis aux rythmes de la technique et de la science. Un certain destin est scellé : la ville n'est pas un espace de nature, cette dernière étant associée, par nostalgie, à la quête du bonheur, de la liberté – et à la peur de la ville. À cet égard,

> nous commençons d'entrevoir avec quel parallélisme se développent dans le temps, le thème de la nature, du retour aux champs, dans l'idéologie des classes aisées et le mouvement de migration du petit peuple des campagnes vers les villes ou celui des habitants des petites cités vers de plus grosses[7].

Par la suite, même si l'écologie urbaine des années 1920 emprunte à l'écologie végétale un certain vocabulaire et des approches méthodologiques pour analyser les mouvements migratoires et les flux humains dans Chicago, elle néglige fondamentalement les dimensions naturelles, biologiques, physiques, chimiques de la ville. Il faut donc attendre les années 1960-1970 pour que les scientifiques appréhendent la ville comme un écosystème et s'intéressent à la dimension systémique de l'organisme-ville. En 1982, Paris est ainsi l'objet d'une thèse de doctorat intitulée *Écologie*

---

5 Jean Viard, *Le Tiers Espace : essai sur la nature*, Paris : Méridiens Klincksieck, 1990, p. 111.

6 Jean-Jacques Rousseau, *Émile ou De l'éducation* [1762], Paris : Flammarion, Coll. GF, 2009, p. 679.

7 Jean-Claude Perrot, « Rapports sociaux et villes au XVIIIe siècle », *Annales ESC*, mars-avril 1968, 23e année, n° 2, p. 254.

urbaine : le cas de la région parisienne, soutenue par Bernard Dambrin[8]. Il s'agit de quantifier des flux de matière, parfois même réduits en kilocalories, ce qui conduit à négliger le poids symbolique de la culture et des arts : comment peut-on imaginer calculer la valeur énergétique des peintures exposées au Louvre ? Pourtant, il existe déjà, à l'époque, une écologie qui prête attention aux valeurs symboliques, affectives et sensibles, notamment dans le champ de l'art et de l'écologie, ou encore d'un écoféminisme.

Jusque dans les années 2000, l'idée même de la nature en ville ou de la nature de la ville est éludée. Il y a même un report du vivant en dehors des villes. Les réserves naturelles sont pensées à l'image de ressources biologiques, et les villes définies par leurs ressources culturelles. La biodiversité urbaine n'intéresse pas. La manière dont les citadins appréhendent leur espace de vie comme un environnement aux caractéristiques naturelles est peu prise en considération. La part ordinaire de l'environnementalisme est négligée. Les intitulés des services municipaux témoignent d'ailleurs de ce désintérêt au profit de l'idée de cadre de vie ou de propreté urbaine. Pourtant, quelques travaux rendent compte d'un renouveau du regard sur l'ordinaire des espaces urbains : ils portent sur l'agriculture urbaine ou sur les mobilisations environnementales, individuelles ou collectives. La ville est alors un espace de vie, qui donne à voir, à sentir. On peut parler, semble-t-il, de sentiment écologique. Cependant, ces travaux, bien qu'ils concernent le Grand Paris ou d'autres espaces métropolitains, n'inversent pas les représentations ordinaires de la ville, comme espace de vie pollué, difficile à vivre, aux densités oppressantes. S'il n'est pas aisé de contrarier l'abandon des villes et d'accorder la ville à l'environnement, il importe d'imaginer des espaces urbains attractifs qui seraient des milieux de vie intégrant éthique et esthétique des flux écologiques. Jusqu'ici, la logique esthétique de la fabrique urbaine tend à se concentrer sur la production d'environnements abstraits de leurs processus écosystémiques. Or, rappelons-le : les formes urbaines résultent de processus socio-écologiques à l'interface des exigences de vie et des compromis locaux.

Aménagement de l'avenue d'Italie, Michel Corajoud, paysagiste, et Pierre Gangnet, architecte, Ville de Paris, maître d'ouvrage 1992-1999.
© Atelier Gangnet

8 Bernard Dambrin, *Écologie urbaine : le cas de la région parisienne*, thèse de doctorat, université Paris VII, 1982.

L'aménagement urbain : un patrimoine

L'épidémie de la COVID-19 a mis en évidence les grands clivages urbains de qualité de vie et d'accès aux ressources alimentaires, médicales et sociales, autrement dit les inégalités socio-environnementales croissantes des espaces métropolitains. Dans ces espaces de disparité, le projet de ville écologique nécessite une critique riche de la modernité urbaine. En effet, au fur et à mesure que se développent des interventions publiques en matière de politiques urbaines, notamment à partir du XVIIIe siècle, des politiques de contrôle de la nature se mettent en place[9]. Toutes ces interventions s'inscrivent dans un propos d'utilité publique et d'efficacité, « de prophylaxie de l'environnement urbain[10] ». On aère, on construit de larges voies, on pave les rues, on permet aux rayons du soleil de pénétrer dans les rues et les maisons, on crée des promenades plantées et des jardins, on déplace les cimetières et les abattoirs hors des villes, on ouvre la ville sur son environnement rural, et on plante les anciennes fortifications[11]. L'air, l'eau et le soleil circulent et purifient la ville. Les espaces vacants, les jardins, les bois, les forêts séparent les éléments bâtis, sont une ouverture pour la circulation de l'air et la pénétration des rayons du soleil, et ordonnent corrélativement l'organisation spatiale de la cité ; mais ils sont aussi des lieux de promenade et de détente. Enfin, la séparation des bâtiments par ces mêmes éléments naturels est un moyen pour affecter des fonctions spécifiques (usines d'un côté et habitations de l'autre, etc.) à des espaces. En filigrane, se profile l'idée – qui a ses prolongements jusqu'à notre époque dans le diagnostic porté sur la crise des grands ensembles – que l'espace est producteur d'un ordre social, et même d'une hygiène sociale. Les utopistes cherchent alors à produire une société saine en élaborant un espace vecteur de salubrité. L'introduction de l'hygiène est également une manière de redonner une force productive aux travailleurs. À Paris, l'hygiénisme, au poids important, a notamment accompagné la mise en œuvre de la ville d'Haussmann et la création d'un vocabulaire de l'aménagement qui consacre le rôle hygiéniste de la nature et du végétal. Or, les modes d'aménagement hérités de cette doctrine s'avèrent aujourd'hui partiellement obsolètes. Les dimensions vivantes de l'environnement, végétales et animales, étaient souvent réduites à leurs effets décoratifs. Les nuisances urbaines, tels les déchets, étaient déportées à l'extérieur des villes. Aujourd'hui, le vocabulaire urbain de l'aménagement reste empreint de cet héritage au point, parfois, d'empêcher le renouveau écologique de la ville. En outre, à défaut de la vision d'une terre utopique qui nous permettrait de renouveler les promesses du futur, l'aménagement écologique se réduit le plus souvent à de l'ingénierie verte. Des exemples permettent d'illustrer aujourd'hui ces réflexions.

En 1994, le paysagiste Michel Corajoud s'engage dans l'aménagement de l'avenue d'Italie dans le 13e arrondissement de Paris[12]. Ses propositions témoignent d'une transformation du référentiel de l'aménagement

---

9 Jean-Claude Perrot, « Genèse d'une ville moderne : Caen au XVIIIe siècle ». Dans Marcel Roncayolo et Thierry Paquot (dir.), *Villes et civilisations urbaines : XVIIIe-XXe siècles*, Paris : Larousse, Coll. Textes essentiels, 1992, p. 34-46 : « dans l'optique fonctionnelle, il s'agit de tailler, greffer, amender la nature. Ainsi une politique populationniste à travers le contrôle des empiriques (sages-femmes, chirurgiens, apothicaires), la surveillance épidémique, la naissance de la médecine sociale (consultations gratuites) ».

10 Yves Luginbühl, « Nature, paysage, environnement, obscurs objets du désir de totalité ». Dans Marie-Claire Robic, *Du milieu à l'environnement*, Paris : Economica, 1992, p. 28 : « L'hygiénisme s'instaure en tant que savoir dans le courant du XIXe siècle, savoir technique tout d'abord, savoir scientifique ensuite. »

11 André Guillerme, *Les Temps de l'eau : la cité, l'eau et les techniques*, Seyssel : Champ Vallon, 1983.

12 Voir Nathalie Blanc et Jacques Lolive, « Esthétique environnementale et projet paysager participatif ». Dans Yves Luginbühl et Daniel Terrasson (éd.), *Paysage et développement durable*, Versailles : Quae, Coll. Update Sciences & technologies, 2013, p. 235-248.

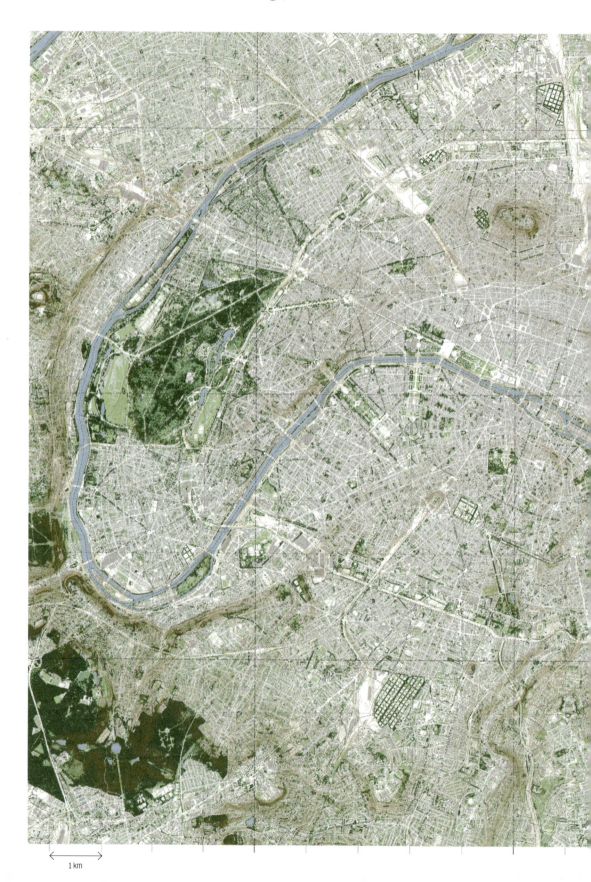

1 km

Carte *Paris végétal*,
Atelier parisien d'urbanisme, 2021.
© Apur

Végétation
- Hauteur > 10 m
- Hauteur 1 – 10 m
- Hauteur < 1 m

Topographie
- Courbe de niveau 10 m
- Courbe de niveau 2 m
- Hydrographie

Administratif
- Limite de commune

Sources : Apur, Photo proche infrarouge,
MNT, MNE - 2015 - Aérodata

parisien, un héritage de la période d'Haussmann. Ainsi, le paysagiste et urbaniste négocie la plantation de deux rangées d'arbres de tailles différentes sur l'avenue, une différence contraire au vocabulaire en vigueur à Paris pour l'agencement des avenues importantes. Michel Corajoud, en veillant à ce que les arbres situés à proximité des bâtiments n'occultent pas la lumière à l'intérieur des logements, met en œuvre une lecture écologique fine et locale de l'aménagement. Il propose également des arbres aux saisonnalités variées entre la porte et la place d'Italie, offrant aux passants un parcours différenciant selon l'endroit de l'avenue. L'objectif est alors de créer une perception du vivant, une esthétique écologique propre à cette artère parisienne. Cependant, cet effort de renégociation a été peu remarqué par les citadins, si l'on en croit les commentaires recueillis lors de l'enquête publique, qui concernent essentiellement les mobilités urbaines. En outre, comparé à l'éco-quartier de Clichy-Batignolles, cet aménagement intègre à la marge les questions écologiques, ceci alors même que l'Urbanocène pointe déjà la nécessité d'une meilleure symbiose avec la nature et les flux bio-géo-chimico-physiques.

Situé en urbain dense, dans le 17e arrondissement, le quartier écologique de Clichy-Batignolles est à ce titre exemplaire. Organisé autour du parc Martin-Luther-King, il place l'enjeu énergétique au cœur de la morphologie urbaine. Cependant, cette dynamique d'invention « écologique » d'un territoire s'inscrit dans un contexte de forte inégalité d'accès à l'habitat. En effet, le territoire de Clichy-Batignolles comprend, d'un côté, de l'habitat social ou très social, de l'autre, de la propriété privée dont le coût au m^2 est très élevé, ceci étant en partie lié à la forte présence d'aménités écologiques. Dès lors, l'une des difficultés est le mélange de ces habitants autour d'actions à portée environnementale. Ainsi les espaces collectifs verts de Clichy-Batignolles mettent-ils à l'épreuve la cohérence de la vie collective et les règles de fréquentation et d'usage des espaces publics. La faiblesse de ce quartier réside essentiellement dans l'implication citoyenne, alors même que l'adaptation transformationnelle au changement climatique, celle que préconise le GIEC depuis 2014, repose tout aussi bien sur une transformation du territoire que de la population ou des pratiques sociales concernées. Il nous faudrait ainsi redéfinir collectivement les possibilités de créer un territoire autour de plates-formes concernant, par exemple, l'alimentation (AMAP, jardinage partagé), le recyclage (ressourceries), des logiques informationnelles et/ou récréatives (centres de ressources pour la création d'associations ou d'entreprises visant des enjeux productifs ou récréatifs). Je rejoins par là même les critiques faites à l'encontre d'un certain nombre de quartiers durables en France, qui les considèrent comme étant essentiellement des vitrines de développement, aux dépens de la transformation des modes d'habiter. De manière générale, le poids donné à la transformation des habitudes quotidiennes, en particulier dans l'habitat, et les injonctions à habiter autrement, sur le plan du chauffage, de la gestion des ordures, par exemple, donnent la mesure de la dépolitisation de la problématique écologique, au sens de la réorganisation des collectifs et échelles de vie urbaine.

Ces observations appellent des remarques. Transformer Paris en ville sociale, écologique et démocratique se confronte à de nombreuses contraintes, mais il est possible de pointer trois limites notamment. La première relève de la place réservée au vivant en ville. Le végétal urbain demeure un outil morphologique au service d'une régulation urbaine. On parle alors, entre autres, de rafraîchissement des espaces urbains en réponse aux îlots de chaleur, ou de potentiel de capture du carbone par rapport aux émissions de gaz à effet de serre. Les êtres vivants végétaux et animaux peinent à être considérés sur le plan d'une biologie ou d'une écologie. Il est notable que l'aménagement climatique n'inclut qu'à la marge le caractère vivant du végétal et celui de la faune, ceci alors même que la biodiversité urbaine fait l'objet d'un plan conséquent à Paris

Parc Martin-Luther-King, Paris 17ᵉ, Osty et associés, paysagistes-urbanistes, 2004-2021.
© Arnaud Duboys Fresney

depuis 2011. Quand apprendrons-nous à considérer l'importance du vivant en ville, à la mesure de son rôle dans une adaptation au changement climatique ?

La deuxième limite correspond aux contraintes inhérentes à une ville urbaine dense, dont le sous-sol est largement constitué de réseaux et de flux. Les plantations sont alors restreintes, notamment en termes de développement racinaire, d'où un fort parti pris de plantations hors-sol, de façades et de toits végétalisés, souvent moins performants sur le plan écologique, et coûteux énergétiquement. Cette faiblesse implique de revenir sur les espaces de la ville, dans leur matérialité.

Une dernière limite concerne les efforts à réaliser en matière de démocratie urbaine, et souligne l'importance d'une citadinité active, ouverte sur le défi d'un ajustement des modes de vie aux bouleversements environnementaux. Cette observation vise la capacité des administrations des villes à travailler avec la société civile, dans le sens de l'adaptation au changement climatique et de son atténuation. Le rôle de mini-assemblées locales paraît être un des enjeux de l'expérimentation citadine en vue d'une adaptation transformationnelle des espaces parisiens.

Paris, la ville relationnelle

Outre d'apprécier les trajectoires urbaines, il s'agit de poser une réflexion sur la ville utopique, qui allierait explicitement formes environnementales et valeurs éthiques et esthétiques, et qui associerait promesse démocratique, sociale et écologique. Bien que la réponse à l'urgence climatique ne puisse être le seul fait de la société civile et qu'il faille des politiques fortes en la matière, parmi lesquelles celles des Villes, les capacités ordinaires des personnes à prendre en charge leur environnement occupent une place importante dans ce monde urbain à venir[13]. La prise en compte de cet environnementalisme ordinaire correspond à la volonté d'améliorer les milieux de vie aussi bien que de contribuer aux richesses des formes de vie et d'organisation collective ; de se donner les moyens de sortir de la sidération face à l'urgence climatique et d'éviter de se confronter au sentiment d'impuissance. L'environnementalisme ordinaire donne à apprécier l'environnement comme étant de ce qui nous construit et nous permet d'être et d'exister. Il peut ainsi être qualifié à partir de la manière dont, en prenant conscience des valeurs de l'environnement, nous nous acharnons à en protéger, voire à en valoriser la reproduction.

Je pense notamment aux apiculteurs amateurs qui renouvellent le sens de l'apiculture urbaine grâce aux récits qui magnifient l'existence des abeilles ; aux protecteurs de forêts qui s'emploient à restaurer leur forme primaire en ville ; aux femmes qui se portent garantes des populations de chats errants qu'elles qualifient de « libres[14] » ; ou même à ces personnes qui, ne supportant pas le gaspillage du vivant, des plantes malmenées, jetées, des feuilles non compostées, et des animaux abandonnés ou tués sans considération, s'en font discrètement les chantres, agissent à leurs échelles de vie, réinvestissant tranquillement l'espace public qui leur est proche.

Il apparaît évident, ce faisant, que les personnes investies dans cet environnementalisme ordinaire contribuent aux biens communs urbains, au cœur d'une cité écologique au sens politique. Pour définir cette cité, il suffit d'intégrer les cycles biogéochimiques et leurs rétroactions (eau, azote, etc.), la décomposition des matières organiques, les cycles de la biosphère. Inscrite dans des temporalités diverses et des spatialités imbriquées, au cœur des interdépendances villes-campagnes, cette cité prend en compte les localités et globalités (par exemple, au travers des circuits alimentaires courts).

À parler d'interdépendances villes-campagnes et de flux matériels, il importe de souligner qu'encore aujourd'hui, les villes concentrent les richesses, alors même que les espaces ruraux, bien qu'ayant bénéficié d'un renouveau des regards, se résument souvent à des espaces d'exploitation vivrière et touristique. Les campagnes sont des lieux de construction et d'exploitation des ressources biologiques. Cependant, cette lecture n'est que partiellement vraie. Les espaces métropolitains ne s'opposent pas aux espaces ruraux. Il existe des relations de co-fabrique de ces deux environnements, en lien avec les déplacements domicile-travail, les enjeux alimentaires, etc. L'agriculture urbaine est un enjeu aux facettes multiples, mêlant ressources alimentaire, sociale, environnementale. Entre horizontalités et verticalités terrestres, une telle lecture des interdépendances prône une attention renouvelée aux dynamiques sociales des espaces et aux environnements, du ciel aux sous-sols.

---

13 Un ouvrage sur l'environnementalisme ordinaire est en cours avec pour auteur et autrices Hugo Rochard, Cyria Emelianoff, et moi-même. Les réflexions qui suivent en sont issues.

14 Nathalie Blanc, « La place de l'animal dans les politiques urbaines », *Communications*, 2003, n° 74, p. 159-175.

Dès lors, avoir pour souci les inégalités socio-environnementales métropolitaines[15] revient à mettre en exergue des processus de différenciation des territoires qui impliquent horizontalités et verticalités, espaces et environnements. Il s'agit non seulement de développements territoriaux différenciés, mais aussi d'un ensemble de choix politiques d'aménagement qui ont favorisé certains territoires au détriment d'autres. Pauvres et pollutions se retrouvent en Seine-Saint-Denis de manière préférentielle. Les mobilisations environnementales ordinaires pointent ainsi la capacité à transformer son milieu en réponse à ces inégalités vécues.

En investissant le registre des injustices, en se faisant fort d'une demande de justice sociale et environnementale, l'environnementalisme ordinaire s'institue en défiance vis-à-vis des hiérarchies implicites liées aux valeurs géographiques et environnementales qui conditionnent le bien de notre bien-être. Il s'agit, par exemple, des différences entre des espaces (des centralités aux périphéries), des espèces (du panda au cafard), des échelles (du global au local). Derrière la dévalorisation de ces environnementalismes ordinaires se joue également un féminisme en proie à la dévalorisation des quotidiennetés[16].

L'environnement ne peut donc plus être considéré de façon désintéressée, comme le prônaient les héritiers d'une esthétique de Kant. Les jugements esthétiques sont désormais contaminés moralement, par le sentiment que l'humanité a failli à préserver ce monde dans sa richesse, sa beauté et sa diversité. Par conséquent, l'aménagement des espaces urbains devra intégrer une éthique et esthétique du changement climatique. Il s'agit alors d'interroger les relations sensibles à l'environnement que met en lumière un environnementalisme ordinaire – la description de ce dernier devant associer l'étude des dynamiques environnementales aux processus sociaux de différenciation territoriale.

Nathalie Blanc
Directrice de recherche au CNRS et
directrice du Centre des politiques de la Terre

---

15 Raymond Baudoin, Marianne Cohen, Milena Palibrk, Nicolas Persyn et Catherine Rhein, « Urban biodiversity and social inequalities in built-up cities: New evidences, next questions. The example of Paris, France », *Landscape and Urban Planning*, 2012, n° 106, p. 277-287.

16 Nathalie Blanc, Sandra Laugier, Pascale Molinier et Anne Querrien, « Pour un environnementalisme ordinaire : femmes et ressources en temps de crise », *Multitudes*, 2020, https://www.multitudes.net/events/event/pour-un-environnementalisme-ordinaire-femmes-et-ressources-en-temps-de-crise/

Le retour des rivières

Yann Fradin

Une reconquête populaire des bassins versants

Restauration de ripisylves, création de promenades, passerelles et caillebotis, apparition de nouvelles continuités végétales et de la petite faune sauvage avec ses rythmes, rencontres et entremêlements du bucolique et de l'urbain, zones humides, bruits d'eaux, grands arbres... Peu d'interventions urbaines peuvent prétendre à un impact esthétique aussi large, aussi pérenne que la restauration des sources, rus et ruisseaux encore enfouis. Après la réhabilitation des quais et canaux, l'eau cherche à retrouver son lit et amène les villes à se retourner sur elles-mêmes. Devenues des égouts à ciel ouvert avec la densification et l'industrialisation des villes, les rivières ont été couvertes, canalisées, enterrées. Oubliées, particulièrement dans le Grand Paris, et se rappelant à nous sous forme de multiples inondations et désordres du sol. Car la rivière coule toujours sur les coteaux et dans le thalweg des villes, et une grande partie des eaux est claire. Ce qu'en montagne on nomme ruisseau, source ou fontaine, est appelé en ville « ECPP » : « eaux claires parasites permanentes ». Dans de nombreuses villes du monde[1], avec le retour de la nature dans la ville, l'agriculture urbaine, l'adaptation au changement climatique et la séparation des réseaux, les rivières reviennent pour nous faire retrouver la géographie, le sens des vallées. Un travail qui mêle écologie, archives et mémoire, cartographie, urbanisme, techniques hydrauliques et génie végétal, connaissance des écosystèmes... Nous explorerons ici ces expériences en cours dans le Grand Paris, d'où elles viennent et ce qu'elles nous disent.

De la guerre de l'eau aux pollutions

La question des rejets dans les rivières, de l'usage de l'eau, a toujours fait l'objet de bagarres locales acharnées, tant à l'amont des rivières avec les prises d'eau de qualité pour les usages domestiques ou pour l'artisanat et l'industrie, qu'en aval pour la batellerie, les accès aux fleuves, les noues... Afin de collecter les sources d'eaux claires à l'amont des vallées, il faut créer des aqueducs qui passent par de nombreuses propriétés, créer ainsi des servitudes...[2] Les usages de ces aqueducs suivent l'évolution des territoires, les châteaux laissant place au fil des siècles à l'industrie et à l'alimentation en eau potable des villes.

On connaît le Couesnon qui sépare la Bretagne de la Normandie avec le Mont-Saint-Michel au milieu. Au Moyen Âge, le ru de Marivel délimitait la séparation entre les abbayes de Saint-Germain à l'amont de sa confluence avec la Seine et l'abbaye de Saint-Denis à l'aval. Or le port de Sèvres, qui avait alors une économie florissante, était situé dans le delta, et selon que la rivière confluait vers la Seine en amont ou en aval, le port et ses taxes passaient d'une abbaye à l'autre. De nuit, des ouvriers étaient employés pour dévier la rivière vers l'amont ou l'aval du port. Il fallut un arrêté royal pour attribuer définitivement le port à l'abbaye de Saint-Germain et mettre fin à ces querelles[3].

---

1 Paul Lecroart, *Séoul: Cheongggyecheon Expressway : la Ville après l'autoroute*, étude de cas, Institut Paris Région, 2013. Cet article décrit la démolition des 14 voies de l'autoroute du centre de Séoul (Corée du Sud) qui couvrait la rivière Cheonggyecheon qui fait désormais le bonheur des habitant·e·s.

2 Lucile Hubschmann, *Les Caves du Roi à Sèvres*, Autoédition, Imprimerie Maury, 2002.

3 Maurice Leroy, « Histoire d'eau à Sèvres, Saint-Cloud et Ville-d'Avray », *Savara*, Société d'archéologie et d'histoire de Sèvres, 1994, n° 6.

L'évacuation de l'eau de la ville

L'eau n'est plus présente dans les villes que par évocation (lames d'eau, quais embardés, plaques de rue, fontaines d'eau potable...), mais l'eau qui s'écoule – le chevelu comme on dit joliment : source, zone humide, rigole, ru, ruisseau – a disparu et n'a tout simplement pas de statut. L'eau n'est pas nommée et n'a pas sa place dans les documents d'urbanisme ; et la situation administrative de ce bien commun ne fait que s'aggraver[4]. Les scientifiques et les politiques découvrent début 2021 qu'entre les deux grandes urgences que sont la préservation de la biodiversité et la reconquête de la qualité de l'air, l'eau a été laissée de côté dans les plans Climat[5]. Une personnalité juridique serait bienvenue pour la Seine[6], mais aussi pour chacun de ses affluents. À Paris, la Bièvre peine à refaire surface sur le territoire communal, et les autres rus ne sont pas même évoqués (Longchamp, Ménilmontant, Vaugirard...).

La présence de l'eau dans les aires urbaines n'est pour sa part pas nommée sauf par la négative, car la construction de la ville des 150 dernières années, dopée aux énergies fossiles, en a nié l'existence. Ainsi, des agences régionales de santé (ARS) aux directions régionales de l'environnement (DREAL ou DRIEE en Île-de-France), en passant par les agences de l'eau, les acteurs publics indiquent que les eaux de source ne sont pas de leur ressort (sauf si elles alimentent un captage d'eau potable). On est bien en peine de trouver un quelconque support juridique et des moyens financiers pour les défendre, les protéger, les restaurer. En ville, les eaux de source sont inscrites comme « non potables » ou au mieux « non contrôlées ». La potabilité est en effet une notion juridiquement contraignante, qui nécessite une vérification 24 h/24... ce que seule une station industrielle de potabilisation peut faire ! On règle le problème en envoyant l'eau de source dans les réseaux d'assainissement.

Source de la Voirie, affluent du ru de Marivel, dans la forêt domaniale de Fausses-Reposes à Viroflay (Yvelines).
© Photo Espaces / Yann Fradin

Contrairement à ce que l'on pourrait penser de prime abord, les rivières pour l'essentiel ne coulaient pas sous les rues (où les eaux drainées coulent désormais dans les réseaux d'assainissement)... mais parallèlement aux rues, sous les maisons, ceci pour deux raisons. D'abord, nous ne marchons ni ne roulons sur l'eau – le chemin, pour se préserver des crues, étant surélevé au bord de la rivière, c'est ce qu'il reste du thalweg apparent. Ensuite, la rivière fut fortement urbanisée par les ponts, parfois habités comme dans le Paris du Moyen Âge et comme en

---

4 Martine Valo, « Des points d'eau ont été effacés des cartes préfectorales pour ne pas avoir à les protéger des pesticides », *Le Monde*, 6 juillet 2019. Pas moins de 3 000 km de ruisseaux ont ainsi été rayés de la carte du département d'Indre-et-Loire (France Info, 10 juillet 2019).

5 La nécessité de préserver la ressource en eau et son effet régulateur a été fortement oubliée dans les plans Climat. Une prise de conscience s'est faite jusqu'au plus haut niveau. Une tribune des professionnels de l'eau titre le 17 mars 2021 « La loi climat oublie l'eau » (*La Tribune*, 17 mars 2021), suite à la relative absence de ce sujet dans les propositions de la Convention citoyenne sur le climat. À quelques jours de la journée mondiale de l'eau le 22 mars, plusieurs organismes internationaux ont présenté à l'Assemblée générale de l'ONU à Genève le 18 mars 2021 une nouvelle coalition Eau et climat « afin de mieux concerter les politiques correspondantes ». Elle vise à rattraper le retard pris à l'égard des objectifs de développement durable liés à l'eau (www.reliefweb.int).

6 « La personnalité juridique de la Seine est demandée par certaines associations (La Seine n'est pas à vendre, FNE Île-de-France), des élu.e.s et personnalités », tribune, *Libération*, 7 octobre 2019.

Tanneries au bord de la Bièvre, Paris 13ᵉ. Photographie Charles Marville, vers 1865.
© Charles Marville / Musée Carnavalet-Histoire de Paris / Roger-Viollet

témoigne le pont de Rohan sur l'Elorn à Landerneau (Finistère, Bretagne), le plus important pont encore habité d'Europe. Les rivières furent aussi enjambées par nombre de moulins à eau, blanchisseries, tanneries… Avec toute cette activité, et la qualité des eaux désastreuses, il ne resta plus qu'à fermer les espaces non couverts, afin de créer à moindre coût routes et places, parkings et constructions.

À partir des années 1920, dans le cadre des politiques hygiénistes, puis de façon accélérée durant la seconde moitié du XXᵉ siècle, sous l'effet de l'urbanisation et l'impulsion des financements des agences de l'eau, les réseaux d'assainissement migrèrent sous les voiries, plus accessibles, facilitant leur entretien et la propriété des collecteurs, naguère privée et morcelée, qui devint municipale, syndicale ou départementale. Cette évolution centenaire en fit oublier les eaux claires, élargissant au fil des années les diamètres des collecteurs et les stations d'épuration[7], pour accueillir les eaux pluviales de ruissellement toujours plus fortes au fil de l'imperméabilisation des villes.

[7] La station d'Achères (Yvelines), à l'aval de Paris, gérée par le Syndicat interdépartemental d'assainissement de l'agglomération parisienne (SIAAP) avec ses 1 500 000 m³/jour représentant 60 % des eaux de l'agglomération parisienne (Source : www.siaap.fr) est la seconde plus importante du monde après celle de Chicago. Ce n'est qu'à partir des années 1980 qu'il fut décidé de cesser ses agrandissements pour construire de nouvelles stations de proximité, dont la station de Valenton (Val-de-Marne), et de commencer à encourager la rétention des eaux à la parcelle, en amont des réseaux d'assainissement.

Puis au fil des décennies, les domanialités et les servitudes des rus ne furent plus inscrites dans les nouveaux documents d'urbanisme (POS, PLU, SDAU, SCOT...)[8], permettant de construire sous les nouveaux immeubles des étages de parking souterrain... dans le thalweg, entravant l'écoulement naturel et gravitaire des eaux. Les derniers immeubles non raccordés à l'assainissement durent le faire en urgence au fil des constructions[9]. À Chaville, sur le ru de Marivel, plusieurs copropriétés sont actuellement confrontées à ces questions de servitudes maintenues dans des règlements privés (parc Fourchon à Viroflay et Chaville) – la bonne gestion d'une propriété privée étant parfois plus résiliente que l'action publique.

Lorsque l'église Saint-Romain (patron des bateliers) du centre de Sèvres, construite aux XIIe et XIIIe siècles dans le lit de la rivière sur pieux de bois (comme tous les ouvrages précédant l'arrivée du béton au XXe siècle) se fissura gravement au début des années 2000, les équipes d'ingénieurs, perdues en conjectures, n'en trouvèrent pas la raison, jusqu'à ce qu'un ingénieur sévrien à la retraite se saisisse du sujet et comprenne que le parking du marché, construit au début des années 1980 au milieu du thalweg, 50 mètres en amont de l'église, asséchât complètement le fond de vallée : les pieux qui avaient tenu 700 ans dans le sol irrigué séchèrent et se délitèrent. Il fallut injecter des pieux de béton sous l'église pour la maintenir debout, pour un coût de plusieurs millions d'euros...

La Seine retrouve un peu de son grand lit

En 1970, la Seine à Paris comptait moins de 10 espèces de poissons. Nous sommes revenus à plus de 50 espèces en 2020, dont plus de 30 espèces autochtones, notamment sous la pression de la directive-cadre européenne (DCE) sur l'eau, adoptée par le Parlement européen et le Conseil le 23 octobre 2000.

Nous revenons de loin. Comme les rus, les fleuves et particulièrement la Seine dans sa partie dénommée « Seine centrale urbaine » étaient devenus des égouts à ciel ouvert – qu'il est parfois encore question de recouvrir dans les années 1990[10].

La désindustrialisation rouvre les villes de banlieue à la Seine. Elle est symbolisée par les fermetures des usines Citroën à Levallois-Perret et quai de Javel dans le 15e arrondissement de Paris à la fin des années 1970, puis en 1992 par la fermeture des usines Renault de Boulogne-Billancourt qui débordent sur les villes voisines d'Issy-les-Moulineaux, Meudon et Sèvres. De la démolition des bâtiments (avec une perte totale du patrimoine industriel) naissent les parcs des bords de Seine, André-Citroën à Paris, Billancourt à Boulogne-Billancourt, le parc de l'Île-de-Monsieur à Sèvres, et la promenade des bords de Seine créée par le département des Hauts-de-Seine à Issy-les-Moulineaux, Meudon et Sèvres.

Les nouveaux plans de prévention de risque d'inondation (PPRI) freinent également (un peu) les constructions[11].

Dans les années 1990, les camions de poubelles de Boulogne-Billancourt et Sèvres déversaient encore en Seine, depuis les estacades

---

8 Plan d'occupation des sols (POS), plan local d'urbanisme (PLU), schéma directeur d'aménagement et d'urbanisme (SDAU) et schéma de cohérence territoriale (SCOT).

9 L'association d'écologie urbaine Espaces, référencée pour le ru de Marivel, reçoit régulièrement des appels de propriétés amont qui voient les eaux du ru les envahir au fil de constructions aval dans le thalweg.

10 « Suite à la fermeture des usines Renault, le maire de Boulogne-Billancourt projette de couvrir la Seine entre la plaine de Billancourt et l'île Seguin avec le projet de la "Cité bleue" », *Le Monde*, 8 juillet 1992.

11 Le PPRI des Hauts-de-Seine est approuvé par arrêté préfectoral le 9 janvier 2004.

industrielles désaffectées de Renault, quai de Stalingrad (aujourd'hui quai Georges-Gorse), l'ensemble des déchets ramassés au pied des étals des marchés communaux[12]. L'installation de grillages avec la direction de l'environnement de la Ville de Boulogne-Billancourt fut un des premiers chantiers des éco-cantonnie·re·s. Sur la rive gauche, le nettoyage prit des années, suivi de la prévégétalisation des parcelles au fil des déconstructions en partenariat avec Renault, les villes et le conseil général des Hauts-de-Seine, faisant de l'association Espaces un des pionniers de l'urbanisme tactique en Île-de-France[13].

Suite à la première réouverture des berges de Seine parisiennes aux piétons en 1995, les expériences se multiplient pendant 20 ans jusqu'à la reconquête piétonne des berges par la Ville de Paris à partir de la fin des années 2010, non sans de très vives polémiques. Cependant, les projets routiers et les constructions se poursuivent sans relâche dans le lit majeur du fleuve, au plus près des berges de Seine, en amont comme en aval de Paris, avec leur cortège de palplanches et de béton banché[14].

Concernant la végétalisation des berges, élément-clé et absolument indispensable d'une réelle reconquête du fleuve, de sa biodiversité, de sa capacité autoépurative, de sa régulation thermique, nous en sommes toujours aux balbutiements, au cœur de Paris, autant qu'en banlieue.

La question des métiers, de la formation et de l'emploi est au cœur des enjeux. L'éco-cantonnier·e et l'agent·e d'environnement dans le cadre de chantiers d'insertion, demain l'éco-gestionnaire[15], les équipes des syndicats de rivières, des villes et territoires, des entreprises prestataires, traduisent ces nouveaux métiers indispensables à la gestion des rivières et milieux humides.

À l'origine du retour de la nature en ville, la Seine et ses abords

Les années 1990 marquent les débuts du « jardin en mouvement » et du génie végétal. Si de petits espaces ont été confiés à Gilles Clément[16] dans le parc André-Citroën, d'autres dynamiques se mettent en place dans les Hauts-de-Seine[17] : sont par exemple nettoyés, entretenus, soignés, aménagés et visités, les bords de Seine (de Boulogne-Billancourt à Issy-les-Moulineaux et Puteaux), les Jardins imprévus[18] du parc départemental de l'île Saint-Germain (Issy-les-Moulineaux), les espaces naturels sensibles du parcours des coteaux du Val-de-Seine[19], le parc de Saint-Cloud, la Petite Ceinture (Auteuil-La Muette[20], puis dans son ensemble).

Mais la reconquête de la Seine et des rivières passe par le végétal, reconnu sous le nom de « trame verte et bleue » à partir de 2007 à l'issue du Grenelle de l'environnement. Dès 1995, une alternative végétale à l'enrochement jointif est ainsi mise en œuvre sur le petit bras de Seine de l'île Saint-Germain à Issy-les-Moulineaux sur l'ancien îlot Chabanne[21].

---

12 Yann Fradin, « De la ville ouvrière à la cité verte ? », *Écologie politique*, 1993, n° 5 ; « Entretenir les berges pour sortir de la galère », *Écologie politique*, 1995, n° 15.

13 Paul Lecroart, « Transitional and Participative Urbanism in the Paris Metropolitan Region », *Urban environnement design*, Pékin, 2017. Id., « L'Urbanisme tactique : projets légers, grandes mutations ? », *Les villes changent le monde*, Les Cahiers de l'Institut Paris région, 2019, n° 176.

14 Anselm Jappe, *Béton, arme de construction massive du capitalisme*, Paris : L'échappée, 2020. Ouvrage très éclairant sur la logique à l'œuvre dans la construction en béton armé.

15 Nouveau métier prévu au plan Climat de la Ville de Paris, 2018.

16 Gilles Clément, *Le Jardin en mouvement*, Paris : Sens et Tonka, 1993.

17 Ces actions d'insertion par l'écologie urbaine sont menées en co-construction par l'association Espaces (adhérent.e.s et salarié.e.s), avec les villes et le département des Hauts-de-Seine puis la Ville de Paris, soutenues par de grandes entreprises, et par la région et l'État.

18 Florence Pultier, Anne-Claire Gadenne, *Un parcours dans le parc de l'île Saint-Germain*, topo guide, Paris : Espaces, 2002.

19 Paul Lecroart, *Note rapide de l'Institut Paris Région*, mars 2021, n° 885. Le parc des Hauteurs de Paris-Est, ensemble porté par ce territoire avec l'appui de l'Institut Paris Région, s'inspire de cette expérience.

20 Yann Fradin et al., « Le maceron et la mygale – Une enquête ethnobotanique sur les pratiques d'inventaire naturaliste à Paris », *Revue d'ethnobiologie Jatba*, 1997, vol. 39, n° 2, p. 219-239.

Depuis la création du premier ouvrage de génie végétal sur la Seine sans enrochement inauguré en 1999[22] dans le petit bras de Seine à Issy-les-Moulineaux, en amont du pont de Billancourt[23], près d'une vingtaine d'ouvrages[24] ont été réalisés sur ce secteur en aval de Paris par les équipes de l'association Espaces, y compris sur la roselière du quai Georges-Gorse à Boulogne-Billancourt. La maîtrise d'ouvrage publique, qui commence à réaliser des aménagements végétaux sur la Seine à Issy-les-Moulineaux et Meudon (conseil départemental, avec enrochements) ou voie Georges-Pompidou/quai Louis-Blériot à Paris 16e (Haropa-Ports de Paris, avec palplanches) reste encore d'une approche très minérale, pour un coût de 10 à 20 fois supérieur à celui d'un aménagement par pure technique végétale, avec des coûts d'entretien plus élevés, et une qualité écologique bien moindre.

5e randonnée sur les traces du ru de Marivel, étang aux écrevisses à Chaville-Vélizy (Yvelines), 4 octobre 2020.
© Photo Espaces

Les rivières pionnières

En Île-de-France, les grandes rivières pionnières de leur reconquête sont celles de la Bièvre, affluent de la Seine parisienne, qui prend sa source à Versailles, et de l'Orge, qui se jette dans la Seine en amont de Paris à Athis-Mons et Viry-Châtillon (Essonne).

L'Orge vivante

Comme la plupart des rivières urbaines, et malgré son relatif éloignement du cœur de l'agglomération parisienne, l'Orge a vécu une histoire tumultueuse.

Sous l'impulsion de Jean-Loup Englander, maire de Saint-Michel-sur-Orge, qui préside le Syndicat de la vallée de l'Orge aval (SIVOA) de 1977 à 2008, l'Orge est engagée dans une dynamique qui ne s'arrêtera pas : séparation des eaux usées, reconquête de la rivière et de ses affluents, cheminements linéaires tout du long, développement d'une forte équipe en régie (118 salariés en 2021) qui gère tant les crues que les abords de la rivière, engagement des premiers ouvrages de génie végétal en Île-de-France avec l'appui d'entreprises du sud de la France, rapport de force avec le SIAAP pour obtenir la baisse de la taxe d'assainissement (le bassin versant de l'Orge envoyant l'essentiel de ses eaux de pluie, de qualité, vers la Seine), nombreux outils techniques et pédagogiques en direction des maîtres d'ouvrage (notamment les communes) et les maîtres d'œuvre... Dès les années 1990, la vallée de l'Orge est une de celles qui maîtrisent le mieux les crues au travers de nombreuses plaines alluviales inondables[25].

---

21 Bernard Lachat, *Guide de protection des berges de cours d'eau en techniques végétales*, Paris : Ministère de l'Environnement, 1994. Ce guide, régulièrement réédité, est toujours la référence pour celles et ceux qui veulent renaturer des cours d'eau. Guide conçu par le cabinet franco-suisse Biotec.

22 Inauguration le 30 juin 1999 par Dominique Voynet, ministre de l'Environnement, et André Santini, député-maire d'Issy-les-Moulineaux.

23 Association Espaces, « L'aménagement écologique des espaces urbains au cœur de l'Île-de-France », Actes de la journée d'étude du 30 juin 1999, 2002.

24 Association Espaces, « Les berges de Seine », dépliant, 2011, https://www.association-espaces.org/publications/depliants/

25 Espaces et le SIVOA coopèrent très étroitement pendant une dizaine d'années à partir de 1995, le SIVOA transférant son savoir-faire issu de ses premières réalisations en termes de génie végétal, Espaces initiant les équipes du SIVOA à la gestion différenciée.

L'Orge est aujourd'hui une rivière complètement reconquise et le nouveau Syndicat de l'Orge[26] qui couvre l'ensemble du linéaire et regroupe 62 communes est le deuxième contributeur de données naturalistes en Île-de-France !

Comme on pouvait le résumer dès 1986, « la vallée de l'Orge représente un cas relativement exemplaire d'affirmation ancienne d'une volonté intercommunale de maîtrise de l'hydraulique locale, dans toutes ses dimensions […]. Le projet "Orge vivante", adopté en 1974 par 34 communes, est encore actuel : il se propose de faire de la rivière un véritable élément de valorisation de l'espace urbain[27] ».

La Bièvre entre dans Paris

Forte de ses 36 km de linéaire au travers de 5 départements franciliens, la Bièvre est la rivière mythique de Paris. L'association des Amis de la vallée de la Bièvre (AVB)[28] est créée en 1967 dans la haute vallée de la rivière (Yvelines et Essonne) et est à l'initiative de la Marche de la Bièvre, créée en 1987, dont la 38e édition est prévue en 2021[29]. Le départ se fait chaque année au mois de mai à minuit depuis la confluence au pont d'Austerlitz.

Une des actions emblématiques qui présidera à la création des AVB sera de faire face à la création de la Ville nouvelle de Saint-Quentin-en-Yvelines. L'établissement public et l'État prévoyaient de déverser les eaux usées de la nouvelle ville dans la Bièvre (après traitement partiel à la station de la Manière). Finalement, après des années de luttes, seules les eaux pluviales se déverseront dans la Bièvre, les eaux usées rejoindront les canalisations… du ru de Marivel.

Restée à l'air libre à l'amont, avec bonheur, la rivière est rouverte en aval ville par ville : Fresnes, Antony, Arcueil, L'Haÿ-les-Roses, Gentilly… et Paris le prévoit pour les années qui viennent. La Bièvre est actuellement à la pointe de l'effacement des étangs qui, remplis, n'apportent rien pour la maîtrise des crues et peu pour les milieux humides, laissant place à de grandes prairies inondables et une rivière reméandrée. Par ailleurs, ces réserves de volumes évitent la création de bassins de stockage en béton préemptant toujours plus l'espace, sans aménités, au coût important, et néfastes pour le milieu naturel. Entre Bièvres et Igny, c'est 2 000 m³ de stockage à l'air libre libérés pour 1 million d'euros de travaux. Un bassin de stockage coûte 3 millions d'euros par 1 000 m³ [30].

La Bièvre, déterrée depuis 2016 à L'Haÿ-les-Roses (Val-de-Marne), janvier 2021.
© Thérèse Verrat et Vincent Toussaint pour *M, Le Magazine du Monde*

---

26 www.syndicatdelorge.fr
27 Viviane Claude, André Guillerme, « La vallée de l'Orge. 1880-1977 », *Les Annales de la recherche urbaine*, 1986, n° 30.
28 www.amisvalleebievre.org
29 www.marche.bievre.org
30 Cécile Chevallier, « Essonne : en reprenant ses droits, la Bièvre risque moins d'inonder la vallée », *Le Parisien*, 18 juillet 2019

La renaissance du ru de Marivel

Complètement enterré depuis près d'un siècle (la décision fut prise en 1866)[31], le ru de Marivel qui s'écoule de Versailles à Sèvres en passant par Viroflay et Chaville a été transformé au fil des décennies en grand collecteur d'eaux usées et pluviales sous l'ancienne route nationale 10, achevant son parcours dans un immense bassin d'orages en bord de Seine sous l'actuel port de Sèvres (pouvant stocker 22 000 m³ d'eaux usées et pluviales). Conséquence de l'inadéquation de tels équipements industriels, les coteaux de Sèvres se virent envahis il y a une quinzaine d'années de dizaines de milliers de petits crapelets et ce fut un carnage dans le bassin de stockage. Un orage s'était abattu au moment du départ en migration de l'ensemble des crapelets, les emmenant tous dans les collecteurs d'assainissement desquels certains réussirent à sortir en remontant les réseaux d'assainissement, vers les coteaux. L'étang d'Ursine à Vélizy-Villacoublay bas, dans le chevelu du ru, avec les étangs voisins de Ville-d'Avray comme ceux des vallées voisines à Meudon (ru d'Arthelon) et Marnes-la-Coquette (ru de Vaucresson) est considéré comme un des plus grands sites de reproduction du crapaud commun *Bufo bufo* d'Île-de-France et en Europe.

Le ru ne restait plus que par son nom inscrit sur quelques places, et le Syndicat d'assainissement de la vallée du ru de Marivel jusqu'en 2016, alors intégré au sein du syndicat Hydreaulys[32], n'en fait plus mention que pour mémoire…

En 2008, après une randonnée organisée avec ses élèves dans le lit du ru de Marivel, un professeur de lycée de Sèvres[33] fait travailler sa classe sur le thème « Faut-il rouvrir le ru de Marivel ? ». Il en sort une dizaine de panneaux et une classe lauréate du concours « Faites de la science ! ». L'idée germe. Dans les années 2010, des randonnées toujours plus élaborées réunissent 150 à 200 participant.e.s[34]. Des cartes des sources et rus, réalisées par les associations environnementales et d'histoire locale, sont pour l'occasion distribuées aux habitants de Chaville, Sèvres et Versailles, et bientôt de Ville-d'Avray, Marnes-la-Coquette et Viroflay. Des chantiers d'insertion sont également développés pour entretenir les escaliers de Sèvres, et créer des jardins partagés et familiaux à Chaville, Sèvres, Versailles et Ville-d'Avray.

En 2008, à l'occasion de travaux au marché de Sèvres soumis à des inondations récurrentes, la source Saint-Germain (représentant près de 100 m³/h sortant à 12 °C) est déconnectée du réseau d'assainissement, pour alimenter le réseau chaud/froid du collège, une bâche de stockage pour l'arrosage, et coule désormais sur le parvis Charles-de-Gaulle devant le collège dans une cascade sur le tracé du ru, avant de rejoindre la Seine par un tuyau dédié : le premier rejet en Seine centrale d'eau claire depuis bien longtemps ! C'est très important, car la Seine est un fleuve de plaine. Hormis les crues d'hiver, l'été, on traversait autrefois à gué la Seine, avant sa canalisation pour la navigation. En été par temps d'orage, les arrivées d'eaux des vallées encaissées sont plus fortes que le débit de la Seine elle-même. Le plateau domine à 175 mètres du niveau général de la France (NGF), lorsque la Seine est à 35 mètres, soit 140 mètres de dénivelé. Dans de telles situations, le flux d'eau de la vallée du ru de Marivel monte à raison de 70 m³/s pendant quelques heures quand la Seine a un débit moyen de 0,2 m³/s.

La Métropole du Grand Paris (partie Hauts-de-Seine), avec la communauté d'agglomération de Versailles Grand Parc (partie Yvelines) s'apprêtent à lancer en 2021, en concertation avec toutes les parties (villes,

---

31 *Savara*, Société d'archéologie et d'histoire de Sèvres, 2018, n° 15.
32 www.eauxseineouest.fr
33 Jean-Claude Vasseur, enseignant au laboratoire de Sciences de la vie et de la terre du lycée Jean-Pierre-Vernant à Sèvres.
34 Ces randonnées sont initiées par les Conseils locaux de développement durable de Chaville et Sèvres, puis développées par un collectif d'associations et d'habitant·e·s en coopération avec les villes, coordonné par Espaces.

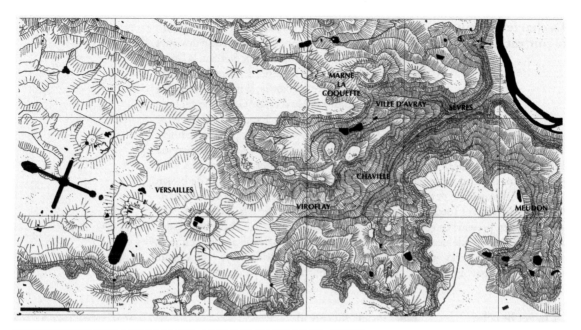

Carte topographique de la vallée du ru de Marivel. Johan Cornu, projet de fin d'études à l'ENSP de Versailles, 2020-2021.
© Johan Cornu

associations…), une étude sur le bassin versant du ru de Marivel, dont la grande rigole de Ville-d'Avray est inscrite au réseau hydrographique national (RHN)[35], pour examiner les possibilités de résurgence de la rivière.

La vallée voisine du ru de Vaucresson et ses affluents, également très investie par Espaces depuis 25 ans et dont une portion est également inscrite au RHN, fera l'objet du même processus d'étude dans les mois à venir. L'équipe Gestion innovante des eaux urbaines d'Espaces finit de repérer et de cartographier en 2021 un de ses affluents, le ru de Marnes-la-Coquette, dont des linéaires importants sont à l'air libre en forêt domaniale de Fausses-Reposes et à sa sortie, mais sans entretien et avec des ruptures problématiques.

Le ru de Buzot sur la voie de la réouverture

Affluent de la Seine, s'écoulant sur 11 km de Feucherolles au Pecq dans les Yvelines, le bassin versant du ru de Buzot constitue au cœur d'une vallée une « masse d'eau[36] ». Une étude sur la restauration écologique du ru a été réalisée en 2016 pour le compte du Syndicat pour l'assainissement de la région de Saint-Germain-en-Laye (SIARSGL)[37] chargé du ru de Buzot. Les premiers travaux de réouverture devraient débuter dans les prochaines années.

Dans le même temps, sous l'impulsion du maire délégué de Fourqueux[38] (qui fait partie depuis 2019 de la commune nouvelle de Saint-Germain-en-Laye), avec l'appui de l'Agence Thierry Maytraud et d'Espaces, ont été réalisés un magnifique aménagement et Jardin des eaux, qui recueille la totalité des eaux de pluie du nouvel ensemble et du quartier amont pour alimenter le ru de Buzot.

---

35 Mis à jour en 2017, voir www.geoportail.gouv.fr/donnees/reseau-hydrographique
36 Au sens du schéma d'aménagement et de gestion des eaux (SDAGE).
37 www.sisgel.fr
38 Daniel Level est un acteur majeur de l'eau en Île-de-France. Il préside le comité de pilotage du Contrat Plaines et coteaux de la Seine centrale urbaine depuis sa première édition en 2014. Président du Syndicat mixte Seine Ouest, il est membre du CESER, du Comité de bassin Seine-Normandie.

La charte de l'eau et le contrat de bassin

Partout en France, les rivières bénéficient d'un schéma d'aménagement et de gestion des eaux (SAGE) et de leur parlement de l'eau, la Commission locale de l'eau (CLE). Comment faire pour les rivières urbaines, si minéralisées ? En 2005, suite à l'idée d'un SAGE Seine centrale urbaine, l'association Espaces lance avec le soutien de l'agence de l'eau Seine-Normandie une dynamique de plusieurs années de concertation et d'étude[39], qui permet la signature en 2013 d'une Charte de l'eau[40] par une première série d'acteurs de l'eau – villes, intercommunalités, syndicats, départements, aménageurs, associations. Un premier Contrat de bassin (2014-2018) est signé dans la foulée par 30 maîtres d'ouvrage. La rédaction de la Charte de l'eau fut l'occasion de nombreux débats. Sur l'article « Rendre la ville perméable en prenant en compte le cycle naturel de l'eau », le compromis trouvé fut : « Créer des écoulements d'eaux claires et d'eaux pluviales à l'air libre en ville, reconnecter les sources et rus. » Nommer la réouverture de rivière était encore tabou, mais l'idée était bien inscrite ! Et les actions commenceront à être engagées.

À la recherche des sources dans le chevelu

Au-delà du travail de connaissance, un grand enjeu est de mettre en place une démarche de gestion innovante des eaux claires urbaines afin de valoriser et faire couler dans nos villes les eaux de source et de pluie. Actuellement, l'exercice est réalisé avec succès sur les 8 communes de Grand Paris Seine Ouest et sur 3 communes (Rueil-Malmaison, Suresnes, Vaucresson) de Paris Ouest La Défense. Une première analyse documentaire et cartographique est réalisée. Ensuite, une dynamique est initiée et développée avec tous les services concernés des collectivités, les élu·e·s concerné·e·s, les associations locales, et le délégataire Veolia Eau Région Île-de-France. Les visites de terrain par temps sec et surtout par temps de pluie ne se comptent plus, et les ouvertures de plaques de fonte et de ciment donnent le tournis : l'eau coule à flots sous nos pieds ! On part des pointes du chevelu pour faire converger ces eaux vers le thalweg central, puis vers la Seine. Au passage, ces eaux auront irrigué les coteaux et les vallées dans une trame de fraîcheur, et délesté les bassins de stockage, devenus moins indispensables, et les stations d'épuration.

La fontaine Sainte-Marie dans la forêt domaniale de Meudon à Clamart (Hauts-de-Seine), bassin versant du ru d'Arthelon.
© Photo Espaces / Yann Fradin

---

[39] Association Espaces, « Vers une instance de gouvernance de l'eau sur le territoire Plaines et coteaux de la Seine centrale urbaine », actes de la journée du 21 décembre 2010, « Échanges sur les enjeux et outils de la gestion de l'eau du territoire ».

[40] Les chartes et contrats sont disponibles sur le site dédié www.seine-centrale-urbaine.org

Le retour de la culture de l'eau, facteur de cohésion sociale

La loi du 29 janvier 2021 vise à définir et protéger le patrimoine sensoriel des campagnes françaises. La loi définit les sons et odeurs comme caractéristiques des espaces naturels. Le son de l'eau des rivières en fait partie. C'est un nouvel appui pour faire revivre nos bassins versants qui structurent depuis toujours nos paysages et nos organisations, le point d'appui d'une redécouverte des territoires[41].

Les randonnées et balades urbaines de la Bièvre[42], des rus de Marivel, de Vaucresson et de Buzot sont les moyens privilégiés de partages, de rencontres, de découvertes, d'herborisation et de prise de conscience d'habiter ces bassins versants.

Yann Fradin
Entrepreneur social en écologie urbaine

---

[41] Marin Schaffner, Mathias Rollot et François Guerroué (éd.), *Les Veines de la terre, une anthologie des bassins-versants*, Marseille : Wildproject, 2021 ; Mathias Rollot et Marin Schaffner, *Qu'est-ce qu'une biorégion ?*, Marseille : Wildproject, 2021.

[42] L'association Des ricochets sur les pavés, située sur la Bièvre à Arcueil, développe un travail talentueux liant culture et rivière de la Bièvre. Voir www.des-ricochets-sur-les-paves.fr

Des villes vivantes

Philippe Clergeau

Un paysage biodiversitaire pour la ville de demain

La ville ne peut être vivable sans une intégration de plus de nature dans un nouvel espace public qui reste à imaginer. Même si les collectivités végétalisent toujours davantage, la ville ne sera pas résiliente, durable et vivante avec de simples plantations d'arbres et de fleurs : il faut favoriser une biodiversité fonctionnelle et locale et ainsi intégrer la ville dans un processus écologique régional. La ville écologique est alors à concevoir comme un lieu d'accueil et de santé des écosystèmes.

De la végétalisation à la biodiversité

Aujourd'hui, la plupart des responsables, décideurs et aménageurs ont compris le rôle fondamental de la nature sur notre société. Depuis les années 2000, les écrits se sont multipliés pour démontrer que le bien-être de notre société est directement dépendant des processus naturels. Mettre de la nature en ville, végétaliser, verdir… est une première étape indispensable à l'amélioration des conditions de vie du citadin. Les végétaux fournissent en effet de nombreux « services », depuis la régulation des pollutions (air, eau, sol) jusqu'aux ambiances et impacts directs sur notre santé, en passant par la réduction des îlots de chaleur. Les plans Biodiversité ou Canopée se généralisent ainsi, en appui au plan Climat, dans la plupart des collectivités.

Toutefois, la végétation considérée reste, pour l'instant, essentiellement horticole et exotique. On a fini, certes, par sélectionner les arbres les plus adaptés aux contraintes de la ville et qui, en même temps, nous offrent de nombreux services comme le rafraîchissement de l'air, mais cette attitude est encore une vision à court terme : on installe des formes de monocultures (alignements d'arbres d'une seule espèce, notamment) qui sont fragiles à tout accident sanitaire ou climatique. L'exemple de la disparition des ormes dans le sud de la France n'a pas servi de leçon : on continue à planter une petite dizaine d'espèces dans toutes nos villes, dont essentiellement des platanes.

Se rapprocher des fonctionnements naturels impliquerait de mobiliser une diversité d'espèces et de favoriser leurs relations. C'est la définition de la biodiversité, à savoir la diversité en gènes, en espèces ou en écosystèmes et les relations des espèces entre elles et avec leur biotope. Il ne s'agit donc pas de parler seulement de richesse en espèces, mais aussi de fonctionnement. Un tel écosystème est alors bien plus résistant et « durable », tant dans ses exigences (moins de gestion, plus de résilience) que dans les services rendus. La ville gagnerait ainsi à s'inscrire dans un paysage autant « biodiversitaire » que beau – l'ingénierie écologique se devant d'être ici aussi esthétique. Pour insister sur l'importance de la diversité et des processus, les écologues utilisent d'ailleurs de plus en plus le terme de « biodiversité fonctionnelle ».

Outre cet objectif hygiéniste et utilitariste de la biodiversité, il faut aussi considérer la survie des espèces, qui sont indispensables à notre propre survie. 75 % des cultures alimentaires sont dépendantes de la pollinisation. Dès lors, doit-on encore légitimer une attention portée au vivant ? Faut-il encore expliquer la chute vertigineuse de la biodiversité ?

Celle-ci disparaît 300 fois plus vite qu'attendu[1] : 126 espèces animales et végétales sont menacées d'extinction en France, 20 % des plantes le sont dans le monde, 50 % des médicaments sont issus d'espèces en voie de disparition… Quant au dérèglement climatique, est-il encore nécessaire d'insister sur ses causes et sur les perturbations que nous vivons ?

Un urbanisme responsable s'attachera donc au bien-être et à l'habiter humains, mais aussi à une cohérence avec le contexte écogéographique. L'établissement humain ne peut plus être un isolat, une île, qui s'affranchit des processus écologiques à l'œuvre dans le reste du territoire. Le concept d'« une seule santé », qui est de plus en plus mobilisé, prend toute sa valeur en ville : la nature nous rend des services et, en quelque sorte, nous maintient en bonne santé ; en retour, nous devons être protecteurs et attentifs à la santé des écosystèmes et à la survie des espèces. Cela dépasse les notions classiques de cohabitation et d'acceptation.

De nouvelles formes urbaines

Réduire de manière consistante l'empreinte écologique globale, d'une part, et prendre en considération la biodiversité et le désir des citadins de verdir la ville, d'autre part, devraient donc nous pousser à imaginer un nouveau paradigme repensant en profondeur nos modes de construction et de transformation des milieux. Ce questionnement concerne de plus en plus les architectes et les paysagistes, qui commencent à inclure des préoccupations d'écologie et parfois de création de biodiversité dans l'aménagement des bâtiments ou des lots. Les urbanistes, eux, semblent aspirer à limiter la place de la voiture dans la conception de la ville, et sont conscients qu'il faudrait proposer de nouvelles morphologies urbaines et organisations d'occupation du sol en fonction des processus écologiques. Mais un fossé demeure entre les discours et les actions : les projets urbains ne remettent toujours pas en cause l'usage des structures viaires et la qualité écologique des espaces publics.

Une conception écologique implique au moins deux échelles : l'échelle locale de la parcelle et du jardin, qui intéresse plutôt l'architecte, le paysagiste et le naturaliste, et l'échelle globale du quartier ou de la ville, qui intéresse plutôt le géographe, l'urbaniste et l'écologue. Les espaces verts et les bâtiments, matériaux du paysagiste et de l'architecte, sont au cœur d'une ingénierie écologique locale, mais leur intégration dans un maillage à l'échelle de la ville est tout aussi fondamentale. Il s'agit alors de prendre en compte le non-bâti dans toute sa diversité, ses fonctionnements écologiques et géographiques et ses pratiques, pour en faire un élément structurant le paysage urbain et du mieux-vivre en ville[2].

On a longtemps végétalisé les bâtiments, essentiellement pour des questions de gestion de l'eau, comme l'ont surtout fait les Allemands et les Autrichiens à la fin du XXe siècle. Mais, il y a un peu plus d'une dizaine d'années, l'idée a émergé de le faire pour bénéficier d'autres types de services, comme la régulation des échanges thermiques entre l'intérieur et l'extérieur du bâtiment, la régulation des flux d'eau de pluie, ou l'installation d'une biodiversité. Bien que les bâtiments végétalisés soient davantage conçus pour l'agrément des citadins que pour l'amélioration de la biodiversité, ils

---

1 Sandra Díaz, Eduardo S. Brondízio et Josef Settele (codir.), *Global Assessment Report on Biodiversity and Ecosystem Services*, rapport IPBES, 2019.

2 Philippe Clergeau (dir.), *Urbanisme et biodiversité : vers un paysage vivant structurant le projet urbain*, Rennes : Apogée, 2020.

Cymbalaire — Géranium — Œillet

Saponaire — Valériane — Orpin

Flora Parisiensis, ou *Description et figures des plantes qui croissent aux environs de Paris*, Pierre Bulliard, botaniste, 1776.
© BnF

contribuent à donner une autre image de la ville. Il semble n'y avoir qu'un pas pour mettre en place des formes de végétalisation intégrant plus d'espèces locales ; pourtant, il est peu franchi, car il bouleverse les cultures professionnelles (pépiniéristes inclus). Comme quelques laboratoires européens et entreprises, l'équipe Écologie, aménagement et biodiversité en milieu urbain du Centre d'écologie et des sciences de la conservation (MNHN) est en train de réaliser un ensemble de tests sur cette thématique : quelles espèces privilégier ; comment les articuler ; comment transposer l'idée de manière opérationnelle, etc. ? On expérimente actuellement des végétalisations mixtes composées d'espèces horticoles et autochtones[3] sur toits et sur murs, qui pourraient combiner approche esthétique, approche technique (atténuation des températures, rétention d'eau) et installation d'une biodiversité. La question de la végétalisation des murs est plus épineuse encore que celle de la végétalisation des toitures. Les principaux modèles de murs que l'on maîtrise à peu près sont constitués de plantes grimpant depuis le sol, ou bien de nombreuses espèces sur feutres. Ces derniers sont coûteux et ne récupèrent pas toujours l'eau, si bien que leur empreinte écologique est conséquente. Il y a là tout un domaine de recherche en émergence. Qu'il

---

3   Des espèces comme la valériane, l'œillet, la saponaire, le géranium, l'orpin, l'armérie, la cymbalaire, le rosier des champs...

s'agisse de toits ou de murs, les demandes de végétalisation sont fortes, mais il est encore difficile d'élaborer des projets cohérents et multifonctionnels.

L'intégration de ces espaces de nature en ville dense permettrait d'établir des relais avec des structures plus classiques comme les jardins publics, bords de fleuve, chemins plantés ou lotissements de jardins gérés écologiquement qui, eux, se situent plutôt en suburbain. L'idée de continuités vertes au sein de la ville peut prendre diverses formes, mais c'est cependant bien le plein sol qu'il faut privilégier.

Recherche sur les « parois biodiversitaires ». Collage réalisé par ChartierDalix architectes, dans le cadre de l'appel à projets FAIRE, 2017.
© ChartierDalix

Parallèlement, il y a une vraie réflexion à mener sur la densification urbaine qui présente deux visages contradictoires. La ville soutenable a été définie comme une ville dense, qui limite sa dépense énergétique et son emprise foncière ; mais la ville étalée offre des avantages sociaux et écologiques, notamment en termes d'agriculture urbaine et d'espaces verts. Il y a donc un entre-deux qui est délicat à trouver et qui concerne directement la place dévolue à la nature dans la ville. Cette ambiguïté est aujourd'hui exacerbée par les objectifs de limitation de l'étalement urbain (« zéro artificialisation nette ») et par les projets de « densification douce » qui risquent de faire disparaître nombre de jardins privés et de continuités des cœurs d'îlots[4].

Cela incite à imaginer de nouvelles formes d'espaces verts et de respiration débouchant sur de nouvelles pratiques. À l'opposé du classique espace vert entouré de grilles et fermé la nuit, on peut proposer une nature plus diffuse en ville, à travers des promenades plantées, des micro-initiatives de verdissement, etc. Les corridors verts permettent ce rapprochement du citadin avec la nature sans obérer toute démarche de densification. La ville de demain pourrait être organisée en fonction de ces nouveaux objectifs et usages, en partant de la topographie, des contraintes de réseau et des couloirs de biodiversité pour décider de la place et des hauteurs des bâtiments à construire, et pour aménager les structures de mobilité. L'installation de noues plantées (fossés semi-humides accueillant diverses espèces de bord de l'eau) est l'un des éléments qui sont aujourd'hui proposés par nombre d'aménageurs.

Tous les acteurs, et particulièrement les citadins, ont un rôle à jouer. Dans la plupart des villes, l'espace occupé par la propriété privée est très largement supérieur à celui occupé par l'espace public. La constitution d'une nature en ville, fonctionnelle et cohérente, est l'affaire de tous. Mais l'habitant qui a un jardin, ou même l'entreprise qui a un espace vert ne feront rien si un exemple public réussi ou une réglementation ne les y incitent pas. Les projets municipaux seraient donc à mener de pair avec une sensibilisation des citadins, pour qu'ils imaginent eux-mêmes de nouvelles pratiques de jardinage ou d'usage de leurs propres espaces, en cohérence avec un objectif commun de développement progressif de la biodiversité.

Ce nouveau paradigme d'un urbanisme écologique, largement fondé sur la biodiversité, peut donc s'appuyer sur les différents niveaux de fonctionnement écologique. À l'échelle locale, les surfaces et les qualités des sites (écosystèmes souvent simplifiés) importent au plus haut point pour accueillir les espèces et les y maintenir. Potentiellement, la plupart

---

4 Jean-Michel Léger et Béatrice Mariolle (dir.), *Densifier/Dédensifier : penser les campagnes urbaines*, Marseille : Parenthèses, 2018.

Colonisation végétale en toiture du groupe scolaire des Sciences et de la Biodiversité à Boulogne-Billancourt (Hauts-de-Seine). ChartierDalix architectes, 2015.
© Myr Muratet

des espaces urbains non artificialisés sont des « espaces à caractère naturel[5] » qui peuvent évoluer pour accueillir faune et flore. À l'échelle globale, les relations établies entre ces sites par des corridors écologiques plus ou moins continus sont garantes de la présence et du maintien des espèces, même celles peu mobiles (qui représentent la majorité !). Cette entrée par la biodiversité ne doit cependant pas masquer la difficulté à prendre en compte la dynamique et l'évolution des écosystèmes. Cela dit, la complexité naturelle semble assurer une certaine forme d'équilibre face aux incertitudes et à la vulnérabilité de nos créations. Elle est aussi une source de solutions.

Il ne s'agit alors plus de « faire la ville », mais de « faire un écosystème urbain », dans le sens écologique du terme comme dans son sens relationnel (voir infra : *Une écoesthétique du vivant*). L'objectif de durabilité n'est plus seulement synonyme de durée temporelle et d'équilibre du triptyque économie/société/environnement, mais aussi de prise en compte d'une dynamique de système, et donc de capacité à accepter les incertitudes et les remises en cause.

Par conséquent, je soutiens ici une approche ambitieuse qui serait la reconnaissance du rôle structurant de la nature dans nos aménagements des territoires urbanisés. Cette approche fait déjà sens dans les travaux sur la bio-inspiration, qui sont passés d'un biomimétisme appliqué à l'architecture (par exemple, la ventilation inspirée des termitières) à un urbanisme régénératif qui commence à s'inspirer des fonctionnements et des services écologiques (la permaculture peut être considérée comme une bio-inspiration).

---

5 Terme défini dans Philippe Clergeau, *Une écologie du paysage urbain*, Rennes : Apogée, 2007, et largement utilisé par les écologues.

L'idée centrale est de viser non pas la linéarité (des flux, des cycles de vie...), finalement peu durable, mais, comme dans un écosystème, de privilégier un fonctionnement circulaire localisé (régénération du système) qui seul peut permettre l'auto-entretien, le maintien des ressources et donc une durabilité frugale. De fait, le concept de « métabolisme » tant repris par nos architectes apparaît complètement insuffisant pour rendre le paysage vivant et durable.

Un paysage vivant

On peut passer progressivement d'un paysagisme impliquant des espèces horticoles exotiques à un paysagisme laissant plus de place à des espèces indigènes, pour une intégration de la ville dans sa biorégion. Il s'agit, par exemple, de favoriser des espèces d'arbustes comme les cornouillers mâle et sanguin, les aubépines monogyne et à deux styles, le troène, le fusain d'Europe, le sureau noir ou le rosier des champs. Mais franchir encore une étape en faisant de ce paysage vivant une base conceptuelle pour le projet urbain ne va pas de soi, loin de là. Pourtant, certaines agences de concepteurs se lancent aujourd'hui clairement dans cette démarche qui bouleverse les paradigmes classiques. Faire du paysage vivant, notamment dans ses

Aubépine

Cornouiller mâle

Fusain

Sureau noir

Troène

Rosier sauvage

Flora Parisiensis, ou *Description et figures des plantes qui croissent aux environs de Paris*, Pierre Bulliard, botaniste, 1776.
© BnF

composantes écogéographiques et biodiversitaires, le fondement, le vecteur, le promoteur du projet, c'est repenser la ville comme un système plus naturel et durable, qui nous offre de nombreux services, mais qui constitue aussi une richesse intrinsèque et locale. Élément d'identité et d'attractivité pour une commune, le paysage devient aussi de plus en plus un élément essentiel du fonctionnement d'un territoire. Intégrer cette réflexion sur le vivant dans le processus d'aménagement, c'est se centrer sur des relations multifonctionnelles plus diverses, où le non-bâti prendrait alors une signification aussi importante que le bâti, et où l'écologie du paysage serait d'emblée placée au même niveau que la conception architecturale.

Une écoesthétique du vivant[6]

L'écologie fonctionnelle est une approche qui, dans les années à venir, devrait renouveler les esthétiques du paysage urbain, à l'image de ce que fait la permaculture à l'agriculture traditionnelle. Cette hypothèse suppose une sérieuse acculturation, qui rende admissible au commun une nature en ville ressemblant davantage au mariage de la friche et du potager qu'aux parcs et jardins du siècle passé. Cela dit, cette dimension esthétique qui, de prime abord, semble faire barrière à une évolution radicale de la nature en ville est peut-être aussi le moyen le plus simple et le plus naturel par lequel mettre en relation humains, plantes et animaux, pour faire de la ville de demain un milieu vivant et diversifié. En effet, considérée dans son sens premier, l'esthétique, du grec *aisthêsis*, qui désigne l'intelligence immédiate des sens et de la perception, a la particularité de relier entre eux les êtres vivants. Humains, bêtes et plantes partagent un environnement commun, dont on sait, comme l'a montré le naturaliste Jakob von Uexküll dès 1934, qu'ils n'en perçoivent qu'une partie[7]. Or, c'est par l'esthétique des formes que les différents appareils perceptifs des êtres vivants communiquent entre eux et que l'ensemble des milieux constitue un environnement. L'humain et l'abeille voient ainsi la même fleur dont ils ne distinguent pas les mêmes caractéristiques (l'abeille perçoit notamment des ultraviolets qui nous échappent). Lorsque l'habitant des villes cultive des fleurs sur son balcon ou au pied d'un arbre, il le fait pour des raisons esthétiques qui lui sont propres, mais qui fonctionnent en même temps pour d'autres espèces comme les insectes pollinisateurs, pour lesquels une fleur épanouie est aussi une forme attractive.

Nous voyons que ce qui est en jeu dans la nécessaire évolution des milieux urbains tient dans le lien que nous pouvons créer entre ce que nous trouvons beau et agréable à l'œil et ce qui participe activement au fonctionnement écologique. Cette éducation esthétique est l'une des clés de la santé et de la viabilité des villes de demain. Celles-ci seront plus fraîches, moins polluées et

---

6 Séquence extraite de Xavier Lagurgue, *La Végétalisation verticale des bâtiments : vers une écoesthétique du vivant*, thèse de doctorat en architecture, université Paris-X, 2020.

7 Jakob von Uexküll, *Mondes animaux et monde humain* [1934], trad. Philippe Muller, Paris : Denoël-Gonthier, 1956.

moins vulnérables aux maladies parce que plus diverses, pour autant que le goût des enfants d'aujourd'hui soit éduqué pour considérer comme esthétique et souhaitable un assemblage d'espèces complémentaires, majoritairement indigènes, inféodées au sol et au climat.

La vision ornementale de végétaux exotiques souvent exubérants, héritée des grandes explorations trans-océaniques, nous joue un mauvais tour. Nous l'associons au progrès humain, aux grandes découvertes scientifiques, à la maîtrise de la nature. En fait, ces plantes importées sont coûteuses tant sur le plan économique qu'écologique. Bien qu'en bonne santé, elles restent souvent orphelines, sans liens avec la micro-faune du sol, sans capacité à s'associer avec d'autres espèces animales ou végétales, qui ne la reconnaissent pas pour faire système. Dans le changement de paradigme qui est en jeu, l'écologie fonctionnelle des milieux urbains passe par une éducation esthétique dont la valeur-clé n'est plus la domestication de l'individu vivant (la plante exotique acclimatée), mais l'entraide et la mise en relation des espèces entre elles, humain compris. Partant de là, le paysagisme et l'architecture comme l'urbanisme verront leurs canons esthétiques évoluer. Les ornements classiques et l'abstraction moderne laisseront place, en tant que référents esthétiques, à la capacité du bâti à faire biotope, à accueillir faune et flore, et à participer au fonctionnement de l'écosystème urbain. La ville durable ouvre de nouveaux horizons à explorer et de nouvelles esthétiques.

Enjeux parisiens

La Ville de Paris s'est emparée de ces sujets depuis plusieurs années avec ses deux plans Biodiversité successifs et son plan Climat. Mais elle part de loin avec ses 5 m² d'espace vert par habitant intra-muros, quand l'OMS préconise au moins 12 m² dans un rayon de 300 mètres autour de chaque habitation. De plus, Paris n'est pas vraiment une ville, mais plutôt un centre-ville. L'absence de faubourgs, d'un suburbain aéré et la coupure géographique d'avec les espaces ruraux rendent difficile toute gestion des continuités ville-campagne. De la même façon que pour les plans de mobilités, Paris n'est pas une bonne échelle pour travailler sur des maillages comme les trames vertes et bleues. C'est le Grand Paris, l'échelle du nouveau plan des transports qu'il faut viser pour organiser la ville. La même chose vaut pour la construction ou la restauration de corridors écologiques, qui promeuvent des continuités entre des sources d'espèces (forêts, landes, lacs...) et les parcs et autres espaces de pleine terre de Paris.

Pourtant, des opérations d'aménagement du Grand Paris continuent largement à se soustraire à cette réflexion. Dans une étude récente de plusieurs dizaines de projets de construction autour des nouvelles gares du Grand Paris – ce qui concerne quand même 3 000 hectares, et plusieurs dizaines de milliers de logements et de bureaux –, l'Atelier parisien d'urba-

Groupe scolaire des Sciences et de la Biodiversité, ZAC Île Seguin-Rives de Seine, à Boulogne-Billancourt (Hauts-de-Seine), ChartierDalix architectes, SAEM Val de Seine Aménagement, maître d'ouvrage, 2015.
© Takuji Shimmura

nisme (Apur) souligne que « la place réservée aux espaces publics dans les futurs quartiers de gare du Grand Paris Express reste faible, en quantité et en qualité[8] », et qu'« autour des 35 quartiers de gares analysés, les projets urbains prévoyant la création de nouveaux espaces verts sont rares[9] ».

Dans Paris intra-muros, on a aussi du mal à appliquer une véritable approche écologique. Les derniers travaux, comme ceux sur la place de la République ou ceux sur les voies sur berges du quai Anatole-France ou de Paris Plages, montrent que la réflexion porte avant tout sur la mobilité et la pratique ludique d'un espace. Rendre les bords de Seine aux piétons est une première étape forte, mais le travail sur la qualité des plantations n'est pas vraiment abouti. Or, les voies sur berges pourraient devenir de vraies continuités plantées offrant tout autant image, ambiance et cadre de promenade que support d'une certaine biodiversité. Le projet des cours OASIS, qui consiste à débitumer et végétaliser progressivement les 650 cours d'école de Paris, pourrait aussi participer à la construction de continuités écologiques au travers de la ville. Si l'on entend parler de projets de forêts urbaines dans de nombreuses municipalités, dont Paris, la question se pose toutefois de savoir dans quelle mesure on pourra créer des habitats forestiers viables. Il s'agit, pour rafraîchir la ville, de planter des milliers d'arbres, souvent très serrés, mais on prend encore peu en compte les composantes d'un écosystème comme des surfaces minimales, les essences des arbres et le rôle des strates inférieures de végétation.

Une véritable transition écologique de l'urbanisme implique un changement de paradigme. Les toutes dernières grandes réunions nationales sur l'urbanisme ou sur la métropolisation continuent à oublier le vivant dans leurs visions prospectives. Il faut donc oser franchir un pas et réinventer nos villes à travers une relecture des bases plurielles du système urbain. On aura compris qu'il ne s'agit pas de favoriser quelques espèces animales ou végétales emblématiques qui tiennent à cœur aux naturalistes, mais de repenser la ville autour d'un bâti et d'un non-bâti en harmonie, et sans aucun doute autour d'une nouvelle esthétique de notre cadre de vie. La libération des espaces publics dans les rues à la suite de la diminution attendue des voitures individuelles – projet affiché par la Ville de Paris – est une formidable opportunité pour débuter concrètement la construction d'un paysage urbain commun, non plus seulement orienté vers la mobilité, mais aussi vers une pratique du bien-être et de la relation.

Philippe Clergeau
Professeur au Muséum national d'histoire naturelle, consultant en urbanisme écologique

---

8 Apur, *Mutations dans les quartiers de gare du Grand Paris Express : 35 gares mises en service d'ici 2025*, 2019, p. 88.   9 *Ibid.*, p. 145.

Vers des esthé
Pe
les vill
plus

Julie Beauté

iques situées
pectives enchevêtrées sur
es

qu'humaines

Les villes contemporaines, confrontées aux troubles environnementaux, politiques et éthiques, tendent à devenir des lieux de prise de conscience de la centralité des relations, non seulement entre les êtres humains, mais aussi avec les êtres autres qu'humains. Mesurant l'importance des existences foisonnantes qui façonnent les espaces urbains, cet éveil semble être à l'origine d'efforts d'écologisation des villes, visant à faire de la place à l'ensemble des vivants et aux liens qu'ils nouent entre eux. Ce processus n'est pas sans dimension esthétique, ne serait-ce qu'au sens étymologique du terme. Désignant la science du sensible, la connaissance sensible des objets, l'esthétique met en effet les sensations au cœur de notre rapport au monde : elle propose ainsi des pistes et des outils pour penser à partir des relations. L'enjeu est alors de déployer une définition de l'esthétique dans le sens d'une écologie sensible, afin de renouveler notre rapport à l'espace urbain. Mais comment opérer le glissement de l'esthétique urbaine vers une approche intimement relationnelle ?

Les épistémologies féministes permettent un tel glissement et une telle ouverture, dans la mesure où elles font reposer leur programme épistémique, articulé à un questionnement politique et éthique, sur une théorie du positionnement ou du point de vue (standpoint theory). Elles pensent ainsi la construction de la connaissance à partir de l'*expérience* des êtres – et notamment des opprimé·e·s. Elles mettent en œuvre une critique de l'universalisme abstrait et hégémonique, en en soulignant les angles morts et en interrogeant les conditions de possibilité de l'objectivité. C'est dans ce cadre que la penseuse américaine Donna Haraway propose une épistémologie féministe qui se fonde sur la notion de *savoirs situés* : les connaissances sont issues de points de vue concrets et contingents ; elles inaugurent des perspectives singulières sur le monde. Grâce aux épistémologies féministes et aux perspectives vécues sur lesquelles elles s'appuient, il s'agira ici de penser l'esthétique urbaine au prisme des savoirs situés, en nouant l'épistémique et l'esthétique, pour passer des *savoirs situés* aux *esthétiques situées*.

Les savoirs situés, que Donna Haraway élabore à partir de la métaphore de la vision, reposent sur quatre aspects principaux. En premier lieu, toute connaissance est issue d'une *encorporation* particulière, au sens où la corporalité s'avère décisive dans notre engagement au sein d'une connaissance contextuelle et relationnelle. Ensuite, non seulement toute connaissance se doit d'être délimitée et localisable, mais seule la *perspective partielle* garantit une vision objective, contre toute prétention à un point de vue faussement universel et omniscient. En outre, les savoirs situés engagent une *responsabilité* : la conscience de son propre positionnement désamorce toute prétention d'innocence et engage à pouvoir répondre de ses actes et de ses écrits. Enfin, ces savoirs situés requièrent une *pratique critique* de l'objectivité, qui consiste à sans cesse interroger, déconstruire et reconstruire les connaissances et leurs méthodologies. C'est donc à partir de ces quatre motifs – l'encorporation, les perspectives partielles, la responsabilité et la pratique critique – que ce texte propose de penser des esthétiques urbaines plus qu'humaines, susceptibles d'inscrire tant la pensée de la ville que l'esthétique dans une dimension concrète, plurielle et écologique.

Encorporations urbaines plus qu'humaines

Les esthétiques situées soulignent tout d'abord la nécessité de l'encorporation dans l'approche relationnelle de la ville : le *corps* apparaît comme décisif dans notre sensibilité au monde urbain et aux vivants qui l'agencent. Des présences incarnées sentent et sont senties : par leur expérience et leur vécu, elles esquissent des histoires d'encorporation, dont la dimension synesthésique n'est pas anodine. Les corps voient, entendent, sentent, goûtent et touchent la ville : ils en appellent à un engagement concret et matériel dans les espaces urbains. Les esthétiques situées ne relèvent donc en rien d'une attitude contemplative, abstraite et extérieure : elles sont le signe d'un investissement, d'une implication et d'un ancrage. Cet engagement encorporé est aussi spécifique, au sens où il dépend et témoigne d'un corps caractéristique d'une espèce : l'encorporation ne donne en effet jamais accès à l'environnement brut et neutre, mais, bien au contraire, à un milieu particulier, valorisé par un être vivant et sans séparation avec lui[1]. Les esthétiques situées invitent à penser la résonance du monde dans les corps des vivants, en tant qu'ils sont pris dans des réseaux de relations impliquant des êtres humains et autres qu'humains. Elles encouragent une connectivité écologique dans sa forme encorporée et inaugurent un engagement profond avec les lieux : appartenir à un lieu, c'est être fait de sa matière et de son caractère[2]. Elles fournissent alors un socle pour penser une encorporation urbaine plus qu'humaine.

Les esthétiques situées, soucieuses des existences encorporées, mettent en lumière la nécessité de prendre en compte la dimension matérielle et concrète des agents plus qu'humains. Dans la perspective des nouveaux matérialistes[3], elles se montrent attentives aux matières tant organiques qu'inorganiques, refusant ainsi l'opposition dualiste du vivant et de l'inerte. Ces matières dessinent des espaces denses, par des processus relationnels qui ont une puissance *poïétique* : elles produisent des milieux, des décalages, de nouveaux agencements, dans des processus ouverts de fabrication. Ces existences encorporées et matérielles sont dès lors dotées d'une puissance *sympoïétique*, au sens où elles construisent-avec, fabriquent-avec, réalisent-avec : « rien ne se fait tout seul. [...] Les Terriens ne sont jamais seuls. C'est l'inévitable conséquence de la sympoïèse[4] ». Au-delà des intentions uniquement humaines, les esthétiques situées sont sensibles à de tels agencements plus qu'humains, qui bouleversent notre rapport esthétique aux villes et appellent à repenser les répartitions d'intensité, les vitesses, les angles et les échelles. Elles semblent ainsi esquisser une cartographie urbaine dynamique, élaborée depuis les matières vivantes.

Les esthétiques situées s'opposent à une réduction du territoire à une surface fixe et plane, qui nierait toute épaisseur temporelle[5]. Elles invitent, au contraire, à étudier les processus de construction et de déconstruction dans toute leur dimension historique. Elles nous rendent par là même attentif·ve·s à l'inscription des encorporations urbaines plus qu'humaines au sein d'une texture temporelle complexe, qui articule et intrique plusieurs strates de temporalités : celles des lieux, des bâtiments, des vivants, des matériaux, des souvenirs et des histoires. Cette historicité matérielle plurielle souligne l'importance du temps dans la conception de l'écologie, notamment en milieu

---

1 Jakob von Uexküll, *Milieu animal et milieu humain* [1934], trad. Charles Martin-Fréville, Paris : Rivages, 2010.
2 Deborah Bird Rose et Libby Robin, *Vers des humanités écologiques* [2004], suivi de *Oiseaux de pluie* [2009], trad. Marin Schaffner, Marseille : Wildproject, 2019.
3 Diana Coole et Samantha Frost (éd.), *New Materialisms: Ontology, Agency, and Politics*, Durham : Duke University Press, 2010.
4 Donna J. Haraway, *Vivre avec le trouble* [2016], trad. Vivien Garcia, Vaulx-en-Velin : Des mondes à faire, 2020, p. 115.
5 Alice Ingold, « Terres et eaux entre coutume, police et droit au XIXᵉ siècle : solidarisme écologique ou solidarités matérielles ? », *Tracés*, 2017, n° 33, p. 97-126.

urbain. Elle permet aux esthétiques situées d'intégrer les enjeux de l'écologie temporelle[6] en se faisant esthétiques temporelles, c'est-à-dire en se rendant sensibles aux différentes vitesses et intensités, aux flux pleins de variabilité, d'incertitude, de fragmentation, dans lesquels sont pris les processus vivants[7]. Les encorporations urbaines plus qu'humaines rendent ainsi possible une mise en lumière de l'épaisseur et de la densité, tant matérielles que temporelles, des agencements plus qu'humains qui façonnent les villes.

Perspectives partielles enchevêtrées

Les esthétiques situées s'appuient, ensuite, sur des points de vue délimités et localisables, autrement dit sur des perspectives fondamentalement *partielles*. Elles sont une affaire non pas de transcendance, mais de place circonscrite. Elles cherchent des connexions incomplètes grâce auxquelles adviennent des géométries contre-intuitives, des ouvertures inattendues, des rencontres de vues et de voix hésitantes, et des traductions intempestives pour vivre ensemble. Les esthétiques situées invitent ainsi à rejeter toute forme de vision qui s'apparenterait à celle de la surveillance contemporaine, c'est-à-dire qui serait prétendument universelle, omnisciente, exhaustive et déterminée. Celle-ci consiste en un point de vue de partout, ou de nulle part, et donc en une « astuce divine[8] » : elle repose sur l'illusion d'un être abstrait et désincarné. Avec les esthétiques situées, il s'agit, au contraire, non seulement d'encorporer l'esthétique, mais aussi de multiplier les points de vue, de pluraliser les perspectives, de manière dynamique et mobile. L'enjeu est alors de défendre leurs différences irréductibles et leur multiplicité radicale.

Les esthétiques situées remettent en question la perspective classique et linéaire, pourtant décisive dans l'histoire de l'urbanisme et de l'architecture. Elles en contestent en effet le regard totalisant, ainsi que les lignes de fuite uniques et uniformes, qui supposent un œil désincarné et un espace homogène lui-même géométrisé. Contre l'hégémonie rationalisante et fixatrice des métriques, des mesures et des arpentages[9], les esthétiques situées en appellent à percer les surfaces, à inaugurer une multiplicité de mouvement et à créer des échappées plurielles[10]. Il s'agit alors, non pas de *penser* la perspective géométrique, mais de vivre la profondeur qu'offre un point de vue incarné et partiel dans les espaces urbains. Même un panorama suppose une perspective située sur la ville, ou plutôt en son sein, dans la mesure où il nécessite aux corps voyants de s'engager sur un chemin pour y accéder[11]. La partialité du point de vue empêche ainsi toute vision englobante et surplombante : elle rend à l'espace ses aspérités, ses équivoques et ses cachettes.

Des lignes de vie et des lignes de mort succèdent alors aux lignes de fuite univoques de la perspective linéaire, et leurs droites abstraites font place à des détours et des chemins, à des trajets et des errances. Les villes ne se composent pas, en effet, de choses fixes disposées dans un espace-contenant, mais, bien au contraire, de trajectoires plus qu'humaines, de lignes vivantes : « qu'est-ce qu'une chose, ou une personne, sinon un tissage de lignes – les voies du développement et du mouvement – à partir de tous

---

[6] William Grossin, *Pour une science des temps : introduction à l'écologie temporelle*, Toulouse : Octarès, 1996.
[7] Deborah Bird Rose et Libby Robin, *Vers des humanités écologiques*, op. cit.
[8] Donna J. Haraway, « Situated Knowledges: The Science Question in Feminism and the Privilege of Partial Perspective », *Feminist Studies*, 1988, vol. 14, n° 3, p. 581.
[9] Val Plumwood, « Decolonising Relationships with Nature », *Philosophy Activism Nature*, 2002, vol. 2, p. 7-30.
[10] Hélène Frichot et Stephen Loo (éd.), *Deleuze and Architecture*, Edinburgh University Press, 2013.
[11] Bruno Latour, *Changer de société, refaire de la sociologie*, Paris : La Découverte, 2007.

les éléments qui la constituent[12] ? » Des lignes toujours partielles se croisent, évoluent ensemble, se transforment, prennent le relais les unes des autres : elles s'enchevêtrent dans des tissages de contingences interspécifiques. La question est alors moins celle de l'identité individuelle que celle des pluriels épais qui se font et se défont. Les perspectives partielles s'enchevêtrent selon l'indétermination précaire de leurs transformations et de leurs rencontres : elles nouent des connexions fragiles qui cependant génèrent de nouvelles directions et inspirent une « cacophonie d'histoires troubles[13] ».

Répondre du point de vue sur la ville

Ainsi seulement pourrons-nous répondre de ce que nous avons appris à voir[14]. Les esthétiques situées, tout comme les savoirs situés, mettent un point d'honneur à prendre conscience de leur positionnement et à l'expliciter : par leurs points de vue inéluctablement partiaux et engagés, elles désamorcent toute prétention d'innocence. Selon une dimension non pas moralisatrice mais éthique, elles impliquent une responsabilité certaine, une *respons-ability*, c'est-à-dire un engagement à pouvoir *répondre de* – du point de vue adopté et de ce que l'on peut voir ou sentir. Des risques sous-tendent cette exigence de responsabilité, le principal étant celui de la captation et de l'usurpation de la vision par des personnes en position de domination : voir, c'est en effet toujours voir en prenant la place de quelqu'un d'autre ou de quelque chose d'autre. Les perspectives étant encorporées, les dangers sont réels. Il faut payer le prix concret, parfois ensanglanté, des déplacements et des changements de points de vue. C'est là le sens de la question posée par Donna Haraway : « Avec le sang de qui, de quoi, mes yeux ont-ils été façonnés[15] ? »

Prendre en charge cette responsabilité mène à enrayer toute forme de neutralité esthétique. Les esthétiques situées s'opposent ainsi à l'idée d'un rapport à la ville supposé innocent et impartial. Elles ne se déploient pas sur le mode de la contemplation, mais par des engagements situés : eux seuls permettent de voir et de sentir. La partialité *respons-able* des représentations et des expériences esthétiques des villes ouvre la voie à une approche politique du monde urbain. Non seulement toute politique engage l'apparence du monde et peut être lue au prisme des sensations, de la distribution des corps et des matières, mais les esthétiques situées sont aussi porteuses de leur propre dimension politique[16]. Elles deviennent alors la disposition non pas de l'ascète contemplatif, mais des voix et des corps protestataires et insubordonnés.

Les esthétiques situées ne sont pas seulement critiques et oppositionnelles, puisque la partialité permet certainement, et peut-être avant tout, de converger : les modes d'être politiques et responsables font émerger une dimension collective et commune dans le rapport au monde. Les esthétiques situées rendent ainsi possible le passage du *parti pris* à la *partie prenante*. Pour ce faire, elles invitent à empêcher la réaffirmation de sa propre autorité et de ses propres privilèges pour préférer le « voir avec », c'est-à-dire une sensibilité plurielle mais commune et enchevêtrée, qui laisse naître des coexistences poreuses.

---

12 Tim Ingold, *Une brève histoire des lignes* [2007], trad. Sophie Renaut, Bruxelles : Zones sensibles, 2013, p. 12.

13 Anna Lowenhaupt Tsing, *Le Champignon de la fin du monde : sur la possibilité de vivre dans les ruines du capitalisme* [2015], trad. Philippe Pignarre, Paris : La Découverte, Coll. Les Empêcheurs de penser en rond, 2017, p. 75.

14 Donna J. Haraway, « Situated Knowledges: The Science Question in Feminism and the Privilege of Partial Perspective », art. cité.

15 « With whose blood were my eyes crafted? », *Ibid.*, p. 585.

16 Jacques Rancière, *Le Partage du sensible : esthétique et politique*, Paris : La Fabrique, 2000.

Elles soulignent par là la nécessité d'inventer de nouvelles manières de croiser les perspectives, de nouvelles manières de dialoguer. S'opposent ici la rationalité unilatérale du monologue et l'adaptation mutuelle du dialogue, lequel repose sur l'accommodement, la négociation, la communication et l'attention[17]. En ce sens, les esthétiques situées renoncent précisément à la démarche monologique, centrique et homogène, et adoptent une approche dialogique envers le milieu urbain. Elles invitent à se rendre perméable à la multiplicité des existences urbaines et proposent ainsi un « dialogue élargi[18] », qui ouvre la voie à une connectivité sensible et à des conversations interculturelles et interspécifiques.

Dé/constructions esthétiques

La sensibilité dialogique et enchevêtrée des esthétiques situées se positionne contre les mécanismes de la vision dualiste et contre tout regard hégémonique et dominateur. Elle en appelle à des décentrements multiples de perspectives qui pluralisent l'attention, enrichissent la diversité des points de vue, tout en prenant acte de leurs singularités respectives. Les esthétiques situées valorisent non seulement la pluralité, mais aussi la multidimensionnalité des situations encorporées[19] : elles prennent en charge l'imbrication croisée des systèmes de dominations de genre, d'orientation sexuelle, de race, de classe ou d'espèce, dans la mesure où les points de vue sont enchâssés dans des rapports de force, de manière diverse, contextuelle et mouvante. Par décentrements et enchevêtrements, elles décolonisent l'esthétique tout comme la pensée.

Les esthétiques situées interrogent, déconstruisent et reconstruisent la sensibilité urbaine : elles rappellent que nos sens sont ouverts et en chantier, et que les points de vue mouvants engendrent sans cesse de nouveaux agencements. Ces esthétiques sont donc loin d'être passives ; elles sont bien plutôt de l'ordre d'une véritable pratique critique, puisqu'elles permettent d'aiguiser l'attention et de s'engager activement dans les milieux urbains. Par la multiplication des points de vue, elles invitent à se doter d'instruments optiques et sensoriels forgés à partir des regards minoritaires, pour apprendre « à voir d'en bas[20] ». Cet engagement actif et pratique n'autorise cependant pas à s'inventer des histoires de points de vue imaginaires. Il s'agit plutôt d'accroître notre capacité à raconter des histoires existantes, des histoires vraies[21]. La pratique critique des esthétiques situées repose ainsi sur un certain impératif, celui d'étendre notre répertoire épistémologique et sensoriel pour développer notre attention aux enchevêtrements urbains et à leurs histoires. Pour cela, nous avons besoin de reconquérir nos sens, notamment la vision, afin de trouver notre chemin au milieu des ruses du pouvoir et des technologies modernes[22].

La photographie apparaît alors comme un médium privilégié pour cette tâche, en tant qu'elle matérialise une certaine perception active. En effet, elle rend possible une inscription sensible dans le réel et un engagement concret dans le monde : cet ancrage ouvre des pistes tangibles, à même le tissu enchevêtré des milieux urbains, et des possibilités visuelles, chacune avec sa manière détaillée, active et partielle d'organiser

---

17 Val Plumwood, « Decolonising Relationships with Nature », art. cité.

18 Deborah Bird Rose et Libby Robin, Vers des humanités écologiques, op. cit., p. 17.

19 Darren L. Hutchinson, « Identity Crisis: "Intersectionality", "Multidimensionality", and the Development of an Adequate Theory of Subordination », Michigan Journal of Race and Law, 2001, vol. 6, n° 2, p. 285-317.

20 Donna J. Haraway, « Situated Knowledges: The Science Question in Feminism and the Privilege of Partial Perspective », art. cité, p. 584.

21 Deborah Bird Rose et Libby Robin, Vers des humanités écologiques, op. cit.

22 Donna J. Haraway, « Situated Knowledges: The Science Question in Feminism and the Privilege of Partial Perspective », art. cité.

des mondes[23]. En outre, la photographie, soutenue par les multiples focales, cadres et points de vue permis par l'appareil, se présente comme une pratique mobile et temporelle qui engage la responsabilité des déplacements et décentrements. L'enquête photographique, qu'elle soit documentaire ou artistique, permet ainsi de cheminer dans les villes, de visiter des lieux sous d'autres angles, de saisir l'importance des objets quotidiens et du mobilier urbain, de développer une nouvelle sensibilité à d'autres présences et à d'autres pratiques[24]. Les photographies dispensent, de ce fait, un véritable apprentissage du point de vue. Cependant, les esthétiques situées ne font pas appel à la vision unique de l'Artiste Photographe : elles cherchent, au contraire, des histoires vivantes sans héros, qui montrent la concrétude des existences ordinaires[25]. Les photographies situées multiplient donc les photographes et les perspectives, pluralisent et confrontent les images. Elles s'efforcent de comprendre comment les systèmes visuels fonctionnent, techniquement, socialement et corporellement, et luttent ainsi contre la désesthisation des villes qui tend à empêcher les vivants d'y vivre.

L'encorporation, les perspectives partielles, la responsabilité et la pratique critique semblent donc permettre le glissement de l'esthétique urbaine vers une approche profondément écologique et relationnelle, sans en laisser de côté les dimensions éthiques et politiques. Les esthétiques situées poussent à sortir de l'illusion d'un regard totalisant, à mettre en place des grammaires multiples et des conversations élargies, à rendre obsolètes, par des réseaux décentrés, les hiérarchies centrées, et à se rendre sensible moins aux structures qu'aux mouvements[26]. Elles nous engagent dans de nouvelles façons de penser et de sentir, où la photographie et ses images viennent prendre une couleur particulière en prolongeant cet effort d'attention. Les esthétiques situées signent ainsi notre insertion concrète au sein des enchevêtrements urbains et assurent une réceptivité ouverte à l'expressivité parfois furtive des existences.

Julie Beauté
Doctorante en philosophie contemporaine

---

23 *Ibid.*
24 Bruno Latour et Émilie Hermant, *Paris, ville invisible*, Le Plessis-Robinson : Institut Synthélabo/Paris : La Découverte, Coll. Les Empêcheurs de penser en rond, 1998 ; Philippe Bazin (illustrations) et Christiane Vollaire, *Le Milieu de nulle part*, Paris : Créaphis, 2012 ; Patrick Bouchain, Christophe Laurens, Jade Lindgaard et Cyrille Weiner, *Notre-Dame-des-Landes ou le Métier de vivre*, Paris : Loco, 2018.
25 Ursula K. Le Guin, *Danser au bord du monde : mots, femmes, territoires* [1989], trad. Hélène Collon, Paris : L'Éclat, 2020.
26 Deborah Bird Rose et Libby Robin, *Vers des humanités écologiques*, op. cit.

Le trotto[ir,]
l'esthétique

Isabelle Baraud-Serfaty

ir

ordinaire

de la
ville

Élément récent du paysage de nos rues (sa généralisation ne date que du milieu du XIXᵉ siècle), le trottoir est un objet urbain dont la présence (en ville, toutes les rues ont des trottoirs) et la nécessité (il participe au fonctionnement des grands réseaux d'infrastructures qui organisent jusqu'aujourd'hui la délivrance des services urbains en France) sont inversement proportionnelles à la considération dont il fait l'objet : il n'existait pas juridiquement avant 2010[1] ; les urbanistes lui préfèrent la notion d'« espace public », moins associé à la prostitution et davantage porteur des valeurs de citoyenneté ; et les « rez-de-chaussée » effacent jusqu'à son nom (de fait, ce sont des rez-de-trottoir)[2]. Force est pourtant de considérer que le trottoir est une des composantes essentielles de l'esthétique urbaine. Surtout, les mutations qui le saisissent actuellement soulèvent de nouveaux défis pour les édiles soucieux de l'harmonie de leur ville.

Le trottoir au cœur de l'esthétique urbaine

Il existait des trottoirs à Pompéi. Toutefois, ceux-ci ont ensuite complètement disparu du paysage des villes européennes, jusqu'à leur réapparition à Londres après le grand incendie de 1666. En France, exception faite des trottoirs construits en 1607 sur le pont Neuf à Paris, puis en 1781 dans la rue de l'Odéon, les rues étaient bordées de bornes au pied desquelles opéraient les chiffonniers[3]. Le trottoir n'apparaît véritablement qu'au milieu du XIXᵉ siècle, pour des raisons de salubrité entre autres, notamment avec la loi du 7 juin 1845 qui définit la répartition de leurs frais de construction. Le trottoir coïncide, au sens fort et au sens propre, avec les grands réseaux urbains qui se structurent à cette époque, en particulier à Paris : le réseau de gaz, unifié à partir de 1839 ; le réseau d'égouts, issu du vaste chantier d'assainissement entrepris par Eugène Belgrand, sous l'impulsion du préfet Haussmann, en 1854 ; ou encore le réseau d'eau potable, avec la création de la Compagnie générale des eaux en 1853, ancêtre de l'actuel Veolia. C'est également à cette époque que se développe le réseau d'air comprimé qui alimentera les horloges publiques, les ateliers des artisans et des industries, et les premières compagnies de transports en commun[4]. Ainsi, la « création et la généralisation des trottoirs au XIXᵉ siècle participent du mouvement plus global d'adaptation et de modernisation de la ville », et « les trottoirs auront permis d'accueillir dans leur tréfonds la quasi-totalité des réseaux nécessaires à de telles mutations[5] ».

---

1 Décret n° 2010-1390 du 12 novembre 2010 portant diverses mesures de sécurité routière. Ce décret se situe dans le prolongement des mesures du décret n° 2008-754 du 30 juillet 2008, visant à favoriser l'existence des différents usages de la rue.

2 Le trottoir occupe une place importante dans *The Death and Life of Great American Cities* de Jane Jacobs. Outre sa fameuse description du *« sidewalk ballet »* (ou *« ballet of the city sidewalk »*), les trois premiers chapitres sont intitulés « The Uses of Sidewalks: Safety », « The Uses of Sidewalks: Contact », « The Uses of Sidewalks: Assimilating Children ». Il est toutefois significatif que cette expression et ces titres soient traduits en remplaçant la référence au trottoir par celle à la rue (« le ballet des rues », « La rue et la sécurité », « La rue et les contacts humains », « La rue et la prise en charge des enfants ») dans l'édition française (Jane Jacobs, *Déclin et survie des grandes villes américaines* [1961], trad. Claire Parin, Marseille : Parenthèses, 2012).

3 Le chiffonnier est une figure centrale des rues d'avant le trottoir, mais aussi de la littérature française du XIXᵉ siècle. Voir Antoine Compagnon, *Les Chiffonniers de Paris*, Paris : Gallimard, 2017. L'auteur en fait la métaphore du poète qui transforme la boue en or.

4 On peut également citer le système de « tubes pneumatiques » qui desservit Paris entre 1866 et 1984. Une des scènes de *Baisers volés* de François Truffaut (1968), lorsqu'Antoine Doinel envoie un pneumatique à Fabienne Tabard, donne à voir le fonctionnement de ce réseau (https://spacefiction.fr/2017/11/27/pneumatiques-et-communication-dans-baisers-voles-f-truffaut).

5 Isabelle Baraud-Serfaty, « Le trottoir, symbole de la ville des infrastructures : une interview de Bernard Landau », *La Revue foncière*, novembre-décembre 2018, n° 26, p. 4-9. Voir également André Guillerme, « Le pavé de Paris ». Dans François Caron (dir.), *Paris et ses réseaux : naissance d'un mode de vie urbain, XIXᵉ–XXᵉ siècles*, Paris : BHVP (Hôtel d'Angoulême-Lamoignon), 1990 ; mais aussi Sabine Barles, « La rue parisienne au XIXᵉ siècle : standardisation et contrôle ? », *Romantisme*, 2016/1, n° 171, p. 15-28.

Dès lors, le trottoir signe l'espace urbain, notamment à Paris[6]. Comme l'a montré François Loyer, l'esthétique de la capitale, telle qu'elle est perçue par le piéton, est largement liée au dessin du trottoir. En particulier, « la ligne rigoureuse des bordures de granit » contribue à « la monotonie nécessaire du paysage pour sa reconnaissance comme un tout[7] ». L'esthétique de Paris dépend aussi de l'échelle que le trottoir permet d'appréhender. En effet, « l'échelle piétonnière, celle des rez-de-chaussée et des commerces, constitue […] un mode de contact directement lié au trottoir et à sa taille restreinte[8] », tandis que c'est du trottoir que se perçoit l'alignement des façades. Enfin, le trottoir parisien concourt également, de manière majeure, à l'esthétique urbaine, du fait du mobilier qu'il accueille depuis 1855 sous l'impulsion d'Alphand[9] : bancs, grilles d'arbres, colonnes Morris, candélabres pour l'éclairage public, vespasiennes, kiosques de petits marchands, etc., largement inchangés depuis.

Le trottoir participe aussi de l'esthétique, ou plutôt de l'inesthétique de la ville, par tout ce qui l'« encombre » de manière « spontanée » – à la différence du mobilier urbain qui constitue une forme d'encombrement « planifié ». La dénonciation de l'occupation excessive des trottoirs n'est pas nouvelle. Déjà, en 1882, l'architecte Jules Brunfaut regrettait leur invasion, notamment par les « voitures à bras » et les « petites carrioles traînées ou poussées à la main par la mère ou par la bonne [et] […] renfermant des enfants[10] ». Aujourd'hui, l'encombrement du trottoir continue à être dénoncé, non seulement parce qu'il empêcherait, comme avant, la déambulation du piéton, mais aussi, parfois, pour la laideur qu'il génèrerait : poubelles qui débordent de déchets, trottinettes abandonnées qui jonchent le trottoir, « disgrâce » des installations réalisées au nom des « permis de végétaliser », ou « mocheté » des palettes qui bordent les extensions de terrasses en période de pandémie sont quelques exemples.

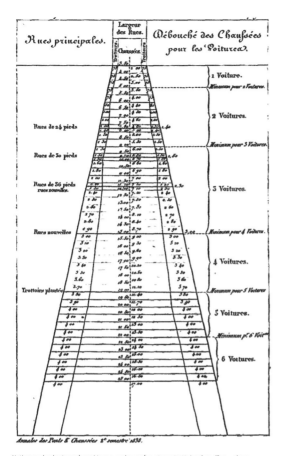

« Notice sur les largeurs à assigner aux chaussées et aux trottoirs des villes », dans Jean-Baptiste-Joseph Partiot, *Annales des Ponts et Chaussées*, 1838, 2ᵉ semestre, pl. CLVI.
© BnF

Bordant le « carrefour des Écrasés », les trottoirs du boulevard Montmartre et de la rue du Faubourg-Montmartre, Paris 9ᵉ. Photographie, 1912.
DR

6 Le trottoir comme marqueur de l'identité des villes se vérifie ailleurs en France, mais aussi en Afrique ou en Asie. Voir, par exemple, Romana Nanga, « Faire le trottoir : ces formes d'appropriation qui redessinent la ville », *Revue Sur-Mesure*, 15 avril 2020, http://www.revuesurmesure.fr/issues/reprendre-la-ville/faireletrottoir Également Annette Miae Kim, *Sidewalk City: Remapping Public Space in Ho Chi Minh City*, The University of Chicago Press, 2015. Concernant les trottoirs à New York, voir *Active Design: Shaping the Sidewalk Experience*, City of New York, 2013, https://nacto.org/docs/usdg/active_design_shaping_the_sidewalk_experience_nycdot.pdf

7 François Loyer, *Paris XIXᵉ siècle : l'immeuble et l'espace urbain*, Paris : Atelier parisien d'urbanisme, 1981, t. III, p. 122.
8 *Ibid.*, p. 141.
9 Bernard Landau et Vincent Sainte-Marie Gauthier, « Espace modèle et lieu d'exception ». Dans Bernard Landau, Claire Monod et Evelyne Lohr (dir.), *Les Grands Boulevards : un parcours d'innovation et de modernité*, Action artistique de la Ville de Paris, 2000.
10 Jules Brunfaut, *Hygiène publique : les odeurs de Paris* [1880] (2ᵉ édition), Paris : Vᵛᵉ Ambroise Lefèvre, 1882, p. 132. Voir aussi André Guillerme, « Le pavé de Paris ». Dans François Caron (dir.), *Paris et ses réseaux : naissance d'un mode de vie urbain XIXᵉ-XXᵉ siècle*, op. cit.

Les mutations physiques du trottoir

De fait, l'occupation du trottoir évolue au fil des mutations qui saisissent les villes. Les nouvelles critiques tiennent ainsi largement aux conséquences des transitions numériques et écologiques, et à l'évolution des mentalités.

Primo, les encombrements se multiplient sous l'effet du numérique, notamment parce que la plupart des habitants ont désormais un « super-ordinateur » dans leur poche (la naissance de l'iPhone date de 2007) et peuvent être géolocalisés. C'est le cas avec les trottinettes et autres « engins de déplacement personnel en libre-service », mais aussi avec les opérateurs de VTC (voitures de transport avec chauffeur) et de logistique urbaine, qui « embrassent » le trottoir et sa bordure pour prendre en charge ou déposer leurs passagers ou les colis – outre-Atlantique, on parle de « *curb kiss* » pour désigner cet arrêt momentané !

Secundo, les préoccupations environnementales conduisent à l'apparition de nouveaux objets sur le trottoir : bornes de recharge électrique ou de collecte des déchets, bornes d'apport volontaire pour les déchets alimentaires en vue de leur compostage, fontaines rafraîchissantes, brumisateurs d'air, arbres...

Tertio, de nouveaux encombrements sont de plus en plus le fait de la « multitude[11] » : les habitants-usagers-consommateurs deviennent producteurs, soit individuellement (avec les « permis de végétaliser » sus-cités ou les *parklets*[12]), soit agrégés dans des collectifs portés par des associations ou des entreprises de l'économie sociale et solidaire. On pense, par exemple, aux plates-formes de micro-compostage urbain qui deviennent un ferment agricole comme de lien social, ou aux acteurs des circuits courts alimentaires pour lesquels le trottoir constitue bien souvent le lieu physique où les consommateurs peuvent venir retirer leurs produits.

Le trottoir, ressource-clé pour les opérateurs dans la ville.
© ibicity

ESPACE DEVANT COMMERCE
Fonction : Étals / Click&collet
Ressource-clé pour : Commerçants...

BANDE DE STATIONNEMENT
Fonction : Stationnement (voitures, vélos), terrasses, parklets
Ressource-clé pour : Restaurateurs, opérateurs multiples...

LIMITE CHAUSSÉE/TROTTOIR
Fonction : dépose colis ou passager
Ressource-clé pour : Logisticiens, VTC, opérateurs mobilité...

ESPACE DEVANT ENTRÉES IMMEUBLES
Fonction : accès livreurs
Ressource-clé pour : Logisticiens...

BANDE DE SERVICE DU TROTTOIR
Fonction : mobilier urbain, stations...
Ressource-clé pour : Opérateurs mobiliers urbains

---

11 Selon l'expression de Nicolas Colin et Henri Verdier. Dans *L'Âge de la multitude : entreprendre et gouverner après la révolution numérique*, Malakoff : Armand Colin, 2012.

12 L'origine de ce concept vient de San Francisco où, en 2012, des places de parking se sont vu transformer en espaces de détente pour les piétons, avec l'aménagement, par exemple, de mini-terrasses ou de micro-galeries d'art.

La transition numérique, si elle impacte l'occupation du trottoir, contribue aussi à en modifier la configuration. Les expérimentations de « trottoirs dynamiques[13] » déploient, par exemple, des systèmes de marquage lumineux qui permettent, selon les heures de la journée, de transformer une partie de la chaussée en trottoir et inversement, pour mieux adapter l'espace disponible aux besoins du moment. Surtout, la transition numérique se traduit par l'ajout d'une couche informationnelle sur l'espace public en général, et sur le trottoir en particulier : l'accès *à l'espace public* passe de plus en plus par l'accès à *l'information sur l'espace public*. La plate-forme numérique de cartographie Google Maps, lancée en 2005, propose ainsi aux commerçants d'être identifiés sur ses cartes et, grâce à la réalité augmentée, de donner à voir ce qui se passe derrière leurs murs et dans leurs étages. Cela « va bouleverser la façon de *faire enseigne et de faire vitrine*[14] » et impacter la relation des bâtiments à leur rez-de-chaussée et au trottoir. Le fait que la maison-mère de Google Maps ait dénommé sa filiale dédiée aux affaires urbaines, créée en 2015, « Sidewalk Labs » (« laboratoires du trottoir ») témoigne d'ailleurs de l'importance stratégique qu'elle accorde au trottoir.

Les nouvelles fonctions du trottoir

Au-delà même des changements physiques, les mutations du trottoir évoquées ci-dessus, qu'il s'agisse de sa physionomie ou de ce qui l'encombre, témoignent de changements plus profonds qui touchent à sa nature même. Alors que le trottoir était perçu le plus souvent comme le vis-à-vis de la chaussée (la chaussée pour les voitures, le trottoir pour les piétons), et donc essentiellement dans sa composante liée à la mobilité, il doit être de plus en plus appréhendé dans sa dimension d'immobilité, autour de trois nouvelles fonctions.

Une première fonction, envisagée surtout du point de vue des municipalités, tient au fait que le trottoir se révèle être un espace urbain très résilient. La pandémie de coronavirus l'a démontré : au fil des fluctuations de l'épidémie, le trottoir est devenu l'espace ouvert en bas de chez soi (pendant le premier confinement), puis la « salle d'attente des commerces[15] » (encore aujourd'hui), et le lieu du *click and collect* (surtout depuis le début du deuxième confinement), et aussi, entre deux confinements, le lieu où les restaurateurs ont installé leurs terrasses pour continuer leur activité.

Une deuxième fonction, envisagée principalement du point de vue des habitants, réside dans le fait que le trottoir se présente de plus en plus comme le lieu de nouvelles pratiques habitantes : l'espace public se « méditerranéise[16] » et devient un prolongement du domicile. Même si le raccourci est rapide, les « 10 m² en bas de chez soi » que la Ville de Paris veut redonner aux Parisiens, en supprimant les places de stationnement, peuvent être lus comme une manière de compenser la diminution de 10 m² de la taille moyenne des logements en Île-de-France ces dernières années[17]. Cette fonction

---

13 Voir, par exemple, la solution imaginée par l'entreprise Colas : https://www.colas.com/fr/solution-de-signalisation-dynamique
14 Vraiment Vraiment, « Espace public : Google a les moyens de tout gâcher – et pas qu'à Toronto », *Medium*, 18 octobre 2019, https://medium.com/@vvraiment
15 Selon l'expression de Mathieu Chassignet (ADEME).
16 L'expression est employée dans Kévin Badeau, « Zéro parking : le nouvel avenir des villes », *Les Échos*, 1er février 2021, https://www.lesechos.fr et renvoie à la description de Palerme dans Hélène Jeanmougin, « Habiter sans résider et résider sans habiter : gentrification et continuités populaires dans le centre historique de Palerme », *Métropolitiques*, 1er février 2021, https://metropolitiques.eu
17 Chiffre avancé par Christine Leconte (présidente du Conseil de l'Ordre des architectes en Île-de-France) lors de la table ronde « Le périurbain est-il l'avenir de la métropole ? », dans le cadre du colloque « Peut-on encore construire ? » organisé par l'EPFIF (décembre 2020), https://construire-idf.epfif.fr

Extrait de « Taux d'occupation des trottoirs latéraux par le mobilier et les terrasses », 2ᵉ et 9ᵉ arrondissements, *Atlas de l'espace public parisien*, Apur, 2017.
© Apur

— Inférieur à 2 m
— De 2 à 4 m
— De 4 à 8 m
— 8 m et plus

Extrait de « Largeurs des trottoirs latéraux », 2ᵉ et 9ᵉ arrondissements, *Atlas de l'espace public parisien*, Apur, 2017.
© Apur

— 1 % et moins
— De 1 à 2,5 %
— De 2,5 à 5 %
— De 5 à 10 %
— Plus de 10 %

ouvre sur la montée en puissance du « riverain » (*versus* l'habitant) et sur l'idée que les trottoirs, et plus largement les rez-de-ville (trottoirs et rez-de-chaussée), deviendraient de « nouveaux communs urbains[18] ».

Une troisième fonction se révèle quand on adopte le point de vue des opérateurs de la ville : le trottoir apparaît de plus en plus comme une ressource-clé pour ces acteurs, notamment pour les plates-formes numériques responsables des nouveaux encombrements de la rue. Dans cette approche, le trottoir doit être considéré comme une nouvelle frontière entre les économies en ligne et locales : alors que des plates-formes de e-commerce comme Amazon sont considérées comme une menace majeure pour les commerces de proximité, il faut bien avoir conscience que le trottoir est *de facto* leur quai de déchargement et constitue le point d'accès obligé aux domiciles.

Gouverner le trottoir pour gouverner l'esthétique de la ville

Ces nouvelles fonctions du trottoir font qu'on assiste à une concurrence accrue sur un espace qui reste physiquement limité, avec une conséquence majeure : le trottoir devient rare et soulève la question de la gouvernance de son allocation.

La capacité des collectivités à maîtriser l'encombrement du trottoir est un problème qui se pose de manière d'autant plus aiguë que les acteurs responsables de ces nouveaux encombrements ont des modes d'intervention différents de ceux des acteurs classiques – les acteurs du mobilier urbain par exemple, comme JCDecaux ou Clear Channel – qui sont des contractants

18 David Mangin, « Projeter et dessiner les rez-de-ville », *Urbanisme*, juillet-septembre 2019, n° 414.

de la collectivité dans le cadre de contrats de la commande publique. D'un côté, les plates-formes de l'économie numérique reposent sur un modèle économique « biface[19] », qui les conduit à optimiser les effets de réseaux en cherchant à inonder le marché, à se rendre incontournables auprès des habitants-usagers, et à court-circuiter de fait les collectivités locales. De l'autre, les acteurs associatifs ou de l'économie sociale et solidaire peuvent avoir tendance à se réclamer directement des citoyens et, là aussi, à mettre en porte-à-faux l'administration locale.

La domanialité publique du trottoir reste évidemment un moyen, pour la ville, de maîtriser son encombrement, mais cela risque de s'avérer insuffisant, d'autant que – ce qui est rare est cher – le trottoir devient un gisement de valeurs. Aussi, de nouveaux modes de gestion de l'espace public par des opérateurs privés (opérateurs de services urbains ou opérateurs immobiliers élargissant leur intervention de l'immeuble au quartier) pourraient se mettre en place, notamment sous la forme de délégations de l'espace public[20], *a fortiori* si les finances locales devaient se contracter sous l'effet de la pandémie. À moins que les collectivités ne prennent conscience du caractère éminemment stratégique de leurs trottoirs et n'ouvrent enfin le débat sur la tarification de l'espace public, et plus spécifiquement sur la tarification du trottoir considéré comme une nouvelle barrière d'octroi. Même s'il ne s'agirait pas de remettre en cause le principe, cher aux urbanistes, de « gratuité de l'espace public » pour ses usagers, mais seulement de faire payer les opérateurs économiques qui utilisent cette infrastructure, les débats risquent d'être animés : comment et selon quels critères distinguer les opérateurs que l'on souhaite favoriser *versus* ceux que l'on cherche à éviter – par exemple, les commerces de proximité *versus* les géants du e-commerce ; ou les « activités essentielles localement » *versus* les activités générant des externalités locales négatives ? Dans tous les cas, l'exercice est délicat. Et si demain des villes à court d'argent concluaient des accords avec Amazon, échangeant une contribution financière contre un accès préférentiel aux portes d'entrée des résidents[21] ?

La question de la gouvernance du trottoir se pose également à propos des opérateurs de la couche informationnelle, qu'il s'agisse d'acteurs comme Google Maps, qui réussissent à se rendre incontournables en jouant sur de sophistiqués modèles de gratuité[22], mais aussi des nouveaux opérateurs de *curb management*, qui organisent l'appariement en temps réel entre une offre et un besoin de trottoir[23]. L'accès à l'information sur l'espace public ne se réglemente pas de la même manière que l'accès à l'espace public[24]. Par ailleurs, la réalité augmentée soulève de nouveaux défis juridiques (à qui appartient l'espace virtuel lorsqu'il chevauche un espace réel ?), tandis que l'exemple des écrans publicitaires installés à l'intérieur des vitrines des commerces (lieux privés)[25], en réponse à l'interdiction des panneaux d'affichage digitaux sur les trottoirs parisiens (lieux publics), montre que la visibilité depuis la voie publique pourrait devenir un nouveau critère juridique.

---

19 La spécificité de leur modèle économique a notamment été mise en avant par le prix Nobel d'économie Jean Tirole.

20 Véronique Bédague (directrice générale déléguée du groupe Nexity), « Avec le recul inéluctable de la voiture en ville, il faut imaginer ensemble une refonte de l'espace public urbain », *Le Monde*, 12 février 2021.

21 L'hypothèse est évoquée dans Anthony M. Townsend, *Ghost Road: Beyond the Driverless Car*, New York : W. W. Norton & Co, 2020.

22 Non seulement Google Maps est gratuit pour les utilisateurs qui recherchent une adresse ou un itinéraire, mais les fonds de carte sont aussi gratuits pour les commerçants, entreprises ou collectivités qui les intègrent sur leur site, jusqu'à un certain nombre de requêtes. Google a toutefois restreint ces usages non payants en plusieurs étapes, avec un changement radical à l'été 2018. Le modèle de gratuité lui a ainsi permis de prendre place tout en asséchant l'émergence de concurrents, selon un modèle d'affaires « assez proche des dealers de crack… Les premières doses sont gratuites et ça devient ruineux quand on est accro ». Voir Christian Quest, « Don't be evil… until… », *Medium*, 6 mai 2018, https://cq94.medium.com

23 Isabelle Baraud-Serfaty, « Le trottoir, nouvel actif stratégique », *Futuribles*, mai-juin 2020, n° 436, p. 87-104.

24 En 2015, à San Francisco, la *start-up* MonkeyParking proposait aux automobilistes garés sur une place de mettre aux enchères l'information indiquant qu'ils s'apprêtaient à la libérer. La municipalité de San Francisco avait interdit cette activité en estimant illégal de vendre une place de parking public. Mais la société, finalement déboutée, avait répondu en arguant ne pas vendre des places de parking, mais « seulement une information exclusive pour savoir où un emplacement va se libérer ».

25 Denis Cosnard, « Paris part en guerre contre la publicité numérique dans les vitrines », *Le Monde*, 2 octobre 2020, https://www.lemonde.fr

L'esthétique du trottoir : une esthétique de la rareté et de l'ordinaire

Ces questions de gouvernance et de tarification du trottoir dépassent la seule question de l'esthétique, mais l'impactent fortement. L'enjeu pour une municipalité n'est peut-être plus tant de fixer les règles esthétiques de ce qu'elle maîtrise que de trouver les leviers pour encadrer l'action des acteurs tiers, qui ne sont plus toujours des délégataires ou des prestataires de la Ville. L'esthétique est non seulement une affaire de gouvernance, mais aussi d'économie, et l'une comme l'autre doivent être mises au service d'une vision politique de ce qui, pour une ville donnée, constitue la « finalité » du trottoir. Le trottoir est un objet politique à identifier : cette énonciation doit permettre d'arbitrer entre des demandes de trottoir souvent concurrentes et parfois incompatibles, et de mettre l'esthétique au service de cette finalité.

Sans doute la rareté du trottoir et la valeur qui est la sienne doivent-elles guider les considérations esthétiques. Suggérons quelques hypothèses de travail, envisagées ici du seul point de vue de cette rareté. Le taux d'encombrement pourrait être érigé comme un critère de ce qui peut être installé sur le trottoir, l'objectif étant de minimiser cet encombrement. En matière de mobilier urbain, cela pourrait se traduire par de nouvelles règles esthétiques qui limiteraient son emprise, favoriseraient sa polyvalence (les lampadaires, par exemple, servent désormais bien souvent non seulement à éclairer, mais aussi de caméras de surveillance ou de bornes de recharge électrique) et encourageraient l'utilisation du sous-sol (cela commence à être le cas pour les bacs de collecte de déchets, ou les garages de vélos en sous-sol, avec juste une émergence sur le trottoir). La rareté du trottoir devant s'apprécier à un instant t, on peut aussi imaginer qu'une nouvelle métrique se mette en place : les différentes occupations du trottoir devraient alors se caler sur une surface de 10 m² (5 m × 2 m), soit globalement la surface d'une place de stationnement, de manière à permettre une modularité qui rendrait plus aisée la réversibilité des occupations du trottoir. Ladite place de stationnement pourrait ainsi aisément se transformer en un abribus temporaire, en un box sécurisé pour vélos, en un bac à encombrants, en une micro-plate-forme de compostage, etc., lesquels pourraient être déplacés en fonction des besoins de la journée.

Souligner la valeur du trottoir, c'est aussi souligner la valeur du quotidien, du minuscule, de ce que l'on foule tous les jours sans y prêter attention et qui est pourtant essentiel. Car l'esthétique du trottoir est d'abord une esthétique de l'ordinaire : pas celle des places, des boulevards ou des avenues, mais celle des trottoirs pairs et des trottoirs impairs, du trottoir de droite et du trottoir de gauche, du trottoir au soleil et du trottoir à l'ombre[26].

Occupations du trottoir, rue de la Fontaine-au-Roi, Paris 11e, et rue de Liège, Paris 9e.
© Antoine Espinasseau, 2017
© ibicity, 2021

[26] Lesley Lokko, « Shady democracy: shelter from the sun is a public resource », *The Architectural Review*, 14 avril 2020, https://www.architectural-review.com

Enfin, si l'on entend la question esthétique dans un sens large comme la résonance sensible du monde en nous, force est de constater que le trottoir construit souvent notre rapport à la ville. Qui ne se rappelle pas des trottoirs de son enfance ou de sa jeunesse ? Il est temps de s'atteler à une anthologie littéraire du trottoir dans laquelle on retrouvera en bonne place les trottoirs des textes de Balzac, Flaubert, Baudelaire, Jarry, Aragon, Desnos, Perec, Modiano, Ernaux, Delerm... Emma Bovary trouvait peut-être que « la conversation de Charles était plate comme un trottoir de rue[27] », mais il est désormais temps de donner à ce dernier toutes ses lettres de noblesse.

Isabelle Baraud-Serfaty
Consultante en économie urbaine,
enseignante à l'École urbaine de Sciences Po

---

[27] Gustave Flaubert, *Emma Bovary : mœurs de province* (éd. définitive), Paris : G. Charpentier, 1881, p. 44.

Mobilier et design de l'ordinaire

Agnès Levitte

urbain

Pour remplir les fonctions les plus diverses, assister toutes les tâches, décorer toutes les occasions : une foison d'objets. L'espace de la rue n'y échappe pas. La familiarité de ces éléments, qu'ils soient ou non choisis par ceux qui les utilisent, procure l'aisance nécessaire pour vivre et traverser les lieux, une culture visuelle et opérationnelle permettant la structuration du regard et la reconnaissance des espaces, mais elle participe aussi, parfois, au plaisir.

Derrière ces produits, il y a tous ceux qui imaginent, prévoient, conçoivent, préparent, fabriquent industriellement ou artisanalement : une longue chaîne dont le design est un maillon. Ce métier de designer, né avec la révolution industrielle, s'est développé assez tardivement en France, dans les années 1970. Le terme anglo-saxon renvoie au vieux français « desseing » : à la fois trait de crayon et l'intention qui le sous-tend ; donner forme pour affirmer une vision du projet.

Le champ de compétences du designeur est vaste et varié : depuis la connaissance des matériaux et leurs *process*, des formes et leur ergonomie, de l'histoire des cultures, jusqu'aux marchés et respects environnementaux, sans oublier le choix des formes, des couleurs, des finitions, du décor, tout cela pour un usage le meilleur possible, sécurisé, confortable, efficient et agréable – esthétique ?

Plusieurs outils sont à la disposition du designeur, du croquis au dessin, de la prémaquette au produit en trois dimensions jusqu'au prototype. Au sein de l'entreprise, ses multiples interlocuteurs vont du commanditaire, qu'il soit directeur ou chef de produit, jusqu'aux responsables techniques et de R&D, du bureau d'études et de fabrication, des services financiers, de marketing et de vente. Entre toutes ces parties, un outil de communication fiable est indispensable : c'est le cahier des charges, quasi-contrat qui définit les objectifs et toutes les contraintes à surmonter pour que le projet soit une réussite. D'où l'importance du soin à porter à la rédaction de ce document, qui évitera les incertitudes, incompréhensions et autres frustrations. Mais toutes ces contraintes ne vont-elles pas brider la créativité ? « Assurément non ! », répondront les designeurs, coutumiers des exigences qui aiguisent leur inventivité pour contourner les obstacles vers une solution nouvelle.

Design du Vélib' et inspiration florale de Guimard

Pour le Vélib' installé à Paris en 2007, à la demande du maire Bertrand Delanoë, la société JCDecaux – elle-même en concurrence avec d'autres entreprises – fit appel à trois équipes de design pour un concours interne, que remporta l'agence de Patrick Jouin. Le cahier des charges avait été rédigé par les services de la Ville, sans réel dialogue préalable avec l'entreprise et sans aucune communication avec les acteurs du design. Ceux-ci durent enrichir la demande initiale de toutes leurs réflexions sur les usages du vélo en libre-service, alors peu commun, tout autant que de leurs connaissances de la ville de Paris et de ses multiples mobiliers, certains plus que centenaires, telles les fontaines Wallace installées en 1871 ou les entrées de métro dessinées par Hector Guimard en 1900. On comprend maintenant à quel point ce cahier des charges est important, et le rôle du commanditaire central. Pour le Vélib', les coûts de production et les fonctionnalités furent les critères de choix principaux : économie et efficacité. En pleine période de réélection, le maire souhaitait investir une large part de sa popularité dans l'innovation du vélo en libre-service disponible dans tout Paris.

Habituellement, le cahier des charges comprend des notions plus immatérielles liées à l'aspect, l'environnement visuel et culturel. Ces données-là ne sont pas évidentes pour tous les responsables, et il est parfois bon de les assister dans leurs réflexions. Pour les entrées du métro parisien de 1900, l'architecte Charles Garnier déclarait, dès 1886, que le métro devrait « repousser absolument tout caractère industriel pour devenir complètement œuvre d'art[1] ». Concernant le Vélib', au contraire, aucune contrainte de ce type n'avait été précisée aux concepteurs. Les designers durent alors anticiper, car les instances municipales les attendaient sur cette valeur ajoutée : aspect, signe perçu et image. Et bien sûr, l'insertion dans le décor, qui est ici la ville en son entier, et qui fait partie *de facto* du concept initial.

Jean-Baptiste Auvray, qui dirigea l'équipe de conception au sein de l'agence de design Patrick Jouin, explique : « On a joué la carte parisienne. On s'est dit que ce qui avait signé le design de mobilier urbain parisien, c'étaient Guimard et une inspiration florale et végétale. Nous en proposerons une interprétation contemporaine. D'où l'image du brin d'herbe qui se plie pour les bornettes. C'était le meilleur moyen d'être parisien aujourd'hui[2]. » Il y eut aussi du « décor » : les designers, pour le Vélib' comme pour les panneaux d'affichage déroulant dessinés dans le cadre du même appel d'offres, ont fait le choix d'ajouter des petits picots sur toutes les surfaces métalliques des mâts et des bornes. Ces picots n'ont que peu de rôle pratique, si ce n'est peut-être de rendre le collage d'affichettes pirates plus difficile. Ce traitement de

Entrée du métro place de la Bastille, Paris 12e, Hector Guimard, 2012.
© Jean-Marc Ferré

---

1 Frédéric Descouturelle *et al.*, *Le Métropolitain d'Hector Guimard*, Paris : Somogy, 2003, p. 16.

2 Ma rencontre avec Jean-Baptiste Auvray eut lieu le 17 mai 2010 au sein de l'agence.

Vélib' JCDecaux, Patrick Jouin, designeur, 2012.
© Jean-Marc Ferré

la surface est typiquement un décor qui rompt la monotonie et la banalité d'un matériau qui serait totalement uni. Cette solution pourra être remplacée par une autre, tout aussi décorative, à une autre époque, d'un autre style, d'une autre fonction. C'est en cela qu'il s'agit d'un décor à l'opposé de la structure de l'objet qui, elle, n'est surtout pas éphémère.

Il est important de savoir que pour cet appel d'offres-ci, la décision a été prise à partir de l'étude de maquettes à échelle 1/5 ou 1/10 – donc sans possibilité de projeter son corps dans l'expérience réelle – et qu'aucune modification ne fut possible ensuite pour respecter l'appel d'offres et les équipes concurrentes. De plus, la fabrication dut être très rapide, pour suivre le calendrier des élections, ce qui peut expliquer les petits défauts de fabrication, principalement dans le raccord de la bornette, que seuls des yeux expérimentés ont pu remarquer – d'autant que JCDecaux est avant tout un assembleur de pièces fabriquées en sous-traitance. Et ce fut le succès que l'on sait, pour 10 ans tout juste.

Quel regard a-t-il fallu porter pour en arriver là ?

L'espace public géré par la municipalité, ce sont les rues avec leur chaussée et leurs trottoirs, les jardins publics, les places et autres espaces intermédiaires. Territoire collectif, mais jamais privatif. Et dans tous ces espaces, 50 types de mobiliers et quelque 355 000 potelets, 33 000 corbeilles de propreté, 750 toilettes publiques et urinoirs, entre autres. La conception et la mise en place de ces équipements impliquent de multiples interlocuteurs qui veilleront à la sûreté et la sécurité, à l'entretien, aux contraintes de circulation, à l'implantation sur les trottoirs, aux arrivées électriques et autres fibres, pour ne citer que quelques exigences matérielles et objectives. Les mobiliers, d'autre part, organisent et éduquent le champ visuel des individus autant qu'ils animent l'espace social, selon des pratiques qui vont de l'agencement strict à une anarchie qui évoquerait à l'envi les embûches du saut d'obstacles. Ils trouvent leur place au sein de l'architecture verticale, souvent beaucoup plus ancienne, et de l'urbanisme dessiné au rythme de l'évolution des politiques de la Ville. En un mot, ils font partie du paysage ; mais sont-ils vus ? Facilitent-ils le quotidien ? Quel plaisir offrent-ils ?

Revenons donc à l'utilisateur. Les objets domestiques, c'est lui qui les choisit selon des critères qui vont du coût au coup de cœur ; mais les objets de la rue, si c'est bien lui qui les utilise, s'y repose, s'y abrite, y fait attention ou pas…, pendant une partie non négligeable de son temps quotidien, jamais il ne les choisit et rarement est-il interrogé. Quelle place donner alors à cet usager, homme, femme ou enfant, qui arpente et pédale ces espaces par tous les temps, de jour comme de nuit, pressé ou flâneur, seul ou en amoureux, avec valise, poussette et autre chariot à roulettes ? Comment utilise-t-on tout ce mobilier ? Que voit-on et que comprend-on ? Où se niche le plaisir ?

Parlons d'abord de l'usage : le piéton utilise quotidiennement tous les outils mis à sa disposition sans formation préalable. Il doit les comprendre instantanément, ouvrir la sanisette et s'y enfermer sans angoisse, glisser sa lettre dans la boîte jaune en soulevant la languette vers l'intérieur. Je suis personnellement fascinée de voir les éboueurs changer le sac plastique des corbeilles de propreté en quelques secondes : quelle preuve d'intelligence fonctionnelle de ce mobilier ! Or, quel regard a-t-il fallu porter pour en arriver là ?

Observation par oculomètre d'une fontaine conçue par Pascale Marthine Tayou pour la porte de Montreuil, 2013.
© CRAL (EHESS-CNRS)

Voir implique les yeux bien sûr, mais aussi la tête et le corps : lors de la marche, l'ensemble de nos membres, muscles et tendons s'ajustent en permanence pour que notre œil, à l'aide de trois à quatre saccades par seconde, capte avec acuité ce qui est à voir. Et sans le cerveau, pas d'identification et encore moins de compréhension. Pour exemple, l'angle droit, alors qu'il devrait nous paraître aigu ou obtus selon notre position, continuera à être perçu comme étant à 90° grâce à des calculs instantanés et non conscients. Voir, c'est ensuite découper pour distinguer, lever ambiguïtés et indéterminations. Pour le familier de la ville, ce travail n'est plus à faire, sauf pour une nouveauté qui attirera et étonnera. Voir, c'est aussi toute une culture : le jeune enfant voit les formes du banc, mais pour l'identifier, il faudra qu'il atteigne l'âge de comprendre à quoi sert celui-ci et comment y grimper. Et pour lui, dorénavant, le banc sera vert et d'un confort que ses fesses apprécieront. Voir, c'est en même temps calculer la distance par rapport à soi, en vision égocentrique, pour évaluer la hauteur de la marche à gravir dans l'autobus ou saisir la barre, sans même avoir besoin de les regarder : nous voilà « en automatique » et parfois en vision périphérique, mais si la hauteur du trottoir est différente, attention à la chute ! Lorsque nous sommes véhiculés ou en fauteuil roulant, ce calcul n'est pas utile, et nous serons alors plus attentifs aux couleurs et aux formes, par une vision sémantique plus précise[3].

Marcher dans Paris, c'est voir dans un espace cerné par la hauteur des immeubles et intégrer le mouvement permanent des autres piétons, trottinettes, véhicules, bus... D'où le sentiment de déséquilibre qu'on éprouve parfois de retour de la campagne. C'est aussi être immergé dans un bruit incessant, au milieu duquel le chant du merle enchantera ; dans les odeurs de gaz d'échappement ou du fumet de poulet rôti ; et voir la saillance de la carotte du bureau de tabac, en manque de nos cigarettes ; se cogner au potelet devenu invisible ; et même confondre tous les bancs, irrémédiablement peints en vert, pour en faire un *percept* : notre mémoire de Parisien crée une encyclopédie mentale et banalisée dans laquelle se côtoient feux de signalisation, colonnes Morris, mâts et bancs, qu'on pense tous identiques entre eux.

Parfois, nommer aide à identifier, à remarquer. Mais la plupart du temps, soyons honnêtes, on ne voit rien ! Et heureusement, car la foison est telle qu'il faudrait des heures pour regarder tout ce que nous traversons en quelques instants. En fait, nous voyons sans enregistrer ce qui n'est pas nécessaire, que nous évitons et hiérarchisons par une routine salvatrice.

Quelquefois, une intention nous guide par les repères que sont souvent ces mobiliers : on « voit pour » trouver l'arrêt du bus, vérifier la couleur du petit bonhomme vert. Et voici un indice pour accéder à la station de métro : la boule dessinée par Adolphe Dervaux ou la majestueuse entrée d'Hector

---

3 Tel est l'apport – très riche, on le voit – des neurosciences, sur lesquelles s'appuie une part importante de mes recherches au sujet de la perception du mobilier urbain. Voir Agnès Levitte, *Regard sur le design urbain : intrigues de piétons ordinaires*, Paris : Le Félin, 2013.

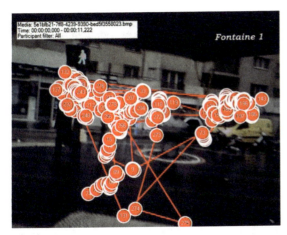

Ensemble des informations fournies par l'oculomètre, 2013.
© CRAL (EHESS-CNRS)

Guimard, car, à Paris, nous en avons 87 de ce modèle[4]. Mais aussi, on « regarde en » se souvenant de l'ancien aménagement de la place, en goûtant au plaisir de la fraîcheur des arbres, en rêvant à la plage devant le canal, en râlant contre les courants d'air qui s'engouffrent sous les abribus. L'imagination a sa place, représentation abstraite ou expérience active qui se porte sur un objet absent remémoré sans la résistance du réel, et qui est souvent liée au sensible : « J'aimerais bien revoir les boîtes aux lettres de Londres. Je crois qu'elles sont rouges, non ? » C'est aussi ce « voir en » qui invitera le piéton à décider de tel itinéraire plus ouvert et calme, permettant une ambiance spécifique. Car l'objet urbain n'est jamais isolé ; il est situé au croisement de la perception sensible et de l'usage. L'ambiance et le confort se faufilent : ouverture vers un horizon plus ou moins lointain ; structuration de l'espace à la fois par l'architecture, les mobiliers et la verdure ; qualité de la lumière et circulation de l'air ; couleurs vives ou neutres ; propreté ou papiers gras ; bruits en écho ou étouffés ; odeurs... Comment construire cette ambiance intentionnellement, pour permettre une *marchabilité*[5] synonyme d'un lieu lisible dont la structure spatiale est facile à traverser ? La solution est d'offrir un espace ouvert et équilibrant la hauteur des bâtiments et la largeur des voies, à échelle humaine donc ; des liens agréables entre les circulations et les façades, marchandes ou pas ; ainsi qu'une richesse visuelle, par la couleur des sols et la végétation ; sans oublier la propreté, dont l'absence peut rebuter malgré tous les efforts. Un lieu *marchable* assure le bien-être et sera riche d'indices pour un regard de plaisir. C'est le contexte, la situation du mobilier urbain.

De la cacophénie à la callimorphie : pour une esthétique de l'ordinaire

Si l'objet apprend à voir, il faut bien qu'il y ait quelques mobiliers qui en vaillent le regard, quelques signes aussi coûteux que les attirantes plumes du paon qui séduisent en toute honnêteté la paonne, au risque de sa vie. Regarder pour apprécier peut être volontaire : on s'arrête devant la fontaine Wallace, signal coûteux par excellence puisqu'y porter une attention soutenue nous force à nous immobiliser, au risque de manquer une belle rencontre ou de devoir attendre le prochain feu rouge. Ou, au contraire, l'attention portée sur des mobiliers procure l'émotion positive de la fluence, fluidité visuelle de la répétition et de la simplicité du percevoir. Une esthétique de l'ordinaire en quelque sorte, mais loin d'être banale, et à l'opposé de l'esthétisation qui veut tout rendre beau ; une esthétique ne relevant pas de l'art en soi, même si de nombreuses œuvres jalonnent nos rues et places avec bonheur parfois, les abords de la ligne du tram T3 offrant quelques réussites[6]. Le terme « esthétique », ici, a le sens d'une appréciation sensible sans jugement nécessaire, ni synonyme ni antonyme de « beau ». À l'origine de cette appréciation située dans l'urbain, le piéton donne un accord intime au réel environnant, qui se poursuit grâce à un regard plus poussé et au « voir en »

---

4 Toutes protégées par l'arrêté du 29 mai 1978.
5 Le concept de *walkability* a été inventé par Reid Ewing de l'université du Maryland (États-Unis).
6 Les œuvres de Pascale Marthine Tayou, au niveau de la porte de Montreuil, ont été étudiées par mon équipe lors de promenades commentées avec oculomètre, dont les premiers résultats n'ont pu être communiqués à la Ville, faute d'avoir identifié un interlocuteur intéressé.

imaginant, comprenant, ayant du plaisir... Il ne s'agit pas de créer un style digne d'un musée en plein air, dans lequel le mobilier deviendrait une œuvre – même si cela peut être parfois réussi, telle l'entrée de métro dessinée par Othoniel. L'esthétique de l'ordinaire, c'est le piéton qui peut s'engager sciemment dans une attention pour obtenir une satisfaction. L'appréciation peut être inattendue, le regard étant attiré à son insu par des qualités et attributs du mobilier : la nouvelle corbeille de propreté de la place de la Nation en métal ajouré. Une expérience se produit alors, qui modifie la perception. Cette expérience se déroule telle une spirale qui va du physiologique difficilement mesurable au sensitif et au sensible, dans l'immédiateté, car elle est directe et intuitive, tout en étant intrinsèque et se suffisant à elle-même. Mais elle est aussi intégrale, au sens où l'on ne peut la diviser, telle l'unité première d'une expérience plus complexe, très souvent interrompue, puisque dans la rue tout change incessamment. Engendrer à petites doses cette expérience sensible face au mobilier est un vrai défi pour les équipes de conception. Et pourtant, là sera toute la différence, car cet équipement sera regardé, et procurera du plaisir à ceux qui se laisseront happer et envahir par cette invitation au sensible et au plaisir.

Montreuil.
© Momoko Seto, 2020 et 2021

Comment réussir un tel défi ? Tout d'abord, en n'oubliant aucun des usagers : quelle place donner aux enfants ? Comment les faire travailler sur leurs espaces et mobiliers, à leur taille et leur entrain[7], et accueillir dans la rue ceux qui en sont rejetés[8], en considérant, bien sûr, tous les types de handicaps ? Il nous faut ainsi observer, et laisser parler les utilisateurs de la rue et des mobiliers. Les promenades commentées *in situ* et en expression libre sont un outil très puissant pour recevoir le vécu de ceux qui traversent ces lieux au quotidien, chacun dans sa complexité personnelle et sa richesse individuelle. Le réaménagement de la place de la République, en 2011, est parti de telles promenades, réalisées par le collectif pluridisciplinaire BazarUrbain avec treize groupes de piétons – des élus aux handicapés, des riverains aux manifestants –, qui ont permis de rédiger le programme. Puis, une fois les plans du projet à construire dessinés, de nouvelles promenades et réunions d'usagers ont servi à tester le confort des traversées des voies, le choix des lampadaires... et parfois à invalider les décisions proposées : nous n'avons pas voulu que les cafés envahissent le centre de la place qui devait rester ouvert à tous les possibles. Aujourd'hui, ce vaste lieu public est habité par des groupes extrêmement différents, et pas seulement ceux des manifestations : collectifs qui inventent des rencontres et des pique-niques, invitent à des bals et des jeux dans une joyeuse cacophonie parfois, mais dans laquelle le plaisir et l'esthétique sensible sont présents, c'est certain ; un espace confortable dans lequel les mobiliers sont rares, mais dessinés à dessein. Cette observation des utilisateurs et la construction d'un dialogue ouvert peuvent s'enrichir de l'analyse de leur expérience visuelle à l'aide d'un oculomètre portable, lors de marches commentées, qui restituera le film de leur parcours, leurs remarques et leur regard, porté à chaque saccade, trois à quatre fois par seconde[9].

---

7 À ce propos, Mini Graffiti d'Aude Fraioli est un projet créatif très réjouissant.
8 Voir le film *Le Repos du Fakir* de Gilles Paté et Stéphane Argillet (2003).
9 Agnès Levitte, *Regard sur le design urbain, op. cit.*, p. 147 et suiv.

Et tout cela sera d'autant plus juste et riche que le bon maître d'ouvrage, après avoir rédigé un cahier des charges comprenant les contraintes et souhaits de toutes les parties, et dialogué, à toutes les étapes du travail, avec les maîtres d'usage qui ont tant de compétences, s'investira en toute intégrité dans la recherche de formes sensibles et sensitives. Sa quête sera celle d'une esthétique de l'ordinaire, qu'elle soit globale pour un lieu unique et/ou disséminée à travers la ville sur tel mobilier. Quel en est le secret au-delà de la valeur identitaire d'une ville, au-delà de la récurrence de couleurs ou de matériaux ? Lors des décisions sur les aspects immatériels, le plus néfaste est le jugement moyen et le consensus mou. La recette est sans doute de s'enrichir des projets culturels qui nous entourent, dans les musées, centres culturels et autres lieux, mais surtout de trouver des modes de décision forts qui respecteront les vrais gestes créatifs, et de « tirer vers le haut[10] » pour que l'usager perçoive la qualité, les détails qui donnent envie de voir. Que les formes, les matières, les couleurs enseignent à voir, à aimer (et à détester, pourquoi pas ?) ; qu'elles donnent envie de comprendre, d'apprendre, de se souvenir et de se laisser aller à la paix de celui qui est rassuré par le plaisir.

Agnès Levitte
Chercheure associée au CRAL (EHESS/CNRS)

---

[10] L'une des expressions favorites de Roger Tallon (1929-2011) lors d'entretiens réalisés du 23 janvier au 2 avril 2008 et non encore publiés.

l'esthétique du tourisme

Maria Gravari-Barbas

Hyper ou anti-esthétique urbaine ?

Qu'est-ce qu'une « belle » ville pour les touristes ? Pourquoi Paris est une destination touristique rêvée pour des millions de personnes d'origines diverses, et dont les référents esthétiques diffèrent sans doute ? Quels sont les éléments de ces représentations esthétiques et comment évoluent-ils dans le temps ? Quel est le rapport entre l'esthétique touristique et celle de la ville des habitants permanents ? Sont-elles antithétiques ou superposées ?

La première hypothèse consiste à aborder l'esthétique touristique (celle promue historiquement par les acteurs du tourisme de Paris, ou bien véhiculée dans les supports de promotion touristique des prestataires qui commercialisent cette destination, ou encore celle révélée par les enquêtes auprès des touristes) comme une *anti-esthétique* urbaine, différente de celle de la « vraie » ville, voire opposée à elle. Selon cette hypothèse, l'esthétique touristique pervertit la réalité des lieux et donne à voir une « ville-vitrine » fixée dans le temps, qui n'existerait que dans l'imaginaire des visiteurs ; une ville belle, propre, sécurisée, sans relation avec les réalités vécues par ses habitants permanents. Elle ne reflète que certains lieux qui ne représentent qu'une petite partie du territoire urbain.

La deuxième hypothèse considère que l'esthétique touristique est un assemblage éclectique de fragments, qui renvoie de façon condensée à des réalités plus complexes et parfois contraires. Elle ne se limite pas à l'esthétique des beaux quartiers, du *sightseeing* ou des « vitrines » urbaines, mais pioche, de façon sélective, dans des référents esthétiques plus larges, parfois alternatifs. Elle n'est pas une *anti-esthétique*, mais plutôt une *hyper-esthétique* urbaine, dans le sens d'une esthétique éclectique, diversifiée et syncrétique.

Sans être contradictoires, ces deux hypothèses offrent un matériel d'analyse pour comprendre non seulement comment le tourisme reflète l'esthétique urbaine, mais aussi comment le regard touristique[1] contribue à la coproduire. Elles peuvent être examinées en rapport avec l'évolution du tourisme, de ses attentes et imaginaires. L'esthétique touristique de Paris évolue, car le tourisme lui-même tend à déborder du cadre spatial et des pratiques qui l'avaient caractérisé au cours du XXe siècle. Le renouvellement des profils des touristes est alors à mettre en relation avec une esthétique touristique qui intègre les quartiers résidentiels, la ville du quotidien, les espaces « hors des sentiers battus », les lieux d'appropriation culturelle et artistique, ou l'urbanisme transitoire.

Qu'est-ce qu'une « ville belle » pour le tourisme ?

La perception esthétique des destinations par les voyageurs dépend de variables qui concernent à la fois les lieux visités et les visiteurs. À partir d'une enquête empirique, Kirillova et al.[2] identifient un ensemble de critères croisés qui déterminent la perception d'une destination par les touristes :

1. La façon dont la destination est située par rapport à un curseur multifactoriel (une destination « colorée/terne », « grandiose/pittoresque », présence/absence de personnes, etc.) ; 2. ses rapports au temps, à la fois en ce qui concerne ses attributs physiques (« moderne/historique ») et l'âge des personnes qui la fréquentent majoritairement (destination

---

[1] John Urry, *The Tourist Gaze: Leisure and Travel in Contemporary Societies*, Londres : Sage, 1990.

[2] Ksenia Kirillova, Xiaoxiao Fu, Xinran Lehto et Liping Cai, « What Makes a Destination Beautiful? Dimensions of Tourist Aesthetic Judgment », *Tourism Management*, 2014, vol. 42, p. 282-293.

« jeune » ou pas) ; 3. la propreté et l'entretien[3] ; 4. les ambiances sonores (destination « calme/agitée ») ; 5. le caractère « authentique » de la destination par opposition à un caractère perçu comme « artificiel » ; 6. la diversité des *stimuli* expérientiels pendant la visite touristique ; 7. la nouveauté, par contraste avec un environnement familier ; 8. les qualités formelles, telles que la complexité, l'ouverture, la symétrie, etc. ; 9. finalement, l'unicité, qui suggère que le jugement esthétique des touristes semble dépendre du fait que la destination possède ou non des caractéristiques uniques et identifiables.

Cet ensemble de critères semble dessiner ce que les touristes apprécient dans une destination : confrontés à des lieux qu'ils connaissent peu ou mal, ceux-ci préfèrent les sites lisibles et appréhendables, sécurisés, sans hiatus, propres et entretenus, perçus comme authentiques et offrant des *stimuli* sensoriels[4].

Les gestionnaires des destinations touristiques prennent en compte ces attentes esthétiques des touristes dans l'aménagement des lieux. Ainsi, depuis les débuts du phénomène touristique, les lieux sont dessinés et conditionnés, entièrement ou partiellement, pour ce type de consommation[5]. Ce façonnage esthétique concerne tout d'abord les lieux conçus spécifiquement pour le tourisme, comme les parcs à thème ou autres enclaves touristiques, ainsi que les stations balnéaires et de montagne. La maîtrise de ces environnements dessinés *ex nihilo* pour la pratique touristique est parfois totale. Les concepteurs dessinent des lieux multisensoriels et en même temps lisibles et appréhendables, qui offrent des sensations et des expériences fortes sans pour autant que le visiteur perde le contrôle. Ces lieux sont souvent entièrement reconstitués sur la base de référents culturels et mémoriels qui cultivent la nostalgie – y compris à partir de lieux et sensations qui n'ont jamais existé ailleurs que dans l'imaginaire des visiteurs. C'est de cette façon qu'ont été dessinées certaines stations balnéaires du XIXe siècle et du début du XXe, en inventant l'architecture éclectique et exubérante qui leur est propre. C'est également ainsi qu'ont été pensés les lieux incontournables des parcs à thème, comme la *Main Street* des Disneyland[6] : des paysages idéalisant un passé désormais disparu, celui de la ville pré-industrielle, mis à la disposition de la consommation visuelle, expérientielle et commerciale des visiteurs.

L'esthétisation des espaces urbains multifonctionnels à des fins de consommation touristique est bien plus complexe. Plusieurs villes ont mis en place des projets d'embellissement et d'esthétisation urbaine, voire de réenchantement des paysages urbains hérités de l'industrialisation et de la construction fonctionnaliste de l'après-guerre. Aux aménagements urbains modernes visant à adapter la ville à l'automobile – comme appelait à le faire Georges Pompidou pour Paris – a succédé, à partir des années 1980, une architecture post-moderne, qui a réemprunté aux styles historiques, parfois appliqués de manière superlative ou ludique. Cette architecture a tiré explicitement des leçons des paysages exubérants et populaires des stations balnéaires[7]. Les villes ont ainsi reconverti en zones ludico-touristiques leurs anciennes zones industrielles ou portuaires. Dans les villes nord-américaines, cela a souvent abouti à la création d'enclaves touristiques qui offrent une concentration d'attractions tout en étant physiquement et symboliquement

---

[3] Jack L. Nasar, « Urban Design Aesthetics: The Evaluative Qualities of Building Exteriors », *Environment and Behavior*, 1994, vol. 26, n° 3, p. 377-401.

[4] Maria Gravari-Barbas, *Aménager la ville par la culture et le tourisme*, Paris : Le Moniteur, 2013 ; *id.*, « Belle, propre, festive et sécurisante : l'esthétique de la ville touristique », *Norois*, avril-juin 1998, n° 178, p. 175-193.

[5] D. Medina Lasansky et Brian McLaren (éd.), *Architecture and Tourism: Perception, Performance and Place*, Oxford-New York : Berg, 2004.

[6] Richard V. Francaviglia, « Main Street U.S.A.: A Comparison/Contrast of Streetscapes in Disneyland and Walt Disney World », *The Journal of Popular Culture*, été 1981, vol. 15, n° 1, p. 141-156.

[7] Robert Maitland et Andrew Smith, « Tourism and the Aesthetics of the Built Environment ». Dans John Tribe (éd.) *Philosophical Issues in Tourism*, Bristol : Channel View, 2009, p. 171-190.

déconnectées du reste de la ville : de vraies « bulles touristiques[8] ». Certaines sont de véritables mini-parcs urbains[9] qui offrent un environnement sécurisé, contrôlé et confortable[10]. La construction de nouvelles attractions, telles des *festival market places*, ainsi que la revalorisation du patrimoine et des bâtiments existants ont marqué le tournant de la ville productive vers la ville festive[11]. Dans les villes européennes, les centres historiques ont profité d'opérations extensives de rénovation de leur patrimoine. Les décideurs locaux ont revisité les quartiers centraux en lissant les hiatus urbains, en revégétalisant, en développant des zones commerciales ludiques et en encourageant la déambulation et la flânerie, avec l'intention de créer une atmosphère vivante et une scène urbaine, un brin nostalgique[12]. Or, ces aménagements se limitent souvent à un façadisme, et nombreux sont les chercheurs qui critiquent leur aspect standard, leur inauthenticité et leur manque de caractère.

L'esthétisation des villes est souvent assimilée à leur conversion forcée à l'économie post-industrielle et aux services, et à leur « touristification » accrue. Or, dans un contexte où les frontières entre touristes et résidents semblent s'estomper[13], l'esthétisation et le réenchantement urbains visent non seulement à attirer les visiteurs, mais aussi à séduire les résidents permanents qui tendent à expérimenter ces lieux comme des touristes. En effet, alors que les touristes cherchent à vivre comme des locaux, les habitants des classes moyennes mondialisées ont une identité cosmopolite et se définissent consciemment comme des citoyens du monde. Ils consomment la ville dans laquelle ils habitent comme s'ils étaient des touristes. Une « transgression réciproque » se met ainsi en place, qui abolit les différences entre les touristes et les résidents, ainsi qu'entre les espaces touristiques et les espaces non touristiques[14]. Il est aujourd'hui admis qu'une ville agréable pour ses résidents l'est aussi pour ses visiteurs, ce qui implique d'aborder la question de façon plus holistique, sans donc se limiter à ces quelques « bulles touristiques » dans lesquelles l'environnement offert aux touristes est certes soigné dans tous ses détails, mais coupé du reste de la ville.

L'esthétique des imaginaires touristiques de Paris

Le référentiel haussmannien et faubourien auquel est souvent résumé Paris imprègne également ses imaginaires touristiques. Ceci est visible dans la façon dont la capitale est représentée dans les médias touristiques ou dans les listes des « *most instagrammable places in Paris* » proposées sur internet, mais aussi dans les lieux touristiques dont le thème est Paris.

Les lieux touristiques ont en effet souvent thématisé Paris en recyclant les imaginaires géographiques parisiens, eux-mêmes historiquement produits avec l'apport du tourisme. Le tourisme est un créateur

---

8 Dennis R. Judd, « Constructing the Tourist Bubble ». Dans Dennis R. Judd et Susan S. Fainstein (éd.), *The Tourist City*, New Haven : Yale University Press, 1999, p. 35-53.

9 Susan G. Davis, « L'espace urbain perverti par les "loisirs" », *Le Monde diplomatique*, janvier 1998, p. 13.

10 Maria Gravari-Barbas, « La "festival market place" ou le tourisme sur le front d'eau : un modèle urbain américain à exporter », *Norois*, avril-juin 1998, n° 178, p. 261-278.

11 *Id.*, « La "ville festive" ou construire la ville contemporaine par l'événement », *Bulletin de l'association de géographes français*, septembre 2009, p. 279-290 ; Guy Burgel, *La Ville aujourd'hui*, Paris : Hachette, Coll. Pluriel, 1993 ; John Hannigan, *Fantasy City: Pleasure and Profit in the Postmodern Metropolis*, Londres-New York : Routledge, 1998.

12 Jane Jacobs, *The Death and Life of Great American Cities*, New York : Random House, 1961.

13 Robert Maitland, « Conviviality and Everyday Life: The Appeal of New Areas of London for Visitors », *International Journal of Tourism Research*, janvier-février 2008, vol. 10, n° 1, p. 15-25.

14 *Id.*, « Backstage Behaviour in the Global City: Tourists and the Search for the "Real London" », *Procedia – Social and Behavioral Sciences*, décembre 2013, vol. 105, p. 12-19.

et un diffuseur dominant d'images, d'imaginaires et de stéréotypes. Les images stéréotypées et populaires de Paris ont été reproduites, historiquement, à des fins touristiques, sur des cartes postales, des brochures, des sites internet ou des blogs. La relation entre les imaginaires touristiques et Paris est dialectique : le tourisme a contribué à la création d'un imaginaire parisien, sur lequel il s'appuie pour la création d'environnements touristiques thématiques qui, en retour, participent à la création de l'imaginaire touristique... Dans ces lieux thématiques, nous pouvons ainsi percevoir de façon saisissante les imaginaires touristiques parisiens. Ceux-ci, à la fois, résultent des images véhiculées depuis fort longtemps (dès le XIXe siècle et la consolidation de Paris comme une destination touristique majeure, notamment après les Expositions universelles qui ont attiré plusieurs millions de visiteurs dans la capitale) et fonctionnent comme des diffuseurs de ces mêmes imaginaires parisiens encore de nos jours.

Terrasse de café, hôtel Paris Las Vegas (États-Unis).
© MGB

J'explorerai ici la première hypothèse présentée en introduction, celle d'une esthétique touristique donnant à voir une « ville-vitrine » intemporelle qui n'existerait que dans l'imaginaire des visiteurs, telle qu'elle se reflète dans certains parcs ou hôtels thématiques qui proposent des simulacres de Paris[15].

La reproduction d'environnements urbains à des fins de consommation touristique est fondée sur l'« essence » de ces environnements, le dénominateur commun, pour un grand nombre de personnes, de ce qui « fait » Paris. Elle passe tout d'abord par la représentation des éléments iconiques de Paris, à commencer par la tour Eiffel, comme c'est le cas à l'hôtel Paris Las Vegas. La seule reproduction de cet emblème urbain induit une association mentale avec la ville dans laquelle il est originellement construit. Par un effet de métonymie, « un emblème fonctionne comme une icône du territoire. Cette icône permet de dire, comme la tour Eiffel pour Paris, non seulement : ceci est à Paris, mais ceci *est* Paris[16] ».

Toutefois, les représentations thématiques de la capitale vont au-delà de ses principales « icônes ». Elles s'appuient sur la « grammaire parisienne », tant matérielle qu'immatérielle, historiquement reproduite et diffusée par les arts (cinéma, littérature ou peinture) et les médias. Cette « grammaire urbaine », forgée par l'architecture haussmannienne, les couleurs, les matériaux, comme la pierre, le verre ou le zinc, les lignes régulières, fait partie d'un imaginaire géographique de Paris partagé à l'échelle mondiale – elle est même identifiable par ceux qui ne sont jamais allés à Paris.

Ainsi, à l'hôtel Paris Las Vegas, hôtel à thème inauguré à Las Vegas en 1999, l'esthétique parisienne est restituée dans le micro-environnement recréé autour des principaux monuments parisiens (l'incontournable tour Eiffel, l'Opéra, le Louvre, l'Arc de Triomphe…). Elle est déclinée dans la nature des revêtements des sols, les accessoires et le mobilier urbains, les terrasses des cafés, les devantures des boutiques, les plaques de rue, les matériaux et les couleurs. Ce condensé de l'esthétique parisienne est sans doute encore plus visible dans l'attraction « Ratatouille : l'aventure totalement toquée de Rémy », ouverte à Disneyland Paris en

---

15 Maria Gravari-Barbas, « What Makes Paris Being Paris ? Stereotypes, Simulacra and Tourism Imaginaries », *Journal of Tourism and Cultural Change*, 2019, vol. 17, n° 1, p. 27-41.

16 Michel Lussault, *L'Homme spatial : la construction sociale de l'espace humain*, Paris : Seuil, 2007, p. 173.

Détails urbains de l'attraction « Ratatouille », parc Walt Disney Studios à Disneyland Paris.
© MGB

2014. Contrairement à Paris Las Vegas, aucun monument majeur de la capitale française n'y est représenté : pas de tour Eiffel, ni d'Arc de Triomphe ou de Louvre. Ici, Paris *est* Paris, uniquement grâce à des éléments architecturaux ordinaires. La « place de Rémy » se présente comme une place parisienne « atmosphérique » située dans un nouveau quartier immersif : « Le fabuleux décor [...] vous plonge immédiatement [...] dans une ambiance très parisienne : une architecture qui rappelle la place Dauphine et le boulevard Haussmann, une fontaine qui s'inspire de celle de la place des Vosges avec ses bassins circulaires et ses têtes de lion déversant l'eau, des candélabres, des bancs et des panneaux d'affichage typiquement parisiens[17]. » L'attraction représente également les éléments intangibles de la vie parisienne. Elle tire profit des stéréotypes de Paris, à commencer par la figure du Parisien lui-même. On y trouve un marchand de glaces avec un chariot parisien à l'ancienne, une fleuriste, un mime, un caricaturiste ou un silhouettiste découpant dans du papier la silhouette des visiteurs[18]... Ces imaginaires stéréotypés sont toutefois loin de représenter la métropole contemporaine qu'est Paris. L'esthétique qu'ils véhiculent, que ce soit celle de la ville haussmannienne – caractérisée par la monumentalité, les immeubles de rapport, le mobilier urbain Belle Époque, la régularité des rues et des grandes avenues, et la minéralité – ou l'esthétique faubourienne – plus pittoresque, colorée, aux tracés irréguliers –, représente une ville cantonnée à quelques quartiers centraux et enfermée dans un temps révolu. Pour reprendre l'hypothèse énoncée en introduction, ces imaginaires autonomisés expriment une *anti--esthétique* urbaine, celle d'une ville qui, en soi, n'existe plus. Ils contrastent à la fois avec l'esthétique de la ville des habitants permanents et celle recherchée par les touristes contemporains.

Car, paradoxalement, ces imaginaires touristiques et l'esthétique à laquelle ils se réfèrent ne correspondent plus, aujourd'hui, aux projets des acteurs du tourisme parisien ni aux attentes des touristes. Ainsi, alors que les défenseurs de l'esthétique parisienne classique, tels que la Société pour la protection des paysages et de l'esthétique de la France[19], arguent du tourisme pour alerter sur les atteintes à la grammaire haussmannienne, insistant par exemple sur la rééedition des modèles d'antan pour le mobilier urbain, les touristes contemporains cherchent, eux, à sortir de ces clichés afin de

---

[17] « Anne Hidalgo inaugure "la place de Rémy" à Disneyland Paris », *Mon Paris joli*, 18 juillet 2014, http://monparisjoli.com

[18] « Ratatouille: The Adventure at Disneyland Paris – The Complete Grand Opening Report », *DLP Today*, 8 juillet 2014, http://www.dlptoday.com

[19] « Paris est en train de se priver de son attractivité touristique, en démantelant progressivement tout ce qui fait sa physionomie », avertit Julien Lacaze, président de Sites & Monuments (nom d'usage de la SPPEF). Voir Oxana Bobrovitch, « Anne Hidalgo résolue à marquer Paris de son empreinte esthétique : bonjour les dégâts ! », *Sputnik France*, 19 février 2021, https://fr.sputniknews.com

découvrir le « Paris des Parisiens ». Cette instrumentalisation du tourisme, qui s'appuie sur la reproduction à l'infini des imaginaires touristiques parisiens forgés pendant les siècles précédents – au risque, réel, d'accentuer la muséification de Paris –, est discutable. Elle ignore une grande partie des réalités urbaines de la capitale, que les décideurs du tourisme parisien souhaitent diffuser, dans leur effort pour inciter les touristes à dépasser le périmètre urbain hyper-touristique et les clichés.

Paris élargi : gérer la complexité de l'esthétique urbaine pour le tourisme dans une métropole en évolution

Plus matures et expérimentés, les touristes urbains – dans la plupart des cas des citadins – sont désormais à la recherche d'une ville plus « ordinaire », moins monumentale, mais aussi moins prévisible. Certains – des « *repeaters* » – ont déjà visité plusieurs fois les principaux « *sights* » parisiens[20]. Deux tendances émergent alors, confirmées dans le cas de plusieurs autres métropoles européennes : d'une part, la volonté de visiter des lieux ordinaires[21], ceux de la ville de tous les jours et des habitants locaux – vivre « comme un local » devient un signe distinctif des touristes chevronnés, qui souhaitent désormais non plus voir, mais expérimenter la ville ; d'autre part, la volonté de visiter des lieux extrêmes, hors des sentiers battus, inaccessibles et réservés, voire, dans certains cas, comme pour les visites « urbex[22] », des lieux fermés ou interdits.

Le rôle des médias sociaux est central dans la façon dont cette nouvelle esthétique se met en valeur et en circulation. En effet, les réseaux sociaux jouent un rôle essentiel dans la diffusion des nouveaux référents esthétiques. Éminemment plus rapides et directs que les médias touristiques dans le passé, ils imposent instantanément les lieux à ne pas manquer, véhiculent de nouveaux codes esthétiques et impulsent de nouvelles tendances. Le néologisme « instagrammable », lié au réseau social de photos et de vidéos Instagram, qualifie les lieux, décors et/ou objets qui, à travers l'objectif d'un smartphone, suscitent de nombreux likes et sont les plus en vue. Les influenceurs, ou les touristes eux-mêmes, définissent l'« instagrammabilité » des lieux, des décors ou des objets et participent désormais activement à la coproduction de l'esthétique touristique[23].

L'esthétique du quotidien parisien découverte par le tourisme

Le passage de la « visite de contemplation » à la « visite expérientielle » change considérablement les attitudes et les représentations esthétiques des visiteurs. Une nouvelle grammaire esthétique se met progressivement en place, qui fait la part belle aux environnements du quotidien. Des lieux découverts essentiellement *via* les médias sociaux deviennent alors des « *must seen* ». La rue Crémieux, dans le quartier des Quinze-Vingts du 12ᵉ arrondissement de Paris, en est un exemple : elle figure désormais parmi les lieux les plus « instagrammables » de Paris, par « plébiscite touristique » et grâce à la surmédiation des réseaux sociaux.

---

20 Maria Gravari-Barbas, Sébastien Jacquot et Francesca Cominelli, « New Cultures of Urban Tourism », *International Journal of Tourism Cities*, 2019, vol. 5, n° 3, p. 301-306.

21 Aurélie Condevaux, Maria Gravari-Barbas et Sandra Guinand, *Lieux ordinaires, avant et après le tourisme*, La Défense : PUCA, 2019 ; Aurélie Condevaux, Maria Gravari-Barbas et Sandra Guinand, *Tourism Dynamics in Everyday Places: Before and After Tourism*, Londres-New York : Routledge, à paraître.

22 Aude Le Gallou, « From Urban Exploration to Ruin Tourism: A Geographical Analysis of Contemporary Ruins as New Frontiers for Urban Tourism », *International Journal of Tourism Cities*, 2018, vol. 4, n° 2, p. 245-260.

23 Environ 42 % des voyageurs (59 % des millénials) réservent leur séjour en fonction, notamment, du potentiel « instagrammable » de la destination, selon une étude récente réalisée par One Poll pour le compte d'eDreams Odigeo. Voir Linda Lainé, « Voyage : Instagram est-il devenu fou ? », *L'Écho touristique*, 9 juillet 2019, https://www.lechotouristique.com

Au-delà des lieux pittoresques suresthétisés, un Paris « ordinaire » s'affirme également. Son esthétique s'exprime autour des quartiers du quotidien : devantures de boutiques d'alimentation et de produits locaux, lieux de création, cités-jardins et quartiers résidentiels. Cette esthétique du quotidien est souvent mise en narration par les habitants locaux (associations, *greeters*) ou par des « passeurs » qui donnent à voir l'ordinaire parisien.

Hors des sentiers battus : l'esthétique touristique des marges urbaines

Les chercheurs mettent en évidence l'élargissement des périmètres urbains visités par les touristes, résultant à la fois de la demande d'expériences « hors des sentiers battus » et de la volonté des acteurs des zones plus périphériques, voire marginales en termes de tourisme, de s'y positionner. Ces évolutions se traduisent alors par de véritables renversements de paradigmes au sujet de ce qui est esthétiquement acceptable et « beau », à la fois pour les visiteurs et les habitants permanents. Dans les espaces encore marqués par l'industrie ou l'abandon, la créativité, parfois empêchée dans les espaces centraux, hyper-patrimonialisés et protégés, peut avoir plus libre cours.

Les graffitis, désormais assimilés à un art urbain, avec l'utilisation généralisée du terme « *street art* », sont révélateurs de ce changement de ce qui est esthétiquement recherché. Ils contribuent significativement à

Rue Crémieux, Paris 12ᵉ, 2018.
© Silverback / Alamy banque d'images

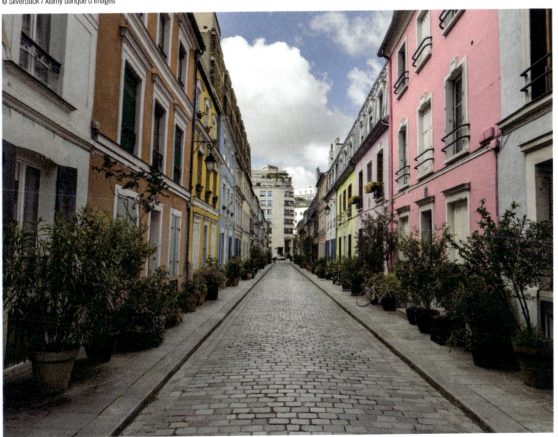

l'ouverture des quartiers, notamment ceux des marges, au tourisme, et sont utilisés pour favoriser le développement urbain, les économies créatives et l'attractivité touristique dans les centres-villes. La pratique du graffiti concourt à la création d'espaces significatifs ou identifiables qui tolèrent la participation du public. Le *street art* a développé une contre-esthétique du palimpseste, du chantier et de la friche, investissant les potentiels des territoires indéfinis et désaffectés, et a converti les marges négligées en centres d'intérêt[24]. Les acteurs touristiques locaux s'en saisissent pour créer de nouvelles propositions de visites. C'est le cas de la plate-forme Explore Paris, qui propose en 2021 plus de 40 visites virtuelles de *street art*, dans des arrondissements périphériques de Paris et des départements de la petite couronne.

L'esthétique parisienne ordinaire et celle des lieux « hors des sentiers battus » renouvellent sensiblement les canons esthétiques parisiens. L'esthétique n'est pas dissociée de l'éthique. Les visiteurs sont sensibles à un mobilier urbain qui est hospitalier, qui permet de se retrouver de façon plus syncrétique, qui autorise et facilite les rencontres avec les locaux. Les bancs posés sur la place du Panthéon encouragent ainsi la rencontre entre les étudiants des facultés avoisinantes, les jeunes touristes et les habitants du quartier. Le passage de l'esthétique à l'éthique s'exprime plus largement par la prise en compte d'un ensemble de dimensions : durabilité des matériaux utilisés, impact environnemental, innovation sociale et urbaine.

Mobilier urbain place du Panthéon, Paris 5e. Les MonumentalEs : Emma Blanc Paysage, paysagiste, collectif Etc, architectes, 2017.
© MGB

24 Christophe Genin, « Le *street art* : de nouveaux principes ? », *Cahiers de Narratologie*, 2015, n° 29, https://journals.openedition.org/narratologie/7396

L'accueil massif des touristes à Paris dès le XIXe siècle a imposé de façon précoce la préoccupation de donner à voir la ville au monde entier sous son meilleur jour. Les embellissements parisiens n'avaient certes pas comme unique but l'accueil des touristes, mais le tourisme était intégré comme une des dimensions – et pas la moindre – des projets d'embellissement, de mise en lumière et, plus généralement, de création d'une ville agréable à la déambulation et à la consommation. Si le tourisme n'a pas été l'unique moteur de l'esthétique parisienne, il en a donc certainement représenté une extraordinaire caisse de résonnance. Les prestataires du tourisme et les touristes eux-mêmes ont très largement relayé un imaginaire parisien qui a cristallisé les caractéristiques esthétiques de la ville. Celui-ci se retrouve dans les parcs d'attractions et autres environnements thématiques, comme ceux analysés dans ce texte. Or, cette esthétique de la ville bourgeoise, monumentale et minérale, teintée de nostalgie et de romantisme, et essentiellement cantonnée à la ville-centre, ne reflète plus ni les aspirations des acteurs du tourisme, ni les attentes des touristes contemporains. D'autres codes esthétiques émergent, créant ainsi une image fractale de Paris. L'enracinement du tourisme dans la ville implique désormais de s'affranchir d'un Paris considéré comme « une vitrine clinquante pour attirer le chaland[25] », et de promouvoir une image plus proche du réel et éloignée des clichés. L'esthétique touristique de la capitale ne peut alors se construire que dans la continuité avec l'esthétique du Paris des habitants permanents.

Maria Gravari-Barbas
Professeure de géographie
Directrice de l'EIREST et de la chaire UNESCO
« Culture, Tourisme, Développement »,
université Paris 1 Panthéon-Sorbonne

---

[25] Note de cadrage, Assises du tourisme durable, Ville de Paris, 2021.

Les lois esthé[tiques] de l'hospitalité

Chantal Deckmyn

tiques

Histoires de Joachim : La Rencontre d'Anne et de Joachim à la porte Dorée, Fresque de Giotto, 1304-1306, Chapelle Scrovegni, Padoue (Italie).
© Archives Alinari, Florence, Dist. RMN-Grand Palais / Mauro Magliani

Les espaces habités par les humains décrivent un large éventail de formes et de topologies, depuis celles organisées par les activités agricoles et pastorales – les chemins, les champs, les fermes – jusqu'à celles des villes proprement dites, des villages, des hameaux, et plus récemment des zones urbanisées. Ces espaces qui se sont dessinés et construits au fil des siècles accueillent ceux qui y vivent, lesquels vont à leur tour les transformer. S'agissant des espaces urbains, cet accueil se révèle-t-il hospitalier, et selon quelles lois ? À travers ces topologies et ces formes, comment qualifier le rapport qu'entretient l'esthétique de la ville avec cet accueil et, le cas échéant, cette hospitalité ? Cette dernière question convoque immédiatement l'épais brouillard qui leurre et empêche toute pensée sur la ville lorsque, après avoir découplé structure sociale et structure urbaine, cette pensée ne raisonne qu'en termes de causes et d'effets.

Causes et conditions

Dans les années 1960, des commentateurs ont pu qualifier certains immeubles de « criminogènes[1] ». Il est difficile d'adhérer à une telle formulation : des objets matériels ne sauraient engendrer le crime, pas plus que la matière à elle seule ne saurait engendrer le vivant – sauf cas de génération spontanée. La question du rapport entre l'espace construit et les modes de vie qu'il abrite n'en est pas pour autant évacuée, ni résolue. Si l'on peut exclure d'emblée que ce rapport soit de causalité, que des objets agissent comme des sujets, on ne peut nier son existence. Serait-on tenté de le faire que l'expression « avoir lieu » nous y ramènerait aussitôt. De fait, le mode d'intervention d'un objet matériel, comme un mur ou une porte, est loin d'être sans effets ni conséquences : il permet ou empêche, favorise ou non, montre ou cache, ouvre un passage ou le ferme, etc. Son mode n'est pas causal, mais *conditionnel*. Soulignons ici que le mode conditionnel n'a rien de secondaire ; il est, bien au contraire, tout aussi déterminant que le mode causal : un prisonnier est maintenu enfermé par les murs de sa cellule, pour autant ces derniers ne sont pas la cause de son enfermement. Ils n'en sont pas moins déterminants dans sa vie. Ainsi, notre environnement matériel établit nos conditions de vie, et lorsque cet environnement a été façonné, organisé par la pensée, d'une certaine façon... il nous pense.

Formes et contre-formes

Dans la ville dite *constituée*, les creux, en tant que contre-formes des pleins, sont eux-mêmes des volumes doués de *bords* et de formes précises : rue, place, impasse, etc. Par les rémanences visibles de leur genèse, de la plus ancienne à la plus récente, par leur configuration, par ce qui s'y passe concrètement et ce qu'ils évoquent en imagination, ils sont également des lieux doués de sens. D'ailleurs, ce sont eux, les creux, qui sont nommés[2], tels la rue du Temple, la place de l'Odéon ou le boulevard Barbès. Ils offrent un support pour cheminer et des repères pour s'orienter. Au-delà, et cela intéresse notre propos de façon majeure, ils constituent les contenants, entièrement matériels et entièrement symboliques, de la vie individuelle et sociale. Ainsi, la place de la République prête son volume, comme un *ready-made* quasi idéal, pour accueillir toutes sortes d'événements collectifs, des manifs aux concerts en passant par les Nuits debout. De la même façon, telles ou telles rues ou places pourront accueillir et retenir dans leur volume des faits imaginaires, des pensées, des souvenirs.

L'étymologie du mot forme, la même que celle de fromage, soit le latin « *forma* », désigne à la fois le moule et l'objet moulé. Traditionnellement, les bateaux sont construits dans

La rue Lafayette et la rue de la Chaussée-d'Antin vers la place Stalingrad. L'Opéra, la gare Saint-Lazare et l'église de la Trinité.
© ECPAD / Collections La Documentation française / André Guyomard / Air France

---

1 Cependant que d'autres ou les mêmes jugeaient la ville de Sarcelles pathogène, emblématique d'une nouvelle maladie urbaine qu'ils nommaient la *sarcellite*, d'un genre très différent pour ne pas dire à l'opposé du *spleen de Paris* dépeint par Charles Baudelaire.

2 L'urbanisme du mouvement moderne, lui, retourne cette figure : il dispose les immeubles comme des objets sur une table rase rendue terrain à bâtir ; entre les pleins, l'espace n'a pas de forme propre (il serait difficile de le dessiner), peu de sens, et propose même souvent des contresens voire des non-sens ; et les noms sont donnés aux objets immeubles, non à l'espace qui à la fois les écarte et les réunit.

ce que l'on appelle une forme, soit le creux formé par la charpente d'une voûte renversée. Peu à peu, le bateau prend sa forme en s'appuyant, en se guidant sur sa contre-forme. La ville est la matrice dans laquelle nous continuons, notre vie durant, à grandir en tant qu'être social, et c'est par sa forme qu'elle nous accueille, mais aussi nous accompagne, nous guide et nous « oblige » : la ville nous forme.

La forme de la ville nous accueille et nous instruit

En effet, au regard de la vie qui s'y déroule, ces contenants qui constituent l'espace creux de la ville, son espace public, ne sont pas plantés là dans un statut de simple décor, inerte et passif. Ils jouent eux-mêmes un rôle ; ils nous tiennent un discours, un discours en quelque sorte subliminal, dans la mesure où il ne relève pas d'une culture orale ni écrite, mais d'une culture vivante[3], dans la mesure où il s'adresse à nous dans la langue de la perception, de toutes les perceptions, à commencer par la kinesthésie. Le fait que ce discours s'adresse directement à notre corps, à nos sens, sans que notre intellect ait eu la nécessité de le décrypter, donc la possibilité de le filtrer ou de s'en défendre, lui confère une efficacité sans égale.

Le Centre Pompidou, Renzo Piano et Richard Rogers, architectes, 1977.
© Piano & Rogers / Fondazione Renzo Piano, Rogers Stirk Harbour + Partners

L'espace de la ville n'est pas isomorphe ; il est polarisé par des points, des lignes, des figures d'attraction ou de répulsion (un monument, une rivière, un pont, un centre institutionnel, une porte, une limite...)[4]. La ville nous forme parce qu'elle nous accueille dans un espace entièrement doué de sens et de valeurs ; chaque lieu y est une *place*, est hiérarchiquement situé par rapport à un ou plusieurs pôles ; chaque cm^2 est doté d'une valeur vectorielle, d'une valeur symbolique et donc financière. Cette polarisation, qui hiérarchise les emplacements, forme le paysage urbain et nous instruit directement, notamment d'un fonctionnement social. Elle se traduit aussi à différentes échelles, dans un langage de formes, à savoir des tracés, des angles, des positions et des dispositions : devant, derrière, côte à côte, vis-à-vis, orienté dans tel ou tel sens, loin, près, intérieur, extérieur, visible, invisible... Ce langage des formes est un manuel de savoir-vivre. Devant ou en façade, on montrera son meilleur visage, on exposera ce que l'on veut montrer de soi ; derrière, on entreposera ce que l'on veut cacher ou on jettera des déchets ; à son vis-à-vis, on voilera (ou non) le spectacle de son intimité, on apprendra à diaphragmer son image à l'intention des autres ; à l'intérieur, notre comportement sera réglé par des codes privés ; à l'extérieur, par un code public. Pour accéder aux bâtiments investis de quelque puissance symbolique – une gare, une mairie, un palais de justice –, il faudra franchir un parvis. Des sortes de galonnages, parfois réduits à une ligne au sol ou un dénivelé, tiendront

---

3 À ma connaissance, l'anthropologue brésilien Arlindo Stefani est le premier à l'avoir qualifiée ainsi.

4 Le philosophe Michel Foucault nous a appris à lire, par exemple, la place faite au fou dans la société, en définissant avec précision l'emplacement des lieux qui lui sont assignés dans la ville, ou plus précisément sur la bordure extérieure de la ville.

lieu de cercles magiques pour protéger, honorer, mettre en scène une place, une fontaine ou une statue. Dans une rue, la chaussée et les trottoirs dessinent trois bandeaux parallèles qui nous indiquent où et comment nous tenir : chacun est dédié à un usage et chacun hiérarchisé latéralement, notamment par rapport au galon que forme la bordure du trottoir… Ainsi, le langage des formes dans la ville nous accueille et nous guide en ce qu'il nous livre une profusion d'informations, nous indique des conduites à tenir ; il parle à notre boussole interne plus directement que n'importe quel réseau de pictogrammes, fût-il informatisé.

Les formes dans la ville expriment aussi la temporalité. Même celui qui ne sait pas dater les bâtiments comprend que certains sont contemporains, d'autres plus anciens, et que certains sont là depuis plusieurs siècles. Ainsi se sentira-t-il accueilli, le plus souvent sans pouvoir se le formuler à lui-même, par un substrat à la fois anthropique et beaucoup plus grand que lui, c'est-à-dire capable de contenir sa propre vie, sa naissance comme sa mort, en ce sens, capable de le porter et de l'entourer.

Cette concavité du temps dans la ville et ce discours instructif des formes constituent un accueil *immédiat*, primordial et plénier, la première application des lois esthétiques de l'hospitalité urbaine.

L'attachement aux lieux nous cueille et nous met en bouquet

À côté de ces enseignements, les formes dans la ville émettent d'autres messages qui, ceux-là, parlent à notre sensibilité, à nos affects. La ville propose d'innombrables unités de lieu qui constituent autant de paysages, les uns minuscules, les autres grands ouverts. Un paysage urbain est toujours singulier. Ce que nous cadrons comme tel – d'une fontaine adossée contre un mur ou de l'ordonnancement d'une place, à la silhouette d'une ville – nous parle dans un langage esthétique qui joue sur deux registres : l'un s'adresse directement à nos émotions, l'autre parle davantage à notre conscience réflexive. Ainsi, la vue d'un paysage urbain peut éveiller en nous une émotion, notamment celle de la beauté. Mais elle peut aussi nous donner à *lire* ce paysage comme une image ou un texte, ou mieux encore, nous donner à *le reconnaître* comme on reconnaît un visage, exactement comme on identifie quelqu'un[5]. C'est sans doute ce double sentiment esthétique – émotionnel et de reconnaissance – qui nourrit notre attachement aux lieux. Même si l'un de ses avatars, l'*appropriation*, peut engendrer des sentiments d'hostilité, l'attachement aux lieux n'en est pas moins civilisateur, pacificateur et foncièrement de partie liée avec l'hospitalité. D'une part, à l'opposé du « vandalisme », il incite à prendre soin des lieux auxquels on est attaché, à les protéger. D'autre part, en fédérant tous ceux qui le ressentent, cet attachement agrège une communauté et engendre un sentiment d'appartenance chez ceux qui la composent. Se crée alors une cohésion de fait, même en dehors de toute société savante ou association, même si la communauté formée est aussi hétéroclite que le public réuni par un même spectacle dans une salle de concert ou de cinéma. Amoureux d'un paysage, petit ou grand, ou même d'un monument, on fait corps avec ceux qui partagent ce sentiment. Que l'on pense seulement à l'émotion qu'a engendrée l'incendie de

---

5 Et l'on peut penser que reconnaître certains lieux participe à se reconnaître soi-même. L'individu n'existe pas en lui-même. Une partie des coordonnées de son identité réside dans le milieu, vital, qui le contient : un milieu composé d'une multitude d'éléments, mais dont la dimension spatiale reste une constante.

Notre-Dame de Paris, le 15 avril 2019 à 21 heures.
© Bouette - Creative Commons

Notre-Dame, aux personnes que cette émotion a rassemblées, qui ne pouvaient s'empêcher de, toutes ensemble, se rendre auprès d'elle à la nuit tombée. Ceux qui cherchent partout à créer ce qu'ils appellent le « vivre-ensemble[6] » devraient se préoccuper de la beauté, du charme des lieux de la ville, ou simplement, pour certains, d'une singularité qui les rend intéressants, « attachants », même s'ils ne sont pas unanimement jugés beaux. Notons néanmoins que, pour les Parisiens amoureux de Paris, la reconnaissance admirative vouée à *leur* ville à travers la palme de la beauté qui lui est le plus souvent décernée, viendra augmenter leur attachement d'un sentiment de fierté, voire d'estime personnelle. À la condition, bien entendu, qu'ils s'y sentent à leur place et accueillis, c'est-à-dire qu'ils s'y sentent chez eux.

[6] On peut faire l'hypothèse que, derrière la langue de bois, est évoquée l'idée d'une hospitalité mutuelle.

Et si l'hôte vient d'ailleurs ?

Ainsi, les lois esthétiques de l'hospitalité urbaine s'exercent, vis-à-vis des habitants de la ville, au moins dans deux registres, l'un que l'on peut qualifier de symbolique, l'autre d'imaginaire. Pour le registre symbolique, nous avons évoqué comment la ville accueille et forme les siens en leur délivrant les codes qui les aideront à « se tenir », à vivre en société et à grandir. Pour le registre imaginaire, nous indiquions comment, à travers l'attachement aux lieux, la ville invite et retient leurs affects, héberge leurs pensées, et les lie aux autres comme dans un bouquet.

Il nous reste maintenant à considérer comment la ville accueille non plus seulement les siens, mais comment, par elle-même et avec les siens, elle accueille les *autres*. En effet, étymologiquement parlant, c'est au premier chef que l'hospitalité concerne l'autre. Elle est très précisément l'opération par laquelle un autre, au sens de l'étranger et même de l'ennemi (du latin « ost », que l'on retrouve dans « ostracisme » ; et « *hostem* », que l'on retrouve dans « hostilité »), devient un autre, au sens bienveillant de l'hôte (du latin « *hospitem* », soit l'autre soumis au pouvoir, « *potentem* »). S'agissant donc de cet autre, comment l'hospitalité va-t-elle redéfinir ses enjeux et ses modalités à l'intérieur des deux registres que nous avons pu repérer : sa mission de formation et l'attachement aux lieux ?

Pour ce qui est de l'attachement aux lieux, on comprend que ce n'est guère qu'à accueillir le visiteur chez soi, et donc, au préalable, à se sentir chez soi, que l'on peut exercer une hospitalité. D'ailleurs, le plaisir pour le visiteur à être accueilli sera d'autant plus exact, si l'on peut dire, qu'il sera reçu dans un lieu marqué par l'empreinte de celui qui le reçoit[7], dans un lieu qui présentera pour lui-même un taux d'altérité suffisant, en tout cas qui différera de son propre *chez-soi*. Car comment *faire comme chez soi* si l'on est déjà ou encore chez soi ? Le sentiment d'hospitalité est nécessairement amoindri par un accueil dans un espace standard, dénué de l'empreinte personnelle de l'hôte, de son étrangeté. En effet, il est à noter que l'événement auquel préside l'hospitalité est celui d'une rencontre, d'un exercice de connaissance mutuelle. Celui qui reçoit est *a priori* le maître du jeu, au sens où c'est l'autre qui se déplace « sur son territoire », dans le lieu dont il est le maître. Ce faisant, le visiteur s'avance fragile, démuni d'écrin, réduit à lui-même, mais celui qui le reçoit, lui, s'expose, se dévoile précisément, en laissant voir son paysage intérieur, cet arrière-plan qui parle de lui, comme nous l'évoquions au sujet des portraits de la Renaissance. Ainsi, pour celui qui reçoit, ne rien gommer de ce qui caractérise son lieu est un geste d'hospitalité, dans la mesure où l'exposition participe à un rééquilibrage des forces en présence dans la rencontre.

Nous recevons donc le visiteur dans un lieu où nous nous sentons chez nous. Et ce, même s'il ne s'agit pas de notre espace privé : la municipalité de Paris et les Parisiens accueilleront des voyageurs avec d'autant plus d'hospitalité qu'ils seront attachés à leur ville, aux lieux dans leur ville, et qu'ils les percevront comme précieux. En effet, partager cet attachement n'est pas le diviser pour en perdre une partie ; c'est, au contraire, le multiplier. Ici, partager enrichit. Partager l'attachement l'étaie et le fait grandir, quelques fois même de façon déterminante et concrète, lorsque le partage a lieu avec un visiteur qui, à partir de son attachement, va produire de la valeur ajoutée pour l'image – ou plutôt pour la réalité – et l'économie de la ville. Ainsi des artistes qui peuvent créer des objets par exemple littéraires, picturaux ou cinématographiques qui, en lien étroit avec la ville, deviennent partie intégrante d'elle, de son aura, s'absorbent dans sa culture et la magnifient[8].

---

[7] Comme le paysage en arrière-plan, dans un portrait de la Renaissance, complète le visage peint au premier plan et/ou raconte son histoire.

[8] Pour en donner un petit nombre d'exemples, parmi les plus notoires dans le milieu du XXe siècle, citons Walter Benjamin, Ernest Hemingway, Marc Chagall et Bernardo Bertolucci.

Le touriste et le SDF

Partager enrichit... à condition que l'enrichissement reste un effet, ne devienne pas un objectif, que le passant et le visiteur restent des hôtes, et non des cibles ou des proies soumises à une attraction calculée, de type touristique par exemple. Calcul désastreux contenu dans ce qui est devenu un leitmotiv : l'*attractivité touristique des villes*, qui entraîne la compétition entre les villes sur ce registre et fait appel au *marketing urbain*. Tel ou tel lieu précieux, en lui-même et/ou pour tous ses amoureux, est alors perverti dans le but de plaire au visiteur et au plus grand nombre de visiteurs[9] : il devient un produit[10]. Il pourra se trouver standardisé, reproduit et démultiplié, contrefait ou figé, et il perdra ainsi ce qui fait son intérêt, autant pour l'hôte que pour son visiteur, à savoir sa particularité, ce qui le rend unique. Les amoureux de la ville se voient ainsi arracher leurs trésors. Les habitants pauvres et les SDF sont reflués hors des zones (le terme parle tout seul) touristiques, piétonnes ou non, qui, en général, représentent le cœur même de la ville. L'hospitalité primaire, l'attention de la ville envers les siens, en particulier les plus fragiles d'entre eux, est ainsi contredite, et son éthique avec. Le creux accueillant de l'espace public se transforme en espaces certes design mais hargneux, le plus souvent lisses de toute anfractuosité, répulsifs envers tout ce qui n'est pas une clientèle. Punition collective qui vient se conjuguer avec celle de l'esprit sécuritaire, en particulier de la *prévention situationnelle*, pour non seulement annuler, mais inverser l'opération même de l'hospitalité, pour la retourner comme un gant en hostilité.

Tout le monde y perd : les hôtes qui accueillent, les hôtes accueillis et, bien entendu, le lieu lui-même. Le tourisme conçu non comme un motif de voyage mais comme une industrie est dangereux, en ce sens qu'il engendre une économie non productive, qui exploite sans produire, donc extrêmement fragile et le plus souvent destructive ; il ravage les lieux, au sens étymologique du terme : il les vide de leur substance en les dévorant. Et il comprend en lui-même sa finalité autodestructive, dans la mesure où la réification, l'instrumentalisation et la standardisation des lieux videront sous peu le déplacement de tout intérêt, et donc le tourisme de son objet.

L'étranger et l'immigré

Revenons maintenant au registre symbolique par lequel la ville, en tant que dispositif que l'on peut dire matriciel, éduque en quelque sorte ses habitants. À l'évidence, ce manuel de savoir-vivre qu'elle offre à travers son espace public s'avèrera des plus utiles pour toute personne venue d'ailleurs, pour qui il est nécessaire, parfois vital, de connaître le mode d'emploi, les us et coutumes d'un pays et d'une ville. N'importe quel voyageur sait que pour comprendre comment vivent les Russes ou les Espagnols, comment fonctionnent Moscou ou Madrid, il vaut mieux se rendre dans le centre-ville que dans les cités résidentielles ou les lotissements de la périphérie. C'est d'ailleurs à ce titre, parce que la transmission y est le plus intense, que les centres-villes ont longtemps assuré le rôle de plates-formes d'accueil et d'intégration de l'immigration.

---

9 Et lorsqu'il fait l'objet d'une conservation qui le protège des transformations, il sera, d'une part, dénaturé par la simple présence physique (et éventuellement sonore) du grand nombre, et, d'autre part, muséifié. En ce sens, l'attribution de labels de protection peut paradoxalement s'avérer fatale.

10 On n'est pas obligé de penser à la place du Tertre.

Pour le philosophe Jacques Derrida, le véritable hôte n'est pas l'invité mais le visiteur, à savoir celui qui arrive sans être attendu ni avoir été convié[11]. Et pour lui, l'hospitalité au sens plein du terme serait, envers cet hôte, « inconditionnelle ». Il convient et explique néanmoins que si celle-ci reste « l'horizon » d'une véritable hospitalité, elle demeure impraticable dans la mesure où elle contient, par définition, le risque pour l'hôte accueillant d'être tout simplement détruit par l'hôte accueilli. C'est alors que Jacques Derrida introduit la notion d'« hospitalité conditionnelle », par laquelle l'hôte accueillant conditionne son hospitalité au respect, par son visiteur, de ses propres lois et règles[12].

Cette hospitalité s'adresse donc à l'autre venu d'ailleurs, à l'étranger qui n'a pas le même statut et n'est pas regardé de la même façon selon qu'il est un touriste – de loisirs ou d'affaires –, un voyageur, un migrant en passe de devenir un immigré, ou un émigré toujours migrant. Comment exercer une hospitalité conditionnelle envers l'étranger, en particulier celui qui se trouve dans ces deux dernières catégories ? Envers celui qui, se risquant à l'exil, tente dans un premier temps de faire face à sa situation, parfois de simplement survivre, de trouver une place, de répondre aux urgences, de se repérer tant bien que mal et de s'organiser ? Puis qui, dans un deuxième temps, tente d'être là, de tenir bon, de trouver son compte dans ce qui semble être un nouveau chapitre de son histoire, sinon de son destin ?

Si l'hospitalité conditionnelle demande que cet étranger se conforme à nos lois et règles, encore faudra-t-il qu'il soit en mesure d'en prendre connaissance. C'est ici que la ville, à travers ses formes qui forment et informent tout un chacun, par sa vocation évoquée plus haut de matrice symbolique, entre en jeu. C'est ici qu'elle tient le rôle d'un support, certainement pas suffisant, mais *absolument nécessaire*. Le fait qu'elle puisse jouer son indispensable rôle intégrateur sera suspendu à deux conditions : l'une, que l'exilé soit reçu dans la ville elle-même, et non dans l'une des zones urbanisées standards et anonymes de sa périphérie, voire sur des remblais d'autoroute ; la seconde, que la ville elle-même n'ait pas été réduite au mutisme par le marketing urbain. Qu'elle n'ait pas non plus été dévitalisée voire détruite par les volontés qui, depuis longtemps, veulent sa disparition, et qui ne s'en tiennent pas aux anathèmes – volontés dont les obsessions sécuritaire et hygiéniste, ou même dans certains cas « verte », ne sont qu'un avatar. Car pour remplir sa mission, la ville aura besoin d'avoir gardé intactes sa forme, l'épaisseur de son substrat, les chaînes de sens et d'orientation de son espace. De les avoir gardées comme une œuvre ou un fait vivant, que de patients jardiniers ont accompagné et laissé croître pendant plusieurs siècles. La ville est un bien – pour ne pas dire un trésor – commun. Qu'elle garde ses pouvoirs d'hospitalité demande que toutes les bonnes fées soient penchées sur son espace, pas seulement les urbanistes.

Paris par la fenêtre, Marc Chagall, 1913, The Solomon R. Guggenheim Museum, New York (États-Unis).
© The Solomon R. Guggenheim Foundation / Art Resource, NY, Dist. RMN-Grand Palais / ADAGP, Paris, 2021

---

11 Jacques Derrida et Anne Dufourmantelle, *De l'hospitalité : Anne Dufourmantelle invite Jacques Derrida à répondre*, Paris : Calmann-Lévy, 1997.

12 Sans doute retrouvons-nous ici cette notion de soumission au pouvoir, ce *potentem* habilement dissimulé dans la très généreuse hospitalité.

C'est beau, c'est gratuit

Nous avons évoqué comment l'esthétique de la ville pouvait se trouver au service du processus civilisateur qu'est l'hospitalité, notamment à travers l'instruction qu'elle prodigue à ceux qui la fréquentent, et à travers cet attachement qu'elle suscite chez eux. C'est le plus souvent à leur insu que ceux qui la pratiquent sont ainsi formés, façonnés, contenus, caressés par les formes de la ville. Et cet « insu » des pratiquants de la ville rejoint la non-intentionnalité de cette dernière. En effet, ce service rendu par la ville ne peut entrer dans aucun objectif, excepté celui de ne pas l'empêcher ; il est simplement inhérent à sa nature ; il est son sens premier depuis que les humains se sont arrêtés et fixés à plusieurs dans des lieux. La ville est née avec la nécessité de vivre, composer et commercer les uns avec les autres. Très concrètement, et notamment dans sa forme, elle *est* cette nécessité mise en œuvre.

Cet « insu » et cette non-intentionnalité nous intéressent pour leur cohérence, leur homogénéité avec la notion d'esthétique, ou même de beauté. La gratuité est au principe de l'une comme de l'autre, au sens où elles ne sauraient être réduites à la contingence d'une utilité : elles ne sont pas là pour servir à quelque chose, mais pour être là, et cet être-là s'ajoute à la réalité, la change, lui apporte ses effets de sens et son propre rayonnement. Ainsi de l'hospitalité, l'une des vertus intenses et intrinsèques de la ville, qui se contente de rayonner, tant que, encore une fois, personne ne l'en empêche.

Chantal Deckmyn
Architecte-urbaniste et anthropologue

ARCHITECTURE

DE L'AIR

ET DE LA

TERRE

Emma Lavigne
Présidente du Palais de Tokyo

« Disons que j'ai un plan directeur qui englobe le monde souterrain et le ciel, l'espace bâti étant juste une sorte de zone intermédiaire. Si je devais donner un équivalent métaphysique, je dirais que c'est quelque chose qui existe entre la terre et le niveau le plus bas du cosmos[1]. » L'anarchitecture de Gordon Matta-Clark invite à explorer la ville comme un corps, à l'éventrer à coups de tronçonneuse pour en exhumer les entrailles et pour qu'elle s'ouvre sur le ciel. L'artiste-architecte révèle des espaces non balisés, des friches en jachère et invente de nouvelles trajectoires, comme celle tracée avec Sous-sols de Paris (1977), coupe transversale depuis les sous-sols de l'opéra Garnier jusqu'au sommet de sa coupole.

La ville est-elle encore malléable, habitable ? Peut-elle encore générer de nouvelles plasticités, inventer des poétiques propices aux cheminements aléatoires, aux bifurcations, à la surprise et au rêve ? De nouvelles formes d'une beauté subversive, indomptée, éphémère peuvent-elles émerger au-delà et en deçà du quadrillage éculé d'une topographie séculaire ? Tentons de réveiller les archétypes enfouis des mondes chthonien et ouranien et de suivre combien ils continuent à résonner avec les imaginaires contemporains. Déjà, Yves Klein, avec son projet d'une « architecture de l'air » commencé en 1959 avec la complicité de Claude Parent, rêvait d'une ville « flexible, spirituelle et immatérielle[2] » et envisageait de la construire à partir des éléments naturels, le feu, l'air et l'eau. Enfouissant dans la terre la machinerie de sa cité utopiste, il rêvait d'abolir le toit dans la ville, cet « écran qui nous sépare du ciel, du bleu du ciel[3] ».

Cette pensée architecturale sensible – proche de celle de l'urbanisme unitaire qui, lors de sa première manifestation en 1956 à Turin, se définit comme la construction d'une atmosphère – réactive le rapport physique à l'espace urbain et ouvre la voie à des artistes tel Tomás Saraceno, architecte de formation, inspiré par la pensée visionnaire de Yona Friedman et Richard Buckminster Fuller. Ses œuvres en lévitation, envisagées comme des utopies réalisables, remettent en question le modèle statique du développement de la ville et invitent à rêver en apesanteur à des déambulations aériennes et à une architecture flirtant avec le ciel.

À ces rêves d'Icare qui réinventent la cité répondent les appels enfouis du monde souterrain d'Hadès. La fascination pour l'underground, les catacombes, ce qui est sous la terre, cet envers du monde, autorise de nouveaux enracinements au sein de ce potentiel territoire encore sous-exploité, gisement en attente de modes de vie troglodytiques à inventer, de formes d'art pariétal à créer, de nouveaux magiciens de la terre. Des projets, réels ou fictionnels, inventés par Dominique Perrault laissent libre cours à « une architecture souterraine où il ne s'agit pas de vivre sous terre, mais d'inscrire les lieux de vie dans la terre, cet épiderme du sol ouvert sur le ciel[4] ». Le groundscape, selon le titre de son ouvrage, devient un nouvel horizon.

1 Entretien de Gordon Matta-Clark par Judith Russi Kirshner [1973]. Cité dans Gordon Matta-Clark, Entretiens, trad. Raphaëlle Brin, Paris : Lutanie, 2011, p. 124.
2 Yves Klein, « L'évolution de l'art vers l'immatériel » [conférence à la Sorbonne, 3 juin 1959]. Dans Le Dépassement de la problématique de l'art et autres écrits [2003], éd. Marie-Anne Sichère et Didier Semin, Paris : Beaux-Arts de Paris éditions, 2011, p. 152.
3 Ibid., p. 118.
4 Dominique Perrault, Groundscapes – Autres topographies, Orléans : HYX, 2016.

A

A
Tape Paris, Numen/For Use. Exposition
« Inside », Palais de Tokyo, Paris, 2014.
© Photographie : André Morin

B
« ON AIR », Tomás Saraceno, carte
blanche au Palais de Tokyo, Paris, 2018.
Commissaire : Rebecca Lamarche-Vadel.
Avec l'aimable autorisation de l'artiste ;
Andersenís, Copenhague ; Esther Schipper,
Berlin ; Pinksummer Contemporary Art,
Gênes ; Ruth Benzacar, Buenos Aires ;
Tanya Bonakdar Gallery, New York.
© Photographie : Andrea Rossetti, 2018

C
Teshima Art Museum, Ryūe Nishizawa,
architecte.
Vue intérieure du musée.
© Photographie : Noboru Morikawa

E

F

D
Maison de thé sur l'esplanade de l'UNESCO,
Charlotte Perriand, Paris, 1993.
Entrée de la Maison de thé.
© Pernette Perriand-Barsac,
Jacques Barsac / AChP

E
Walk on Clouds, Abraham Poincheval,
15ᵉ Biennale de Lyon, Usine Fagor, Lyon, 2019.
Galerie Semiose, Paris

F
Frémissements, Susanna Fritscher, Centre
Pompidou-Metz, 2020.
Commissaire : Emma Lavigne.
© Photographie : Susanna Fritscher

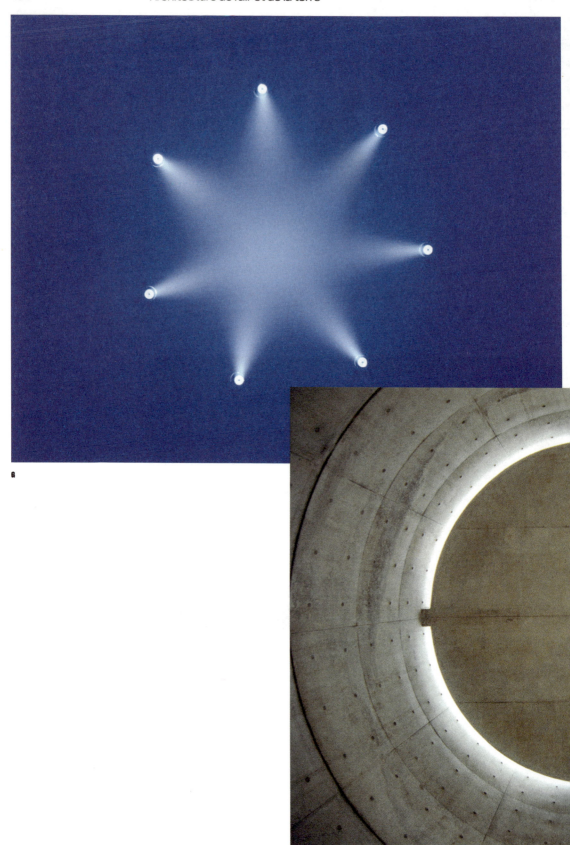

G
Bluette, Ann Veronica Janssens, 2006, brume et lumières artificielles, 6-7 projecteurs, dimensions variables, 120 cm (approx.).
© ADAGP Ann Veronica Janssens
© Photographie : Bruno Serralongue
Avec l'aimable autorisation de l'artiste

H
Light Conical Intersect, Event, Pierre Huyghe, Paris, 1996.
© Centre Pompidou, MNAM-CCI, Dist. RMN-Grand Palais / Philippe Migeat
© ADAGP, Paris

I
Vue intérieure du haut du cylindre de l'Espace de méditation, Tadao Andō, architecte, UNESCO, Paris, 1995.
© Tadao Andō Architect and Associates

J

J
L'exposition d'Abraham Poincheval,
Palais de Tokyo, Paris, 3 février-8 mai 2017.
Avec l'aimable autorisation de l'artiste
et Semiose galerie (Paris).
© Photographie : Aurélien Mole

K
Ocean II Ocean, Cyprien Gaillard, 2019,
vidéo couleur HD avec son, 10 min 56 s.
© Cyprien Gaillard, avec l'aimable
autorisation de l'artiste et Sprüth Magers

L
You, Urs Fischer, Gavin Brown's Enterprise,
New York, 2007.
© Urs Fischer. Avec l'aimable autorisation
de l'artiste et de Gavin Brown's Enterprise,
New York. Photographie : Ellen Page Wilson

M
Les Pétrifiantes, Dove Allouche, 2012, collection Frac Bretagne.
GB Agency

N
After ALife Ahead, Pierre Huyghe, 2017
Vue d'installation, Skulptur Projekte in Münster
Patinoire, béton, jeu de logique ; Sable, argile, nappes phréatiques ; Bactérie, algues, abeilles, paon chimérique ; Aquarium, verre noir occultant commandé, *Conus textile* ; Incubateur, cellules cancéreuses humaines ; Algorithme génétique ; Réalité augmentée, structure plafond automatisée, pluie.
Courtoisie de l'artiste, Marian Goodman, New York ; Hauser & Wirth, Londres ; Esther Schipper, Berlin ; Galerie Chantal Crousel, Paris.
© Photographie : Ola Rindal

O
SESC Pompeia, Lina Bo Bardi, architecte,
São Paulo, 1977-1986.
© Paulisson Miura. Tous droits réservés.

P
Mâchefer, Lara Almarcegui, vue de
l'exposition, 14ᵉ Biennale de Lyon, 2017.
© Photographie : Blaise Adilon

Q
Sonic Fountain II, Doug Aitken, 2013/2015, vue d'installation : Schirn Kunsthalle Frankfurt, 2015, courtoisie de l'artiste; 303 Gallery, New York ; Galerie Eva Presenhuber, Zurich; Victoria Miro Gallery, London ; Regen Projects, Los Angeles © L'artiste, photographe : Norbert Miguletz

R
USA (Reisefotos), Roman Signer, 1997.
Galerie Art : Concept

S
Terra, Claudio Parmiggiani, 1989.
Collection MAC Lyon. DR

Le monde sous-terrain — Prospectives — 503

Dominique Rouillard

Tout bouge et se passe

Esthétique des mobilités

Boulevard Montmartre, matinée de printemps, Camille Pissarro, 1897.
Collection particulière

Boulevard Montmartre, soleil apres-midi, Camille Pissarro, 1897.
Musée de l'Ermitage

Tout ce qui bouge et se passe. L'esthétique des mobilités est le spectacle des mouvements qui emplissent Paris à toutes les époques ; les mobilités sont les scènes qui se modifient et jouent dans toutes les formes qu'a dessinées la ville.

Les mobilités montrent le déroulement des activités métropolitaines par-delà la météorologie et les lumières. Ce sera le travail de Pissarro de le démontrer en continu pour un même cadrage, boulevard Montmartre, boulevard des Italiens, rue Saint-Honoré, avenue de l'Opéra… Pissarro et Caillebotte pensent peindre la mobilité du climat alors qu'ils saisissent la mobilité de la ville ; ils ont construit notre regard de la ville des mobilités.

C'est une mobilité conquise qui se donne en spectacle. Le mouvement s'expose dans la multiplicité des mobiles que le XIXe siècle a perçue à toutes les altimétries, au sol, d'un balcon, et plus haut, lorsque la ville se lit proche de la verticale : tous ensemble, les hippomobiles, calèches, cavaliers, groupes de piétons, couples et solitaires. Leurs vitesses différentes, et leurs directions et traversées des voies ont constitué la ville autant que les avenues dans lesquelles ils se meuvent. Les façades urbaines sont les plaques sensibles sur lesquelles s'impriment ces images sérielles ; les arbres, kiosques et vitrines en organisent les traces. Le mouvement de la ville devient l'attraction même que le XXe siècle cinématographique démontrera, avec Vertov et Ruttmann, André Sauvage pour Paris.

Le mouvement, le flux, la mobilité, tout ce qui contraste avec la masse inerte du bâti, est l'esthétique métropolitaine, le temps de la modernité. La mobilité remplit la matérialité de la ville ; elle a été la définition de la « grande ville » dans le sens que pouvait lui donner Simmel à la fin du XIXe siècle. La beauté de la ville résidait dans ses foules et flux de carrosses, vie nocturne et festival de bruits, d'odeurs, de couleurs. Le tableau d'Edvard Munch exprime cette attirance de la grande ville, où la vitesse extraordinaire des voitures à cheval défie les arcades et façades de Fontaine et Percier et le calme du jardin qui leur fait face.

La mobilité, c'est ainsi ce que l'on voit de la ville ; tout ce que l'on croise fait image et sens, nous informe et nous transforme. Mobiles sont les événements ou leur attente, le fait divers ou l'accident. La densité changeante des mobiles, leur espacement calme ou leur arrêt total définissent la ville. La direction des véhicules fait tableau en tant que telle.

Rue de Rivoli, Edvard Munch, 1891.
Fogg Art Museum, Harvard University

« Un intérieur à l'air libre »

Le daguerréotype, qui « éliminait » les véhicules trop rapides pour demeurer sur la plaque, montre illusoirement des rues et places désertes. La situation à l'arrêt et silencieuse du confinement – comme si un metteur en scène avait obtenu toutes les autorisations nécessaires pour arrêter le flux – a révélé combien la ville avait continué à se remplir de mouvements, de bruits, d'occupations, dont les rythmes et densités ont changé et se sont accrus dans la durée (et qu'il resterait à exposer). Sur une épreuve de Germaine Krull, le trafic parisien à l'arrêt place de l'Étoile en 1926, fait de véhicules encore espacés, diffère de celui qui apparaît dans les films en noir et blanc des années 1950 ou 1960, révélant le phénomène des « embouteillages ». Ces films nous montrent aussi des avenues ou places encore bien peu circulées, qu'on n'arriverait plus à filmer ainsi aujourd'hui. Faut-il dire que l'activité suspendue des premières photographies de la ville du XIXe siècle et la ville de la COVID rappellent mais aussi préfigurent ce qu'il en serait d'un paradis urbain ? Ainsi qu'on le verra, parce qu'il s'agit d'en partager l'espace, la ville plutôt lente et, en tous cas, sans bruits, odeurs et pollution, le figure et l'actualise totalement.

De même, si Fourier fuyait la rue périlleuse et boueuse, se réfugiant dans les galeries du Palais-Royal et les passages, pour

Trafic parisien, place de l'Étoile, avenue de la Grande-Armée, avenue du Bois-de-Boulogne. Photographie Germaine Krull, 1936.
© Centre Pompidou, MNAM-CCI, Dist. RMN-Grand Palais / Jacques Faujour

Benjamin, et malgré la pression dangereuse des véhicules, Paris était devenu « une sorte d'intérieur à l'air libre[1] ». Cette caractéristique de la métropole, qui tente de survivre quand bien même agressée par la violence du trafic, nous revient aujourd'hui comme une nécessité. Les véhicules, sources d'insécurité, ont été jusque récemment ce qui a empêché l'avènement de la ville comme intérieur, comme un chez-soi ouvert sur le monde.

La mobilité construit l'identité de la ville et fait histoire

Chaque métropole possède ses mouvements propres qui construisent son identité, différents à Paris et à Londres, Berlin, New York ou Tokyo, Los Angeles, Pékin ou Singapour. Les vitesses, la forme des réseaux et leurs histoires, la dimension des espaces réservés aux divers véhicules, le dessin, les coupes en travers et les matériaux, les graphismes même des voiries constituent la mobilité qui s'y définit – rappelons qu'on ne stationne pas sur la voirie à Tokyo.

La silhouette ou la marque et la couleur d'un véhicule, la conduite des chauffeurs, les arrêts (ou pas) aux feux de signalisation invitent à reconnaître l'époque, à dater (un film). Le flux lui-même fait histoire : embouteillage ou traversée de Paris au petit matin ou la nuit, en empruntant la voie sur berge et ses tunnels à la lumière orangée dans un travelling personnel sans interruption, pour relier la porte de Saint-Cloud au quai de Bercy, font un souvenir d'enfance. Les années glorieuses ont ainsi rêvé la traversée de Paris ; le flux des véhicules sans aucun arrêt fut leur fiction, qu'il appartient au présent de réinventer aussi. Un retour au boulevard urbain de Pissarro serait uniquement une nostalgie, en particulier pour le « périphérique ». Celui-ci incarne, mieux que tout autre, l'infrastructure qui a redéfini la forme de Paris, qui l'a aussi donnée à voir, manière de la voir en mouvement lorsqu'il la surplombe.

Pont SNCF sur le boulevard périphérique Sud, s.d.
© Mairie de Paris

La circulation fluide n'est pas seulement mélancolie d'un temps sans débat sur la régulation du trafic, dont il fallait sans discussion « accroître le débit », et d'abord sans à-coups. Réaliser des « ondes vertes » – l'esthétique des feux tricolores –, en décalant de manière synchrone le passage au vert des feux de circulation, a été une technique de gestion des carrefours qu'on découvrait avec émerveillement dans les années 1970 : la ville ne résistait plus. Vingt ans plus tard, alors que la circulation parisienne avait été pensée depuis les années 1920 par la mise en sens unique de voies, avec une accélération notoire durant les années du progrès[2], l'aménagement du boulevard Saint-Marcel a introduit, non sans de vives critiques, un autre rythme, une autre idéologie de l'époque, avec un surcroît de signalisation : gymkhana entre des allées à contresens dans une même voie et aux affectations différenciées (voitures, bus, taxis, vélos : « regarder à gauche et à droite avant de traverser »), des ondes rouges, cette fois pour un ralentissement, de gré ou de force.

---

1 Georges Teyssot, *Walter Benjamin : les maisons oniriques*, Paris : Hermann, 2013, p. 16.

2 Les voies à sens unique restent majoritaires aujourd'hui, et représentent environ trois quarts du réseau viaire. Voir Frédéric Héran et Emmanuel Ravalet, *La Consommation d'espace-temps des divers modes de déplacement en milieu urbain : application au cas de l'Île-de-France*, rapport PREDIT, juin 2008.

La ville qui bouge

L'aménagement actuel de la rue de Rivoli, avec la suppression des véhicules non autorisés, s'accompagne de débats toujours aussi houleux dès qu'il s'agit de contraindre le flux et la présence des voitures (piétonisation des berges de la rive droite), et l'on ne sait si cet aménagement pourra perdurer (électoralement parlant). L'éviction des automobiles vise à reformer un intérieur « apaisé », au risque de restreindre l'entrée de Paris à la banlieue. Elle fait date dans la transformation de la capitale vers un idéal de compromis qui remonte au XIXᵉ siècle, soit à l'invention même de l'urbanisme, entre la ville qu'on ne veut plus et ce qui la fait ville – équilibre instable entre flux et congestion, foule et « désert », entre « quartier animé » et « quartier mort », vitesse et lenteur, bruit et silence, confusion et ordre, tous éléments qui installent pour chaque époque un style de vie, un rapport à la ville.

Paris a résisté jusque récemment aux injonctions du design en maintenant une politique de modeste peuplement de mobiliers urbains. Une nouvelle sollicitation est apparue avec des interventions moins pérennes, à la réversibilité affichée. Les changements d'usage de l'espace public ne se limitent plus aux jours de marché ou aux fins de semaine, mais entrent de plain-pied parmi les outils d'un « urbanisme tactique ». Ce qu'on désigne ainsi obéit autant à des considérations économiques (on teste pour voir) qu'esthétiques : modifier aisément, par des aménagements de fortune, le sens ou le nombre des files de circulation, en fonction des désirs, besoins des gens ou impératifs de circulation, donne à rêver d'une ville réactive, autrement dit de l'actualisation d'une esthétique critique ancienne qui échange la trace, la mémoire monumentale contre l'action : la ville adaptable, la ville mobile.

Mobilité magique

L'esthétique de la mobilité en appelle à nos corps transportés : portés ou déplacés à vitesses variables par de multiples mobiles. La mobilité a fasciné, et pas seulement en tant que vitesse. Avant que le métro ne vienne y mettre pour un temps un terme, le XIXᵉ siècle a déployé une inventivité sans égale pour des mécanismes de déplacement urbain. Ainsi des remarquables « trottoirs roulants » à plusieurs vitesses, qui trouveront à s'expérimenter dans les Expositions universelles des XIXᵉ et XXᵉ siècles. Ils ont été de véritables dispositifs scéniques pour « des visiteurs qui ne viennent que pour regarder », pour se « promener sans fatigue » et non « transiter[3] », pour le seul plaisir de voir et pas nécessairement pour aller plus vite, bien au contraire. Aller à la même vitesse qu'un piéton (ici 5 km/h), mais sans bouger, relève de la magie[4]. Et encore, l'insistance d'Eugène Hénard à préciser que son invention de « plate-forme mobile » (non réalisée pour l'Exposition de 1889) sera « au ras du sol » – et non surélevée, comme on l'a imaginée mais non construite à New York (1874) – indique combien le dispositif devait se fondre dans le paysage viaire existant, apporter confort et souplesse d'utilisation, tout en suscitant l'extraordinaire du mouvement sur un trottoir notoirement immobile : la modernité incarnée. L'idée sera mise en œuvre lors de l'Exposition

---

[3] Eugène Hénard, « Projet de train continu » [conférence du 26 mai 1887 à la Société centrale des architectes], *Le Génie civil*, 18 juin 1887, 7ᵉ année, t. XI, n° 7, p. 108.

[4] Dominique Rouillard, « La marche, le marketing du corps », *CLARA Architecture/recherche : marche et espace urbain de l'Antiquité à nos jours*, Bruxelles : Mardaga, mars 2013, n° 1.

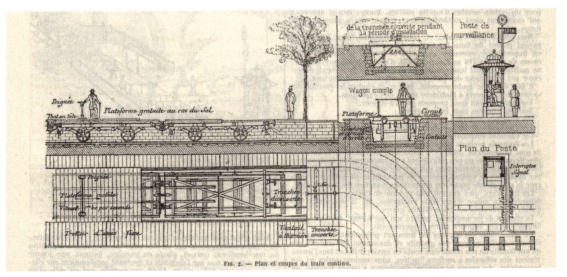

« Projet de train continu », plan et coupes de la plate-forme mobile,
Eugène Hénard, architecte, dans *Le Génie civil*, 18 juin 1887.
© BnF

Le trottoir roulant à l'Exposition universelle de Paris, 1900.
© Léon & Lévy / Roger-Viollet

universelle de Paris en 1900 – qui se tenait en plein air au cœur de la capitale, et non sur un site de foire (Chicago, 1893 ; Berlin, 1896) –, sans toutefois conserver le principe illusionniste de l'enfouissement du système de locomotion. La plate-forme, devenue « trottoir roulant » à deux vitesses, redouble alors et surplombe le train électrique en léger contrebas, proposant à tout visiteur une expérience esthétique unique de se vivre comme le marcheur immobile ou le piéton accéléré du futur. Edison filmera bien sûr l'expérience, celle de réussir à monter sur le trottoir en mouvement et à changer de vitesse, tout en l'utilisant pour réaliser un travelling sur Paris.

Il revient aux Expositions universelles d'avoir instauré ces « scènes mobiles », qui tout à la fois faisaient spectacle et permettaient à chacun d'être en mouvement dans le mouvement de la capitale. Les « trottoirs roulants » réapparaîtront comme tapis roulants dans les échangeurs de Montparnasse et de Châtelet, et resteront longtemps une des attractions ingénieuriales de la capitale – dont on aimerait encore voir de nouveaux développements –, avant de se généraliser dans les aérogares. Seuls les escalators – une autre invention américaine du XIXe siècle – resteront à l'air libre pour gravir des pentes urbaines, et deviendront les marques de Hong Kong ou de Medellín. Mais on échouera partout à porter de nouveau à l'extérieur ce tapis extraordinaire, *à plat*. Le métro aérien en propose une version non moins émouvante – on quitte immanquablement des yeux son smartphone quand il « débouche » à l'air libre. Quant à la télécabine urbaine, elle apparaît comme un dispositif transformant le déplacement en exaltation des sens. Ce dispositif a été imaginé pour Manhattan, quand l'île pensait transformer la crise énergétique en prise de conscience écologique. Aujourd'hui, Rotterdam rêverait de relier par télécabines des quartiers traversés par les nombreux cours d'eau. Mais Paris ne veut pas être une fête foraine permanente. En est-on si sûr ?

Les encombrants piétons

Les piétons ont été relégués progressivement dans les marges des espaces circulés, au fur et à mesure que la vitesse des véhicules augmentait : la demande d'espace est en effet proportionnelle à la vitesse. Les piétons ont été parqués en marge de la voie et donc de l'espace public magistral, alors qu'ils y occupaient une place égale à celle des véhicules dans le Paris d'Haussmann. Les « grands boulevards » ou les « percées » avaient augmenté la vitesse des flux – exigence des troupes, de l'hygiène, de la vitesse même, aux ordres du progrès –, mais ils proposaient, comme en contrepartie, des trottoirs d'une largeur à faire pâlir les amateurs des plus grandes avenues de Manhattan[5], dans une proportion qui paraît insensée aujourd'hui ; un rêve : plus de 50 % des surfaces viaires pour la marche – les calèches et les crinolines de la déambulation à parts égales[6].

Cette proportion, qui finalement laissait la ville dans une pensée urbaine dix-huitièmiste non encore gagnée par la vitesse, amènera sans aucun doute Eugène Hénard à élaborer, un demi-siècle plus tard, des calculs sidérants sur « l'encombrement des passants ». Une fois écartée la situation de la foule – il livre à cette occasion une liste toujours d'actualité des lieux de liesse et de consommation de la vie parisienne, où 10 personnes de corpulence moyenne peuvent occuper 1 m^2... –, Hénard conclut qu'avec un ratio ramené à 4 personnes au m^2, il n'y a « aucune inquiétude à avoir pour la circulation des piétons » : « Elle est largement assurée pour un long avenir [...]. Il résulte de la comparaison de ces chiffres que la circulation des soixante-cinq mille voitures de Paris et des soixante-cinq mille vélocipèdes exigent plus d'espace que la circulation des deux millions sept cent mille passants[7]. »

Cet avenir promis d'une ville réduite pour les passants, et qui s'est réalisé, n'empêchait pas Hénard d'imaginer des trottoirs à deux files, l'une pour la marche rapide, l'autre pour une fréquentation nonchalante. Certaines villes chinoises ont marqué la division du trottoir en deux flux distincts pour la sécurité du passant – considéré comme un objet mobile parmi d'autres – qui ne peut plus se contenter de faire une seule chose à la fois, de seulement passer, et veut, en même temps, lire son smartphone.

« Tous ensemble », un nouvel urbanisme

Après l'usage limité de la rue piétonne introduite dans les années 1960 en Europe – qui désertifiait les lieux et les vouait à une chalandise commerciale exclusive, les « privant » de l'animation du flux lui-même –, la solution est d'abord venue non d'une considération spatialiste de la ville (la largeur des trottoirs), mais de la vitesse. Passer de 50 à 30, puis 20, puis bientôt sans doute 10 km/h, voire 5 km/h pour les automobilistes, qui se retrouveraient ainsi pour une fraction d'espace-temps au quasi-rythme des piétons, s'est imposé comme la bonne « mesure ». La réglementation des vitesses, comme des nuisances sonores ou de la pollution, a créé un nouvel urbanisme bien plus efficace et simple à mettre

---

5 La largeur des trottoirs de Manhattan deviendra une des références de Jane Jacobs pour déclarer « la vie et la mort des grandes villes américaines ». Voir Jane Jacobs, *The Death and Life of Great American Cities*, New York : Random House, 1961.

6 Alain Arméni, Jean-Loup Gourdon et Jean-Claude Pidal (dir.), *Boulevards, rondas, parkways... des concepts de voies urbaines*, Lyon : CERTU, 1998.

7 Eugène Hénard, *Études sur les transformations de Paris* [1903-1909], Paris : L'Équerre, 1982, p. 247.

Rue Saint-Antoine, métro Saint-Paul : les bus et taxis avancent à vitesse réduite, les piétons se déportent, les véhicules passent et le flux piéton se referme naturellement.
© Dominique Rouillard

en œuvre que celui des formes urbaines, ouvrant parallèlement d'autres potentiels immobiliers (le long des voies rapides, par exemple). Le plan de circulation change l'ambiance de la ville plus et plus vite que le dessin des rues et des places.

Le ralentissement a conduit à imaginer confondre les voies et les flux des uns et des autres, et à interpréter de manière opposée la notion de « partage » de l'espace urbain circulé, non plus comme une ségrégation, mais une cohabitation réussie. La rue « de façade à façade » ou « en plateau » est une invention redoutable d'efficacité, opposant à la logique de la distinction des circulations leur dissolution dans un continuum devant être à la faveur du piéton. Elle propose l'expérience de la rencontre, un jour de manif, en permanence ; la rue comme une place en continu, l'exceptionnel quotidien : « tous ensemble », piétons, bus, taxis, vélos et engins d'automobilité de toutes vitesses se côtoient dans une lenteur « hétéromobile ». Les piétons « laissent » passer les véhicules (et non l'inverse), dans un mouvement aléatoire où tout se croise dans une entropie ralentie.

Le dispositif fonctionnera avec d'autant plus d'efficacité que le sol du « plateau » aura été rendu homogène et contraignant, de manière visible et audible, sans aucune négociation possible : pas de potelets ! Il faut faire entendre cette différence de la chaussée, le passage du bitume lisse et silencieux, confortable pour la vitesse, aux pavés chaotiques, plus bruyants, voire incommodes pour les deux parties. La différence entre le pavage des rues et le revêtement des sols, entre le sol extérieur public et le sol intérieur privé des immeubles, est un des traits de la modernisation de la ville : cette discontinuité a vécu. Avec elle, on lit l'histoire du passage du « Code de la route » au « code de la rue » (2008), à près d'un siècle d'écart.

Ensemble, réunis dans un espace commun, tous les usagers en mouvement offrent un puissant message à l'œuvre dans notre imaginaire, mais également déjà présent dans quelques espaces, tel le fragment de contre-allée de la rue de Rivoli au niveau de la station Saint-Paul. Et même si la tentation est forte, et si les discussions s'épuisent à vouloir rediviser les voies ou espaces reconquis en autant de bandes passantes que de types d'usagers et de vitesses (le « laniérage »), l'événement permanent que représente l'espace commun peut faire modèle et s'interpréter pour de nouveaux espaces et places de grande ampleur. « Tous ensemble » sur les places parisiennes, de façade à façade, est un enjeu proprement politique pour le renouveau d'un espace public républicain.

Une mobilité en partage

Les mobilités, que l'on conjugue dorénavant au pluriel et qu'on dit « nouvelles », dans leurs modes et leurs véhicules qu'on ne sait plus comment nommer – aujourd'hui, des « vecteurs de déplacement » –, mettent au défi les aménageurs urbains : elles les prennent de vitesse. L'avènement des VEC[8] – petits et légers, connectés, bientôt automates (au moins pour certaines fonctions : livraison, taxi, navette…) –, leurs usages partagés à l'heure de l'internet des objets, et leur commercialisation de plus en plus diffuse ouvrent à une mobilité à la fois propre sur site et silencieuse.

Les nouvelles mobilités accélèrent la réalisation effective du mélange de toutes les mobilités, avec ou sans une infrastructure qui tarde à (ou ne sait comment) s'adapter. Elles forcent le partage, cette nouvelle forme de bonheur de ce début du XXIe siècle. On savait la foule être un vertige de plaisir pour les flâneurs, consommateurs et manifestants ; s'y ajoutent dorénavant les mobilités « passives » des individus augmentés. Le piéton-marcheur-touriste (4 km/h) n'est ainsi plus le seul pour qui la ville doit se faire attrayante et désirable ; même les touristes ont pris de la vitesse sur leurs trottinettes (10 km/h) : il faut leur faire de la place. La question du partage d'un sol nécessairement limité est devenue centrale, car plus personne apparemment n'ose imaginer un sol se superposant à un autre, soit le temps passé des infrastructures héroïques du progrès.

Le stationnement s'est ainsi invité au premier rang de l'esthétique parisienne, par effraction pourrait-on dire, la capitale se pensant sans doute épargnée par ce qui, de nouveau, se passait en Chine, et ce qu'elle importait. La mise en service des locations de vélo en *free-floating* (sans bornes de recharge ou de stationnement fixes) avait entraîné, en Chine, un désordre stupéfiant qui alarmait les autorités – on comptait déjà 6 compagnies différentes à Guangzhou en 2016 –, avec des vélos abandonnés ici, jetés ou empilés là. Les mêmes causes produisant les mêmes effets, les vélos Mobike ou Ofo conquérant ensuite Paris l'ont occupé tout aussi sauvagement, « profanant » l'esplanade devant la colonnade du Louvre. Cette esthétique involontaire a nécessité une mobilisation intense des services de la Ville, car le pire venait déjà : les trottinettes en partage, encore plus agiles pour stagner ou s'infiltrer dans n'importe quel espace *public* – ou presque plus.

L'espace public sans limites

Après et avec l'élision du trottoir ou de la voie, s'ajoute le floutage de l'opposition entre espace *public* et espace *privé*. On sait combien cette opposition s'est défaite dans les espaces de la grande consommation ou de l'événementiel depuis le XIXe siècle, mais elle reste à imaginer avec le développement d'une mobilité propre, silencieuse, agile et peu encombrante, qui pourra coloniser des « intérieurs » jusque-là interdits. Si l'on a pu constater l'occupation croissante du domaine public par des activités privées, qui accélèrent l'advenir de la nouvelle « rue du futur », on peut aussi lui opposer le possible accroissement de l'espace public que réaliserait la colonisation des intérieurs par les engins des nouvelles mobilités. Ceux-ci rendent le monde urbain plus poreux ; ils pourront quitter la voie, n'importe quel dehors, et pénétrer à l'intérieur

---

8 On a dénommé ces nouveaux engins de déplacement par le sigle VEC, pour « véhicule écologique/électrique et communicant ». Sur leur arrivée, ce qu'ils transforment dans la ville et l'architecture, et comment celles-ci pourraient les accueillir, voir Dominique Rouillard et Alain Guiheux, *Door to Door : futur du véhicule, futur urbain*, Paris : Archibooks, 2015.

même des bâtiments, dans les rez-de-chaussée autrefois commerciaux – et pour certains scénarios réalistes, monter dans les étages, prendre l'ascenseur et transformer tout programme en parking potentiel : les escalators sortent, les véhicules rentrent.

Les nouvelles mobilités sont épidémiques. L'espace public du futur est un espace total qui dilue l'ensemble des oppositions qui ont construit la ville : intérieur/extérieur, fermé/ouvert, privé/public, dehors/dedans, bâtiments/véhicules, loisir/travail, ville/nature, monde humain/monde animal.

Dans une métropole qui ne peut s'accroître si ce n'est sur elle-même, les actions vont porter sur ce qui s'appelle encore l'« espace public », soumis aux stratégies d'influences et, par conséquent, aux pressions qui défont l'espace républicain mis au défi d'y résister. Celui-ci doit, pour ce faire, se construire ses enjeux, et le faire savoir en imposant ses visions.

Un urbanisme affectif

Le distinguo reste à rappeler entre l'automobile et l'automobilité, à l'heure du partage et de la connectivité, et quand General Motors ou Stellantis annoncent la fin de la production de véhicules thermiques en 2030. Ce qui est devenu l'objet d'une détestation de plus en plus partagée vis-à-vis de la voiture (thermique) est son incivilité à tous égards, son bruit, ses odeurs, son risque, la reconnaissance enfin de la place exorbitante qu'elle a prise dans la ville. Ce qui pourra advenir n'est pas « la ville sans voiture », mais, presque à l'inverse, la ville plurimobile, avec des modes individuels de déplacement à partager, à une, deux, trois ou quatre roues, qui devront se conjuguer avec « tous » les autres modes et mobiles : piétons, transports collectifs, engins automates, et, pour quelque temps encore, les voitures thermiques. Le grand enjeu réside dans cette coprésence de toutes les mobilités et dans les passages de l'une à l'autre (l'intermodalité et l'interopérabilité)[9].

L'esthétique de la mobilité se détermine aussi dans ce confort des interconnexions et des changements de modes. Leur démultiplication amène paradoxalement des réponses à une question posée depuis près de trois décennies sur le confort, et donc sur l'incitation à l'intermodalité, car elle implique une tout autre prise en compte des nouvelles mobilités, en particulier concernant leur stationnement et leurs lieux de prise en charge, dans les gares notamment (intra-muros comme à l'échelle du Grand Paris). La distance de temps contemporaine, l'accessibilité plutôt que la proximité, l'urbanisme du temps s'y jouent.

Il va de soi que l'avenir du périphérique parisien est l'un de ces enjeux : accessibilité aux transports en commun et aux cycles, généralisation des accès immédiats aux immeubles en bordure (comme pour les stations-service autrefois), maintien de la fluidité. L'usage est une esthétique.

Les implications urbaines et architecturales des véhicules écologiques et de leurs échanges sont nombreuses. Elles permettent de projeter le silence de la ville mobile, la beauté de la mobilité au sein d'un urbanisme de l'émotion, d'un urbanisme affectif. Il s'exprimera par la prise de décisions, autrement dit par un engagement qui s'énonce avec clarté, en proposant un futur, une intention mise en œuvre. Les enjeux esthétiques sont ici aussi des risques où se jouent la pensée, le politique.

Dominique Rouillard
Architecte, professeure à l'ENSA Paris-Malaquais

---

9 Sur les enjeux spatiaux de l'intermodalité, voir Dominique Rouillard et Alain Guiheux. *Le Projet Hub : l'architecture des nouvelles mobilités*, Genève : MétisPresses, 2020.

Esthétique du flux, esthét<!--ique--> du stock

Paul Landauer

À l'origine des villes fut le stockage. Il s'agissait tout à la fois de recueillir et conserver les récoltes de grain, et de les protéger d'éventuels pillages. « Le sédentarisme issu du stockage agricole aboutit à la formation de sociétés hiérarchisées et à la concentration des richesses et du double pouvoir religieux et militaire dans des capitales[1] », écrivait André Leroi-Gourhan. Ce fut aux rois, aux prêtres et aux chefs militaires qu'incomba la lourde tâche de garder et de gérer ces stocks, en prévision d'un futur difficile. Les lieux que ceux-ci occupaient firent alors le prestige des villes. C'est ainsi que les premiers attributs de l'esthétique urbaine furent les palais, les temples et les murailles. Cette fixation autour des réserves de céréales perdit toutefois de son aura à mesure que la productivité et la performance des transports et des échanges commerciaux augmentaient. Dès les débuts de la révolution industrielle, les villes ne servaient plus tant de greniers à blé que de plates-formes d'échange, pour une économie et un réseau d'approvisionnement de plus en plus étendus. La célébration des lieux et des organisations du stock laissa progressivement place à une célébration de la mobilité. La résistance aux pénuries allait moins dépendre des stocks disponibles que d'une capacité démultipliée de production et de distribution. Une nouvelle esthétique urbaine émergea alors, non plus fondée sur le palais, le temple et la muraille, mais sur l'escorte et l'harmonisation des flux.

Paris se distingua par l'instauration, dès avant Haussmann, d'un réseau de grands boulevards à même de répondre à ses besoins croissants de mobilité. Cette mise en place, qui s'est prolongée tout au long des XIXe et XXe siècles, a induit la liquidation progressive de tous les lieux affectés aux provisions, qu'elles soient alimentaires, matérielles ou énergétiques. Le développement récent de la logistique et du *just-in-time*[2] s'inscrit dans cette continuité. Les entrepôts qui leur sont consacrés ne remplacent pas les installations du stock ; ils les vident de leur substance en s'assurant de la mise en mouvement de toutes les provisions. La production et la distribution sont ainsi devenues entièrement tributaires de la performance des flux, tant pour écouler leurs produits que pour se réapprovisionner. L'organisation des logements eux-mêmes, de plus en plus dépourvus d'espaces de rangement, incite au ravitaillement continu en aliments et au débarras systématique de tous les vieux objets. La *smart city* apparaît à ce titre comme le dernier avatar de cette esthétique du flux qui s'est développée depuis deux siècles : quand bien même elle n'affirme aucune esthétique urbaine qui lui soit spécifique[3], elle n'en contribue pas moins à augmenter la performance du *just-in-time* et à réduire l'intérêt que nous pourrions porter à la matérialité du stock et de l'archive[4].

Il se pourrait bien, toutefois, que Paris soit amené à redonner une dignité au stock. L'exposition accrue au réchauffement climatique, aux pénuries et aux pandémies – comme celle que nous sommes en train de traverser – pourrait nous amener à reconstituer des réserves individuelles et collectives pour pallier une probable interruption des chaînes

---

1 André Leroi-Gourhan, *Le Geste et la Parole : technique et langage* [1964], Paris : Albin Michel, Coll. Bibliothèque Sciences, 2018, t. I, p. 243.

2 « Le fameux "juste à temps" qui se tient au cœur de tous les processus productifs [...] témoigne d'une idéologie et d'une pratique logisticiennes qui se sont imposées comme un fondement des sociétés mondiales urbanisées. » Michel Lussault, *L'Avènement du monde : essai sur l'habitation humaine de la Terre*, Paris : Seuil, 2013, p. 123.

3 Antoine Picon, *Smart Cities : théorie et critique d'un idéal autoréalisateur*, Paris : B2, Coll. Actualités, 2013.

4 Je n'ignore pas à quel point la *smart city* est génératrice de lieux de stockage – les *data centers* –, lesquels apparaissent de plus en plus gourmands en consommation d'espace et d'énergie. Toutefois, force est de constater que le discours promotionnel ne cherche en aucun cas à glorifier ces lieux de stockage, mais bien plutôt à dissimuler leur présence. Voir Cécile Diguet et Fanny Lopez (dir.), *L'Impact spatial et énergétique des data centers sur les territoires*, rapport ADEME, février 2019.

d'approvisionnement. Les greniers et les espaces de rangement reprendraient dès lors le rôle qui a été le leur avant l'ère industrielle : celui de faire provision, et celui, tout aussi fondamental, d'apaiser l'angoisse que génère invariablement la dépense quand l'abondance est invisible. Car en même temps que les flux financiers et la logistique contribuent à invisibiliser les produits du travail, ils consument puis épuisent les ressources naturelles. La disparition des derniers lieux de stockage visibles, au moment même où nous découvrons que l'abondance est déjà en train de tarir, a mis cette angoisse à nu. L'Anthropocène nous menace de toutes les pénuries, mais nous n'avons plus aucun grenier pour faire les provisions.

Va-t-on voir l'esthétique du stock reprendre ses droits sur l'esthétique du flux ? Telle est l'hypothèse que j'aimerais défendre ici. Elle s'appuie sur l'histoire de quelques-uns des lieux emblématiques parisiens qui, par le passé, ont assumé cette double fonction effective et symbolique du stockage. Leur mise en lumière rétrospective dessine en creux les futurs greniers-monuments que la ville pourrait accueillir.

Les monuments oubliés du stock

Le destin de la halle au blé, inaugurée à Paris en 1767 et transformée, quelque 120 ans plus tard, en Bourse de commerce[5], illustre la transition de la symbolique du stock vers celle du flux. La construction de cet édifice, accessible depuis le bord de Seine, fut confiée à l'architecte Nicolas Le Camus de Mézières. Il conçut un anneau circulaire de 122 mètres de circonférence comprenant deux galeries concentriques, ouvertes sur l'extérieur par vingt-quatre arcades et couvertes de voûtes supportées par des colonnes d'ordre toscan. Au premier étage se trouvaient de vastes greniers couverts de voûtes ogivales en briques et accessibles par deux vastes escaliers circulaires. La partie centrale fut couverte une quinzaine d'années plus tard d'une coupole en charpente à petits bois, conçue par les architectes Jacques-Guillaume Legrand et Jacques Molinos, et inspirée d'une technique mise au point par Philibert Delorme au XVIe siècle. L'édifice circulaire, à la fois rationnel et transparent, isolé des îlots alentour par une rue elle-même circulaire, fut très admiré à l'époque. Il représentait alors une puissance publique digne et prévoyante, qui avait su faire de la valeur comestible du blé un monument entièrement ouvert et accessible, un anneau rayonnant, sans façade principale[6].

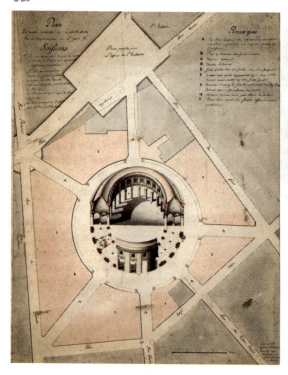

Plan de halle couverte et incombustible en l'emplacement de l'hôtel de Soissons, Nicolas Le Camus de Mézières, architecte, vers 1763.
© BnF

---

5 Le même édifice sera transformé une nouvelle fois, quelque 130 ans plus tard, par l'architecte Tadao Andō, pour accueillir le musée de la Pinault Collection.

6 L'aura de cet édifice fut telle que Victor Considérant envisagea, en 1843, la réalisation d'une grande avenue depuis la place Saint-Sulpice jusqu'à l'Institut de France et l'hôtel des Monnaies, et qui, parvenue au quai Conti, aurait traversé la Seine, puis serait passée par le Louvre pour aboutir à la halle au blé. Voir à ce sujet Nicholas Papayanis, « L'émergence de l'urbanisme moderne à Paris ». Dans Karen Bowie (dir.), *La Modernité avant Haussmann : formes de l'espace urbain à Paris, 1801-1853*, Paris : Recherches, 2001, p. 88-89.

Le Grenier d'abondance, après l'incendie lors de la Commune de Paris.
Photographie Hippolyte Blancard, 1870-1871.
© Musée Carnavalet / Roger-Viollet

Au tout début du XIXe siècle, en raison de récoltes irrégulières de blé, Napoléon Ier proposa la construction, dans toutes les villes de France, de greniers d'abondance. Leur vocation était d'abriter des réserves subsidiaires d'approvisionnement pour les boulangers en cas de disette. Le premier de ces greniers d'abondance fut construit à Paris en 1807, le long du tout nouveau boulevard Bourdon réalisé dans le quartier de l'Arsenal, à l'emplacement du chemin qui longeait l'extérieur de l'enceinte de Charles V. L'architecte François-Jacques Delannoy, à qui fut confiée cette réalisation pionnière, conçut un édifice en cinq parties de 350 mètres de long pour 25 mètres de large. Le plan initial prévoyait six étages, mais du fait de l'instabilité du sol, seuls le sous-sol de livraison – au niveau du quai du canal Saint-Martin auquel il était relié par un souterrain –, le rez-de-chaussée et un étage sous comble furent réalisés. Lors de l'épidémie de choléra de 1832, l'édifice servit temporairement d'hôpital. Ce long vaisseau dans lequel était conservé l'excédent de grain, ce donneur d'avenir, incarnait une possible délivrance collective à l'égard de la faim comme de la maladie. Dédié au surplus de production, le grenier d'abondance eut tôt fait de distiller dans la ville un champ de force supérieur dans lequel les provisions et le pouvoir s'imbriquaient. « Depuis que la plus-value agricole existe et avec elle sa répartition inégale et sanctifiée, les "sociétés" sont divisées entre les patients, ceux qui restent sur place et servent, et les impatients, ceux qui font des sorties, ceux qui font l'histoire[7] », écrivait Peter Sloterdijk. En 1871, la Commune de Paris mit le feu à l'édifice.

Accompagner le mouvement

Le grenier d'abondance ne fut pas reconstruit. La libre circulation du grain, appuyée sur l'extension du chemin de fer et des canaux, allait suffire – en théorie du moins – pour faire face à d'éventuelles pénuries. L'imposant *monument du stock* laissa place à une esthétique urbaine d'un tout autre registre : un réseau d'axes perspectifs ordonnancés, unifiant l'espace urbain de la grande ville et permettant de relier les *monuments du flux* qu'étaient alors les gares. Comme l'a souligné Pierre Pinon d'une belle formule : « Les rues s'alignent sur le modèle des routes et des chemins de fer[8]. » Cette esthétique répondait également aux conditions d'approvisionnement qui s'imposaient alors au pays entier et qui conditionnaient la fluidité à l'échelle du territoire comme à celle de la ville. Charles Merruau, conseiller municipal de la Ville de Paris, rapportait ainsi que pour Napoléon III, « il fallait relier ces portes nouvelles [les gares] afin que le passage de l'une à l'autre, c'est-à-dire d'une région de France à une autre région, fut rapide à travers le centre commun[9] ».

En 1810, Napoléon Ier privilégiait encore la réalisation d'équipements à celle, jugée trop coûteuse, de percées : « Ce n'est pas lorsqu'on a déjà entrepris de donner à Paris des eaux, des égouts, des tueries, des marchés,

---

7 Peter Sloterdijk, *Sphères. Écumes : sphérologie plurielle* [2004], trad. Olivier Mannoni, Paris : Hachette, Coll. Pluriel, 2006, t. III, p. 455.

8 Jean des Cars et Pierre Pinon, *Paris-Haussmann : « Le pari d'Haussmann »* [cat. expo., Pavillon de l'Arsenal, septembre 1991-janvier 1992], Paris : Pavillon de l'Arsenal/Picard, 1991.

9 Cité dans Jean des Cars et Pierre Pinon, *ibid.*, p. 52.

10 Cité dans Pierre Pinon, « L'essai non transformé de l'oncle : un projet de rue Impériale sous le Premier Empire ». Dans Karen Bowie (dir.), *La Modernité avant Haussmann : formes de l'espace urbain à Paris, 1801-1853, op. cit.*, p. 212.

des greniers d'abondance, etc., qu'on peut s'engager dans une si grande opération[10] », écrivait-il à propos du projet d'une rue Impériale entre le Louvre et la Bastille, projet ancien et finalement réalisé plus tard. Pour autant, la maîtrise des stocks se heurta assez vite, entre les deux empires, aux encombrements qui envahissaient Paris au quotidien. C'est pourquoi les rues qui supportaient un usage mixte, de production et d'échange, furent peu à peu réduites à leur fonction circulatoire[11]. Les livraisons furent réglementées, les étals de marchandises interdits, les stationnements soumis à autorisation, tandis que les lieux de stockage se déplacèrent dans des lieux moins congestionnés. Lorsqu'en 1886, l'architecte Henri Blondel se vit confier la transformation de la halle au blé en Bourse de commerce, il choisit non seulement de remplacer la coupole en charpente à petits bois par une coupole en fonte et verre, mais également de modifier les façades extérieures. Son objectif était alors d'orienter l'édifice vers la rue du Louvre, nouvellement percée. D'abri ouvert et centrifuge, la halle devint un objet d'accompagnement dans un paysage régulier et ordonnancé. Dès lors, comme d'autres bâtiments parisiens de la période, son rôle dans la ville ne consistait plus tant à distinguer un lieu fonctionnel et symbolique, ici dédié au stock, qu'à escorter la fluidité des circulations prônée par Haussmann. À l'image des marchés financiers qu'elle accueillait désormais, la halle se mit à participer au mouvement continu des réseaux mondialisés.

Démolition partielle de la halle au blé, rue Sauval, en vue de sa transformation en Bourse de commerce de Paris. Photographie Pierre Emonds, 5 août 1887.
© Musée Carnavalet / Roger-Viollet

Les besoins de stockage alimentaire ne disparurent pas pour autant, mais cette nécessité fut transférée dans des bâtiments bien moins monumentaux et bien plus périphériques. Les entrepôts du pont de Crimée, en bordure du bassin de la Villette, et les entrepôts du pont de Flandre, en bordure du canal Saint-Denis, furent ainsi construits entre 1845 et 1854, bientôt suivis, en 1866, des Magasins généraux à Aubervilliers, dont l'objet était de répondre aux exigences croissantes d'approvisionnement de la capitale du fait de l'essor de l'urbanisation et de l'industrialisation. L'architecture de ces entrepôts ne relevait plus de l'ordre classique, mais bien plutôt de la nef industrielle. Dotées d'un double toit, dit aussi « toit ouvert », permettant leur aération et leur éclairage, ces constructions ne disposaient le plus souvent de percements que sur les murs pignons. Confondus par leur forme comme par leur emplacement avec les lieux de production industrielle, les édifices de stockage s'éloignèrent peu à peu de la vue des Parisiens. Cette exclusion s'est poursuivie, dans tous les domaines du stockage, tout au long du XXe siècle.

Externalité du stockage et retour du refoulé

Dans son histoire des cuisines, Catherine Clarisse montre comment, au cours du XXe siècle, les appareils ménagers ont remplacé les pièces du labeur, contribuant ainsi à anoblir des fonctions autrefois considérées comme servantes dans les logements[12]. Ce fut le cas, notamment, des réfrigérateurs, qui ont permis de réduire drastiquement la surface du garde-manger dans l'habitat. Libérés, grâce à ces appareils (et à la profusion énergétique), de la contrainte de conservation des

---

11 Sabine Barles, « La gestion de la circulation et du réseau viaire à Paris au cours du premier XIXe siècle ». Dans *ibid.*, p. 191-202.

12 Catherine Clarisse, *Cuisine, recettes d'architecture*, Paris : Les Éditions de l'Imprimeur, 2004.

Garde-meuble Odoul, 8 passage de l'Atlas, Paris 19e, Eugène Beaudouin et Marcel Lods, architectes, 1931-1933.
© Fonds Beaudouin et Lods. Académie d'architecture /
Cité de l'architecture et du patrimoine / Archives d'architecture contemporaine

valeurs comestibles, les architectes des logements ont pu se focaliser sur le dessin exclusif des lieux actifs, au détriment des lieux passifs. Les caves, combles et autres pièces dédiées aux réserves ont été converties en objets, insérées dans des espaces entièrement ouverts à la lumière grâce à leurs structures en béton et à l'invention du plan libre. L'intérêt des architectes pour la transparence et la continuité spatiale eut tôt fait d'éliminer toutes les fonctions de stockage à l'intérieur des habitations. Il ne suffisait pas d'émanciper les êtres humains des réserves alimentaires pour leur permettre de jouir d'une modernité qui prône le mouvement; il convenait d'affirmer, par-dessus tout, une rupture avec le principe d'accumulation qui encombrait encore la bourgeoisie du XIXe siècle[13].

L'invention de toute une série d'édifices a découlé de cette exclusion du stockage, qu'il soit alimentaire ou matériel. C'est le cas, par exemple, d'édifices entièrement dédiés à l'usage de garde-meubles. Un des plus exceptionnels est certainement le garde-meuble Odoul réalisé entre 1931 et 1933 dans le 19e arrondissement de Paris[14]. Les architectes Eugène Beaudouin et Marcel Lods ont conçu à cette occasion un édifice en gradins quasi aveugle. La brique qui recouvrait presque entièrement les façades – à l'exception de bandeaux horizontaux en pavés de verre, placés sous les corniches des gradins – masquait un contenu où le corps humain avait peu sa place. L'intérieur n'en était pas moins spectaculaire : une immense verrière y éclairait, sur toute la hauteur de l'édifice, la trémie d'un puissant monte-charge permettant l'élévation d'un camion plein. L'alliance de l'austérité des façades et de ce fantastique puits de lumière donnait à cet édifice servant une dimension proprement sublime.

Garde-meuble du Mobilier national, rue Berbier-du-Mets, Paris 13e.
Auguste et Gustave Perret, architectes, 1937.
© Fonds Perret. CNAM / SIAF / CAPA / Archives d'architecture contemporaine /
Auguste Perret / UFSE / SAIF / 2021

Un thème architectural émerge alors, synchronique à celui de la transparence. Il s'agit de son exact opposé, l'opacité, un thème que d'aucuns pourraient considérer comme un retour du refoulé du premier. Il induit une dialectique entre une enveloppe composée pour elle-même, muette sur la fonction qu'elle abrite, et ce que nous pourrions appeler une *plastique des creux*. Cette dialectique fut notamment explorée par l'architecte Auguste Perret, dans son édifice du Mobilier national, réalisé entre 1935 et 1937[15]. L'ordonnancement – formé à la fois des travées de l'ossature principale en béton et des nervures d'une ossature secondaire qui les divisaient en quatre parties – était d'autant plus magnifié qu'une proportion importante des panneaux qui lui servaient de remplissage étaient pleins. Le programme de cet édifice – dédié, pour une large part, au stockage des

---

13 Dans *On the Road*, paru en 1957, Jack Kerouac déclare que «l'unique fonction noble de notre temps consiste à être en mouvement». Cité dans Peter Sloterdijk, *Sphères. Écumes: sphérologie plurielle*, op. cit., p. 494.

14 Voir à ce sujet Marie-Françoise Laborde, *Architecture industrielle : Paris & alentours*, Paris : Parigramme, 2003 ; Éric Lapierre, *Guide d'architecture : Paris 1900-2008*, Paris : Pavillon de l'Arsenal, 2008.

15 Voir notamment le chapitre qui lui est consacré dans Joseph Abram, *Auguste Perret*, Paris : Éditions du Patrimoine, 2010.

meubles de palais officiels – n'étant que partiellement conditionné par le régime de proportion du corps humain, Perret parvint à exprimer avec une grande clarté sa théorie de l'*abri souverain*. Il faudra attendre la seconde moitié du XXᵉ siècle pour voir émerger l'expression brutaliste et sculpturale de volumes pleins entièrement consacrés au stockage, et d'où les corps humains sont exclus, ainsi qu'en attestent les beaux silos à ciment réalisés en 1968 au boulevard Masséna, dans le 13ᵉ arrondissement de Paris[16].

Vers une nouvelle monumentalité

Dans son manifeste « Architecture without Content » paru en 2012[17], l'architecte Kersten Geers proposait de transférer le système monumental de la première modernité industrielle – qui avait accordé une importance particulière aux architectures du flux, telles que gares, routes, aéroports – vers un nouveau principe de monumentalité qui aurait valorisé les larges constructions banales et utilitaires. Quand bien même les constructions qu'il donnait en exemple n'avaient pas toutes le stockage pour seule fonction, elles incarnaient une dimension collective alternative aux bâtiments et équipements publics traditionnels – tels que les écoles, centres administratifs, palais de justice. Il est permis de penser que cette nouvelle axiologie, esquissée par Geers, serait aujourd'hui à même de donner toute son importance aux entrepôts dédiés à la conservation de biens ou de données (*data*). Outre leur utilité pour faire face aux pénuries – leur fonction résiliente –, les entrepôts incarnent, en effet, un possible partage et transfert entre les générations.

D'autant que les besoins de stockage en vue de ce partage et ce transfert se font déjà ressentir. On ne compte plus, par exemple, les sites de *self-stockage* et les *data centers*, même au cœur de Paris, ni les chantiers de réemploi et de recyclage qui induisent des besoins croissants en stockage de matériaux usagés. Mais ces installations restent dissimulées, effacées du paysage – voire composent une géographie secrète que seuls certains initiés savent repérer –, tandis que l'espace public continue d'être aménagé sur le principe du flux[18]. Ces lieux du stock ne pourraient-ils pas être à même de compenser les effets déstabilisants de

Silos à ciment, boulevard Masséna, Paris 13ᵉ, les frères Arsène-Henry, architectes, 1968. Photographie Thomas Cugini, dans Ionel Schein, *Paris construit : guide de l'architecture contemporaine*, Éditions Vincent, Fréal, et Co., 1970.

---

16 Ce thème de la monumentalité du silo sera repris bien plus tard par l'architecte suisse Livio Vacchini, lequel considérait qu'un monument se distingue toujours par son opacité, son absence de fenêtre sur l'extérieur. Lorsqu'il fut amené à concevoir la nouvelle École nationale supérieure d'architecture de Nancy en 1993, Vacchini choisit de s'inspirer du motif bossé des silos à grain désaffectés qui bordaient le canal à proximité duquel allait être implantée l'école. L'aura qui se dégageait de ces édifices opaques, immobilisés par l'abandon, devenait alors une source d'inspiration pour réaliser le monument qui manquait à ce quartier.

17 Une des versions les plus complètes de ce texte se trouve dans Kersten Geers, « Architecture without Content », *Domus*, décembre 2012, nº 964. Voir aussi les expositions « Paris possible » et « Architecture without Content » présentées au Pavillon de l'Arsenal en octobre 2012, l'une consacrée aux travaux des étudiants de l'École spéciale d'architecture de Paris, sous la direction de Jean-Christophe Quinton, Thomas Raynaud (BuildingBuilding) et Sébastien Chabbert, l'autre aux travaux des étudiants de l'Académie d'architecture de Mendrisio, sous la direction de Kersten Geers, David Van Severen (OFFICE), Andrea Zanderigo et Carola Daldoss.

18 Certes, les rues accueillent des modes de déplacement de plus en plus lents et de moins en moins polluants, mais l'objectif de fluidité reste maintenu et conditionne la partition de l'espace public. Voir à ce sujet Paul Landauer, *L'Architecte, la ville et la sécurité*, Paris : PUF, 2009.

l'espace converti en réseaux ? Il est vrai que la patrimonialisation de certains lieux y parvient déjà pour partie. La vue de vieux bâtiments et de vieilles formes urbaines, commandés en leurs temps par quelques monarques (ou État-providence), prêtres ou militaires, pondère parfois notre appétence au mouvement. Les valeurs artistiques, religieuses ou politiques qu'ils incarnent ne sont toutefois plus les nôtres, et leurs usages restent le plus souvent déconnectés de nos propres valeurs. Nous n'avons pas seulement besoin d'une reconnaissance historique pour établir un lien avec le passé ; nous avons également besoin de repères symboliques qui assurent, autrement qu'avec la circulation des personnes, des biens et des capitaux, une continuité avec le futur. Par les ressources alimentaires et matérielles qu'ils renferment aussi bien que par leur potentiel d'opacité monumentale, les entrepôts de stockage paraissent les mieux placés pour incarner une confiance en l'avenir tout en offrant des contre-points à l'esthétique urbaine des flux. Ces contre-points sont d'autant plus nécessaires qu'une part croissante des aménagements publics s'adresse aux usagers les plus emblématiques des flux contemporains : les touristes.

  Les greniers collectifs dont Paris pourrait se doter répondraient à la fois aux enjeux primordiaux de l'écologie et de l'anthropologie. Végétaliser pour limiter les îlots de chaleur, privilégier les cycles courts, construire avec des matériaux biosourcés, recyclés ou recyclables, produire une énergie locale et renouvelable, est bien sûr nécessaire. Mais la mise en place de cycles et de métabolismes vertueux est lente. Ces lieux de l'attente que sont les greniers ont ainsi toutes les chances de redevenir les nouveaux agents transformateurs de nos territoires menacés. Ces constructions, qui assumeraient leur caractère monumental, contribueraient tout à la fois à favoriser, par leur contenu, une résilience en cas d'interruption des chaînes d'approvisionnement, et à apaiser, par leur architecture, l'angoisse que suscite la virtualisation des flux de production et de distribution – virtualisation que la crise sanitaire actuelle n'a fait qu'accélérer. Nul besoin de reconstruire châteaux, temples et murailles ; les monuments du stock devraient pour l'instant suffire.

Paul Landauer
Architecte, HDR, professeur à l'École nationale supérieure d'architecture de la ville & des territoires Paris-Est, directeur du laboratoire OCS/AUSser (UMR CNRS 3329)

Pour une monum

Mathias Rollot

entalité
écologique

> Si Paris continue d'être un mythe, sans doute faut-il penser que celui-ci garde une certaine plasticité, une capacité d'absorber ce qui pourrait en modifier, du moins en apparence, la teneur. [...] Le mythe de Paris ne se fonde pas seulement sur la constellation des représentations du passé, il puise aussi sa dynamique symbolique dans la mise en perspective du futur de l'agglomération parisienne.
>
> Henri-Pierre Jeudy,
> *L'Imaginaire des architectes*[1]

Henri-Pierre Jeudy nous rappelle ce que notre cœur sait bien : si Paris est un mythe, c'est d'un mythe en mouvement dont il s'agit. Jamais l'esthétique de Paris n'a été constante au fil des siècles, et quoiqu'une certaine permanence de l'histoire y subsiste, c'est surtout par l'hétérogénéité de ses formes que la métropole continue aujourd'hui de briller. Partant de ce constat initial – constat d'une certaine liberté au sujet des futures réalisations à s'y installer –, sur quelles bases prospectives penser alors le devenir esthétique de Paris ? Cette proposition voudrait s'inscrire dans le vaste et puissant imaginaire biorégionaliste[2], en montrant à quel point l'architecture – comme discipline et comme réalisation construite – pourrait être saisie comme un outil au service de la *biorégionalisation* des consciences, comme une entrée pragmatique pour sortir efficacement du dualisme « nature »/« culture » qui guide encore nos vies et nos acceptions de la « ville ». En donnant ainsi à lire la part construite de nos villes comme une ressource latente pour la transformation écologique des lieux et des esprits, je souhaite souligner que l'architecture n'est pas moins un élément de « renaturalisation » des villes que ne le sont un arbre, un parc ou une rivière – d'autant plus si l'on s'accorde sur le fait que nos établissements urbains ne sont que la conséquence de nos fonctionnements biologiques premiers, la résultante croisée de l'expression de nos gènes respectifs[3].

---

1 Henri-Pierre Jeudy, *L'Imaginaire des architectes (Paris 2030)*, Paris : Sens & Tonka, 2012, p. 17 et p. 20.

2 Mathias Rollot et Marin Schaffner, *Qu'est-ce qu'une biorégion ?*, Marseille : Wildproject, 2021.

3 Au début des années 1980, Richard Dawkins développe l'idée de « phénotype étendu » à la suite de ses travaux sur le « gène égoïste », comme moyen de renforcer cette première théorie. Par ce concept, le chercheur nous invite à considérer comme faisant partie du « phénotype » d'un individu l'ensemble des effets et manifestations que les gènes peuvent avoir sur leur environnement, à l'intérieur autant qu'à l'extérieur du corps biologique. Ainsi, un barrage est vu par le biologiste comme la résultante du phénotype étendu précis du castor l'ayant bâti. Voir Richard Dawkins, *The Extended Phenotype: The Long Reach of the Gene*, Oxford University Press, 1982.

Éléments éthiques et esthétiques d'une architecture biorégionaliste

C'est un fait : un édifice architectural de portée métropolitaine *peut* devenir une réelle figure de reliance écologique pour notre ère en manque de repères, d'outils et de lieux sensés. Pour cela, il faudra toutefois qu'il soit conçu et réalisé en accord avec une considération renouvelée pour les milieux vivants – humains et non humains – qui l'accueillent, et au service desquels il doit se placer. Voilà déjà, en quelques mots, l'idée d'une *architecture biorégionaliste* qui se dessine[4]. Disons, pour aller plus loin, qu'une telle architecture devrait avoir à cœur de s'accorder avec les propositions d'auteurs tels qu'Ivan Illich, insistant sur l'absolue nécessité d'habiter des milieux qui font sens, c'est-à-dire des mondes – urbains ou non – qui sont les premiers moteurs de notre éducation à ce que vivre signifie[5]. Ou, pour insister cette fois avec Lewis Mumford, rappelons qu'« à défaut [d']environnement stimulant, conduites et discours rationnels ne peuvent que demeurer stériles. Ce manque d'éducation des sens, ni l'éloquence ni l'expérimentation scientifique ne sont capables de le compenser. [...] Cet enseignement global de la cité, aucune école ne saurait y suppléer[6] ». Car si la cité « enseigne », comment cela pourrait-il être, si ce n'est *via* une alliance complexe entre éthique et esthétique ?

Dans les façons dont les formes renvoient à des symboliques et des significations culturelles, autant que dans les manières dont elles nous ouvrent très concrètement au réel sensible, se transmettent bien d'autres choses que des émotions. C'est tout un enchevêtrement d'*habitus*, d'*éthos*, de fonctionnements (éco)systémiques, ou de symbioses ordinaires ou extraordinaires qui y est en jeu et s'y ouvre potentiellement à notre compréhension du réel ; ce qui, en retour, alimente donc notre capacité d'appréciation esthétique du monde ! Car, comme l'ont souligné J. Baird Callicott[7], Holmes Rolston III[8], et Aldo Leopold[9] avant eux, il existe une puissante synergie entre notre compréhension de l'environnement et notre appréciation esthétique de celui-ci : à savoir que plus nous en savons au sujet d'un élément environnemental – qu'il soit question d'une prairie fleurie, d'un rivage, d'une agglomération urbaine ou d'un chat errant –, plus nous sommes disposés à en faire l'expérience sensible. Loin de nous éloigner de l'appréciation émotionnelle des milieux, la connaissance nous en rapprocherait donc, et *vice versa*. C'est ce cercle vertueux qu'il nous faut mettre en mouvement pour apprendre à lire, comprendre, aimer les lieux et leurs vivants du même trait, et en prendre soin – une fois de plus, qu'il s'agisse d'une forêt ou du Paris intra-muros. D'où la très grande pertinence des initiatives comme celle des Sentiers métropolitains[10], qui actualisent en France une pratique déjà portée en Californie par le « guerrier écologiste[11] » Peter Berg, décrivant, commentant, enseignant sa biorégion d'adoption par le biais de randonnées urbaines. Dans un article synthétisant cette démarche et proposant les premières lignes d'une « école biorégionaliste », le co-fondateur de ce mouvement affirmait ainsi :

---

4 Une idée déjà investie, notamment dans l'ouvrage *Les Territoires du vivant : un manifeste biorégionaliste*, Paris : François Bourin, 2018.

5 Difficile de renvoyer à autre chose, sur la question, qu'aux deux volumineuses *Œuvres complètes* d'Ivan Illich parues chez Fayard (2004, 2005), tant cette idée est au centre de toute son œuvre écrite, et déployée en tout point de façon convaincante et complémentaire.

6 Lewis Mumford, *La Cité à travers l'histoire* [1961, 1989], trad. Guy et Gérard Durand, adapt. Natacha Cauvin, Marseille : Agone, 2011, p. 434.

7 Voir notamment J. Baird Callicott, « L'esthétique de la Terre » [1987]. Dans Aldo Leopold, *La Conscience écologique*, trad. Pierre Madelin, Marseille : Wildproject, 2013, p. 213-226.

8 Holmes Rolston III, *Terre objective : essais d'éthique environnementale* [1979-2005], trad. Pierre Madelin et Hicham-Stéphane Afeissa, Bellevaux : Dehors, 2018.

9 Aldo Leopold, *Almanach d'un comté des sables* [1949], trad. Anna Gibson, Paris : Aubier, 1995.

10 Au sujet des Sentiers métropolitains, voir les sites internet https://metropolitantrails.org/fr et https://www.lesentierdugrandparis.com ; ainsi que les ouvrages en lien publiés par la maison d'édition Wildproject https://www.wildproject.org/catalogue

11 Aaron Kase, « The Last Eco-Warrior », *Narratively*, 22 janvier 2015, https://narratively.com/the-last-eco-warrior/

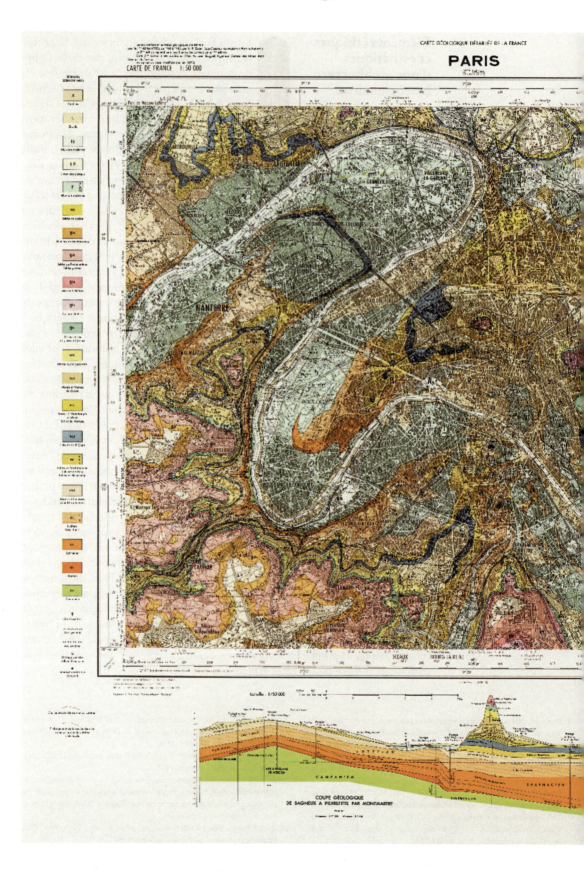

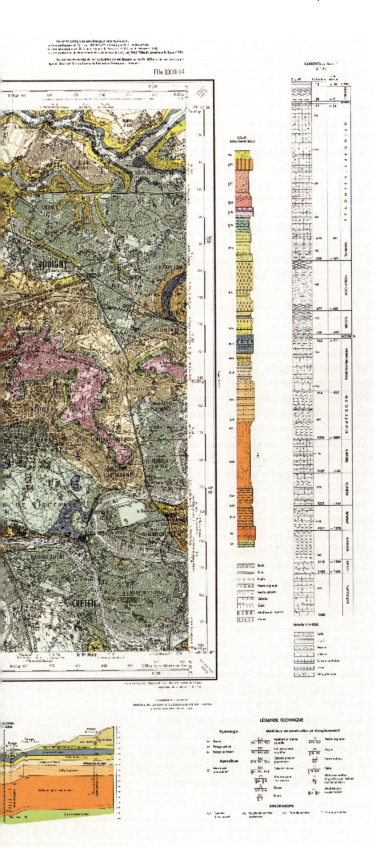

Paris - Carte géologique détaillée au 1 : 50 000e, et coupe géologique de Bagneux à Pierrefitte par Montmartre, 1973.
© BRGM

> Nous avons désespérément besoin d'accroître les savoirs capables de rendre les individus et les communautés aptes à prendre des décisions écologiquement solides. C'est cela qui devrait devenir la fonction première des médias d'information contemporains et de l'éducation à tous niveaux. Aujourd'hui, même au sein des meilleures institutions pédagogiques, il existe un manque crucial d'accessibilité à une information écologique efficace. Ces informations sont aussi difficiles à atteindre que l'Antarctique lui-même, alors qu'elles devraient être aussi proches de nous que le sont la radio, la télévision ou une conversation de voisinage. Nous devons apprendre ces informations à tous les niveaux de l'éducation. Si même les cours de sciences naturelles et la botanique ne sont pas censés apprendre ces choses, alors, où pouvons-nous les apprendre[12] ?

Puisse l'architecture *faire école* – en ces sens évoqués ! Ou, au moins, contribuer à ce besoin d'accroître les savoirs et la pertinence écologique des mentalités et des comportements, de Paris et d'ailleurs. La question n'est plus de préserver la « nature » là où elle se trouve, mais plutôt d'accélérer les moteurs de résistances à un système social, économique, politique et ontologique mortifère, pour nous en échapper collectivement, le plus rapidement et le plus « durablement » possible. Témoigner alors de l'enjeu d'une meilleure conscience écologique populaire, c'est redire avec le mouvement biorégionaliste à quel point l'écologie ne peut être menée *contre* les peuples. Tout au contraire, c'est à un avenir, qu'il s'agit de co-construire avec eux, là où ils sont, que l'esthétique urbaine doit inviter, la résistance à la culture urbaine hors-sol étant alors à penser comme une donnée *éthique, politique et esthétique* à la fois. Et qui mieux que l'architecture peut nous aider à nous *reter-restrialiser* ? C'est certain : l'architecture peut aider à prendre conscience de la situation écologique en cours et de la réalité d'ores et déjà transformée du monde post-catastrophique que nous vivons, qu'on entende l'*architecture* comme un projet, un objet, une discipline, un métier ou une action collective[13].

Clés pour une architecture saine

On me demande souvent si une « architecture biorégionale » se résume à la fabrication de cabanes, d'abris ou de mobilier urbain en palettes, auto-construits et un peu misérables ; on m'interroge régulièrement sur la possibilité ou l'impossibilité d'une architecture biorégionaliste d'échelle publique, métropolitaine, voire monumentale – comme s'il y avait là un paradoxe ou une contradiction ; comme si l'architecture écologique ne pouvait être que *cheap*, populaire et bricolée, sans réelle exigence disciplinaire ni inscription dans une temporalité plus longue. Il me semble qu'il faille donc insister plus sérieusement

---

12 Peter Berg, « Apprendre à se lier à un lieu-de-vie » [2004], trad. Mathias Rollot. Dans Ludovic Duhem et Richard Pereira de Moura (dir.), *Design des territoires : l'enseignement de la biorégion*, Paris : Eterotopia, 2020.

13 Mathias Rollot, « Faire l'expérience du tournant climatique : l'architecture est-elle un levier potentiel ? ». Dans Chris Younès et Céline Bodart (codir.), *Au tournant de l'expérience : interroger ce qui se construit, partager ce qui nous arrive*, Paris : Hermann, 2018, p. 155-165.

Carrière de pierre de Saint-Vaast-lès-Mello. Photographie Giaime Meloni, 2018.

sur cette possibilité voire cette nécessité d'une architecture métropolitaine réellement écologique, *saine*. « Saine », tout d'abord, car *sincère* : j'entends par là qui se refuse au simulacre écologique, à savoir qui renonce à s'afficher comme l'opération écologique qu'elle n'est pas. Rappeler cela n'est ni anodin ni évident, à l'heure où se multiplient les nouvelles constructions en béton armé et polystyrène recouvertes avec du bardage bois, les potagers au balcon, les enduits rappelant la terre crue, et même la peinture verte ici et là. Les architectes doivent en revenir aux fondements de leur discipline, qui est tout sauf de bâtir du simulacre. Tout au contraire, et sans avoir à revenir à l'archaïque, la discipline architecturale, même la plus moderne, est truffée de formidables outils et de courants historiques remarquables capables d'aider les architectes souhaitant mettre en valeur la vraie nature constructive, matérielle, structurelle, systémique de leur œuvre (beaucoup ne l'ont d'ailleurs pas oublié). Auguste Perret avait pour coutume de dire que « l'architecture, c'est ce qui fait de belles ruines[14] ». Je dirai aujourd'hui à sa suite que « l'architecture écologique ne change pas de nature en devenant ruine ».

« Saine », ensuite, car *attentive* : aux gens, aux animaux, aux lieux, aux *déjà-là*, aux sols, aux climats, à l'avenir, à l'imprévu, bref, attentive à ce qui n'est pas elle-même ; en ce sens : une architecture plus empathique et moins autocentrée. Nous avons besoin d'espaces bienveillants susceptibles de se faire oublier pour laisser place à l'imprévu : en dimensionnant et en composant pour permettre l'adaptabilité et l'évolutivité des lieux[15] ; en faisant apparaître les réseaux et la structure pour faciliter la lisibilité et donc la *réparabilité*[16] ; ou encore, en proposant une très sérieuse *déprise d'œuvre*[17], des festivités créatrices de lieux[18], des formes collectives de faire avec, faire *autrement* ou *faire sans* l'architecture[19], des *permanences architecturales*[20] ouvrant à la « déprogrammation » et à des chantiers ouverts au public, etc. Ce discours n'est en rien une mise au ban de l'architecture et ne signifie en aucun cas que nous n'ayons plus besoin d'architectes, de l'architecture comme objet, ou de l'architecture comme discipline – contrairement à ce que les fictions écologistes fantasment assez régulièrement,

---

14 Ou plus exactement, selon le dossier de presse réalisé par le Centre Pompidou à l'occasion du centenaire d'Auguste Perret : « L'Architecture : belles ruines, parce que plus elles s'ouvrent, plus elles montrent de vérité. », https://www.centrepompidou.fr/media/document/e7/42/e74282ed711a83b47eb09bcd44c2c564/normal.pdf

15 Une thématique qui n'est pas nouvelle en architecture, comme en témoignent, par exemple, les écrits de Richard Burdett, racontant au sujet du siège de la Lloyd's of London, conçu et réalisé par les équipes de Richard Rogers entre 1978 et 1986 : « L'une des premières exigences du programme était que ce nouvel édifice soit à même de répondre aux besoins de la compagnie pour les 50 années à venir. Pour ce faire, il devait être parfaitement adaptable, et ses éléments aptes à être régulièrement mis à jour. La structure de base a été conçue pour durer 50 ans ; le système d'air conditionné durera 20 ans au plus ; les réseaux de communications, peut-être 5. » Richard Burdett, *Richard Rogers : œuvres et projets*, trad. Geneviève Lambert, Paris : Gallimard, Coll. Documents d'architecture, 1996, p. 92.

16 Conseil de l'Ordre des architectes d'Île-de-France, *21 réflexions pour réparer la ville*, 2019.

17 Édith Hallauer, *Du vernaculaire à la déprise d'œuvre : urbanisme, architecture, design*, thèse de doctorat en art et histoire de l'art, université Paris-Est, 2017.

18 Mathias Rollot et Chris Younès, « La collaboration festive : une éthique de fondation des lieux », *Revue française d'éthique appliquée*, 2019/2, n° 8, p. 142-151.

19 Ateliergeorges et Mathias Rollot (codir.), *L'Hypothèse collaborative : conversations avec les collectifs d'architectes français*, Marseille : Hyperville, 2018.

20 Édith Hallauer et al., *La Permanence architecturale : actes de la rencontre au Point H^ut (16 octobre 2015)*, Marseille : Hyperville, 2016.

d'*Ecotopia* dans les années 1970[21] aux *Ateliers de l'Antémonde* d'aujourd'hui[22] –, mais démontre plutôt, à qui veut bien l'entendre, que les architectes ne sont pas que les suppôts de la mégalopole et du grand capital, que les milieux de la décroissance dénoncent fréquemment[23]. Tout cela, sans même parler du fait que cette pratique inclusive-participative est tout simplement immémorielle[24]…

« Saine », enfin, car *frugale*, en ce sens précisément mis en avant par le tout récent réseau « pour une frugalité heureuse et créative[25] » – la frugalité n'ayant jamais signifié austérité ou pauvreté. D'autant plus que, contrairement à une idée répandue, la monumentalité d'une œuvre n'a jamais été une question d'échelle. En témoignent, s'il le fallait, les monuments aux morts de tous les villages de France – érections parfaitement monumentalisantes, quoique souvent de taille très modeste –, aussi bien que le Centre Pompidou de Rogers et Piano – un équipement public extrêmement imposant et reconnu, quoique pourtant dénué de toute monumentalité, en raison de l'inversion des codes de représentation habituels du monument qu'il invente (absence de symétrie ; parvis coulant vers une entrée invisible plutôt que montant vers une entrée magnifiée ; mise en avant des espaces servants, des réseaux et des fonctions annexes ; théâtralisation ironique et joueuse dans la composition et le dessin des éléments ; absence de cloisonnement figé de fonctions intérieures bien définies à l'avance ; etc.). C'est que le *monumental* ne désigne pas le *hors-d'échelle*, mais bien l'expression symbolique d'un pouvoir politique. Ainsi les sculptures de Kawamata peuvent-elles être immenses tout en restant dans l'anti-monumentalité pure ; ainsi les patrimoines recouverts par Christo et Jeanne-Claude perdent-ils toute capacité à monumentaliser alors même que leur masse est magnifiée. Esthétiquement parlant, s'il doit donc être question d'inventer une « nouvelle monumentalité » pour l'architecture métropolitaine du XXIe siècle, rien ne lui impose de devoir être dans la démesure. La monumentalité écologique sera frugale ou ne sera pas. La question qu'il convient de se poser est plutôt celle du pouvoir à signifier (lequel et pourquoi), et de la façon de le signifier par la forme architecturale. L'exercice n'en étant, évidemment, que plus compliqué…

Chantier de l'immeuble du 92, rue Oberpkampf, Paris 11e. Barrault Pressacco, architectes, 2017.
© Clément Guillaume

---

[21] « Il n'y a pas non plus, dirait-on, d'architecte célèbre en Ecotopia. Les gens conçoivent et construisent eux-mêmes les habitations où ils vivront avec leur communauté ou les locaux des entreprises où ils travailleront ; ils manifestent une compétence et une imagination étonnantes […]. Les gouvernements locaux ont certes des équipes spécialisées dans la construction des bâtiments publics (et pour valider les plans des non-professionnels), mais l'architecture n'est en aucun cas le pré carré de soi-disant experts. » Ernest Callenbach, *Ecotopia* [1975], trad. Brice Matthieussent, Paris : Rue de l'échiquier, 2018, p. 240.

[22] Ateliers de l'Antémonde, *Bâtir aussi*, Paris : Cambourakis, 2018.

[23] Voir, par exemple, le caricatural numéro des *Carnets de la décroissance* intitulé « La fin des villes, reprise de la critique : mécanismes et impensés de la métropolisation et de ses Méga-Régions », sous la direction de Guillaume Faburel et Mathilde Girault, avril 2016, n° 2.

[24] Si l'on en croit, par exemple, Lewis Mumford, racontant que « les citoyens de Florence choisissaient eux-mêmes, par un vote, le type de piliers qui soutiendraient leur cathédrale ». Lewis Mumford, *La Cité à travers l'histoire* [1961, 1989], op. cit., p. 434.

[25] https://www.frugalite.org/fr/le-manifeste.html

Vers un décloisonnement du monde architectural « raréfié et réifié »

> La complexité de la position de l'architecte et de l'urbaniste est extrême mais passionnante dès lors qu'ils prennent en compte leurs responsabilités esthétiques, éthiques et politiques.
>
> Félix Guattari, « Pratiques *écosophiques* et restauration de la Cité subjective »[26]

Quel poids sur les épaules des acteurs et actrices de la fabrique urbaine ! Dans son *Manifeste pour une esthétique politique*, Nathalie Blanc rappelait que « faire la ville est tout un art », et que « les architectes ne peuvent être tenus pour seuls responsables de la ville moderne[27] ». Bon nombre d'architectes seraient d'ailleurs des acteurs de premier plan du changement s'ils n'étaient contraints, par un réel qui les enferme et qui souvent les désole, à se battre pour que les choses soient *le moins mauvaises possible*. Heureusement, une nouvelle scène fournit de nouvelles références exigeantes, de nouveaux modèles réellement réjouissants dont on peut s'inspirer, ou, au moins, qui redonnent espoir dans la possibilité de faire autrement, et de faire mieux. Je pense à des réalisations telles que la halle de Tendon en bois massif de l'atelier d'architecture HAHA, les logements en pierre massive de Barrault Pressacco dans le 11ᵉ arrondissement de Paris, l'office de tourisme de Plainfaing en grès rose et bois massif de Studiolada, le conservatoire du Pradet en pierre massive de Studio 1984 et Boris Bouchet Architectes, ou encore l'immeuble de bureaux lyonnais B05 en terre crue de Clément Vergély Architectes. Parmi tant d'autres, ces constructions démontrent qu'est possible une édification frugale, sincère, saine et exigeante tant du point de vue architectural que du point de vue écologique. En cela, ce n'est pas tant de prospective que d'éthique dont il est question dans ces lignes…

Pour que se résolve, toutefois, la tension soulevée entre *maîtrise d'œuvre* et *déprise d'œuvre*, et qu'advienne un paradigme disciplinaire cohérent dans lequel les architectes n'auraient pas à choisir entre schizophrénie et sécession, il faudra nécessairement en passer par une refondation épistémologique des relations entre éthique et esthétique en architecture. Et celle-ci reste encore pleinement à venir.

J'en veux pour preuve l'argumentation proposée par l'architecte, auteur et directeur d'établissement Jeremy Till, dans l'excellent *Architecture Depends*. Résumé en substance, le raisonnement de l'auteur est le suivant : 1. Il est courant d'entendre les architectes défendre leur discipline et leurs œuvres au moyen d'un rapprochement un peu rapide entre « éthique » et « esthétique » ; 2. Ces derniers omettent d'entendre qu'il s'agit là de *leurs* éthiques et esthétiques, des codes internes à une profession et non nécessairement généralisables à une société tout entière (qui plus est quand on sait à quel point est profond le gouffre culturel entre les architectes et le reste du monde) ; 3. Ainsi, leur argument « ne tient que dans l'atmosphère réifiée et raréfiée » de l'univers architectural moderne qu'ils ont construit pour eux-mêmes ; 4. De sorte qu'en définitive, « pour le dire simplement : une brique n'a pas de morale[28] ». Suivant ce raisonnement, tout porterait à admettre que

---

[26] Félix Guattari, « Pratiques écosophiques et restauration de la Cité subjective » [1981-1993]. Dans *Qu'est-ce que l'écosophie ?*, Paris : Lignes/Imec, 2013, p. 31-57 ; p. 57 pour la citation.

[27] Nathalie Blanc, *Les Formes de l'environnement : manifeste pour une esthétique politique*, Genève : MétisPresses, 2016, p. 47. J'ai argumenté moi aussi en faveur de cette idée, voir Mathias Rollot, « Extension du domaine de la responsabilité architecturale ». Dans *Éléments vers une éthique de l'habitation*, thèse de doctorat en architecture, université Paris-VIII, 2016, p. 367-371.

c'est un tout nouveau type de pensée et d'enseignement de l'architecture qui devrait naître, pour former des architectes aptes à mieux dialoguer avec les codes de sociétés nécessairement extérieures à leur discipline – des sociétés qu'il ne s'agit nullement « d'éduquer » à la culture architecturale, comme l'ont clamé les modernes.

Une monumentalité pour le XXIᵉ siècle : rendez-vous manqué

Le philosophe Günther Anders fit un jour remarquer qu'un boulanger n'a pas à faire du pain pour les autres boulangers[29]. Ailleurs, il insista sur le sens du métier d'astronome, qui n'était pas de s'intéresser à l'astronomie, mais bien aux étoiles[30]. Deux allégories, brèves mais puissantes, dont tout un pan du milieu architectural pourrait se saisir pour œuvrer à un important décloisonnement des couples « éthico-esthétiques » disciplinaires hérités. Pour l'heure, qu'advient-il en guise d'architecture métropolitaine ?

Pour de nombreuses raisons qu'il n'appartient pas à ce texte de développer, la plupart des édifices métropolitains majeurs de ces dernières années sont passés outre l'injonction écologique contemporaine, et ce, malgré un contexte de prise de conscience et de revendication populaire grandissantes sur le sujet. Du haut de leurs tonnes d'acier, de béton et de verre, ces mastodontes semblent l'affirmer haut et fort : l'architecture métropolitaine n'aurait pas à se soucier des questions socio-environnementales ; elle ne devrait pas se laisser dicter sa conduite par quelque éthique ou esthétique bien-pensante. Ce qui n'est pas simplement soutenir, comme le fait Theodor W. Adorno, que « l'art n'a pas à se faire prescrire des normes par l'esthétique[31] » – sage idée –, mais constitue un raisonnement bien plus noueux, selon lequel le statut d'édifice métropolitain « majeur » dédouanerait un édifice et son architecte de toute forme de responsabilité (environnementale). Certes, un bâtiment exceptionnel peut bien revendiquer « l'exception », l'argument étant alors le suivant : s'il ne doit y avoir qu'un endroit où continuer à bâtir sans trop se préoccuper de la situation, tout alarmante qu'elle soit, c'est dans ces architectures spectaculaires, car elles doivent garder une puissance d'émotion, d'extraordinaire, de démesure pour accéder au statut d'œuvre-repère à l'échelle métropolitaine. Mais, cela a déjà été dit, l'architecture métropolitaine pourrait, tout aussi bien, relever de « l'exemplaire », profiter de ces programmes rares, de ces budgets démesurés et de ces situations urbaines d'hypervisibilité pour se poser en figure de proue du changement, comme la fière et magistrale démonstration qu'autre chose est possible. Par la création de ces programmes et édifices extraordinaires, la commande urbaine demande des figures remarquables pour l'*en-commun* actuel. L'esthétique de Paris doit donc, plus qu'en toute autre circonstance, être en cohérence avec les inquiétudes et besoins écologiques de notre temps[32], qui plus est s'il doit s'agir d'œuvres architecturales revendiquant une forme de monumentalité métropolitaine capable de se faire symbole, repère, signal, marqueur.

---

28 Jeremy Till, « Imperfect Ethics ». Dans *Architecture Depends*, Cambridge : MIT Press, 2009, p. 171-187 ; p. 176 et p. 177 pour les deux citations.

29 « Il me semblait qu'écrire des textes sur la morale que seuls pourraient lire et comprendre des collègues universitaires était dénué de sens, grotesque, voire immoral. Aussi dénué de sens que si un boulanger ne faisait ses petits pains que pour d'autres boulangers. » Günther Anders, *Et si je suis désespéré, que voulez-vous que j'y fasse ?* [1979], trad. Christophe David, Paris : Allia, 2001, p. 32-33.

30 « Ils ne me comprenaient pas quand je déclarais qu'un astronome ne s'occupe pas en premier lieu des théories astronomiques d'autres astronomes, mais des étoiles. » Günther Anders, « Brecht ne pouvait pas me sentir » (entretien avec Fritz J. Raddatz) [1985], *Austriaca: Günther Anders*, 1992, n° 35, p. 14.

31 Theodor W. Adorno, *Théorie esthétique* [1970], trad. Marc Jimenez et Éliane Kaufholz, Paris : Klincksieck, 2011, p. 473.

Or, il est évident qu'une architecture *métropolitaine et écologique* à la fois est non seulement possible, mais urgemment souhaitable. Pour que le réel continue à se construire *via* des réalisations moins énergivores, mais aussi pour que puissent s'inventer les « références architecturales » de demain – les modèles, types et archétypes sur lesquels seront formés les futurs architectes. Et, enfin, pour que les citadins et citadines aussi puissent profiter d'édifices qui soient des portes d'entrée vers les milieux et leurs spécificités, des ouvertures sur le réel, des architectures à même de nous *reterrestrialiser* plutôt que de nous emporter dans les limbes hyper-réels de leur *junkspace*[33]. Il nous faut donc construire, aujourd'hui plus que jamais, des édifices pouvant constituer des seuils entre « nature » et « culture ». Ou plutôt – cette distinction étant aussi obsolète que fausse – des édifices capables de s'afficher, justement, comme la démonstration que nous sommes des êtres naturels autant qu'existent des cultures animales de tous types. Pour le dire autrement, nous avons besoin d'architectures attestant que nous sommes les membres actifs d'anthropo-écosystèmes au sein desquels il n'est plus possible de séparer, d'une quelconque façon, les activités anthropiques d'une part, et les devenirs autres qu'humains d'autre part.

Mathias Rollot
Docteur en architecture,
enseignant-chercheur à l'École nationale
supérieure d'architecture de Nancy

---

32 Une enquête Ipsos de septembre 2019 témoigne du fait qu'« interrogés sur les enjeux les préoccupant le plus, les Français citent en premier "l'environnement" (52 %) ». Voir l'enquête Ipsos/Sopra Steria pour *Le Monde*, la Fondation Jean Jaurès et l'Institut Montaigne, menée du 30 août au 3 septembre 2019, https://www.ipsos.com/fr-fr/fractures-francaises-2019-la-defiance-vis-vis-des-dirigeants-et-des-institutions-atteint-des

33 Rem Koolhaas, « Junkspace » [2001]. Dans *Junkspace : repenser radicalement l'espace urbain*, trad. Daniel Agacinski, Paris : Payot, 2011.

Post-combus

Raphaël Ménard

Avant, à Paris, l'énergie venait du sol. « Avant », c'était avant le « gaz à tous les étages », plaqué sur les façades parisiennes ; avant « la fée électricité », célébrée par Raoul Dufy, dans nos pièces, pour nos candélabres et nos métros. Jadis, les combustibles arrivaient depuis la rue. Ils fournissaient nos âtres, nos poêles et nos fourneaux. Vers la fin du Moyen Âge, les toitures se dotèrent d'échappements évacuant les fumées, des tuyaux jonchés sur le faîtage afin de favoriser le tirage thermique[1]. Ces cheminées crachaient les polluants des anfractuosités de la ville, qui étaient ensuite entraînés par les vents régnant par-delà les toitures. Dans ce Paris du feu, le bois occupait l'espace urbain. Il drainait une esthétique, des lieux de stockage notamment, où l'on entreposait les fûts de bois charriés par la Seine, comme sur l'ancienne île Louviers, et ce, jusqu'au début des années 1800[2].

Aujourd'hui, les épannelages conservent les traces de ces systèmes énergétiques du passé : Paris et ses souches de cheminées ; Paris et ses refends, ponctués de petits fûts de terre cuite ; Paris, ses immeubles haussmanniens et leurs pignons maçonnés, émergeant du zinc, coffres à combustion qui, depuis la rue, lorsque le regard pointe vers le ciel, rythment les perspectives, révèlent le parcellaire, scandent les mitoyennetés, tels des serre-livres sur une étagère. Dans les quartiers centraux, où les couvertures en zinc sont largement majoritaires[3], la plupart des refends règnent à la même altimétrie. Ils tutoient cette arase typique, émergeant d'une mer de métal, constellés d'orifices rougeâtres, flottant à une vingtaine de mètres au-dessus du sol.

La combustion a dessiné Paris. Le feu a fabriqué ce pittoresque, si présent dans la littérature et la peinture. Ce sont les toits célébrés dans les photographies et les films. Mais quels sont aujourd'hui les usages rémanents de ces reliques ? Du fait des conséquences sanitaires liées aux émissions de particules fines, les feux de bois sont dorénavant cantonnés à l'agrément et à l'appoint. Et les conduits de cheminée non comblés participent modestement à la ventilation naturelle en été[4].

Cette histoire de l'énergie fut commune à toutes les villes – Venise possède elle aussi ses cheminées reconnaissables entre toutes –, mais la relation entre forme et énergie reste peu évidente. Les intentions visant à esthétiser nos rapports à l'énergie, de l'amont à l'aval de son usage, paraissent limitées, tant pour le besoin final (le chauffage des terrasses de café, la recharge des véhicules électriques, par exemple) que pour la production (l'intégration des renouvelables ou, bien pire, les climatiseurs colonisant les balcons) et le stockage (les cumulus d'eau chaude[5]). Sans doute du fait d'une certaine ignorance, d'une intégration modeste de ces questions dans l'enseignement, les concepteurs semblent peu inspirés par ce flux et son potentiel narratif. L'eau a ses fontaines Wallace, mais l'énergie reste une commodité décidément peu visible. Nous nous évertuons d'ailleurs à faire disparaître sa matérialité :

1 Louis Figuier, « L'art du chauffage ». Dans *Les Merveilles de la science ou Description populaire des inventions modernes*, Paris : Furne, Jouvet et Cie, 1870, t. IV, p. 241-348.
2 L'île Louviers correspond au terrain où est aujourd'hui situé le Pavillon de l'Arsenal. Voir Milena Charbit (dir.), *Îles de la Seine* [cat. expo.], Pavillon de l'Arsenal, 4 juin-2 octobre 2016], Paris : Pavillon de l'Arsenal, 2016.
3 Les couvertures en zinc concernent 40 % des toits parisiens en moyenne, et une plus grande proportion dans les quartiers centraux. Voir Morgane Colombert, *Contribution à l'analyse de la prise en compte du climat urbain dans les différents moyens d'intervention sur la ville*, thèse de doctorat en génie urbain, université Paris-Est, 2008.
4 Modestement, car la hauteur de tirage thermique typique est trop faible rapportée à la différence de température. À ce propos, nous verrons que les cheminées solaires pourraient intégrer un nouveau vocabulaire d'une esthétique climatique parisienne.
5 L'agence ANMA s'y est essayée avec la Maison de l'Île-de-France, située à la Cité internationale universitaire de Paris, et livrée en 2017. Jouxtant le périphérique au niveau de la porte d'Orléans, elle possède deux grands silos d'eau chaude, de plus de 150 m³ chacun, qui permettent le stockage solaire intersaisonnier derrière sa façade-calandre de tubes solaires.

Sur Paris. Photographie Alain Cornu, 2016.
© Alain Cornu

conduites de gaz enfouies dans le sous-sol, fourreaux cachés sous les trottoirs, fils électriques masqués dans les veines des cloisons ou dans les plinthes.

Il est vrai que la ville elle-même est une esthétique de l'énergie, une fête de la dissipation thermique, un ballet cinétique, une chorégraphie lumineuse, un orchestre tumultueux. Éprouver le plaisir d'être urbain, c'est se sentir au cœur du bouillonnement, être particule dans ce vrombissement thermodynamique. Le chercheur Vaclav Smil a méthodiquement analysé les densités spatiales de consommation d'énergie, et les villes font partie des lieux planétaires évidemment les plus intenses[6]. Serré dans un territoire compact d'une centaine de km², Paris est un « hyper-foyer »,

Fantômas, André Hunebelle, 1964.
© Collection Les Cahiers du Cinéma

agglomérat d'une multitude de cheminées[7] et d'une myriade d'échappements, une constellation d'incendies sous contrôle. Ces combustions maîtrisées peuvent aussi parfois basculer, comme lors du grand incendie de Londres à la fin du XVIIe siècle, ou plus récemment, de l'embrasement de la charpente de Notre-Dame : sidération de puissance, spectacle des flammes, fumées jaunes d'un plomb sublimé, autodafé du stock construit.

6 Voir, par exemple, Vaclav Smil, *Power Density: A Key to Understanding Energy Sources and Uses*, Cambridge (Massachusetts)-Londres : MIT Press, 2015.

Déverrouiller les imaginaires

J'explorerai ici plus précisément les spécificités parisiennes, en balayant quelques formes générées par la combustion, et en me concentrant sur la visibilité et l'expression de l'énergie dans l'espace public. Aujourd'hui, au crépuscule de l'Anthropocène, une esthétique libérée des combustions reste à inventer, aussi bien pour les immeubles, les rues, les réseaux, que pour les transports (voitures, scooters, etc.) brûlant encore allègrement des hydrocarbures. Cette reconfiguration est un défi collectif, et c'est d'ailleurs le chemin qu'a choisi Paris, avec une politique volontariste de transformation, inscrite dans l'ambition de son plan Climat de 2018. Vu la criticité de notre situation environnementale, et si l'on objective la faible résilience énergétique parisienne[8], des questions patrimoniales essentielles se posent, des dilemmes prégnants entre les injonctions de sauvegarde confrontées aux urgences écologiques et sociales. Une reconstruction est nécessaire pour faire renaître l'attractivité métropolitaine, par ailleurs ébranlée par la crise pandémique.

Dans cet article, je m'interrogeai plus particulièrement sur les toits parisiens, et leur nécessaire transformation afin de mieux protéger la ville du feu solaire et contrecarrer les effets du réchauffement climatique. À la fin du XIXe siècle, le zinc était loué pour sa modernité, sa légèreté et sa facilité de mise en œuvre. Nos prédécesseurs étaient fiers que les toits exhibent les matières innovantes de leur époque. Si aujourd'hui leur étaient offertes d'autres alternatives, à même de procurer plus de confort et de valeur d'usage, nul doute qu'ils auraient composé les couvertures selon ces matières et leur vocabulaire constructif.

Autre enjeu illustrant la tension entre la morphologie actuelle des toits et les besoins liés à la ventilation naturelle, les refends de toiture sont autant d'obstacles aérauliques, qui augmentent la rugosité de la canopée. Leurs orientations en plan n'établissent aucune symbiose avec les vents dominants. Ces « quilles urbaines » sont inefficaces et enfreignent le potentiel bioclimatique de Paris[9], bien davantage que de vieux bibelots urbains qui prendraient la poussière. Il faudrait imaginer un nouvel avenir pour ces piles émergeant des faîtages, alors que certains poussent à inscrire les toits parisiens au patrimoine de l'UNESCO.

À l'heure de l'urgence climatique, ceci serait une erreur historique : lorsque les enjeux patrimoniaux pèsent si lourds, handicapent autant l'habitabilité de la ville, ils méritent d'être sérieusement soupesés. Mais les prescripteurs de la sauvegarde ne maîtrisent généralement pas les enjeux environnementaux... Or, demain, le salut métropolitain viendra pour partie du ciel : les toits parisiens produiront de l'énergie[10], créeront des circuits courts et de nouveaux usages ; ils augmenteront la résilience et la symbiose avec les réseaux existants, et protégeront davantage les habitants des épisodes caniculaires. L'urbanisme d'antan pensait l'aménagement par le sol et le sous-sol ; celui de demain composera par les toits, en dépassant l'échelle du parcellaire cadastral.

---

7 Louis Figuier en recense 800 000. (Louis Figuier, « L'art du chauffage ». Dans *Les Merveilles de la science ou Description populaire des inventions modernes*, op. cit., p. 298.)

8 Les capacités d'autoproduction sont encore aujourd'hui dérisoires.

9 Sauf peut-être les pignons, qui protègent certaines toitures des expositions ouest et sud-ouest.

10 Voir Elioth, *Analyse de potentiel solaire : toitures du Grand Paris*, étude réalisée pour l'Apur, 2015. Cette étude montre que le potentiel solaire est de plus de 2,2 millions de m² solarisables, soit 6 à 7 % des toits. Parmi les 8 types de toits étudiés, le potentiel était de l'ordre de 9 % pour les toitures haussmanniennes.

Brève histoire de deux siècles de combustion à Paris

Dans un article passionnant, Eunhye Kim et Sabine Barles retracent l'histoire énergétique de Paris des deux derniers siècles[11]. En appliquant l'analyse de Vaclav Smil, il apparaît que la densité de consommation en 1800 était de l'ordre de 5 watts par unité de surface du sol[12]. Les chercheuses montrent aussi que la parité d'approvisionnement entre le bois et le charbon est apparue dans les années 1860. Avant cette date, le bois était largement majoritaire, et avant les années 1800, Paris était presque 100 % renouvelable, même si son « bassin versant énergétique » était, lui, à dimension régionale. Il y avait çà et là quelques moulins à vent pour convertir l'énergie éolienne – tels ceux figurant dans les tableaux de la colline de Montmartre peints par Van Gogh en 1886 – et quelques machines hydrauliques pour capter l'énergie du courant de la Seine. L'essentiel de la consommation était cependant de la biomasse. Paris ingurgitait du bois, issu des forêts du Morvan et du Nivernais ; ses cheminées libéraient du carbone qui avait été capté quelques décennies auparavant, à quelques centaines de kilomètres de leur lieu de combustion.

Début 1800, la combustion s'est amplifiée avec l'arrivée du charbon. Au cours du XIXe siècle, le poêle Franklin s'est installé dans les appartements parisiens. La croissance démographique, couplée à l'augmentation des consommations individuelles, a transformé la canopée et la forme du bâti : les cheminées se sont multipliées et les caves se sont préposées au stockage du charbon. Plus tard, au tournant du XXe siècle, le gaz et l'électricité ont engendré quelques icônes du mobilier urbain : les candélabres et les réverbères, ceux des grandes places (Concorde, Opéra, Vendôme, Hôtel-de-Ville), du pont Alexandre-III, ou des entrées de métro dessinées par Hector Guimard. Mais l'énergie a aussi poursuivi sa dématérialisation : ses réseaux se sont enfouis dans les souterrains, notamment ceux du gaz de ville, des réseaux d'électricité ou de chaleur. En 1910, dans sa coupe de la « rue future », Eugène Hénard dessine des flux énergétiques en sous-sol, dans des wagonnets de charbon se déplaçant sous la rue, comme dans une mine. Seul l'usage final est nécessairement visible : la lumière des candélabres électriques, le déplacement des tramways, tirés par des câbles nichés dans la chaussée[13].

Après la Seconde Guerre mondiale, débute ce que l'on appelle « la grande accélération », la croissance vertigineuse de la consommation énergétique mondiale, poussée par l'essor exponentiel du pétrole. Une nouvelle fois, les cheminées ont accompagné ce mouvement. L'ouvrage *Paris 1950 : un âge d'or de l'immeuble* rappelle les évolutions induites par la réglementation de 1950[14] – qui permet des cheminées plus hautes –, couplée à l'invention du conduit Shunt – qui autorise le raccordement de chaudières individuelles sur une même gaine verticale[15]. Dans le fracas des Trente Glorieuses parisiennes, la cheminée a été célébrée, tel un grand orgue.

---

11 Eunhye Kim et Sabine Barles, « The Energy Consumption of Paris and its Supply Areas from the Eighteenth Century to the Present », *Regional Environmental Change*, juin 2012, vol. 12, n° 2, p. 295-310.

12 La consommation annuelle totale d'énergie finale est rapportée à la puissance moyenne et divisée selon l'emprise foncière parisienne : 550 000 habitants × ~ 30 GJ/an rapportées à ~ 100 km².

13 Monique Eleb, « Être ou paraître : de la coupole au toit-terrasse ». Dans François Leclercq et Philippe Simon (dir.), *De toits en toits : les toits de Paris* [cat. expo., Pavillon de l'Arsenal, septembre 1994-janvier 1995], Paris : Pavillon de l'Arsenal/Hazan, 1994 p. 160.

14 Cette réglementation autorise un conduit de cheminée pour chaque cuisine, et un conduit pour 2 à 3 pièces.

15 « Cheminée : l'art du dépassement ». Dans Simon Texier (dir.), *Paris 1950 : un âge d'or de l'immeuble* [cat. expo., Pavillon de l'Arsenal, 16 septembre 2010-9 janvier 2011], Paris : Pavillon de l'Arsenal, 2010, p. 75-77.

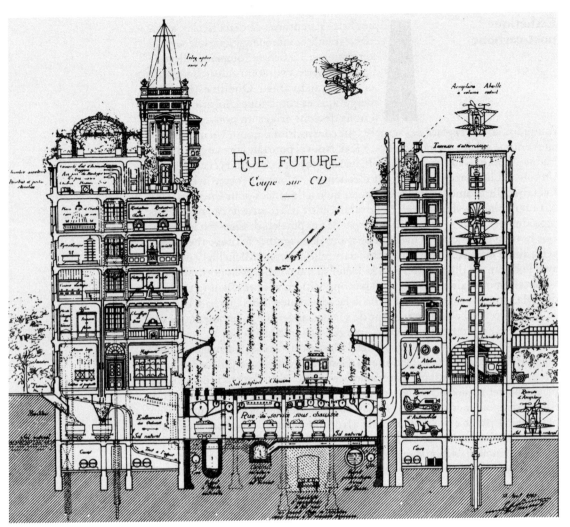

La rue future dans *Études sur les transformations de Paris*, Eugène Hénard, architecte, 1903-1905.

L'esthétique thermo-industrielle est à son paroxysme : la longueur du capot des voitures connote la cylindrée, la taille de la calandre exprime les besoins d'air neuf du moteur ; le nombre de sorties d'échappement révèle le caractère sportif ou non du véhicule. Ces années-là rugissaient de puissance, et tandis que les quais de Seine éructaient de voitures, et qu'un projet d'autoroute devait traverser Paris, la cheminée des grands réseaux de chaleur parisiens était elle aussi magnifiée : elle devenait un prétexte sculptural, une apothéose verticale, comme celle du Front de Seine, dans le 15e arrondissement, dessinée par François Stahly, érigée en 1971, et haute de 130 mètres.

Ce faste thermique est sublimé avec l'inauguration, en 1977, du Centre Pompidou, dessiné par Piano et Rogers, faisant atterrir un fac-similé d'utilité énergétique, à quelques encablures du kilomètre zéro parisien. Nous sommes à l'orée des années 1980 et de son contre-choc pétrolier. C'est la gloire de *Top Gun*, les pleins gaz de Tom Cruise sur sa moto, rivalisant avec un F-14 au décollage qui abuse de la « post-combustion », dispositif utilisé par les avions supersoniques pour augmenter temporairement la poussée du réacteur, avec une consommation de kérosène à l'avenant.

Esthétique post-carbone

Après cette parenthèse de deux siècles, après cette « grande bouffe énergétique », le sevrage doit s'amorcer. Ce Centre Pompidou, allégorie d'une raffinerie à vocation culturelle, quelle serait son uchronie ? Quelle esthétique énergétique et climatique choisirions-nous si nous devions ériger un nouveau Centre Pompidou en lieu et place de l'actuel ? Que construirions-nous ? Un musée telle une centrale solaire à concentration ? Jean Nouvel pourrait faire ce clin d'œil à Jeanne-Marie et Georges Alexandroff, un kaléidoscope de miroirs énergétiques. Un toit public porté par une forêt d'éoliennes ? Norman Foster hybriderait son Carré d'art nîmois avec les éoliennes qu'il a dessinées pour Enercon. Une serre agrivoltaïque détournée[16] ? Elle serait centre d'art, sorte de cadavre exquis coproduit par Lacaton et Vassal, portée par de fins potelets dessinés par Ishigami. Une hotte gigantesque, chapeau public, afin de magnifier le tirage thermique et exprimer les vertus de la ventilation naturelle ? Nicolas Michelin l'a esquissé avec le bâtiment du ministère de la Défense à Balard. Ces hypothèses sont volontairement caricaturales, mais par opposition, elles révèlent la timidité du style actuel, la sage résurgence de la façade tramée, alors que le débat et le style architectural commanderaient de se concentrer sur la cinquième façade et de la parer de toutes leurs vertus énergétiques et climatiques.

Selon Kim et Barles, en deux siècles, la demande énergétique par Parisien a quintuplé, tandis que la densité de demande énergétique a décuplé, atteignant près de 50 watts par unité de surface[17]. Cette valeur de densité de demande est à comparer au flux solaire moyen de l'ordre de 130 watts par m^2. L'autosuffisance énergétique pour tous les usages reste sans doute un mur infranchissable, un horizon physique indépassable tout simplement lié à la densité humaine – et cela, même lorsque tous les Parisiens auront opéré leur descente énergétique. Le plan Climat attend 10 % d'énergies renouvelables produites localement en 2030, et 20 % en 2050, ne serait-ce que pour garantir une robustesse dans l'approvisionnement.

Dans le cortège des villes résolument engagées dans le défi du siècle, Paris a pris la main et doit maintenant concrétiser une esthétique métropolitaine libérée des énergies fossiles, incarnant la neutralité carbone et la fin de l'érosion de la biodiversité. Cette nouvelle identité devra dépasser les frontières du périphérique, car l'horizon de l'autonomie énergétique et de la neutralité carbone se dessine au moins à échelle régionale[18].

Ce troisième âge reste à inventer, celui de l'« après-combustion », terme des énergies fossiles, clap de fin de l'agression atmosphérique et de l'extractivisme des sous-sols. C'est l'âge de l'« adoucissement radiatif », de l'anticipation du réchauffement climatique et de la réduction des effets d'îlots de chaleur urbains. En refondant un style, Paris fabriquera un récit original, une identité renouvelée et une nouvelle envie de futur.

---

16 Les serres agrivoltaïques sont des serres horticoles intégrant des panneaux photovoltaïques sur une partie de la verrière.

17 L'empreinte traduite en énergie primaire est de l'ordre de 90 watts primaires, et sans doute supérieure si l'on tient compte de l'empreinte globale avec les imports d'énergies grises.

18 Raphaël Ménard, « Critical Densities of Energy Self-Sufficiency and Carbon Neutrality ». Dans Olivier Coutard, Fanny Lopez et Margot Pellegrino (dir.), *Local Energy Autonomy: Spaces, Scales, Politics*, Londres : ISTE/Hoboken : Wiley, juillet 2019, p. 87-118.

Mobilités post-combustion : le nouveau quadricycle parisien

Côté automobile, avant l'interdiction des véhicules thermiques en 2030, cette séquence se conclut dans une sorte de débâcle, avec des voitures boursouflées, obèses d'absurdité. Au cours des dernières années, l'évolution des automobiles et leur grossissement ont modifié l'esthétique des rues. La mode des SUV, leur haute ligne de caisse et leurs petites fenêtres, en plus de leur impact sur l'environnement et la sécurité routière, obturent la perception visuelle du promeneur et limitent la transparence des rues à hauteur d'œil, *a fortiori* pour les enfants ou les personnes en fauteuil roulant. Ces mastodontes cassent la profondeur des perspectives, modifient la perception des rez-de-rue et la sociabilité de trottoir à trottoir. Ce serait un travail à objectiver : mesurer cette opacification tendancielle des rues. Les voiries et le bâti sont assujettis à un prospect afin d'harmoniser la ville ; à quand le règlement qui s'appliquerait de façon globale, qui intégrerait les « architectures mobiles » et encadrerait les volumes possibles selon les situations urbaines ?

Cette question concerne évidemment le stationnement des voitures et la place dévolue à ces mobilités peu efficaces et polluantes. En complément de l'enjeu du volume, leur emprise en plan est aberrante : en 2016, l'automobile occupait la moitié de l'espace public pour à peine plus de 13 % des déplacements[19].

Nous payons l'effet retard d'un imaginaire culturel et de codes sociaux hérités de l'Anthropocène. Voilà le défi : en complément du vélo et de la marche, quelles icônes parisiennes pour remplacer le vert des bus à plate-forme, totems de l'ancien monde énergétique ? Londres avait ses taxis, les *cabs* noirs, chapeaux hauts-de-forme pétaradants de diesel. Aujourd'hui, voici venu le temps des mobilités légères, partagées et compactes. Les villes hollandaises ont ainsi leur vélo éponyme. Paris s'illustrerait en proposant un nouvel archétype du transport des biens et des personnes. Ces dernières années, la Ville a pris l'initiative, avec ses Autolib' et ses Vélib'. Pour l'autopartage de la voiture électrique, force est de constater que les véhicules n'ont pas fait modèle. Autolib' n'était peut-être que l'électrification d'une idée ancienne, persistant à vouloir déplacer un corps humain dans un objet trop grand et trop lourd.

Dans les prochaines années, Paris pourrait amorcer cette initiative : concevoir et produire un triporteur (ou un quadricycle) parisien qui serait facilement réparable, transformable et reconfigurable, tant pour les personnes que pour la logistique. Un objet de moins de 400 kg, abritant ses occupants des intempéries, mu à l'électricité, telle la Microlino en cours d'industrialisation. Comme ces florissantes *start-up* de la micromobilité, une régie municipale pourrait incarner cette ambition. Regardons l'Asie et inspirons-nous de la variété de ces *rickshaws* électriques, construits parfois par des bricoleurs du dimanche. Paris pourrait auto-produire un nouvel archétype, à grande diffusion, une fierté de design, à rayon d'action métropolitaine et en partage sur tout le Grand Paris.

---

19 Tom Dubois, Christophe Gay et Sylvie Landrièvre, « Les entreprises ne peuvent pas rester à l'écart de la "ville sans voitures" », *Le Monde*, 12 février 2021, https://www.lemonde.fr

Architectures post-combustion : les nouveaux toits parisiens

Autre chantier typologique, immobile cette fois, et déjà esquissé : les toits parisiens. Comme nous l'avons vu, dans le paradigme de la combustion, l'énergie venait du sol et son parcours était ascendant ; le toit était le lieu final, l'exutoire de la combustion. Le Paris post-carbone renverse ce métabolisme, et les mansardes actuelles, réminiscence d'un passé extractiviste, deviennent au contraire des lieux de récolte énergétique. Dans le Paris post-combustion, l'énergie vient d'en haut. Ce retournement fondamental, ce renversement énergétique, fonde à lui seul la nécessité d'une réinvention.

Cette mue est par ailleurs amplifiée par le nouveau régime climatique et le rôle essentiel qu'ont les toitures pour tempérer le climat de la ville. Les nouveaux toits parisiens seront l'expression esthétique d'une double nécessité, énergétique et climatique. À nous d'imaginer un nouveau pittoresque, un archétype sublimant la skyline parisienne, magnifiant la beauté d'une altimétrie homogène, et de toutes ses vertus pour la production énergétique et la ventilation naturelle.

Les nouveaux toits parisiens : production, stockage et distribution d'énergies

Le débat entre toits parisiens et transition énergétique n'est pas neuf. Souvenons-nous de quelques propositions, comme le poster de Brice Lalonde et de René Dumont pour la campagne municipale de 1976[20], figurant des toitures greffées d'éoliennes et de panneaux solaires. Trente ans plus tard, il y eut les dessins de quelques équipes du Grand Pari(s) de 2008, dont celle emmenée par Rogers dans une résurgence stylistique post-hippie ; ou encore les vues aériennes de l'équipe de MVRDV, représentant un océan de panneaux solaires flottant au-dessus des toits, sorte d'*opus incertum* photovoltaïque métropolitain, emprunt aux collages de Yona Friedman et aux photomontages de Superstudio et de leur *Monument Continu*.

Aujourd'hui, cette grammaire reste à inventer, avec des solutions dépassant l'opposition caricaturale de la toiture zinc face au patch, souvent disgracieux, du panneau solaire. Il y a pourtant urgence à massifier cette symbiose. En effet, le plan Climat vise 20 % de toits parisiens équipés d'installations solaires en 2050. Avec l'hypothèse d'une surface totale d'environ 3 350 hectares de toits[21], la surface à solariser d'ici 2050 est d'environ 7 millions de m^2 en conséquence[22], soit 100 fois plus que la surface solarisée aujourd'hui[23] ! Cela nécessite donc un rythme moyen annuel de l'ordre de 350 000 m^2, dont 150 000 pour les toits en zinc – si l'on considère que le mouvement sera uniforme. Le défi est considérable, et il est forcément porté par la transformation des existants. Un travail étroit et spécifique doit être amorcé, de façon transverse, entre architectes, ingénieurs, industriels et artisans, afin de proposer une alternative au zinc. Rendons-nous compte que pour délivrer la trajectoire du plan Climat, il faut de l'ordre de 10 000 m^2 de toits métalliques transformés en toitures solaires chaque mois, et ce, jusqu'en 2050. Cet archétype, ce « sur-toit », doit être savant et fabriquer un heureux dialogue avec la colorimétrie et la modénature des toitures existantes.

---

20 Affiche intitulée *Quand vous voudrez...*, réalisée pour les Amis de la Terre.
21 Morgane Colombert, *Contribution à l'analyse de la prise en compte du climat urbain dans les différents moyens d'intervention sur la ville*, op. cit.
22 Soit une production énergétique à terme qui serait de l'ordre de 1 TWh d'électricité, et apte à générer 2 à 3 TWh de chaleur par effet de levier thermodynamique. Cela représente aussi l'équivalent d'environ 3 m^2 par habitant.
23 50 000 m^2 de panneaux solaires sont installés selon le plan Climat.

L'évolution du plan local d'urbanisme facilitera cette transformation. Dans un souci d'efficacité constructive et administrative, les toits exposés pourront faire l'objet de travaux d'inter-copropriétés, afin de massifier la transformation à l'échelle de l'ilot ou du fragment de rue. Pour s'affranchir des ombres des murs de refends et s'échapper des chiens-assis, ces « sur-toits » pourraient en prendre l'arase, et offrir ainsi de nouveaux volumes pour la densification et la création de nouveaux espaces communautaires, à l'échelle des rues et des copropriétés. Ces structures légères, nouveaux brisis, seraient constituées de pannes s'appuyant sur les souches de refends, avec des portées raisonnables. Les panneaux solaires sont légers et compatibles avec les existants[24]. Les capacités d'autoconsommation sont sans limites, et les interfaces extrêmement limitées. Tel le zinc, dont on chantait les vertus de légèreté, les toits solaires de Paris seront minces et favoriseront les volumes en sous-face, comme des pergolas, de nouveaux espaces de partage et de travail. Ils permettront de densifier quelques dents creuses verticales. À l'aplomb de volumes existants, ils comporteront des isolants naturels qui renforceront les qualités d'isolation thermique.

Dans les zones résiduelles, ce sur-épaississement permettra le stockage énergétique[25] et l'émergence de réseaux énergétiques *low-tech*, simples et partagés, dans une nouvelle gouvernance de l'ilot. Ce « derme producteur » fera alors naître un réseau énergétique secondaire, une déserte locale, une communauté énergétique à l'échelle locale. Les cheminées et leurs conduits pourraient, pourquoi pas, être transformés en fourreaux afin de faire redescendre l'énergie récoltée depuis les toits au cœur de chaque logement, voire aussi en pied de rue, et d'innerver la recharge des véhicules électriques. C'est ce scénario que j'avais théorisé et décliné académiquement, avec les « infrastructures solaires urbaines[26] ». Cette esthétique énergétique ne sera sans doute pas chose aisée à massifier, et elle s'opposera probablement à de nombreuses résistances – réglementaires, assurancielles, patrimoniales –, mais d'un point de vue technique, elle est simple, et le retour économique évident.

Quand vous voudrez…, affiche électorale de Brice Lalonde et René Dumont, les Amis de la Terre, 1976.
© Les Amis de la Terre

---

24 Elioth, *Analyse de potentiel solaire: toitures du Grand Paris*, op. cit.

25 Notamment dans le couplage avec les pompes à chaleur et les ballons d'eau chaude et froide.

26 Voir Raphaël Ménard *et al.*, *Réforme*, rapport final de l'équipe Réforme, programme de recherche *Ignis Mutat Res*: Penser l'architecture, la ville et les paysages au prisme de l'énergie, avril 2014, et Raphaël Ménard *et al.*, *Les Infrastructures solaires urbaines, 2050: sous le soleil exactement*, EPFL, décembre 2015.

Les nouveaux toits parisiens : blanchiment, ventilation et protection climatique

D'ici 2050, si la stratégie énergétique du plan Climat se concrétise, et que donc 20 % des toits deviennent solaires, 80 % resteront improductifs. Or, en plein été, ces derniers peuvent recevoir jusqu'à 20 GW d'énergie solaire[27], autant que la puissance thermique dissipée par un embouteillage gigantesque de 2 millions de voitures. Dès lors, la capacité des toits à renvoyer ce trop-plein d'énergie est fondamentale. Cela suppose d'augmenter l'albédo[28] des surfaces exposées, afin de diminuer l'effet d'îlot de chaleur urbain. Cela rend nécessaire une stratégie solide, un plan directeur programmant dans le temps une augmentation progressive de l'albédo. Cette trajectoire supposera de cartographier rues et façades selon la quantité d'énergie solaire reçue en période critique, et de prescrire leur albédo en conséquence, en créant par exemple une règle associant l'albédo minimum d'une facette à la quantité d'énergie solaire reçue entre le 15 avril et le 15 septembre.

Sur les immeubles à toiture plate, l'intégration de la végétation est une option pertinente. Pour les terrassons des charpentes mansardées, cette disposition semble moins adaptée du fait des charges supplémentaires. Cette « mise à jour colorimétrique » des toits de la ville pourra être effectuée dans un délai raisonnable, avec des incitations voire des obligations pour les copropriétés, selon des procédés adaptés. Les évolutions réglementaires encadreront cette transformation esthétique, véritable « mue climatique » de la canopée parisienne. À l'échelle d'un toit, l'augmentation de l'albédo pourrait s'opérer par l'apposition d'une sérigraphie de motifs clairs et réfléchissants, afin de renforcer les qualités du zinc[29]. Cette disposition créerait une nouvelle vue aérienne, une texture modifiée, une esthétique métropolitaine intrigante, mise en œuvre avec des moyens frugaux. Ce dispositif plastique, à grande échelle, serait à même de profondément améliorer santé et confort face à l'augmentation des épisodes caniculaires, en intensité comme en fréquence.

Enfin, cette esthétique climatique devra favoriser la ventilation naturelle et le rafraîchissement passif. Avec ces nouvelles toitures, situées au-dessus des refends, la géométrie de la couverture sera alors moins rugueuse, plus lisse, et favorisera ainsi une meilleure circulation des vents dominants. Ces toits exploiteront des dispositifs simples, comme des cheminées solaires associées aux conduits existants, sorte de « post-combustion solaire », qui augmenteront la ventilation naturelle par grandes chaleurs, périodes pendant lesquelles les vitesses de vent sont parfois très faibles.

Cette nécessaire réinvention de la canopée parisienne interpelle la puissance publique. Historiquement, les autorités administratives ont investi et transformé voiries, espaces

Les infrastructures solaires urbaines, croquis de Raphaël Ménard.
La mue post-carbone des toits parisiens : des structures légères comme de nouveaux « communs » producteurs ?
© Raphaël Ménard, 2015

---

27 3350 ha × 80 % × 1000 W.
28 L'albédo est la part des rayons solaires qui sont renvoyés vers l'atmosphère par une surface.
29 L'albédo du zinc est de 0,54 à 0,60 selon différentes sources. En augmentant ces qualités de + 0,20, cela correspond alors à 200 watts de flux solaire réfléchi.

publics et réseaux. À l'heure de l'urgence climatique, les toits deviennent d'utilité publique, un véritable *commun*, une, ressource à partager, à gérer et à maintenir par une communauté. Les générations futures ne comprendraient pas que nous ayons fait le choix du *statu quo*, de l'immobilisme. La peau non productive et extractiviste était le résultat d'une époque. Les enjeux patrimoniaux réclament aujourd'hui d'autres réponses que celle, scolaire et prudente, des toits muséifiés. Le temps est au dialogue, aux débats et aux propositions sur ces reconfigurations nécessaires, afin que Paris entre de plain-pied dans le nouveau régime énergétique et climatique.

Raphaël Ménard
Architecte, ingénieur

Éric Lapierre

Bea
de la
nécessité

La contrainte environnementale comme opportunité esthétique

> *Forma*, la beauté. Le beau, c'est la forme. Preuve étrange et inattendue que la forme, c'est le fond. Confondre forme avec surface est absurde. La forme est essentielle et absolue ; elle vient des entrailles mêmes de l'idée. Elle est le Beau ; et tout ce qui est beau manifeste le vrai.
>
> Victor Hugo

La modernité a jeté par-dessus bord les styles, et avec eux la notion d'esthétique, sans doute assimilée à l'académisme, et à une manière désuète de considérer l'histoire comme une succession de variations formelles résultant plus de modes liées aux caprices du moment, que de modes de vie et de modes de production changeant sous l'effet de mouvements historiques de fond.

Les débats autour de l'architecture et de l'esthétique de la ville ont régulièrement agité Paris, tant ses édiles que ses praticiens, depuis le XIXᵉ siècle au moins. Et les moments où l'on parle le plus d'esthétique sont généralement ceux durant lesquels on discute l'élaboration et les attendus de règlements urbains réellement novateurs. La période actuelle ne fait pas exception, puisqu'un nouveau débat sur l'esthétique est ouvert en vue d'informer les études qui mèneront au nouveau plan local d'urbanisme (PLU) environnemental de Paris, celui qui inscrira définitivement la capitale dans la dynamique volontariste d'une transition énergétique réelle.

La ville plutôt que l'esthétique

Au moment où l'on aborde des questions aussi lourdes que la protection de la planète et la potentielle survie de l'espèce, les questions d'esthétique pourraient sembler secondaires. Et pourtant, c'est tout le contraire. La récente pandémie devrait avoir convaincu les plus réticents de l'importance de la beauté, et que vivre dans un bon logement, quand tout va bien, c'est mieux, quand tout va mal, c'est capital. Or, qui pourrait jamais considérer comme bon un logement laid ? Et pour cause : l'esthétique engage des questions de valeurs, et c'est de cela qu'on parle en discutant le nouveau PLU. Comme de nombreux autres aspects techniques de nos vies, les règlements urbains sont *avant tout* des produits culturels, des documents porteurs de valeurs. Celui de 1902 accompagnait le développement métropolitain de Paris ; celui de 1961 entendait intégrer, avec un optimisme qui confinait à l'aveuglement, les valeurs de l'espace urbain moderne ; celui de 1974 marquait un retour humaniste et parfois un peu forcé aux valeurs de la ville traditionnelle. Avec le recul, ces deux derniers débats n'étaient en fait que les deux faces d'une même médaille : le règlement de 1961 entendait forcer le changement de nature du tissu urbain parisien en faveur de dispositifs jugés plus modernes, tels que l'augmentation de la hauteur des constructions et leur non-respect des alignements historiques sur rue ; celui de 1974 – officiellement approuvé en 1977 en tant que plan d'occupation des sols (POS) – entendait revenir aux principes historiques de constitution de l'espace public, par le respect de règles calquées sur le modèle haussmannien. C'est ce dernier projet que revendiquait ouvertement François Loyer, historien auquel l'Atelier parisien d'urbanisme (Apur) avait confié « l'étude sur le paysage parisien » censée asseoir la rédaction du nouveau règlement.

Les discussions portaient alors plus sur la ville que sur l'architecture elle-même, et il semble que les questions esthétiques apparaissent précisément plus à propos des bâtiments que de la ville qui, elle, a généralement donné lieu, à Paris, à des débats de nature plus technique ou paysagère que purement esthétique. En effet, Loyer et les rédacteurs du POS de 1977 ont toujours insisté sur la cohérence globale du paysage urbain et sur la constitution d'ensembles homogènes. Ils ont donc porté une attention soutenue aux questions de contrôle des hauteurs et à un respect sans discussion de l'alignement, garants de ce type de cohérence paysagère. La période haussmannienne dont ils se sont inspirés brille en effet d'un éclat incomparable par sa capacité à constituer un paysage urbain cohérent. En revanche, l'architecture en soi n'y a qu'une importance relative. Dans la pensée d'Haussmann, la logique urbaine domine toujours la logique architecturale, comme en atteste notamment le décentrement forcé du dôme du tribunal de commerce pour qu'il puisse constituer le point de fuite de la perspective vers le sud des boulevards de Strasbourg et de Sébastopol ou, simplement, l'architecture de l'immeuble haussmannien en elle-même, relativement lourde, ce qui n'enlève rien à sa capacité hors du commun à constituer des organismes urbains cohérents.

Le POS de 1977 a fait sien ce retrait relatif de l'architecture au profit de l'ensemble, qui a caractérisé une grande partie de la pensée de l'architecture française des trente dernières années du XXe siècle. Bernard Huet, en 1987, intitulait un article fameux « L'architecture contre la ville[1] ». Il y opposait la ville, œuvre collective réalisée sur le temps long et, à ce titre, censée être porteuse de valeurs fondamentales, à l'architecture, activité privée du temps court et, à ce titre, regardée comme quasi suspecte. Ces analyses, fondées sur une lecture partiale des théories d'Aldo Rossi, sont déterminantes dans le fait que l'architecture a, pendant longtemps, toujours été regardée comme faisant partie d'un ensemble, et non pas comme une forme qui, quelle que soit sa capacité à participer d'un tout qui la dépasse, n'en possède pas moins ses caractéristiques propres et autonomes.

La forme comme porteuse de valeurs

L'esthétique de la ville concerne naturellement celle des bâtiments qui la constituent, et il est temps de revenir de cette idée étrange selon laquelle la qualité formelle de l'architecture n'aurait, dans le fond, que peu à voir avec la qualité de la ville elle-même. Il faut aussi s'entendre sur le fait que, quels que soient ses déterminismes premiers, toute architecture consiste, *in fine*, à définir la forme des bâtiments ; et sur le fait que parler de forme n'a rien de trivial. En effet, la forme est l'horizon de toute activité humaine. Quel que soit le domaine, les productions les plus valorisées sont les plus efficaces, mais aussi les plus accomplies formellement. En mathématiques, par exemple, entre deux démonstrations, la plus concise est toujours considérée comme étant la plus « élégante », suivant l'expression consacrée. Il s'agit d'une question formelle, indépendante de l'efficacité mesurable de la démonstration elle-même. Dans le domaine du sport, l'athlète qui marque le plus de points est toujours admiré, mais pas autant que celui qui les marque, en plus, avec la manière – celui qu'on aura tendance à qualifier d'artiste.

La forme est donc porteuse de valeurs, et l'architecture en offre une démonstration éclatante. Par forme, j'entends ici l'extériorisation de nécessités internes. Ou, pour le dire autrement, « la forme, c'est le fond », comme

---

[1] Bernard Huet, « L'architecture contre la ville », *AMC*, décembre 1986, n° 14, p. 11.

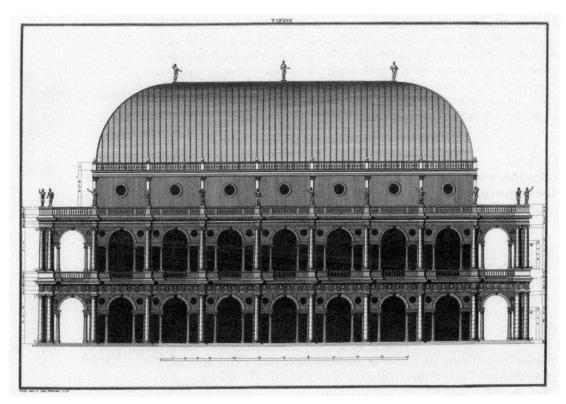

Façade de la basilique palladienne de Vicence, dite Palazzo della Ragione (Italie),
Andrea Palladio, architecte, 1549-1614.

l'écrivait Victor Hugo : la forme résulte de ce qu'elle repose, en quelque sorte, sur des valeurs. Par forme, je n'entends pas la manifestation de caprices superficiels et arbitraires, auxquels quelques distraits l'associent souvent, mais la condensation de valeurs dans une manifestation sensible. Lorsque nous admirons la façade de la basilique de Palladio à Vicence, constituée d'une série de serliennes de pierre blanche, nous jouissons d'un spectacle plaisant à l'œil, car les proportions, la gracilité de cet ensemble d'arcs et de colonnes répétés sont agréables à regarder. Si cet ensemble était construit en béton, il ne nous toucherait pas autant. Non pas parce que le béton serait en soi moins beau que cette pierre, mais parce que ces formes ne répondraient pas à la même nécessité impérieuse de la statique, propre à la maçonnerie de blocs, et n'auraient donc pas le même sens. Dans cette façade, ce qui plaît à l'œil est le résultat d'une réponse implacable à des nécessités difficiles à satisfaire. D'une part, cette résille de pierre est classique dans son dessin, mais sa finesse entre en résonance avec les bâtiments gothiques qu'elle ceint, en même temps qu'elle permet de résoudre le problème technique de la faible portance du sol – Palladio a été choisi comme architecte car il était le seul capable de maîtriser les attendus techniques du projet. D'autre part, ces formes sont issues des contraintes de la construction en maçonnerie de blocs : les arcs sont la forme la plus efficace pour percer un trou dans un mur porteur. Enfin, pour rendre imperceptible l'irrégularité des façades existantes, les arcs sont réguliers, mais la taille des baies latérales des serliennes est variable. Et c'est cet ensemble de valeurs que nous admirons dans cette façade, cette intelligence déployée pour répondre, en un seul geste, à des nécessités mesurables, et qui tend à les faire oublier à travers un projet supérieur qui, en l'occurrence, est celui de l'humanisme caractéristique de la Renaissance. La beauté authentique se manifeste à travers la forme, et elle est indissociable des valeurs qu'elle véhicule, c'est-à-dire du fond qui a prévalu à sa définition. Ni art, ni technique, ni science, l'architecture a une beauté spécifique qui provient de cette rencontre, dans des équations que constituent les conditions de projet au sens large de valeurs mesurables et non mesurables. La beauté fait partie des secondes : elle n'est pas mesurable, mais elle est une des fonctions essentielles auxquelles doit répondre l'architecture.

La vertu environnementale, une opportunité pour l'architecture

Revenons à la situation parisienne contemporaine. La prise en compte des questions environnementales y remet nécessairement l'architecture au centre du jeu. En effet, bien que les questions environnementales se règlent aussi à l'échelle de la ville, elles ne peuvent éviter d'interroger la définition formelle des bâtiments en eux-mêmes – géométrie, proportions, matérialité, localisation, modes de production, etc. Responsable d'environ 40 % des émissions de gaz à effet de serre et d'environ 45 % de la consommation énergétique au niveau national, la construction a forcément un grand rôle à jouer dans la mise en œuvre d'une relation mieux raisonnée à la nature.

Les architectes vont devoir faire avec moins de moyens techniques et un champ de contraintes étendu. Cette situation va constituer, pour l'architecture en général, et pour l'esthétique de Paris en particulier, une opportunité extrêmement fructueuse.

Posons ici une série d'hypothèses.

Tout d'abord, l'hypothèse que la baisse conjointe des sources d'énergie mobilisables et des ressources disponibles va conduire à une réduction générale des moyens mobilisables au service de l'édification[2].

Ensuite, l'hypothèse que la rationalité architecturale vise à produire, à travers le processus du projet, à la fois un bâtiment en tant que forme construite et le récit théorique et conceptuel qui permet, dans un même temps, d'établir les règles de constitution de cette forme et de lui conférer sa signification particulière. Autrement dit, la fonction ultime du processus de projet est de créer un récit théorique, un contexte conceptuel, qui permet de justifier de manière rationnelle, dans les limites du projet considéré, des dispositions qui seraient irrationnelles dans un autre contexte. L'art de l'architecte consiste à imaginer des *contradictions productives* qui rendront son œuvre significative, et à les résoudre par le raisonnement adapté ; c'est sur cette résolution que repose la poétique particulière de l'architecture. Une telle démarche accueille avec opportunisme toute nécessité nouvelle, de quelque nature qu'elle soit, pour en faire un élément expressif.

La façade colorée du Centre Pompidou sur la rue du Renard, par exemple, serait ridicule si elle n'était constituée que de faux tuyaux – et même si de vrais tuyaux avaient été sortis du bâtiment comme caprice des architectes. Mais le fait que la structure et la circulation principale, qui sont généralement situées à l'intérieur des bâtiments, soient elles aussi externalisées, ajouté à la lisibilité des poutres sur les pignons, nous indique que ce dispositif vise à produire un plan libéré de toute sujétion, ce qui se comprend immédiatement comme solution possible pour un lieu dédié à l'art contemporain. Rogers et Piano avaient envie de faire un

---

[2] À ce sujet, voir Sébastien Marot, *Taking The Country's Side: Agriculture and Architecture*, Barcelone : Polígrafa/Lisbonne : Triennale d'architecture de Lisbonne, 2019.

Centre Pompidou, Renzo Piano et Richard Rogers, architectes, 1977.
© Piano & Rogers / Fondazione Renzo Piano, Rogers Stirk Harbour + Partners.
Photo Michel Denancé

bâtiment qui ressemblerait à une machine, à l'image d'un Fun Palace de Cedric Price enfin réalisé ; et à partir d'une analyse des données du site et du programme, ils ont élaboré le récit qui leur a permis de justifier ce désir initial. Ce caractère disruptif du bâtiment s'inscrit dans le droit fil d'une histoire de l'architecture française et parisienne, dans ce rationalisme constructif défini par Viollet-le-Duc comme la possibilité de fonder l'expression architecturale d'un bâtiment sur les moyens mis en œuvre pour le construire. Et la co-visibilité entre le Centre Pompidou et la cathédrale Notre-Dame vient encore souligner ce lien.

Parce que ses productions se situent dans l'espace public, et parce qu'elles s'inscrivent dans le flux d'une culture architecturale en permanente réélaboration, l'architecture se doit d'incarner des valeurs collectives. La condition d'intelligibilité de ses productions repose sur l'économie de moyens, qui consiste à consacrer le minimum de ressources à une tâche donnée – elle nous est imposée, de ce point de vue, par la condition environnementale contemporaine –, mais qui est aussi une catégorie esthétique qui est la condition de possibilité de création de formes pertinentes[3]. Les contraintes drastiques de la réponse architecturale à la crise environnementale constituent une opportunité rare de refondation de la discipline architecturale, à partir desquelles l'esthétique de Paris gagnera à se fonder à l'avenir.

Une architecture partageable

Dans un monde transformé par le digital, qui favorise la circulation des informations, mais crée une distance avec le monde matériel, l'architecture en tant que fait construit est renforcée dans sa dimension matérielle, concrète et stable, et dans sa capacité à sédimenter du temps. Elle a un rôle accru à jouer dans la définition des lieux et dans la relation que la société entretient avec le monde matériel. Cette dimension est, assurément, un des aspects sur lesquels l'esthétique de Paris pourra se fonder à l'avenir. Par conséquent, il est aujourd'hui capital que l'architecture puisse être intelligible à qui veut prendre la peine de la comprendre. Il ne s'agit pas de renoncer à son caractère expérimental, exploratoire, mais, bien au contraire, de faire saisir celui-ci par-delà les goûts particuliers de chacun. Pierre Reverdy, le poète pré-surréaliste, a parfaitement résumé cette capacité de l'architecture à produire notre inscription collective dans le temps : « La durée d'intérêt d'une œuvre est peut-être en raison directe de l'inexplicable qu'elle renferme. Inexplicable ne veut pas dire incompréhensible[4]. » L'esthétique architecturale de Paris se doit de produire des constructions intelligibles afin de réinstaurer la capacité de l'architecture à constituer un fond culturel commun et partageable, nécessaire à la cohésion sociale.

---

3 À ce sujet, voir Éric Lapierre, *Economy of Means: How Architecture Works*, Barcelone : Polígrafa/Lisbonne : Triennale d'architecture de Lisbonne, 2019.

4 Pierre Reverdy, *Nord-Sud: Self Defence et autres écrits sur l'art et la poésie (1917-1926)*, Paris : Flammarion, 1975, p. 111.

L'économie de moyens étant donc au croisement de la réponse environnementale et de l'esthétique architecturale, la durabilité d'une architecture se situe bien au-delà de simples réponses techniques, mais questionne la nature même du médium. Pour être durable, c'est-à-dire satisfaire à une série de critères environnementaux quantifiables, d'une part, mais, tout autant, rester en permanence d'actualité comme le sont les œuvres accomplies, d'autre part, l'architecture du Paris de demain aura à se poser des questions esthétiques telles que celle soulevée par Reverdy.

Esthétique de Paris : spécificité

Alors comment pourrons-nous définir l'esthétique de Paris ? Paris est cette ville hétérogène qui a été unifiée par l'entreprise haussmannienne. Le génie d'Haussmann a été de plaquer sur la ville existante un réseau de voies nouvelles, pour adapter la capitale à son temps, mais aussi aux temps futurs, sans quoi, si l'on en juge par le panorama des villes européennes, elle aurait probablement été beaucoup plus maltraitée par les projets de l'après-guerre qu'elle ne l'a été. Dans les mailles de ce réseau unificateur et hiérarchisé, les formes urbaines anciennes continuent d'exister, créant cet organisme urbain unique auquel l'homogénéité haussmannienne confère une grande cohérence, sans pour autant que celle-ci soit obtenue au détriment de l'hétérogénéité historique et de la variété des paysages. Paris est une ville à double fond : il est possible de la parcourir en tous sens en faisant l'expérience continue d'une ville du XIXe siècle, mais sitôt que l'on quitte le boulevard haussmannien, on pénètre dans un autre monde spatio-temporel, qu'il soit celui des hôtels particuliers du faubourg Saint-Germain, ou du pittoresque des faubourgs et de leurs cours en enfilade.

Fédération nationale du bâtiment, façade sur la rue La Pérouse, Paris 16e, Raymond Gravereaux et Raymond Lopez, architectes, Jean Prouvé, ingénieur, 1948-1951.
© ADMM

En dépit de sa grande variété typologique et paysagère, et de la rigueur avec laquelle Haussmann a parfois plaqué son réseau sur l'existant, Paris n'a pour autant rien d'un collage brutal : par sa colorimétrie générale et ses façades à dominante minérale, le paysage de Paris est rythmé, mais rarement heurté. Même le boulevard Raspail ou la rue Réaumur, deux des voies les plus démonstratives de la ville, sont fondus dans une sorte d'unité. Même des bâtiments d'une écriture ouvertement moderne, tels que le siège de la Fédération française du bâtiment de Raymond Lopez et Raymond Gravereaux, rue La Pérouse, celui de l'Agence France-Presse de Robert Camelot et Jean-Claude Rochette, place de la Bourse, ou la Fondation Cartier de Jean Nouvel et Emmanuel Cattani, boulevard Raspail, se sont inscrits dans le paysage parisien par leurs rythmes et leurs matériaux : ces œuvres s'appuient sur la force historique de Paris et la lui restituent sous la forme de nouveautés raisonnées. Cette hétérogénéité unifiée, qui est maximale dans la typologie, mais relativement faible dans la forme et les couleurs, est certainement ce qui caractérise le mieux l'esthétique de Paris.

Quelles hypothèses pourrions-nous émettre pour l'esthétique du Paris à venir ?

La raréfaction des ressources et des sources d'énergie, ainsi que la nécessaire minimisation de l'empreinte carbone des constructions constituent un changement de paradigme digne de celui qui, au XIXe siècle, avec l'avènement de l'acier et du vitrage, a conduit à la révolution du mouvement moderne et à l'invention de l'espace. On aurait tort, pour autant, de voir la situation actuelle comme la simple fin de la modernité et de son foisonnement d'inventions, et comme un retour en arrière. Les limites données par cette nouvelle réalité émergente, et le consensus social sur la nécessité de répondre à la crise environnementale constituent à coup sûr une occasion de renouer avec un grand récit qui a manqué ces dernières années à l'architecture. La réponse à ce changement de paradigme est aussi une occasion pour Paris de réinventer une esthétique de son temps, cohérente avec sa propre histoire.

Les nouvelles contraintes environnementales constituent autant d'opportunités d'expérimenter des dispositifs eux aussi nouveaux. Ces dispositifs sont polymorphes. Ils concernent tout d'abord le rapport à la ventilation et à l'éclairement naturels et, par conséquent, des questions de composition des plans et des volumes : épaisseur des plans, relation des pièces les unes aux autres, rapports intérieur/extérieur, etc. Ces questions sont connexes à celle de la capacité d'évolution des bâtiments au cours du temps – leur « durabilité », au sens propre de capacité à durer – et donc, notamment, à celle de la conception des structures et de la distribution des fluides dans l'espace. Peut-on envisager aisément ou non un changement de fonction à l'avenir ? Ces questions sont liées à celle des modes de vie et du confort. À l'heure actuelle, les normes de confort que doivent satisfaire les constructions en matière de climat intérieur reposent sur un « printemps perpétuel », consistant en l'établissement d'une ambiance oscillant entre 20 et 27 °C environ, qui nécessite de chauffer ou refroidir presque tout au long de l'année, quelles que soient les zones géographiques considérées. Ces impositions climatiques ont une influence directe sur la conception des bâtiments, et des répercussions en termes à la fois spatiaux et de consommation énergétique. Une acceptation supérieure du froid et du chaud permettrait de substantielles préservations des ressources et de l'énergie. Le fait de ne pas chauffer ou refroidir toutes les pièces de la même manière, par exemple, permettrait aussi de donner des solutions spatiales à ces questions.

Agence France-Presse, Paris 2e, Robert Camelot et Jean-Claude Rochette, architectes, 1955.
© Jean-Marie Monthiers

On tente aujourd'hui de continuer à mettre en œuvre des niveaux de confort issus du monde moderne. En matière d'acoustique, il est par exemple demandé à des constructions en bois de satisfaire à des niveaux d'exigences qui sont aisément atteints lorsque l'on construit en béton, matériau que l'on sait peu vertueux du point de vue environnemental. Parvenir à des performances mises au point avec le béton pénalise aujourd'hui l'utilisation du bois, en raison de sa densité très inférieure – la masse est le principal facteur permettant de limiter la propagation des bruits aériens. Les normes conduisent donc à construire, pour ce type de contraintes acoustiques, des planchers en bois d'une épaisseur telle qu'elle s'apparente à du gaspillage, et qui implique souvent de supprimer un étage, pour rentrer dans l'épure des gabarits urbains, ce qui grève la rentabilité des constructions. Les questions de réglementation urbaine sont donc elles aussi impactées par

Fondation Cartier pour l'art contemporain, Paris 14ᵉ, Jean Nouvel, Emmanuel Cattani & Associés, architectes, 1994.
© Jean Nouvel, Emmanuel Cattani & Associés. Photo Philippe Ruault

ces évolutions. De même, les normes en matière de sécurité contre l'incendie, très défavorables à l'usage du bois, augmentent les coûts et délais de construction. Paris est pourtant en grande partie construit en bois, que l'on pense aux pans de bois des immeubles à façades de plâtre ou aux planchers des immeubles haussmanniens. Il convient aujourd'hui de revoir les normes à la lumière de la priorité environnementale : la philosophie qui prévaut en la matière est issue des moyens techniques du XXe siècle, qui ont fait preuve, parallèlement, de leur efficacité fonctionnelle et de leur incapacité à respecter l'environnement et les ressources.

Construction, espace, typologie, évolutivité, forme urbaine, réflexion poussée sur l'économie de moyens, rédaction des normes, réévaluation de la notion de confort et, au-delà, des modes de vie, signification sociale de l'ensemble : on voit que le changement de paradigme environnemental impose de repenser de manière globale la définition des formes architecturales et leur signification sociale. L'apparition du fer et celle du vitrage ont autrefois révolutionné l'architecture et conduit à la réévaluation complète qui a vu l'avènement du mouvement moderne. Nous sommes au début d'un changement du même ordre, qui implique des modifications profondes et polymorphes comme nous l'avons vu. Cela prend normalement du temps, mais nous n'avons pas le temps, car tous les marqueurs nous indiquent que nous avons déjà trop attendu. Par sa taille, son aura et sa puissance, Paris peut devenir le terrain expérimental de ce changement de paradigme. Une esthétique nouvelle en naîtra, qui s'inscrira dans le flux historique de la ville, ne serait-ce que parce que les matériaux capables de remplacer le béton se rattachent, en grande partie, au monde statique et tectonique de la maçonnerie porteuse qui constitue une large part des façades parisiennes.

Pour conserver la générosité et la praticité de l'espace héritées de la modernité, tout en adaptant le système de production aux nécessités nouvelles, il nous faudra probablement inventer des structures hybrides. Le premier rationalisme constructif – dont les principes ont été synthétisés par Viollet-le-Duc au XIXe siècle, et qui a servi de feuille de route, concrète ou métaphorique, à la modernité – tendait à créer des structures reposant sur la mise en œuvre d'un matériau unique. Le nouveau « surrationalisme » constructif produira, quant à lui, des structures hybrides, dans lesquelles chaque matériau sera utilisé pour ses qualités spécifiques : du béton ou de l'acier en quantités limitées, par exemple, peuvent permettre de débloquer tout un plan ou un principe de bâtiment. À l'instar de l'hétérogénéité unifiée créée par Haussmann à partir d'une ville déjà existante, l'esthétique architecturale du Paris à venir procédera probablement d'une hybridité structurelle et matérielle à l'échelle des bâtiments eux-mêmes – un puissant vecteur d'invention de solutions nouvelles. Cette esthétique future sera tout entière placée sous le signe de la spécificité et des solutions sur mesure, non seulement spatialement, mais aussi du point de vue des moyens mis en œuvre, et Paris renouera, d'une certaine manière, avec sa propre localité.

Éric Lapierre
Architecte

Régénérer

Chris Younès

Paris

**Éthique
et esthétique
du vivant**

> C'est ça le problème avec les humains, à la racine de tout. La vie court à leurs côtés, inaperçue. Juste à côté. Créant l'humus. Recyclant l'eau. Échangeant des nutriments. Façonnant le climat. Construisant l'atmosphère. Nourrissant, guérissant, abritant plus d'espèces vivantes que les humains ne sauraient en compter.
>
> Richard Powers, *L'Arbre-Monde*[1]

Le philosophe François Cheng insiste sur la puissance de médiation de la beauté : « Ce n'est pas un ornement [...], c'est un devenir ou un advenir qui vient à la fois de l'autre et de l'intérieur de soi-même. La beauté est rencontre[2]. » Comment s'établit cette rencontre dans l'esthétique urbaine d'une ville comme Paris ?

L'esthétique, qui procède de la sensation, du sentir et du culturel, est une mise en contact. Elle renvoie à un au-delà de la dualité, à des correspondances entre microcosme et macrocosme, à des alliances de l'être humain avec l'univers, à un « réenchantement poétique » qui semble s'être éloigné de la ville. Dans son roman *Désert*, J.-M. G. Le Clézio fait une description féroce d'une ville devenue inhabitable : « Les hommes ici ne peuvent pas exister, ni les enfants, ni rien de ce qui vit[3] ». Ici les hommes ont peur. « Cela se voit à la façon qu'ils ont de marcher en rasant les murs, un peu déjetés comme les chiens au poil hérissé. La mort est partout sur eux [...], ils ne peuvent pas s'échapper[4]. » Ici, il n'y a ni amour, ni pitié, ni beauté, ni douceur. Que peut-on souhaiter à cet univers désolant ? « Le vent va peut-être arracher les toits des maisons sordides, défoncer portes et fenêtres, abattre les murs pourris, renverser en tas de ferraille toutes les voitures. Cela doit arriver car il y a trop de haines, trop de souffrances[5]. » Ce monde périra faute de beauté, d'amour, de lumière, d'union au monde.

Pour Le Clézio, la beauté, c'est le monde de la nature, les arbres, les rochers, le ciel, le vent, le fleuve ou la mer, et surtout la lumière, les étincelles de lumière du soleil qui vivifient mais peuvent aussi brûler[6].

---

1 Richard Powers, *L'Arbre-Monde* [*The Overstory*, 2018], trad. Serge Chauvin, Paris : Le Cherche midi, 2018, p. 14.

2 « Considérations sur la beauté », entretien avec François Cheng, mené par Chris Younès, *Ecologik*, août-septembre 2008, n° 4.

3 Jean-Marie Gustave Le Clézio, *Désert*, Paris : Gallimard, 1980, p. 321.

4 *Ibid.*, p. 327.

5 *Ibid.*, p. 315.

6 La conscience écologique et la communion des vivants, au cœur de l'œuvre de Le Clézio, l'ont amené à faire une magnifique introduction à la traduction de l'ouvrage d'Aldo Leopold, *Almanach d'un comté des sables*, qu'il perçoit comme annonciateur : « Le regard prophétique qu'Aldo Leopold a porté sur notre monde contemporain n'a rien perdu de son acuité, et la semence de ses mots promet encore la magie des moissons futures. Voilà un livre qui nous fait le plus grand bien. » J.-M. G. Le Clézio, « Introduction ». Dans Aldo Leopold, *Almanach d'un comté des sables* [*A Sand County Almanac*, 1949], trad. Anna Gibson, Paris : Flammarion, 2017.

De nouvelles esthétiques urbaines recosmicisées

S'avère donc décisive l'ouverture d'alterpratiques créatrices visant à recycler, faire mieux avec moins, ménager, alors même que cette attitude semblait caractériser les sociétés vernaculaires préindustrielles ou les sociétés de pauvreté. L'écologie, la réduction de la consommation, le souci du viable, du vivable, de l'équitable représentent des conceptions et des orientations par lesquelles la cité semble se remettre en cause, interpeller son histoire et son devenir, interroger sa propre existence et sa capacité de métamorphose, terme dont le préfixe « méta- » signifie « au-delà » ou « ce qui vient après », désignant une succession de formes pour un être, un phénomène ou un milieu. Dans ce processus, l'enjeu est de faire advenir d'autres formes esthétiques et éthiques de cohabitation. Elles sont à mettre en perspective avec la prégnance d'une dynamique éco-existentielle qui attire l'attention sur les données culturelles ainsi que sur les conditions de vie, dans une perspective soutenable. Car penser les milieux habités en leur trajectoire, c'est insister sur ce qui est entre les choses et les êtres comme sur ce qui devient ; c'est hériter, ménager et réinventer à la fois.

En effet, les milieux habités traversent aujourd'hui une crise profonde caractérisée par un épuisement des milieux naturels et humains, avec des dégradations et des formes de *déliance* s'exprimant aussi bien dans la relation problématique des établissements humains à la nature que dans les dissociations culturelles et sociétales. Cet état critique, qui met en péril le devenir des territoires, résulte d'une urbanisation moderne largement fondée sur des principes de division et de ségrégation, un mode de fabrication de l'urbain produit selon des logiques déterritorialisées.

Face aux multiples et souvent dramatiques effets de ces dissociations, des initiatives émergentes, portées par des concepteurs et acteurs de l'aménagement de l'espace, cherchent à construire des scénarios alternatifs de coexistence. Considérant les résistances et les ressources spécifiques en jeu, elles se nourrissent des spécificités locales et *translocales* impliquées dans la tension entre la singularité des situations et les systèmes globaux. Entre stratégies territoriales et formes architecturales, ces démarches responsables visent à régénérer (au sens de « renaissance ») les milieux à toutes leurs échelles, pour qu'ils restent habitables.

Production d'une variété de 4 000 plantes aromatiques en culture hydroponique sur les toits d'un hangar de la RATP, société Aéromates, Paris, 2017.
© Pascal Xicluna / Min.Agri.fr

Désormais, l'architecture des milieux habités en appelle à une recosmicisation de l'existence humaine, à savoir rétablir un monde (*kosmos*) au sens d'un commun, mis à mal par une modernité séparant sujet et objet, ainsi que nature et culture. Ce qui relève donc notamment de ces sciences que sont l'écologie et l'éthologie, mais aussi de la poétique qui renvoie à une forme de radicalité. Ainsi, une écologie élargie et « radicale » – celle qu'entrevoit par exemple Michel Deguy dans une alliance possible avec la poésie[7] – devrait être à même de prendre en considération poïétiquement ces différentes dimensions ou stratifications des milieux. Il faut comprendre que les milieux d'un

---

7 Michel Deguy, « Écologie et poésie ». Dans *La Fin dans le monde*, Paris : Hermann, Coll. Le Bel Aujourd'hui, 2009.

Prototype de façade opérationnelle d'algoculture urbaine installé au Pavillon de l'Arsenal lors de l'exposition « Algocultures », XTU Architects et AlgoSource Technologies, ingénieurs, 2013.
© Antoine Espinasseau

milieu[8] ne forment pas une mosaïque – *partes extra partes* –, mais s'enchevêtrent et se superposent. C'est ce que nous enseigne l'étude des milieux animaux et humains. Un milieu singulier est déjà en lui-même une multiplicité. La célébrité de la tique d'Uexküll[9] tient à ce que l'on parvient avec elle à isoler aisément les composantes d'un milieu très simple (mais déjà pluriel), tandis que les milieux humains comportent d'innombrables composantes. Ainsi de la ville, qui constitue un milieu complexe dans lequel la pluralité et l'hétérogénéité apparaissent nettement. Car il y a *les* villes et non pas *la* ville (et, dans chaque ville, quantité de « milieux urbains »). Ce qu'on appelle parfois la « ville générique » n'a pas absorbé la variété infinie des différences *entre* les villes et *dans* les villes.

Si l'on peut parler de ville-nature, c'est en un sens qui chamboule profondément notre idée de la nature et du « naturel ». La ville qui vient (ou « ce qui vient après la ville ») peut ouvrir l'espace de « mille milieux » éminemment respirables et passionnants. La ville-nature n'est pas une ville qui serait « naturelle », mais qui renouerait avec les éléments et le vivant de manière inédite et « artiste ». En premier lieu avec la Terre, qui n'est pas seulement un élément, mais plutôt la mêlée de tous les éléments. On pourrait imaginer cette ville-nature comportant bien des transformations comme pétrie de technique de part en part, mais alliée – sous des formes qui ne seraient pas spectaculaires et frelatées – aux puissances de la nature, déchargées de leurs excès de poids mythologiques et symboliques.

L'enjeu d'un beau Paris vivant

Le défi d'établir d'autres rapports de l'être humain à la nature apparaît d'autant plus critique que ce dernier prend fortement conscience que la vulnérabilité de la biodiversité est associée à celle des cultures humaines. Chacun peut constater avec Paul Ricœur que « l'homme de la technique ajoute une fragilité supplémentaire qui est son œuvre[10] ». La montée technique a accru le potentiel d'anéantissement. Les hantises sont multiples à l'aube du troisième millénaire : crainte de la sixième extinction de masse des espèces, des manipulations génétiques, de la pollution, inquiétudes pour la santé et la survie des humains, plaintes de mal-être... Les effets du développement techno-scientifique, qui apparaissent irréversibles et cumulatifs, peuvent aboutir non seulement à une contre-productivité, mais à du contre-développement, voire à une extrême dangerosité pour les milieux de vie – analyse poursuivie notamment dans toute l'œuvre d'Ivan Illich, qui anticipe de manière radicale nombre de questions mettant en jeu l'écologie et l'éthique du vivre-ensemble.

Comment le tournant du vulnérable, qui est patent et source d'émotions, de résonances, de « lâcher-prise », peut-il être source de rebonds synergiques[11] ? Interroger ce qui peut revivifier la métropole du Grand

---

8   Benoît Goetz et Chris Younès, « Mille milieux : éléments pour une introduction à l'architecture des milieux ». Dans Benoît Goetz et Chris Younès (dir.), *Le Portique : l'architecture des Milieux*, université de Strasbourg, 2010, n° 25, https://journals.openedition.org/leportique/2471

9   Jakob von Uexküll, *Mondes animaux et monde humain* [1934], trad. Philippe Muller, Paris : Denoël-Gonthier, 1956.

10 Paul Ricœur, *L'Idéologie et l'Utopie*, Paris : Seuil, 1986.

11 Roberto D'Arienzo et Chris Younès (codir.), *Synergies urbaines : pour un métabolisme collectif des villes*, Genève : MétisPresses, 2018.

Paris, dans des temps marqués par la menace climatique, l'incertitude et la dévastation[12], passe par la prise au sérieux des nouvelles aspirations et figures qui animent les récits urbains. Il est clair que plusieurs fils d'Ariane tissent une toile hybride, qui propage et chante les accords du vivant et de l'artefact. À travers la prise de mesure des lieux, des conditions atmosphériques, de la fertilité des sols, des places, des parcs, des jardins, des bords de Seine et des rues piétonnes, c'est toute la qualité citadine en termes de beau et de bien-vivre qui est en jeu. Comment passer du fragment des aménagements des gares à une pensée des territoires en leur continuité ? Si des polycentralités sont amorcées avec les métamorphoses des gares du Grand Paris, comment mieux régénérer tous les écosystèmes et territoires naturo-culturels ?

Le chantier des reliances et des rebonds synergiques et symbiotiques

Edgar Morin n'a de cesse de désigner le chantier des reliances[13], à savoir l'art de relier et de se relier, entre espèces, entre soi et les autres, entre soi et soi. Dans cette articulation, sont alors transmuées les pulsations et alternances propres aux différents phénomènes corporels, socio-anthropologiques, ou cosmiques. Par les relais du vide, de l'ouverture, sont ainsi établis des rapports (*logos*) entre des réalités différentes : cycles de la nature soumis à l'irrégularité des variations, qu'il s'agisse des alternances et dynamiques telluriques, biologiques, ou de celles des saisons, du lever et du coucher du soleil, du cœur, du souffle, de la veille et du sommeil, mais aussi des rituels répétés et modifiés de la vie sociale. Alors qu'aujourd'hui, les eaux, les airs et les sols ne sont pas intacts, du fait des industries humaines, l'élémental demeure une force vive qui nous parle du secret de Gaïa et de la vie. Gaston Bachelard a exploré la puissance onirique des éléments, qui sont des matières primordiales ayant la propriété de nous transporter, de « faire corps » avec le monde et de « participer à sa totalité vivante », par une « vision holistique et dynamique qui resurgit dans l'épistémologie de l'écologie contemporaine[14] ».

Dans ce contexte s'observent de possibles reprises créatives, intimement associées au pouvoir-être existentiel. D'autres santés, solidarités et frugalités heureuses[15] sont à cultiver, qui mettent l'accent sur l'importance des proximités à même de réinventer d'autres façons récréatives. Des productions vivrières appropriées (maraîchages, parcs agricoles, vignes, fermes urbaines, toits plantés, jardins partagés…),

Living Bricks utilise le mycélium comme matériau de construction vivant, The Living, architectes, pour l'exposition « La Fabrique du vivant », Centre Pompidou, 2019. © Photo Andres Baron, courtesy of The Living

Détail de *Living Bricks*.

---

12 Voir Thierry Paquot, *Désastres urbains : les villes meurent aussi*, Paris : La Découverte, Coll. Cahiers libres, 2015.
13 Edgar Morin, *La Méthode 6 : éthique*, Paris : Seuil, 2004.
14 Jean-Jacques Wunenburger, « Gaston Bachelard et la médiance des matières arche-cosmiques ». Dans Chris Younès et Thierry Paquot (dir.), *Philosophie, ville et architecture : la renaissance des quatre éléments*, Paris : La Découverte, 2002, p. 27-41.
15 Voir le « Manifeste pour une frugalité heureuse et créative », lancé par les architectes Philippe Madec et Dominique Gauzin-Müller aux côtés de l'ingénieur Alain Bornarel, et mis en ligne le 18 janvier 2018 : https://www.frugalite.org/le-manifeste.html

avec le souci de permacultures, de circuits courts, de recyclages, d'énergies renouvelables, d'accès aux terres cultivables et de leur préservation, produisent de nouveaux paysages. Les défis sont à la fois d'ordre politique, scientifique, esthétique et éthique. Dans cette dynamique, basée sur des diversités de pratiques et de savoirs, sur des héritages et des innovations, et s'inscrivant dans un renversement des imaginaires et des systèmes de valeur, le mineur s'avère majeur, et la rencontre salvatrice.

D'autres nouages entre temps longs et temps courts, permanence et éphémère, sont à l'œuvre, qui participent d'une autre façon de s'envisager au monde. Des accords de différents types visant à révéler, ménager, féconder, sont impliqués, prenant en compte les éléments géographiques, tectoniques, climatiques, atmosphériques, biologiques, techniques et culturels. C'est ainsi que s'imaginent des paysages de lisières entre ville et campagne, densités raisonnées préservant des espaces non bâtis de forêt, de campagne, de jardins et de parcs, mais aussi de nature sauvage, par la création d'atmosphères respirables... De telles pratiques et anticipations engagent dans la voie du lien retrouvé, amorçant des réévaluations et des liaisons entre différentes échelles temporelles, entre stabilités et instabilités, mettant en résonance proche et lointain, ici et là-bas.

Accueillir les nouveaux imaginaires cosmo-esthétiques d'un Paris symbiotique

Quelle cosmo-esthétique à même de réenchanter le Grand Paris ? De quelle beauté parle-t-on au moment où la mégapole perd ses limites ? La ville délimitée, qui est celle du Moyen Âge ou de la Renaissance, relevait d'une cosmicité qui a pris d'autres figures. Un constat est largement partagé, celui d'une montée de l'enlaidissement et de l'exclusion, conduisant à de l'insupportable pour le plus grand nombre. Comment habiter Paris et sa métropole en éprouvant les rythmes de la nature : le jour et la nuit, les saisons, le rapport au ciel, au vent et au soleil, au végétal, et plus globalement à la richesse de la biodiversité et aux rythmes de l'univers ? De manière manifeste, la nature et le paysage constituent le creuset d'un bien commun en partage. Les territoires dont nous héritons sont très inconfortables, peu viables et inéquitables. Au milieu du XXe siècle, Ian L. McHarg préconisait déjà de relier le design et la nature[16]. L'articulation d'échelles spatio-temporelles très différenciées et leur compatibilité s'avèrent déterminantes pour unir la ville à sa géographie et à ses caractéristiques bio-territoriales. Comment réintégrer les mobilités, les grandes infrastructures sociotechniques et l'agriculture aux grands espaces naturels, ainsi qu'aux lieux culturels et singuliers ? Les reconfigurations métropolitaines qui accélèrent et intensifient les déplacements ne sont pas seulement l'empreinte des passages d'un endroit à un autre, modifiant les écosystèmes ; ils sont aussi des tenseurs d'ouverture existentielle, par lesquels la vision à grande échelle de la géographie s'allie à celle des micro-lieux habités et des sols vivants[17].

---

16 Ian L. McHarg, *Design with Nature* [1964], Garden City : The Natural History Press, 1969.

17 Bruno Latour, *Où suis-je ? Leçons du confinement à l'usage des terrestres*, Paris : La Découverte, Coll. Les Empêcheurs de penser en rond, 2021.

Aggloville (Paris), Bert Theis, 2007.
© Courtesy of Bert Theis Archive

Rêver d'un beau Paris qui serait ville-forêt, ville-fleuve, parc ouvert, eau, atmosphère...

Loin de l'imaginaire d'une nature idéalisée, ce sont des imaginaires de réinvention d'une ville-nature concrète, s'hybridant avec des forêts, prairies, friches et rives, qui sont des réserves de biodiversité en même temps que des espaces de ressourcement. Il est question de lisières, de sous-bois, de pâturages, de jachères, de corridors écologiques, de guérillas jardinières, de parcs et de jardins... Les métamorphoses des espaces et transports publics et des infrastructures routières en espaces riches en pratiques urbaines et en biodiversité rendent compte de la quête de nouveaux équilibres. Pourtant, ces défis sont encore à peine amorcés vers ce que Michel Serres a nommé le contrat naturel[18], prônant un nouveau pacte au vu de l'état d'affaiblissement généralisé provoqué par une exploitation démesurée. Le Paris élargi sera beau avec de nouvelles prises de mesure holistiques. Empreinte écologique, métabolisme, menace climatique, biodiversité, cycles et recyclage[19] : autant de conditions conduisant à rapprocher et entrelacer les échelles de l'espace et du temps pour de nouvelles écologies hospitalières et solidaires. C'est toute une nouvelle ère du prendre soin[20] qui est en jeu. Penser, imaginer, se concerter constituent des forces vives pour chercher et esquisser des possibles de survie et de vie. Productions scientifiques et artistiques, écorécits, écofictions[21], écoluttes participent d'un élan collectif, embrassant la nature et nos liens avec elle.

18 Michel Serres, *Le Contrat naturel* [1990], Paris : Éditions du Pommier, 2018.
19 Roberto D'Arienzo et Chris Younès (codir.), *Recycler l'urbain : pour une écologie des milieux habités*, Genève : MétisPresses, 2014.
20 Chris Younès, *Architectures de l'existence : éthique. esthétique. politique*, Paris : Hermann, 2018.
21 Richard Powers, *L'Arbre-Monde*, op. cit.

Dans ces imaginaires multiples et coopératifs qui se profilent, l'appel de la beauté[22] revient en ritournelle comme une suite d'avènements chantés au fil du temps par les poètes, une incitation à l'émotion et au partage du sensible[23]. Car l'avènement esthétique est aussi une éthique permettant de résister à l'immonde, en ouvrant des rencontres à même de faire tenir ensemble l'environnemental, le social et l'existentiel – ce qui relance des horizons écosophiques[24] et écopoétiques du ménagement des lieux pour coexister et cohabiter. D'autres justices sociales et environnementales y sont engagées avec la reconnaissance des valeurs d'ouverture et d'entraide. Il s'agit de manières de faire et refaire décisives pour la cité terrestre, afin que les métamorphoses d'ordre éthique, esthétique et politique puissent donner naissance à des façons de se tenir en corythmes et dans le surgissement.

Chris Younès
Psychosociologue, philosophe

---

22 Hannah Arendt, « La beauté et le jugement esthétique ». Dans *Qu'est-ce que la politique ?* [1993], trad. Sylvie Courtine-Denamy, Paris : Seuil, 2001, p. 200.

23 Jacques Rancière, *Le Partage du sensible*, Paris : La Fabrique, 2000.

24 Félix Guattari, *Les Trois Écologies*, Paris : Galilée, 1989.

Biographies des auteurs

Isabelle Backouche
Directrice d'études à l'EHESS, Isabelle Backouche est historienne et ses recherches portent sur le changement urbain en articulant transformations sociales et matérielles de la ville. Elle a notamment publié *La Trace du fleuve : la Seine et Paris (1750-1850)* (Éditions de l'EHESS, 2000, réed. 2016) et *Paris transformé. Le Marais 1900-1980 : de l'îlot insalubre au secteur sauvegardé* (Créaphis, 2016, réed. 2019).

Jean-Christophe Bailly
Jean-Christophe Bailly a enseigné l'histoire du paysage à l'ENSNP de Blois de 1997 à 2015, et est l'auteur de nombreux essais dont certains consacrés à la poétique de la ville, notamment *La Phrase urbaine* (Seuil, 2013).

Isabelle Baraud-Serfaty
Isabelle Baraud-Serfaty a fondé ibicity (www.ibicity.fr), structure de conseil en économie urbaine, en 2010, après avoir travaillé pendant 15 ans dans différentes structures publiques et privées. En parallèle, elle enseigne depuis 2004 à Sciences Po, au sein de l'École urbaine. Elle est diplômée de l'École supérieure de commerce de Paris et du cycle d'urbanisme de Sciences Po.

Julie Beauté
Julie Beauté est doctorante en philosophie contemporaine (ENS Ulm, PSL). Mêlant philosophie, architecture et écologie évolutive, elle s'intéresse au rôle des êtres plus qu'humains dans la conception de l'architecture.

Alessia de Biase
Alessia de Biase est architecte et anthropologue. Elle propose une anthropologie de la transformation urbaine vue comme un processus spatio-temporel, dont la production physique de l'espace s'entrelace continuellement aux récits d'acteurs qui le pensent, le gouvernent et l'habitent.

Nathalie Blanc
Nathalie Blanc est directrice de recherche au CNRS, rattachée à l'université de Paris, et directrice du Centre des politiques de la Terre. Pionnière de l'écocritique en France, elle a publié et coordonné des programmes de recherche sur la nature en ville, l'esthétique environnementale et les mobilisations environnementales. Nathalie Blanc coordonne avec COAL un projet de LAB ArtSciences, « Le Laboratoire de la culture durable », consacré à l'alimentation durable (« La Table et le territoire »).

Bernadette Blanchon
Bernadette Blanchon est architecte DPLG, maître de conférences à l'École nationale supérieure de paysage Versailles-Marseille et chercheur au LAREP (Laboratoire de recherche en projet de paysage). Elle est également membre fondateur de la revue académique européenne *JoLA, Journal of Landscape Architecture* et membre de la Commission du Vieux Paris.

Jeanne Brun
Conservatrice en chef du patrimoine, Jeanne Brun a débuté sa carrière comme responsable des collections du musée d'Art moderne de Saint-Étienne, avant de prendre la direction du Fonds d'art contemporain de la Ville de Paris, puis du musée Zadkine. Elle est depuis mars 2021 directrice du développement culturel et du musée de la Bibliothèque nationale de France. Elle enseigne parallèlement l'histoire de l'art contemporain à l'École des chartes et à l'École du Louvre.

Pierre Caye
Pierre Caye est philosophe et directeur de recherche au CNRS. Il vient récemment de publier *Durer : éléments pour la transformation du système productif* (Les Belles Lettres, 2020).

Paul Chemetov
Paul Chemetov est architecte-urbaniste, diplômé de l'ENSBA (1959) et a rejoint l'AUA. Il a reçu le Grand Prix national de l'architecture. À Paris, il a projeté l'atelier Masséna, le collège Thomas-Mann, la rénovation de la Grande Galerie du Muséum, le ministère des Finances (avec Borja Huidobro), l'immeuble rue de l'Épée-de-Bois, les équipements publics souterrains des Halles, l'hôtel industriel Valin, l'écoquartier Boucicaut (ULI Global Awards 2016).

Philippe Clergeau
Philippe Clergeau est professeur d'écologie au Muséum national d'histoire naturelle et consultant en écologie urbaine. Ses recherches sont ciblées sur l'installation des biodiversités urbaines, l'ingénierie écologique des bâtiments et le rôle de l'organisation des paysages et des planifications. Il est l'auteur de plusieurs ouvrages sur la gestion de la nature dans la ville et l'urbanisme écologique.

Jean-Louis Cohen
Architecte et historien, Jean-Louis Cohen est professeur à l'Institute of Fine Arts de New York University. Il a publié plus de quarante ouvrages sur l'architecture et l'urbanisme du XXe siècle dans le monde.

Michaël Darin
Michaël Darin a été professeur de l'architecture et de la ville au sein des Écoles nationales supérieures d'architecture de Nantes, de Versailles et de Strasbourg. Son dernier ouvrage s'intitule *Ces rues qui racontent Paris* (Parigramme, 2018).

Chantal Deckmyn
Chantal Deckmyn dirige une agence de « poésie opérationnelle » qui s'est dotée des outils et des méthodes nécessaires (observation, repérages, récits écrits) pour exploiter l'existant, en vue de penser et mettre en œuvre des projets à l'échelle des personnes comme à celle des villes. Elle est notamment l'auteure de *Lire la ville : manuel pour une hospitalité de l'espace public* (La Découverte, 2020).

Nicola Delon
Nicola Delon est architecte et cofonde en 2001 le collectif Encore Heureux. Il revendique une pratique engagée qui porte attention au déjà-là et explore des modes opératoires à même de répondre aux transformations des conditions d'habitabilité. Il a été le co-commissaire des expositions « Matière grise » (Pavillon de l'Arsenal, 2014) et « Lieux infinis » (pavillon français de la Biennale d'architecture de Venise en 2018).

Fannie Escoulen
Fannie Escoulen construit depuis le début des années 2000 un parcours au service de la photographie, de ses artistes et de ses publics. Directrice adjointe du BAL à Paris de 2007 à 2014, elle est depuis commissaire d'exposition indépendante. Elle collabore régulièrement avec des maisons d'édition ainsi que des galeries et des entreprises engagées dans des actions de mécénat autour de la photographie.

Mariabruna Fabrizi
Mariabruna Fabrizi est architecte, maîtresse de conférences à l'École d'architecture de la ville & des territoires Paris-Est et commissaire scientifique. Elle est actuellement installée à Paris où elle a cofondé l'agence Microcities et le site Socks-studio. En 2019, avec son associé Fosco Lucarelli, elle a publié le livre Inner Space (Polígrafa/Triennale d'architecture de Lisbonne).

Yann Fradin
Ancien journaliste, dirigeant et consultant en communication sociale et publique, Yann Fradin est cofondateur et directeur de projets à l'association Espaces créée en 1994, gérant de l'entreprise d'insertion NaturEspaces, vice-président d'Emmaüs France, et cofondateur du collectif Sur les traces du ru de Marivel en 2011.

Alexandre Gady
Professeur d'histoire de l'art moderne à Sorbonne Université, enseignant également à l'École polytechnique fédérale de Lausanne et à l'École de Chaillot, Alexandre Gady est spécialiste de l'architecture et de l'urbanisme français des XVIIe et XVIIIe siècles, et plus particulièrement de Paris et de son patrimoine.

Laure Gayet
Diplômée du master d'urbanisme de Sciences Po Paris et en gestion de projets culturels, Laure Gayet a cofondé l'atelier Approche.s ! en 2014. Elle est experte en stratégies d'aménagement transitoire, urbanisme culturel, aménagements participatifs et inclusifs.

Nicolas Gilsoul
Nicolas Gilsoul est architecte, docteur en sciences et paysagiste. Professeur à l'ENSA Paris-Malaquais, chevalier de l'ordre des Arts et des Lettres, il publie, en 2017, Désir de villes avec Erik Orsenna (Robert Laffont) et, en 2019, Bêtes de villes, le premier de ses Précis d'histoires naturelles au cœur des cités du monde (Fayard).

Maria Gravari-Barbas
Maria Gravari-Barbas est professeure de géographie culturelle et sociale à Paris 1 Panthéon-Sorbonne. Elle est directrice de l'EIREST, Chaire UNESCO, et coordinatrice du réseau UNITWIN-UNESCO « Culture, Tourisme, Développement ». Elle a rédigé A Research Agenda for Heritage Tourism (Edward Elgar Publishing, 2020).

Luc Gwiazdzinski
Luc Gwiazdzinski est géographe. Professeur à l'ENSA de Toulouse, ses travaux portent notamment sur les temporalités, la nuit et les rythmes. Il a dirigé de nombreux colloques, recherches et ouvrages sur ces questions, parmi lesquels : La Ville 24 heures sur 24 (L'Aube/DATAR, 2003) ; La Nuit, dernière frontière de la ville (L'Aube, 2005) ; La Nuit en question(s) (L'Aube, 2005) ; Urbi et Orbi : Paris appartient à la ville et au monde (L'Aube, 2010) ; Chronotopies (Elya, 2017) ; Saturations (Elya, 2020) ; et Manifeste pour une politique des rythmes (EPFL Presses, 2020).

Antoine Lagneau
Chercheur associé au LIR3S (université de Bourgogne), Antoine Lagneau a fait de l'agriculture urbaine/périurbaine et de l'écologie urbaine ses terrains d'études, tant d'un point de vue sociologique qu'environnemental. Il travaille sur ces sujets avec des établissements publics et des instituts de recherche (ANRU, ARB, INRA, AgroParisTech...) et enseigne en universités et en IUT.

Paul Landauer
Paul Landauer est architecte et HDR. Il est professeur à l'École nationale supérieure d'architecture de la ville & des territoires Paris-Est et directeur du laboratoire OCS/AUSser (UMR CNRS 3329). Ses travaux portent aujourd'hui sur la notion de réparation appliquée à l'architecture.

Éric Lapierre
Éric Lapierre est architecte, enseignant, théoricien, écrivain et commissaire d'expositions. La production de son bureau (Experience) est régulièrement primée. Ses activités – construction, enseignement (EPF Lausanne, ENSA Paris-Est, Harvard GSD), écriture – font de lui un acteur du débat architectural international.

Emma Lavigne
Emma Lavigne est présidente du Palais de Tokyo et a été commissaire d'une trentaine d'expositions. Elle a été conservatrice à la Cité de la musique, avant de rejoindre le musée national d'Art moderne – Centre Georges-Pompidou, puis, de 2014 à 2019, elle a été directrice du Centre Pompidou-Metz. Elle a été également commissaire du pavillon français à la Biennale d'art de Venise 2015 ainsi que de la XIVe Biennale de Lyon (2017).

Laurent Le Bon
Conservateur général du patrimoine, Laurent Le Bon a été en charge de la commande publique à la Délégation aux arts plastiques du ministère de la Culture et de la Communication puis, de 2000 à 2010, conservateur au musée national d'Art moderne – Centre Georges-Pompidou. Il a été commissaire d'une centaine d'expositions et l'auteur des ouvrages afférents. De 2008 à 2014, il a dirigé le Centre Pompidou-Metz. Depuis juin 2014, il est président du musée national Picasso-Paris.

Nicolas Lemas
Affilié à l'unité de recherche sociAMM de l'université libre de Bruxelles, Nicolas Lemas étudie les théories et pratiques de l'embellissement à travers la littérature sur les embellissements de Paris. Il est également professeur en khâgne au lycée Mariette de Boulogne-sur-Mer.

Bertrand Lemoine
Bertrand Lemoine est architecte et ingénieur. Il a été directeur général de l'Atelier international du Grand Paris et est directeur de recherche honoraire au CNRS. Il est spécialiste de l'histoire et de l'actualité de l'architecture, de la construction, de la ville et du patrimoine aux XIXe et XXe siècles. Il est l'auteur d'une quarantaine d'ouvrages.

Joachim Lepastier
Joachim Lepastier a suivi une double formation d'architecte et de scénariste. Il s'est ensuite orienté vers la critique de cinéma (*Cahiers du cinéma, AOC media*) et l'enseignement (École nationale supérieure d'architecture de Versailles). Il travaille aussi avec l'agence Bruther.

Agnès Levitte
Agnès Levitte, après avoir dirigé l'École de design de Nantes, a enseigné l'histoire et la théorie du design. Ses recherches portent sur les perceptions et les usages des objets quotidiens, notamment en milieu urbain.

Sandrine Marc
Sandrine Marc est artiste. Elle enseigne à l'École d'architecture de la ville & des territoires Paris-Est. Sa pratique de la photographie combine une approche documentaire et expérimentale. Elle utilise les outils d'édition pour donner à voir son travail. Ses recherches proposent un regard sensible sur nos manières d'habiter.

Sébastien Marot
Sébastien Marot est professeur HDR en histoire et culture architecturale à l'École d'architecture de la ville & des territoires de l'université Paris-Est, et professeur invité en histoire et théorie de l'environnement à l'École polytechnique fédérale de Lausanne. Il est notamment l'auteur de *L'Art de la mémoire, le territoire et l'architecture* (Éditions de la Villette, 2010) et de *Taking the Country's Side: Agriculture and Architecture* (Polígrafa/Triennale d'architecture de Lisbonne, 2019).

Guillaume Meigneux
Guillaume Meigneux est architecte, cinéaste et docteur en architecture au laboratoire CRESSON (UMR 1563). Déployant la vidéographie au service d'une approche située et sensible des espaces et des territoires, il développe une pratique hybride entre art, science et architecture. Il est enseignant en arts plastiques et visuels à l'ENSA Paris-Val de Seine.

Nicolas Memain
Artiste marcheur, spécialiste en urbanisme et architecture du XXe siècle, Nicolas Memain organise depuis les années 2000 de très nombreuses balades architecturales dans plusieurs communes des Bouches-du-Rhône. Il a participé à un inventaire architectural pour les services du patrimoine. Cartographe du GR2013 et auteur de son tracé, il a reçu le prix d'urbanisme 2013 de l'Académie d'architecture.

Raphaël Ménard
Raphaël Ménard est président d'AREP, l'agence d'architecture pluridisciplinaire, filiale de SNCF Gares & Connexions. Architecte et ingénieur X-Ponts, il a théorisé sa pratique dans de nombreuses publications, dont sa thèse *Énergie, Matière, Architecture*. Il enseigne depuis 2013 à l'École d'architecture de la ville & des territoires Paris-Est, dans le cadre du troisième cycle « Architecture post-carbone ».

Mathieu Mercuriali
Mathieu Mercuriali est architecte DPLG, urbaniste et docteur en architecture (EPF de Lausanne). Il pratique son métier en tant que professeur titulaire à l'ENSA de Strasbourg, chercheur au LIAT et architecte indépendant. Son travail de recherche se focalise sur la relation entre l'industrialisation de nos modes de vie et ses conséquences provoquées sur notre environnement.

Carolina Mudan Marelli
Carolina Mudan Marelli est docteur en sociologie et en aménagement et urbanisme. Ses intérêts de recherche portent sur l'analyse de politiques publiques en mobilisant des méthodes de recherche ethnographiques. Ces dernières années, elle a travaillé sur les enjeux politiques à l'échelle globale de la traduction en mesures de la notion de biodiversité urbaine.

Soline Nivet
Soline Nivet est architecte, professeure et chercheure en architecture à l'ENSA Paris-Malaquais (laboratoire ACS, UMR AUSser - CNRS 3329). Elle déploie une pratique transversale, entre recherche et métier, histoire et actualité, et s'intéresse aux mutations récentes de la métropole parisienne. Elle est également commissaire d'exposition et auteure de documentaires et créations radiophoniques.

Patricia Pelloux
Après avoir été cheffe de projet berges de Seine, puis directrice des études métropolitaines à l'Apur, Patricia Pelloux intègre le GIP Paris 2024, en tant que responsable des sites et infrastructures. Elle réintègre l'Apur à l'été 2017 en tant que directrice adjointe et pilote notamment des études Espaces publics, mobilités et grands sites.

Antoine Picon
Antoine Picon est directeur de recherche à l'École nationale des ponts et chaussées, professeur à la Harvard Graduate School of Design, président de la Fondation Le Corbusier et membre de l'Académie des technologies. Ses publications portent sur l'histoire des ingénieurs, de l'architecture et de la ville, et des utopies. Parmi ses ouvrages récents, *Smart Cities : théorie et critique d'un idéal auto-réalisateur* (B2, 2013) et *La Matérialité de l'architecture* (Parenthèses, 2018).

Denyse Rodríguez Tomé
Denyse Rodríguez Tomé est architecte et docteure en histoire. Elle enseigne l'histoire et la culture architecturale à l'ENSA Lyon.

Mathias Rollot
Docteur en architecture, Mathias Rollot vit et travaille à Nancy en tant que maître de conférences (TPCAU) et artiste-auteur. Il a publié une dizaine d'ouvrages entre écologie, philosophie et architecture.

Dominique Rouillard
Dominique Rouillard est architecte (Architecture Action SARL), docteure et professeure HDR à l'ENSA Paris-Malaquais où elle dirige le laboratoire Infrastructure Architecture Territoire (LIAT). Elle a publié avec Alain Guiheux *Door to Door: futur du véhicule, futur urbain* (Archibooks, 2015) et *Le Projet Hub: l'architecture des nouvelles mobilités* (MêtisPresses, 2020).

Jean-Michel Roy
Après une bourse du CNRS, Jean-Michel Roy a soutenu une thèse sur l'histoire du commerce alimentaire parisien en 1998 à la Sorbonne. Il s'est ensuite consacré, jusqu'en 2016, à l'histoire agricole d'Île-de-France. Depuis, il a élargi son champ d'investigation à la France entière.

Richard Scoffier
Richard Scoffier est architecte et professeur à l'ENSA Paris-Val de Seine. Il collabore régulièrement aux revues *d'a* et *Archiscopie*, et donne chaque année des cours au Pavillon de l'Arsenal dans le cadre de l'université populaire qu'il a fondée.

Philippe Simon
Philippe Simon est architecte-urbaniste au sein de l'agence Paris U. Il est professeur à l'ENSA Paris-Val de Seine et chercheur au laboratoire ACS (UMR AUSser). Il a été commissaire de plusieurs expositions, dont l'exposition permanente du Pavillon de l'Arsenal. Il est architecte-conseil de l'État auprès de la DDT de l'Allier. Il est membre de la Commission du Vieux Paris depuis 2021.

Agnès Sinaï
Agnès Sinaï est journaliste environnementale. Elle a fondé en 2011 l'Institut Momentum et dirigé les trois tomes des *Politiques de l'Anthropocène* (Presses de Sciences Po). Elle est enseignante à Sciences Po et co-auteure de *Le Grand Paris après l'effondrement* (Wildproject, 2020).

Simon Texier
Simon Texier est historien de l'architecture, professeur à l'université de Picardie Jules-Verne et secrétaire général de la Commission du Vieux Paris. Il a publié de nombreux ouvrages sur le patrimoine parisien contemporain.

Géraldine Texier-Rideau
Géraldine Texier-Rideau est architecte et docteure en histoire urbaine, maîtresse de conférences à l'ENSA de Clermont-Ferrand et membre de l'UMR Ressources. Ses travaux de recherche se centrent depuis 20 ans sur la fabrication des espaces publics, principalement parisiens, et leur représentativité (XVIIIe-XXIe siècles).

Kelly Ung
Diplômée HMONP en architecture à l'INSA Strasbourg en 2009 et en urbanisme à Sciences Po Paris en 2013, Kelly Ung, cofondatrice de l'atelier Approche.s!, développe des compétences fines en diagnostic sensible et genrée, mobilisation des acteurs de la ville, stratégie d'activation de projet urbain et pilotage d'aménagements temporaires.

Julie Vaslin
Julie Vaslin s'appuie dans ses travaux sur une sociologie des politiques publiques pour comprendre les différentes problématisations du graffiti dans les gouvernements urbains. Ses recherches sur Paris et Berlin ont été publiées dans l'ouvrage *Gouverner les graffitis* (PUG, 2021).

Gwenola Wagon
Gwenola Wagon est artiste et maître de conférences dans le département d'arts plastiques de l'université Paris 8. Diplômée de l'École nationale supérieure des arts décoratifs de Paris et de l'Atelier de recherches interactives, elle a soutenu une thèse sur les utopies d'un cinéma interactif. Ses projets font écho au cinéma élargi, aux mondes virtuels, pour expérimenter leurs possibles extensions dans le monde réel.

Chris Younès
Chris Younès est psychosociologue, philosophe, professeure à l'ESA (Paris), fondatrice et membre du laboratoire Gerphau et du RST PhilAU. Ses recherches questionnent les lieux de l'habiter au croisement de la nature et de l'artefact, de l'éthique et de l'esthétique. Elle a signé *Architectures de l'existence* (Hermann, 2018).

Ornella Zaza
Ornella Zaza est designer et docteur en aménagement et urbanisme. En mobilisant les théories et méthodes de l'anthropologie urbaine et de l'urbanisme, elle s'intéresse à la transformation des politiques, des systèmes de gouvernance et des modes de vie urbains et ruraux face à l'innovation sociale et numérique.

La beauté d'une ville
Controverses esthétiques et transition écologique à Paris

Ouvrage coédité par le Pavillon de l'Arsenal et Wildproject à l'occasion de l'exposition créée par le Pavillon de l'Arsenal, mai 2021.

Conception éditoriale
Alexandre Labasse, architecte, Directeur général du Pavillon de l'Arsenal, Directeur de la publication
Marianne Carrega, architecte, Adjointe au Directeur général du Pavillon de l'Arsenal, Responsable des éditions
Baptiste Lanaspeze, fondateur des Éditions Wildproject

Documentation
Léa Baudat, Responsable de la documentation du Pavillon de l'Arsenal

Conception graphique
Undo-Redo
Nicola Aguzzi et **Mathilde Lambert**

Préparation de copie
Gayané Zavatto
avec **Georgia Froman**

Correction
Laure Dupont

Communication et publics

Julien Pansu, architecte, Directeur de la communication, du multimédia et du développement des publics
Estelle Petit, Chargée de communication, avec **Léa Mabille** et **Éline Latchoumy**

Exposition au Pavillon de l'Arsenal

Commissariat général et scénographie
Alexandre Labasse, architecte, Directeur général
Jean-Sébastien Lebreton, architecte, Responsable des expositions
Valentine Machet, Adèle Busschaert et **Sophie Civita**, architectes, Chargées de production

Entretiens filmés
Réalisation : **Océane Ragoucy**, assistée de **Fanny Benguigui**
Production artistique : **Jérémy Frey**
Production : **Apolline Lehuby**, assistée de **Marina Falcher**
Cadre : **Maëva Vo Dinh**
Montage : **Léa Mesplède**
Scénographie : **Alexandre Willaume**

Film *Piétons de Paris*
Réalisation : **Stefan Cornic**
Montage : **Antoine Le Bihen**
Production exécutive : **Année Zéro**

Conception graphique
Sylvain Enguehard

Librairie - Boutique

Carles Hillairet, Responsable
Aurore Blin

Comptabilité
Frédérique Thémia

Remerciements

Le Pavillon de l'Arsenal et Wildproject remercient tout particulièrement l'ensemble des autrices et auteurs qui ont accepté d'apporter leur contribution à cet ouvrage :

Isabelle Backouche, Jean-Christophe Bailly, Isabelle Baraud-Serfaty, Julie Beauté, Alessia de Biase, Carolina Mudan Marelli et Ornella Zaza, Nathalie Blanc, Bernadette Blanchon, Jeanne Brun et Laurent Le Bon, Pierre Caye, Paul Chemetov, Philippe Clergeau, Jean-Louis Cohen, Michaël Darin, Chantal Deckmyn, Nicola Delon, Mariabruna Fabrizi, Yann Fradin, Alexandre Gady, Laure Gayet et Kelly Ung, Nicolas Gilsoul, Maria Gravari-Barbas, Luc Gwiazdzinski, Antoine Lagneau, Paul Landauer, Éric Lapierre, Emma Lavigne, Nicolas Lemas, Bertrand Lemoine, Joachim Lepastier, Agnès Levitte, Sandrine Marc et Fannie Escoulen, Sébastien Marot, Guillaume Meigneux, Nicolas Memain, Raphaël Ménard, Mathieu Mercuriali, Soline Nivet, Patricia Pelloux, Antoine Picon, Denyse Rodríguez Tomé, Mathias Rollot, Dominique Rouillard, Jean-Michel Roy, Richard Scoffier, Philippe Simon, Agnès Sinaï, Simon Texier, Géraldine Texier-Rideau, Julie Vaslin, Gwenola Wagon, Chris Younès.

ainsi que :
L'Atelier parisien d'urbanisme, Les Amis de la Terre, les Archives de Paris, Armand Nouvet Architecture et Urbanisme, Ateliers Jean Nouvel, Ateliers Lion Associés, Atelier Pierre Gangnet, Barrault-Pressacco & Baukunst, Bernard Tschumi Architect, Bert Theis Archive, la Bibliothèque Forney, la Bibliothèque historique de la Ville de Paris, la Bibliothèque Kandinsky, la Bibliothèque nationale de France, la Bibliothèque universitaire de Poitiers, le BRGM – Service géologique national, Bridgeman Images, Bruther Architectes, le Centre Pompidou, ChartierDalix, Ciné-Tamaris, la Cité de l'architecture et du patrimoine, la Conservation des œuvres d'art religieuses et civiles (COARC), le CRAL (EHESS-CNRS), DATA Architectes, la Direction des affaires culturelles de la Ville de Paris / Département d'Histoire de l'Architecture et d'Archéologie de Paris (DHAAP), la Direction de l'Information et de la Communication de la Ville de Paris, Espaces, l'Établissement de communication et de production audiovisuelle de La Défense (ECPAD), la Fondation Le Corbusier, le Fogg Art Museum, Francis Soler Architecte, Franklin Azzi Architecture, Frédéric Borel Architecte, Gilles Clément, Harvard University, Ibicity, la galerie Itinerrance, Lacaton & Vassal, les Maisons de Victor Hugo Paris-Guernesey, matali crasset, MLAV.LAND, le Musée Carnavalet – Histoire de Paris, le Musée de l'Ermitage, Osty et associés, Paris Musées, Renzo Piano Building Workshop & Rogers Stirk Harbour + Partners, la Réunion des Musées nationaux, Richez Associés, Roger-Viollet, Studio Muoto, Taxie Gallery.

et plus particulièrement :
Dominique Alba, Eugénie Auvray, Andres Baron, David Benjamin, Luc Bœgly, Jean-Philippe Bonilli, Diane Bousquet, Stéphanie Branchu, Emmanuel Caille, Alain Cornu, Cyrus Cornu, Johan Cornu, Caroline Delmotte, Maxime Delvaux, Michel Denancé, Arnaud Dercelles, Shérine El SayerdTaih, Antoine Espinasseau, Jean-Marc Ferré, Georges Fessy, Christophe Guglielmo, Clément Guillaume, Nathalie Hallouche-Gillart, Charlotte Kruk, Fanny Lautissier, Vincent Lebègue, Jacques Leroy, Randa Maroufi, Mhairi Martino, Trina McKeever, Giaime Meloni, Florent Michel, Véronique Milande, Véronique Moine, Valériane Mondot, Laurianne Nehlig, Yoshi Omori, Sophie Picot-Bocquillon, Philippe Piron, François Prost, Heather Puttock, Pauline Rossi, Philippe Ruault, Mariette Schiltz, Richard Serra, Momoko Seto, Thomas Sindicas, Elena Spadavecchia, Isabelle Toromanof, Anne-Sophie Traineau-Durozoy, Simon Vaillant, Yann-Fanch Vauléon, Christian Volckman, Pascal Xicluna.

Malgré ses recherches, le Pavillon de l'Arsenal n'a pu identifier le ou les ayant-droits de certaines images. Il reste à leur entière disposition.

Pavillon de l'Arsenal
Centre d'information, de documentation
et d'exposition d'urbanisme et d'architecture
de Paris et de la métropole parisienne

Association Loi de 1901

Président

Patrick Bloche
Adjoint à la Maire de Paris, en charge de l'éducation,
de la petite enfance, des familles et des nouveaux
apprentissages et du Conseil de Paris

Conseil d'administration

Patrick Bloche
Adjoint à la Maire de Paris, en charge de l'éducation,
de la petite enfance, des familles et des nouveaux
apprentissages et du Conseil de Paris

Emmanuel Grégoire
Premier Adjoint à la Maire de Paris, en charge
de l'urbanisme, de l'architecture, du Grand Paris,
des relations avec les arrondissements et de la
transformation des politiques publiques

Dominique Alba
Directrice générale de l'Atelier parisien d'urbanisme

François Brouat
Président du Collège des directeurs des écoles
nationales supérieures d'architecture

Jean-Marie Tritant
Président du Directoire de Unibail-Rodamco
Westfield

Jean-Philippe Gautrais
Président du Forum métropolitain du Grand Paris

Jean-Louis Houpert
Directeur Valorisations immobilières, achats et
logistique de la RATP

Serge Lasvignes
Président du Centre national d'Art et de Culture
Georges Pompidou

Francis Rambert
Directeur de l'Institut français d'Architecture

Jean-Luc Tuffier
Président de la Fédération française du Bâtiment
Grand Paris

Marc Villand
Président de la Fédération des Promoteurs
immobiliers d'Île-de-France

Membre d'honneur

Ann-José Arlot
Cheffe de l'Inspection générale des Affaires
culturelles, Ministère de la Culture

Membres bienfaiteurs

David Belliard
Président de la Rivp

Nicolas Bonnet-Oulaldj
Président de PariSeine

Sylvie Borst
Directrice Générale de Paris & Métropole
Aménagement

Jérôme Coumet
Président de la Semapa

Nathalie Maquoi
Présidente de la Sorêqa

Laurence Patrice
Présidente de Élogie-Siemp

Membre actif

Stéphane Dauphin
Directeur général de Paris Habitat-Oph

Le Pavillon de l'Arsenal exprime sa reconnaissance
aux partenaires et mécènes qui lui apportent
leur soutien

La Ville de Paris

Adim
Ag Real Estate
Apsys
Bnp Paribas Immobilier
Bouygues Immobilier
Ceetrus
Citizers
Coffim
Cogedim Paris Métropole
Compagnie de Phalsbourg
Constructions et Développements Urbains
Covea Immobilier
Covivio
Demathieu Bard Immobilier
Egis
Eiffage Immobilier
Elogie-Siemp
Emerige
Espaces Ferroviaires
Galia
Gecina
Generali Real Estate
Giboire
Hertel Investissement
Hines France
Icade
Immobilière 3F
Interconstruction
Kaufman & Broad
Legendre
Linkcity
Marignan
Nacarat
Nexity
Les Nouveaux Constructeurs
Novaxia
Ogic
Paris & Métropole Aménagement
Paris Habitat-Oph
PariSeine
Pichet
Poste Immo
PRD Office
Promogim
Quadral Promotion
Quartus
Ratp Real Estate
Réalités
Redman
Rei Habitat
Rivp
S2T
Sefri-Cime
Semapa
Sncf Gares et Connexions
Société Foncière Lyonnaise
Sogelyme Dixence
Sogeprom
Sorêqa
Terrot
Unibail-Rodamco-Westfield
Verrecchia
Vinci Immobilier Promotion
Woodeum Holding

Achevé d'imprimer en mai 2021, sur les presses
de l'imprimerie Ingoprint à Barcelone (Espagne)
Photogravure : Fotimprim
Dépôt légal : juin 2021

ISBN : 978-2-381140-216
© Pavillon de l'Arsenal, 2021